BIBLIOGRAPHIE

DES

CHANSONS DE GESTE

(COMPLÉMENT DES *ÉPOPÉES FRANÇAISES*)

PAR

LÉON GAUTIER

Membre de l'Institut, Professeur à l'École des Chartes

PARIS

H. WELTER, ÉDITEUR

59, RUE BONAPARTE, 59

Même Maison à Leipzig, Salomonstrasse, 16

1897

Adam de Saint-Victor. Œuvres poétiques, publ. p. Léon Gautier, 2 forts vol. in-16, 1856. (12 fr.)   8 fr.
Édition la plus complète.

Amélineau (E.). Géographie de l'Egypte à l'époque copte, in-8, 1893.   35 fr.

Amiaud et Schell. Les inscriptions de Salmanasar II, 1890.   12 fr. 50,

Analecta Liturgica, publ. par Weale et Misset, nᵒˢ 1 à 13, in-4, 1888-97. Abonnement y compris les fasc. 14 à 16 à paraître.   100 fr.

Archives du diocèse de Chartres. Histoire et Cartulaire de Saint-Denis de Nogent-le-Rotrou (1031-1789). Fort vol. in-8, avec planches, 1895-1897.   12 fr. 50

Behrens (D.). Bibliographie des patois gallo-romans, 2ᵉ éd. 261 pp in-8, 1893.   7 fr. 50.

Bibliothèque grecque vulgaire, publ. p. E. Legrand, VI. Exploits de B. Digénis-Acritas, 1892.   15 fr.

— VII. Docum. concern. les relations du Patriarcat de Jérusalem avec la Roumanie, 1895.   30 fr.

— VIII. Fables Esopiques, 1897. 15 fr.

Burton's Arabian Nights entertainements. Reprint, including the supplemental Nights, now entitled : The Book of the thousand Nights and a Night, 12 vol. gr. in-8, reliés toile, 1896.   170 fr.

Burguy. Grammaire de la langue d'oïl, 3ᵉ édit., 3 vol., 1882. (32 fr.) net. 20 fr.

Bury. Philobiblion. Trad. fr. par Cocheris, in-16, 1856. (12 fr.) net 6 fr.

Candréa Hecht (A.). Grammaire roumaine, in-16, 1897.   10 fr.

Caesar. Texte latin, notes et comment., par Dubner, 2 vol. in-4, 1867. (40 fr.)   net. 10 fr.

Carbonel (P.). Histoire de la philosophie, in-8, 1882. (7 fr. 50) net 4 fr.

Catalogue des incunables de la Bibliothèque Mazarine, par Marais et Dufresne de Saint-Léon, 1893.   40 fr.

Catulle. Texte, trad. p. Rostand, et comm. p. Benoist et Thomas, 2 v., 1882-90. (20 fr.)   net. 10 fr.

Chansonnier historique du xviiiᵉ siècle, publié avec introduction, commentaire, notes et index, par E. Raunié, 10 vol. in-8, sur papier de Hollande, av. portraits à l'eau forte, 1879-84. (100 fr.)   35 fr.

Charles d'Orléans. Poésies, publ. par Champollion-Figeac, in-8, 1848. (15 fr.)   net. 6 fr.

Chassiotis (G.). L'instruction publique chez les Grecs depuis la prise de Constantinople par les Turcs jusqu'à nos jours, 566 pp., gr. in-8, av. 4 cartes en couleurs, 1881. (25 fr.)   5 fr.

Chevalier (Ulysse). Répertoire des sources historiques du moyen âge. Topo-bibliographie. En vente les fasc. 1 et 2. Prix.   18 fr.

Souscription à l'ouvrage complet (6 fasc. in-4) payé d'avance. 45 fr.

Clapin (Sylvain). Dictionnaire canadien-français ou lexique des mots dont l'usage appartient surtout aux Canadiens-Français, in-8, Boston. 1894.   20 fr,

Correspondance commerciale européenne : allemande, anglaise, française, italienne, espagnole, portugaise, par A. **Wolff**, H. **Robolsky** et R. **Sepulveda,** 796 pp. in-8, 1894.   18 fr,

Courrier de Vaugelas. (Études de Grammaire), 11 vol. in-4. (88 fr.) net. 30 fr.

Dante. 3 trad. françaises des xvᵉ et xvıᵉ siècles, avec introduction par C. Morel, in-8, avec 25 planches, 1895.   35 fr.

[Dorveaux (P.)]. **L'Antidotaire Nicolas,** deux traductions françaises de l'Antidotarium Nicolai du xıvᵉ siècle, publ. par le Dʳ P. Dorveaux, préface par A. Thomas, in-8, avec 2 fac-similes, 1896. 7 fr. 50.

Du Cange. Glossarium mediæ et infimæ latinitatis, 10 vol. in-4, 1883-87 (400 fr.)   net 250 fr.

— Sur papier de Hollande (600 fr.) 350 fr.

Estienne (Henri). Deux dialogues du nouveau langage françois italianizé (1578), publ. par A. Bonneau, 2 vol. in-8, 1883. (25 fr.) net 12 fr.

Faguet (E.). La tragédie française au xviᵉ siècle (1500-1600), nouv. éd. in-8, 1895. (repr. fac-similé).   10 fr.

Foulché-Delbosc. Grammaire espagnole complète, 2ᵉ éd., 1889. (4 fr.) net. 2 fr.

— La même, rel. (5 fr.)   net. 2 fr. 50.

— Abrégé de la gr. esp.   2 fr. 50.

— Exercices espagnols.   2 fr. 50.

— Lecturas españolas modernas 1897. 3 fr. 50.

— Contes espagnols. (En collaboration avec M. Contamin de la Tour). in-8, 1890.   5 fr.

— Bibliogr. des Voyages en Espagne et en Portugal. Gr. in-8, 1896. 12 fr. 50.

BIBLIOGRAPHIE

DES

CHANSONS DE GESTE

LE PUY-EN-VELAY

IMPRIMERIE RÉGIS MARCHESSOU

BIBLIOGRAPHIE

DES

CHANSONS DE GESTE

(COMPLÉMENT DES *ÉPOPÉES FRANÇAISES*)

PAR

LÉON GAUTIER

Membre de l'Institut, Professeur à l'École des Chartes

PARIS

H. WELTER, ÉDITEUR

59, RUE BONAPARTE, 59

Même Maison à Leipzig, Salamonstrasse, 16

—

1897

A LÉOPOLD DELISLE

PRÉFACE

Nous n'avons pas à expliquer longuement le plan de cette Bibliographie des chansons de geste : il est des plus simples, et Nyrop l'avait déjà adopté avant nous.

« Bibliographie générale, bibliographie spéciale » : telles sont les deux parties d'une œuvre qui ne pouvait guères, croyons-nous, se prêter à une autre division.

La Bibliographie générale est subdivisée selon l'ordre logique, et il semble superflu d'énumérer ici les huit chapitres dont elle est formée.

La Bibliographie spéciale se compose d'une série de notices ou, pour mieux parler, de nomenclatures qui sont successivement consacrées à chacun de nos vieux poèmes. Ces poèmes sont classés suivant l'ordre alphabétique de leurs titres, depuis Aigar et Maurin jusqu'au Voyage de Charlemagne à Jérusalem. Dans chacun de ces articles, les livres sont mentionnés d'après la date exacte de leur publication.

Une Table alphabétique des matières complète utilement ces deux parties de notre œuvre. Si nous lui avons donné un certain développement, c'est que nous avons voulu offrir aux travailleurs, grâce à un Index plus étendu, une seconde Bibliographie de nos Chansons, conçue d'après un autre plan et plus facile à consulter.

On ne se montrera pas trop sévère (nous l'espérons) à l'égard des omissions et des erreurs que l'on pourra trop aisément constater dans un répertoire aussi considérable. Nous avons employé tous nos soins à les réparer, mais sans nous flatter d'y avoir suffisamment réussi. Nous ne nous sommes pas contenté de l'Errata qui trouvera sa place à la fin de ce volume et nous avons, dans notre Table alphabétique, répété à dessein la plupart de nos corrections. Nous demandons instamment à nos lecteurs de nous signaler celles que nous aurions omises.

On voudra bien aussi se rappeler que la présente Bibliographie, COMMENCÉE IL Y A PLUSIEURS ANNÉES, S'ARRÊTE A 1890. *Nous avons* essayé cependant de la tenir au courant, et avons mentionné, en leur lieu, les publications les plus importantes qui ont paru depuis six ou sept ans.

Plusieurs nous ont aidé à porter le poids d'une œuvre un peu lourde pour de vieilles épaules. Nous avons dit ailleurs tout ce que nous devions à M. Léon Le Grand qui a été pour nous un si intelligent et si dévoué collaborateur. Nous ne saurions oublier notre confrère et ami, M. Gerbaux, qui n'a épargné, pour son ancien maître, ni son temps, ni sa peine. Notre reconnaissance s'étend à ces vingt érudits de France et d'Allemagne, d'Angleterre et d'Italie, de Copenhague et d'Upsal, qui ont naguères consenti à revoir les épreuves de notre Bibliographie générale et nous ont communiqué une foule d'additions toujours précieuses, et souvent indispensables. Nous leur envoyons d'ici, sans les nommer (ils se reconnaîtront bien), l'expression d'une vive et profonde reconnaissance. Une première fois déjà, quand nous avons publié notre Histoire de la Poésie liturgique, nous avons eu recours aux érudits d'outre Manche et d'outre Rhin, et nous ne pouvons que répéter ici les remerciements émus que nous leur adressions en 1886 : « Il est « doux de penser, disions-nous, qu'il existe une confraternité véritable « entre les savants de tous les pays. Quand l'un d'eux (si humble qu'il « soit) réclame un service des autres, toutes les mains se tendent vers « lui, et c'est à qui montrera, pour lui venir en aide, le plus de cor- « dialité et d'empressement. » Nous nous estimons heureux d'en avoir fait deux fois l'expérience.

Le voilà donc achevé, notre dernier travail sur cette Épopée fran- çaise que nous avons tant aimée. Il y a quarante et un ans, presque à pareil jour, nous transcrivions à Venise une partie de cette Entrée en Espagne sur laquelle nous attirions alors l'attention des romanistes. Quelques années plus tard, au mois de juin 1863, nous mettions la main au premier volume de ce long ouvrage sur les Chansons de geste dont cette Bibliographie est le complément. Ces temps sont loin, et ce n'est pas sans quelque tristesse et mélancolie que nous disons adieu à des études qui ont rempli et charmé tant d'années de notre vie. Peut-être avons-nous fait mieux connaître et aimer plus vivement notre Épopée nationale et, par elle, notre France. C'est notre vœu le plus cher, et ce serait notre meilleure récompense.

LÉON GAUTIER.

BIBLIOGRAPHIE

DES

CHANSONS DE GESTE

───

PREMIÈRE PARTIE

BIBLIOGRAPHIE GÉNÉRALE

───

I. — OUVRAGES GÉNÉRAUX SUR L'ÉPOPÉE FRANÇAISE

* Pour aborder l'étude des Chansons de geste, il convient de recourir tout d'abord à un livre synthétique, élémentaire, et qui expose avec clarté le dernier état de la science. Telle est l'œuvre de K. Nyrop, qui a été écrite en danois, mais dont il existe une traduction italienne sous ce titre : *Storia dell' Epopea francese nel medio evo* (Turin, 1886, in-8°). Les quarante pages que Gaston Paris a consacrées à notre Épopée nationale dans sa *Littérature française au moyen âge* peuvent être considérées comme une Introduction nécessaire à toutes les études ultérieures. Cf. aussi les tomes I et II des *Épopées françaises*, etc., etc.

1 **Fauchet** (Claude). *Recueil de l'origine de la langue et poésie françoise, ryme et romans. Plus les noms et sommaires des œuvres de CXXVII poètes françois, vivans avant l'an MCCC.* — Paris, 1581, in-4°.

[Citations de *Doon de Nanteuil* (p. 111) ; d'*Ate d'Avignon* (p. 112) ; de *Guiot de Nanteuil*

(p. 113) et de *Siperis de Vineaus* (sic ; p. 115). — Allusions à *Berte* (p. 36) et à *Helias* (ibid..] Cf. *Epopées françaises*, t. II, pp. 643-644.]

2 **Fançan**. *Le Tombeau des Romans où il est discouru : I. contre les Romans ; II. pour les Romans.* — Paris, 1626, in-8°.

[P. 6 et 7, mention assez curieuse de la légende de Roland : « Ils disent si sottement des choses si sottes qu'à peine me puis-je abstenir de ruer par terre ce fatras d'antiques romans en les lisant... C'est de tels autheurs que vous apprendrez que Roland estant blessé fit une belle harangue à son espée Durandal qu'il vouloit rompre sur un perron de marbre, lequel il coupa par le milieu, son espée demeurant entière et saine. »]

3 **Pasquier** (Estienne). *Les Recherches de la France augmentées par l'autheur en ceste dernière édition de plusieurs beaux placards et passages et de dix chapitres entiers.* — Paris, 1611, in-4°. — Le premier « livre » des *Recherches* avait paru en 1561.

[Liv. VI, chap. III. « De l'ancienneté et progrez de nostre poésie françoise. » Cf. *Epopées françaises*, t. II, pp. 642, 643.]

4 **Borel** (Pierre). *Trésor de recherches et antiquitez gauloises et françoises, réduites en ordre alphabétique.* — Paris, 1655, in-4°. — Réimprimé à la suite du *Diction-*

naire étymologique de Ménage, 1750. — Nouvelle édition, p. p. L. Favre. Niort, 1882.

5 Sorel (Charles). *La Bibliothèque françoise ou le choix et l'examen des livres françois qui traitent de l'Éloquence, de la Philosophie, etc.* — Paris, 1664, in-12.

[P. 156-158 : *Des Romans de chevalerie et de bergerie.* « Je ne rapporteray point, dit-il, les noms de tous les ouvrages de cette espèce : peu de gens les aiment aujourd'hui. » L'auteur ne mentionne que quelques Romans de la Table ronde.]

6 Huet (Daniel). *Traité de l'origine des Romans.* — Première édition, Paris, 1670, in-12.

[Anciens romans français, pp. 121-161 de la 6ᵉ édition qui parut à Paris, 1685, in-12 :

L'auteur accorde la prééminence aux Provençaux : « Il me suffira de vous dire que tous ces ouvrages, auxquels l'ignorance avoit donné la naissance, portoient des marques de leur origine, et n'estoient qu'un amas de fictions grossièrement entassées les unes sur les autres et bien éloignées de ce souverain degré d'art et d'élégance où les François ont depuis porté les Romans. »]

7 Gordon de Percel [LENGLET-DU-FRESNOY]. *De l'usage des Romans où l'on fait voir leur utilité et leurs différents caractères, avec une Bibliothèque des Romans, accompagnée de Remarques critiques sur leur choix et leurs éditions.* — Amsterdam [Paris], 1734, 2 vol. in-12.

Bibliographie détaillée des Romans manuscrits et imprimés. L'auteur ne se pique pas d'une exactitude absolue, comme on en peut juger par l'extrait suivant (t. II, p. 232) :

« *Ogier le Danois* en vers, in-fol. ms., vers l'an 1270, par le poète Adenez qui dans son roman de *Cléomadès* témoigne lui-même qu'il a fait les Romans d'*Ogier le Danois*, de *Bertin* et de *Cléomadès*.

« *Ogier le Danois* en vers léonins, in-4º, ms. Je doute que ce soit la même chose que le précédent : je le mets toujours ici à son compte ; l'examinera qui pourra. »

8 Galland (Antoine). *Discours sur quelques anciens poètes et sur quelques romans gaulois peu connus.*

Mémoires de l'Académie des Inscriptions, t. II, 1736, pp. 673-689.

L'auteur n'a analysé qu'un seul de nos Romans, lequel est une œuvre de la décadence et auquel il n'a, d'ailleurs, rien compris : le *Charlemagne* de Girard d'Amiens.

9 Rivet (Dom). *État des lettres en France au xᵉ siècle.*

Histoire littéraire, VI (1742), pp. 12-17 et VII (1746), Avertissement, p. LXXXII.

Le savant Bénédictin est le premier qui ait vraiment abordé l'étude de nos chansons. Il en exagérait peut-être l'antiquité et n'en connaissait pas suffisamment la substance ; mais il sut si bien attirer l'attention sur notre Épopée qu'on lui donna dès lors une place officielle parmi les études dignes d'occuper les érudits. C'était un progrès considérable.

Cf. « Réponse à Dom Rivet », *Journal des Savants*, 1742, p. 695.

10 La Curne de Sainte-Palaye (Jean-Baptiste de). *Mémoire concernant la lecture des anciens Romans de chevalerie.*

Mémoires de l'Académie des Inscriptions, t. XVII (1743), pp. 787-799. (Reproduit par l'auteur au tome II de ses *Mémoires sur l'ancienne chevalerie*.)

La Curne de Sainte-Palaye, indépendamment de ce Mémoire, a fait exécuter des copies de nos chansons et a utilisé nos textes épiques à toutes les pages de son précieux *Glossaire de la langue française* dont il fit connaître le plan dans une brochure de 1756.

11 Jacquin (Armand-Pierre, abbé). *Entretien sur les Romans, ouvrage moral et critique dans lequel on traite de l'origine des Romans et de leurs différentes espèces.* — Paris, 1755, in-12.

Cf. *Mémoires de Trévoux*, janvier 1755, p. 187.

12 Longchamps (Pierre CHARPENTIER, abbé de). *Tableau historique des gens de lettres ou Abrégé chronologique et critique de l'histoire de la littérature françoise, depuis son origine jusqu'au xviiiᵉ siècle.* — Paris, 1767-1768, 6 vol. in-12.

[T. VI, pp. 219 et 226.]

C'est, en ce qui concerne le moyen âge, une sorte d'abrégé de l'*Histoire littéraire* de dom Rivet.

13 Warton (Thomas). *The History of English-poetry, etc.* [Histoire de la poésie angloise, depuis la fin du viiiᵉ siècle jusqu'au commencement du xviiᵉ, précédée de deux Dissertations, l'une sur l'origine des Romans en Europe, et l'autre sur l'introduction des lettres en Angleterre.] — Londres, 1774, in-8º. — Nouvelle édition. Londres, 1824, 4 vol. in-8º.

Cf. *Esprit des journaux*, décembre 1774, pp. 100-111 : analyse de la Dissertation de Warton sur l'origine des Romans, où il fait ressortir l'influence de la Chevalerie.

14 Paulmy (Marc-Antoine-René, marquis de). *Bibliothèque universelle des Romans*. Paris, 40 vol. in-8°, janvier 1777-décembre 1778.

« Adaptation » d'un certain nombre de nos chansons que nous avons énumérées ailleurs (*Epopées françaises*, t. II, pp. 680-681). Cf. les *Œuvres choisies du comte de Tressan*, collaborateur de M. de Paulmy. Paris, 1787-1791 ; 12 vol. in-8°.

15 Legrand d'Aussy (Pierre-Jean-Baptiste). *Fabliaux ou Contes du xii° et du xiii° siècle, traduits ou extraits d'après divers manuscrits du temps.* — Paris, 1779-1781, 4 vol. in-8°. Le quatrième volume a pour titre : *Contes dévots, Fables et Romans anciens*.

Cf. son *Histoire de la vie privée des Français depuis l'origine de la nation jusqu'à nos jours*, 1782, trois vol. in-8°.

16 Marmontel (Jean-François). *Essai sur les Romans considérés du côté moral. Œuvres*, Paris, 1786-1787, 17 volumes in-8° et in-12, t. XII.

17 [Dutens (Louis)]. *Tables généalogiques des héros de romans, avec un Catalogue des principaux ouvrages de ce genre.* — Londres, s. d., in-4°. — 2° édition, augmentée, avec le nom de l'auteur. Londres, 1796, in-4°.

18 Ritson (Joseph). *Ancient english metrical romances, selected and published.* — Londres, 1802, 3 vol. in-8°. [T. I, pp. v-ccxxiv : *Dissertation of Romance and Minstrelsy*.] — Nouvelle édition ; Edimbourg, 1891.

19 Uhland (Ludwig). *Ueber das altfranzösische Epos*, publié dans *Die Musen. Eine norddeutsche Zeitschrift*, hgg. von Friedrick, baron de la Motte-Fouqué, und Wilhelm Neumann. — Berlin, III (1812), pp. 59-109, et IV (1813), pp. 101-155.

Cf. *Uhland's Schriften zur Geschichte der Dichtung und Sage*. Stuttgart, 1869, in-8°, pp. 324-406.

Dans ses « Poésies » dont la 1re édition parut en 1815 et la 47° en 1863, Uhland a consacré à Roland plusieurs *lieder* (*Taillefer, Le petit Roland, Alda*. Cf. *Poésies d'Uhland*, traduction de MM. L. Demonceaux et J. H. Kaltschmidt, pp. 202, 205, 210, 260.

20 Simonde de Sismondi (Jean-Charles-Léonard). *De la littérature du midi de l'Europe.* — Paris, 1813, 4 vol. in-8°. Traduit en allemand, Leipzig, 1816-1819, 2 vol. in-8°.

[T. I, pp. 253-296 ; chapitre VII : Langue d'oïl. — Romans de chevalerie.]

21 Essai sur les romances historiques du moyen âge. — Rouen, 1815, in-8°. (Tiré à 100 exemplaires.)

Nous n'avons pas pu trouver à la Bibliothèque Nationale cet ouvrage qui est indiqué au *Journal de la librairie*, mais dont nous ignorons la nature et l'auteur.

22 Benoiston de Châteauneuf. *Essai sur la poésie et les poètes français aux xii°, xiii° et xiv° siècles.* — Paris, 1815, in-8°.

23 Roquefort-Flaméricourt (Jean-Baptiste Bonaventure de). *De l'état de la poésie françoise dans les xii° et xiii° siècles.* — Paris, 1815, in-8°.

24 Turner (Sharon). *History of England.* Vol. II : *From the accession of Edward the First to the death of Henry the Fifth.* — Londres, 1815, in-4°.

[Pp. 465-478 : « On the english romances ».]

25 Dunlop (John). *The history of fiction : being a critical account of the most celebrated prose works of fiction...* imprimé à Edimbourg et publié à Londres, 1816, 3 vol. in-8°. Traduit en allemand, avec de nombreuses notes, par Félix Liebrecht, Berlin, 1851, in-8°. — Nouvelle édition anglaise... par H. Wilson, 2 vol., 1888, in-8°. (Voy. le n° 187.)

[T. I ; pp. 368-394 : Romances of chivalry relating to Charlemagne and his Peers. — Chronicle of Turpin. Cf. la traduction de Liebrecht, pp. 115-123.]

26 Chénier (Marie-Joseph de). *Fragments du Cours de littérature fait à l'Athénée de Paris en 1806 et 1807, suivis d'autres morceaux littéraires du même auteur.* — Paris, 1818, in-8°.

27 Daunou (Pierre-Claude-François).

Discours sur l'état des lettres en France au XIIIᵉ siècle.

Histoire littéraire de la France, t. XVI. Paris, in-4º, 1824.

Erreurs nombreuses et lacunes considérables.

28 Ferrario (Giulio). *Storia ed analisi degli antichi romanzi di cavalleria e dei poemi romanzeschi d'Italia, con dissertazioni sull' origini, sugl' istituti, sulle cerimonie de' cavalieri... con figure.* — Milan, 1828, 4 vol. in-8º.

Cf. l'ouvrage de Melzi, *Bibliografia dei romanzi e poemi cavallereschi italiani.* Milan, 1829, in-8º.

29 Raynouard (François-Juste-Marie). Article dans le *Journal des savants* de novembre 1830, sur l'ouvrage du docteur Ferrario.

A propos de cet ouvrage, Raynouard étudie, d'une façon générale, « l'origine des Romans du moyen âge », etc.

30 Villemain (Abel-François). *Cours de littérature française : Tableau de la Littérature au moyen âge.* — Paris, 1830, 2 vol. in-8º.

31 Michelet (Jules). *Histoire de France*, t. II (1833).

Quelques pages éloquentes sur « l'Épopée au moyen âge ». Étude sommaire sur « les deux cycles de Roland et de Renaud » (pp. 641 et ss.).

32 Paris (Paulin). *Lettre à M. de Monmerqué sur les Romans des douze pairs de France* (20 décembre 1831).

Publiée en tête de *Li Romans de Berte aus grans piés.* (Voy. plus loin la bibliographie de ce roman.)

C'est dans cette lettre célèbre que P. Paris restitue à nos romans le nom de « chansons de geste » et ose les appeler « nos épopées françaises ». Il y traite du *Roman de Roncevaux*, de la versification de nos vieux poèmes, de la Chronique de Turpin, etc., etc.

33 Fauriel (Claude). *Origines de l'Épopée chevaleresque du moyen âge : Romans chevaleresques, romans carlovingiens, romans de la Table ronde, romans provençaux.*

Revue des Deux-Mondes, 1ᵉʳ-15 sept., 15 oct., 1-15 nov. 1832.

Date de la composition de nos vieux poè-mes ; Charlemagne dans la légende et dans l'histoire ; versification de nos chansons ; thèse en faveur de l'épopée provençale.

34 Rosenkranz (Karl). *Handbuch einer allgemeinen Geschichte der Poesie; II. Geschichte der neueren lateinischen, der französischen und italienischen Poesie.* — Halle, 1832, in-8º.

[Pp. 37-71 : Die Sagen des national-nordfranzösischen Epos.]

Rosenkranz considère les Chansons de geste comme appartenant à la poésie lyrique ; fausse idée qu'il se fait de la *Chanson de Roland.*

35 Depping (Georges-Bernard) et **Michel** (Francisque). *Veland le Forgeron. Dissertation sur une tradition du moyen âge.* — Paris, 1833, in-8º.

[Chap. V : Traditions françaises, pp. 37-46 et Notes, pp. 80-95.]

36 Paris (Paulin). *Essai sur les Romans historiques du moyen âge.*

(En tête d'*Hector Fieramosca*, par d'Azeglio, trad. de l'italien par A. Blanchard. - Paris, 1833-1835, 2 vol. in-8º.)

37 Dinaux (Arthur). *Trouvères, jongleurs et ménestrels du nord de la France et du midi de la Belgique.* — Paris et Bruxelles, 1837-1863, 4 vol. in-8º.

38 Paris (Paulin). *Li Romans de Garin le Loherain...*, précédé de l'Examen du système de M. Fauriel sur les Romans carlovingiens. Paris, 1833, 2 vol. in-12.

Réfutation de la thèse de Fauriel. — Cf. les articles de Raynouard, *Journal des Savants* août et septembre 1833.

39 Wolf (Ferdinand). *Ueber die neuesten Leistungen der Franzosen für die Herausgabe ihrer National-Heldengedichte; nebst Auszügen aus ungedruckten oder seltenen Werken verwandten Inhalts. Ein Beitrag zur Geschichte der romanischen Poesie.* — Vienne, 1833, in-8º.

[Pp. 1-29 : Ueber das altfranzösische Epos überhaupt, und die Heldengedichte des fränkisch-karolingischen Sagenkreises.]

40 Ampère (J.-J.). *De l'Histoire de la littérature française.*

Revue des Deux-Mondes, 15 février 1834.

41 Martonne (G.-F. de). *Observations sur quelques points de littérature romane*

au sujet de la Lettre de M. Paulin Paris sur les Romans des Douze Pairs.
Mémoires de la Société des Antiquaires de France, X (1834), pp. 393-415.

42 Grimm (Jacob). *Deutsche Mythologie.* — Gœttingue, 1835, in-8°. — Nouvelle édition avec additions de E.-H. Meyer, Berlin, 1878.

43 Martonne (A. de). *Examen de quelques opinions émises au sujet de la Chronique dite de Turpin.*
Mémoires de la Société des Antiquaires de France, XI (1835), pp. 301-317.

44 Stuart Costello (Louisa). *Specimens of the early poetry of France, from the time of the Troubadours and Trouveres to the reign of Henri quatre.* — Londres, 1835, in-8°.

45 Michel (Francisque). *Lettres à Mlle Stuart Costello sur les trouvères français des xii° et xiii° siècles.* — Londres, 1835, in-8°.

46 Histoire littéraire de la France, t. XVIII. Paris, in-4°, 1835.
[Articles d'Amaury Duval sur le *Voyage à Jerusalem, Roncevaux, Renaud de Montauban, Garin le Loherain, Beuves d'Hanstone.*]

47 Le Roux de Lincy (Adrien-Jean-Victor). *Analyse critique et littéraire du Roman de Garin le Loherain, précédée de quelques observations sur l'origine des Romans de chevalerie.* — Paris, 1835, in-12.

48 Wright (Thomas). *On the French and English Chansons de geste.*
The Foreign Quarterly Review, n° XXXI (1835). Cf. ses « Essays », 1846, in-8°.

49 Ampère (Jean-Jacques). *Histoire littéraire de la France avant le xii° siècle.*
Revue des Deux Mondes, 1er janvier 1836.

50 Le Roux de Lincy (Adrien-Victor-Marie). *Le livre des Légendes. Introduction.* — Paris, 1836, in-8°. (Pp. 57-67).

51 Quinet (Edgar). *De la Poésie épique.*
Revue des Deux Mondes, 1er janvier 1836.

52 Wirth (A.). *Ueber die nordfranzösi-*

schen Heldengedichte des Karolingischen Sagenkreises.* — Programm des Gymnasiums zu Elberfeld, 1836, in-4°.

53 Michel (Francisque). *La Chanson de Roland ou de Roncevaux du xii° siècle, publiée pour la première fois d'après le manuscrit de la Bibliothèque Bodléienne d'Oxford.* — Paris, 1837, in-8.
La publication de Francisque Michel a eu une influence capitale sur les études relatives à notre épopée, et c'est à ce titre que nous la mentionnons à cette place. (Voy., plus loin, la Bibliographie du *Roland.*)

54 Bottée de Toulmon (Auguste). *De la chanson musicale en France au moyen âge.*
Annuaire historique pour l'année 1837, publié par la Société de l'Histoire de France.
P. 215 : Définition des chansons de geste.

55 Chabaille (J.-P.). *Épopées chevaleresques.*
Revue française, III (1837), pp. 342-361.

56 Quinet (Edgar). *L'Épopée française.*
Revue des Deux Mondes, 1er janvier 1837.

57 Ampère (Jean-Jacques). *Histoire de la littérature française au moyen âge : Poésie épique.*
Revue française, VIII (1838), pp. 93-109.

58 Le Glay (Edward-André-Joseph). *Fragments d'épopées romanes du xii° siècle, traduits et annotés.* — Paris, 1838, in-8°.
[Introduction, pp. 5-21.]

59 Mazuy (A.). *Roland furieux, nouvelle traduction, avec la vie de l'Arioste et des notes sur les romans chevaleresques, les traditions orientales, les chroniques, les chants des trouvères et des troubadours comparés au poème de l'Arioste..* — Paris, 1839, 3 vol. in-8°.

60 Reiffenberg (Frédéric-Auguste-Ferdinand Thomas, baron de). *Chronique rimée de Philippe Mouskés.* — Bruxelles, 1836-1838, 2 vol. in-4°.
[T. II, pp. lxxxix-cclxxx. « Des chansons de geste et des héros du cycle karolingien, mentionnés par Philippe Mouskés, considérés principalement dans leurs rapports avec la Belgique. »]
Analyse de douze de nos Chansons, etc.

61 Hasselt (André Van). *Essai sur la poésie française en Belgique jusqu'à la fin du règne d'Albert et d'Isabelle.*
Mémoires couronnés par l'Académie Royale de Bruxelles, in-4º, XIII (1838), pp. 82 et ss. [Adenès.]

62 Ampère (Jean-Jacques). *Vue générale de la littérature française au moyen âge.*
Revue des Deux Mondes, 15 juillet 1839.

63 Keller (Adelbert von). *Altfranzösische Sagen.* — Tubingue, 1839, 2 vol. in-8º. — 2ᵉ édition, Heilbronn, 1876, un vol. in-8º.

64 Ampère (Jean-Jacques). *Histoire littéraire de la France avant le xiiᵉ siècle.* — Paris et Leipzig, 1839-1840, 4 vol. in-8º.
[Fragments d'épopées populaires dans la Chronique de Turpin, t. III, pp. 429-434.]

65 Regis (G.). *Matteo Maria Bojardos verliebter Roland... verdeutscht mit Glossar und Anmerkungen.* — Berlin, 1840, in-8º.
[Voy. au Glossaire les mots Karl, Rinald, Roland, etc.]

66 Ampère (Jean-Jacques). *Histoire de la Littérature française au moyen âge, comparée aux littératures étrangères.* — Paris, 1841, in-8.

67 Wolff (O.-L.-B.). *Allgemeine Geschichte des Romans, von dessen Ursprung bis zur neuesten Zeit.* — Jena, 1841, in-8º, — 2ᵉ édit., 1850, in-8º.

68 Chasles (Philarète). *Du Roman et de ses sources dans l'Europe moderne.*
Revue des Deux Mondes, 15 mai 1842.

69 Graesse (J.-G.-T.). *Die grossen Sagenkreise des Mittelalters.* — Dresde et Leipzig, 1842, in-8º. (Voy. plus loin à l'article Bibliographie.)

70 Ideler (Julius-Ludwig). *Geschichte der altfranzösischen National-Literatur von den ersten Anfängen bis auf Franz I. Nebst zahlreichen Sprachproben. Als Einleitung zu L. Ideler's und H. Nolte's Handbuch der französischen Sprache und Literatur.* — Berlin, 1842, 2 vol. in-8º.
Tome II, p. 62-163 : Épopée française. Dissertation sur la Chronique de Turpin.

Citation de la *Chanson des Saisnes* (épisode du château de Saint-Herbert-du-Rhin). Étude sur la *Chanson de Roncevaux* et sur vingt de nos autres poèmes.

71 Paris (Paulin). *Trouvères du xiiiᵉ siècle.*
Histoire littéraire de la France, t. XX (1842), in-4º.
[Jean Bodel, pp. 605-638 ; Adenès, pp. 675-718.]

72 Schlegel (A.-W. von). — *Essais littéraires et historiques.* Bonn, 1842, in-8º.
[Pp. 343-406. « De l'origine des romans de chevalerie » ; reproduction de l' « *Étude sur le travail de Fauriel intitulé : Origine de l'Épopée chevaleresque du moyen âge,* » qui avait paru dans le *Journal des Débats* des 22 octobre, 14 novembre, 31 décembre 1833, 21 et 22 janvier 1834.]

73 Reiffenberg (Baron de). *Des armes et des chevaux merveilleux, considérés comme moyens épiques dans les poèmes du moyen âge.*
Bulletin de l'Académie royale de Bruxelles, XII (1845), 2ᵉ partie, pp. 161-186.

74 Schmidt (Fried.-Wilh.-Valent.). *Les Romans en prose des cycles de la Table ronde et de Charlemagne.*
Publié dans *Wiener Jahrbücher der Literatur,* 1825 ; traduit et annoté par le baron F. de Roisin. Saint-Omer, 1845, in-8º. (Extrait des *Mémoires de la Société des Antiquaires de la Morinie.*)

75 Rosenkranz (Karl). *Classification des poésies épiques du nord de la France.*
(Extrait traduit par F. de Roisin, en Appendice à sa traduction des *Romans en prose de F.-W.-V. Schmidt.*)
Mémoires de la Société des Antiquaires de la Morinie, VI, 1845, pp. 175-181.

76 Barrois (Jean-Baptiste). *Éléments carlovingiens linguistiques et littéraires.* — Paris, 1846, in-4º.
Quatrième section, pp. 169-328. (*Romane semiseptentrionale française*) : étude sur les Chansons de geste ; analyse de divers poèmes ; traduction de plusieurs fragments ; bibliographie.
Cf. *Revue des Deux Mondes,* 15 mars 1847.

77 Fauriel (Claude). *Histoire de la*

Poésie provençale. Cours fait à la Faculté des lettres de Paris. — Paris, 1846, trois vol. in-8°.

Cf. H. Fortoul, dans la *Revue des Deux Mondes*, 15 mai 1846, pp. 549-588.

78 **Wright** (Thomas). *Essays on subjects connected with the literature, popular superstitions and history of England in the Middle Ages.* — Londres, 1846, in-8°.

[T. I, pp. 72-123 : Essay III. « The Chansons de geste, or historical romances of the middle ages. »]

79 **Littré** (Émile). *La Poésie homérique et l'ancienne poésie française.*

Revue des Deux-Mondes, 1er juillet 1847 ; reproduit dans l'*Histoire de la langue française*, I, pp. 301-393.

80 **Ellis** (George). *Specimens of early English metrical romances to which is prefixed an historical Introduction on the rise and progress of romantic composition in France and England.* A new edition, revised by J. O. Halliwell. — Londres, 1848, in-8°.

81 **Rathaïl** (J. de). *De l'existence d'une épopée franke à propos de la découverte d'un chant populaire mérovingien.* — Paris, 1848, in-8°.

Cf. Godefroid Kurth, *Histoire poétique des Mérovingiens*. Paris, 1893, in-8°, pp. 13, 14 : « Le livre de M. de Rathaïl n'a de bon que le titre ; le reste est un tissu de rêveries et de conjectures arbitraires ».

82 **Kœrner** (Friedrich). *Keltische Studien.* — Halle, 1849, in-8°.

L'auteur croit à l'influence celtique sur l'Épopée française.

Cf. *Archiv für das Studium der neueren Sprachen*, t. VII, pp. 115-119.

83 **Saint-Marc-Girardin** (Marc Girardin, dit). *De l'Épopée chrétienne depuis les premiers temps jusqu'à Klopstock.*

Revue des Deux Mondes, 1er mai et 15 août 1849, 1er avril 1850.

84 **Paris** (Paulin). Article *Romans*, dans le « *Moyen âge, publié sous la direction de P. Lacroix et F. Seré* ». — Paris, 1850, in-4°.

85 **Demogeot** (Jacques-Claude). *Histoire de la littérature française.* — Paris, 1851, in-18,

Cycle français ou carlovingien, pp. 71-73 ; caractère religieux des Chansons de geste, pp. 73-75 ; leur caractère féodal, pp. 75-81, etc.

86 **Wilmans** (Roger). *Ueber die Chronik Alberichs.*

Archiv der Gesellschaft für die ältere deutsche Geschichtskunde, hgg. von Pertz, X (1851), pp. 237-240.

Sources poétiques d'Aubri de Trois-Fontaines.

87 **Paris** (Paulin). « Chansons de geste ». *Histoire littéraire de la France*, t. XXII (1852), pp. 259-755.

C'était le travail le plus complet que l'on eût encore publié jusque-là, et c'est encore aujourd'hui un de ceux que l'on doit toujours consulter.

88 **Le Clerc** (Victor). *Projet d'instructions du Comité de la langue, de l'histoire et des arts de la France.* (Section de philologie.) — Paris, 1853, in-8°.

Résumé de l'histoire des Chansons de geste.

89 **Littré** (Émile). *De la Poésie épique dans la société féodale.*

Revue des Deux Mondes du 1er juillet 1854 ; reproduit dans l'*Histoire de la langue française*, t. I, p. 256.

90 **Herrig** (L.). *Origines et premiers développements de la langue et de la littérature française.*

Archiv für das Studium der neueren Sprachen, t. XIX (1856), pp. 264-273.

Chansons de geste et romans épiques.

91 **Loménie** (Louis-Léonard de). *Le Roman jusqu'à l'Astrée.*

Revue des Deux Mondes, 1er déc. 1857, pp. 593-633.

Quelques mots sur les Romans de chevalerie.

92 **Roche** (Antoine). *Histoire des principaux écrivains français depuis l'origine de la littérature jusqu'à nos jours.* — Paris, 1858-1859, 2 vol. in-8°.

93 **Héricault** (Charles d'). *Essai sur l'origine de l'Épopée française et sur son histoire au moyen âge.* — Paris, 1859, in-8°.

[I. Notions préliminaires. Importance des poèmes chevaleresques. Travaux de l'érudition contemporaine ; — II. Classification ; — III. Origines de l'Épopée nationale. Les chants guerriers ou Cantilènes ; — IV. Caractères des Cantilènes primitives. Date approximative de la naissance de l'Épopée; — V. Première période de l'Épopée nationale. Transition entre la Cantilène primitive et la Chanson de gestes. Chanson de gestes primitive. Influence *historique*; — VI. Deuxième période de notre épopée : premier âge de la Chanson de gestes. Influence *poétique*; — VII. Deuxième âge : Influence *politique*; — VIII. Troisième âge : Influence *cyclique*; — IX. Procédés de la méthode cyclique. Principes de décadence.]

Œuvre de peu d'étendue et qui contient plus d'une erreur; mais très « suggestive » et qui a jeté dans la circulation beaucoup d'idées justes dont les historiens de l'Épopée française ont fait leur profit.

Cf. G. Servois, *Correspondance littéraire*, IV (1860), p. 499; — Paul Meyer, *Bibliothèque de l'École des Chartes*, 5ᵉ sér.; II (1861), pp. 84-89.

94 Paris (Paulin). *Les Chansons de geste. Discours d'ouverture du Cours de langue et littérature du moyen âge au Collège de France.*

Bulletin du Bibliophile, mars 1859, pp. 135-139.

95 Laveleye (Émile de), *Les Nibelungen, traduction nouvelle, précédée d'une étude sur la formation de l'Épopée.* — Paris et Bruxelles, 1861, in-18.

96 Meyer (Paul). *Les Anciens poètes de la France.*

Correspondance littéraire, V (1861), pp. 289-294; 316-320.

Examen critique des textes publiés dans la Collection des *Anciens poètes de la France*, sous la direction de F. Guessard.

97 Le Clerc (Victor). *Discours sur l'état des lettres en France au xivᵉ siècle. Histoire littéraire*, XXIV (1862), pp. 1-602; et tirage à part. — Paris, 1865, in-4º.

98 Semmig (H.). *Geschichte der französischen Literatur im Mittelalter.* — Leipzig, 1862, in-8º.

[Pp. 100-107 : Der karolingische Sagenkreis.]

99 Bulfinch (Thomas). *Legends of Charlemagne or Romance in the Middle Ages.* — Boston, 1863.

100 Littré (Émile). *Histoire de la langue française. Études sur les origines, l'étymologie, la grammaire, les dialectes, la versification et les lettres au moyen âge.* — Paris, 1863, 2 vol. in-8. 6ᵉ éd. 1873.

[T. I, pp. 256-300 : « De la poésie épique dans la société féodale » (article publié dans la *Revue des Deux-Mondes*, 1ᵉʳ juillet 1854). — T. I, pp. 301-393 : « La poésie homérique et l'ancienne poésie française » (fragment de traduction de l'*Iliade*, publié dans la *Revue des Deux Mondes*, 1ᵉʳ juillet 1847). — T. II, pp. 384-422. *Girart de Roussillon* (article publié dans le *Journal des Savants*, avril et mai 1860).]

101 Moland (Louis). *Origines littéraires de la France.* — Paris, 1863, in-8º.

102 Meyer (Paul). — *A propos d'une élection récente à l'Académie des inscriptions et belles-lettres.*

Correspondance littéraire, janvier 1864, pp. 75-79.

Critique des publications de Prosper Tarbé qui ont pour objet les Chansons de geste.

103 Paris (Paulin). *Étude sur les Chansons de geste et sur le Garin le Loherain de Jean de Flagy.*

Le Correspondant, 1864, et tirage à part. Paris, 1863, in-8º.

104 Beauvois (Eugène). *Les chants héroïques des Franks.*

Revue contemporaine, t. LXXXIII (1865), pp. 5-31.

105 Roux. *Transformation épique du Charlemagne de l'histoire.*

Actes de l'Académie de Bordeaux, 1865, 1ᵉʳ trimestre, pp. 73-108.

106 Ludlow (John Malcolm). *Popular Epics of the Middle Ages of the North-German and Carlovingian cycles.* — Londres, 1865, 2 vol. in-16.

[3ᵉ partie; tome I, pp. 342-427 et tome II. « The French or Carlovingian cycle ».]

107 Paris (Gaston). *Histoire poétique de Charlemagne.* — Paris, 1865, in-8º.

Cf. K. Bartsch. *Germania*, XI (1866), pp. 224-229; — P. Meyer, *Bibliothèque de l'École des Chartes*, XXVIII, 1867, pp. 29-63 et 304-322. — *Literarisches-Centralblatt*, 1867, col. 240-243, etc.

108 Zingerle (W.). *Karl der Grosse nach der deutschen Sage.*

Oesterreichische-Wochenschrift, VI, 1865, pp. 225-233, 262-268.

109 Gautier (Léon). *Les Épopées françaises.* — Paris, 1865-1869, 3 vol. in-8º.

Cf. P. Meyer, *Bibliothèque de l'École des Chartes*, XXVIII, 1867, pp. 322-342. — K. Bartsch.

Revue critique, I (1866), pp. 406-414 et II 1867),
pp. 259-265;—P. Meyer, *Ibidem*, II (1867), pp. 265-
267; — F. Liebrecht, *Gœttinger gelehrte Anzeigen*, I (1868), pp. 413-437; — A. Ravelet, *Le
Monde*, 30 nov. 1868 ; — Marius Sepet, *Polybiblion*, I (1868), pp. 28-31, et II (1869), pp. 341-343;—
D'Arbois de Jubainville, *Bibliothèque de
l'École des Chartes*, XXX (1869), pp. 698-700, etc.

110 **L.....** (Th.). *Ancient Literature
of France. Quarterly Review*, vol. 120
(1866), pp. 282-323.

D'après les principales publications récentes sur l'Épopée française.— Cet article a été
traduit dans la *Revue Britannique*, janv. 1868,
pp. 5-49.]

111 **Tobler** (Adolf). *Ueber das volksthümliche Epos der Franzosen. Oeffentli-
che Vorlesung.*
*Zeitschrift für Völkerpsychologie und
Sprachwissenschaft*, IV (1866), pp. 139-210.

112 **Beauvois** (Eugène) *Histoire légendaire des Francs et des Burgondes aux
IIIᵉ et IVᵉ siècles*. — Paris, 1867, in-8°.

113 **Ampère** (Jean-Jacques). *Mélanges
d'histoire littéraire et de littérature*. —
Paris, 1867, 2 vol. in-8°.

114 **Boissier** (Gaston). *Les théories
nouvelles du Poème épique.*
Revue des Deux Mondes, 15 fév. 1867,
pp. 848-879.

A propos de l'*Histoire poétique de Charlemagne* de G. Paris et des *Epopées françaises*
de L. Gautier.

115 **Diehl** (F.). *Die Karlssage in der altfranzösischen Poesie, namentlich im Heldengedicht*. — Programm der höheren Bürgerschule. — Marienwerder, 1867, in-4°.

116 **Meyer** (Paul). *Recherches sur
l'Épopée française.*
Bibliothèque de l'École des Chartes,
XXVIII (1867), pp. 28-63 ; et 304-342.

A propos de l'*Histoire poétique de Charlemagne* de G. Paris et des *Epopées françaises*
de L. Gautier.

117 **Hallbæck** (H.). *Försök till en
framställning af medeltidsromances utveckling*. — Lund, 1867.

118 **Paris** (Gaston). *Les Origines de la
littérature française.*
Revue des Cours littéraires, IV (1867-
1868). — Réimprimé dans la première série
de la *Poésie du moyen âge*.

119 **Pornin** (Raymond). *Essai sur l'esprit épique et satirique au moyen âge.*
*Recueil des publications de la Société
havraise d'Études diverses* (1867, 34ᵉ année). — Le Havre, 1868, pp. 99-142.

120 **Chardon** (Henri). *Sur l'Épopée ou
le poème épique.*
*Bulletin de la Société d'agriculture,
sciences et arts de la Sarthe*, 2ᵉ série,
t. XI (1867-1868), pp. 719-722.

121 **Canalejas** (Fr. de P.). *La Poesia
epica en la antiguedad y en la edad
media.*
Revista Mensual, 15 mai, 15 juillet,
15 août, 15 octobre et 15 novembre 1868 ;
et tirage à part : Madrid, 1869, in-4°.

122 **Sepet** (Marius). *L'Épopée française. Revue des Questions historiques*, V
(1868), pp. 576-583.

A propos de l'*Histoire poétique de Charlemagne* de G. Paris et des *Epopées françaises*
de L. Gautier.

123 **Steinthal** (H.). *Das Epos.*
*Zeitschrift für Völkerpsychologie und
Sprachwissenschaft*, V (1868), pp. 1-57.

124 **Paris** (Paulin). *Anonymes, auteurs
des Chansons de geste renouvelées de la
première croisade.*
Histoire Littéraire, XXV (1869), pp. 507-
510.

Introduction à l'étude du Cycle de la croisade au XIVᵉ siècle.

125 **Uhland** (Ludwig). *Uhland's Schriften zur Geschichte der Dichtung und Sage.*
— Stuttgart, 1869, in-8°.

T. IV, p. 327-406 : « *Ueber das altfranzösische Epos* ». Cet article que nous avons
signalé plus haut (n° 19) avait paru pour la
première fois dans *Die Musen. Eine norddeutsche Zeitschrift* : Berlin, III (1812),
pp. 59-109 et IV (1813), pp. 101-155.

Réimprimé ici avec des notes de W.-C.
HOLLAND.

[T. VII, p. 624-666 : « *Sagengeschichte der
germanischen und romanischen Völker*. »
2ᵉ partie : « *Zur romanischen Sagengeschichte*».]

126 **Foss** (R.). *Zur Carlssage*. — Berlin,
1869, in-4°.

127 **Albert** (Paul). *Les Épopées du
moyen âge.*

Revue des Cours littéraires, 15 novembre 1870.

128 Chasles (Emile). *Histoire nationale de la littérature française. Origines.* — Paris, 1870, in-8°.

Cf. *Revue Critique*, 1872, n° 33.

129 Benloew (L.). *De l'Épopée.* — Dijon, 1870, in-8°.

130 Joly (Aristide). *Les métamorphoses de l'Épopée latine au moyen âge.* — Paris, 1870, in-8°.

Extrait de la *Revue contemporaine*, 30 avril et 15 mai 1870.

131 Potvin (Charles). *Nos premiers siècles littéraires.* — Bruxelles, 1870, in-8°. [T. I, treizième conférence : *Les Trouvères.*]

132 Révillout (Charles). *La Littérature du moyen âge et le Romantisme. Leçon d'ouverture du Cours de littérature française à la Faculté des lettres de Montpellier; année 1869-1870.*

Revue des langues romanes, I (1870), pp. 169-185.

133 Hofmann (Konrad). *Ueber das Haager Fragment.*

Sitzungsberichte der Akademie der Wissenschaften zu München, I (1871), pp. 328-342.

Nous indiquons ici ce travail d'Hofmann malgré son caractère *spécial*. Il a eu une véritable importance *générale* et a servi à fixer la date probable de nos premières chansons.

134 Lenient (Ch.). *La Poésie patriotique en France : l'Épopée nationale.*

Revue politique et littéraire, 8 juillet 1871, pp. 35-42. — Réimprimé dans le livre de l'auteur : *La Poésie patriotique en France.*

135 Cox (George) et **Jones** (Eustace-Hinton). *Popular romances of the Middle age.* — Londres, 1871, in-8°.

Cf. G. Masson, *Polybiblion*, 1872, 1ʳᵉ part., p. 107.

136 Gautier (Léon). *La Littérature au commencement du XIIIᵉ siècle.*

Le Monde, 24 juillet 1872 : article reproduit dans la *Revue de l'art chrétien*, XV (1872), pp. 299-313.

137 Elsener (C.). *Die Beziehungen zwischen der deutschen und der französischen Poesie im Mittelalter.* I. *Das Rittergedicht.* II. *Das Thierepos.* — Zug, 1873 et 1879, in-4°.

138 Wesselowsky (A.). *Les Romans du moyen âge.*

Journal du Ministère de l'Instruction publique (de Russie), février 1873.

139 Ebert (Adolf). *Allgemeine Geschichte der Literatur des Mittelalters im Abendlande.* Leipzig, 1874-1885.

Le tome premier d'une seconde édition a paru en 1889.

Une traduction française par Joseph Aymeric et Jules Condamin a été publiée à Paris en 1883-1889 : 3 vol. in-8°

140 Masson (G.). *French medieval Romances.*

The educational Review of the French language, 1874.

141 Gidel (Charles). *Histoire de la littérature française depuis son origine jusqu'à la Renaissance.* — Paris, 1875, in-8°.

142 Matthes (J.-C.). *De oudste epische Poezie der Franschen. (De Karelgedichten.)* — Groningue, 1875, in-8°.

143 Moland (Louis). *La Fille de Roland et les vieilles Chansons de geste.*

Le Français, 8 mars 1875.

144 Aubertin (Charles). *Histoire de la langue et de la littérature française au moyen âge, d'après les travaux les plus récents.* — Paris, 1876, in-8°. ; 2ᵉ éd., 1885.

Cf. G. Paris. *Romania*, VI (1877), pp. 454-466.

145 Laun (Henry von). *History of French literature.* — Londres, 1876-78. 3 vol. in-8° ; 2ᵉ éd. 1883. [T. I. France, its origine to the Renaissance.]

146 Cœuret (L.). *Nouvelle définition de l'Épopée de plusieurs peuples.*

L'Investigateur, 1876, pp. 31-40.

147 Goulier (G.). *Les Chansons de gestes.*

Revue de l'Enseignement chrétien, 1876.

148 Graf (Arthur). *Dell' epica francese nel medio evo.*

Nuova Antologia, octobre 1876.

149 Remmers (Karl). *Die epische Poesie bei den alten und den modernen Völ-*

kern. Eine Parallele. — Nienburg, 1876, in-4°.

150 Clédat (Léon). *Cours de Littérature du moyen âge professé à la faculté des lettres de Lyon. Leçon d'ouverture.* — Paris, 1877, in-8°.

151 Bethancourt (abbé). *Des Chansons de geste en général et de la* Chanson de Roland *en particulier.* — Naples, 1877, in-8°.

152 Nicolai (F.-A.). *Die Beziehungen zwischen der deutschen und der französischen Poesie im Mittelalter.* — Programm der Realschule zu Meerane — Meerane, 1877, in-4°. Cf. le n° 137.

Cf. *Archiv für das Studium der neueren Sprachen und Literaturen,* LIX, p. 471.

153 Pardo Bazan (Dona E.). *Las epopeyas cristianas.*
La Ciencia cristiana, avril et mai 1877.

154 Prat (H.). *Etudes littéraires : Moyen âge,* xıv° *et* xv° *siècles.* — Paris, 1877, 2 vol. in-8.

155 Ricagni (Giovanni). *La Fioritura dell' epica francese nel medio evo e la* Chanson de Roland *comparata coi poemi italiani che trattano la Rotta di Roncesvalle.*
Il Propugnatore, X (1877), pp. 90-117, 228-280 ; XI (1878), pp. 77-139.

156 Demolins (E.). *Les Chansons de geste au moyen âge.*
L'Univers, 15 mars 1878.

157 Fontana (Giacinto). *L'Epopea e la Filosofia della Storia.* — Mantoue, 1878, in-8°.

Cf. L. Gaiter, *Il Propugnatore,* 1878, pp. 494-503.

158 Gautier (Léon). *Les Épopées françaises. Étude sur les origines et l'histoire de la littérature nationale.* Seconde édition, entièrement refondue. — Paris, 1878-1894, 4 vol. in-8°.

Cf. D'Arbois de Jubainville, *Bibliothèque de l'Ecole des Chartes,* XXXIX (1878), pp. 512-514. — *Literarisches Centralblatt,* juillet-sept. 1878 : — Milà y Fontanals. *La Academia,* III, n° 22 (15 juin 1878) ; — F. Liebrecht et K. Bartsch, *Germania,* XXIII 1878), pp. 361-365, et XXVI (1881), pp. 365-369 ; — Boehmer, *Romanische Studien,* III (1878), pp. 367-369 ; — E. Drumont, *Journal officiel,* 12 mars 1878 ; — Marius

Sepet, *L'Union,* 8 mars 1878; — R. Saint-Maur, *Revue du Monde catholique,* 10 mars 1878; — *Le Français,* 24 juin 1878 ; — F. Baudry, *Journal des Débats,* 4 janvier 1879 ; — Stengel, *Literaturblatt für germanische und romanische Philologie,* 1881, février, col. 66-67 ; — De Puymaigre, *Polybiblion* (février 1883), pp. 113-116 ; — *Romania,* avril 1893 et juillet-septembre 1894. Etc.

Le plan du livre est le suivant : « Les tomes I et II renferment une histoire externe des chansons de geste ; le tome III est consacré à la geste du Roi, et le tome IV au cycle de Guillaume. »

159 Berton (Paul). *De l'Épopée française au moyen âge.* — Besançon, 1879, in-8°.

160 Bonnard (J.). *Des origines de l'Épopée en France.*
Revue Suisse, VII (1880), n° 9.

161 Puymaigre (comte Th. de). *Les poèmes chevaleresques.* — Paris, 1880, in-8°.
Extrait du *Correspondant.*

Cf. *Nuove effemeridi Siciliane,* août 1880.

162 Vinson (Julien). *Éléments mythologiques dans les pastorales basques.*
Revue de l'Histoire des Religions, I (1880), pp. 139-141.

Indication des sujets empruntés aux légendes chevaleresques : Charlemagne, Roland et les douze Pairs, les quatre fils Aymon, Godefroi de Bouillon.

163 Bader (Clarisse). *Les Épopées françaises.*
Revue du Monde catholique, 1881.

164 Morf (H.). *Die Chansons de geste.*
Beilage zur Frankfurter Zeitung, n° 316 (12 novembre 1881).

165 Engel (Edouard). *Geschichte der französischen Litteratur von ihren Anfängen bis auf die neueste Zeit.* — Leipzig, 1883, in-8°, 2° édition, 1888.
[Chap. II. Die altfranzösische Heldendichtung.]

Cf. Stengel, *Frankfurter Zeitung,* 1887, n° 292.

166 Gubernatis (Angelo de). *Storia universale della letteratura.* — Milano, 1883, 2 vol. in-8°.
[V. Storia della poesia epica. L'epopea francese. — VI. Florilegio epico.]

167 Nyrop (Kristoffer). *Den oldfranske Heltedigtning.* Histoire de l'Épopée française au moyen âge, accompagnée d'une bibliographie détaillée. — Copenhague, Heilbronn et Paris, 1883, in-8°.

Cf. E. Wahlund. *Nordisk Revy*, 15 octobre 1883 ; — E. Beauvois. *Revue des Questions histor.*, 1er juil. 1884, pp. 362-363 ; — G. Paris, *Romania*, XIV (1885), pp. 143-146.

Cf. la traduction italienne, dont nous donnons plus loin (n° 181) une Notice détaillée et à laquelle se réfèrent toutes nos citations.

168 **Scherer** (Wilhelm). *Geschichte der deutschen Literatur.* — Berlin, 1883, in-8° ; 5e édition, 1889, in-8°.

[Pp. 101-194 : L'Épopée populaire et chevaleresque.]

169 **Voigt** (Ludwig). *Die Mirakel der Pariser Hs. 819, welche epische Stoffe behandeln, auf ihre Quellen untersucht.* — Leipzig, 1883, in-8°.

170 **Kœrting** (G.). *Encyclopädie und Methodologie der romanischen Philologie, mit besonderer Berücksichtigung des Französischen und Italienischen.* — Heilbronn, 1884-1888, 4 vol. in-8°.

[T. III (1886), pp. 370-382.]

171 **Rajna** (Pio). *Le origini dell' Epopea francese.* — Firenze, 1884, in-8°.

[Introduzione. L'Epopea e le sue origini : I. L'Epopea germanica nelle età più remote ; II. La leggenda di Childerico ; III. Clodoveo ; IV. Teodorico e Teodeberto ; V. La guerra Sassone di Clotario e Dagoberto ; VI. Floovent ; VII. Gisberto dal Fiero Visaggio ; VIII. Sibilla, IX. Carlo Magno e Carlo Martello ; X. Moduli comuni all' Epopea carolingia e alla merovingia ; XI. La lingua dell' Epopea nell' età merovingia ; XII. L'Epopea carolingia continuatrice della merovingia ; XIII. Le origini primitive. XIV. Un' obbiezione vana ed alcune conferme ; XV. Epopea francese ed epopea germanica ; XVI. Figliazione e contatti ; XVII. Le cantilene ; XVIII. La Ritmica dell' Epopea ; XIX. Estensione originaria e propagazione dell' Epopea.— Conclusione.]

Cf. Ascoli : Rapport sur les « *Origini dell' Epopea francese* », de Pio Rajna, présentées pour le prix de philologie décerné par l'Académia dei Lincei (*Romania*, t. X (1881), pp. 453-455) ; — A. Darmesteter. *Revue critique*, 15 décembre 1884, pp. 489-501 ; — F. Bangert, *Literaturblatt für germanische und romanische Philologie*, mars 1884 ; — G. Paris, *Romania*, t. XIII (1884), pp. 598-627. (Ce dernier article est un travail considérable où l'on trouve un résumé très développé de l'œuvre de Rajna.) Etc.

172 **Boissier** (G.). *Les Épopées françaises du moyen âge.*

Revue des Deux Mondes, 15 juillet 1884. [A propos du livre de Rajna.]

173 **Saintsbury** (G.). *A short history of French literature.* — Oxford, 1884, in-8°.

174 **Borinski** (K.). *Das Epos der Renaissance.*

Vierteljahrsschrift für Kultur und Literatur der Renaissance, I (1885), n° 2.

175 **Paris** (Gaston). *La Poésie du moyen âge. Leçons et lectures.* — Paris, 1885, in-18 ; 2e éd., 1887.

Cf. *The Academy*, 11 juillet 1885. — Brunetière, *Revue des Deux Mondes*, 1er juin 1885. — Tobler, *Deutsche Litteraturzeitung*, 1883, p. 14-16.

176 **Puymaigre** (comte Th. de). *Les Chansons de geste françaises.*

Folk-lore, 1885, pp. 316-343.

177 **Wesselowsky** (A.). *Nouvelles recherches sur l'Épopée française.*

Revue du Ministère de l'Instruction publique (de Russie), mars-avril 1885.

178 **Rajna** (Pio). *Contributi alla storia dell' Epopea e del Romanzo medievale :*

1er article : *Le origini dell' epopea francese secondo A. G. Schlegel. — Il Fauriel e la cosiddetta teorica delle Cantilene.—Ci fait la geste que Turoldus declinet. — Due pretesi dati cronologici per la storia della Chanson de Roland.*

Romania, XIV (1885), pp. 398-420.

2e article. — *Gli eroi brettoni nell' onomastica italiana del secolo XII.*

Romania, XVII (1888), pp. 161-185.

3e article. — *L'onomastica italiana e l'Epopea carolingia.*

Romania, XVIII, 1889, pp. 1-69.

179 **Castets** (Ferdinand). *Recherches sur les rapports des Chansons de geste et de l'Épopée chevaleresque italienne.*

Revue des langues romanes, XXVII (1885), et XXVIII (1886) ; tirage à part, Paris, 1887, in-8°.

Fragments considérables de *Maugis d'Aigremont*, de *Vivien l'aumachour de Monbranc*, etc.

Cf. P. Meyer, *Romania*, XV, p. 626 et XVI, p. 603. — M. Castets fit paraître des Notes additionnelles en réponse à ce Compte rendu dans la *Revue des Langues romanes*, XXXI (1887), pp. 168-170. Cf. XXXII, p. 473.

180 Bornhak (C.). *Geschichte der französischen Litteratur von den ältesten Zeiten bis zum Ende des zweiten Kaiserreichs.* — Berlin, 1884, in-8°.

181 Nyrop (Cristoforo). *Storia dell' Epopea francese nel medio evo. Prima traduzione dall'originale danese di Egidio Gorra. Con aggiunte e correzioni fornite dall' autore, con note del traduttore e una copiosa bibliografia.* — Turin, 1886, in-8°. (Le titre porte à tort 1888.)

[Libro primo : L'Epopea nel suo sviluppo storico. I. Origine dell' Epopea; II. Fioritura dell' Epopea; III. Decadenza dell' Epopea. Libro secondo : Poemi eroïci. Divisione dei Poemi eroïci : I. Il ciclo nazionale : 1° poemi merovingi. — 2° poemi carolingi : a. La geste du Roi. b. La geste de Guillaume. c. La geste de Doon. — 3° Poemi capetingi. — 4° Poemi provinciali : Gestes lorraine, bourguignonne, de Saint-Gilles, de Blaives, etc. — 5° Poemi della Crociata. II. Il ciclo straniero : 1° Poemi celtici, 2° classici. III. L'Epopea fuori della Francia. Libro terzo. Osservazioni letterarie e linguistiche. I. Troveri e giullari. II. Struttura e sviluppo dei poemi epici. III. Valore dell' epopea. IV. Storia, poesia e mito. V. Osservazioni metriche e linguistiche. Appendici. a. Alberi genealogici, b. Bibliografia : 1° parte generale; 2° parte speciale.] (Toutes nos citations se rapportent à cette édition.)

Cf. Crescini, *Rivista critica della letteratura italiana*, III, mai 1886; — G. Paris, *Romania*, XII (1883), p. 634. — A. Thomas, *Revue critique*, 1887, 1er sem., pp. 208-209. — Th. de Puymaigre, *Revue des Questions historiques*, 1888, 1er vol., pp. 662-664, etc.

182 Paris (Gaston). *Publications de la Société des Anciens textes français (1872-1886). Les chansons de geste. Aiol ; Elie de Saint-Gilles ; Daurel et Beton ; Raoul de Cambrai ; La mort Aimeri de Narbonne ; Aimeri de Narbonne.* *Journal des Savants*, 1886, 3 articles publiés à part.

183 Osterhage (Georg). *Anklänge an die germanische Mythologie in der altfranzösischen Karlssage.* *Zeitschrift für romanische Philologie.* IX (1886), p. 1, p. 185, p. 327; XII, p, 364. Cf. G. Paris, *Romania*, XVIII, p. 324.

184 Süpfle (Th.). *Geschichte des deutschen Kultureinflusses auf Frankreich, mit besonderer Berücksichtigung der litterarischen Einwirkung.*

I. Band. Von den ältesten germanischen Einflüssen bis auf die Zeit Klopstocks. — Gotha, 1886, in-8°.

Cf. *Romania*, XV (1886), p. 614. — *Zeitschrift für vergl. Lit.*, I, pp. 334-339 ; — *Litterarisches Centralblatt*, 1887, p. 281 ; — *Deutsche Literaturzeitung*, 1887, p. 129 ; — *Revue critique*, nouvelle série, XXVI, pp. 513-518.

185 Tedder (H.-R.) et **Kerney** (M.). *The Encyclopedia Britannica*, 9e éd. — Edimbourg, vol. XX, 1886, pp. 649-653, 660, 661 (article *Romance*).

186 Weddingen (Dr Van). *Les Épopées chevaleresques.* *Revue générale* (belge), août 1887.

187 Dunlop (John Colin). *The history of Fiction.* Nouvelle édition, augmentée par H. Wilson. — Londres, 1888, 2 vol. in-12. (Cf. la 1re éd. en 1816 ; no 25.) Cf. R. Kœhler. *Deutsche Literaturzeitung*, 1890.

188 Franke (Carl). *Ueber die Verwendbarkeit religiöser Stoffe im Epos mit besonderer Berücksichtigung des deutschen Epos.* *Zeitschrift für deutsch. Unterricht*, III.

189 Golther (W.). *Die Wielandssage und die Wanderung der fränkischen Heldensage.* *Germania*, XXXIII (1888), pp. 449-480. Légende du forgeron Galant qui se retrouve dans un certain nombre de nos chansons de geste.

190 Paris (Gaston). *Manuel d'ancien français. La littérature française au moyen âge.* — Paris, 1888, in-18. — 2e édit. revue, corrigée, augmentée et accompagnée d'un Tableau chronologique. Paris, 1890; in-18. [Chap. I. L'Epopée nationale, pp. 33-72.]

Cf. A : Birch-Hirschfeld, *Literaturblatt für germanische und romanische Philologie*, août 1889, pp. 293-295; — E. Koschwitz, *Gœttinger gelehrte Anzeigen*, 1889, n° 13, et *Zeitschrift für französische Sprache und Literatur*, XII, 1 et 86; — *Zeitschrift für deutsches Alterthum und deutsche Literatur*, 1889, p. 33; — W. Foerster, *Literaturblatt für germanische und romanische Philologie*, 1889, pp. 263-273; — J. Frank, *Zeitschrift für französische Philologie*, XII, pp. 1-4.

C'est par ce livre, à la fois très élémentaire et très érudit, qu'il convient, ainsi qu'on l'a dit plus haut, de commencer l'étude des Chansons de geste. Nulle œuvre n'est plus

« au courant », et ne donne une idée plus juste de notre littérature épique.

191 Junker (Heinrich), *Grundriss der Geschichte der französischen Litteratur von ihren Anfängen bis zur Gegenwart.* — Münster, 1889, in-8°.

[Pp. 20-74 : période de l'Epopée populaire (1050-1170). Pp. 75-116 : période de l'Epopée courtoise (1170-1259). Pp. 117-162 : période de l'Epopée allégorique et moralisée (1250-1450).

192 Kreyssig (Fr.). *Geschichte der französischen Nationallitteratur; sechste Auflage. I. Band : Geschichte der franzö-sischen Nationallitteratur von den ältesten Zeiten bis zum sechzehnten Jahrhundert.* bearbeitet von A. Kressner. — Berlin, 1889, in-8°.

[Pp. 70-154. Chap. III : l'ancienne Epopée française ; chap. IV-VI : les Chansons de geste.]

193 Notes sur la poésie épique en Grèce, à Rome, en France. — Angers, 1889, in-12.

194 Grœber (G.). *Zum Haager Bruch-stück.*
Archiv für das Studium der neueren Sprachen und Litteraturen, LXXXIV, 1890. pp. 291-322.

Cf. G. Paris, *Romania,* XIX (1890), pp. 620-621. — Nous avons dit plus haut (n° 133) pourquoi les travaux sur le fragment de la Haye présentent à nos yeux un intérêt véritablement « général ».

195 Hayden (Miss M.). *The Chansons de geste.*
The Dublin Review, juillet 1890, pp. 36-53.

196 Kugler. *Compte rendu des « Ano-nymi Gesta Francorum »,* publiés par H. Hagenmeyer.
Deutsche Literaturzeitung, 1890, col. 509.

Quelques remarques sur le rapport des Chroniques et des Chansons de geste. Cf. *Ro-mania,* XX (1891), p. 369.

197 Meyer (Paul). *Discours prononcé à l'Assemblée générale de la Société de l'Histoire de France,* le 6 mai 1890.
Annuaire-Bulletin de la Société de l'His-toire de France, XXVII (1599), pp. 82-106.

De la place des Chansons de geste dans l'histoire de France.

198 Orterhage (G.). *Studien zur frän-kischen Heldensage.*
Zeitschrift für romanische Philologie, XIV (1890), pp. 344-362.

199 Saltzmann (Hugo). *Der historisch-mythologische Hintergrund und das System der Sage im Cyclus des Guillaume d'Orange und in den mit ihm verwandten Sagenkrei-sen.* — Kœnigsberg, 1890, in-4°.

Cf. Osterhage, *Zeitschrift für neufranzœsische Sprache und Literatur,* XII, 133-134.

200 Wolf (Ferdinand). *Kleinere Schrif-ten, zusammengestellt von Edmond Stengel.* — Marbourg, 1890, in-8°.
Ausgaben und Abhandlungen, n° LXXXVII.

[Pp. 186-188 ; Comptes rendus de deux publi-cations de Conrad Hofmann : Fragment de. *Guillaume d'Orange* et *Amis et Amiles.*]

201 Kurth (Godefroi), *Histoire poétique des Mérovingiens.* — Paris, Bruxelles et Leipzig, 1893, in-8° (publié sous le cachet de la Société bibliographique).

Bien que cet ouvrage dépasse la date à laquelle nous arrêtons notre bibliographie (1890), son importance ne nous a pas permis de le passer sous silence,

———

II. — L'ÉPOPÉE FRANÇAISE
A L'ÉTRANGER
—
GÉNÉRALITÉS

202 Ampère (J.-J.). *De la littérature française au moyen âge dans ses rapports avec les littératures étrangères.*
Revue des Deux-Mondes, 1er janvier 1833.

Nous ne mentionnons cet article à cette place que comme un des premiers essais de synthèse sur la matière.

203 Paris (Gaston). *Histoire poétique de Charlemagne,* Paris, 1865, in-8°.
[La légende de Charlemagne en Allemagne, pp. 118-135 ; dans les Pays-Bas, 135-147 ; dans les pays scandinaves, 147-154 ; en An-gleterre, 154-159 ; en Italie, 159-203 ; en Es-pagne, 203-219.]

204 Gautier (Léon). *Les Épopées françaises*, 1re éd. Paris, 1865-1868, trois vol. in-8°; 2e éd. Paris, 1878-1894, quatre vol. in-8°.

[Les Chansons de geste en Italie, en Angleterre, en Allemagne, en Néerlande, en Suède, en Norvège, en Islande, au Danemark, chez les Slaves et chez les Hongrois, en Espagne, 1re édition, I, pp. 428-445. — Voyages de l'Epopée française : 1° en Allemagne, 2e édition, II, pp. 272-292; 2° en Néerlande, 293-301 ; 3° en Angleterre, 302-309; 4° aux pays scandinaves, 310-325 ; 5° en Espagne, 326-344 ; 6° en Italie, 345-397.

205 Nyrop (Kristoffer). *Den oldfranske Heltendigtning*, Copenhague, 1883, in-8°. — Traduit en italien : *Storia dell' Epopea francese nel medio evo, prima traduzione dall' originale danese*, di Egidio Gorra, Turin, 1886, in-8°.

Voir dans l'édition danoise le chapitre III du livre II : « Heltedigtene udenfor Frankrig », pp. 264-284, et dans la traduction italienne : *L'Epopea fuori della Francia*, pp. 253-271.
On n'indique ici que les ouvrages *les plus synthétiques* sur l'Epopée française à l'étranger. Pour chaque pays en particulier, voir ci-dessous.

ALLEMAGNE

On pourra consulter, sur l'Épopée française et son influence en Allemagne, les travaux généraux qui viennent d'être mentionnés: l'*Histoire poétique de Charlemagne*, de G. Paris, pp. 118-135; les *Épopées françaises*, 2e éd., t. II, pp. 272-292; la *Storia dell' Epopea francese*, de C. Nyrop, pp. 264-266, etc. — Puis, on aura nécessairement recours aux travaux spéciaux sur le *Ruolandes liet* (éditions de W. Grimm et de K. Bartsch, etc.); — sur le *Karl* du Stricker (édition de K. Bartsch, etc.); — sur le *Willehalm* de Wolfram d'Eschenbach (publications de San-Marte, de Clarus, etc.); — sur le *Karl Meinet* (édition d'Adelbert von Keller et commentaire développé de K. Bartsch : *Ueber Karl Meinet*, etc., etc.).

206 Koberstein (Aug.). *Grundriss zur Geschichte der deutschen National litteratur*. — Leipzig, 1827. 6e édition, publiée par K. Bartsch, 1884, in-8.

207 Gervinus (G.-G.). *Geschichte der poetischen National-Literatur der Deutschen*. — Première édition, Leipzig, 1835-1842, cinq volumes in-8°. — Une quatrième édition, refondue, a paru sous le titre : *Geschichte der deutschen Dichtung* (Leipzig, 1853, in-8°). Une cinquième édition a été publiée en 1871.

Gervinus a traité de l'Épopée française dans le tome I de sa 1re édition, pp. 137-152 et dans le tome I de sa seconde édition, pp. 176-191. Cf., dans sa quatrième édition, son étude sur le *Ruolandes liet* et l'œuvre du Stricker (I, pp. 231-248), etc.

208 San-Marte (A.) = Schulz. *Leben und Dichtung Wolframs von Eschenbach*. — Magdebourg, 1836 et 1841. 2 vol. in-8°.

209 Grimm (Wilhelm). *Ruolandes liet... mit einem Facsimile und den Bildern der Pfälzischen Handschrift*. — Gœttingue, 1838, in-8°.

210 Bartsch (Karl). *Karl der Grosse von dem Stricker*. — Quedlinburg et Leipzig, 1852, in-8°.

211 Jonckbloet (W.-J.-A.). *Guillaume d'Orange, chansons de geste, publiées pour la première fois*. — La Haye, 1854, 2 vol. in-8.

[Voy. le tome II, pp. 214-223.]

212 Keller (Adelbert von) *Karl Meinet*. — Stuttgard, 1858, in-8°. (Bibliothek des literarischen Vereins in Stuttgart, n° XLV.)

213 Gœdeke (Karl). *Deutsche Dichtung im Mittelalter*. — Hanovre, 1854, in-8°.

[Pp. 679-706 : Die Kerlingischen Sagen.]

214 Bonstetten (baron de). *Romans et épopées chevaleresques de l'Allemagne au moyen âge*. — Paris, 1847, in-8°.

215 Wackernagel (W.). *Geschichte der deutschen Litteratur*. — Bâle, 1848, in-8°. — 2e édition, Bâle, 1875.

216 Menzel (Wolfgang). *Deutsche Dichtung von den ältesten bis auf die neueste Zeit*. — Stuttgart, 1858, in-8°

[Pp. 40-70 : Die Kerlingischen Heldenlieder.]

217 Bartsch (Karl). *Ueber Karl Meinet, ein Beitrag zur Karlssage*. — Nuremberg, 1865, in-8°.

218 Clarus (Ludwig) = Wilhelm Volk. *Herzog Wilhelm von Aquitanien, ein Grosser der Welt, ein Heiliger der Kirche, und ein Held der Sage und Dichtung*. Munster, 1865, in-8°.

219 Gœdeke (Karl). *Grundriss zur Geschichte der deutschen Dichtung.* — Hanovre, 1862, in-8°; 2° éd., Dresde. 1884, in-8°.

[Le *Ruolandslied*, pp. 64, 65 de la 2° édition ; *Karl Meinet*, pp. 65-66; le Stricker, pp. 105-107; *Kaiserchronik*, pp. 58, 59, 63.]

220 Bartsch (Karl). *Das Rolandslied.* Leipzig, 1874. in-8°.

221 Scherer (W.). *Geschichte der deutschen Litteratur.* — Berlin, 1883, in-8° (5° éd., 1890).

[Pp. 143-194. Die hœflschen Epen.]

222 Henning (R.). *Nibelungenstudien.* Strasbourg, 1883, in-8°.

[Chap. II, pp. 19-61 : Die Wiedergeburt des Epos.]

ANGLETERRE

On devra consulter, sur l'Épopée française et son influence en Angleterre, les travaux généraux qui ont été mentionnés ci-dessus et que, pour plus de clarté, nous croyons nécessaire de signaler de nouveau à l'attention des débutants : l'*Histoire poétique de Charlemagne* de G. Paris, pp. 154-159, et surtout, du même auteur, un article de la *Romania*, 1882, pp. 149-153, qui offre un véritable résumé de l'histoire de notre épopée en Angleterre; nos *Épopées françaises*, 2° édition, t. II, pp. 302-309; la *Storia dell' Epopea francese nel medio evo*, de C. Nyrop, pp. 261-262. — Puis, on aura recours aux travaux plus spéciaux, tels que ceux sur le *Roland* anglais (*Prolegomena ad Carmen de Rolando anglicum* de G. Schleich, 1879), et sur *Horn* (voy. ce nom dans notre « Partie spéciale »). Cf. *Épopées françaises*, II, p. 304, etc.

223 Nicholson (A.). *Ancient metrical Romances from the Auchinleck mss.: the Romances of Rouland and Vernagu and sir Otuel.* — Edimbourg. Pour l'Abbotsford Club, 1836, in-8°.

224 Ellis (G.). *Specimens of early English metrical Romances; a new edition revised by J.-O. Halliwell.* — Londres, 1848, in-8°.

[Analyse du *Sir Ferumbras*; — de *Rowland and Vernagu*; — de *Sir Otuel*.]

225 Taine (H.). *Histoire de la littéra-ture anglaise.* — Première édition, Paris, 1864, quatre volumes in-8°.

226 Hazlitt (William-Carrew). *Handbook of the popular poetical und dramatic literature of Great Britain.* 1889.

227 Ten Brink (Berhardt). *Geschichte der Englischen Litteratur.* Vol. I. — Berlin, 1877, in-8°.

228 Herrtage (Sidney J.) et **Hausknecht** (Emil). *The English Charlemagne romances.* Publié par la Early English Text Society dans ses *Extra-Series*.

Part I. *Sir Ferumbras*, edited by Sidney-J. Herrtage, Londres, 1879, in-8°. ⎓ Part II. *The Sege of Melayne* and *The romance of duke Rouland and sir Otuell of Spayne*, together with a fragment of *The Song of Roland*, edited by Sidney-J. Herrtage, Londres, 1880, in-8°. ⎓ Part III-IV. *The Lyf of Charles the Great* translated by William Caxton and printed by him... edited by Sidney-J. Herrtage, Londres, 1880, 1881, in-8. ⎓ Part V. *The romance of the Sowdone of Babylone*... re-edited by Emil Hausknecht, Londres, 1881, in-8°.

229 Schleich (Gustav). *Prolegomena ad carmen de Rolando Anglicum.* — Burg, 1879, in-8°.

Cf. du même auteur: *Beitræge zum mittelenglischen Roland*, *Anglia*, VI (1881), pp. 307-341.

230 Ashton (John). *Romances of Chivalry told and illustrated in fac-simile.* — Londres, 1887, in-8°.

231 Morley (Henry). *English writers, An attempt towards a history of English Literature.* — Londres, 1887.

ESPAGNE ET PORTUGAL

On devra consulter sur l'Épopée française en Espagne, avant tous autres travaux, l'excellent livre de Mila y Fontanals : *De la Poesia heroico-popular castellana.* C'est, en quelque façon, le Manuel qui suffit à tout. Cf. l'*Histoire poétique de Charlemagne*, pp. 203 et ss.; les *Épopées françaises*, 2° édition, t. II, pp. 326 et ss.; la *Storia dell' Epopea francese nel medio evo*, de C. Nyrop; p. 259 et ss., etc.

On trouvera ailleurs (E. Seelmann, *Bibliographie des altfranzœsischen Rolandsliedes* (Heilbronn, 1888, in-8°, pp. 23 et ss.), une nomenclature plus complète des Recueils de Romances, depuis les *Romances nueuamente sacados* de *historias antiguas de la cronica de Espana compuestos por Lorenço de Sepulueda* (Anvers, 1551, in-12) ; depuis le *Cancionero* d'Anvers, en 1555 et le *Romancero general* de Madrid en 1604. Cf. plus loin notre Bibliographie spéciale de la *Chanson de Roland.*

Les articles marqués d'un astérisque se rapportent à la littérature portugaise.

232 Lopez de Tortajada (Damian). *Floresta de varios romances, sacados de las historias antiguas de los hechos famosos de los doze pares de Francia.* — Madrid, 1713, in-12.

233 Grimm (J.). *Silva de romances viejos.* — Vienne, 1815, in-8°.
[Pp. 3-234.]

234 Diez (F.). *Altspanische Romanzen.* — Francfort, 1818, in-8°.

235 Diez (F.). *Altspanische Romanzen, besonders vom Cid und Kaiser Karls Paladinen.* — Berlin, 1821, in-8°.

236 Duran (Agustin). *Romancero de romances caballerescos é históricos anteriores al siglo* xviii. — Madrid, 1832, in-8°.
[Première partie, pp. 23 et ss. : Romances tradicionales de Carlo Magno y los doce pares, con los de Bernardo del Carpio.]

237 Ochoa (Don Eugenio de). *Tesoro de los romanceros y cansioneros españoles, historicos, caballerescos, moriscos y otros.* — Paris, 1838, in-8°.
[Pp. 54 et ss. Romances de Roncevaux et de Bernard del Carpio.]

238 Duran (Agustin). *Romancero general. Coleccion de romances castellanos anteriores al siglo* xviii, — Madrid, 1851, in-8°.
Ce volume forme le tome II du n° 236. Aux pp. 229 et ss., on y trouve une série de romances relatives à Charlemagne et aux douze Pairs, etc. Cf. notre Bibliographie spéciale de *Roland.*

239 Wolf (Ferdinand) et **Hofmann** (Konrad). *Primavera y Flor de Romances.* — Berlin, 1856, 2 volumes in-8°.
[T. II, pp. 129-419: Romances del ciclo Carlovingio.]

240 Gayangos (Pascual de). *Libros de caballerias.* Madrid, 1857, in-8° (*Biblioteca de autores espanoles*, vol. XL).

241 Dozy (R.). *Recherches sur l'histoire et la littérature de l'Espagne au moyen âge.* — 2° édition, Leyde, 1860, 2 vol. in-8° ; 3° éd., Leyde, 1881, in-8°.
[T. II, pp. 295 et suiv. de la 2° édition : Romances du cycle Carlovingien.]

242 Brunet (Gustave). *Étude bibliographique sur les Romans de chevalerie espagnols.*
Bulletin du Bibliophile, 1861, pp. 199, 269 et 327.

243 Puymaigre (comte Th. de). *Les vieux auteurs castillans.* — Metz et Paris, 1861-1862, 2 vol. in-18.
Une seconde édition, beaucoup plus complète et revisée avec le plus grand soin, a paru à Paris en 1890 (2 vol. in-18).

244 * Braga (Theophilo). *Epopeas da raça mosarabe.* — Porto, 1871.
Cf. Morel-Fatio, *Romania,* II, 369.

245 * Varnhagen (F. A.). *Da litteratura dos livros de cavallaria, estudo breve /e conscencioso, com algumas novidades acerca dos originaes portuguezes e de varias questões co-relativas, tanto bibliographicas e linguisticas como historicas e biographicas.* — Vienne, 1872, in-8°.

246 Milà y Fontanals (Manuel). *De la Poesia heróico-popular castellana.* — Barcelone, 1874, in-8°.

247 Puymaigre (comte Th. de). *Les Chansons de geste espagnoles.*
Revue des Questions historiques, janvier 1873, pp. 234-244.
Compte rendu très développé de l'ouvrage précédent.

248 Canalejas (Fr. de P.). *De la poesia heróico-popular castellana.* — Madrid, 1876, in-8°.

249 Canalejas (F. de P.). *Los poemas caballerescos y los libros de caballerias.* — Madrid, 1878, in-8° (extrait de la *Revista Europea*).

250 * Puymaigre (comte Th. de). *Romancero, choix de vieux chants portugais traduits et annotés.* — Paris, 1881.
Les romances portugaises relatives au cycle carolingien sont, comme le dit Nyrop (*l. c.,* p. 261), des traductions de l'espagnol. M. de Puymaigre en donne une bibliographie complète.

ITALIE

L'histoire de l'Épopée française en Italie peut se diviser en quatre grandes périodes : 1º française; 2º franco-italienne; 3º italienne; et 4º de la Renaissance. — Pour toutes ces périodes, le meilleur guide est Pio Rajna dont nous citons ci-dessous les publications les plus notables. On tirera peut-être quelque parti de notre *Tableau de toutes les Chansons de geste françaises qui, depuis les xiᵉ et xiiᵉ siècles, ont été connues, traduites ou imitées en Italie* (*Épopées françaises*, t. II, pp. 386-394. Cf. l'*Histoire poétique de Charlemagne*, pp. 159 et ss., les *Épopées françaises*, 2ᵉ édition, t. II, pp. 345 et ss., et la *Storia dell' Epopea francese* de C. Nyrop, pp. 256 et ss.). Cf. plus loin notre Bibliographie spéciale de la *Chanson de Roland*, etc.

251 Henrion (Fr.). *Istoria de' romanzi di cavalleria.* — Firenze, 1794, in-8º.

252 Ginguené (Pierre-Louis), *Histoire littéraire d'Italie.* — Paris, 1811-1824, 9 vol. in-8º.

« Un pas de plus fut fait quand on se mit à étudier, quoique très superficiellement encore, les vieux poèmes tels que la *Spagna*, la *Regina Anchroja*, la *Leandra*, etc. L'initiative de ce travail appartient à Ginguené qui y montra une bonne volonté et une intelligence historique remarquables pour son temps. » (G. Paris, *Histoire poétique de Charlemagne*, p. 159.)

253 Schmidt (F.-W.-Valentin). *Ueber die italienischen Heldengedichte aus dem Sagenkreise Karls des Grossen.* — Berlin et Leipzig, 1820, in-12.

[Forme le vol. III des *Rolands Abenteuer nach Bojardo* du même auteur.]

254 Ferrario (Giulio). *Storia ed analisi degli antichi romanzi di cavalleria e dei poemi romanzeschi d'Italia con dissertazioni sull' origini, sugl' istituti, sulle cerimonie de' cavalieri,... con figure.* — Milano, 1828-1829, 4 vol. in-8º.

Cf. Raynouard, *Journal des Savants*, novembre 1830.

255 Melzi (Gaetano, de' conti).*Bibliografia dei romanzi e poemi romanzeschi cavallereschi italiani.* — Milano, 1829, in-8º. (Supplément en 1831, 2ᵉ éd. 1838; 3ᵉ édit. avec préface de P.-A. Tosi, 1865.

Les deux Bibliographies qui précèdent sont la base nécessaire de toutes les études sur le développement de notre Épopée dans la littérature italienne.

256 Ranke (Leopold). *Zur Geschichte der italienischen Poesie.* — Berlin, 1837, in-4º (Extrait des *Abhandlungen der Berliner Akademie*).

C'est à Ranke que l'on doit d'avoir signalé, le premier, l'importance de l'*Aspromonte*, de la *Spagna* en prose et de la *Seconda Spagna* qu'il considérait comme une Suite des *Reali*.

257 Hillebrand (K.). *Études historiques et littéraires:* t. I. Études italiennes. — Paris, 1868, in-12.

[Pp. 61-142. Des poèmes du Cycle carlovingien : I. L'Épopée nationale; — II. Les poèmes italiens.]

258 Rajna (Pio). *La materia del Morgante in un ignoto poema cavalleresco del secolo XV.* — Bologna, 1869, in-8º. (Extrait du *Propugnatore.*)

Cf. Lemcke, *Jahrbuch für romanische und englische Literatur*, XI, pp. 225-230.

259 Michelant (H.). *Titoli dei capitoli della storia di Reali di Francia.*

Jahrbuch für romanische und englische Literatur, XI (1870), pp. 189-209, 298-312; XII (1871), pp. 60-72, 217-232, 396-406.

260 Ceruti (Antonio). *La seconda Spagna e l'acquisto di Ponente ai tempi di Carlomagno, testi inediti del secolo XIII tratti da un ms. dell' Ambrosiana.* Bologne, 1871.

261 Rajna (Pio). *La Rotta di Roncisvalle nella letteratura cavalleresca italiana.* — Bologna, 1871, in-8º. (Extrait du *Propugnatore.*)

262 Ceruti (Antonio). *Il Viaggio de Carlomagno in Ispagna.* — Bologne, 1871; pet. in-8º.

Analyse développée dans les *Épopées françaises*, 2ᵉ édition, t. III, pp. 426 et ss. (Cf. *Revue critique*, 1873, I, pp. 10, 11.)

263 Rajna (Pio). *I Reali di Francia.* I. *Ricerche intorno ai Reali di Francia, seguite dal libro delle Storie di Fioravante e dal cantare di Bovo d'Antona.* — Bologne, 1872, in-8º. (*Collezione di opere inedite o rare dei primi tre secoli della lingua*). — Un second volume (texte critique des *Reali*) a paru en 1889. Il est l'œuvre de G. Vandelli. (Voy. plus loin le nº 289.)

Cf. A. d'Ancona, *Rivista Europea*, 1872; — *Nuova Antologia*, janv. 1873; — G. Paris, *Romania*, II (1873), pp.351-366.

264 **Rajna** (Pio). *Due frammenti di romanzi cavallereschi con illustrazioni.*

Rivista di filologia romanza, I (1872), pp. 163-178.

Cf. *Jahrbuch für romanische und englische Literatur*, 1875, p. 465, et G. Paris, dans *Romania*, III (1874), p. 118.

265 **Rajna** (Pio). *Ricordi di codici francesi posseduti degli Estensi nel secolo XV*, *Romania*, II, 1872, p. 49.

266 **Rajna** (Pio). *Uggeri il Danese nella letteratura romanzesca degli italiani. Romania*, 1873, pp. 153 et ss.; 1874, pp. 31 et ss.; 1875, pp. 398 et ss.

Voy. une analyse partielle dans les *Epopées françaises*, II, pp. 368 et ss.

267 **Bartoli** (Adolfo). *I primi due secoli della letteratura italiana* (dans *Storia letteraria d'Italia scritta da una societa d'amici sotto la direzione de P. Villari*). 1874, in-8°.

[Pp. 92-110: La lingua e la poesia francese in Italia.]

268 **Rajna** (Pio). *La Genealogia dell' Orlando Furioso.*

Nuova Antologia di Scienze, XXIX (1875), pp. 257 et ss.

269 **Rajna** (Pio). *Le origini delle famiglie Padovane. Romania*, 1875, pp. 161 et ss.

270 **Rajna** (Pio). *Le fonti dell' Orlando Furioso; ricerche e studii.*—Firenze, 1876, in-8°.

Cf. *Literarisches Centralblatt*, 1877, n° 22, et U.-A. Canello, dans *Zeitschrift für romanische Philologie*, I (1878), pp. 125-130.

271 **Isola** (I.-G.). *Le Storie Nerbonesi, romanzo cavalleresco del secolo XIV.* — Bologna, 1877-1887, 3 vol. in-8°. Le premier fascicule d'un tome IV a paru en 1891. (*Collezione di opere inedite o rare dei primi tre secoli della lingua.*)

On trouvera dans les *Epopées françaises*, 2ᵉ éd., t. IV, pp. 30-46, une analyse très développée des *Nerbonesi.*

272 **Rajna** (Pio). *I Rinaldi o cantastorie di Napoli.* — Firenze, 1878, in-8°. (Extrait de la *Nuova Antologia*, 15 décembre 1878.)

Voy. plus loin (n° 276) l'article de Pitré sur les *cantastorie* en Sicile, etc.

273 **Bartoli** (Adolfo). *Storia della letteratura italiana.* — Firenze, 1878-1884, sept vol. in-8°.

[T. II, pp. 25-51 : Influenze francesi e primi tentativi dialettali italiani.

T. III, pp. 47-79 : Le traduzioni dal francese ; leggende eroïche.]

274 **Moscovita** (G.). *Origine e sviluppo della epica romanzesca in Italia.* Spalato, 1879.

275 **Ancona** (Alessandro d') et **Monaci** (E.). *Una leggenda araldica e l'epopea carolingia nell' Umbria.* — Imola, 1880, in-8°.

(Documento antico pubblicato per le nozze Meyer-Blackburne.)

Cf. Müntz, *Romania*, XIV (1885), pp. 328 et 331.

276 **Pitré** (Giuseppe). *Le tradizioni cavalleresche popolari in Sicilia.*

Romania, XIII (1884), pp. 315-398.

Cf. un travail de G. Fusinato sur les *cantastorie* à Venise, dans le *Giornale di Filologia romanza*, de 1883 (t. IV, fasc. 3, 4).

277 **Halfmann** (Rob.). *Die Bilder und Vergleiche in Pulci's Morgante, nach Form und Inhalt untersucht, und mit denen der Quellen dieses Gedichtes verglichen.* — Marbourg, 1884, in-8°.

Ausgaben und Abhandlungen. XXII.

278 **Torraca** (F.). *Studii di storia letteraria napoletana.* — Livorno, 1884, in-8°. Avait paru en 1881 dans la *Rassegna settimanale.*

[Pp. 151-164 : Una leggenda napoletana e l'epopea carolingia.]

Cf. G. Paris, *Romania*, X (1881), p. 310. — *Rivista critica*, I (1884), p. 47. — *Giornale storico*, II (1884), p. 195.

279 **Graf** (A.). *L'Epopea in Italia.*

Letture per le giovinette, V (1885), fasc. 2.

280 **Graf** (A.). *Appunti per la storia del ciclo brettone in Italia.*

Giornale storico, V (1885), pp. 80-130.

Utile à consulter aussi pour le Cycle carolovingien.

281 **Mignini** (Girolamo). *Le tradizioni dell' epopea carolingia nell' Umbria.* —

Pérouse, 1885, in-16. (Extrait de *La Provincia dell' Umbria*.)

Cf. *Rivista critica*, II (1885), p. 181.

282 Zenatti. *Le tradizioni dell' epopea carolingia nell' Umbria*.

Rivista della Letteratura Italiana, diretta da T. Casini. — Roma, 1885, in-4°, n° 6.

283 Rajna (Pio). *Un' iscrizione Nepesina del 1131*.

Archivio storico italiano, XIX (1887).

Cf. *Romania*, XVI, 613. — *Giornale storico*, VI, 127.

284 Gaspary (Adolfo). *Storia della letteratura italiana, tradotta dal tedesco da Nicòla Zingarelli, con aggiunte dell' autore.* — Turin, 1887-1891, t. I, et t. II, 1ʳᵉ partie, 2 vol. in-8°. (L'original allemand avait paru en 1885.)

Voy. surtout le chapitre v : *La poesia cavalleresca francese nell' alta Italia*, t. I, pp. 96-109. etc.

285 Vandelli (Giuseppe). *Il padiglione di Carlo Magno, cantare cavalleresco.* — Modena, 1888, in-8°.

Cf. *Romania*, XVIII (1889), p. 349.

286 Ristori (G.-B.). *La chiesa dei SS. Apostoli e Carlomagno in Firenze.*

Rivista critica, V (1888), pp. 156-157.

287 Ancona (Alessandro d'). *Tradizioni carolingie in Italia*. — Roma, 1889, in-4°.

(Extr. des *Rendiconti della R. Accademia dei Lincei*, 1889, pp. 420-427.)

Cf. *Romania*, t. XVIII, pp. 350-351.

288 Vanzetti (A.). *Carattere dell' epopea romanzesca in Italia*. — Firenze, 1890, in-16.

289 Vandelli (Giuseppe). *I Reali di Francia : II. Testo critico.* Bologne, 1892, in-8°. (*Collezione di opere inedite o rare dei primi tre secoli della lingua*.)

L'édition princeps du *Reali* est celle de Modène, en 1491 (in-f° goth. à 2 colonnes). Nous n'avons pas à signaler ici la longue série de toutes les autres éditions, et nous nous contenterons de citer le premier essai véritable d'un texte critique qui est l'œuvre de M. G. Vandelli. Le nouvel éditeur est un des élèves de Pio Rajna qui a écrit l'introduction du recueil dans le livre mentionné plus haut sous le n° 263.

PAYS-BAS

On a le bonheur de posséder sur la littérature néerlandaise au moyen âge, un excellent Répertoire bibliographique (L.-D. Petit, *Bibliographie der middelnederlandsche Taal-en Letterkunde*. Leyde, 1888, in-8° : *Frankische romans*, pp. 45-57). Dès 1865, Gaston Paris avait, dans son *Histoire poétique de Charlemagne*, tracé les grands linéaments de l'histoire de notre épopée dans les Pays-Bas (livre Iᵉʳ, chap. VI, pp. 135-146). Comme type des revendications Néerlandaises ou Thioises, on pourra consulter tout d'abord la dissertation de S. Bormans sur les rédactions thioises de la *Chanson de Roland* ; comme type des réfutations de ce système, on lira l'article que Gaston Paris a consacré à ce Mémoire de Bormans (*Bibliothèque de l'École des chartes*, XXVI, pp. 384-392).

Cf. C. Nyrop, *Storia dell' Epopea francese*, pp. 263-264 et nos *Épopées françaises*, t. II, pp. 293-301. Pour chacune des Chansons françaises qui ont été connues, traduites ou imitées dans les Pays-Bas, voy. la « Bibliographie spéciale » de chacun de nos romans.

290 Hoffmann von **Fallersleben** (H.). *Horæ Belgicæ*. — Breslau, 1830-1857, 12 vol. in-8°.

[IV. Carel ende Elegast ; — V. Renout van Montalbaen.]

291 Mone (G.). *Uebersicht der niederländischen Volks-Literatur älterer Zeit*. — Tubingue, 1838, in-8°.

292 Willems (J.-F.). *Belgisches Museum*, t. IV.

Fragments d'un poème de Nicolas von Brechten (Klaes) sur Guillaume d'Orange (d'après le *Moniage*). C'est ce même Willems qui a donné en 1839 une édition de la *Chronique* de Jan De Klerk.

293 Alberdingk-Thijm (P. A.). *Karolinyische Verhalen, bijeenverzameld.* — *Oud nederlandsche Verhalen, uit den Kring der Gedichten van Karel den Groote gewijd, in nieuwer form overgebraght.* — Amsterdam, 1851, in-8°, 2ᵉ édit. 1873, in-8°.

[Karolingische Verhalen : Carel en Elegast. de vier Heemonskinderen, Willem van Orange, Floris en Blancefloer in nieuwe form overgebragt.]

« C'est, dit G. Paris, un livre moitié savant,

moitié poétique, où l'auteur a essayé, souvent avec bonheur, de rendre une forme vivante et une nouvelle jeunesse aux vieux contes qui avaient tant charmé d'abord, et ensuite tant scandalisé ses aïeux. » (*Histoire poétique de Charlemagne*, p. 146.)

204 Jonckbloet (W.-J.-A.). *Geschiedenis der midden-nederlandsche Dichtkunst.* — Amsterdam, 1851-1855, 3 vol. in-8°.

205 Bormans (J.-H.). *La Chanson de Roland, fragments d'anciennes rédactions thioises.* — Bruxelles, 1864, in-8°.

Extrait du t. XVI des *Mémoires couronnés et autres Mémoires publiés par l'Académie royale de Belgique.*
Cf. G. Paris, cité plus haut : *Bibliothèque de l'École des chartes*, XXVI, 1865, pp. 381-392.

296 Vries (M. de). *Middelnederlandsche fragmenten.*
Tijdschrift van nederl. Taal- en Letterkunde, III (1883), pp. 1-63.

297 Jonckbloet (W.-J.-A.). *Geschiedenis der nederlandsche Letterkunde.* — Leipzig, 1868-1870, 2 vol. in-8°. — 2ᵉ édition, 1874. — Une 3ᵉ édition, revisée, a été donnée par M. Honigh (1881-1886). Une traduction en allemand, par Berg, a paru en 1870-1872.

298 Kalff (G.). *Middelnederlandsche epische fragmenten, met aanteekeningen uitgeven.* — Groningue, 1885, in-8°.
(*Bibl. van middelnederlandsche Letterkunde*, fasc. 38-40.)

299 Winkel (Jan te). *Geschiedenis der nederlandsche Letterkunde.* — Harlem, 1887, in-8°.

300 Petit (L.-D.). *Bibliographie der middelnederlandsche Taal — en Letterkunde.* — Leyde, 1888, in-8°.
Frankische Romans, pp. 45-57 ; *Aiol*, nᵒˢ 401, 440 ; *Aubry le Bourgoing*, nᵒ 433 ; *Berte*, nᵒ 461 ; *Charles et Elegast*, nᵒˢ 406, 428 ; *le Chevalier au Cygne*, nᵒ 465 ; *Doon de Maience*, nᵒ 429 ; *Floovant*, nᵒ 443 ; *Girart de Viane*, nᵒ 432 ; Guillaume (geste de), nᵒ 431 ; *Huon de Bordeaux*, nᵒ 441 ; *Lohier et Malart*, nᵒ 435 ; Lorrains (geste des), nᵒ 437 ; *Maugis*, nᵒ 439 ; *Ogier*, nᵒ 436 ; *Quatre fils Aimon*, nᵒ 438 ; *Reine Sibille*, nᵒ 442 ; *Roland*, nᵒ 430 ; *les Saisnes*, nᵒ 434 ; *Valenttin et Orson*, nᵒ 402.
C'est dans la seconde partie de notre Bibliographie que nous aurons normalement à signaler les publications de Bormans sur *Aiol* ;

de J.-C. Matthes sur *Ogier* et *Renaud de Montauban* ; de Ferdinand Wolf sur la *Reine Sibille* et *Huon de Bordeaux* ; de Bilderdijk sur *Girart de Viane* ; de Fromman et Lambel sur les *Lorrains*, etc. Cf. nos *Épopées françaises*, t. II, pp. 296-297.

RUSSIE

301 Müller (Oreste). *Le Cycle épique de Kiev.* — Saint-Pétersbourg, 1870, in-8°.
Cf. L. Léger, dans le *Polybiblion*, 1870, (2ᵉ sem.), pp. 73-74.
Rapports de ce cycle avec l'histoire nationale et l'épopée européenne.

302 Rambaud (Alfred). *La Russie épique.* — Étude sur les chansons héroïques de la Russie. — Paris, 1876, in-8°.
Cf. *The Academy*, 22 avril 1876 ; — *The Athenæum*, 1ᵉʳ avril 1876 ; — A. d'Avril, *Le Contemporain*, août 1876 ; — F. Brunetière, *Revue politique et littéraire*, 25 mars 1877, pp. 299-304.

303 Bistrom (W.). *Das russische Volksepos.*
Zeitschrift für Völkerpsychologie und Sprachwissenschaft, V, pp. 180-205 et VI, pp. 132-162.

304 Rheinoldt (A.-V.). *Geschichte der russischen Litteratur.* — Leipzig, s. d. [1886], in-8°.

PAYS SCANDINAVES.

Pour se mettre rapidement au courant de la question, en prenant pour type la plus célèbre et la plus importante de toutes les Sagas, il sera utile de lire tout d'abord les articles que Gaston Paris a publiés, en 1864 et 1865, dans la *Bibliothèque de l'École des chartes* et dont le titre est le suivant : *La Karlamagnus Saga. Histoire islandaise de Charlemagne.* — Cf. nos *Épopées françaises*, 2ᵉ édit., t. II, pp. 310-324, et surtout C. Nyrop, *Storia dell' epopea francese*, pp. 266-269.
Si l'on veut se donner, par une traduction, une idée plus exacte de la littérature des *Sagas*, on trouvera dans la 1ʳᵉ édition de notre *Roland*, la traduction d'un épisode important de la *Karlamagnus Saga* (t. II, pp. 247-252), comme aussi celle de toute la *Kaiser Karl Magnus Kronike* (*Ibid.*, pp. 252-264), œuvre danoise du XVᵉ siècle. — Cf. la translation allemande que M. Kœlbing a donnée de l'*Ellissaga* et d'après laquelle M. G. Raynaud a fait sa traduction

française. Voy. *La Saga d'Élie* dans l'édition d'*Élie de Saint-Gille*, publiée par la Société des anciens textes français, pp. 93-181.

305 Bæckstrœm (P.-O.). *Svenska folk-böcker. Sagor, legender och äfventyr, efter äldre upplagor och andra källor utgifne, jemte öfversigt af svensk folkläsning fraan äldre till närvarande tid.* — Stockholm, 1845-1848, 2 vol. in-8°.

306 Brynjulfson. *Annaler for nordisk Oldkyndighed*, 1851, pp. 89-147.

Influence prétendue de la poésie islandaise sur l'épopée française par l'entremise des Normands. Voy. C. Nyrop, *Storia dell' Epopea*, p. 369.

307 Geffroy (Auguste). *Notices et extraits de manuscrits concernant l'histoire ou la littérature de la France, qui sont conservés en Suède, Danemark et Norvège.* Paris, 1855, in-8° (tirage à part des *Archives des Missions*).

Sagas de *Girart de Viane*, de *Beuves d'Hanstone*, etc.

308 Unger (C.-R.). *Karlamagnus Saga ok kappa hans...* — Christiania, 1860, in-8°.

Analysé très complètement par G. Paris dans le travail cité plus haut et dont la mention suit :

309 Paris (Gaston). *La Karlamagnus-Saga. Histoire islandaise de Charlemagne, Bibliothèque de l'École des Chartes,* 1864, pp. 89-123, et 1865, pp. 1-42.

310 Paris (Gaston). *Histoire poétique de Charlemagne.* Paris, 1865, in-8°.

[La légende de Charlemagne dans les pays scandinaves, pp. 147-153.]

Cf. P. Meyer, *Recherches sur l'Épopée française, Bibliothèque de l'École des Chartes*, 1867, p. 306.

311 Grundtvig (S.). *Udsigt over den nordiske Oldtids heroiske Digtning. Tre Forelæsninger.* — Upsala, 1865, in-8°. (Extrait du *Nordisk Universitets Tidskrift*.) 2° édit. — Copenhague, 1867, in-8°.

312 Gautier (Léon). *La Chanson de Roland*, 1° édition. — Tours, 1872, in-8°.

Traductions mentionnées plus haut d'un épisode de la *Karlamagnus Saga* et de toute la *Keiser Karl Magnus Kroonike*.

313 Storm (Gustav). *Sagnkredsene om Karl den Store og Didrik af Bern hos de nordiske Folk. Et Bidrag til Middelalderens litteraere Historie.* — Christiania, 1874, in-8°.

Cf. E. Kœlbing, *Germania*, XV, pp. 226-249.

314 Wulff (F.-A.). *Notices sur les Sagas de Magus et de Geirard et leurs rapports aux Épopées françaises.*— Lund, 1876, in-8°.

Voy. *Romania*, 1875, pp. 474 et suiv.

315 Kœlbing (E.). *Beiträge zur vergleichenden Geschichte der romanischen Poesie und Prosa des Mittelalters unter besonderer Berücksichtigung der englischen und nordischen Litteratur.*—Breslau, 1876, in-8°.

316 Geffroy (Auguste). *Les Sagas islandaises.*

Revue des Deux Mondes, 1° novembre 1875, pp. 112-140.

[I. La Saga de Nial.]

317 Raynaud (Gaston). *Élie de Saint-Gille, chanson de geste... accompagnée de la rédaction norvégienne traduite par Eugène Kölbing.* — Paris, Société des anciens textes, 1879, in-8°.

Voy. notre Bibliographie spéciale au mot : *Elie de Saint-Gille.*

318 Nyrop (K.). *Den oldfranske Heltedigtning.* — Copenhague, 1883, in-8°, pp. 219-282.

Cf. la traduction italienne : *Storia dell' Epopea francese nel medio evo.* Turin, 1886, in-8°, pp. 266-269.

319 Cederschiœld (Gustav). *Fornsögur Sudhrlanda. Magus Saga jarls ; Konradhs saga ; Bärings saga ; Flovents saga ; Bevers saga.* — Lund, 1884.

Cf. *Literarisches Centralblatt*, 1884 ; Heinzel, *Zeitschrift für deutsches Alterthum*, 1885, t. XI, pp. 128-132 ; E. Mogk, *Literaturblatt für germanische und romanische Philologie*, 1885, col. 97-98.

320 Gautier (Léon). *Les Épopées françaises*, 2° édition. — Paris, t. II, 1894, in-8°.

Comparaison, sur deux colonnes, d'un épisode de la *Saga d'Elie* avec le texte correspondant d'*Elie de Saint-Gilles* (pp. 322-324).

Dans la partie « spéciale » de notre bibliographie, nous mentionnerons à leur vraie place les *Sagas* qui ont subi l'empreinte de l'Épopée française. — Sur les chants des Iles

Féroé, où l'on peut également constater l'influence française, consulter le grand ouvrage de Svendt Grundtvig et Jœrgen Bloch, *Corpus Carminum Foeroensium* (t. XI, Cycle de Charlemagne).

Sur la destinée de l'Épopée française en Hongrie, en Bohême, en Grèce, etc., voy. Nyrop, *Storia dell' Epopea francese*, pp. 269, 270, et nos *Épopées françaises*, t. II, pp. 324, 325.

_____

III. — L'ÉPOPÉE PROVENÇALE

Pour connaître, d'une façon rudimentaire, l'état actuel de la question, lire dans l'ouvrage de K. Nyrop, *Den oldfranske heltedigtning* (Copenhague, 1883, in-8°), les pp. 154-163. Cf. surtout la traduction italienne de cet excellent Manuel, *Storia dell' epopea francese nel medio evo* (Turin, 1886, in-8°), pp. 148-157.

321 **Millot** (Claude-François-Xavier). *Histoire littéraire des troubadours.* — Paris, 1773, 3 vol.

322 **Ciampi** (Sebastiano). *Gesta Caroli Magni ad Carcassonam et Narbonam, et de ædificatione monasterii Crassensis, edita ex codice Laurentiano et observationibus criticis-philologicis illustrata.* — Florence, 1823, in-8°.

323 **Raynouard** (François-Juste-Marie). *Choix de poésies des Troubadours.* — Paris, t. II, 1817, in-8° (pp. 282 et suiv.). Allusions des Troubadours à certaines compositions épiques.

324 **Fauriel** (Claude). *De l'origine de l'Épopée chevaleresque du moyen âge.* *Revue des Deux Mondes*, 1er et 15 sept. ; 15 oct. ; 1er et 15 nov. 1832. Tirage à part. Dans ses sixième et septième leçons, Fauriel développe une thèse abandonnée depuis longtemps et qui peut se résumer en ces quelques mots : « Le cycle de l'épopée carlovingienne fut en provençal plus étendu et plus varié qu'en français. »

325 **Paris** (Paulin). *Examen du système de M. Fauriel sur les Romans carlovingiens.* (En tête de « *Li Romans de Garin le Loherain* ». — Paris, 1833-1835, in-12.)

326 **Raynouard** (François-Juste-Marie). *Recherches sur les Épopées romanesques des Troubadours.* *Journal des Savants*, sept. 1833, in-8°. Raynouard est partisan, comme Fauriel, de la priorité du Midi et s'attache surtout à réfuter le système de Paulin Paris.

327 **Mège** (Alexandre-Louis-Charles-André du). *Recherches sur les Épopées méridionales.* *Histoire et Mémoires de l'Académie royale des sciences de Toulouse*, 1837-1839, t. V, 2e partie, pp. 129-224.

328 **Laveleye** (Émile de). *Histoire de la langue et de la littérature provençales.* — Bruxelles, 1845, in-8°.

329 **Fauriel** (Claude-Charles). *Histoire de la poésie provençale*. Cours professé à la Faculté des lettres. — Paris, 1846, trois volumes in-8°. Citations en faveur de l'Épopée provençale.

330 **Fauriel** (Claude-Charles). *Guillaume, auteur des Gesta Caroli magni ad Carcassonam [Philomena].* *Histoire littéraire de la France*, 1847, XXI, 373-382.

331 **Sachs** (C.). *Provenzalisches Epos.* *Archiv für das Studium der neueren Sprachen*, XXVI (1859), pp. 141-162.

332 **Paris** (Gaston). *Histoire poétique de Charlemagne.* — Paris, 1865, in-8°, pp. 79-91. En faveur de l'existence d'une épopée provençale. Dissertation importante sur la geste « provençale » de Guillaume, etc.

333 **Meyer** (Paul). *Recherches sur l'Épopée française, Bibliothèque de l'École des Chartes*, 1866, pp. 46 et ss. Indépendance absolue de l'Épopée française à l'égard des compositions épiques du Midi.

334 **Bartsch** (Karl). *Grundriss zur Geschichte der provenzalischen Litteratur.* — Elberfeld, 1872, in-8°.

335 **Milà y Fontanals** (Manuel). *De la poesía heróico-popular castellana.* — Barcelone, 1874, in-8°.

336 **Birch-Hirschfeld** (Ad.). *Ueber die den provenzalischen Troubadours des XII. und XIII. Jahrhunderts bekannten epischen Stoffe.* — Leipzig, 1878, in-8°,

Allusions des poètes provençaux à des épopées romanes.

Cf. P. Meyer et G. Paris, *Romania*, VII (1878), pp. 448-460 ; — Bartsch, *Zeitschrift für romanische Philologie*, II, pp. 318-325 ; — Liebrecht, *Literaturblatt für germanische und romanische Philologie* (1880), 31-32.

337 Meyer (Paul). *Daurel et Beton, chanson de geste provençale.* — Paris, Société des anciens textes, 1880, in-8°.

« Ce que j'ai toujours soutenu, c'est l'indépendance absolue de l'Épopée française, dans toutes ses parties, à l'égard des compositions épiques du Midi. Jusqu'ici rien n'est venu infirmer mon sentiment. Mais en même temps, j'ai admis qu'il n'y avait aucune raison de nier que le Midi eût possédé, comme le Nord (bien qu'en nombre infiniment moindre), des chansons de geste... » etc. (p. LI). Cf. *Romania*, I, 51-68 ; II, 379-380 ; VII, 454, 455.

338 Gautier (Léon). *Les Épopées françaises*, 2° édit., in-8°, t. I, 1878, pp. 120-146 ; t. IV, 1882, pp. 9-17.

Contre l'existence d'une épopée provençale.

339 Meyer (Paul). *Girart de Roussillon, chanson de geste traduite pour la première fois.* — Paris, 1884, in-8°.

[Introduction : Appendice : Langue de la chanson renouvelée, pp. CLXXX et ss.]

340 Mahn (A.). *Die epische Poesie der Provenzalen.* — Berlin, 1886, 1er fasc. in-8°.

341 Nyrop (K.). *Den oldfranske Heltedigtning.* — Copenhague, 1883, in-8°, pp. 154-163. — Cf. la traduction italienne *Storia dell' epopea francese nel medio evo.* Turin, 1886, in-8°, pp. 148-157.

Bon résumé, cité plus haut.

342 Demaison (L.). *Aimeri de Narbonne.* — Paris, 1887, in-8°, t. I, pp. CCXXXII-CCXL.

(Pour la Société des anciens textes français.)

343 Paris (G.). *La Chanson d'Antioche provençale.* ·

Romania, XVII (1888), pp. 513 et ss.

344 Schneegans (Eduard). *Die Quellen des sogenannten Pseudo-Philomena und des Officiums von Gerona zu Ehren Karls des Grossen, als Beitrag zur Geschichte des altfranzösischen Epos.* — Strasbourg, 1891, in-8°.

Cf. *Romania*, XXI, 1892, pp. 331, 332.

Voy. aussi, pour ce qui concerne l'Épopée provençale, l'article bibliographique que nous consacrons plus loin à *Girart de Roussillon*.

—

IV. — BIBLIOGRAPHIE
—

A. MANUSCRITS.

Pour qui se contenterait ici d'une simple nomenclature de nos manuscrits épiques, il suffirait peut-être de se reporter à la *Liste alphabétique de tous les manuscrits de chansons de geste parvenus jusqu'à nous*, que nous avons publiée dans nos *Épopées françaises* (2° éd., t. I, 1878, pp. 234-243). Il est certain que cette Liste (indépendamment de quelques erreurs) offre aujourd'hui un certain nombre de lacunes, à raison des manuscrits qui ont été découverts depuis 1878. Mais, en réalité, ces lacunes sont peu nombreuses, et les erreurs ne sont peut-être pas de celles qu'il est impossible de réparer. Somme toute, ce tableau peut suffire au début des études. Voy. également, dans notre tome II, la « Liste des derniers romans en vers » (pp. 447-451) et la « Nomenclature des romans en prose » (pp. 544-556). Cf. aussi la liste spéciale des manuscrits de chaque chanson dans chacune de nos *Notices bibliographiques* (t. III et IV), et surtout le livre de C. Wahlund mentionné plus bas.

Il va sans dire que, dans la liste ci-dessous, nous avons dû renoncer à faire figurer deux catégories d'ouvrages dont le détail nous eût poussé trop loin : 1° les Catalogues de Bibliothèques (tels que ceux de la Bibliothèque Nationale, tels encore que les *Catalogues généraux des manuscrits des Bibliothèques publiques des départements*), etc., etc. ; 2° les Notices spéciales sur tel ou tel manuscrit, qu'on peut lire dans les Introductions ou dans les Préfaces de toutes les éditions de nos chansons.

345 Quinet (Edgar). *Rapport à M. le Ministre de l'instruction publique sur les Épopées françaises du douzième siècle restées jusqu'à ce jour en manuscrit dans les Bibliothèques du Roi et de l'Arsenal.*

Revue de Paris, XXVII (1831), pp. 129-142.

[Réimprimé dans ses *Œuvres complètes.* Paris, *s. d.* t. IX.]

Ce *Rapport* a donné lieu à des articles de Paulin Paris en réponse à Edgar Quinet et à une réplique d'Edgar Quinet, qui ont paru dans le journal *Le Temps*, en 1831.

346 Paris (Paulin). *Les Manuscrits françois de la Bibliothèque du Roi, leur histoire et celle des textes allemands, anglois, hollandois, italiens, espagnols de la même collection.* — Paris, 1836-1848. 7 vol. in-8°.

Notices sur de nombreuses Chansons de geste dont les manuscrits sont conservés dans l'ancien fonds français de la Bibliothèque Nationale, etc.

347 Michel (Francisque). *Rapport à M. le Ministre de l'Instruction publique sur les anciens monuments de l'histoire et de la littérature de la France, qui sont conservés dans les Bibliothèques de l'Angleterre et de l'Écosse.* — Paris, 1838, in-4°.

348 Jubinal (Achille). *Rapport à M. le Ministre de l'Instruction publique.* — Paris, 1838, in-4°.

M. Jubinal mentionne notamment, dans la Bibliothèque de Berne, le manuscrit de la geste de Guillaume, qui avait été déjà signalé par M. de Sinner.

349 Bekker (Immanuel). *Die altfranzösischen Romane der S. Marcus-Bibliothek. Abhandlungen der k. Akademie der Wissenschaften zu Berlin.* — Berlin, 1841, in-4°.

350 Keller (Adelbert von). *Romvart. Beiträge zur Kunde mittelalterlicher Dichtung aus italienischen Bibliotheken.* — Mannheim, 1844, in-8°.

351 Abrahams (N. C. L.). *Description des manuscrits français du moyen âge, de la Bibliothèque royale de Copenhague.* — Copenhague, 1844, in-8°.

352 Barrois (Jean-Baptiste-Joseph). *Éléments carlovingiens.* — Paris, 1846, in-8°, pp. 311-328.

Indication de nombreux manuscrits de Chansons de geste.

353 Lacroix (Paul). *Rapport sur les Bibliothèques d'Italie.* — Paris, 1847, in-4°. (*Collection des documents inédits; Mélanges historiques,* t. III, p. 357.)

354 Geffroy (Auguste). *Notices et extraits des manuscrits concernant l'histoire et la littérature de la France qui sont conservés en Suède, en Danemark et en Norvège.* — Paris, 1855, in-8°. (Extrait des *Archives des Missions scientifiques et littéraires,* t. V.)

355 Guessard (Francis). *Notes sur un manuscrit français de la Bibliothèque de Saint-Marc.*

Bibliothèque de l'École des Chartes, XVIII (1857), p. 393 ; et tirage à part. Paris, 1857, in-8°.

Ce manuscrit est le célèbre ms. fr. XIII, qui est d'une importance capitale dans l'histoire de notre Épopée en Italie. Voir nos *Épopées françaises,* t. II, pp. 350, 351, etc.

356 Sachs (C.). *Beiträge zur Kunde der französischen, englischen und provenzalischen Literatur aus französischen und englischen Bibliotheken.* — Berlin, 1857, in-8°.

Étude sur les manuscrits des bibliothèques anglaises et françaises qui intéressent l'histoire des littératures française, anglaise et provençale. Les 39 premières pages sont consacrées aux manuscrits de nos Chansons de geste. Voy. aussi pp. 55-57 (*Horn et Beuves d'Hanstone*).

357 Mussafia (A.). *Handschriftliche Studien. II. Zu den altfranzösischen Handschriften der Marcusbibliothek in Venedig.*

Sitzungsberichte der k. Akademie der Wissenschaften ; Philosophisch-historische Classe, XLII (1863), pp. 276-326.

358 Didot (Ambroise-Firmin). *Essai de classification méthodique et synoptique des Romans de chevalerie inédits et publiés. Premier appendice au « Catalogue raisonné des livres de la Bibliothèque de M. Ambroise-Firmin Didot ».* — Paris, 1870, in-8°.

L'ouvrage se compose d'une série de tableaux, distribués en un certain nombre de colonnes où l'auteur indique, siècle par siècle, les différentes formes qu'a successivement reçues chacune de nos chansons de geste.

359 Meyer (Paul). *Documents manuscrits de l'ancienne littérature de la France, conservés dans les Bibliothèques de la Grande-Bretagne. Rapports à M. le Ministre de l'Instruction publique.* Extrait des *Archives des Missions scientifiques et litt* *raires*, 2ᵉ série, tomes III, IV, V. — Paris, 1871, in-8⁰.

360 Stengel (Edmund). *Mittheilungen aus französischen Handschriften der Turiner Universitäts-Bibliothek, bereichert durch Auszüge aus Handschriften anderer Bibliotheken, besonders der National-Bibliothek zu Paris*. — Halle, 1873, in-4⁰.

Cf. G. Grœber, *Jenaer Literaturzeitung*, (1874), pp. 157-158.

361 Rajna (Pio). *Ricordi di codici francesi posseduti dagli Estensi nel secolo XV.*
Romania, II (1873), pp. 49-58.

362 Stengel (Edmund). *Die Chanson de geste-Handschriften der Oxforder Bibliotheken.*
Romanische Studien, I (1875), pp. 380-408.

Cf. G. Paris, *Romania*, 1874, III, p. 119.

363 Rajna (Pio). *Un nuovo codice di Chansons de geste del ciclo di Guglielmo.*
Romania, VI (1877), pp. 257-261.
Cette dernière Notice est reproduite dans le *Catalogo dei codici manoscritti della Trivulziana, compilato da Giulio Porro*. — Torino, 1884, in-4⁰.]

364 Stengel (Edmund). *Photographische Wiedergabe der Hs. Digby 23 mit Genehmigung der Curatoren der Bodleyschen Bibliothek zu Oxford*. Heilbronn, 1878.

Fac-similé complet, en photographie, du *Roland* d'Oxford. L'exemple donné par Stengel mériterait d'être suivi pour les plus anciennes de nos chansons.

365 Gautier (Léon). *Les Épopées françaises*, 2ᵉ éd., t. I, 1878, in-8⁰, pp. 224 et ss.

Cf. les autres passages mentionnés plus haut.

366 Bartsch (Karl). *Aus einem alten Handschriften-Kataloge.*
Zeitschrift für romanische Philologie, III (1879), pp. 78-79.

367 Braghirolli (Willelms), **Paris** (Gaston) et **Meyer** (Paul). *Inventaire des manuscrits en langue française possédés par Francesco Gonzaga I, capitaine de Mantoue, mort en 1407.*
Romania, IX (1880), pp. 497-514.

368 Meyer (Paul). *Inventaire d'une Bibliothèque française de la seconde moitié du XVᵉ siècle.*
Bulletin de la Société des anciens textes, 1881, pp. 70-72.

369 Ward (H.-L.-D.). *Catalogue of Romances in the Department of Manuscripts in the British Museum.* — Londres, 1883, deux volumes in-8⁰.

Très précieux, notamment en ce qui concerne les différentes versions des *Quatre fils Aimon*, etc.
Cf. *The Academy*, 19 avril 1884 ; — *The Athenæum*, 9 juillet 1884 ; — *Anglia*, VII (1885) ; — *Literarisches Centralblatt*, juill. 1885 ; — *Deutsche Literaturzeitung*, fév. 1885.

370 Kœrting (Gustav). *Verschollene Handschriften.*
Zeitschrift für neufranzösische Sprache und Literatur, VII (1885) : Supplément, pp. 78-95.

371 Schmidt (A.). *Aus altfranzösischen Handschriften der Hofbibliothek zu Darmstadt.*
Zeitschrift für romanische Philologie, (1890) XIV, p. 521.

372 Omont (Henri). *Les manuscrits français des rois d'Angleterre au château de Richmond.* (Dans le Recueil intitulé : *Études romanes, dédiées à Gaston Paris le 29 décembre 1890.* — Paris, 1891, in-8⁰.)

373 Wahlund (Carl). *Ouvrages de philologie romane et textes d'ancien français, faisant partie de la Bibliothèque de M. Carl Wahlund à Upsal. Liste dressée d'après le Manuel de littérature française au moyen âge de M. Gaston Paris.* — Upsal, 1889, in-8⁰.

L'Appendice IV porte le titre suivant : *Liste des principaux manuscrits qui ont servi de base aux éditions cataloguées plus haut ; concordance des anciennes cotes avec les numéros sous lesquels les manuscrits sont classés actuellement ; manuscrits datés ; manuscrits dont on a donné le fac-similé dans les éditions*, etc. (pp. 127 et ss.).

Très utile pour tous les romanistes. Ne se trouverait pas ailleurs sous une forme aussi complète et aussi accessible.

B. IMPRIMÉS.

Dans la seconde partie de la présente *Bibliographie des Chansons de geste*, on trouvera, au nom de chacune de ces chansons (elles sont classées suivant l'ordre alphabétique), l'indication exacte de l'édition ou des éditions dont elles ont été l'objet. — Mêmes ressources, même plan, dans le livre de Nyrop signalé plus bas et dont nous citons plus volontiers la traduction italienne : *Storia dell' Epopea francese.* — Cf., dans l'ouvrage de Carl Wahlund, mentionné ci-dessous, la *Table alphabétique des éditeurs* (pp. 171-218), qui est utilement complétée par une *Table alphabétique des auteurs et des principales œuvres littéraires du moyen âge mentionnés dans ce Catalogue* (pp. 219-240). — Ce serait ici le lieu de citer les excellentes Revues qui, en France et en Allemagne, tiennent leurs lecteurs au courant de toutes les publications de nos textes épiques; ce serait le cas de citer surtout la *Romania* en France, qui fut fondée en 1872, et la *Revue des langues romanes*, à Montpellier, depuis 1870, etc.; en Allemagne, le *Jahrbuch für romanische und englische Literatur*, Berlin, 1re série, 1859-1871 ; 2e série, 1874 et années suivantes (on y donnait chaque année la Bibliographie des ouvrages parus l'année précédente dans l'ordre de ces études); le *Supplementheft* à la *Zeitschrift für romanische Philologie*, qui paraît depuis 1877, le *Bibliographischer Anzeiger für romanische Sprachen und Literaturen* (Leipzig, depuis 1883), l'*Archiv für das Studium der neueren Sprachen und Literaturen*, depuis 1846 ; le *Literaturblatt für germanische und romanische Philologie*, depuis 1884; le *Literarisches Centralblatt*, etc., etc.

374 **Ferrari** (Giulio). *Storia ed analisi degli antichi romanzi di cavalleria e dei poemi romanzeschi d'Italia.* — Milan, 1828-1829, in-8°.

375 **Melzi** (Gaetano). *Bibliografia dei romanzi e poemi cavallereschi italiani* 2e édition. — Milan, 1838, in-8°.

376 **Græsse** (Johann-Georg-Theodor). *Lehrbuch einer allgemeinen Literärgeschichte.*—Leipzig, 11 vol. in-8, 1837-1850. 3e part, 1er fasc. *Die grossen Sagenkreise des Mittelalters... Ein Beitrag zur Geschichte der romantischen Poesie im Mittelalter.* — 1842, in-8°.

[P. 260-396 : Karlssagenkreis.]

L'ouvrage a été abrégé par l'auteur sous ce titre : *Handbuch der allgemeinem Literature Geschichte.* Dresde, 1844-1850.

377 **Ideler** (Julius-Ludwig). *Geschichte*

der altfranzösischen National-Literatur. — Berlin, 1842, in-8°.

[T. I, pp. 62-163 : Die grossen nordfranzösischen Epen des Mittelalters.]

378 **Græsse** (Johann-Georg-Theodor). *Trésor des livres rares et précieux.* — Dresde, 1858-1867. 6 tomes en 7 vol. avec un Supplément en 1869.

379 **Gautier** (Léon). *Les Épopées françaises.* — 1re édition, Paris, 1865-1868, trois vol. in-8° ; 2e édition, Paris, 1878-1894, 4 vol. in-8°.

Dans les tomes II et III de la première édition; dans les tomes III et IV de la seconde, un article spécial est, dans chaque Notice bibliographique, consacré à l'édition ou aux éditions de chacune de nos chansons de geste et à tous les travaux dont cette chanson a été l'objet.

380 **Didot** (Ambroise-Firmin). *Catalogue raisonné des livres de la bibliothèque de M. Ambroise-Firmin Didot. I. Livres avec figures sur bois. — Solennités. — Romans de chevalerie.* — Paris, 1867, in-8°.

381 **Varnhagen** (Hermann). *Systematisches Verzeichniss der Programmabhandlungen, Dissertationen und Habilitationsschriften aus dem Gebiete der romanischen und englischen Philologie*, etc. — Leipzig, 1877, in-8°, 2e éd., 1893.

[Pp. 71-91 : Altfranzösisch., etc.]

382 **Nyrop** (Kristoffer). *Den oldfranske Heltedigtning, Histoire de l'Épopée française au moyen âge, accompagnée d'une bibliographie détaillée.* — Copenhague, 1883, in-8°. — Traduction italienne : *Storia dell' Epopea francese, con aggiunte e una copiosa bibliografia.* — Turin, 1886, in-8°.

La Bibliographie de l'édition danoise se trouve aux pp. 415-475 : celle de la traduction italienne aux pp. 391-478.

383 **Kœrting** (Gustav). *Encyklopädie und Methodologie der romanischen Philologie mit besonderer Berücksichtigung des Französischen und Italienischen.* — Heilbronn, 1884-1888, 3 vol. et Supplément in-8°.

[T. III, pp. 308-367 ; Suppl., pp. 124-148.]

384 **Crescini.** *Marin Sanudo precursore del Melzi.*

Giornale Storico della letteratura italiana, V (1885), p. 182.

« Marin Sanudo († 1535) avait fait une sorte de bibliographie des poèmes chevaleresques, avec indication du nom de l'imprimeur et du lieu de l'impression. M. Crescini fait connaître cet ouvrage qui existe à la Bibliothèque de Saint-Marc » (*Romania*, 1887, p. 158).

385 Grœber (G.). *Geschichte der romanischen Philologie*, dans *Grundriss der romanischen Philologie*, I. — Strasbourg, 1888, in-8°.

386 Paris (G.). *Manuel d'ancien français. La littérature française au moyen âge* (xıᵉ-xıvᵉ siècle). — Paris, 1888, in-16. 2ᵉ édit. 1890.

[Pp. 257-287 de la 2ᵉ édition : Notes bibliographiques.]

« Ces notes bibliographiques sont conçues dans un système particulier... J'ai trouvé inutile et fastidieux de reproduire des listes qui existent en des bibliographies spéciales, telles que celles de Nyrop, Raynaud et Petit de Julleville : je me suis borné à indiquer, une fois pour toutes, tous les ouvrages de ce genre avec lesquels tout travailleur doit se rendre familier... J'ai préféré le plus souvent citer, non des titres de livres qu'il aurait fallu multiplier à l'infini ; mais autant que possible, le DERNIER ENDROIT OU IL A ÉTÉ PARLÉ DE CHAQUE SUJET » (pp. ıv et v).

387 Petit (Louis-D.). *Bibliographie der middelnederlandsche Taal-en Letterkunde.* — Leiden, 1888, in-8°.

[V. Frankische Romans, p. 45-57 ; VII. — Oostersche Romans, pp. 63-73.] — C'est à cet ouvrage que nous avons emprunté la citation de la plupart des fragments néerlandais dont nous indiquons plus haut la publication.]

388 Wahlund (Carl). *Ouvrages de Philologie romane et textes d'ancien français faisant partie de la Bibliothèque de M. Carl Wahlund à Upsal. Liste dressée d'après le Manuel de Littérature française au moyen âge de M. Gaston Paris, avec quatre Appendices et deux Tables alphabétiques.* — Upsal, 1889, in-16.

٭*٭ Dans les tomes de l'*Histoire littéraire* où sont insérées des Notices sur nos Chansons de geste, on trouvera plus d'une fois des indications bibliographiques et, en particulier, des observations critiques sur les éditions de nos poèmes, dont il faut faire grande estime. Mais il y a beaucoup d'autres livres et recueils qui présentent le même caractère, et nous ne saurions entrer plus avant dans ce détail.

———

V. — VERSIONS EN PROSE. — BIBLIOTHÈQUE BLEUE

Voy., dans nos *Epopées*, les chapitres consacrés aux Romans en prose (2ᵉ éd., t. II, pp. 544-600) ; aux incunables (*ibid.*, pp. 601-632) ; à la *Bibliothèque des Romans* (pp. 678-690) et, enfin, à la *Bibliothèque bleue* (pp. 691-699. Cf. 660-662). La liste des Romans en prose se trouve aux pp. 544-550 et celle des incunables aux pp. 601-604. Dans les *Notices bibliographiques* consacrées à chacune de nos Chansons de geste, nous avons consacré un alinéa spécial aux versions en prose : nous y renvoyons notre lecteur. Cf. toutes les Notices de l'*Histoire littéraire de la France* (t. XXII, etc.) et toutes les Préfaces ou Introductions des Chansons de geste publiées jusqu'à ce jour.

389 Croix du Maine (François Grudé, sieur de La). *Bibliothèque françoise.* — Paris, 1584, in-fol.

390 Duverdier (Antoine). *Bibliothèque d'Antoine Duverdier*, contenant le *Catalogue de tous les auteurs qui ont écrit ou traduit en françois.* — Paris, 1585, in-fol.

Pour les deux ouvrages qui précèdent, voy. plus bas (nᵒ 392) Rigoley de Juvigny.

391 Gordon de Percel [Lenglet-Dufresnoy]. *De l'usage des Romans.* — Amsterdam [Paris], 1734.

[T. II, pp. 225-226.]

« Plusieurs de nos anciens romans, surtout ceux qui sont les plus amusants, ont été imprimés à Troyes et ailleurs, et ils réimpriment même assez souvent et c'est ce qu'on appelle la « Bibliothèque bleue ». Ils sont devenus les livres du peuple, mais ils n'en sont pas moins amusants. En voici la liste : « In-4°. Huon de Bordeaux. — Les quatre Fils Aymon. — Valentin et Orson. — Galien Restauré. — Maugis d'Aigremont. — Charlemagne et les Pairs de France... — In-8°. Charlemagne et les douze Pairs de France. »

392 Rigoley de Juvigny (Jean-Antoine). *Les Bibliothèques françoises de La Croix du Maine et d'Antoine Duverdier*, édition nouvelle avec des *Remarques histo-*

riques et littéraires empruntées à B. de la Monnoye, au président Bouhier, à Foncemagne, à Falconet, à Sainte-Palaye, à Bréquigny, etc. Paris, 1772-1773, six vol. in-4°. Indication d'éditions de nos Romans en prose.

393 **Bibliothèque universelle des Romans.** — Paris, 1777 et 1778, in-12.

Voy. la Table de ces deux années (les seules qui aient rapport à nos vieux poèmes), dans la 1re édition des *Épopées françaises*, t. I, pp. 581-822, et dans la seconde édition, t. II, pp. 680, 681. On trouvera plus loin, dans la Bibliographie particulière de chaque chanson, l'indication précise de ceux de nos vieux poèmes qui ont été analysés et travestis dans la *Bibliothèque des Romans*.

394 **Paulmy** (Marc-Antoine-René, marquis de). *Mélanges tirés d'une grande bibliothèque.* — Paris, 1779-1784, 69 vol. in-8°.

395 **Tressan** (Louis-Elisabeth **de la Vergne,** comte de). *Corps d'extraits des Romans de chevalerie.* — Paris, 1782, 4 vol. in-12.

396 **Bibliothèque universelle des Dames.** Cinquième classe. Romans. — Paris, 1787, in-8°.

[T. X. La Fleur des batailles Doolin de Mayenne. T. XII. Huon de Bordeaux, Guérin de Montglave.]

397 **Nouvelle bibliothèque des Romans** *dans laquelle on donne l'analyse raisonnée des Romans anciens et modernes, par une Société de gens de lettres.* — Paris, 1798-1805, 112 vol. in-12.

398 **Gœrres** (Jean-Joseph de). *Die deutschen Volksbücher.* — Heidelberg, 1807, in-8°.

399 **Schmidt** (J.-W.-Valentin). *Les Romans en prose des cycles de la Table Ronde et de Charlemagne.* — Inséré dans l'annuaire de Vienne (*Wiener Jahrbücher der Literatur*), 1825 ; traduit de l'allemand et annoté par le baron Ferdinand de Roisin. *Mémoires de la Société des Antiquaires de la Morinie*, VI (1845), pp. 1-188 (2e pagination).

400 **Morice** (Émile). *De la littérature populaire en France.* *Revue de Paris,* t. XXIV (1831), pp. 77-92.

401 **Van den Bergh.** *De nederlandsche Volksromans.* — Amsterdam, 1837.

402 **Nodier** (Charles) et **Le Roux de Lincy** (Adrien-Jean-Victor). *Nouvelle Bibliothèque bleue ou légendes populaires de la France.* — Paris, 1843, in-8°.

403 **Nisard** (Charles). *Histoire des livres populaires ou de la littérature du colportage depuis le xve siècle jusqu'à l'établissement de la Commission d'examen des livres du colportage* (30 novembre 1852). — Paris, 1854, 2 vol. in-8°.

[T. II, pp. 429-530. *Romans, nouvelles et contes :* 1° *Romans anciens.*]

La seconde édition a paru à Paris, 1864, in-18. Les *Romans anciens* y sont analysés au t. II, pp. 395 et ss.

404 **Brunet** (Jacques-Charles). *Manuel du libraire et de l'amateur de livres.* — Paris, 5e édition, 1860-1865, six vol. in-8° et Supplément en deux volumes.

La première édition avait paru en 1810, la quatrième a été publiée en 1842-1844. Éditions incunables des Romans en prose, etc.

405 **Bibliothèque Bleue.** *Réimpression des Romans de chevalerie des xiie, xiiie, xive, xve et xvie siècles, faite sur les meilleurs textes par une Société de gens de lettres sous la direction d'*Alfred Delvau. — Paris, 1859-1862, 3 vol. en 30 livraisons, in-4°.

[Premier volume. 1. Les quatre fils Aymon ; 2. Huon de Bordeaux ; 6. Guérin de Montglave ; 9. Ogier le Danois. — Troisième volume. 23. Berthe aux Grands Pieds ; 24. Milles et Amys ; 26. Galien Restauré ; 30. Fier-à-Bras.]

406 **Borgnet** (Ad.) et **Bormans** (Stanislas). *Le myreur des histors. Chronique de Jean des Preis, dit d'Outremeuse.* Bruxelles, 7 vol. in-4°, 1864-1887 (*Collection des Chroniques inédites Belges*).

Publication d'un texte très important, où l'on trouve l'interprétation en prose d'un certain nombre de nos romans en vers. Il est de ces romans, comme *Girard de Fraite*, qui ne nous sont peut-être conservés que dans cette très médiocre et très utile compilation.

407 **Liévin** (Louis). *La Littérature du colportage en France.* *Revue Contemporaine*, LXXVIII (1865), pp. 250-275.

A propos du livre de Charles Nisard.

408 Paris (Gaston). *Histoire poétique de Charlemagne*, Paris, 1865, in-8°, pp. 91-92, et *Appendice*, p. 470.

[Les Romans en prose.]

409 Gautier (Léon). Les *Épopées françaises*, 1ʳᵉ édition, t. I, Paris, 1865, in-8°, pp. 484-509 (Romans en prose); 509-541 (incunables); 579-591 (*Bibliothèque des romans*); 591-599 (*Bibliothèque bleue*). — 2ᵉ édition, t. II, Paris, 1894, in-8°. Aux pages indiquées plus haut (p. 28).

410 Didot (Ambroise-Firmin). *Essai de classification méthodique et synoptique des Romans de chevalerie inédits et publiés.* (Premier appendice au *Catalogue raisonné des livres de la Bibliothèque de M. Ambroise-Firmin Didot*.) Paris, 1870, in-8°.

Série de tableaux synoptiques où sont indiquées, en face des romans en vers, les versions en prose, manuscrites ou imprimées.

411 Delvau (Alfred). *Collection des Romans de chevalerie mis en prose française moderne avec illustrations.* Paris, 1870, 4 vol. in-4° à 2 col.

[Premier volume : 1. Fier-à-Bras;...4. Ogier le Danois; 5. Quatre fils Aymon ; 6. Huon de Bordeaux ; 7. Milles et Amys ; 8. Guérin de Montglave ; 9. Berthe aux Grands Pieds ; 12. Galien restauré; — Troisième volume : 4. Witikind ou la Chanson des Saxons.]

Cf. le n° 405.

412 Ruelens Charles-Louis). *La Bibliothèque bleue en Belgique.*
Bibliophile Belge, VII (1872), pp. 59-69.

413 Corrard de Breban. *Recherches sur l'établissement et l'exercice de l'imprimerie à Troyes.* — 3ᵉ édition, revue et considérablement augmentée d'après des notes manuscrites de l'auteur, par Thierry-Poux. — Paris, 1873, in-8°.

[P. 187. « Catalogue des livres qui se vendent en la boutique de la veuve Nicolas Oudot, libraire, rue de la Harpe...»]

414 Assier (Alexandre). *La Bibliothèque bleue depuis Jean Oudot Iᵉʳ jusqu'à M. Baudot (1600-1863).* — Paris, 1874, in-12. (*Bibliothèque de l'amateur champenois.*)

415 Koschwitz (Eduard). *Sechs Bearbeitungen des altfranzösischen Gedichts von Karls des Grossen Reise nach Jerusa-* lem *und Constantinopel.* Heilbronn, 1879, in-8°.

Publication des trois rédactions en prose de la partie de *Galien* qui correspond au *Voyage*.

416 Nyrop (Kristoffer). *Den oldfranske Heltedigtning.* — Copenhague, 1883, in-8° (pp. 51-62).

Cf. la traduction italienne, *Storia dell' Epopea francese.* — Turin, 1886, in-8° (pp. 49-59).

417 Ward (H.-L.-D.). *Catalogue of romances in the departement of manuscripts in the British Museum.* — Londres, 1883-1893, 2 vol. in-8°.

Versions en prose des *Quatre fils Aymon*, t. I, pp. 619-625, etc.

418 Meyer (Paul). *Girart de Roussillon, Chanson de geste, traduite pour la première fois.* Paris, 1884, in-8°.

[Les *Girart de Roussillon* en prose, pp. cxlii et ss.] Type d'une étude critique sur les romans en prose.

419 Wahlund (Carl) et **Feilitzen** (Hugo von). *Les Enfances Vivien, Chanson de geste publiée pour la première fois d'après les manuscrits de Paris, de Boulogne-sur-Mer, de Londres et de Milan.* Upsal et Paris, 1886, in-4°.

Type d'une édition de version en prose placée en regard de la leçon en vers.

420 Meyer (Paul). *Alexandre le Grand dans la littérature française du moyen âge; Histoire de la légende.* — Paris, 1886, petit in-8°.

[Les rédactions de l'*Alexandre* en prose, p. 300 et ss.] Second type d'une étude critique sur les romans en prose.

421 Stengel (Edmund). *Galiens li restaurés, Schlusstheil des Cheltenhamer Guerin de Montglane, unter Beifügung sämmtlicher Prosabearbeitungen zum ersten Mal veröffentlicht.* Marburg, 1890, in-8°. (*Ausgaben und Abhandlungen*, lxxxiv.)

En regard du texte en vers, l'éditeur a placé le texte des quatre versions en prose des manuscrits de la Bibliothèque nationale fr. 1470, et de la Bibliothèque de l'Arsenal 3351 ; du *Galien* incunable de 1500 et du *Guerin* incunable de Jehan Trepperel. Cette juxtaposition permet de se rendre un compte exact de tous les procédés des translateurs en prose.

422 Avril (baron d'). *Nouvelle Biblio-*

thèque Bleue. — Du temps que la reine Berte filait. — Paris, 1892, in-18.

Ont paru depuis, dans la même Collection : Le chien de Montargis ; — Les enfances de Roland ; — Le mystère de Roncevaux ; — Guillaume Bras-de-Fer ; — Le Marquis au court nez ; — Girart de Roussillon, duc de Bourgogne et d'Aquitaine, qui porta le charbon pendant sept ans.

Excellente tentative d'une Bibliothèque bleue d'après les sources.

VI. — LA FORME DES CHANSONS DE GESTE

—

1° RYTHMIQUE.

Le décasyllabe et l'alexandrin de nos Chansons de geste dérivent-ils des vers métriques latins qui auraient été déformés durant les bas siècles et au moyen âge, sous la triple influence de l'accent, du syllabisme et de l'assonance, et qui, traversant la liturgie, auraient définitivement passé à l'état rythmique?

Ou bien faut-il voir dans notre versification épique « le développement et la suite naturelle » d'une versification populaire et rythmique des Romains, très ancienne et qui ne devrait rien à la métrique latine?

C'est dans la Lettre à M. Léon Gautier sur la Versification latine rythmique (1866), de Gaston Paris, que la question a été le plus clairement exposée.

423 Raynouard (François-Juste-Marie). Des formes primitives de la versification des trouvères dans leurs épopées romanesques.
Journal des Savants, juillet 1833, pp. 386-396.

424 Diez (F.). Ueber den epischen Vers.; Altromanische Sprachdenkmale. — Bonn, 1846, in-8°, pp. 73-132.

425 Du Méril (Edélestand). Mélanges archéologiques et littéraires. — Paris, 1850, in-8°.
[P. 341-480 : « Des origines de la versification française. »]

426 Génin (Francis). La Chanson de Roland. — Paris, 1850, in-8°.
[Introduction : chap. VIII. De la versification du Roland, pp. CXLVI et ss.]

427 Magnin (Charles). Deuxième article sur la Chanson de Roland, publié par F. Génin.
Journal des Savants, décembre 1852 ; pp. 766-777.
[Versification des chansons de geste.]

428 Ten Brink (B.) Conjectanea in historiam rei metricæ francogallicæ. Bonn, 1864, in-8°.
La versification franco-provençale est syllabique. Elle n'a rien de germanique. Elle est d'origine latine. Le véritable type du décasyllabe roman est le trimètre dactylique, et non pas, comme l'a cru Mutzel, le trimètre iambique brachycatalectique.

429 Gautier (Léon). Les Épopées françaises, 1re édition, — Paris, t. I, 1865, in-8°, pp. 192 et suiv.
« Dans notre intime persuasion, toutes les origines de notre versification sont latines... Le décasyllabe dérive du dactylique trimètre, etc. »
Tel était le système que nous avions exposé dès 1855 dans notre thèse à l'École des Chartes (Essai sur la poésie liturgique au moyen âge, suivi d'une Histoire de la versification latine à la même époque ; Positions des thèses de l'École des Chartes. Imprimerie Simon Raçon, 1855, p. 22); tel est le système aussi que nous avons de nouveau soutenu dans notre Cours de poésie épique à l'École des Chartes, etc.
Cf. Revue critique, 1866, n° 62, article de K. Bártsch ; « Nous sommes d'accord avec M. Gautier pour ce qui concerne le décasyllabe, etc. »
Nous nous sommes récemment rallié au système de G. Paris.

430 Paris (Gaston). Lettre à M. Léon Gautier sur la versification latine rythmique. — Paris, 1866, in-8°.
« La versification française n'est pas plus une corruption de la versification rythmique latine que celle-ci n'est une déformation de la versification métrique... La versification française n'est que le développement ou la suite naturelle de la versification latine rythmique. Elle en a gardé les principes essentiels, mais en leur faisant subir les changements exigés par sa nature. »

431 Meyer (Paul). Recherches sur

l'Épopée française, Bibliothèque de l'École des Chartes, (XXIX) 1867.

« M. Gautier ayant méconnu le caractère principal du vers rythmique, celui d'être fondé sur le retour régulier de l'accent à des places fixes, a méconnu le même caractère dans le vers français... Qu'il ait six, huit, dix ou douze syllabes, le vers français présente un caractère constant : c'est l'accent coïncidant avec la rime dans les vers de toutes les longueurs, et un second accent sur la quatrième, la sixième et quelquefois la cinquième syllabe dans les vers de dix, de onze ou de douze syllabes » (p. 340).

432 Rochat (A.). *Études sur le vers décasyllabe dans la poésie française au moyen âge.*

Jahrbuch für romanische und englische Literatur, XI (1870), pp. 65-93.

433 Andresen (Hugo). *Ueber den Einfluss von Metrum, Assonanz und Reim auf die Sprache der altfranzösischen Dichter.* — Bonn, 1874, in-8⁰.

G. Paris a donné un bon résumé de ce travail dans la *Romania* d'avril 1875.

434 Petit de Julleville (L.). La *Chanson de Roland.* — Paris, 1878, in-8⁰.

[Introduction : chap. IV. *De la versification de la Chanson de Roland,* p. 79 et ss.] — L'auteur s'y prononce contre les origines liturgiques de l'alexandrin et du décasyllabe épiques.

435 Gautier (Léon). Les *Épopées françaises,* 2ᵉ éd. — Paris, t. I, 1878, in-8⁰.

Le chapitre intitulé : *La versification des chansons de geste* occupe les pp. 281-371. La conclusion générale est la suivante : « La versification française ne dérive pas directement de la versification rythmique ou populaire des Romains, mais de certains mètres liturgiques qui étaient eux-mêmes devenus profondément populaires et s'étaient peu à peu modifiés et transformés sous l'influence de la poésie populaire » (p. 291).

436 Suchier (H.). *Zur Versbildung der Anglonormannen. Anglia,* II, 1879, pp. 215-224.

437 Sepet (Marius). *De la laisse monorime des chansons de geste.*

Bibliothèque de l'École des Chartes, XL (1879), pp. 563-566.

Cf. G. Paris, *Romania,* 1880, IX, p. 336.

438 Tobler (A.). *Le vers français ancien et moderne* traduit sur la deuxième édition, par K. Breul et Sudre, avec une Préface par Gaston Paris. — Paris, 1885, in-8⁰.

439 Geijer (P.-A.). *Om de franska episka versformernas ursprung.* — Kristiania, 1883, in-8⁰, pp. 143 à 169.

Cf. Vising, *Literaturblatt für germanische und romanische Philologie,* 1883, col. 393.

440 Freymond(E.). *Ueber den reichen Reim bei altfranzösischen Dichtern bis zum Anfang des XIV Jahrhunderts.* — Strasbourg, 1882, in-8⁰.

Cf. le *Zeitschrift für romanische Philologie,* VI, pp. 1-37 et 177-215.

441 Otten (Georg.). *Ueber die Cäsur im altfranzösischen.* — Greifswald, 1884. in-8⁰.

442 Vising (G.). *Sur la versification anglo-normande.* — Upsal, 1884, in-8⁰,

Cf. Meyer, *Romania,* XV (1886), pp. 144-148. — W. Fœrster, *Literarisches Centralblatt,* octobre 1885.

443 Havet (Louis). *Le décasyllabe roman.*

Romania, 1886, t. XV, pp. 125-126.

444 Heune (W.). *Die cäsur im Mittelfranzösischen.* — Greifswald, 1888.

445 Henry (Victor). *Contribution à l'étude des origines du décasyllabe roman.* — Paris, 1886, in-8⁰.

Cf. G. Paris, *Romania,* XV (1886), pp. 137-138. Le décasyllabe roman répond au trimètre ïambique scazon.

446 Stramwitz (E.). *Ueber Strophen- und Vers-Enjambement im Altfranzösischen.* — Greifswald, 1886.

447 Thurneysen (R.). *Der Weg vom daktylischen Hexameter zum epischen Zehnsilbner der Franzosen.*

Zeitschrift für romanische Philologie, XI (1886), p. 305.

Cf. G. Paris, *Romania,* XVII (1888), 318 : « M. Thurneysen s'efforce de suivre, à travers une série de transformations... la marche de l'hexamètre antique au décasyllabe rythmique. »

448 Becker (Ph. Aug.). *Ueber den Ursprung der romanischen Versmasse.* — Fribourg, 1890, in-8⁰.

449 Galino (T.). *Musique et versifi-*

cation françaises au moyen âge. — Leipzig, 1890, in-8°. \

450 Paris (Gaston). *La littérature française au moyen âge,* 2° édition. — Paris, 1890, in-18.

« La versification populaire française a les mêmes principes que celle des autres peuples qui parlent des dialectes du latin vulgaire ; elle s'explique tout entière comme un développement de la versification latine rythmique » (p. 12). C'est, réduit à sa plus simple expression, le système précédemment exposé dans la *Lettre à M. Léon Gautier.*

2° LA LANGUE, LE STYLE

Pour toutes les discussions relatives à la valeur littéraire des Chansons de geste, lire, d'une part, l'article agressif de F. Brunetière (v. plus loin le n° 461) et, d'autre part, l'exposé de la thèse favorable à nos vieux poèmes dans notre *Style des Chansons de geste* (n° 458). Cf. les *Notices bibliographiques* que nous avons consacrées à chacun de nos romans (*Épopées françaises,* t. III et IV), et où un article spécial est particulièrement réservé à la valeur littéraire de chacun d'eux.

En ce qui concerne la langue et la grammaire, on trouvera dans la seconde partie de cette *Bibliographie* — dans le corps même de l'article qui est plus loin consacré à chaque chanson — la liste des ouvrages qui ont pour objet la phonétique, la grammaire, le glossaire de chacun de nos vieux poèmes. Cf. surtout la Bibliographie de la *Chanson de Roland.*

451 Borel (Pierre). *Dictionnaire des termes du vieux françois ou Trésor des recherches et antiquités gauloises et françoises, etc.* — Paris, 1750, in-fol. Nouvelle édition.

Exemples tirés fréquemment des Chansons de geste.

452 Littré (Émile). *La poésie homérique et l'ancienne poésie française; premier chant de l'Iliade traduit en français du* XIII° *siècle.*

Revue des Deux-Mondes, 1er juillet 1847.

Publié de nouveau dans l'*Histoire de la langue française.*

453 Avril (Adolphe, baron d'). La *Chanson de Roland.* — Paris, 1865, in-8°.

Introduction : pp. civ, cv.

454 Gautier (Léon). Les *Épopées françaises,* 1re éd. Paris, 1865-1868, in-8° ; 2° éd. Paris, 1878-1894, in-8°.

Le style des chansons de geste, 2° édition, t. I, pp. 474-519. Cf. le n° 458.

455 Bekker (Immanuel). *Vergleichung homerischen und altfranzösischen Sitten. Monatsberichte der Berliner Akademie,* 1866, pp. 133, 316, 465, 577, 634, 741.

456 Bekker (Immanuel). *Homerische Ansichten und Ausdrucksweisen mit altfranzösischen zusammengestellt. Monatsberichte der Berliner Akademie,* 1867, pp. 429-444; 681-689; 730-740.

457 Bekker (Immanuel). *Homerische Blätter. Beilage zu dessen carmina homerica,* 2° vol. — Bonn, 1872, in-8°. Réimpression de remarques dispersées dans les *Monatsberichte der Berliner Akademie* depuis 1863 jusqu'en 1871 (v. les n°s 455 et 456).

Comparaison entre la poésie homérique et l'ancienne poésie française.

458 Gautier (Léon). *Le Style des Chansons de geste. Revue du Monde catholique,* 10 et 25 mai 1877. — Reproduit au t. I des *Épopées françaises,* 2° édition, 1878, pp. 474-519.

459 Kressner (A.). *Ueber den epischen Charakter der Sprache Ville-Hardouins. Archiv für das Studium der neueren Sprachen und Literaturen,* LVII (1877), pp. 1-16.

460 Nicolaï (F. A.). *Die Beziehungen zwischen der deutschen und der französischen Poesie im Mittelalter.* — Meerane, 1877. *Archiv für das Studium etc.,* LIX, 471.

461 Brunetière (F.). *La langue et la littérature française au moyen âge. Revue des Deux-Mondes,* 1er juin 1879.

Cf. *Zeitschrift für neufranzœsische Sprache und Literatur,* I (1880), pp. 128-129. — Boucherie, *Revue des langues romanes,* 3° série, t. III (1880), pp. 5-36 et IV, p. 247. — Réponse de Brunetière, *ibid.,* t. III, p. 157-178.

462 Kressner (A.). *Leitfaden der französischen Metrik nebst einem Anhang über den altfranzösischen epischen Stil.* — Leipzig, 1880, in-8°.

463 Tobler (A.). *Vom französischen*

*Versbau alter und neuer Zeit. Zusammen-
stellung der Anfangsgründe.* — Leipzig,
1880 ; 2ᵉ édit. 1883 ; 3ᵉ édit. 1894. Traduction française, 1885.

464 Dietrich (Otto). *Ueber die Wiederholungen in den altfranzösischen Chansons de geste.* — Erlangen, 1881, in-8°
(tirage à part des *Romanische Forschungen*,
1883, t. Iᵉʳ).

Cf. Grœber, *Zeitschrift für romanische Philologie*, VI (1882), pp. 492-499. — Settegast, *Literaturblatt für germanische und romanische
Philologie*, juin 1882, col. 228. — G. Paris.
Romania, XI, 1882, p. 447.

465 Ziller (Franz). *Der epische Stil des
altfranzösischen Rolandsliedes*, in *Programm des Real-Gymnasiums in Magdeburg.* — Magdebourg, 1883, in-4°.

466 Ebert (Emil). *Die Sprichwörter
der altfranzösischen Karlsepen.* — Marbourg, 1884, in-8°.

(*Ausgaben und Abhandlungen*, XXIII.)
Cf. P. Meyer, *Romania*, XIV (1885), p. 631.

467 Wolf (Emil). *Zur Syntax des Verbs
bei Adenet le Roi.* — Kiel, 1884, in-8°.

468 Zutavern (Karl). *Ueber die altfranzösische epische Sprache. I.* — Heidelberg, 1885, in-8°.

469 Busse (G.). *Der Conjunktiv im altfranzösischen Volksepos.* — Kiel, 1886,
in-8°.

470 Meinhoff (K.). *Die Vergleiche in
den altfranzösischen Karlsepen.* — Marbourg, 1886, in-8°.
Extrait des *Ausgaben und Abhandlungen*
de Marbourg.

471 Husse (Otto). *Die schmückenden
Beiwörter und Beisätze in den altfranzösischen Chansons de geste.* — Halle, 1887,
in-8°.

472 Monge (Léon de). *Études morales
et littéraires. Épopées et romans chevaleresques. I. Les Nibelungen.* — *La Chanson de Roland.* — *Le poème du Cid.* —
Paris, 1887, in-12.

473 Determann (J. W.). *Epische Ver-
wandschaften im altfranzösischen Volks-
Epos.* — Dissertation de Marbourg, Burg,
1887, in-8°.

474 Riese (Will.). *Alliterierender Gleich-*

*klang in der französischen Sprache alter
und neuer Zeit.* Halle, 1888.

Cf. F. Perle, *Zeitschrift für franzœsische
Sprache und Literatur*, 1889, 2ᵉ partie, pp. 178-
180.

475 Dreyling (Gustav.). *Die Ausdrucksweise der übertriebenen Verkleinerung im
altfranzösischen Karls-Epos.* — Marbourg,
1888, in-8°.

(*Ausgaben und Abhandlungen*, LXXXII.)
Cf. F. Perle, *Zeitschrift für franzœsische
Sprache und Literatur*, 1889, 2ᵉ partie, pp. 234-
236.

476 Mentz (Richard). *Die Träume in
den altfranzösischen Karls-und Artus-
Epen.* — Marbourg, 1887, in-8°.

(*Ausgaben und Abhandlungen*, LXXIII.)
[Pp. 97 à 106 : « Anhang zur Kritik einzelner Chansons de geste. »]

Cf. *Literaturblatt für germanische und romanische Philologie*, juin 1888, col. 265 ; — *Franco-
Gallia*, V (1888), pp. 347-348.

477 Bredtmann (H.). *Der sprachliche
Ausdruck einiger der geläufigsten Gesten
im altfranzösischen Karlsepos.* — Marbourg, 1889, in-8°.

Cf. F. Tendering, *Zeitschrift für franzœsische Sprache und Literatur*, 1890, 2ᵉ part.
p. 249.

478 Bauer (Rudolf). *Ueber die subjektiven Wendungen in den altfranzözischen
Karlsepen, mit besonderer Berücksichtigung der verschiedenen Versionen des
altfranzözischen Rolandsliedes.* — Dissertation d'Heidelberg, 1889, in-8°.

479 Kuttner (Max). *Das Naturgefühl
der Altfranzosen und sein Einfluss auf ihre
Dichtungen.* — Dissertation de Berlin :
Leipzig, 1889, in-8°.

Cf. Ludwig Frænckel, *Literaturblatt für germanische und romanische Philologie*, juin 1890,
col. 226-227 ; — Golther, *Deutsche Literaturzeitung*, 1890 ; — Mahrenholtz, *Zeitschrift für
franzœsische Sprache und Literatur*, 1890,
2ᵉ part., p. 120.

480 Vising (Johann). *Les débuts du
style français.* Extrait du *Recueil de Mémoires* présenté à M. Gaston Paris le 9 août
1889. Paris, 1889, in-8°.

481 Kœhler (M.). *Ueber alliterierende
Verbindungen in der altfranzösischen Litteratur.* Leipzig, 1890.

482 Schiller (F.). *Das Grüssen im Altfranzösischen.* Halle, 1890. V. n° 623.

483 Schnellbæcher (K.). *Ueber den syntaktischen Gebrauch des Konjunctivs in den Chansons de geste : Huon de Bordeaux, Amis et Amiles, Jourdains de Blaivies, Aliscans, Aiol et Mirabel und Garin le Loherain,* Giessen, 1891.

Voir, pour plus de détails, le livre de H. Varnhagen et J. Martin: *Systematisches Verzeichnis der Programmabhandlungen, Dissertationen und Habilitationsschriften aus dem Gebiete der romanischen und englischen Philologie,* etc. — Leipzig, 1893, in-8° (pp. 71-73, etc.).

Pour les premières études sur la langue des chansons de geste, on se trouvera bien de se servir d'un de ces « Recueils de morceaux choisis » que nous allons énumérer et qui sont accompagnés, pour la plupart, d'une Grammaire et d'un Glossaire.

484 Bartsch (Karl). *Chrestomathie de l'ancien français (viii°-xv° siècles), accompagnée d'une Grammaire et d'un Glossaire.* — Leipzig, 1866, in-8°, 2° éd. 1872, 3° éd. 1875 ;... 5° édit., 1884...

[*Berte au grand pied,* colonne 355 de la 5° édition ; *Aliscans,* 75; *Amis et Amiles,* 67; *Baudouin de Sebourc,* 399; *Garin le Loherain,* 63; *Huon de Bordeaux,* 197; *Renaus de Montauban,* 81; *Roland,* 33 ; *Voyage de Charlemagne à Jérusalem et à Constantinople,* 45.]

485 Meyer (Paul). *Recueil d'anciens textes bas-latins, provençaux et français, accompagnés de deux glossaires.* — Paris, 1874-1877, 2 vol. in-8°. Inachevé.

486 Lidforss (Ed.). *Choix d'anciens textes français.* — Lund, 1877, in-4°.

487 Ritter (E.). *Recueil de morceaux choisis en vieux français.* — Genève, 1878, in-8°.

488 Constans (L.). *Chrestomathie de l'ancien français.* — Paris, 1884, in-8°; nouvelle édition, 1890, in-8°.

[*Roland,* colonne 37. — *Voyage de Charlemagne,* 47. — *Garin le Loherain,* 111. — *Le Couronnement de Louis,* 123. — *Auberi le Bourguignon. Épisode de Lambert d'Oridon,* 131. — *Ogier le Danois,* 141. — *Les Saisnes,* 325. — *Girars de Vienne,* début, 333. — *Le*

Chevalier au Cygne, 341. — *Aimeri de Narbonne,* 399. — *Enfances Ogier,* début, 595.]
Cf. G. Paris. *Romania,* XVIII, 1889, 136-159.

489 Bartsch (Karl). *La langue et la littérature françaises depuis le ix° siècle jusqu'au xiv° siècle : textes et glossaire, précédés d'une Grammaire de l'ancien français* par Adolf Horning. — Paris, 1887, in-8°.

M. Bartsch explique, dans sa *Préface,* la différence qui existe entre le présent ouvrage et sa *Chrestomathie.* Quand il a publié cette dernière, « le traitement des textes vieux français... se trouvait encore... à l'état d'enfance ». Il n'en est pas de même dans l'œuvre nouvelle : « L'appareil critique y est plus riche; il est même complet pour un grand nombre de pièces choisies. Je m'en suis servi pour essayer de donner des textes critiques. »
[Les *Enfances Ogier,* colonne 595; *Aimeri de Narbonne,* 399; *Auberi,* 131; *Chevalier au Cygne,* 341; *Couronnement de Louis,* 123; *Garin le Loherain,* 111; *Girars de Viane,* 333; *les Saxons,* 325; *Ogier le Danois,* 141; *Roland,* 37; *Voyage de Charlemagne à Jérusalem et à Constantinople,* 47.]
Cf. G. Paris, *Romania,* XVIII, 1889, 136-159.

490 Clédat (E.). *Morceaux choisis des auteurs français du moyen âge, avec une Introduction grammaticale, des Notes littéraires et un Glossaire du vieux français.* — Paris, 1887, in-8°.

491 Devillard (Er.). *Chrestomathie de l'ancien français, ix°-xv° siècles.* Texte, traduction et glossaire. — Paris, 1887, in-8°.

VII. LES PROPAGATEURS DES CHANSONS DE GESTE : LES JONGLEURS.

On se mettra rudimentairement au courant de la question en se reportant à nos *Épopées françaises* où nous avons consacré, d'après les textes, plus de deux cent cinquante pages à une monographie des jongleurs (2° édition, .II, pp. 3-271); mais cf. surtout W. Hertz, *Spielmanns-Buch,* Stuttgard, 1886, in-8° (n° 543). E. Freymond, *Jongleurs und Menestrels,* Halle, 1883, in-8° (n° 535), et les articles de B. Bernhardt sur la Corporation des Ménestrels (*Bibliothèque de l'École des chartes*, III, pp. 377-404; IV, 525-548; V, 254-284 et 339-372). Voy. n° 509.

492 La Mare (Nicolas de). *Traité de la police.* — Paris, 1705, in-fol. t. I, chap. II, pp. 345 et ss. : *De l'origine des histrions, des troubadours, des jongleurs.*

493 Mémoires pour servir à l'histoire du théâtre.

Mercure de France, févr. 1736, pp. 249-255.

« Des Conteours, Jougleours, Musars, etc... »

494 Levesque de la Ravallière, *Les poésies du roy de Navarre.* — Paris, 1742, in-12.

[T. I, pp. 183-262 : De l'ancienneté des chansons françoises.]

495 Fontenelle (Bernard de). *Œuvres.* — Paris, 1758, in-12.

[T. III, pp. 1-20 : « Histoire du théâtre françois jusqu'à M. Corneille. »]

496 Warton (Thomas). *The history of English Poetry.*—Londres, 1774-1781, 3 vol. in-8°.

Une seconde édition a paru à Londres en 1824. Voir le t. I, chap. III, pp. 111-161, dans l'édition de 1824.

497 Percy (Thomas). *Reliques of ancient English Poetry : consisting of old heroic ballads, songs and other pieces of our earlier poets, together with some few of later date.* 3ᵉ éd. — Londres, 1775, 3 vol. petit in-8. Nouvelle édition, Heilbronn, 1889.

T. I : « An essay on the ancient english Minstrels. »

498 Burney (Charles). *A general History of Music from the earliest Ages to the present Period.* — Londres, 1776-1789, 4 vol. in-4°.

[T. II, p. 247-308 : Musique française du moyen âge. — Musique de la « chanson de Roland » de Paulmy.]

499 Ritson (Joseph). *Ancient english metrical romances.* — Londres, 1802, in-8°, t. I, p. CXLVIII-CCXXIX.

500 Roquefort-Flaméricourt(Jean-Baptiste-Bonaventure de). *De l'état de la poésie françoise dans les XIIᵉ et XIIIᵉ siècles.* —Paris, 1815, in-8°, pp. 81-131.

501 Motherwell (William), *Min-*

strelsy ancient and modern. — Glasgow, 1827, in-4°.

502 Langlé (Ferdinand) et Émile **Morice.** *L'Historial du jongleur. Chroniques et légendes françaises publiées, ornées d'initiales, vignettes et fleurons imités de manuscrits originaux.* — Paris (impression gothique), 1829, in-8°.

Nous ne citons cet ouvrage que pour mettre en garde contre son titre : il ne se compose, en effet, que de quatre Nouvelles modernes où l'on s'est efforcé tellement quellement d'imiter le style du moyen âge.

503 Rue (abbé de la). *Essais historiques sur les bardes, les jongleurs et les trouvères normands et anglo-normands.* — Caen, 1834, 3 vol. in-8°.

Raynouard, *Journal des savants*, 1834, p. 137, etc.

504 Jubinal (Achille), *Jongleurs et trouvères, ou Choix de saluts, épîtres et autres pièces légères des XIIIᵉ et XIVᵉ siècles.* — Paris, 1835, in-8°.

505 Reiffenberg (baron de). *Chronique rimée de Philippe Mouskes.* — Bruxelles, 1836, in-4°; t. I, pp. CLVI-CLVIII.

506 Dinaux (Arthur). *Trouvères, jongleurs et ménestrels du nord de la France et du midi de la Belgique.* — Paris et Valenciennes, 1837-1863 ; 4 vol. in-8°.

507 Jubinal (Achille). *Œuvres complètes de Rutebeuf.* — Paris, 1839, in-8°.

Une seconde édition, « revue et corrigée », a été donnée en 1874, 1875 : « Bibliothèque elzévirienne, » 3 vol. in-18. — C'est là notamment (III, p. 6) qu'on trouve la célèbre *Gengls au ribaut* (qui, d'ailleurs, n'est pas de Rutebeuf). — Cf., dans le même Recueil : *Ch' est du honteus menestrel* (III, p. 15 et 16) et *C'est de la pouretei Rutebeuf* (I, p. 3 et ss.). Il ne saurait entrer dans notre plan de citer ici les fableaux où il est question des jongleurs, comme *Saint Pierre et le jongleur* (Méon, édition de 1808, III, p. 282) et tant d'autres.

508 Du Méril (Edelestand). *Histoire de la poésie scandinave. Prolégomènes.* — Paris, 1839, in-8°.

[Pp. 469-508 : Des traditions épiques pendant le moyen âge.]

509 Bernhardt (B.). *Recherches sur l'histoire de la Corporation des ménétriers ou joueurs d'instruments de la ville de Paris.*

Bibliothèque de l'École des Chartes, III, 1841, 377-404; IV, 1842, 525-548; V, 1843, 254-284; 339-372.

510 Graesse (Johann-Georg-Theodor). *Die grossen Sagenkreise des Mittelalters,* etc. — Dresde et Leipzig, 1842, in-8°.

[2ᵉ partie, 2ᵉ fascicule : « Poésie française : Les trouvères et jongleurs, et leurs œuvres. » pp. 1064-1074.]

511 Ellis (G.). *Specimens of early English metrical Romances; a new edition revised by* J.-O. Halliwell. — Londres, (v. n° 224.) 1848, in-8°, pp. 8-13.

512 Du Méril (Edelestand). *Mélanges archéologiques et littéraires.* — Paris, 1850, in-8°.

[Pp. 291-337. « De l'origine et de la nature de la poésie lyrique en France pendant les xiiᵉ et xiiiᵉ siècles. »]

513 Guessard (F.) et C. **de Grand-maison.** *Huon de Bordeaux, chanson de geste,* etc. — Paris, Collection des Anciens poètes de la France, 1860, in-16. *Préface,* pp. vi et ss.

Mise en lumière du célèbre texte sur les jongleurs de geste qui ne sont pas condamnés par l'Église *(bene possunt sustineri tales).* Ce texte, tiré du ms. 1552 du fonds de l'ancienne Sorbonne, à la Bibliothèque nationale, se retrouve dans le *Penitentiel* de Thomas de Cabham que M. B. Hauréau a étudié de près dans les *Notices et extraits de manuscrits,* t. XXIV, pp. 284 et suiv.

514 Paris (Paulin). *L'enseignement officiel et l'enseignement populaire au moyen âge ; le livre des Sept Sages (enseignement populaire par les jongleurs).*
Leçon au Collège de France, 1864-1865. *Revue des Cours littéraires,* 1865, p. 155-162.

515 Gautier (Léon). Les *Épopées françaises,* 1ʳᵉ éd., t. I, 1865, in-8°, pp. 344-412, 2ᵉ éd., t. II, 1894, in-8°, pp. 3-271.

516 Paris (Gaston). *Histoire poétique de Charlemagne.* — Paris, 1865, in-8°.

Du rôle des *juglares* et des *cantares de gesta* en Espagne, pp. 204, 205 et ss. — Cf. pour le Portugal, T. Braga, *Épopeas de raça mosarabe,* Porto, 1871, in-16.

517 Sayous (Ed.). *La France de saint Louis d'après la poésie nationale.* — Paris, 1866, in-8°.

Thèse de doctorat à la Faculté des Lettres. [Chap. vi, p. 179-205 : « Gaie science et clergie. »]

518 Cénac Moncaut. *Les Jongleurs et les Ménestrels.*
L'Investigateur, t. XXXIV, 1867, pp. 321-342.

519 Lecoy de la Marche (A.). *La chaire française au moyen âge.* — Paris, 1868, in-8°. — 2ᵉ édition, Paris, 1886, in-8° (pp. 432, 481, 482, etc.).

520 Kœhler (Arthur). *Ueber den Stand berufsmässiger Sänger im nationalen Epos germanischer Völker.*
Germania, t. XV, 1870, p. 27-50.

521 Fœrster (Wendelin). *Del tumbeor Nostre Dame.*
Romania (1873), II, pp. 315-325.

Voir une analyse dans nos *Épopées françaises,* II, pp. 222-225. C'est avec une imitation de ce vieux fableau que le vicomte de Borelli a obtenu, en 1891, le prix de poésie à l'Académie française.

522 Meray (Antony). *La Vie au temps des trouvères ; croyances, usages et mœurs intimes des xiᵉ, xiiᵉ et xiiiᵉ siècles, d'après les lais, chroniques, dits et fabliaux.* — Paris, 1873, in-8°.

523 Becker (G.). *La Musique en Suisse depuis les temps les plus reculés.* — Paris, 1874, in-12.

[« Annales de Jehan et Estienne Ferrier, ménestriers en la cité de Genève, escriptes en icelle. » xvᵉ siècle.]

524 Ancona (J. d'). *Musica e poesia nell' antico comune di Perugia.*
Nuova antologia, 1874, 1875.
Cf. *Romania,* 1875, pp. 296, 297.

525 Tobler (A.). *Spielmannsleben im alten Frankreich (Conférence donnée le 6 février 1875).*
Im neuen Reich, 1875, n° 9.
Cf. *Romania,* 1875, t. IV, p. 297.

526 Vogt (Friedr.). *Leben und Dichten der deutschen Spielleute im Mittelalter.* — Halle, 1876, in-8°.
(Vortrag gehalten im Wissenschaftsverein zu Greifswald am 29 nov. 1875.)

527 Meyer (Paul). *De l'influence des*

troubadours sur la poésie des peuples romans.

Romania, V, 1876, pp. 257 et ss. et notamment p. 260.

528 Rajna (Pio). *I Rinaldi o cantastorie di Napoli.*

Nuova antologia, 15 déc. 1878.

Romania, VIII, 1879, p. 137.

529 Fournel(Victor). *Les Rues du Vieux Paris. Galerie populaire et pittoresque.* — Paris, 1879, in-8°.

Cf. A. Bruel. *Bibliothèque de l'École des Chartes*, XL, 1879, pp. 357-361.

530 Schultz (Alwin). *Das höfische Leben zur Zeit der Minnesinger.* — Leipzig, 1879, 1880, 2 vol. in-8°. V. n° 579.

Voir notamment, t. I, pp. 439-448. Il a paru une seconde édition de cet excellent livre, qui peut aujourd'hui passer pour classique.

531 Grœber (G.). *Del tumbeor Nostre Dame.*

Zeitschrift für romanische Philologie, 1880, pp. 88-97.

532 Auriac (E. d'). *La Corporation des Ménétriers et le Roi des Violons.* — Paris, 1880, in-8°.

Extr. de l'*Investigateur*, sept.-oct. 1879.

533 Stosch (Joh.). *Der Hofdienst der Spielleute im deutschen Mittelalter.* — Berlin, 1881, in-8°.

T. II, pp. 131 et suiv.

534 Weinhold (Karl). *Die deutschen Frauen in dem Mittelalter,* 2° édit. — Vienne, 1882, 2 vol. in-8°.

535 Freymond (Émile). *Jongleurs und Menestrels.* — Halle, 1883, in-8°.

Cf. E. Stengel, *Literaturblatt für germanische und romanische Philologie*, 1884, n° 3, col. 115; — Jos. Sittard, *Vierteljahresschrift für Musikwissenschaft*, I, 2, 1885.

536 Lavoix (Henry) fils. *Étude sur la musique au siècle de Saint-Louis.* (A la suite du « *Recueil de Motets français* », publié par G. Raynaud. Paris, 1883, in-16, II, pp. 187-470.)

C'est peut-être l'ouvrage le plus complet sur la composition d'un orchestre au moyen âge.

537 Fusinato (G.). *Un cantastorie chioggiotto.*

Giornale di Filologia Romanza, t. IV, 1883, pp. 170-183.

Cf. *Romania*, XIV, 1885, p. 303.

538 Nyrop (Kristoffer). *Den oldfranske Heltedigtning.* — Copenhague, 1883, in-8°, pp. 287-312. — Cf. la traduction italienne : *Storia dell' Epopea francese*, Turin, 1886, in-8°. Troisième partie, chapitre I, « Trouvères et jongleurs », pp. 275-297.

539 Pitré (G.). *Le tradizioni cavalleresche popolari in Sicilia.*

Romania, XIII, 1884, pp. 315-398.

540 Rajna (Pio). *Le origini dell' Epopea francese.* — Florence, 1884, in-8°, pp. 537, 538, etc.

541 Schletterer (H.-M.). *Geschichte der Spielmannszunft in Frankreich und der Pariser Geigerkönige.* (Studien zur Gesch. d. franz. Musik. II.) — Berlin, 1884, in-8°.

Cf. *Literarisches Centralblatt*, 1886, col. 772.

542 Villemarqué (V¹⁰ de la). *Les Joculatores Bretons.*

Bulletin archéologique de l'Association bretonne, 3° sér., t. V (1885), pp. 198-211 et t. VI (1887), pp. 84-92.

[Office de saint Émilien, évêque de Nantes, martyr, inspiré d'un chant populaire, etc.]

543 Hertz (W.). *Spielmanns-Buch.* — Stuttgart, 1885, 2 fasc. in-8°.

Introduction, I : *Die Spielleute,*, pp. II-XLVI. Cf. pp. 291-306.

544 Piper (Paul). *Die Spielmannsdichtung. Erster Theil. Die reine Spielmannsdichtung.* — Berlin et Stuttgard, s. d. [la préface est datée d'avril 1887], in-8°.

[P. 1-74 : « Allgemeines über die Spielmannsdichtung. »]

545 Rajna (Pio). *Il teatro di Milano e i canti intorno ad Orlando e Ulivieri.*
Archivio storico Lombardo, XIV, 1887.

Cf. *Romania*, XVI, 1887, p. 614.

546 Richard (Jules-Marie). *Mahaut, comtesse d'Artois et de Bourgogne.* — Paris, 1887, in-8°, pp. 107 et ss.

547 Witthoeft (F.). *Sirventes Joglaresc. Ein Blick auf das altfranzösische Spielmannsleben.* — Marbourg, 1889, in-8°.

(*Ausgaben und Abhandlungen*, fasc. LXXXVIII).

548 Paris (Gaston). *La littérature française au moyen âge*, 1890, in-8°, pp. 36-37 et 260.

« Les jongleurs ont joué un rôle capital dans la formation et le développement de l'Épopée française... Ils colportèrent les chants épiques de lieu en lieu, se les communiquèrent les uns aux autres, les rattachèrent par des liens de leur invention, les fondirent et les unifièrent. Ainsi se constitua une immense matière épique qui, vers le milieu du xi° siècle, commença à se distribuer en longs poèmes et plus tard se répartit en cycles » (p. 37).

———

VIII. ESPRIT DES CHANSONS DE GESTE. — LA CHEVALERIE ET LA SOCIÉTÉ FÉODALE. — LES IDÉES ET LES MŒURS.

549 Fauchet (Claude). *Origines des Dignitez et Magistrats de France.* — Genève, 1611, in-4°.

La première partie du Mémoire s'appuie principalement sur des citations empruntées aux Chansons de geste.

La seconde partie (de la p. 73 à la p. 124) porte un titre à part : « Origines des chevaliers, armoiries et héraux; ensemble de l'ordonnance, armes et instrumens desquels les François ont anciennement usé en leurs guerres ».

550 Du Cange (Charles Du Fresne, sieur). *Histoire de saint Louis, IX° du nom, roi de France*, contée en françois par Jean, sire de Joinville, avec des Observations et Dissertations historiques. — Paris, 1668, in-8°.

Dans ces *Dissertations* comme dans son *Glossarium mediæ et infimæ latinitatis* (1688), etc. Du Cange utilise sans cesse les textes manuscrits de nos Chansons de geste.— Les *Dissertations* ont été réimprimées par Didot, en 1850, à la fin du t. VII de son édition du Glossaire.

551 Honoré de Sainte-Marie (le P.). *Dissertations historiques et critiques sur la chevalerie ancienne et moderne.* — Paris, 1718, in-4°.

552 Caylus (comte de). *Observations sur l'origine de l'ancienne chevalerie et des anciens romans.*

Histoire de l'Académie des Inscriptions et Belles-lettres, 1756, t. XXIII, pp. 236-245.

553 Lacurne de Sainte-Palaye (J.-B. de). *Mémoires sur l'ancienne chevalerie, considérée comme un établissement politique et militaire.* Nouvelle édition. — Paris, 1781, 3 vol. in-12.

554 Klueber (D.-J.-L.). *Das Ritterwesen des Mittelalters nach seiner politischen und militärischen Verfassung. Aus dem Französischen des Herrn de Lacurne de Sainte-Palaye mit Anmerkungen, Zusätzen und Vorrede.*—Nuremberg, 1786-1791, 3 vol.

555 Gassier (J.-M.). *Histoire de la chevalerie française ou Recherches sur la chevalerie depuis la fondation de la monarchie jusqu'à Napoléon.* Paris, 1814, in-8°.

556 Creuzé de Lesser (A.). *La Chevalerie ou les histoires du moyen âge, composées de la Table ronde, Amadis, Roland. Poèmes sur les familles de la chevalerie romanesque.* — Paris, 1815, in-8°; 2° éd. 1839.

557 Ampère (J.-J.). *De la Chevalerie.* Revue des Deux Mondes, 1er et 15 février 1838.

558 Vaublanc (vicomte de). *La France au temps des croisades ou Recherches sur les mœurs et coutumes des Français aux xii° et xiii° siècles.*— Paris, 1844-1848, 4 vol. in-8°, tomes II et III.

559 Delécluze (E.-J.). *Roland ou la Chevalerie.* — Paris, 1845, 2 vol. in-8°.

560 Magnin (Charles). *Roland ou la Chevalerie.* Revue des Deux Mondes, 15 juin 1846. [Au sujet du livre de Delécluze.]

561 Masson (E.). *De la littérature française depuis le xi° jusqu'au xvi° siècle, sa formation, son esprit, son caractère.* Chemnitz, 1863.

562 Avril (baron d'). La *Chanson de Roland*, 1re éd. — Paris, 1865, in-8°, pp. LXV-CIII.

563 Bekker (Immanuel). *Vergleichung homerischer und altfranzösischen Sitten.* Monatsberichte der Berliner Akademie, 1866, pp. 33-48, 326-343, 465-474, 577-586, 634-667, 741-752. V. le n° 455.

564 Gautier (Léon). *La Chevalerie d'après les textes poétiques du moyen âge.*
Revue des questions historiques, t. III, 1867, pp. 345-382. (Voy. n° 455-457.)

Première esquisse de la *Chevalerie* du même auteur.

565 Gautier (Léon). *L'idée politique dans les chansons de geste.*
Revue des questions historiques, 1868, t. VIII (1868), pp. 79-114. 2° édition dans la *Littérature catholique et nationale.* Lille, 1893, in-8°.

566 Gautier (Léon). *L'Idée religieuse dans la poésie épique du moyen âge.*
. *Revue du monde catholique*, 1868. 2° édition dans la *Littérature catholique et nationale.* Lille, 1893, in-8°.

567 Villemarqué (Hersart de la). *La Chevalerie et la poésie chevaleresque d'après Ampère.*
Le Correspondant, 1868, 25 janvier.

568 Nodier (Ch.). *Sur l'ancienne chevalerie.*
Introduction aux *Mémoires* de Sainte-Palaye. Publiée de nouveau dans le *Bulletin du Bibliophile*, 1869, pp. 11-20.

569 Bresslau. *Rechtsalterthümer aus dem Rolandsliede.*
Archiv für das Studium der neueren Sprachen, t. XLVIII, 1871, pp. 291-306.

L'auteur avait lu un mémoire sur le même sujet, le 14 février 1871, à l'assemblée de la *Berliner Gesellschaft für das Studium der neueren Sprachen — Ibid.*, XLVII, p. 451.
Cf. T. Müller *Gœttingische gelehrte Anzeiger*, 1871, pp. 666-671.

570 Dielitz (J.). *Wahl-und Denksprüche, Feldgeschrei, Losunger, Schlacht-und Völksrufe, besonders des Mittelalters und der Neuzeit.* — Görlitz, 1884.

571 Gidel (Charles). I. *Les Français d'autrefois.* — II. *L'esprit germanique dans les chansons de geste.* — III. *Retour de l'esprit gaulois dans les Romans de chevalerie.*
(Conférences du boulevard des Capucines reproduites par la *Revue politique et littéraire*, 25 nov. 1871, p. 514-517 ; 4 mai 1872, pp. 1062-1070 ; 3 et 10 août 1872, pp. 103-110 et 133-143.)

572 Drapeyron (Ludovic). *Études historiques. La Chevalerie française d'après des publications récentes.*
Revue des cours littéraires, 5 juin 1875, pp. 1159-1162.

573 La Chevalerie française. Programme de la Séance littéraire donnée le 2 avril 1876 à l'École libre d'Iseure.
Cf. le P. Sengler, *Souvenirs d'Académie.* — Lille, 1879, p. 594.

574 Meray (Antony). *La vie au temps des cours d'amour. Croyances, usages et mœurs intimes des xi°, xii° et xiii° siècles, d'après les chroniques, gestes, jeux-partis et fabliaux.* — Paris, 1876, in-8°. Cf. n° 522.

575 Gidel (Charles). *Les Chansons de geste sont la peinture des mœurs et du caractère des temps qui les ont produites.*
Revue historique de l'ancienne langue française, 1877, I, pp. 325-331, 357-367.

576 Gautier (Léon). *Les Épopées françaises.* — Paris, 2° édit. t. I, 1878, in-8° (pp. 532 et ss.).

577 Petit de Julleville (L.). *La Chanson de Roland.* — Paris, 1878, in-8° (pp. 46-78).

578 Weisz (A.-M.). *Die Entwickelung des christlichen Ritterthums. Studien über die Rolandsage.*
Görres-Gesellschaft. — *Historisches Jahrbuch*, Munster, in-8°, 1880, t. I, pp. 107-140.

579 Schultz (Alwin). *Das höfische Leben zur Zeit der Minnesinger.* — Leipzig, 1879, 1880, 2 vol. in-8°, 2° éd., 1889.
Cf. *Deutsche Rundschau*, sept. 1880. — *German. Jahresbericht*, t. II, pp. 78-79. — Zingerle, *Historische Jahrbuch*, t. III. — *Atheneum belge*, 1881, p. 167. — Kingel, *Zeitschrift für deutsche Philologie*, t. XI, pp. 489-495. — *Germania*, 1882, t. XXVII, pp. 105-113. — Lange (A.), *Revue historique*, 1883, t. XXII, pp. 161-164. — John Meyer, *Zeitschrift für deutsche Philologie*, XXIV, etc.
C'est, comme nous l'avons dit plus haut (n° 530), une sorte d'Encyclopédie classique où nos Chansons de geste sont utilisées à toutes les pages.

580 Loliée. *La Femme dans la chanson de geste et l'amour au moyen âge.*
La Nouvelle Revue, 15 mars 1882, pp. 382-409.

581 Altona (J.). *Gebete und Anrufungen in den altfranzösischen Chansons de geste.*

Dissertation de Marbourg, 1883, et *Ausgaben und Abhandlungen*, fasc. IX.

Cf. A. Kressner, *Franco-Gallia*, 1885, t. II, p. 130.

582 Tolle (Konrad). *Das Betheuern und Beschwören in der altromanischen Poesie, mit besonderer Berücksichtigung der französischen. Eine vergleichende Studie.* — Dissertation de Goettingue : Erlangen, 1883, in-8°.

583 Hefner-Alteneck. *Kunstwerke und Geräthe von frühem Mittelalter bis zum Ende des 18ten Jahrhunderts; 2ᵉ éd.* — Francfort-sur-le-Mein, 1883.

584 Arréat (Lucien). *La Morale dans le drame, l'épopée et le roman.* — Paris, 1884, in-12.

Cf. *Polybiblion*, oct. 1884, p. 325.

585 Henne am Rhyn. *Die Kreuzzüge und die Kultur ihrer Zeit... ausgabe mit 100 ganzseiligen Illustrationen von Doré, etc.* — Leipzig, 1883-1886.

586 Prutz (H.). *Kulturgeschichte der Kreuzzüge.* — Berlin, 1883.

587 Meyer (C.). *Der Aberglaube des Mittelalters und der nächstfolgenden Jahrhunderten.* — Bâle, 1884, in-8°.

588 Gautier (Léon). *La Chevalerie.* — Paris, 1884, gr. in-8°. — Nouvelle édition accompagnée d'une Table alphabétique des matières en 60 pages à 3 colonnes. Paris, s. d. [1890], gr. in-8°. — Troisième édition, Paris, 1895, gr. in-8°.

Cf. H. de Curzon, *Bibliothèque de l'École des Chartes*, 1884, t. XLV, p. 358 (au point de vue archéologique). — Léon Lecestre, *Le Chevalier au XIIᵉ siècle, Revue des questions historiques*, 1ᵉʳ oct. 1884. t. XXXVI, p. 595-605. — Comte de Bourmont, *Polybiblion*, déc. 1883, p. 525-529, etc.

589 Krabbes (Theodor). *Die Frau im altfranzösischen Karls-Epos.* — Marbourg, 1884, in-8°.

(*Ausgaben und Abhandlungen*, fasc. XVIII.) Cf. A. Kressner, *Franco-Gallia*, 1885, II, 129-130.

590 Bangert (Friedrich). *Die Tiere im altfranzösischen Epos.* — Marbourg, 1884, in-8°.

(*Ausgaben und Abhandlungen*, fasc. XXXIV.)

Cf. *Revue de l'Instruction publique en Belgique*, t. XXXIII, 5.

591 Altner (Eugen). *Ueber die Chasticments in den altfranzösischen Chansons de Geste.* — Leipzig, 1885, in-8°.

592 Pfeffer (M.). *Die Formalitäten des gottesgerichtlichen Zweikampfs in der altfranzösischen Epik.*

Zeitschrift für romanische Philologie, IX, 1885, pp. 1-74.

Cf. P. Meyer, *Romania*, XV, 1886, p. 627-628.

593 Renier (R.) *Il tipo estetico della donna nel medio evo.* — Ancona, 1885.

594 Zeller (Paulus). *Die täglichen Lebensgewöhnheiten im altfranzösischen Karls-Epos.* — Marbourg, 1885, in-8°.

(*Ausgaben und Abhandlungen*, fasc. XLII.) Cf. A. Kressner, *Franco-Gallia*, 1886, t. III, pp. 167-168.

595 Bader (Clarisse). *Nos aïeules. La femme au moyen âge. La châtelaine dans la France du Nord.*

Revue des langues romanes, 4ᵉ série, II (1880), pp. 31-49, 178-190 ; 308-326.

596 Euler (Aug.). *Das Königtum im altfranzösischen Karls-Epos.* — Marbourg, 1886, in-8°.

(*Ausgaben und Abhandlungen*, fasc. LXV.) Cf. *Literarisches Centralblatt*, 1887, octobre.

597 Moerner (J. von). *Die deutschen und französischen Heldengedichte des Mittelalters als Quelle für die Culturgeschichte.* — Leipzig, 1886, in-8°.

Cf. *Deutsche Literaturzeitung*, 1887, n° 21. — A. Kressner, *Franco-Gallia*, 1887, t. IV, p. 74. — Henne am Rhyn, *Zeitschrift für vergleichende Litteraturgeschichte und Renaissance-Litteratur*, nouvelle série, t. I, 1890, p. 286.

598 Keutel (Gottfried). *Die Anrufung der höheren Wesen in den altfranzösischen Ritterromanen.* — Marbourg, 1886, in-8°.

(*Ausgaben und Abhandlungen*, fasc. XLVI.)

599 Kœhler (G.). *Die Entwickelung des Kriegswesens und die Kriegsführung in der Ritterzeit von Mitte des 11 Jahrhunderts bis zu den Hussitenkriegen.* — Breslau, 1886-1889 ; 3 tomes en 5 vol. in-8°.

600 Olivi (L.). *La Chevalerie et les droits de la guerre.*

Revue catholique des institutions et du droit, juillet 1886, p. 39-55.

601 Renan (Paul). *La France chevaleresque.* — Paris, 1886, in-8°.

Cet ouvrage n'est qu'un roman, sans aucun fondement historique. Nous l'indiquons uniquement pour mettre le lecteur en garde contre le titre.

602 Kœhler. *Ueber den Clerus in den altfranzözischen Karlsepen.*

Cette thèse (pour la Faculté de philosophie de Marbourg), qui est citée dans l'ouvrage ci-dessous mentionné de R. Schrœder, n'a jamais paru. L'auteur est mort avant qu'elle fût publiée.

603 Schrœder (Richard). *Glaube und Aberglaube in den altfranzösischen Dichtungen. Ein Beitrag zur Culturgeschichte des Mittelalters.* — Dissertation de Groningue. Erlangen, 1886, in-8°.

Cf. A. Budinsky, *Beilage zur Allg. Zeitung,* 1886, n° 287. — A. Kressner, *Franco-Gallia,* 1886, III, 53-54. — Tobler, *Deutsche Literaturzeitung,* 1886, n° 32. — Ed. Schwan, *Literaturblatt für germanische und romanische Philologie,* VIII, 1887, juin, col. 266.

604 Seibt (W.). *Einfluss des französischen Rittertums und des Amadis von Gallien auf die deutsche Kultur.*
(Programm der Adlerflycht-Realschule zu Frankfurt am Mein), 1886.

605 Jæhns (M.). *Handbuch einer Geschichte des Kriegswesens.* — Leipzig, 1880.

606 Sternberg (Aron). *Die Angriffswaffen im altfranzösischen Epos.* — Marbourg, 1886, in-8°.
(Ausgaben und Abhandlungen, fasc. XLVIII.)

607 Tamassia (Giovanni). *Il diritto nell' epica francese dei secoli XII e XIII.* — Roma, 1886, in-8°.
Extrait de la *Rivista italiana per le scienze giuridiche,* vol. I, fasc. II.

608 L'ancienne France, *la Chevalerie et les croisades; féodalité, blason, ordres militaires.* — Paris, 1886, in-8°.

609 Winter (Max). *Kleidung und Putz der Frau nach den altfranzösischen Chansons de geste.* — Marbourg, 1886, in-8°.
(Ausgaben und Abhandlungen, fasc. XLV.)

610 Becker (Reinhold). *Ritterliche Waffenspiele nach Ulrich von Lichtenstein.*
Jahresbericht des evangel. Realprogymnasiums in Düren, 1887, in-4°.
Fréquentes comparaisons entre les mœurs allemandes et françaises à propos des tournois.

Cf. Ehrismann, *Literaturblatt für germanische und romanische Philologie,* IX, 1888, févr., col. 78-80.

611 Treis (K.). *Die Formalitäten des Ritterschlags in der altfranzösischen Epik.* — Dissertation de Berlin, Leipzig, 1886.
Cf. J.-A. Fontaine, *Modern Language Notes,* 1888, III, n° 4.

612 Settegast (F.). *Die Ehre in den Liedern der Troubadours.* — Leipzig, 1887.

613 Morf (H.). *Die Liebe in den Dichtungen der Troubadours und Trouvères.* — Article du journal *Nation,* 1887, n° 21, pp. 293-295.

614 Schirling (V.). *Die Verteidigungswaffen im altfranzösischen Epos.* — Marbourg, 1887, in-8°.
(Ausgaben und Abhandlungen, fasc. LXIX.)
Cf. A. Kressner, *Franco-Gallia,* 1888, t. V, pp. 45-46.

615 Trebe (H.). *Les trouvères et leurs exhortations aux croisades.* — Leipzig, 1886, in-4°.

616 Rust (E.). *Die Erziehung des Ritters in der altfranzösischen Epik.* — Berlin, 1888, in-8°.
Thèse de Berlin.

617 Loise (F.). *Histoire de la poésie mise en rapport avec la civilisation en France depuis les origines jusqu'à la fin du xviii° siècle.* — Bruxelles, 1887-1889, 2 vol. in-8°.

618 Fischer (W.). *Der Bote im altfranzösischen Epos.* — Marbourg, 1888, in-8°.

619 Baist (G.). *Der gerichtliche Zweikampf, nach seinem Ursprung und im Rolandslied.*
Romanische Forschungen, t. V, 1889, pp. 436-448.

620 Kuttner (Max). *Das Naturgefühl der Altfranzosen und sein Einfluss auf ihre Dichtung.* — Berlin, 1889, in-8°.

621 Schiavo (G.). *Fede e superstizione nell' antica poesia francese.*
Zeitschrift für romanische Philologie, t. XIV, 1890, pp. 80-127, 275-297; t. XV, 1891, pp. 289-317.

622 Kettner (R.-P.). *Der Ehrbegriff in den altfranzösischen Artus romanen, mit besonderer Berücksichtigung seines Verhältnisses zum Ehrbegriff in den altfranzösischen Chansons de Geste.* — Leipzig, 1890, in-8°.

623 Schiller (F.). *Das Grüssen im Altfranzösischen.* — Halle, 1890. V. n° 482.

624 Nagele (Anton). *Der Traum in der epischen Dichtung.*
Programm der Staatsrealschule zu Marburg, 1890.

625 Loubier (J.). *Das Ideal der männlichen Schönheit bei den altfranzösischen Dichtern des 12 und 13 Jahrhunderts.* — Halle, 1890, in-8°.

626 Schwarzentraub (C.). *Die Pflanzenwelt in den altfranzösischen Karlsepen.* I. *Die Bäume.* Marbourg, 1890.

627 Manheimer (Georg.). *Etwas über die Aerzte im alten Frankreich nach mehreren alt-und mittelfranzösischen Dichtungen.* — Erlangen, 1890, in-8°.
Thèse de Berlin.

628 Paris (Gaston). *La littérature française au moyen âge.* — Paris, 2° éd. 1890, in-18, p. 31.

629 Flach (Jacques). *Le Compagnonnage dans les Chansons de geste.*
Études romanes dédiées à Gaston Paris, le 29 déc. 1890.—Paris, 1891, in-8°, pp. 141-180.
M. Flach a développé la même thèse dans le tome II de ses *Origines de l'ancienne France,* où il a abondamment utilisé le témoignage de nos chansons de geste.

630 Henninger (E.). *Sitten und Gebräuche bei der Taufe und Namengebung in der altfranzösischen Dichtung.* — Halle, 1891.

631 Haase (C. H.). *Ueber die Gesandten in der altfranzösischen Chansons de geste.* — Halle, 1891.

632 Albrecht (C.-A.-G.). *Vorbereitung auf den Tod, Totengebraüche und Totenbestattung in der altfranzösischen Dichtung.* — Halle, 1892.

Par un lien qui est peut-être assez ténu, il est permis de rattacher aux ouvrages précédents les quelques travaux où l'on a essayé, non plus de mettre en relief l'état de la société et des mœurs à telle ou telle époque de l'histoire, mais d'expliquer certains termes GÉOGRAPHIQUES ou ARCHÉOLOGIQUES qui se rencontrent dans nos romans, comme aussi de montrer l'influence que notre Épopée a pu exercer sur certaines ŒUVRES ARTISTIQUES du moyen âge français ou italien.

1° GÉOGRAPHIE.

633 Gautier (Léon). *La Chanson de Roland,* 1re éd. — Tours, 1872, deux volumes, gr. in-8°.
En tête du second volume, v. une « Carte du Théâtre de la *Chanson de Roland* avec l'itinéraire de Charlemagne depuis Saragosse jusqu'à Blaye ». Cf. (pp. 99 et ss. du même volume) une Note générale sur la géographie de la même chanson. Dans toutes les éditions classiques l'Eclaircissement IV est consacré à « la Géographie du *Roland* ».

634 Suchier (Hermann). *Odierne.*
Romania, II, janv. 1873, 96.
Nom de lieu qui se retrouve dans plusieurs Chansons de geste.

635 Meyer (Paul). *Butentrot.* — *Les Achoparts.* — *Les Canelius.*
Romania, VII, 1878, 435-444.

636 Bauquier. *Odierne et Beaucaire.*
Revue des langues romanes, 1881, 3° série, t. V, p. 149.
Cf. P. Meyer, *Romania,* 1881, t. X, p. 443.

637 Müller (C. T.). *Zur Geographie der älteren Chansons de Geste.* — Gœttingue, 1885, in-8°.

638 Bladé (F.-F.). *La Gascogne et les pays limitrophes dans la légende carolingienne.*
Revue de Gascogne, 1889.

2° ARCHÉOLOGIE ET ART.

639 Quicherat (J.). *Explication du mot Ventaille dans les Chansons de Geste.*
Mémoires de la Société des Antiquaires de France, t. XXVII, 1864, pp. 231-248.

640 Gautier (Léon). *La Chanson de Roland,* 1re éd. — Tours, 1872, deux volumes gr. in-8°.
Étude sur le costume de guerre, t. II, pp. 116 et ss. — Dans toutes les éditions classiques,

l'Eclaircissement III est consacré au même sujet et convient à toutes nos chansons du XIIᵉ siècle. Cf. la *Chevalerie* du même auteur où l'archéologie tient une place notable.

641 **Marsy** (comte de). *Le langage héraldique au* XIIIᵉ *siècle dans les poèmes d'Adenet le Roi.*
Mémoires de la Société des Antiquaires de France, t. XLII, 1881, pp. 169-212.

Cf. P. Meyer, *Romania*, 1884, p. 179.

642 **Müntz** (Eugène). *La légende de Charlemagne dans l'art du moyen âge.*
Romania, t. XIV, 1885, pp. 321-342.

C'est le travail le plus complet sur la matière.

643 **Guiffrey** (Jules). *Inventaire des Ta-* pisseries *de Charles VI, vendues par les Anglais en 1422.*
Bibliothèque de l'École des Chartes, XLVIII, 1887, pp. 58-110 et 396-444.

Indication d'un certain nombre de tapisseries historiées dont les sujets sont empruntés à des Chansons de geste. — L'administration des Gobelins, dont M. J. Guiffrey est aujourd'hui le chef, fait exécuter en ce moment huit grandes tapisseries dont le sujet est emprunté à la *Chanson de Roland*.

644 **Ledos** (G.). *Fragment de l'inventaire des joyaux de Louis Iᵉʳ, duc d'Anjou.*
Bibliothèque de l'École des Chartes, t. L, 1889, p. 168-179.

Nombreux sujets empruntés à des Chansons de geste.

DEUXIÈME PARTIE

BIBLIOGRAPHIE SPÉCIALE

AIGAR ET MAURIN

645 **Scheler** (Auguste). *Aigar et Maurin. Fragments d'une chanson de geste provençale inconnue.*

Bulletin du Bibliophile Belge, XII (1877), pp. 49-151 et tirage à part, Bruxelles, 1877, in-8º.

Cf. K. Bartsch, dans *Zeitschrift für romanische Philologie*, II (1878), pp. 314-318.

646 **Nyrop** (Kristoffer). *Den oldfranske Heltedigtning. Histoire de l'épopée française au moyen âge, accompagnée d'une bibliographie détaillée.* — Copenhague, 1883, in-8º, pp. 157 et 430. Cf. la traduction italienne : *Storia dell' epopea francese nel medio evo.* — Turin, 1886, pp. 151 et 413.

AIMERI DE NARBONNE

.˙. Voy. notre Table par ordre alphabétique de tous les manuscrits de Chansons de geste qui sont parvenus jusqu'à nous (*Épopées françaises*, I, p. 234 et IV, pp. 24 et 232). — Cf. la Liste des Romans en prose (*Ibid,* II, p. 544) et le Tableau des chansons françaises qui ont été connues, traduites ou imitées en Italie (II, p. 386). — Pour plus de détails bibliographiques, voy. notre Notice bibliographique et historique sur la chanson d'Aimeri de Narbonne (IV,

pp. 231-247). Tous ces renvois se rapportent à la seconde édition des *Epopées françaises.* Observation faite une fois pour toutes.

I. ÉDITION DU POÈME

647 **Demaison** (Louis). *Aymeri de Narbonne, chanson de geste publiée d'après les manuscrits de Londres et de Paris.* — Paris, 1888, 2 vol. in-8º. (Pour la Société des anciens textes français.)

Cf. *Romania,* XVII (1888), pp. 330-331. — M. Wilmotte, *Le Moyen Age,* décembre 1888, etc.

II. TRAVAUX DONT
CETTE CHANSON A ÉTÉ L'OBJET.

648 **Siculus** (Lucius-Marinus). *De las cosas illustres y excellentes de España.* — Alcala de Henares, 1539.

Traditions espagnoles sur Aimeri.

649 **Montfaucon** (Dom Bernard de). *Monuments de la Monarchie française.* — Paris, 1729-1733, 5 vol. in-folº, t. II, p. 792.

Sur le manuscrit qui porte aujourd'hui le nº fr. 1448 à la Bibliothèque nationale.

650 **Daunou** (Pierre-Claude-François). *Discours sur l'état des lettres en France au treizième siècle,* dans le tome XVI de l'*Histoire littéraire de la France,* Paris, 1824, p. 233.

Daunou dit en parlant d'Adenet : « Un seul de ses ouvrages, *Aymery* de Narbonne a plus de 77,000 vers de dix syllabes. »

651 Fauriel (Claude). *Origines de l'Épopée chevaleresque du moyen âge, etc. Revue des Deux-Mondes*, sept.-nov. 1832. (V. n° 33 et n° 324.)

Reproduction de sa troisième leçon à la Sorbonne.

652 Reiffenberg (baron de). *Chronique rimée de Philippe Mouskes, évêque de Tournai au xiii° siècle, publiée avec des préliminaires, un commentaire et des appendices.* — Bruxelles, 1836, 2 vol. in-4°. [I, pp. clxv à clxxi : publication d'un fragment de 144 vers.]

653 Reinaud (Joseph-Toussaint). *Invasions des Sarrazins en France.* — Paris, 1836, in-8°.

654 Michel (Francisque). *Rapport au ministre de l'Instruction publique sur les anciens monvments de l'histoire et de la littérature de la France qui sont conservés dans les Bibliothèques de l'Angleterre et de l'Écosse.* — Paris, 1838, in-4°. (V. n° 347.)

655 Paris (Paulin). *Les manuscrits françois de la Bibliothèque du roi.* — Paris, 7 vol. in-8° (1836-1848), t. III, 1840, p. 123.

656 Jubinal (Achille). *Le château de Dannemarie.* *Musée des familles*, X (1843), pp. 373-378.

Traduction libre du début d'*Aimeri*, source de l'*Aymerillot* de V. Hugo. Cf. Demaison, l. c., I, p. cccxxx.

657 Fauriel (Claude), *Histoire de la poésie provençale.* Cours professé à la Faculté des lettres. — Paris, 1846, in-8°, t. II, p. 410. (V. n° 329.)

658 Génin (François), *La Chanson de Roland, poème de Théroulde, texte critique, accompagné d'une Introduction et de notes.* — Paris, 1850, in-8°. [Pp. 503-523 : Publication d'un fragment du ms. IV de Venise sur le Siège de Narbonne.]

659 Tarbé (Prosper). *Girart de Viane.* — Reims, 1850, in-8°. [Pp. xxvi-xxix : fragment d'*Aimeri*.]

660 Jonckbloet (W. J. A.), *Guillaume d'Orange. Chansons de geste des xii° et xiii° siècles.* — La Haye, 1854, 2 vol. in-8°. [II, pp. 183 et suiv.]

661 Paris (Paulin), dans *Histoire Littéraire de la France*, XXII (1852), pp. 460-470. Notice analytique.

662 Hugo (Victor). *La Légende des Siècles.* — Paris, 1859, in-8°.

Aymerillot, imitation du début d'*Aimeri*, non pas d'après l'ancien poème, mais d'après l'adaptation d'Achille Jubinal (n° 656).

663 Dozy (R.). *Recherches sur l'histoire et la littérature de l'Espagne.* — Leyde, 1860, in-8°, 2° édition. (V. n° 241.) [Tome II, Appendices, p. xcviii.]

664 Sainte-Beuve. *Recueil des chefs-d'œuvre de la poésie française depuis les origines jusqu'à nos jours.* — Paris, 1861, in-8°.

Citation de l'*Aymerillot* de Victor Hugo, t. I, p. xx.

665 Puymaigre (Th. de). *Les Vieux auteurs castillans.* — Paris, 1862, in-18. [II, pp. 323 et 359 : Romances du comte Benalmenique.]

666 Clarus (Ludwig) = Wilhelm Volk. *Herzog Wilhelm von Aquitanien, ein Grosser der Welt, ein Heiliger der Kirche und ein Held der Sage und Dichtung.* — Münster, 1865, in-8° (p. 202).

667 Paris (Gaston). *Histoire poétique de Charlemagne.* — Paris, 1865, in-8°.

Différents récits de la prise de Narbonne, pp. 256-258 et 484.

668 Gautier (Léon). Les *Épopées françaises.* — Paris, 1865-1868, 3 vol. in-8°.

Analyse développée d'*Aimeri*, précédée d'une « Notice bibliographique et historique » et accompagnée d'une traduction littérale du début de la Chanson : III, pp. 213-251.

669 Rajna (Pio). *La Rotta di Roncisvalle nella letteratura cavalleresca italiana.* *Propugnatore*, III, 1871, pp. 393 et ss. (V. n° 261.)

670 Rajna (Pio). *I Reali di Francia.*, etc. — Bologne, 1872, in-8°. (V. n° 263.) [I, p. 266 : Amerigo di Nerbona. Cf. pp. 321, 322 et 325-327.]

671 Mila y Fontanals (M.), *De la Poesia heroïco-popular Castellana.* — Barcelone, 1874, in-8°. (V. n° 246.)

Romances consacrées à Aimeri, p. 358.

672 · **Vaissete** (Dom Joseph). *Histoire du Languedoc.* — Nouvelle édition, Toulouse, 1874, in-4º.

[I, 2ᵉ partie, pp. 896 et ss. ; notes sur la bataille de Villedaigne.]

673 Demaison (Louis). *Aymeri de Narbonne, chanson de geste inédite du xiiiᵉ siècle. Texte critique et Commentaire.*

Positions des thèses soutenues à l'École des Chartes, les 17 et 18 janvier 1876. — Paris, 1876, in-8º pp. 11-14.

674 Kressner (Adolf). *Nachrichten über das altfranzösische Epos Aymeri de Narbonne.*

Archiv für das Studium der neueren Sprachen und Literaturen, LVI (1876), pp. 11-50.

Édition du commencement du poème, etc.

675 Kœlbing (Eug.), *La Chanson de Roland. Genauer Abdruck der Venetianer.* Hs. IV. — Heilbronn, 1877, in-16.

Prise de Narbonne, pp. 113 et ss.

676 Isola (S. G.). *Le Storie Nerbonesi, romanzo cavalleresco del secolo XIV.* — Bologne, 1877-1880, in-8º. (V. nº 271).

Amerigo di Narbona y joue un rôle considérable, et l'auteur des *Nerbonesi,* Andrea da Barberino, a certainement connu nos chansons de geste.

677 Puymaigre (Th. de). *Petit Romancero. Choix de vieux chants espagnols.* — Paris, 1878, in-18, pp. 84-86.

Romances sur le comte Benalmenique. Cf. le *Romancero portugais,* publié par M. de Puymaigre. Paris, 1881.

678 Paris (Gaston). *La Chanson du pèlerinage de Jérusalem.*

Romania, t. IX, 1880, pp. 1-50.

Ce n'est pas l'Aimeri historique de 1105-1134 qui a influé sur la légende; mais la légende sur cet Aimeri.

679 Paris (Gaston). *Sur un épisode d'Aimeri de Narbonne.*

Romania, IX (1880), pp. 515-546.

(Faste des messagers d'Aimeri, etc.)

Cf. Grœber, *Zeitschrift für romanische Philologie,* V (1881), pp. 175-177.

680 Paris (Gaston). *Les manuscrits français des Gonzague.*

Romania, IX (1880), p. 501.

681 Gautier (Léon). *Les Épopées fran-*

çaises. — 2ᵉ édition, Paris, 1878-1894, 4 vol. in-8º.

T. IV, 1882, pp. 231-271. Analyse de la chanson, etc.

682 Nyrop (Kristoffer). *Den Oldfranske Heltedigtning: Histoire de l'Épopée française au moyen âge, accompagnée d'une Bibliographie détaillée.* — Copenhague, 1883, in-8º, pp. 134-137 et 289. Cf. la traduction italienne, *Storia dell' Epopea francese nel medio evo,* Turin, 1886, in-8º, pp. 130-133, 277 et 413.

683 Chabaneau (Camille). *Sur quelques manuscrits provençaux perdus ou égarés. XXI. Poème composé en 1212 par Albusson de Gourdon à la louange d'Aymery de Narbonne.*

Revue des langues Romanes, 1883. 1ʳᵉ partie, p. 115.

Fauriel, en son *Histoire de la poésie provençale,* (II, 417) avait écrit que le savant Catel possédait une copie d'un roman sur les exploits de l'Aimeri légendaire, M. Chabaneau démontre le mal-fondé de l'affirmation de Fauriel.

684 Meyer (Paul). *Inventaire des livres de Henri II, roi de Navarre.*

Romania, XIV (1885), pp. 222-230.

Nº 11 « Li romans Aymeri de Narbonne, en parchemin ».

AIOL

.·. Voy. notre Table par ordre alphabétique de tous les manuscrits de Chansons de geste qui sont parvenus jusqu'à nous (*Épopées françaises,* I, p. 234). — Cf. surtout le Tableau des chansons qui ont été connues, traduites ou imitées en Italie (II, p. 386).

I. ÉDITIONS DU POÈME.

685 Fœrster (Wendelin). *Aiol et Mirabel und Elie de Saint Gille. Zwei altfranzösische Heldengedichte, mit Anmerkungen und Glossar und einem Anhang; die Fragmente des Mittelniederländischen Aiol herausgegeben von Prof. Dʳ J. Verdam* *im Amsterdam.* — Heilbronn, 1876-1882, 2 vol.

Cf. *Literarisches Centralblatt*, oct.-déc. 1877, 45. — K. Bartsch et Neumann. *Litteraturblat für germanische und romanische Philologie,* col. 14, janvier 1883. — *Litterarisches Centralblatt*, janvier-juin 1883, n° 3. — Koschwitz, *Deutsche Literaturzeitung*, 1882, n° 52, col. 1855-1856.

686 Normand (Jacques) et **Raynaud** (Gaston). *Aiol. Chanson de geste publiée d'après le manuscrit unique de Paris.* — Paris, 1877, in-8°.

Société des Anciens Textes français.

Cf. *Romania*, V, 1876, pp. 127, 128, 413-416; VI, 1877, p, 309; VII, 1878, p. 156. — Boucherie. *Revue des Langues romanes*, 2° série, t. V, pp. 290-293. — Th. de Puymaigre, *Polybiblion*, 1er sem., p. 196. — G. Paris, *Journal des Savants*, 1886, etc.

II. — TRAVAUX DONT CETTE CHANSON A ÉTÉ L'OBJET.

687 Jubinal (Achille). *Œuvres complètes de Rutebeuf.* — Paris, 1839, in-8°, t. I, pp. 407-415.

Analyse du Roman d'Aiol.

688 Græsse (Johann.-Georg.-Théodor.). *Die grossen Sagenkreise des Mittelalters,* etc. — Dresde et Leipzig, 1842, in-8°, p. 291. (V. n° 376.)

689 Ideler (Julius Ludwig). *Geschichte der altfranzösischen National-Literatur.* — Berlin, 1842, in-8°, p. 131. (V. n° 377.)

690 Fauriel (Claude). *Histoire de la poésie provençale.* — Paris, 1846, in-8°, t. II, pp. 265, 275, 283, 296-299.

Extraits et analyse.

691 Wolf (Ferdinand) et Konrad **Hofmann.** *Primavera y Flor de Romances.* — Berlin, 1856, 2 vol., in-8°.

(Romance de Grimaltos = Élie, et de son fils Montesinos = Aiol.)

692 Deycks (Ferd.). *Carminum epicorum Germanicorum Nederlandicorum sæc.* XIII *et* XIIII... *fragmenta e codicibus manuscriptis edita.* — Münster, 1859, in-4o.

Découverte d'un fragment de la version thioise d'*Aiol.*

693 Prete (Leone del). *Storia di Ajolfo del Barbicone, e di altri valorosi cavalieri compilata da Andrea di Jacopo da Barberino di Valdessa.* — Bologne, 1863-1864, 2 vol., in-8°.

(*Collezione di opere inedite o rare dei primi tre secoli della lingua publicata per cura della R. commissione pe' testi di lingua nelle provincie dell' Emilia.*)

Voy. J. Normand et G. Raynaud, Introduction de leur édition d'*Aiol* (n° 686), pp. XL et ss.

694 Bormans (J.-H.). *Fragments d'une ancienne version thioise de la chanson de geste d'Aiol, suivis d'un extrait du texte inédit du poème français et d'annotations.*

Bulletin de l'Académie royale de Belgique, 2° sér., t. XV, n° 1, janv. 1863, pp. 177-276, et à part, Bruxelles, 1863, in-8°.

695 Normand (Jacques). *Aiol et Mirabel. Chanson de geste inédite du* XIII° *siècle. Notice et texte.*

Positions des thèses soutenues à l'École des Chartes, le 18 et le 19 janvier 1875. — Paris, 1875, in-8°, pp. 13-14.

696 Penon (D.-G.). *De Roman d'Aiol. Ned. Spectator.*, 1878, p. 158.

697 Mussafia (A.). *Aiol* (*vers 7644-7645, 8186*).

Zeitschrift für romanische Philologie, III (1879), p. 257.

698 Penon (D.-G.). *Les Chansons d'Aiol et d'Élie de Saint-Gille.* — *Taalstudie*, 1883, t. IV, p. 269.

Sur la publication de Fœrster.

699 Verdam (J.). *Nieuwe Aiol-Fragmenten. Fragment I.* — *Fragment II. Reeds bekende Aiol-Fragmenten.*

Tijdschrift voor nederlandsche Taal-en Letterkunde, II (1883), et à part, Leyde, 1883. V. n° 685.

700 Barth (Hans). *Characteristik der Personen in der altfranzösischen Chanson d'Aiol mit Zusammenstellung der bezüglichen Epitheta ornantia.* — Stuttgard, 1885, in-8°, p. 79.

(Zuricher Dissertation.)

701 Paris (Gaston). « Dioré ». *Romania*, 1885, t. XIV, pp. 274-275.

Explication de ce vers d'*Aiol* : « Et à l'aigue doner as *diorés* vasiaus. » *Dioré* vient de *decorato*, et non de *deaurato*.

702 **Nyrop** (Kristoffer). *Den oldfranske Heltedigtning : Histoire de l'Épopée française au moyen âge accompagnée d'une Bibliographie détaillée.* — Copenhague, 1883, in-8°, pp. 199-201, 271, 314, 315, 340, 350, 351, 368, 393. Cf. la traduction italienne, *Storia dell' Epopea francese nel medio evo*, Turin, 1886, in-8°, pp. 191-193, 260, 301, 302, 326, 335, 351, 374, 375 et 413, 414.

703 **Petit** (L.-D.). *Bibliographie der middelnederlandsche Taal-en Letterkunde*, 1888, n° 440.

(L'auteur indique les fragments d'*Aiol*, qui ont été publiés par Alberdingk Thijm, Bisschop, etc.)

704 **Paris** (Gaston). *Publications de la Société des Anciens textes français et provençaux : Aiol*, etc.

Extraits du *Journal des Savants*, 1886-1887, in-4°. — Tirage à part, Paris, 1887, in-4°.

ALISCANS

.˙. Voy. notre Table par ordre alphabétique de tous les manuscrits de Chansons de geste qui sont parvenus jusqu'à nous (*Epopées françaises*, t. I, p. 234, et aussi, IV, pp. 25 et 469). — Cf. notre Liste des romans en prose (II, pp. 544 et 550, 551) et notre Tableau des chansons françaises qui ont été connues, traduites ou imitées en Italie (II, pp. 386, 387). — Pour plus de détails bibliographiques, voir notre Notice bibliographique et historique sur la chanson d'Aliscans qui est accompagnée d'une analyse très développée et de la traduction littérale des plus beaux épisodes de la chanson (III, pp. 468-482.)

I. — ÉDITIONS ET TRADUCTIONS

A. ÉDITIONS

705 **Jonckbloet** (W.-J.-A). *Guillaume d'Orange, Chansons de geste des XII° et XIII° siècles.* — La Haye, 1854, 2 vol., in-8°, t. I, pp. 215-427 et II, 241-318.

Première édition du vieux poème.

706 **Guessard** (F.) et A. **de Montaiglon.** *Aliscans, Chanson de geste publiée d'après le manuscrit de la Bibliothèque de l'Arsenal...* — Paris, 1870, in-16.

Recueil des Anciens poètes de la France.

Cf. D'Arbois de Jubainville, *Bibliothèque de l'École des Chartes*, 1872, XXXIII, pp. 301-303, etc.

707 **Rolin** (Gustav.). *Aliscans, mit Berücksichtigung von Wolframs von Eschenbach Willehalm kritish hgg...* — Leipzig, 1894, in-8°.

B. TRADUCTIONS

708 **Jonckbloet** (W.J.-A.). *Guillaume d'Orange, le marquis au court nés, chanson de geste mise en nouveau langage.* — Amsterdam, 1867, in-8°, pp. 237-362.

(Traduction française.)

Le traducteur a divisé son œuvre en deux parties : 1° *La bataille d'Aliscans*, et 2° *Renouard au tinel.*

709 **Gautier** (Léon). *Les Épopées françaises*, 1re édition, t. III, 1868, pp. 456-460 ; 470-474 ; et 2° édition, t. IV, 1882, pp. 490 493 ; 503-506.

Traduction, d'après l'édition Guessard et Montaiglon, des deux épisodes de la Mort de Vivie et du Retour de Guillaume à Orange.

B. — TRAVAUX
DONT LA CHANSON A ÉTÉ L'OBJET

710 **Sinner** (Jean-Rodolphe). *Catalogus codicum manuscriptorum Bibliothecæ Bernensis, annotatus, criticis illustratus*, 1760-1762 ; t. III, p. 338.

711 **Bœdmer** (Jean-Jacques). *Wilhelm von Oranse.* — Zurich, 1774, in-4°.

Poème allemand imité directement du *Willehalm* de Wolfram d'Eschenbach et, indirectement, de l'*Aliscans.* — Voy. plus loin, la bibliographie sommaire du *Willehalm* (n° 739 et suiv.).

712 **Fauriel** (Claude). *Origine de l'Épopée chevaleresque du moyen âge.*

Revue des Deux-Mondes, t. VII, 1er et 15 septembre, 15 octobre, 1er et 15 novembre 1832 (v. n° 33, 324).

Le Cycle de Guillaume est, aux yeux de Fauriel, d'origine provençale. Développement de cette thèse dans la « septième leçon » du professeur.

713 Michel (Francisque). *Rapport à M. le Ministre de l'Instruction publique sur les anciens monuments de l'histoire et de la littérature de la France, qui sont conservés dans les Bibliothèques de l'Angleterre et de l'Écosse.* — Paris, 1838, in-4° (v. n° 347).

Manuscrits cycliques du British Museum, Royal 20 D XI, etc.

714 Jubinal (Achille). *Rapport à M. le Ministre de l'Instruction publique.* — Paris, 1838, in-4° (v. n° 348).

Manuscrit de la Bibliothèque de Berne.

715 Paris (Paulin). *Les Manuscrits françois de la Bibliothèque du Roi.* — Paris, 1836-1848, t. III, 1840, pp. 140-157 ; t. VI, 1845 (v. n° 346).

Étude sur le ms. de 'la Bibliothèque nationale qui est aujourd'hui coté « français 774 », etc.

716 Græsse (Johann-Georg-Theodor). *Die grossen Sagenkreise des Mittelalters.* — Dresde et Leipzig, 1842, in-8°, pp. 357-361 (v. n° 376).

717 Ideler (Julius-Ludwig). *Geschichte der altfranzösische National-Litteratur.* — Berlin, 1842, in-8°, pp. 97 et 106 (v. n° 377).

718 Keller (Ad.). *Romvart.* — Mannheim et Paris, 1844, in-8°.

Description et fragment du manuscrit de Venise.

719 Fauriel (Claude). *Histoire de la Poésie provençale.* — Paris, 1846-1847, in-8°, t. III, pp. 66 et ss.

Analyse et extraits d'*Aliscans*.

720 Paris (Paulin). *Histoire littéraire de la France.* — Paris, 1852, t. XXII, in-4°, pp. 511-518 et 548.

Notice et analyse.

721 Jonckbloet (W.-J.-A.). *Guillaume d'Orange. Chansons de geste des XIIe et XIIIe siècles.* — La Haye, 1854, in-8°, t. II, pp. 45-59.

Origines historiques et topographie de l'*Aliscans*, etc.

722 Clarus (Ludwig) = Wilhelm Volk. *Herzog Wilhelm von Aquitanien*, etc. — Münster, 1865, in-8°, pp. 243-284 (v. n° 218).

Analyses de la Chanson française (pp. 243, 284 et du *Willehalm*, pp. 309-344).

723 Gautier (Léon). *Les Épopées fran-*

çaises. — 1re édit., Paris, 3 vol., in-8° (1865-1868) ; t. III (1868), pp. 434-522.

Analyse très développée, précédée d'une Notice bibliographique et historique.

724 Bartsch (Karl). *Chrestomathie du vieux français*, 1866, in-8° ; col. 61-70 ; édition de 1884, col. 75-82.

Fragment de l'*Aliscans*, d'après l'édition de Jonckbloet, vers 680-992.

725 Suchier (H.). *Ueber das niederrheinische Bruchstück der Schlacht von Aleschans.* — Vienne, 1871, in-8°.

Sonderabdruck aus Bartschs' germanist. Studien. I.

726 Suchier (H.). *Le manuscrit de Guillaume d'Orange anciennement conservé à Saint-Guilhem-du-Désert.*

Romania, 1873, t. II, pp. 335-336.

Identification avec le ms. fr. 774 de notre Bibliothèque nationale.

727 Roth (Karl). *Die Schlacht von Alischans. Kitzinger Bruchstucke. Niederdeutsches Heldengedicht von Anfange des XIV Jahrhunderts, abermals aus der Urschrift herausgegeben, ergänzt und erläutert.* — Paderborn, 1874, in-16.

Fragments inédits de *Kitzing*, poème héroïque en bas allemand, du commencement du xive siècle.

Cf. Suchier (H.), *Jenaer Literaturzeitung*, 1875, pp. 159-160.

728 Molinier (Auguste). *Histoire du Languedoc*, de D. Vaissete. — Nouvelle édition, Toulouse, in-8°, t. I, 1874, p. 896.

Additions sur la bataille de Villedaigne.

729 Meyer (Paul). *Vida de S. Honorat.*

Romania, t. V (1876), p. 247.

Sur une apparition miraculeuse de Vezian = Vivien.

730 Lücking (G.). *Die ältesten französischen Mundarten*, Berlin, 1877.

731 Paris (Gaston). *Les manuscrits des Gonzague.*

Romania, 1880, t. IX, p. 501.

732 Gautier (Léon). *Les Épopées françaises.* — 2e édit., Paris, 4 vol., in-8° (1878-1894) ; t. IV (1882), pp. 465-555.

Notice, analyse, traduction de deux épisodes, etc.

733 **Nyrop** (Kristoffer). *Den oldfranske Heltedigtning* etc.—Copenhague, 1883, in-8°, pp. 145-148, 313, 334, 363, 366. Cf. la traduction italienne, *Storia dell' epopea francese nel medio evo*, Turin, 1886, in-8°, pp. 140-143, 300, 320, 347, 349 et 416, 417.

734 **Constans** (L.). *Chrestomathie de l'ancien français*. — Paris, 1884, in-8°, pp. 44-47.

Dialogue de Guillaume et de Guibourc à la porte d'Orange, d'après le texte de Guessard et de Montaiglon.

735 **Haigneré** (abbé D.). *Études d'histoire et de bibliographie*. IX. *La Communion de Vivien dans le poème d'Aliscans*.

Extrait de l'*Impartial de Boulogne-sur-Mer*, du 29 mai 1889, in-8°, p. 8.

L'abbé Haigneré prétend que Vivien a été seulement « communié avec du pain bénit »; M. Léon Gautier a prouvé le contraire dans sa Table de la *Chevalerie* (2e éd., p. 807).

736 **Gade** (C.). *Ueber Metrum und Sprache von Aliscans*.

Dissertation de Marbourg, 1890, in-8°.

737 **Thomas** (Antoine). *Vivien d'Aliscans et la légende de saint Vivian*. *Études romanes dédiées à Gaston Paris*. — Paris, 1890, in-8°.

Une communication sur ce sujet avait été faite par A. Thomas au « Congrès de Philologie romane » (26-27 mai 1890). — Cf. *Revue des langues romanes*, 4e sér., t. IV, 1890, p. 184.

738 **Avril** (Baron d'). *Guillaume Bras-de-Fer, le Marquis au court nez, et son neveu Vivien, chanson de geste*. — Paris, 1891, in-18, p. 115.

Nouvelle Bibliothèque bleue.

Le *Willehalm* de Wolfram d'Eschenbach n'est qu'une imitation de l'*Aliscans*, et c'est par là qu'il a droit à une place spéciale dans cette Bibliographie des chansons de geste. Parmi tant de publications consacrées au *Willehalm*, nous n'indiquerons TRÈS SOMMAIREMENT que LES PLUS IMPORTANTES.

739 **Casperson**. *Der Markgraf von Narbonne, von Wolfram von Eschilbach*, 1784.

Première édition du *Willehalm*.

740 **Koberstein** (August.). *Grundriss der Geschichte der deutschen National-Literatur*. Il existe des éditions de 1827, 1830, 1837, 1847, 1866. La dernière est celle de Leipzig, 1872, in-8°.

Sources du *Willehalm*.

741 **Lachmann** (Karl). *Wolfram von Eschenbach : Lieder, Parcival, Willehalm*. — Berlin, 1833, in-8°.

Nouvelle édition du *Willehalm*.

742 **Gervinus** (G.-G.). *Geschichte der poetischen National-Literatur der Deutschen*, première édition, Leipzig, 1835-1842, cinq vol. in-8°, t. I, p. 433. Cf. la 2e édition, t. I, p. 432, etc.

Aux yeux de Gervinus, l'original du poème de Wolfram n'existait plus.

743 **Mone** (F.-G.). *Anzeiger*, 1836, in-8°.

L'auteur nie que Wolfram d'Eschenbach ait imité un poème français.

744 **San-Marte** = A. Schulz. *Leben und Dichtungen Wolframs von Eschenbach*. — Magdebourg, 1841, 2 vol., in-8°.

745 **Vilmar** (A.-F.-C.). *Vorlesungen über die Geschichte der deutschen National-Literatur*. — Première édition, Marbourg et Leipzig, 1845, in-8°. Cf. la seconde édition, Marbourg et Leipzig, 1881, in-8°.

Sur Wolfram von Eschenbach, pp. 45, 117, 118, 136, 162, 225, 257, 435, 502.

746 **Gœdeke** (Karl). *Deutsche Dichtung im Mittelalter*. — Hanovre, 1854, in-8°, pp. 687-698.

Fragments du *Willehalm*, etc.

747 **Clarus** (Ludwig) = Wilhelm Volk. *Herzog Wilhelm von Aquitanien*, etc. — Münster, 1865, in-8°.

Analyse du *Willehalm*, pp. 309-344.

748 **Suchier** (Hermann). *Ueber einige Hs. von Wolframs Willehalm*. *Germania*, t. XVII, 1872, p. 177.

749 **Bartsch** (Karl). *Bruchstück einer Hs. von Wolframs Willehalm*. *Germania*, t. XVII, 1872, p. 443.

750 **Suchier** (H.). *Wolframs Willehalm als Volksbuch*. *Germania*, t. XVII, 1872, p. 355.

751 **San Marte** = A. Schulz. *Wilhelm von Orange, Heldengedicht von Wolfram von Eschenbach. Zum ersten Male aus dem*

Mittelhochdeutschen übersetzt. — Halle, 1873, in-8°, t. XXII, p. 398.

Traduction du *Willehalm.*

752 Suchier (H.). *Handschriften und Bruchstücke von Wolframs Willehalm.*

Zeitschrift für deutsche Philologie, t. XIII, 1882.

753 Saltzmann (H.). *Wolframs von Eschenbach Willehalm und seine französische Quelle.* Realschule-Progr. — Pillau, 1883, in-8°.

AMIS ET AMILES

.*. Voy. notre Table par ordre alphabétique de tous les manuscrits de Chansons de geste qui sont parvenus jusqu'à nous (*Epopées françaises,* t. I, p. 234). — Cf. la Liste des romans en prose (II, pp. 544, 545), celle des Incunables (*ibid.*, p. 601) et celle encore, des Chansons françaises qui ont été connues, traduites ou imitées en Italie (*Ibid.*, II, p. 387).

.*. Les éditions incunables d'*Amis et d'Amiles* ne devront pas être négligées, parce qu'elles donnent d'assez longs détails sur les enfances des deux héros et sur les aventures des enfants d'Amiles. (Voy. les éditions de Vérard, vers 1503 ; de Michel Lenoir, 1507 ; d'Arnoullet, Lyon, 1531 ; d'Alain Lotrian et de Denys Janot, s. d. goth. ; d'Arnoullet, Lyon, 1553 ; de Jean Bonfons, s. d. goth. ; de Nicolas Bonfons, s. d. goth. etc.)

Les additions étranges qu'a subies ici la légende primitive sont clairement indiquées dans le titre de l'édition d'Olivier Arnoullet en 1531 : « *Milles et Amys. La très joyeuse, plaisante et recreative hystoire des faits, gestes, triumphes et prouesses des très preulx et vaillants chevaliers Mille et Amys, et de leurs enfans, c'est assavoir Anceaulme et Florisset, lasquelz une maulvaise femme par envie fist gecter dedans la mer. Et par la voulenté de Dieu deux cignes les tirerent hors de la mer et les mirent plus de trois cens lieues loing l'ung de l'autre sur le sablon.* »

En Italie, il convient de signaler les éditions de Venise en 1503, de Milan en 1513 (presso Giovanni Angelo Scinzenzeler, très rare), d Milan, en 1530, etc.

I. — ÉDITIONS DU POÈME

754 Hofmann (Conrad). *Amis et Amiles und Jourdain de Blaivies. Zwei altfranzösische Heldengedichte des kerlingischen Sagenkreises nach der Pariser Handschrift zum ersten Male herausgegeben.* — Erlangen, 1852, in-8°.

Cf. *Deutsche Literaturzeitung* (1883), n° 16, etc.

755 Hofmann (Conrad). *Amis et Amiles,* etc. — 2° édit., Erlangen, 1882, in-8°.

II. — TRAVAUX
DONT LA CHANSON A ÉTÉ L'OBJET

756 Bibliothèque des Romans, décembre 1778, pp. 1-50.

757 Acta Sanctorum octobris (Bollandistes), t. VI, 1794, p. 124.

De sanctis Amico et Amilio pro martyribus cultis Mortariæ in ducatu Mediolanensi.

758 Dunlop (John). *The history of fiction,* etc. (v. n° 25). — Londres, 1816, 3 vol. in-8.

Voir l'édition de 1888, I, pp. 317-325.

759 Ferrario (G.). *Storia ed analisi degli antichi Romanzi di cavalleria e dei poemi romanzeschi d'Italia.* — Milan, 1828, 4 vol. in-4° ; t. II, p. 282.

760 Piers (H.). *Description des manuscrits de Saint-Omer.*

Mémoires de la Société des Antiquaires de la Morinie, t. II, pp. 144-146. (Le premier volume de ces *Mémoires* a paru en 1834.)

Notice sur la légende latine.

761 Keller (Adelbert von). *Li romans des Sept Sages, nach der Pariser Handschrift.* — Tubingue, 1836, in-8°, pp. CCXXXI-CCXLIII.

Die beiden Freunde.

762 Mone (F.-J.). *Die Sage von Amelius und Amicus.* — Anzeiger, 1836, col. 145-167 ; 353-360 ; 420-422.

763 Michel (Francisque). *La Chanson de Roland ou de Roncevaux,* du XII° siècle. — Paris, 1837, in-8°, pp. XXIX-XXXI.

704 **Loiseleur - Deslongchamps.** *Essai sur les fables indiennes et sur leur introduction en Europe.* — Paris, 1838, in-8°, pp. 162-167.

705 **Jubinal** (Achille). — *Nouveau recueil de contes, dits, fabliaux, et autres pièces inédites des* XIII°, XIV° *et* XV° *siècles, pour faire suite aux collections Legrand d'Aussy, Barbazan et Méon.* — Paris, 1839-1642, 2 vol. in-8.

706 **Monmerqué** (Louis-Jean-Nicolas de) et Francisque **Michel.** *Théâtre français du moyen âge, publié sur les manuscrits de la Bibliothèque du Roi,* XI°-XIV° *siècles.* — Paris, 1839, in-8°.

Mystère d'Amis et d'Amiles.

707 **Græsse** (J. G. T.). *Die grossen Sagenkreise des Mittelalters.* — Dresde et Leipzig, 1842, in-8°, pp. 348-350.

708 **Ideler** (L.). *Geschichte der altfranzösischen National-Literatur.* — Berlin, 1842, in-8°, p. 106.

709 **Paris** (Paulin). *Les Manuscrits françois de la Bibliothèque du Roi, etc.* (v. n° 346). — Paris, t. VII, 1848, in-8°, pp. 28-90.

710 **Ellis.** *Specimens of early English metrical Romances ; a new edition revised by* J.-O. Halliwell. — Londres, 1848, in-8°, pp. 584-600.

[Amys and Amylion.]

711 **Paris** (Paulin). *Histoire littéraire de la France.* — Paris, t. XXII, 1852, in-4°, pp. 288-299.

Analyse détaillée du vieux poème.

712 **Moland** (Louis) et Ch. d'**Héricault.** *Nouvelles françaises en prose du* XIII° *siècle. Li amitiez de Ami et Amile.* — Paris, 1856, in-18, pp. 33 et ss.

713 **Héricault** (Ch. d'). *Essai sur l'origine de l'Épopée française.* — Paris, 1859, in-8°, chap. XIV, pp. 68-72.

(La vie historique d'un poème épique : *Amis et Amiles.*)

714 **Delvau** (Alfred). *Bibliothèque bleue.* — Paris, 1860, in-8°.

715 **Brunet** (Jacques-Charles). *Manuel du Libraire.* — Cinquième édition, Paris, 1862, in-8°, t. III, pp. 1719 et 1720.

776 **Gautier** (Léon). *Les Épopées françaises.* — 1re édit., Paris, t. I, 1865, in-8°, p. 314.

(*Amis et Amiles* considéré comme le type des diverses formes qu'ont revêtues nos fictions épiques.)

777 **Didot** (Ambroise-Firmin). Analyse d'*Amis et Amiles.*

Bibliophile Français, 1er juillet 1868.

778 **Kœlbing** (E.). *Bruchstück einer Amicus ok Amilius Saga.*

Germania, XIX (1874), pp. 184-189.

(Sur la *Saga* qui a été composée au XIII° siècle d'après le texte latin abrégé.)

Cf. *Romania,* 1874, III, p. 430.

779 **Klein** (Hugo). *Sage, Metrik und Grammatik des altfranzösischen Epos « Amis und Amiles ».* — Bonn, 1875, in-8°.

780 **Kœlbing** (E.). *Zur Ueberlieferung der Sage von Amicus und Amelius.*

Beiträge zur Geschichte der deutschen Sprache und Literatur herausgegeben von Paul und Braune, t. IV, 1877, pp. 271-314.

781 **Lucking** (Gustav.). *Die ältesten französischen Mundarten.* — Berlin, 1877, in-8°.

782 **Gautier** (Léon). *Les Épopées françaises.* — 2e édit., Paris, t. I, 1878, in-8°, pp. 468-473.

Traduction de l'épisode qui a pour objet la mort et la résurrection des enfants d'Amiles, pp. 479-482.

783 **Kœlbing** (E.). *Zu Amis and Amiloun.*

Englische Studien, II (1879), pp. 295-310 ; V (1882), pp. 465-466.

784 **Paris** (Gaston). *Miracles de Nostre Dame,* publiés par la Société des Anciens textes français. — Paris, huit vol. in-8°, t. IV (1879), pp. 1 et ss.

[Miracle d'Amis et d'Amiles.]

Un fragment de ce « Miracle » avait été publié dans les *Épopées françaises,* 1re édit. (t. I, pp. 316, 317) et 2e édit. (t. I, pp. 470, 471).

785 **Meyer** (Paul). *Compte rendu des « Poètes lyriques castillans »* de Milà y Fontanals.

Romania, VII (1880), p. 343.

Sur une version catalane d'*Amis.*

786 Gaidoz (Henri). *L'amitié d'Amis et Amîles*, texte gallois, publié et traduit d'après le Livre rouge de Hergest.

Revue celtique, t. IV, p. 201.

Rédaction qui se rapproche du texte latin de Saint-Omer.

Cf. *Romania*, IX, 1880, p. 628.

787 Schoppe (Joseph). *Ueber Metrum und Assonanz der Chanson de Geste « Amis et Amiles »*.

Französische Studien, t. III, 1882, pp. 1-39.

Cf. A. Darmesteter, *Revue critique*, 1883, 1er sem., p. 93. — F. Neumann. *Literaturblatt für germanische und romanische Philologie*, 1882, t. IV, pp. 18, 19. — Scheler. *Athenæum belge*, 1882.

788 Nyrop (Kristoffer). *Den oldfranske Heltedigtning, Histoire de l'Épopée française au moyen âge, accompagnée d'une Bibliographie détaillée*. — Copenhague, 1883, in-8º, pp. 201-205, 272, 367 et 433, 434. Cf. la traduction italienne, *Storia dell' epopea francese nel medio evo*, Turin, 1888, in-8º, pp. 193-197, 260, 351 et 417, 418.

789 Hofmann (Konrad). *Erster Nachtrag zur Einleitung in Amis und Amiles und Jourdain*.

Romanische Forschungen, I (1883), in-8º, pp. 428, 429.

790 Kœlbing (E.). *Amis und Amiloun. Zugleich mit der altfranzösischen Quelle herausgegeben nebst einem Anhange : Amicus ok Amilius Rimur*. — Heilbronn, 1884, in-8º.

Altenglische Bibliothek, t. II.

Cf. C. Stoffel : *A new edition of Amis and Amiloun : Taalstudie*, t. IV, 1885, p. 223. — E. Einenkel, *Anglia*, 1885, VIII, 2. — K. Breul, *Englische Studien*, 1886, IX, nº 3. — A. Brandl, *Zeitschrift für deutsch. Alterthum*, XXXI, 1re partie, 1887, pp. 92-103. — C. Stoffel, *Some remarks on prof. Kœlbing's edition of Amis and Amiloun. Englische Studien*, 1885, IX, 1.

791 Bartsch (Karl). *Chrestomathie de l'ancien français*, 1884, pp. 67-76, d'après la 2e édition de C. Hofmann publiée en 1882 (vers 2917-3207).

(*Amis et Amiles* : Épisode du sacrifice des enfants.)

792 Huellen (C.). *Poetischer Sprachgebrauch in der Chanson de Geste Amis et Amiles*. — Münster, 1884, in-8º.

793 Lausberg (C.). *Die verbalen Synonyma in den Chansons de Geste Amis et Amiles und Jourdains de Blaivies. Ein Beitrag zur Wortbedeutungslehre des Altfranzösischen*. — Münster, 1884, in-8º.

794 Schwieger (P.). *Bemerkungen zu Amis und Amiles*.

Zeitschrift für romanische Philologie, t. IX, 1885-1886, pp. 419-425.

795 Link (Th.). *Eine sprachliche Studie über die agn. Version der Amis-Sage*. — Munich, 1885, in-8º.

Signalé par Nyrop (*Storia dell' epopea francese*, p. 418).

796 Schwieger (P.). *Die Sage von Amis und Amiles*, Berlin, 1885, in-4º.

(*Program des Friedrich-Wilhelms-Gymnasiums zu Berlin.*)

Cf. Kressner, *Franco Gallia*, t. II, 1885, p. 272. — *Romania*, t. XIV (1885), pp. 138-139.

(Voy. le numéro suivant.)

797 Koch (J.). *Rectification à l'étude de Schwieger « Die Sage von Amis und Amiles »*.

Literaturblatt für germanische und romanische Philologie, 1885, col. 217-218.

798 Andresen (H.). *Zu Amis et Amiles und Jourdains de Blaivies*.

Zeitschrift für romanische Philologie, t. X (1886), p. 482.

799 Herzog (H.). *Zum Cliès und Engelhard*.

Germania, t. XXXI, 1886, pp. 325-326.

Cf. *Romania*, 1891, p. 348. (Imitation d'un épisode de Cligès dans la version d'Amis et Amiles de Conrad de Würzbourg.)

800 Kœlbing (E.). *Amis and Amiloun und Guy of Warwick*.

Englische Studien, t. IX, nº 3, 1886.

801 Modersohn (Hermann). *Die Realien in den altfranzösischen Chansons de Geste Amis et Amiles und Jourdain de Blaivies. Ein Beitrag zur Kultur und ein Ergänzung der Litteratur-Geschichte des französischen Mittelalters*. — Leipzig, 1886, in-8º. (Dissertation de Munster.)

Cf. Ed. Schwan, *Literaturblatt für germanische und romanische Philologie*, VIII, 1887, juin, col. 265, 266. — Schultz, *Deutsche Literaturzeitung*, 1887, nº 2.

802 Mager (Adolph). *Grammatik und*

Wortstellung der Chanson de Geste Amis et Amiles. — Berlin, 1887, in-8°.

803 **Kreyssig** (Fr.). Geschichte der französischen National-Litteratur, 1889, in-8°, pp. 143-144.

804 **Bock** (M.). Ueber den Gebrauch der Pronomina in « Amis et Amiles ».
Progr. der Staatsrealschule zu Linz, 1890.

ANSEIS DE CARTHAGE

.*. Voy. notre Table par ordre alpha-bétique de tous les manuscrits de Chansons de geste qui sont par-venus jusqu'à nous (Epopées françaises, t. I, p. 234, et aussi III, pp. 637, 638). — Cf. la Liste des romans en prose (ibid., t. II, p. 545) et surtout la Nomenclature des Chansons françaises qui ont été connues, traduites ou imitées en Italie (II, p. 387). — Pour plus de détails bibliographiques, voy. notre Notice biblio-graphique et historique sur la Chanson d'Anseïs de Carthage (III, pp. 637-641).

I. — ÉDITION DU POÈME

805 **Alton** (J.). Anseïs von Karthago. — Tubingue, 1892, in-8°.

Cf. Romania, 1893, p. 332.

806 **Meyer** (W.) Franko-italienische Studien.
I. Anseïs de Carthage.
Zeitschrift für romanische Philologie, IX, 1885, pp. 597-640.

(Version en dialecte picard-wallon et version italianisée, d'après les mss. 793 et 1598 du fonds fr. à la Bibliothèque nationale.)

II. — TRAVAUX
DONT CE POÈME A ÉTÉ L'OBJET

807 **Daunou** (Pierre-Claude-François). Histoire littéraire de la France, XVI (1824), p. 232.

808 **Mone** (F. J.). Bruchstück aus dem Ansegis von Carthago.
Anzeiger, 1835, col. 77-80.

809 **Leroux de Lincy** (Adrien-Jean-Victor). Anseïs de Carthage ou l'invasion des Sarrazins en Espagne et en France, poème inédit en vers français du XIII° siè-cle, par Pierre du Riés, composé avec les Histoires véritables.
Revue française et étrangère, t. II, avril 1837, pp. 21-41. — Tirage à part, s. l. n. d., in-8°.

810 **Duval** (Amaury). Histoire litté-raire de la France, t. XIX (1838), pp. 648-654.

811 **Paris** (Paulin). Les manuscrits françois de la Bibliothèque du Roi, t. III (1840), p. 172; t. VI (1845), pp. 218-221.

812 **Paris** (Gaston). Histoire poétique de Charlemagne, 1865. Appendice, p. 494.

(Similitude du récit d'Anseïs, avec la légende du roi Rodrigue et de Florinde ou la Cava, la fille du comte Julien.)

813 **Gautier** (Léon). Les Épopées fran-çaises. — 1re édit., 3 vol. in-8° (1865-1868); t. II (1867), pp. 472-482.

Analyse précédée d'une Notice bibliographi-que et historique.

814 **Meyer** (Paul). Deuxième Rapport sur une mission littéraire en Angleterre et en Écosse.
Archives des Missions (1867), 2e série, t. IV.

P. 117 : Ms. V, 11, 17, de la Bibliothèque de l'évêque Cosin.

815 **Stengel** (E.). Mittheilungen aus französischen Handschriften der Türiner-Universitäts-Bibliothek, bereichert durch Auszüge aus Handscriften anderer Biblio-theken. — Halle, 1873, in-4°, p. 32.

816 **Rajna** (Pio). Ricordi di codici francesi posseduti dagli Estensi nel se-colo XV.
Romania, 1873, pp. 49 et ss.

817 **Mila y Fontanals**. Poesia heroïco-popular castellana. — Barcelone, 1873, in-8°, p. 117.

(Analogie de la légende d'Anseïs avec celle du roi Rodrigue. V. le n° 812.)

818 **Gautier** (Léon). Les Épopées fran-çaises. — 2e édit. Paris, 4 vol. in-8° (1878-1894), t. III (1880), pp. 637-647.

819 **Nyrop** (Kristoffer). Den old-

franske Heltedigtning, Histoire de l'Épopée française au moyen âge, accompagnée d'une Bibliographie détaillée. — Copenhague, 1883, in-8°; pp. 107, 108, 112, 120, 209, 313 et 433. Cf. la traduction italienne, *Storia dell' epopea francese nel medio evo,* Turin, 1886, in-8°, pp. 105, 106, 123, 257, 300 et 418, 419.

820 **Paris** (Gaston). *La littérature française au moyen âge.* — 2° édit. Paris, 1890, § 24, p. 43.

————

ANSEIS DE METZ, FILS DE GIRBERT

.•. Voy. notre Table par ordre alphabétique de tous les manuscrits de chansons de geste qui sont parvenus jusqu'à nous (*Epopées françaises,* t. I, p. 234).—Cf. la Liste des romans en prose au mot *Lorrains* (II, pp. 551, 552).

Anséis, fils de Girbert, est inédit.

821 **Paris** (Paulin). *Histoire littéraire de la France,* t. XXII, 1852, in-4°, pp. 633-641. Analyse développée.

822 **Paris** (Paulin). *Garin le Loherain.* — Paris, 1862, in-18, pp. 354-363. (Collection Hetzel.)

Résumé très abrégé, mais très exact et très vivant.

823 **Nyrop** (Kristoffer). *Den oldfranske Heltedigtning. Histoire de l'Épopée française au moyen âge accompagnée d'une bibliographie détaillée.*—Copenhague, 1883, in-8°, pp. 194-196 et 434. — Cf. la traduction italienne, *Storia dell' epopea francese nel medio evo,* Turin, 1886, in-8, pp. 187 et ss.

824 **Langlois** (Ernest). *Un nouveau manuscrit de la Chanson d'Anseis, fils de Girbert.*

Romania, 1885, t. XIV, pp. 421-432.

825 **Harff** (C.). *Anseis de Mes, chanson de geste aus dem 13 Jahrhundert.*

Programm der höheren Bürgerschule zu Erfurt, 1885.

826 **Doutrepont** (A.). *Trois fragments d'Anseïs de Metz.*

Le Moyen âge, t. II, 1889, p. 4.

* Voy. l'article consacré aux LORRAINS.

————

ANTIOCHE

.•. Voy. notre Table par ordre alphabétique de tous les manuscrits de chansons de geste qui sont parvenus jusqu'à nous (*Epopées françaises,* t. I, pp. 236, 237, au mot *Chevalier au cygne*). — Cf., au même mot, la Liste des derniers romans en vers (II, p. 448) et celle des Romans en prose (*Ibid.,* p. 546).

I. — ÉDITION ET TRADUCTION
DU POÈME

827 **Paris** (Paulin). *La Chanson d'Antioche, composée par le pèlerin Richard, renouvelée par Graindor de Douai, publiée pour la première fois.* — Paris, 1848, 2 vol. in-12.

(Collection des Romans des douze pairs de France, n°s XI et XII.)

828 **Sainte-Aulaire** (Marquise de). *La Chanson d'Antioche composée au XII° siècle par Richard le Pèlerin, renouvelée par Graindor de Douai, au XIII° siècle, publiée par M. P. Paris, traduite par la marquise de Sainte-Aulaire.* — Paris, 1862, in-18.

Cf. Saint-René Taillandier, *La Chanson d'Antioche, chronique des Croisades* (XIII° siècle) : *Revue des Deux-Mondes,* 14 décembre 1862, pp. 1027-1030.

II. — TRAVAUX
DONT LA CHANSON A ÉTÉ L'OBJET

829 **Paris** (Paulin). *Les Manuscrits françois de la Bibliothèque du Roi.* — Paris, 1836-1848, 7 vol. in-8.

[T. VI, p. 195.]

830 **Le Roux de Lincy.** *Analyse du « Roman de Godefroi de Bouillon ».*

Bibliothèque de l'École des Chartes, II, 1841, in-8°, pp. 437-449.

Analyse d'*Antioche,* d'après le ms. de la Bibliothèque du Roi 7628, etc.

831 **Paris** (Paulin). *Histoire littéraire de la France,* t. XXII, 1852, pp. 358-370, et t. XXV, 1869, pp. 319-326.

Notice et Analyse

832 **Dinaux** (A.). *Les trouvères bra-*
bançons, hainuyers, etc. — Paris, 1863,
in-8°.

Les pages 648-652 sont consacrées à Richard
le Pèlerin.

833 **Potvin** (Charles). *Nos premiers*
siècles littéraires. — Bruxelles, 1870, 2 vol.
in-8°.

La 18e conférence a pour objet, au tome II,
les poètes de la Croisade, et, en particulier, la
Chanson d'Antioche.

834 **Stengel** (E.). *Die Handschriften*
der Oxforder Bibliotheken.
Romanische Studien, t. I, 1873, pp. 390-
392.

835 **Pigeonneau** (H). *Le cycle de la*
Croisade et de la famille de Bouillon. —
Paris, 1876, in 8°, pp. 15 et suiv.

Thèse soutenue devant la Faculté des lettres
de Paris.

836 **Paris** (Paulin). *Nouvelle étude sur*
la Chanson d'Antioche à l'occasion d'une
thèse présentée en 1876 à la Faculté des
lettres de Paris.
Bulletin du Bibliophile, 1877, pp. 433,
459, et 1878, pp. 97-121.

Défense, contre M. Pigeonneau, de l'ancienneté et de l'autorité d'*Antioche.*

837 **Nyrop** (Kristoffer). *Den oldfranske*
Heltedigtning : Histoire de l'Épopée fran-
çaise au moyen âge accompagnée d'une
bibliographie détaillée. — Copenhague,
1883, in-8°, pp. 224, 225, 227, 289, 290,
307, 313, 321, 347 et 434. — Cf. la traduction italienne, *Storia dell' epopea fran-*
cese nel medio evo, Turin, 1886, in-8°,
pp. 215-218, 277, 294, 300, 307, 332 et
419.

838 **Constans** (L.). *Chrestomathie de*
l'ancien français, 1884, in-8°, pp. 56-69.
Fragments : I. *Découverte de la lance;*
II. *Mort de l'évêque du Puy.*

839 **Meyer** (Paul). *Fragment d'une*
Chanson d'Antioche en provençal — Paris,
1884, in-8°. Un fac-similé.

Extrait des *Archives de l'Orient latin*,
t. II, 1883. Documents, pp. 467-509.

Cf. C. Chabaneau, *Revue des Langues Ro-*
manes, mars 1885, 3e série, XIII, pp. 147-151. —
Atti della Reale Academia delle Scienze di To-
rino, vol. XX, disp. 5. — Tobler, *Literaturblatt*

für germanische und romanische Philologie,
mars 1885, col. 117-118.

840 **Paris** (Gaston). *La Chanson d'An-*
tioche provençale et la Gran .Conquista
de Ultramar.
Romania, t. XVII, 1888, pp. 513-541;
t. XIX, 1890, pp. 562-591.

841 **Mély** (F. de). *La croix des pre-*
miers croisés.
Revue de l'Art chrétien, 4e sér., t. I,
1890, pp. 297-306.

Date de la *Chanson d'Antioche.*

AQUILON DE BAVIÈRE

.*. Voy. notre Tableau des chansons
de geste qui ont été connues, traduites ou imitées en Italie (*Epopées*
françaises, t. II, p. 387).

842 **Thomas** (Antoine). *Aquilon de*
Bavière, Roman franco-italien.
Romania, t. XI (1882), pp. 538-569.

843 **Nyrop** (Kristoffer). *Den oldfranske*
Heltedigtning, etc. — Copenhague, 1883,
in-8°, p. 434. — Cf. la traduction italienne,
Storia dell' epopea francese nel medio evo,
Turin, 1886, in-8°, pp. 257 et 419.

AQUIN

.*. Voy. notre Table par ordre alphabétique de tous les manuscrits
de chansons de geste qui sont
parvenus jusqu'à nous (*Epopées fran-*
çaises, t. I, p. 234.) — Pour plus de détails
bibliographiques, cf. notre Notice bibliographique et historique sur le Roman d'Aquin (*Ibid.*, t. III, pp. 353-357).

I. — ÉDITION DU POÈME

844 **Jouon des Longrais** (F.). *Le*
roman d'Aquin ou la conqueste de la Bre-
taigne par le roy Charlemaigne, chanson

de geste du xii* siècle. — Nantes, 1880, in-8°
(pour la Société des Bibliophiles Bretons).

Cf. Gaston Paris, *Romania*, IX (1880),
pp. 445-463. — G. Raynaud, *Literaturblatt für
germanische und romanische Philologie*, 1880,
col. 377-378. — Le même, *Bibliothèque de
l'École des Chartes*, XLI, pp. 405-407. — Settegast, *Literarisches Centralblatt für Deutschland*,
1880, p. 1156. — *Rapport sur le concours des
Antiquités nationales*, lu à l'Académie des
Inscriptions et Belles-Lettres, le 22 juillet 1881.
Bibliothèque de l'École des Chartes, XVIII,
1882), p. 140.

II. — TRAVAUX

DONT LA CHANSON A ÉTÉ L'OBJET

845 Lelong (Le P.). *Bibliothèque historique de la France*, éd. Fevret de Fon-
tettes, III, p. 399, n° 35356.

Notice bibliographique.

846 Paris (Paulin). *Histoire littéraire*,
XXII (1852), pp. 402-411.

Analyse.

847 Gautier (Léon). *Les Épopées françaises*, 1re édit., t. II (1867), pp. 294-305.

Analyse développée, précédée d'une Notice
bibliographique.

848 Gautier (Léon). *La Chanson de
Roland*. — Tours, 1872, 2 vol. in-8°; II,
pp. 37-38 et 69.

Analyse abrégée qui a été reproduite dans
toutes les éditions classiques du même livre.

849 Luce (Siméon). *Histoire de Duguesclin. La jeunesse de Bertrand*. — Paris,
1876, in-8°, pp. 3 et 605.

Sur la prétention qu'avait Duguesclin de
descendre du roi Aquin.

850 Vétault (Alphonse). *Charlemagne*.
— Tours, 1877, in-8°, p. 470.

Analyse rapide.

851 Gautier (Léon). *Les Épopées
françaises*, t. III (1880), in-8°, pp. 353-365.

852 Anonyme. *Mentions inédites du
Roman d'Aquin aux* xve *et* xvie *siècles*.
*Bulletin de la Société des Bibliophiles
Bretons*, 8e année (1884-1885), in-8°, pp. 61-
67.

853 Nyrop (Kristoffer). *Den oldfranske
Heltedigtning*, etc. — Copenhague, 1883,
in-8°, pp. 112, 113 et 431. — Cf. la traduction

italienne, *Storia dell' epopea francese nel
medio evo*, Turin, 1886, in-8, pp. 109, 110
et 414.

ARNAIS D'ORLÉANS

854 Boislisle (A. de). *Inventaire des
bijoux, vêtements, manuscrits et objets
précieux appartenant à la Comtesse de
Montpensier*.
*Bulletin de la Société de l'Histoire de
France*, t. XVII, 1880, pp. 269-300.

Cf. P. Meyer, *Romania*, t. X, 1881, p. 445.
Cet inventaire renfermait un manuscrit intitulé « Le livre Arnaiz d'Orléans » (p. 301).

ASPREMONT

.*. Voy. notre Table de tous les manuscrits de Chansons de geste qui sont
parvenus jusqu'à nous (*Epopées fran-
çaises*, t. I, pp. 234, 235, et aussi t. III, pp. 71,
72). Cf. notre Liste des Romans en
prose (*Ibid.*, t. II, p. 545) et notre Tableau
des Chansons qui ont été connues,
traduites ou imitées en Italie (*Ibid.*,
t. II, pp. 387, 388). — On ajoutera à cette dernière liste la mention d'un poème publié à
Venise en 1591 (in-8°) et à Milan en 1594
(in-4°), dont l'auteur se nommait Verdizotti
et dont les premiers chants ont seulement
paru (Melzi, p. 61). — Pour plus de détails
bibliographiques, cf. notre Notice bibliographique et historique sur la Chanson d'Aspremont (t. III, pp. 70-76).

I. — ÉDITIONS PARTIELLES

DU POÈME

855 Bekker (Immanuel). *Der Roman
von Fierabras*. — Berlin, 1829, in-4°.
Voy. (pp. liii-lxvi) un fragment de 1338 vers
sous ce titre : *Aus dem Agolant*.

856 Keller (A.). *Romvart*. — Mannheim
et Paris, 1844, in-8°, pp. 1-11, 26-27.
Fragments des mss. fr. IV et VI de Venise.

857 **Guessard** (Francis) et Léon **Gautier**. *La Chanson d'Aspremont publiée d'après le texte du manuscrit de la Bibliothèque impériale fr. 2495.* — Paris, 1855, 24 pp. gr. in-8°, à deux colonnes.

Le début seul de la Chanson a été imprimé (environ 1800 vers). Ce fascicule, aujourd'hui rarissime, représente le spécimen de la « Collection des anciens poètes de la France », telle qu'elle avait été conçue par M. H. Fortoul, ministre de l'Instruction publique. Cette Collection devait renfermer 60 volumes qui auraient contenu chacun 60,000 vers. Le successeur de M. Fortoul, M. Roulant, ramena le Recueil à de plus humbles proportions (40 volumes in-16, elzévir) dont dix seulement ont été publiés.

V. d'autres fragments d'*Aspremont*, mais moins importants, aux nos 872, 873, 875, 877.

II. — TRAVAUX
DONT LA CHANSON A ÉTÉ L'OBJET

858 **Bekker** (Immanuel). *Der Roman von Aspremont, altfranzösisch, aus der Handschrift der kaiserlichen Bibliothek (ms. Gall. 4° 48) abgeschrieben.*

Abhandlungen der kœniglischen Akademie der Wissenschaften zu Berlin, 1847, in-4°, (et à part, Berlin, 1847, in-4°).

859 **Génin** (Fr.). *La Chanson de Roland.* — Paris, 1850, in-8°.

Voy., dans la Préface, un jugement sur l'*Aspremont*, considéré comme une imitation du *Roland* (pp. cxxvi et ss.).

860 **Paris** (Paulin). *Histoire littéraire de la France.* — Paris, t. XXII, 1852, in-4°, pp. 300-318.

Notice et analyse développée.

861 **Sachs** (C.). *Beiträge zur Kunde altfranzösischer, englischer und provenzalischer Literatur aus französischen und englischen Bibliotheken.* — Berlin, 1857, in-8°, pp. 24-27.

862 **Mussafia** (A.). *Handschriftliche Studien.* (*Sitzungsberichte der philologisch-historischen Classe der kaiserlichen Akademie der Wissenschaften.*) — Vienne, t. II (1863), pp. 278-291.

863 **Ranke** (Léopold). *Mémoires de l'Académie de Berlin.* (*Philosophische Classe*, 1835, pp. 406 et ss.)

Découverte (dans la Bibliothèque Albani à Rome) de l'*Aspromonte* qui fait suite aux *Reali* proprement dits.

864 **Unger** (C. R.). *Karlamagnùs Saga ok kappa hans.* — Christiania, 1860, in-8°.

La cinquième branche est intitulée *Le roi Agoland* et correspond à notre *Aspremont*.

Analysé par G. Paris (*La Karlamagnùs Saga, Histoire islandaise de Charlemagne. Bibliothèque de l'École des Chartes*, 1864, pp. 89-123 et 1865, pp. 1-42).

865 **Paris** (Gaston). *Histoire poétique de Charlemagne.* — Paris, 1865, in-8°, pp. 247-249.

866 **Ludlow** (John-Malcolm). *Popular Epics of the Middle Ages of the North-German and Carlovingian cycles.* Londres, 1865, in-16, t. II, pp. 303-309. V. n° 106.

867 **Gautier** (Léon). *Les Épopées françaises.* — 1re édit., Paris, 3 vol. in-8°, 1865-1868, t. II (1867), pp. 63-83.

Analyse développée, précédée d'une *Notice bibliographique et historique*, et accompagnée d'une traduction littérale de plusieurs épisodes de la Chanson.

868 **Uhland** (Ludwig). *Uhland's Schriften zur Geschichte der Dichtung und Sage.* Stuttgart, 1869, in-8°.

[T. VII, *Sagengeschichte der germanischen und romanischen Vœlker*, pp. 631-636.]

Traduction d'un fragment d'*Aspremont*, d'après le texte publié par Immanuel Bekker, dans le *Fierabras*.

869 **Rajna** (Pio). *Ricordi di codici francesi posseduti dagli Estensi nel secolo XV.* (V. n° 361.)

Cf. G. Paris, *Romania*, II (1873), in-8°, pp. 49 et ss.

Parmi ces manuscrits on signale deux *Aspremont*. Le second a pour titre : *Liber Asmontis et Agolanti.*

870 **Gautier** (Léon). *Les Épopées françaises.* — 2e édit., Paris, 4 vol. in-8°, 1878-1894, t. II, 1892-1894, pp. 355, 387 et 388 ; t. III (1880), pp. 70-94.

871 **Paris** (Gaston). *Les manuscrits français des Gonzague.* *Romania*, IX (1880), p. 500.

872 **Stengel** (E.). *Ein weiteres Bruchstück von Aspremont.*

Zeitschrift für romanische Philologie,
t. IV, pp. 364-365.

> Fragment nouveau d'*Aspremont*.

873 Un Fragment d'Aspremont
est trouvé par Schum, de Halle, dans la
reliure d'un manuscrit d'Erfurt.

Cf. *Literaturblatt für germanische und romanische Philologie* (1880, n° 5, col. 198), et
Romania, t. IX, 1880, p. 344.

874 Nyrop (Kristoffer). *Den oldfranske Heltedigtning*, etc. — Copenhague,
1883, in-8°, pp. 89-91, 313 et 434, 435. — Cf.
la traduction italienne, *Storia dell' epopea
francese nel medio evo*, Turin, 1886, in-8,
pp. 86-88, 267, 300, 419 et 420.

875 Langlois (Ernest). *Deux fragments épiques : Otinel, Aspremont.*
Romania, t. XII (1883), pp. 433-458.

876 Meyer (W.). *Franko-italienische
Studien.*
II. *Aspremont.*
Zeitschrift für romanische Philologie,
1886, X, 22-55.

(D'après les mss. fr. 1598 et 25529, de la Bibliothèque nationale.)

877 Meyer (Paul). *Fragment d'Aspremont conservé aux Archives du Puy-de-
Dôme, suivi d'observations sur quelques
manuscrits du même poème.*
Romania, t. XIX (1890), pp. 201-236.

878 Novati (Fr.). *I Codici francesi de'
Gonzaga secondo nuovi documenti.*
Romania, t. XIX (1890), pp. 160-200.

Correspondance des Gonzague, relative aux
prêts de ces manuscrits au xive siècle. Il y est
fait mention d'*Aspremont*.

AUBERI

.˙. Voy. notre Table par ordre alphabétique de tous les manuscrits de
Chansons de geste qui sont parvenus jusqu'à nous (*Epopées françaises*,
t. I, p. 235) et notre Chrestomathie
épique à la fin du même volume (*ibid.*, I,
pp. 490-493 : épisode de la mort d'Orri).

A. — ÉDITIONS DU POÈME

879 Tarbé (Prosper). *Le roman d'Aubri le Bourgoing.* — Reims, 1849, in-8°.
(*Collection des Poètes de Champagne
antérieurs au xvie siècle.*)

880 Tobler (Adolf). *Mittheilungen aus
altfranzösischen Handschriften.*
I. *Aus der Chanson de geste von Auberi
nach einer Vaticanischen Handschrift.* —
Leipzig, 1870, in-8°.

Cf. *Literarisches Centralblatt*, 1870, n° 27.
(Ni cette édition ni celle de Tarbé ne repro-
duisent le poème intégralement.)

B. — TRAVAUX
DONT LA CHANSON A ÉTÉ L'OBJET

881 Papillon (abbé Philibert). *Bibliothèque des auteurs de Bourgogne.* — Dijon,
1742-1745, in-fol., 2 vol.; t. I, p. 5.
(Se demande si Aubri est l'auteur ou le
héros du roman.)

882 Bekker (Immanuel). *Der Roman
von Fierabras.* 1829, pp. LXVI-LXVIII.

(*Aus Aubri li Borgonnon :* fragment de
206 vers.)

883 Keller (A.). *Romvart.* — Mann-
heim et Paris, 1844, in-8°, pp. 203-243.
Fragment du manuscrit du fonds de la reine
Christine, au Vatican, n° 1441.

884 Jonckbloet (W. J. A.). *Bericht
omtrent Fragmenten van den Roman Aubri le Bourguignon.*
(Dans son édition du *Roman van Karl
den Grooten en zijne XII Pairs*, publié en
1844, Introduction, p. XII.)

Cf. le n° 433 de la bibliographie de Petit.

885 Paris (Paulin). *Les Manuscrits
françois de la Bibliothèque du Roi.* — Paris, 1836-1848, 7 vol. in-8°, t. VII (1848),
pp. 24, 25 et 30, 31.

886 Paris (Paulin). *Histoire littéraire
de la France.* — Paris, t. XXII, 1852, in-4°,
pp. 318-334.
Notice et analyse développée.

887 Bonnardot (F.). *Fragment d'Aubry le Bourgoing.*

Bulletin de la Société des anciens textes. — Paris, 1876, in-8º, p. 107.

Notice du ms. 189 de la Bibliothèque d'Épinal.

888 Gautier (Léon). *Les Épopées françaises.* — 2ᵉ édit., 4 vol. in-8º, Paris, 1878-1894, t. I (1878), pp. 490-493.

Traduction du bel épisode de la mort du roi Orri.

889 Nyrop (Kristoffer). *Den oldfranske Heltedigtning,* etc. — Copenhague, 1883, in-8º, 198, 199, 334 et 435. — Cf. la traduction italienne, *Storia dell' epopea francese nel medio evo,* Turin, 1886, in-8º, pp. 190, 191, et 420.

890 Petit (L. D.). *Bibliographie der middelnedenlandsche Taal-en Letterkunde,* 1888, nº 433.

Indication de fragments publiés par Bergh et Jonckbloet.

AUBERON

⁂ Voy. plus haut notre **Table par ordre alphabétique** de tous les manuscrits de chansons de geste qui sont parvenus jusqu'à nous (*Epopées françaises,* t. I, p. 235, et aussi III, p. 720). — Cf. notre **Liste des derniers romans en vers** (*ibid.,* t. II, p. 450, au mot *Huon de Bordeaux*) et, au même mot, celles des **Romans en prose** (II, p. 551) et des **Incunables** (*ibid.,* p. 603). Ces dernières indications ne concernent qu'indirectement notre chanson. Pour plus de détails, voy. notre **Notice bibliographique et historique sur le roman d'Auberon** où nous avons donné une analyse complète du dit poème (III, pp. 719-730).

A. — ÉDITION DU POÈME

891 Graf (A.). *I complementi della Chanson d'Huon de Bordeaux, testi francesi tratti da un codice della Bibliotheca nazionale di Torino. I. Auberon.* — Halle, 1878, in-4º.

Cf. Gaston Paris, *Romania,* t. VII, 1878, pp. 332-339. — A. Stimming, *Zeitschrift für*

romanische Philologie, t. II, 1878, pp. 600-616. — *Literarisches Centralblatt,* 1879, nº 30. — A. Mussafia, *Zeitschrift für Œsterreich Gymnasien,* t. XXX, 1879, pp. 49-51.

B. — TRAVAUX
DONT LA CHANSON A ÉTÉ L'OBJET

892 Wieland (Christophe - Martin). *Oberon.*

Mercure allemand, 1780.

Traductions françaises, par Pierre-François de Boaton, Berlin, 1784, in-8º (en vers français et en octaves). — Borch, Leipzig, 1798, in-8º. — Pernay, Paris, 1799, in-12. — D'Holbach fils, Paris, 1800, in-8º.

Cf. *L'Esprit des journaux,* 1784, p. 195.

893 Paris (Gaston). *Revue germanique,* XVI (1861), pp. 322 et ss.

Origines du mythe d'Oberon.

894 Gautier (Léon). *Les Épopées françaises.* — 1ʳᵉ édit., Paris, 3 vol., in-8º, 1865-1868, t. II (1867), pp. 556, 557.

Le mythe d'Oberon est-il germanique ou celtique?

895 Düntzer (Heinrich). *Wielands Oberon, erläutert.* — 2ᵉ édit., Leipzig, 1880, in-16, p. 159.

Erläuterungen zu den deutschen Klassikern, II.

896 Gautier (Léon). *Les Épopées françaises.* — 2ᵉ édit., t. III (1880), pp. 719-730.

Analyse précédée d'une *Notice bibliographique et historique.*

897 Koch (Max). *Das Quellenverhältniss von Wielands Oberon.* — Marbourg, 1880, in-8º.

898 Seemüller (J.). *Die Zwergensage im Ortnit.*

Zeitschrift für deutsches Alterthum, 1882, pp. 201-211.

899 Nyrop (Kristoffer). *Den oldfranske Heltedigtning,* etc. — Copenhague, 1883, in-8º, pp. 117, 118 et 135. — Cf. la traduction italienne, *Storia dell' epopea francese nel medio evo,* Turin, 1886, pp. 113 et 421.

Voy. l'article sur HUON DE BORDEAUX.

AYE D'AVIGNON

.˙. Voy. plus haut (*Epopées françaises*, t. I, p. 235) l'indication du seul manuscrit d'*Aye d'Avignon* qui soit parvenu jusqu'à nous.

A. — ÉDITION DU POÈME

900 **Guessard** (Francis) et Paul **Meyer**. *Aye d'Avignon, Chanson de geste publiée pour la première fois d'après le manuscrit unique de Paris.* — Paris, 1861, in-18.

(Les Anciens poètes de la France, t. VI.)

B. — TRAVAUX

DONT LA CHANSON A ÉTÉ L'OBJET

901 **Martonne** (G.-P. de). *Analyse du Roman de dame Aye la belle d'Avignon.* *Mémoires de la Société des Antiquaires de France*, t. XV (1840), pp. 398-434.

« Nous croyions, par cette analyse d'*Aye*, en avoir donné une idée suffisante pour que Messieurs du Comité de la langue et de la littérature françaises voulussent bien décider qu'il y avait lieu d'entreprendre la publication de ce manuscrit unique échappé aux ravages du temps. La négation a été résolue par le Comité. Réduit à nos propres ressources, nous entreprendrons cette publication plus tard » (p. 434).

M. de Martonne a abandonné ce projet.

902 **Barrois** (Jean-Baptiste-Joseph). *Éléments carlovingiens linguistiques et littéraires.* — Paris, 1846, pp. 300-301.

Table du manuscrit de la Bibliothèque nationale fr. 2170.

903 **Mussafia** (A.). *Handschriftliche Studien*, II (1863), pp. 323-336.

Cf. Karl Bartsch, *Jahrbuch*, XI, p. 167.

904 **Stengel** (E.). *Ein Fall der Binnenassonanz in einer Chanson de geste.* *Zeitschrift für romanische Philologie*, t. IV (1880), pp. 101-102.

905 **Oesten** (Rud). *Die Verfasser der altfranzösischen Chanson de geste Aye d'Avignon.*

Dissertation de Marbourg, 1884, in-8°, réimprimée dans les *Ausgaben und Abhandlungen*, d'E. Stengel, Marbourg, 1885, fasc. XXXII, pp. 1-20. — Un Supplément a

paru, en 1885, dans le fasc. XLII du même recueil (pp. 79-80) : « *Nachtrag zu Ausgaben und Abhandlungen* XXXII. »

906 **Nyrop** (Kristoffer). *Den oldfranske Heltedigtning*, etc. — Copenhague, 1883, in-8°, pp. 174, 396 et 435. — Cf. la traduction italienne, *Storia dell' epopea francese nel medio evo*, Turin, 1886, in-8°, pp. 167, 378 et 421.

BASIN = CHARLES ET ÉLEGAST

TRAVAUX

DONT LE POÈME A ÉTÉ L'OBJET

907 **Saint-Genois** (Jules de). *Charles et Elegast, ancien roman en vers, traduit du flamand.* — Gand, 1836, in-8°.

908 **Hoffman de Fallersleben** (Auguste-Henri). *Horæ Belgicæ.* — Breslau, 1836, in-8°, p. IV.

Édition du poème néerlandais. — (W. J. A. Jonckbloet en a donné une autre à Amsterdam, en 1859.)

909 **Mone** (F. G.). *Uebersicht der niederlandschen Volksliteratur.* — Tubingue, 1838, in-8°, pp. 34 et ss.

Étude sur le même poème. Cf. Grimm, *Museum für altdeutsche Literatur*, II, pp. 226-236.

910 **Jonckbloet** (W. J. A.). *Geschiedenis der middenederlandschen Dichtkunst.* — Amsterdam, 3 vol. in-8°, t. I (1852), pp. 265 et ss.

Même sujet.

911 **Bech** (Fedor). *Zur Sage von Karl und Elegast.* *Germania*, 1864, IX, pp. 320-337.

912 **Paris** (Gaston). *Histoire poétique de Charlemagne.* — Paris, 1865, in-8°, pp. 315-322.

Argumentation contre les érudits qui regardent ce poème comme une tradition spécialement flamande ou allemande. Étude critique sur les trois versions de la légende.

913 **Bormans** (J. H.). *Karel en Elegast.* — *Deux fragments manuscrits du*

xiv⁺ *siècle, conservés à la Bibliothèque de
la ville de Namur.*

*Bulletin de l'Académie royale de Bel-
gique,* 2⁺ sér., t. XXXVI, 1873, pp. 220-226.

914 **Petit** (L. D.). *Bibliographie der
middelnedenlandsche Tall-en Letterkunde,*
1888, n⁰ 428.

. Indication des fragments publiés par Hoffmann von Fallersleben, Adelbert von Keller,
etc. (Voy. plus haut Bormans et Saint-Genois.)

Indépendamment des œuvres ci-dessus énumérées, G. Paris (*Histoire poétique de Charlemagne,* p. 316) cite encore Græsse (*Die grossen
Sagrenkeise des Mittelalters,* Dresde, 1842, in-8⁰,
p. 301) et K. Bartsch (*Ueber Karl Meinet,* Nuremberg, 1861, in-8⁰, pp. 4 et 387).

915 **Paris** (Gaston). *La Littérature
française au moyen âge.* — Paris, 1890,
in-8⁰, p. 44.

« Nous n'avons pour ce poème que des allusions et des imitations étrangères. »

—————

BASTART DE BOUILLON

.*. Voy. notre Table par ordre alphabétique de tous les manuscrits de
Chansons de geste qui sont parvenus jusqu'à nous (*Epopées françaises,*
t. I, p. 235). — Cf. la Liste des derniers
Romans en vers (*Ibid.,* t. II, p. 447) au
mot *Chevalier au Cygne* et, au même mot, le
Tableau des Romans en prose (*Ibid.,*
t. II, pp. 546, 547.)

A. — ÉDITION DU POÈME

916 **Scheler** (Auguste). *Li Bastars de
Buillon faisant suite au Roman de Baudouin de Sebourg, poème du* xiv⁺ *siècle,
publié pour la première fois d'après le manuscrit unique de la Bibliothèque nationale
de Paris.* — Bruxelles, 1877, in-8⁰.

Cf. Gaston Paris, *Romania,* t. VII, 1878,
pp. 460-462. — A. Tobler, *Gættingische gelehrte
Anzeigen,* 1877, n⁰ 51, pp. 1601-1630. — Th. de
Puymaigre, *Polybiblion,* 1878, 1⁺ʳ semestre,
pp. 197-198.

B. — TRAVAUX
DONT LA CHANSON A ÉTÉ L'OBJET

917 **Dinaux** (A.). *Les trouvères brabançons, hainuyers, etc.* — Paris, 1863,
in-8⁰, pp. 92-96.

918 **Paris** (Paulin). *Histoire littéraire
de la France,* t. XXV (1869), pp. 593-618.

910 **Pigeonneau** (H.). *Le cycle de la
croisade et la famille de Bouillon.* — Saint-
Cloud, 1877, in-8⁰, pp. 212 et ss.

920 **Vogt.** *Zur Salman-Morolfsage.
Beiträge zur Geschichte der deutschen
Sprache und Literatur,* 1882, VIII, pp. 313-
324.

Cf. *Romania,* VII, p. 462.

921 **Nyrop** (Kristoffer). *Den oldfranske
Heltedigtning,* etc.—Copenhague, 1883, in-8⁰,
pp. 139, 170, 227, 233 et 435. — Cf. la traduction italienne, *Storia dell' epopea francese nel medio evo,* Turin, 1886, in-8⁰,
pp. 135, 163, 218, 223 et 421.

922 **Osterhage** (Georg). *Ueber einige
Chansons de geste des Lohengrinkreises.*
— Berlin, 1888, in-4⁰.

(Programme du Gymnase-Humboldt.)

De l'élément mythique dans le *Bastart de
Bouillon.*

Cf. *Romania,* t. XVII, 1888, p. 479.

923 **Gautier** (Léon). *Les Épopées françaises.* — 2⁺ édit., t. II, 1893, pp. 447-543.

(Chapitres II et III, sur les derniers Romans en vers, où le *Bastart de Buillon* a
été fréquemment utilisé.)

—————

BATAILLE LOQUIFER

.*. Voy. notre Table de tous les manuscrits de Chansons de geste qui
sont parvenus jusqu'à nous (*Epo-
pées françaises,* t. I, p. 235 et aussi t. IV, p. 25).
— Cf. la Liste des Romans en prose
(*Ibid.,* t. II, pp. 550 et 551, au mot *Guillaume
d'Orange*) et le Tableau des Chansons
qui ont été connues, traduites ou
imitées en Italie (*Ibid.,* t. II, p. 388).

La *Bataille Loquifer* est inédite.

TRAVAUX
DONT LE POÈME A ÉTÉ L'OBJET

924 Le Roux de Lincy (Adrien-Jean-Victor). *Le livre des légendes.* — Paris, 1836, in-8°.

Appendice, pp. 246-259.

925 Paris (Paulin). *Les manuscrits françois de la Bibliothèque du roi,* t. III (1840), pp. 157-166.

926 Paris (Paulin). *Histoire littéraire de la France.* — Paris, t. XXII, 1852, in-4°, pp. 532-538 et 549.

Notice et analyse.

927 Gautier (Léon). *Les Épopées françaises.* — 1re édit., Paris, t. III, 1868, in-8°, pp. 22 et ss., 42, etc.

928 Rajna (Pio). *Un nuovo codice di Chansons de geste del ciclo di Guglielmo.* Romania, t. VI, 1877, pp. 237-261.

929 Gautier (Léon). *Les Épopées françaises.* — 2e édit., Paris, t. IV, 1882, in-8°, pp. 22 et ss. ; pp. 53, etc.

930 Nyrop (Kristoffer). *Den oldfranske Heltedigtning,* etc. — Copenhague, 1883, in-8°, pp. 148, 192, 208, 289, 294 et 436. — Cf. la traduction italienne, *Storia dell' epopea francese nel medio evo,* Turin, 1886, in-8°, pp. 89, 143, 109, 277, 281 et 422.

Un continuateur de Wolfram d'Eschenbach, Ulrich von Thurheim, a écrit, sous le titre de *Der stark Reinwart,* un poème où il a traduit à sa manière la *Bataille Loquifer* et les *Moniages.* — Carl Roth a publié en partie *Der stark Reinwart* (*Uelrich von Thurheim, Reinwart, Gedicht des XIII Jahrhunderts.* Ratisbonne, 1856, in-8°), etc.

BAUDOUIN DE SEBOURC

.*. Voy. notre Table de tous les manuscrits de Chansons de geste qui sont parvenus jusqu'à nous (*Epopées françaises,* t. I, p. 235). — Cf. plus loin (II, p. 447) la Nomenclature des derniers Romans en vers.

A. — ÉDITION DU POÈME

931 [Boca] (M. L.). *Baudouin de Se-* bourc, *III° roi de Jérusalem, poème du* xive *siècle, publié pour la première fois d'après le manuscrit de la Bibliothèque royale.* — Valenciennes, 1841, 2 vol. in-8°.

B. — TRAVAUX
DONT LA CHANSON A ÉTÉ L'OBJET

932 Dinaux (A.). *Les trouvères brabançons, hainuyers,* etc. — Paris et Bruxelles, t. IV, 1863, in-8°, pp. 76-91.

933 Bartsch (Karl). *Chrestomathie de l'ancien français.* — 1re édit., Leipzig, 1866, in-8°, col. 375-380.

Fragment de *Baudouin de Sebourc.*

934 Paris (Paulin). *Histoire littéraire de la France.* — Paris, t. XXV, 1869, in-4°, pp. 537-593.

Notice et analyse.

935 Potvin (Charles). *Nos premiers siècles littéraires. Choix de conférences données à l'Hôtel de Ville de Bruxelles dans les années 1865-1868.* — Bruxelles, 1870, 2 vol. in-8°.

(19e Conférence : *Les poètes de la Croisade. Baudouin de Sebourc.*)

936 Pigeonneau (H.). *Le cycle de la croisade et la famille de Bouillon.* — Saint-Cloud, 1877, in-8°, pp. 214 et ss.

937 Nyrop (Kristoffer). *Den oldfranske Heltedigtning,* etc. — Copenhague, 1883, in-8°, pp. 232, 290 et 436. — Cf. la traduction italienne, *Storia dell' epopea francese nel medio evo,* Turin, 1886, in-8°, pp. 222, 223, 286 et 422.

938 Paris (Gaston). *Un poème inédit de Martin le Franc.* Romania, t. XVI (1887), in-8°, pp. 401-402.

Publication d'un fragment du *Champion des Dames* où il est fait allusion à *Baudouin de Sebourc.*

939 Osterhage (Georg). *Ueber einige Chansons de geste des Lohengrinkreises.* — Berlin, 1888, in-4°.

(Programme du Gymnase-Humboldt.)

De l'élément mythique dans *Baudouin de Sebourc.*

Cf. *Romania,* t. XVII, 1888, p. 479 : « L'interprétation mythique paraît encore plus forcée, quand elle s'applique à des poèmes de la date et du caractère de celui-là. »

940 **Gautier** (Léon). *Les Épopées françaises.* — 2ᵉ édit., Paris, t. II, 1892-1894, in-8°, pp. 432 et ss.

Étude critique sur *Baudouin de Sebourc*, considéré comme le type des derniers romans en vers.

———

BEATRIX

La légende des Enfants changés en cygnes a donné lieu à quatre récits, le premier en latin, les trois autres en français.

Le récit latin est celui du *Dolopathos* de Jean de Haute-Seille (vers 1190). Nous n'avons pas ici à nous en préoccuper.

Le second récit est une véritable chanson de geste qui ne paraît pas antérieure à la fin du XIIᵉ siècle. C'est celle que M. Todd a publiée sous ce titre : *La naissance du Chevalier au Cygne ou Les enfants changés en cygnes.* Cette chanson, que l'on a désignée également sous le nom d'*Elioxe*, peut être considérée comme la première partie ou le prologue du poème que M. C. Hippeau a publié sous ce titre : *Le Chevalier au Cygne*, et que Paulin Paris avait analysé sous celui d'*Helias.* (Voy. plus loin *Elioxe*.)

Le troisième récit est une chanson de geste antérieure à la fin du XIIIᵉ siècle, laquelle est depuis longtemps perdue, mais dont l'affabulation nous a été conservée dans les chapitres XLVII-LXVIII du livre Iᵉʳ de la *Gran conquista de Ultramar.* G. Paris lui a donné le nom d'*Isamberte.*

Le quatrième récit est une chanson de geste de la seconde moitié du XIIᵉ siècle, que Gaston Paris propose d'appeler *Beatrix* et qui, sous une autre forme qu'*Elioxe*, constitue la première partie du *Chevalier au Cygne* publié par M. C. Hippeau.

C'est à *Beatrix* qu'est consacrée la Notice suivante.

A. — ÉDITION DU POÈME

941 **Hippeau** (C.). *La chanson du Chevalier au Cygne et de Godefroid de Bouillon.* — Paris, 1874-1877, 2 vol. in-16.

Première partie, 1874 : *Le Chevalier au Cygne.*

B. — TRAVAUX
DONT LA CHANSON A ÉTÉ L'OBJET

942 **Paris** (Paulin). *Histoire littéraire de la France*, t. XXII, 1852, pp. 391, 392.

943 **Paris** (Gaston). *Romania*, XIX, 1890, pp. 314-340.

Article sur la *Naissance du Chevalier au Cygne*, publiée par M. Todd.

———

BERTA DE LI GRAN PIÉ

.˙. Voy. notre Table de tous les manuscrits de chansons de geste qui sont parvenus jusqu'à nous (*Epopées françaises*, t. I, p. 235 et III, p. 13). — Cf. le Tableau des chansons qui ont été connues, traduites ou imitées en Italie (*ibid.*, t. II, p. 388). — Pour plus de détails bibliographiques, cf. aussi notre *Notice bibliographique et historique* sur la *Berta de li gran pié* (*ibid.*, t. III, pp. 13-16).

A. — ÉDITION DU POÈME

944 **Mussafia** (Ad.). *Romania*, t. III, 1874, pp. 339-364, et t. IV, 1875, pp. 91-107.

B. — TRAVAUX
DONT LA CHANSON A ÉTÉ L'OBJET

945 **Zanetti**. *Latina et italica D. Marci Bibliotheca codicum manuscriptorum*, 1740.

Sur le ms. fr. XIII de la Bibliothèque de Saint-Marc, qui renferme le texte de *Berta*.

946 **Bekker** (Immanuel). *Die altfranzösischen Romane der S. Marcus Bibliothek.* — Berlin, 1840, in-8°.

Mémoires de l'Académie de Berlin, et tirage à part.

947 **Keller** (Adelbert von). *Romvart. Beiträge zur Kunde mittelalterlicher Dichtung aus italiänischen Bibliotheken.* — Mannheim et Paris, 1844, in-8°, pp. 44-49.

Publication des rubriques du ms. fr. XIII de Venise.

948 **Lacroix** (Paul). *Rapport sur les Bibliothèques d'Italie.* — Paris, 1847, in-4º.

Collection des documents inédits : Mélanges historiques, t. III, p. 357.

949 **Guessard** (Francis). *Notes sur un manuscrit français de la Bibliothèque de Saint-Marc.*

Bibliothèque de l'École des Chartes, année 1857, pp. 393 et ss.

950 **Paris** (Gaston). *Histoire poétique de Charlemagne.* — Paris, 1865, in-8º, pp. 166 et ss.

951 **Gautier** (Léon). *Les Épopées françaises.* — 2ᵉ édit., Paris, t. III, 1880, in-8º, pp. 13-16.

Notice bibliographique et historique, accompagnée d'une Analyse.
Cf. l'article suivant.

BERTE AUS GRANS PIÉS

.˙. Voy. notre Table par ordre alphabétique de tous les manuscrits de Chansons de geste qui sont parvenus jusqu'à nous (*Epopées françaises*, t. I, p. 235, et aussi t. III, pp. 7, 8). — Cf. la Nomenclature des Romans en prose (*ibid.*, t. II, p. 545) et le Tableau des chansons qui ont été connues, traduites ou imitées en Italie (*ibid.*, t. II, p. 388). Ne pas omettre les *Noches de invierno*, d'Antonio de Eslava « natural de la villa de Sanguessa », qui ont paru en 1609 « et s'appuient uniquement sur les *Reali* ». — Pour plus de détails bibliographiques, voy. notre *Notice bibliographique et historique sur le roman de Berte* (*Epopées françaises*, t. III, pp. 7 et ss.).

A. — ÉDITION DU POÈME

952 **Paris** (Paulin). *Li Romans de Berte aux grans piés, précédé d'une Dissertation sur les Romans des douze Pairs.* — Paris, 1832, in-12.

Romans des douze pairs de France, nº 1. — C'EST LA PREMIÈRE CHANSON DE GESTE QUI A ÉTÉ PUBLIÉE EN FRANCE. Voy. les nᵒˢ 963, 964.

Cf. Sainte-Beuve, *Revue des Deux-Mondes*, 1ᵉʳ juin 1832, etc., etc.

953 **Scheler** (Auguste). *Li Roumans de Berte aus grans piés, par Adenés li Rois, poème publié d'après le manuscrit de la Bibliothèque de l'Arsenal, avec notes et variantes.* — Bruxelles, 1874, in-8º.

Cf. G. Paris, *Romania*, 1876, pp. 115-119. — Marius Sepet, *Polybiblion*, 1875, pp. 230-232. — Th. de Puymaigre, *Polybiblion*, 1878, 1ᵉʳ sem. pp. 197-198.

B. — TRAVAUX DONT LA CHANSON A ÉTÉ L'OBJET

954 **Pasquier** (Etienne). *Les Recherches de la France.* — Paris, 1560, in-folº.

Citation d'un fragment de *Berte* (édition de 1633, p. 601).

955 **Lelong** (Le P.). *Bibliothèque historique de la France.* — Paris, 1768-1778, in-folº, t. II, 1769, p. 98 (nº 16170).

956 **Dorat** (Claude-Joseph). *Les deux Reines*, drame en 5 actes (1769, in-8º) représenté sous le titre d'*Adelaïde de Hongrie* (1774).

Voy. G. Paris, *Histoire poétique de Charlemagne*, p. 117.

957 **Pleinchesne, Gossec** et **Philidor**. « *Berthe : comédie heroï-pastorale* », tirée du *Roman d'Adenés*, paroles de Pleinchesne, musique de Gossec et Philidor, représentée pour la première fois à Bruxelles, le 18 janvier 1775.

Cf. Fabert, *Histoire du Théâtre français en Belgique.* — Bruxelles, 1878, in-8º, t. I, p. 275.

958 **Bibliothèque universelle des Romans**, avril 1777, t. I, p. 141.

Résumé de l'histoire de Berte d'après les *Noches de invierno.*

959 **Mélanges tirés d'une grande Bibliothèque**, 1779-1787 ; 69 vol., t. VIII, p. 206.

« Adaptation » du *Roman de Berte*. — Les deux ouvrages précédents sont dus au marquis de Paulmy d'Argenson (1722-1787).

960 **Gaillard** (Gabriel-Henri). *Histoire de Charlemagne*, 1782, in-8º, t. III, pp. 351-378.

Résumé de l'histoire de Berte.

961 **Aretin** (J. C. F. von). *Aelteste*

Sage über die Geburt und Jugend Karls des Grossen. — Munich, 1803, in-8°.

Publication des huit premiers chapitres de la Chronique de Weihenstephan.

962 **Schmidt** (Fr. W. V.). *Ueber die italiänischen Heldengedichte aus dem Sagenkreise Karls des Grossen.* — Berlin, 1820, in-12.

Analyse de la *Berte* en prose de la Bibliothèque de Berlin.

963 **Michel** (Francisque). *Examen du Roman de Berte aux grans piés.*

Dans *Le Cabinet de Lecture*, du 9 juin 1832, et à part. — Paris, 1832, in-12.

A l'occasion de la publication de *Berte* par Paulin Paris.

964 **Raynouard** (F. J. M). Article sur le *Roman de Berte aus grans piés*, publié par Paulin Paris.

Journal des Savants, Paris, juin et juillet 1832, in-4°.

965 **Wolf** (F.). *Ueber die altfranzösischen Heldengedichte aus dem karolingischen Sagenkreise*, 1833, pp. 37-73.

Légendes relatives à la mère de Charlemagne.

966 **Le Miracle de Nostre Dame de Berte,** *femme du roy Pépin, qui ly fu changéé, et est à* xxxii *personnages.* — Paris, 1839, in-16, Goth.

Publication d'un des « Miracles de Nostre-Dame » qui ont été édités plus tard par G. Paris et Ulysse Robert d'après le ms. fr. 820 de la Bibliothèque nationale. (Miracle xxxi, t. V, pp. 155 et ss.)

967 **Græsse** (J. G. T.). *Die grossen Sagenkreise des Mittelalters.* — Dresde et Leipzig, 1842, in-8°, pp. 289-290.

968 **Ideler** (L.). *Geschichte der altfranzösischen National Literatur.* — Berlin, 1842, in-8°, t. II, pp. 89-91 et 260.

Fragment du roman de *Berte aus grans piés*.

969 **Paris** (Paulin). *Histoire littéraire de la France.* — Paris, t. XX, 1842, in-4°, pp. 701-706.

Notice sur *Berte* et sur l'auteur de *Berte.*

970 **Savagner** (A). *Encyclopédie catholique*, 1843, t. I, pp. 668-670.

971 **Paris** (Paulin). *Les manuscrits français de la Bibliothèque du Roi.* — Paris, t. VI (1845), in-8°, p. 148.

972 **Geschichten und Sagen von der frommen Kœnigstochter Bertha** *und deren Sohn Karl nachmals röm. Kaiser genannt Karl der Grosse und dessen Helden.* — Augsbourg, 1852, in-12.

Volksbücher, n° 5.

973 **Collin de Plancy.** *La Reine Berte au grand pied et quelques légendes de Charlemagne.* — Paris, 1854, in-8°.

Traduction (p. 103) d'un extrait de la « Chronique de Wolter ».

974 **Simrock** (K.). *Kerlingisches Heldenbuch* (nouvelle édition). — Francfort, 1855, in-8°.

Conte intitulé : *Berte la fileuse.*

975 **Delvau** (Alfred). *Nouvelle Bibliothèque bleue.* — Paris, 1860, in-8°.

976 **Ludlow** (John-Malcolm). *Popular epics of Middle Ages of the North-German and Carlovingian cycles.* — Londres, 1865, in-16, t. II, pp. 355-388.

[*The sentimental Epic : Bertha Large-Foot.*]

977 **Paris** (Gaston). *Histoire poétique de Charlemagne.* — Paris, 1865, in-8°, pp. 166-169, 184-185, 223-226, 432.

978 **Bartsch** (Karl). *Chrestomathie de l'ancien français.* — 1re édit., Leipzig, 1866, in-8°.

Fragment de Berte : « L'abandon dans la forêt » (p. 355 de la 5e édition), et extrait du « Miracle de Notre-Dame de Berte » (*Ibid.*, p. 435).

979 **Gautier** (Léon). *Les Épopées françaises.* — 1re édit., Paris, t. II (1867), in-8°, pp. 7-27.

Analyse précédée d'une *Notice bibliographique et historique* et accompagnée de la traduction des deux épisodes intitulés « La grande misère » et « La chasteté de Berte ».

980 **Bartsch** (Karl). *Revue critique.* — Paris, 1867, 2e semestre, p. 262.

Bartsch défend la doctrine de Gaston Paris sur le système mythique, sur Berte considérée comme l'épouse du soleil, etc.

981 **Barthélemy.** *Revue Britannique*, t. VI, 1868, pp. 489-547.

982 **Uhland** (Ludwig). *Sagengeschichte*

der germanischen und romanischen Völker.
— Berlin, 1868, pp. 628-630.

983 **Gautier** (Léon). *La Chanson de Roland.* — 1ᵉ édit., Tours, 1872, 2 vol. in-8°.

Notice sur *Berte* (t. II, p. 25), qui a été plus tard reproduite dans toutes les éditions classiques du même livre.

984 **Rajna** (Pio). *I Reali di Francia.* — Bologne, t. I, 1872, in-8°.

Cf. Gaston Paris, *Romania*, 1873, in-8°, p. 363. La *Berte* d'Adenet n'a exercé aucune influence sur le développement de la poésie épique en Italie.

985 **Milà y Fontanals** (M.). *De la poesia heróico-popular castellana.* — Barcelone, 1874, in-8°, pp. 333 et ss.

Modifications que la *Gran Conquista de Ultramar* a fait subir à la légende de Berte.

986 **Piot** (Ch.). *Fragment d'un poème flamand inédit imité de Li Rommans de Berte aus grans piés.*
Bulletin de l'Académie royale de Belgique, t. XL (1875), 2ᵉ série, pp. 155-165.

987 **Arvor** (C. d'). *La reine Berthe au long pied, légende du vieux temps.* — Paris, 1875, in-8°.

Roman historique destiné aux enfants.

988 **Vétault** (Alphonse). *Charlemagne.* — Tours, 1877, in-8°.

Notice sur *Berte*, pp. 461-463.

989 **Ritter** (E.). *Recueil de morceaux choisis en vieux français.* — Genève, 1878, in-8°, pp. 77-85.

Publication des vers 704-1092 d'après l'édition Scheler.

990 **Gautier** (Léon). *Les Épopées françaises.* — 2ᵉ édit., Paris, t. III (1880), in-8°, pp. 7-30.

991 **Petit de Julleville** (L.). *Histoire du Théâtre en France. Les Mystères.* — Paris, 1880, 2 vol. in-8°, t. I, pp. 143-149; t. II, pp. 26 et 305-306.

992 **Nyrop** (Kristoffer). *Den oldfranske Heltedigtning*, etc. — Copenhague, 1883, in-8°, pp. 85, 86, 125, 129, 268, 269, 289, 296, 313, 314, 396 et 436. — Cf. la traduction italienne, *Storia dell' Epopea francese nel medio evo*, Turin, 1886, in-8°, pp. 82, 83,

122, 125, 256, 257, 276, 283, 300, 301, 365, 366 et 422-423.

Notice et bibliographie.

993 **Triger** (Robert). *La légende de la reine Berthe et la fondation des églises de Moitron, Ségrié, Saint-Christophe-du-Jambet et Fresnay.*
Revue historique et archéologique du Maine, 1883, in-8°.

994 **Constans** (L.). *Chrestomathie de l'ancien français.* — Paris, 1884, in-8°, pp. 41-44.

« Adieux de Berte à son père et à sa mère » d'après le texte d'Auguste Scheler.

995 **Wolff** (E.). *Zur Syntax des Verbs bei Adenet le Roi.* — Kiel, 1884, in-8°.

996 **Feist** (Alfred). *Zur Kritik der Bertasage.* — Marbourg, 1885, in-8°.
(*Ausgaben und Abhandlungen* de Stengel.)
Cf. E. Muret, *Romania*, t. XIV, 1885, pp. 608-611.

997 **Petit** (L. D.). *Bibliographie der middelnederlandsche Taal-en Letterkunde*, 1888, n° 461.

Indication de fragments publiés par Van Assenède, Piot et Moltzer.

BERTE ET MILON

.*. Voy. *Enfances Roland.*

BEUVES D'AIGREMONT

.*. On a donné ce nom à un épisode considérable des *Quatre fils Aimon* qui forme l'introduction de la grande guerre entre Charlemagne et les fils d'Aymon. Il est vraisemblable, comme le dit G. Paris, que cet épisode avait à l'origine formé un poème à part.
Cf. Paulin Paris, *Les manuscrits françois de la Bibliothèque du Roi* (t. VI, 1845, pp. 112-114 et 144, 145) et *Histoire littéraire de la France* (t. XXII, 1852, pp. 669-673); Barrois, *Éléments carlovingiens*, 1846 (p. 305); Gaston Paris, *His-*

toire poétique de Charlemagne, Paris, 1865 (pp. 300, 301); Paul Meyer, *Girart de Roussillon*, 1884 (pp. xci-xcii); C. Nyrop, *Den Oldfranske Heltedigtning*, Copenhague, 1883 (pp. 180, 181), et traduction italienne, Turin, 1886 (p. 173). Voy. plus loin, l'article consacré aux *Quatre fils Aimon*.

1002 **Essert** (O.). *Bueves de Commarchis, chanson de geste, par Adenés le Roi*. 1890, in-4°.

Programme de Kœnigsberg.

BEUVES DE COMMARCIS

.˙. Voy. plus haut la Table de tous les manuscrits de Chansons de geste qui sont parvenus jusqu'à nous (*Épopées françaises*, t. I, p. 235 et aussi IV, p. 25). ═ Cf. l'article consacré plus bas au *Siège de Barbastre* dont *Beuves* est le remaniement.

A. — ÉDITION DU POÈME

998 **Scheler** (Aug.). *Bueves de Commarchis*, par ADENÉS LI ROIS, chanson de geste publiée pour la première fois et annotée. — Bruxelles, 1874, in-8°.

Cf. Marius Sepet, *Polybiblion*, 1875, 2ᵉ sem., pp. 230-232. — Gaston Paris, *Romania*, t. V, 1876, pp. 115-119. — Th. de Puymaigre, *Polybiblion*, 1878, 1ᵉʳ sem., pp. 197-198.

B. — TRAVAUX DONT LA CHANSON A ÉTÉ L'OBJET

999 **Paris** (Paulin). *Histoire littéraire de la France*. — Paris, t. XX, 1842, pp. 706-710. Cf. le t. XXII, p. 547.

Notice et analyse.

1000 **Keller** (V.). *Le Siège de Barbastre und die Bearbeitung von Adenet le Roi*. — Marbourg, 1875, in-8°.

Cf. H. Suchier, *Jenaer Literaturzeitung*, 1875, pp. 535-536.

1001 **Nyrop** (Kristoffer). *Den oldfranske Heltedigtning*, etc. — Copenhague, 1883, in-8°, pp. 150 et 151; 289 et 436, 437. — Cf. la traduction italienne, *Storia dell' Epopea francese nel medio evo*, Turin, 1886, in-8°, pp. 145, 216 et 423.

Notice et bibliographie.

BEUVES DE HANSTONE

.˙. Voy. notre Table de tous les manuscrits de chansons de geste qui sont parvenus jusqu'à nous (*Epopées françaises*, t. I, p. 235).— Cf. la Nomenclature des Romans en prose (*ibid.*, t. II, p. 545) et le Tableau des incunables consacrés au même roman (*ibid.*, t. II, p. 601); mais surtout la Liste des chansons de geste qui ont été connues, traduites ou imitées en Italie (*ibid.*, II, p. 388), en observant toutefois que les œuvres italiennes qui ont Beuves pour objet ne sortent pas directement du *Beuves de Hanstone* français. (Voy. ci-dessous *Bovo d'Antona*.) — Il n'en est pas de même pour nos *Beuves* en prose, qui ont eu assez tôt les honneurs de l'imprimerie, et dont l'affabulation suit assez fidèlement celle de notre vieux poème. Indépendamment des deux éditions de Michel Lenoir en 1502, et de celles de Vérard et de Jehan Bonfons que nous avons mentionnées, il faut encore signaler celles de Philippe Lenoir, s. d., et d'Olivier Arnoullet, 1532 (voy. Brunet, *Manuel du libraire*, 5ᵉ édition, I, 835). — *Beuves de Hanstone* n'a pas eu en Angleterre une moindre fortune qu'en France et en Italie. On cite des éditions du *Sir Bewis of Hampton*, de Richard Pynson, s. d.; de W. Copland, s. d.; de W. de Worde, s. d.; de John Tindale (privilège de 1560-1561); de Ch. East, s. d.; de William Stansby, s. d.; de W. Lee, s. d. (sans parler des réimpressions de 1622, 1630, 1640, 1689, etc., etc.).

Cf. Hazlitt, *Handbook to the popular literatur of Great Britain*, 1ʳᵉ série, 38; Grœsse, *Die grossen Sagenkreise des Mittelalters*, p. 356, et Brunet (*Manuel*, 5ᵉ édition, I, p. 838).

Beuves a pénétré dans la littérature islandaise, où il a donné lieu à la *Bevers Saga*, etc., etc.

La chanson de *Beuves de Hanstone* est inédite.

A. — TRAVAUX
DONT LA CHANSON A ÉTÉ L'OBJET

1003 Bibliothèque universelle des Romans, janvier 1777, t. I, pp. 6 et ss.

1004 Ginguené (P.-L.). *Histoire littéraire d'Italie.* — Paris, 1811-1819, in-8°, t. IV, pp. 176-177.

1005 Schmidt (Fr. W. V.). *Ueber die italiänischen Heldengedichte aus dem Sagenkreis Karls des Grossen.* — Berlin, 1820, in-12.

1006 De la Rue (L'abbé). *Essais historiques sur les bardes, les jongleurs et les trouvères.* — Caen, 1834, in-8°, t. III, p. 172.

1007 Duval (Amaury). *Histoire littéraire de la France,* t. XVIII (1835), pp. 748-751.

[Notice sur l'Anonyme, auteur du roman de *Beuves de Hanstone.*]

1008 Reiffenberg (Baron de). *Chronique rimée de Philippe Mouskes (Collection des Chroniques belges inédites.*—Bruxelles, in-4°, t. II, 1838, p. CLXXXIII.

1009 Græsse (J.-G.-T.). *Die grossen Sagenkreise des Mittelalters,* 1842, in-8°, pp. 306-308, 356.

Bibliographie des éditions incunables françaises et anglaises, etc., etc.

1010 Ideler (L.). *Geschichte der altfranzösischen National-Literatur.* — Berlin, 1842, in-8°, t. I, pp. 97-98.

1011 Keller (Adelbert von). *Romvart.* Mannheim et Paris, 1844, in-8°, pp. 403-411.

Fragment du manuscrit du Vatican, fonds de la reine Christine, n° 1632.

1012 Ellis (G.). *Specimens of early english metrical romances,* 1848, in-8°, pp. 239-281.

Sir Bevis of Hamptonn.

1013 Brunet (Jacques-Charles). *Manuel du Libraire.* — Cinquième édition, Paris, 1860, in-8°, t. I, pp. 835, 836, 838, etc.

1014 Hazlitt. *Handbook to the popular literatur of Great Britain,* 1869, 1re série, p. 38.

Éditions du *Sir Bevis of Hampton.*

1015 The Romance of Sir Bevis of Hamtonn. *Newly done into English prose from the metrical version, the mss. of which was preserved by Lord Auchinleek, father to James Boswell, the Biographer of Johnson.* — Southampton, 1871, in-12.

1016 Rajna (Pio). *I Reali di Francia.* — Bologne, 1872, in-8°, pp. 114-218.

Rapports entre le *Buovo d'Antona* en octaves, le quatrième livre des *Reali,* etc.

1017 Rajna (Pio). *Ricordi di codici francesi posseduti dagli Estensi nel secolo XV.*
Romania, II (1873), pp. 49 et ss.

1018 Stengel (E.). *Mittheilungen aus altfranzösischen Hss. der Turiner Universitäts-Bibliothek,* etc. — Halle, 1873, in-4°, pp. 31-35.

Citation du commencement et de la fin du poème. — Rubriques.

1019 Meyer (Paul). *Daurel et Beton.* — Paris, 1880, in-8°, pp. XXI-XXIII. (Pour la *Société des anciens textes français et provençaux.*)

1020 Nyrop (Kristoffer). *Den oldfranske Heltedigtning,* etc. — Copenhague, 1883, in-8°, pp. 75, 157, 206, 212-215, 268, 275, 282, 289 et 437. — Cf. la traduction italienne, *Storia dell' Epopea francese nel medio evo,* Turin, 1886, in-8°, pp. 74, 150, 204-206, 208, 256, 262, 268, 277 et 424.

1021 Gaster. *Literatura populară romănă.* — Bucharest, 1883, in-8°, p. 96.

Origines de la rédaction roumaine.

Cf. Nyrop : *Storia dell' Epopea francese,* p. 206.

1022 Wesselofsky (A.). *Zum russischen Bovo d'Antona.*
Archiv für slavische Philologie, t. VIII (1885), n° 2.

1023 Heingel. *Zeitschrift für deutsches Alterthum.* Anzeiger, XI (1885), p. 129.

Rapports entre la rédaction islandaise (la *Bevers Saga*), et l'antique poème allemand *Graf Rudolf.*

1024 Singer. *Graf Rudolf.*
Zeitschrift für deutsches Alterthum, 1886, pp. 379-389.

Même sujet que le précédent.

1025 Demaison (L.). *Aymeri de Narbonne*. — Paris, 1887, in-8°, t. I, pp. LXXXIV-LXXXIX.

Discussion sur l'auteur du poème : « Bertrand de Bar-sur-Aube est l'auteur de l'une des rédactions de *Beuves de Hanstone*. »

1026 Schmirgel (C.). *Stil und Sprache des mittelenglischen Epos sir Beves of Hamtonn. I.* — Breslau, 1887, in-8°.

1027 Gaidoz (Henri). *Une version inédite du Peredur gallois*.

Revue celtique, 1888, t. IX, p. 293.

Manuscrit gallois contenant « une version de *Beuves de Hanstone* ».

1028 Rajna (Pio). *Frammenti di redazioni italiane del Buovo d'Antona. I. Nuovi frammenti franco-italiani. II. Avanzi di una versione toscana in prosa.*

Zeitschrift für romanische Philologie, t. XI, pp. 153-184; t. XII, pp. 463-510; t. XV, pp. 47-87.

Cf. G. Paris, *Romania*, t. XVIII, 1889, pp. 325-326.

1029 Wesselofsky (A.). *Matériaux et recherches pour servir à l'histoire du Roman et de la Nouvelle*, t. II, section slavo-romane (en russe). — Saint-Pétersbourg, 1888, in-8°.

Cf. Th. Bationskof, *Romania*, t. XVIII (1889), pp. 302-314. (Version russe tirée d'un manuscrit de Posen, du xvi° siècle. — Héros devenu très populaire en Russie.)

1030 Nettlau (Max). *On some Irish translations from medieval European literature*.

Revue celtique, t. X, 1889, pp. 178-191.

Manuscrit irlandais, du xv° siècle, de *Beuves de Hanstone* (Bibus o Hamtwir).

.*. La *Romania* (t. XVIII, 1889, p. 524), mentionne l'acquisition par la Bibliothèque Nationale d'un manuscrit contenant un fragment considérable de la version anglo-normande de *Beuves de Hanstone*.

La même revue (t. XIX, 1890, p. 365) annonce que M. Alb. Stimming prépare une édition de cette version.

BOVO D'ANTONA

La légende de Beuves de Hanstone a été très répandue en Italie et s'y est conservée sous cinq formes différentes : 1° le poème franco-italien du ms. XIII de la Bibliothèque Saint-Marc; 2° une rédaction vénitienne; 3° un poème en octaves; 4° le quatrième livre des *Reali* et 5° l'œuvre d'un certain Gherardo, de Florence, qui est conservée à la bibliothèque Magliabecchi. (Note d'Egidio Gorra, dans la *Storia dell' Epopea francese*, de Nyrop, p. 206.) Les rapports entre ces différents textes ont été mis en lumière par P. Rajna en ses *Ricerche intorno ai Reali di Francia*. Nous n'avons pas à nous y arrêter ici, et le seul poème franco-italien du ms. XIII peut trouver une place dans la présente bibliographie, à côté du vieux poème français. = Voy. plus haut (*Epopées françaises*, t. I, p. 235), notre Liste des manuscrits des Chansons de geste et cf. surtout le Tableau de nos vieux poèmes qui ont été connus, traduits ou imités en Italie (II, p. 388).

C'est le poème en *ottava rima* (dérivé du n° 2 ci-dessus avec de nombreuses additions) qui a donné à la légende de Beuves sa plus large popularité en Italie. La première édition a paru en 1480 : « Impressa ne la inclita et alma citta di Bologna per mi Bàzaliero di Bazalieri, cittadino Bolognese. Del anno del Nostro Signore MCCCCLXXX (in-4°, sans chiffres ni signatures). Melzi et Brunet citent des éditions in-4°, de Venise, 1487, 1489, 1491; de Milan, 1497, etc. — Une Suite a été donnée à l'œuvre italienne dans un petit poème en *ottava rima* intitulé : *La morte de Buovo d'Antona con la vendetta di Sinibaldo e Guidone, suoi figliuoli*. La première édition connue est de 1500. (Cf. G. Ferrario : *Storia ed analisi degli antichi romanzi di cavalleria*, III, pp. 11-15, et II, p. 177.)

Le *Buovo d'Antona* populaire a été traduit de l'italien en hébreu (1501) et, plus tard, de l'hébreu en roumain. (Voy. Nyrop, *Storia dell' Epopea francese*, p. 206.)

TRAVAUX DONT LE BOVO D'ANTONA (manuscrit de Venise fr. XIII) A ÉTÉ L'OBJET.

1031 Zanetti. *Latina et italica D.*

Marci bibliotheca... codicum manuscriptórum, 1740.

Il ne s'agit ici que de la mention du ms. fr. XIII où le *Bovo d'Antona* nous a été conservé, et la même observation s'applique aux numéros suivants.

1032 **Bekker** (Immanuel). *Die altfranzösischen Romane der S. Marcus Bibliotek.*

Mémoires de l'Académie de Berlin (et tirage à part), Berlin, 1840, in-8°.

1033 **Keller** (Adelbert von). *Romvart.* — Mannheim et Paris, 1844, in-8°.

Rubriques de tout le ms. XIII et citation de quelques fragments.

1034 **Lacroix** (Paul). *Rapport sur les bibliothèques d'Italie.*

Collection des documents inédits, Mélanges historiques, t. III, Paris, 1847, in-4°.

1035 **Guessard** (Francis). *Étude sur le ms. fr. XIII de la Bibliothèque de Venise.*

Bibliothèque de l'École des chartes, 1857, pp. 393 et ss.

1036 **Paris** (Gaston). *Histoire poétique de Charlemagne.* — Paris, 1865, in-8°, pp. 166 et 192.

1037 **Rajna** (Pio). *I Reali di Francia.* — Bologne, 1872, in-8°, t. I, pp. 114-218.

Rapports entre les cinq différentes formes qu'a revêtues en Italie la légende de Beuves d'Hanstone.

1038 **Nyrop** (Cristoforo). *Storia dell' Epopea francese nel medio evo.* — Turin, 1886, in-8°.

Note du traducteur Egidio Gorra sur ces différentes formes et résumé succinct des conclusions de Pio Rajna. Nous avons résumé plus haut le travail d'E. Gorra.

CHARLEMAGNE
(DE GIRARD D'AMIENS)

.·. Voy. plus haut, la Table alphabétique de tous les manuscrits de Chansons de geste qui sont parvenus jusqu'à nous (*Épopées françaises*, t. I, p. 237, et aussi III, p. 31). == Cf. plus loin,

pour plus de détails bibliographiques, notre *Notice bibliographique et historique sur le Charlemagne de Girard d'Amiens* (III, pp. 30-31). Cette Notice est accompagnée d'une analyse détaillée du vieux poème. — Le *Charlemagne* est inédit.

TRAVAUX
DONT L'ŒUVRE DE GIRARD A ÉTÉ L'OBJET

1039 **Fauchet** (C.). *Recueil de l'origine de la langue et poésie françoise, ryme et romans. Plus, les noms et sommaire des œuvres de CXXVII poètes françois vivans avant l'an MCCC.* — Paris, 1581, in-4°.

Girard ou Girardon d'Amiens est le quatre-vingt-quatorzième des poètes énumérés par Fauchet.

1040 **Bibliothèque des Romans.** — Paris, octobre 1777, in-8°, t. I, p. 110.

Analyse peu fidèle du premier livre du *Charlemagne*.

1041 **Gaillard** (Gabriel-Henri). *Histoire de Charlemagne.* — Paris, 1782, in-8°, 4 vol. in-12.

Quelques lignes seulement sur « Girardin d'Amiens » ; mais il faut lire toute son *Histoire romanesque de Charlemagne* au t. III de son *Histoire de Charlemagne* (pp. 332 et ss.).

1042 **Dinaux** (Arthur). *Trouvères cambrésiens.* — Paris, 1836, in-8°, pp. 112-116.

1043 **Grœsse** (J.-G.-T.). *Die grossen Sagenkreise des Mittelalters.* — Dresde et Leipzig, 1842, in-8°, p. 104.

1044 **Paris** (Paulin). *Les manuscrits françois de la Bibliothèque du Roi*, t. VI, 1845, pp. 149-151.

1045 **Paris** (Gaston). *Histoire poétique de Charlemagne.* — Paris, 1865, in-8°, pp. 94, 95 et 471-482.

Sommaire très développé du *Charlemagne*.

Pour les comptes rendus de l'*Histoire poétique de Charlemagne*, voy., plus haut, la Bibliographie générale, n° 107.

1046 **Gautier** (Léon). *Les Épopées françaises.* — 1re édition, Paris, 1865-1868, in-8°.

Sommaire du *Charlemagne*, où l'on a indiqué, par divers caractères typographiques, ce que Girard a emprunté à l'histoire, ce qu'il a demandé à la légende (t. I, pp. 466-470). — Notice bibliographique et analyse détaillée (t. II, pp. 27-44).

Même remarque que pour l'*Histoire poétique de Charlemagne* (n° 109).

1047 Gautier (Léon). *Les Épopées françaises.* — 2ᵉ édition, Paris, t. II, 1892-1894, et III, 1880, in-8°.

Sommaire folio par folio (t. II, pp. 424-427). Notice bibliographique et analyse détaillée (t. III, pp. 30-52).

1048 Nyrop (Kristoffer). *Den old-franske Heltedigtning,* etc. — Copenhague, 1883, in-8°, p. 437. — Cf. la traduction italienne, *Storia dell' Epopea francese nel medio evo.* — Turin, 1886, in-8°, p. 424.

***

Nous croyons devoir placer ici une liste d'ouvrages qui se rapportent, d'une façon plus ou moins générale, à CHARLEMAGNE DANS LA LÉGENDE ET DANS LA POÉSIE. Cf. la Bibliographie de l'*Histoire poétique de Charlemagne* par Gaston Paris (pp. xi-xvii), avec laquelle on complétera aisément (jusqu'en 1865) la présente Nomenclature.

1049 Lelong (Le P.). *Bibliothèque historique de la France.* — Paris, 1769, in-fol. t. II, nᵒˢ 16183 à 16200, 16206, 16263.

1050 Dippold. *Leben Kaiser Karls des Grossen.* —Tubingue, 1810.

(*Poesie und Sagen von Karl dem Grossen.*)

Cf. Uhland : *Uhland's Schriften zur Geschichte der Dichtung und Sage.* Stuttgart, 1869, in-8°, t. VII, p. 626 (voy. n° 125).

1051 Aretin (J. von). *Aelteste Sagen über die Geburt und Jugend Karl's des Grossen.* — Munich, 1813, in-8°.

1052 Bredow (Gabriel-Gottl.). *Karl der Grosse, wie Eginhard ihn beschrieben hat, die Legende ihn dargestellt, und Neuere ihn beurtheilt haben.* — Altona, 1814, in-8°.

1053 Hagen (F. H. von der). *Helden-bilder aus den Sagenkreisen Karls des Grossen und Arthurs.* — Breslau, 1821-1823, 2 vol. in-8°.

1054 Saint-Marc Girardin. *Des romans de Charlemagne en général.*

Journal des Débats du 17 sept. et du 9 nov. 1832.

1055 Merzdorf. *Karolellus, Beitrag zum Karlssagenkreis.* — Oldenbourg, 1855, in-8°, p. 80.

1056 Mone (F.-J.). *Zur karolingischen Sage.*

Anzeiger, 1836, col. 312-314.

1057 Brinkmeier (E.). *Die Sagen von den Abenteuern Carls des Grossen und seiner Paladine, aus den ältesten spanischen Romanzen im Versm. der Origin. übersetzt.* — Leipzig, 1843, in-12.

1058 Ellis (George). *Specimens of the early English metrical romances,* etc., 1848, in-8°, pp. 342-345.

Romances relating to Charlemagne (voy. n° 80).

1059 Massmann (Ferd.). *Kaiserchronik.* — Quedlinbourg, 1849, 3 vol. in-8°.

Le tome III renferme de nombreux matériaux pour l'histoire poétique de Charlemagne.

1060 Luzel (François-Marie). Le *Procès-verbal des séances du Comité des monuments écrits* (1850, in-8°, p. 316) mentionne l'envoi par M. Luzel d'un manuscrit du xviiᵉ siècle, en bas-breton, qui a pour titre : *Charlemagne et les douze pairs.*

1061 Unger (C. R.). *Karlamagnus Saga ok kappa Hans.* — Christiania, 1860, in-8° (voy. n° 308).

1062 Balfinch (Thomas). *Legends of Charlemagne ; or romance in the Middle Ages.* — Boston, 1863, in-8°.

1063 Paris (Gaston). *La Karlamagnus Saga,* histoire islandaise de Charlemagne.

Bibliothèque de l'École des Chartes, t. XXIV, 1863, pp. 89-123 et t. XXV, 1864, pp. 1-42.

1064 Paris (Gaston). *Histoire poétique de Charlemagne.* — Paris, 1865, gr. in-8° de xx-350 pp.

Voy., pour les comptes rendus de cet ouvrage, la Bibliographie générale (n° 107).

1065 Paris (Gaston). *De Pseudo-Turpino' disseruit* Gaston PARIS, *juris litterarumque licentiatus.* — Paris, 1865, in-8°.

Thèse de la Faculté des lettres.

1066 Zinguerle (W.). *Karl der Grosse nach der deutschen Sage.*

Œsterreichische-Wochenschrift, VI, 1865, nᵒˢ 33 et 34, pp. 225-233, 262-268 (voy. nᵒ 108).

1067 Roux. *Transformation épique du Charlemagne de l'histoire.*
Actes de l'Académie de Bordeaux, 1865, pp. 73-108.

1068 Stanhope. *Legends of Charlemagne.*
Fraser's Magazine, t. LXXIV, 1866, p. 72.

1069 Diehl (F.). *Die Karlssage in der altfranzösischen Poesie, namentlich im Heldengedicht.* — Marienwerder, 1867, in-4°.

1070 Carrière. *Karl der Grosse und seine Zeit in der Geschichte und in der Sage.*
Illustrirte deutsche Monatshefte, 1867, nᵒ 133.

1071 Uhland (Ludwig). *Uhland's Schriften zur Geschichte der Dichtung und Sage*, t. VII, *Sagengeschichte*, etc. 1869, p. 630 (voy. nᵒ 125).

1072 Foss (R.). *Zur Carlssage.* — Berlin, 1869, gr. in-4°.

1073 Potvin (Charles). *Nos premiers siècles littéraires.* — Bruxelles, 1870, in-8°, t. I (septième conférence).
Charlemagne, ses chroniqueurs et ses poètes.

1074 Rocher (Charles). *Les rapports de l'église du Puy avec la ville de Girone en Espagne et le comté de Bigorre.* — Le Puy, 1873, in-8°.
Extrait des *Tablettes historiques du Velay*.
Cf. G. Paris, *Romania*, t. II, 1873, pp. 275-276 et t. III, 1874, pp. 309-310. (Office de Charlemagne.)

1075 Milà y Fontanals (Manuel). *De la poesia heróico-popular castellana.* — Barcelone, 1874, in-8°, pp. 330 et ss.

1076 Welzhofer (Heinrich). *Untersuchungen über die deutsche Kaiserchronik des zwölften Jahrhunderts.* — Munich, 1874, in-8°.

1077 Girbal. *Carlomagno en Gerona.*
La Academia, rivista de la cultura Hispano-Portuguesa, latino-americana, mars 1877, pp. 150-151.

Renseignements sur le culte rendu à Charlemagne, à Girone.
Cf. *Romania*, t. VI, 1877, p. 308.

1078 Henaux (F.). *Charlemagne d'après les traditions liégeoises.* — Liège, 1878, in-8°.

1079 Ebert (E.). *Naso, Angilbert und der Conflictus Veris et Hiemis.*
Zeitschrift für deutsches Alterthum, nouvelle série, t. X.
Cf. G. Paris, *Romania*, t. VIII, 1879, p. 139. Conjecture peu certaine d'après laquelle Angilbert serait l'auteur du poème épique sur Charlemagne et Léon.

1080 Perschmann (H.). **Reimann** (W.) et **Rhode** (A.). *Beiträge zur Kritik der französischen Karls Epen, mit Vorwort von E. Stengel.* — Marbourg, 1881, in-8°.
(*Ausgaben und Abhandlungen*, fasc. 3.)

1081 Manitius (M.). *Das epos « Karolus Magnus et Leo papa ».*
(*Neues Archiv der Gesellschaft für ältere deutsche Geschichte* (1882-1884), t. VIII, pp. 9-45 et t. IX, pp. 614-619.)

1082 Thomas (Antoine). *Notice sur la Carliade, poème épique latin de Ugolino Verino.*
Annales de la Faculté des lettres de Bordeaux, 2ᵉ sér., 4ᵉ année, 1882, pp. 27-37.

1083 Wyss. *Ein Gedicht über Karl den Grossen.*
Zeitschrift für deutsches Alterthum, t. XXX, 1886, pp. 63-71.

1084 Dahn (Thérèse). *Kaiser Karl und seine Paladine. Sagen aus dem Karolingischen Kreise der deutschen Jugend erzählt, mit einer Einleitung : Karl der Grosse in der Geschichte.* — Leipzig, 1887, in-8°.

Il est malaisé de dresser une Nomenclature vraiment complète des œuvres qui ont pour objet le rôle de Charlemagne dans l'épopée. On complétera la liste précédente (ainsi que nous l'avons dit), avec l'*Histoire poétique de Charlemagne* de Gaston Paris, comme aussi avec la *Bibliographie de la Chanson de Roland* par E. Seelmann, et avec les chapitres du présent ouvrage qui sont consacrés aux chansons où le grand Empereur tient une place plus ou moins considérable. Pour juger des progrès qui ont été faits depuis un siècle dans cet ordre d'études, cf. l'*Histoire romanesque de Charlemagne* dans l'*Histoire de Charlemagne* de Gaillard, 1782 (t. III, pp. 332 et ss.).

CHARLES LE CHAUVE

.·. Voy. plus haut la Table par ordre alphabétique de tous les manuscrits de Chansons de geste qui sont parvenus·jusqu'à nous (*Épopées françaises*, t. I, p. 235) et la Liste des romans en prose (II, pp. 447, 448). — Cf. l'analyse que nous en avons donnée ci-dessus (II, pp. 430-435). — *Charles le Chauve* est inédit.

TRAVAUX
DONT CHARLES LE CHAUVE A ÉTÉ L'OBJET

1085 **Gautier** (Léon). *Les Épopées françaises*, 1re édition, t. I, 1865, in-8°, pp. 453-456.

Analyse très imparfaite.

1086 **Paris** (Paulin). *Histoire littéraire de la France,* t. XXVI, 1873, in-4°, pp. 94-125.

Analyse détaillée et citations nombreuses.

1087 **Nyrop** (Kristoffer). *Den oldfranske Heltedigtning,* etc. — Copenhague, 1883, in-8°, pp. 76-78, 170, 175, 346 et 437. — Cf. la traduction italienne, *Storia dell' Epopea francese nel medio evo.* — Turin, 1886, in-8°, pp. 75-77, 163, 168, 331 et 424.

1088 **Gautier** (Léon). *Les Épopées françaises*, 2e édition, II, 1892-1894, in-8°, pp. 430-435.

Sommaire très développé.

———

CHARLES ET ÉLEGAST

Voy. *Basin.*

———

CHARROI DE NIMES

.·. Voy. plus haut la Table par ordre alphabétique de tous les manuscrits de Chansons de geste qui sont parvenus jusqu'à nous (*Épopées françaises,* t. I, p. 236, et aussi IV, pp. 370, 371). — Cf. plus loin la Liste des romans en prose (II, pp. 546 et 550, 551 au mot *Guillaume*) et la Nomenclature des Chansons françaises qui ont été connues, traduites ou imitées en Italie (II, p. 388). — Pour plus de détails bibliographiques, voy. notre Notice bibliographique et historique sur le *Charroi de Nîmes* qui est accompagnée d'une analyse développée (IV, pp. 370-391).

A. — ÉDITION ET TRADUCTION DU POÈME

1089 **Jonckbloet** (W.-J.-A.). *Guillaume d'Orange, chansons de geste des* xie *et* xiie *siècles, publiées pour la première fois,* etc. — La Haye, 1854, deux volumes, in-8°.

Le texte du *Charroi* se lit au tome I, pp. 73-111.

1090 **Jonckbloet** (W.-J.-A.). *Guillaume d'Orange, le Marquis au court nez.* — Amsterdam, 1867, in-8°.

Traduction du *Charroi* (pp. 133-165).

1091 **Meyer** (Paul). *Recueil d'anciens textes bas-latins, provençaux et français,* 2e partie, Français. — Paris, 1877, in-8°, pp. 237 et ss.

Texte critique des quatre cent vingt et un premiers vers du *Charroi.*

Cf. nos deux éditions des *Épopées* indiquées ci-dessous, où nous avons traduit les vers 11-415 du *Charroi* d'après l'édition de Jonckbloet.

II. — TRAVAUX
DONT CE POÈME A ÉTÉ L'OBJET

1092 **Catel** (Guillaume). *Histoire des comtes de Tolose,* 1623, in-f°, p. 51.

Extraits du poème.

1093 **Ménard** (Léon). *Histoire civile, ecclésiastique et littéraire de la ville de Nîmes,* 1750-1758, in-4°, t. I, p. 110.

Le stratagème employé par Guillaume pour prendre Nîmes n'a rien d'historique.

1094 **Paris** (Paulin). *Les manuscrits*

françois de la Bibliothèque du Roi, t. III, 1840, pp. 30-137 et t. VI, p. 139.

1095 **Paris** (Paulin). *Histoire littéraire de la France.* — Paris, t. XXII, in-4o (1852), pp. 488-495.

Notice et analyse.

1096 **Jonckbloet** (W.-J.-A.). *Guillaume d'Orange, chansons de geste des xi⁰ et xii⁰ siècles, publiées pour la première fois, etc.* — La Haye, 1854, 2 vol. in-8o, t. II, pp. 63-69.

Origines de la légende.

1097 **Dozy** (R.). *Recherches sur l'histoire et la littérature de l'Espagne pendant le moyen âge.* — 2e éd. Leyde, 1860, in-8o, t. II, p. xcvi.

Attribue au *Charroi* une origine normande.

1098 **Gautier** (Léon). *Les Épopées françaises.* — 1re édition, t. III, Paris, 1868, in-8o, pp. 341-362.

Notice bibliographique et historique ; analyse détaillée ; traduction littérale des vers 14-415 de l'édition de Jonckbloet.

1099 **Clarus** (L.) = **Wilhelm Volk.** *Herzog Wilhelm von Aquitanien, etc.*, 1865, pp. 216-220.

Résumé du vieux poème.

1100 **Isola** (I.-G.). *Le storie Nerbonesi.* — Bologne, 1877, in-8o, t. I, p. 377.

Le récit du *Charroi* fait partie de cette grande compilation italienne.

1101 **Rajna** (Pio). *Un nuovo codice di Chansons de geste del ciclo di Guglielmo.* Romania, t. VI, 1877, pp. 237-261.

1102 **Gisaide.** *La colère du Baron.* Le Parnasse, 15 mai 1879.

Pièce de vers inspirée par le début du *Charroi de Nîmes.*

1103 **Gautier** (Léon). *Les Épopées françaises,* 2e édition, t. IV, 1882, pp. 370-391.

1104 **Gaidan** (Jean). *Lou Carret de Nîme (cycle carlovingien), dialecte des bords du Rhône et des félibres d'Avignon.* — Nîmes, 1882, in-8o.

Extrait des *Mémoires de l'Académie de Nîmes.*

Cf. Roque-Ferrier, *Revue des Langues romanes,* 3e série, VI, pp. 199-203.

1105 **Nyrop** (Kristoffer). *Den oldfranske Heltedigtning, etc.* — Copenhague, 1883, in-8o, pp. 142, 143 ; 167 et 437. — Cf. la traduction italienne, *Storia dell' Epopea francese nel medio evo.* — Turin, 1886, in-8o, pp, 138, 160 et 424.

CHÉTIFS (LES)

∗⁎. Voy. plus haut la Table par ordre alphabétique de tous les manuscrits de Chansons de geste qui sont parvenus jusqu'à nous (*Épopées françaises*, t. I, pp. 236 et 237). — Cf. la Liste des derniers romans en vers (II, pp. 448, 449, au mot *Chevalier au Cygne*), et la Nomenclature des Romans en prose (II, pp. 546, 547).

A. — ÉDITION DU POÈME

1106 **Hippeau** (C.). *La Chanson du Chevalier au Cygne et de Godefroid de Bouillon.* — Paris, 1874 et 1877, 2 vol. in-8o, t. II, pp. 193-276.

Appendice : *Épisode des Chétifs.*

II. — TRAVAUX DONT LA CHANSON A ÉTÉ L'OBJET

1107 **Paris** (Paulin). *Histoire littéraire de la France.* — Paris, 1852, t. XXII, in-4o, pp. 384-388 et t. XXV, Paris, 1869, in-4o, pp. 526-536.

Notice et analyse.

1108 **Stengel** (E.). *Die Chanson de geste Handschriften der Oxforder Bibliotheken.*

Romanische Studien (1873), t. I.

1109 **Nyrop** (Kristoffer). *Den oldfranske Heltedigtning, etc.* — Copenhague, 1883, in-8o, pp. 227-229 et 437. — Cf. la traduction italienne, *Storia dell' Epopea francese nel medio evo.* —Turin, 1886, in-8o, pp. 218-220 et 424.

Voy. ci-contre le CHEVALIER AU CYGNE.

LE CHEVALIER AU CYGNE

—

I

NOTICE GÉNÉRALE

Rien n'est plus obscur, rien ne prête davantage à la confusion bibliographique que ces mots « *Le Chevalier au Cygne* », et ils ont été donnés comme titre à des œuvres qui n'ont ni la même nature, ni la même étendue, ni les mêmes éléments.

La première de ces œuvres, la plus ancienne peut-être, et à coup sûr la plus universelle, est le conte des enfants-cygnes qui n'a originellement rien de commun avec l'affabulation de notre Épopée nationale. Une reine, en l'absence de son mari, accouche de sept enfants (six garçons et une fille) qui naissent tous avec une chaine d'or au cou. Sa belle-mère, jalouse et haineuse, veut faire disparaître les enfants et charge un serf de les abandonner dans un bois plein de fauves. Ils sont épargnés par le serf et recueillis par un ermite. La belle-mère, qui les croyait morts et qui apprend un jour leur existence, parvient à leur faire arracher leurs chaines merveilleuses, et ils sont sur l'heure changés en cygnes, sauf la jeune fille qui a pu conserver son talisman. Grâce à leur sœur, les fils de la Reine sont plus tard remis en possession de leurs chaines et redeviennent hommes, sauf l'un d'eux dont la chaine a été fondue par un orfèvre. Celui-ci demeurera cygne et s'attachera à la fortune d'un de ses frères dont on le verra désormais conduire la barque devenue légendaire : *Hic est cygnus de quo forma in æternum perseverat, quod catena aurea militem in navicula trahat armatum*. Telle est cette première œuvre qui est représentée, dans le répertoire de nos chansons, par deux versions différentes : l'une de la fin du xii⁰ siècle, à laquelle on a donné pour titre *Elioxe*, et qui a été publiée par M. Todd (voy. au mot *Elioxe*) ; l'autre de la seconde moitié du xii⁰ siècle, qui pourrait être intitulée *Beatrix* et à été publiée par M. C. Hippeau (voy. au mot *Beatrix*).

Cette première œuvre a été un jour soudée à un second poème, où nous assistons aux étonnantes aventures de ce chevalier que conduit un cygne merveilleux et qu'on nomme pour cette cause « le Chevalier au Cygne ». C'est lui, c'est ce chevalier au cygne, c'est Hé-lias qui descend un jour de sa blanche nef dirigée par un cygne et qui débarque à Nimègue où il prend en main la cause de la duchesse de Bouillon contre le Saxon Régnier, usurpateur du domaine ducal. C'est lui, c'est Hélias qui épouse plus tard Béatrix, fille de la duchesse dont il a reconquis la terre ; c'est lui, c'est Hélias qui renouvelle avec sa femme l'antique fable de Psyché. Il avait défendu à Béatrix de lui demander jamais le secret de sa naissance : elle ne peut résister à sa curiosité et lui fait un jour cette question indiscrète. Tout aussitôt le cygne apparaît, conduisant la barque où il va emmener pour toujours le pauvre Hélias qui ne reverra plus jamais ni sa femme Béatrix ni sa fille Ydain, et qui leur fait en partant les plus tendres, les plus douloureux adieux. Cette seconde affabulation, où il est facile de reconnaître la donnée du *Lohengrin*, s'est condensée chez nous dans un poème qu'on a intitulé *Helias* ou encore *Le Chevalier au Cygne* et qui, sous ce dernier titre a été publié par M. C. Hippeau (voy. au mot *Helias*).

C'est ici qu'on a pratiqué une seconde soudure, plus curieuse encore que la première, et qu'on a relié les aventures des enfants-cygnes et celles d'Hélias à la famille et à la personnalité auguste de Godefroi de Bouillon. La fille d'Hélias, qui s'appelle Ydain, épouse un jour le comte de Boulogne, Eustache, et en a trois fils, dont le second est Godefroi. De là, un poème consacré aux « enfances » du futur conquérant et roi de Jérusalem : poème qu'on désigne sous le titre de *Godefroi* ou des *Enfances Godefroi* et qui a été publié par M. Hippeau. (Voy. aux mots *Godefroi* et *Enfances Godefroi*.)

En réalité le nom de « Chevalier au Cygne » ne convenait qu'à Hélias et l'on eût dû se contenter de lui en faire l'application ; mais le procédé de l'extension est un procédé commun en matière de poésie narrative, et il arriva que ces mêmes mots « le Chevalier au Cygne » ont été fort inexactement donnés pour titre à tout l'ensemble des poèmes sur les ancêtres de Godefroi, sur Godefroi lui-même et sur la première croisade ; en d'autres termes, à ces cinq poèmes, dont les trois premiers sont légendaires et les deux autres historiques : *Helias* (précédé d'*Elioxe* ou de *Beatrix*), les *Enfances Godefroi*, les *Chetifs*, *Antioche* et *Jerusalem*.

* *

Nous savons déjà par qui ont été publiés *Elioxe, Beatrix, Helias* et les *Enfances Godefroi.* (Voy. ces mots.)

Les *Chetifs* ont été publiés en partie par M. Hippeau. (Voy. au mot *Chetifs.*)

Antioche a été publié par Paulin Paris et *Jerusalem*, par M. C. Hippeau. (Voy. *Antioche* et *Jerusalem.*)

Tout cet ensemble de poèmes était achevé avant la fin du XIII⁰ siècle.

Un romancier de la fin du XIV⁰ siècle eut un jour l'idée de « refaire » ces poèmes en la langue et sous la forme usitées en son temps et de les fondre en une œuvre énorme à laquelle a été également attribué, par extension, le nom de *Chanson* ou de *Roman du Chevalier au Cygne.* Cette composition indigeste a été publiée par M. de Reiffenberg. (Voy. *Chevalier au Cygne*, II.)

Enfin, on n'a pas craint de rattacher à ce cycle, par une nouvelle extension qui est tout à fait extravagante, le *Baudouin de Sebourc* et le *Bastart de Bouillon*, sous le prétexte que ces poèmes sont la continuation de ceux de la croisade. *Baudouin de Sebourc* a été publié par M. Boca et le *Bastart de Bouillon* par M. Scheler. (Voy. aux mots *Baudouin de Sebourc* et *Bastart de Bouillon.*)

LE CHEVALIER AU CYGNE

II

Ensemble des poèmes consacrés a la geste de Bouillon : 1⁰ Helias (précédé d'Elioxe ou de Beatrix) ; 2⁰ les Enfances Godefroi ; 3⁰ les Chetifs ; 4⁰ Antioche ; 5⁰ Jerusalem.

.⋅. Voy. plus haut la Table par ordre alphabétique de tous les manuscrits de Chansons de geste qui sont parvenus jusqu'à nous (*Epopées françaises*, t. I, pp. 236, 237. = Cf. la Liste des derniers romans en vers (II, pp. 448, 449, celle des romans en prose (*Ibid.*, pp. 546, 547) et celle des Incunables (*Ibid.*, p. 601). — Au sujet des Incunables il y a à noter que la *Genealogie avecques les gestes et nobles faitz d'armes du très preux et renommé prince*

Goddefroy de Boulion et de ses chevalereux frères, etc. (que nous avons signalée plus haut *Epopées françaises*, t. II, p. 601), nous est donnée, dans le Prologue de l'édition de Jehan Petit en 1504 (10 octobre), comme une œuvre exécutée en 1499, à la demande du comte de Nevers, par Pierre Desrey, natif de Troyes en Champagne. Mais bien que cette date de 1499 permette de supposer une ou plusieurs éditions plus anciennes, Brunet déclare n'en pas connaître d'antérieure à celle de Jehan Petit. Cf. les éditions de Michel Le Noir, du 24 octobre 1511 ; de Philippe Le Noir, du 3 octobre 1523, etc.

Voy. le livre allemand : *Hertzog Gotfrid wie er wider die Turgen und Hayden gestritten....* — Augsbourg, Lucas Zeissenmair, 1502, in-4⁰. Brunet, 5⁰ éd., II, 1638.

Voy. aussi le livre populaire flamand : *Hier beghint die prologhe van der scoenre historien hertoghe Godeuaertus van Boloen.* Harlem, 1486. — Cf. une édition d'Anvers : *Gheprent Thantwerpen by my Govaert Back*, vers 1510. Réimprimé à Anvers en 1544 (Brunet, 5⁰ édition, II, 1638).

A. — ÉDITIONS

a. Éditions

de la version qui est antérieure à la fin du XIII⁰ siècle.

1⁰ Helias précédé d'Elioxe ou de Beatrix.

1110 Hippeau (C.). *La Chanson du Chevalier au Cygne et de Godefroi de Bouillon.* 1ʳᵉ partie : *Le Chevalier au Cygne.* — Paris, 1874, in-18.

Cette édition renferme *Beatrix.* — *Elioxe* a été publiée par M. Todd. Voy. au mot *Elioxe.*

2⁰ Enfances Godefroi.

1111 Hippeau (C.). *La Chanson du Chevalier au Cygne et de Godefroi de Bouillon.* 2⁰ partie : *Godefroi de Bouillon.* — Paris, 1877, in-8⁰.

3⁰ Chetifs.

1112 Une partie des *Chetifs* a été publiée par C. Hippeau, à la fin de son *Godefroi de Bouillon.* — Paris, 1877, in-18, pp. 193-276.

4° ANTIOCHE.

1113 Paris (Paulin). *La Chanson d'Antioche, composée par le pèlerin Richard, renouvelée par Graindor de Douai, publiée pour la première fois.* — Paris, 1848, 2 vol. in-12.

Collection des Romans des douze Pairs de France, n°ˢ XI et XII. Voy. *Antioche*.

5° JERUSALEM.

1114 Hippeau (C.). *La Conquête de Jérusalem, faisant suite à la Chanson d'Antioche, composée par le pèlerin Richard et renouvelée par Graindor de Douai au* XIIIᵉ *siècle.* — Paris, 1868, in-16. Voy. *Jerusalem*.

b. — Édition du Remaniement de la fin du XIVᵉ siècle.

1115 Reiffenberg (Baron de). *Le Chevalier au Cygne et Godefroid de Bouillon.* — Bruxelles, 1846-1859, 3 vol. in-4°, faisant partie de la *Collection des Chroniques belges inédites*, XI.

(*Manuscrits pour servir à l'histoire des provinces de Namur, du Hainaut et de Luxembourg*, tomes IV, V et VI.)

M. de Reiffenberg a publié les deux premiers volumes (1846 et 1848); l'œuvre a été continuée par A. Borgnet, qui a publié, en 1854, la première partie du tome III. — Le *Glossaire du Chevalier au Cygne*, par E. Gachet (et F. Liebrecht), qui forme la seconde partie du même tome, n'a paru qu'en 1859.

B. — TRAVAUX DONT LES DIVERSES RÉDACTIONS DE LA CHANSON ONT ÉTÉ L'OBJET

1116 Reiffenberg (Baron de). *Littérature des trouvères : Chansons de geste.* — *Roman de Godefroid de Bouillon.*

Bulletin de l'Académie royale de Bruxelles, 1837, IV, pp. 362-368.

1117 Reiffenberg (baron de). *Chronique rimée de Philippe Mouskes.* — Bruxelles, t. II, 1838, *Appendice*, pp. 695-702.

1118 Le Roux de Lincy. *Analyse du Roman de Godefroi de Bouillon.*

Bibliothèque de l'École des chartes, II, 1844, in-8°, pp. 437-460.

Analyse d'*Antioche* et de *Jerusalem*, principalement d'après le ms. de la Bibliothèque nationale, fr. 7628.

1119 Ideler (Julius-Ludwig). *Geschichte der altfranzösischen National-Literatur.* — Berlin, 1842, in-8°, pp. 124-125.

1120 Paris (Paulin). *Les Manuscrits françois de la Bibliothèque du Roi*, t. VI, 1845, pp. 168-200 et 224-228.

[*Les Chansons de geste du Chevalier au Cygne.*]

1121 Paris (Paulin). *Histoire littéraire de la France.* — Paris, t. XXII, 1852, in-4°, pp. 350-402 et t. XXV, 1869, pp. 510-516.

Notices et analyses.

1122 Græsse (J. G. T). *Trésor des livres rares et précieux* — Dresde, 1858-1867, t. III, p. 100.

Les *Godefroi* populaires allemands, flamands, anglais, renferment-ils des allusions à la légende du *Cygne* ?

1123 Gachet (Émile). *Glossaire roman des Chroniques rimées de Godefroid de Bouillon, du Chevalier au Cygne et de Gilles de Chin.* — Bruxelles, 1859, in-4°, 447 p.

Cf. Fr. Diez, *Jahrbuch für romanische und englische Literatur*, 1861, II, pp. 108-114, reprod. dans les *Friedrich Diez's Kleinere Arbeiten*, pp. 189-196.

1124 Brunet (Jacques-Charles). *Manuel du libraire et de l'amateur de livres.* — 5ᵉ édition, Paris, t. II, 1861, in-8°, col. 1636, 1637.

Édition incunable de la *Genealogie*, etc.

1125 Rajna (Pio). *Ricordi di codici francesi posseduti dagli Estensi.*

Romania, t. II, 1873, pp. 49 et ss.

Il s'agit de manuscrits ayant Godefroi de Bouillon pour objet, sans qu'on puisse savoir si ces manuscrits correspondent à tout le cycle du *Chevalier au Cygne* ou seulement aux *Enfances Godefroi*, ou à *Antioche* et à *Jerusalem*.

1126 Pigeonneau (H.). *Le cycle de la Croisade et de la famille de Bouillon.* — Paris, 1877, in-8°, pp. 15 et ss., 119 et ss., etc.

1127 Brunetière (F.). *Le cycle de la Croisade.*

Revue politique et littéraire, 1er sept. 1877.

1128 Feugère (L.). *Le cycle de la Croisade et la Société au XIIe siècle.*
Le Français, 16 septembre 1877.

1129 Nyrop (Kristoffer). *Den oldfranske Heltedigtning*, etc. — Copenhague, 1883, in-8o, pp. 227-232 et 438. — Cf. la traduction italienne, *Storia dell' Epopea francese nel medio evo*. Turin, 1886, in-8o, pp. 218-222 et 425.

1130 Petit (Louis-D.). *Bibliographie der Middelnederlandsche Taal-en Letterkunde*, 1888, no 465.

Indique des fragments publiés par Ferd. von Hellwald et Kalff, ainsi qu'une édition du livre populaire.

1131 Osterhage (Georg). *Ueber einige Chansons de geste des Lohengrinkreises*. — Berlin, 1888, in-4o.
Programme du gymnase Humboldt.

De l'élément mythique dans *Baudouin de Sebourc* et dans le *Bastart de Bouillon*.
Cf. *Romania*, t. XVII, 1888, p. 479.

Voy. *Helias, Enfances Godefroi*, les *Chetifs, Antioche* et *Jerusalem*. On a quelquefois, comme nous l'avons dit, étendu ce cycle aux deux poèmes du XIVe siècle, *Baudouin de Sebourc* et le *Bastart de Bouillon*. Voy. ces deux derniers mots.

LE CHEVALIER AU CYGNE

III

HELIAS, CONSIDÉRÉ COMME LE SEUL POÈME QUI MÉRITE RÉELLEMENT CE TITRE « LE CHEVALIER AU CYGNE », AUQUEL ON A SOUDÉ, COMME PROLOGUE, SOIT ELIOXE, SOIT BEATRIX.

.*. Voy. plus haut notre Table par ordre alphabétique de tous les manuscrits de Chansons de geste qui sont parvenus jusqu'à nous (*Epopées françaises*, t. I, pp. 237 et 240). Cf. la Liste des derniers romans en vers (II, pp. 448, 449), celle des Romans en prose (*ibid.*, pp. 546, 547) et celle aussi des Incunables (*ibid.*, p. 601). — Il convient de compléter cette dernière nomenclature par l'indi-

cation des versions anglaises et néerlandaises. En Angleterre, Brunet signale une *History of Hilyas knight of swanne*, imprimée pour W. de Worde, 1512, in-4o. — Nous possédons plusieurs éditions de *The history of Helias, knight of the swan, translated of french into english at the instigation of ye pusant and illuster prince ye lord Edward, duke of Buckingam, earle of Hereford, Stafford and of Northampton*. L'une de ces éditions est de Copland sans date; l'autre est de 1512. V. Hazlitt, *Handbook of the popular poetical and dramatic literature of the Great Britain* (1re série, no 261), et Græsse, *Trésor des livres rares et précieux*, III, 100, etc. — La version néerlandaise : *Historie van den Rider Helias met de swaan*, nous est offerte en des éditions beaucoup plus récentes : Anvers, 1621 ; Amsterdam, chez Joh. Kannewet, 1763; Anvers, chez J. Heylinger, s. d. (avec un privilège datant de 1610) ; Amsterdam, 1794, etc., etc.

A. — ÉDITIONS DU POÈME

1132 Hippeau (C.). *La Chanson du Chevalier au Cygne et de Godefroid de Bouillon*. — Paris, 1874-1877, in-16.
Première partie : 1874. *Le Chevalier au Cygne.*

Cette première partie renferme : 1o *Beatrix*, et 2o *Helias* ou le *Chevalier au Cygne*, deux romans qui sont intimement soudés ensemble.

B. — TRAVAUX
DONT LA CHANSON A ÉTÉ L'OBJET

1133 Daunou (Pierre-Claude-François). *Histoire littéraire de la France*, t. XVI, 1824, p. 210.

1134 Paris (Paulin). *Histoire littéraire de la France*, t. XXII, 1852, in-4o, pp. 392-397.
Notice et analyse sous ce titre inexact : Les *Enfances Godefroi*.

1135 Scheler (Auguste). *Notice et extraits de deux manuscrits français de la Bibliothèque royale de Turin.*
Bibliophile belge, 1866, t. I, pp. 252-279 et 343-371.

1136 Pigeonneau (H.). *Le cycle de la Croisade et de la famille de Bouillon.* — Paris, 1877, in-8o, pp. 131 et ss.

1137 Paris (Gaston). *Romania, t. XIX,* 1880, pp. 314-340.

Article sur la *Naissance du Chevalier au Cygne,* publié par M. Todd.

—

Sur la légende des Enfants-Cygnes, sur celle de Lohengrin, nous n'avons pas la prétention de fournir des renseignements complets; mais seulement d'indiquer les livres qui semblent être le plus utiles au point de vue spécial de notre Bibliographie.

1138 Gœrres (J.). *Lohengrin.* — Heidelberg, 1813, pp. LXVIII-LXX.

1139 Grimm (Wilhelm-Karl). *Deutsche Heldensage.* — Gœttingen, 1829, in-8°.

1140 Anzeiger *für Kunde des deutschen Mittelalters,* 1834, pp. 149-158.

1141 Le Roux de Lincy (Adrien-Jean-Victor). *Essai sur les fables indiennes et sur leur introduction en Europe, par A. Loiseleur Deslongchamps, suivi du Roman des Sept Sages de Rome, en prose, publié avec une analyse et des extraits du Dolopathos par Le Roux de Lincy.* — Paris, 1838, in-8°.

1142 Hagen (F. H. von der). *Die Schwanensage.*
Abhandlungen der Berliner Akademie, 1846, pp. 513-577.

1143 Wolf (Johann Wilhelm). *Niederländische Sagen gesammelt und mit Anmerkungen begleitet herausgegeben.* — Leipzig, 1843, in-8°.

1144 Bonstetten (baron de). *Romans et épopées chevaleresques de l'Allemagne au moyen âge.* — Paris, 1847, in-8°, pp. 370-373.

Le *Chevalier au Cygne,* d'après Conrad de Würzbourg.

1145 Brunet (Charles) et Anatole de **Montaiglon.** *Le Roman de Dolopathos.* — Paris, 1856, in-16.

(Bibliothèque elzévirienne.)

1146 Müller (W.). *Die Sage vom Schwanenritter.*
Germania, t. I, pp. 418-440.

1147 Bartsch (Karl). *Zum Lohengrin.*
Germania, t. VII, 1862, pp. 274-275.

1148 Moland (L.-E.-D.). *Origines littéraires de la France.* — Paris, 1862, in-8° et in-18, p. 311.

1149 Mussafia (A.). *Ueber die Quelle des altfranzösischen Dolopathos.*
Sitzungsberichte der philologischen-historischen Classe der kaiserlichen Akademie der Wissenschaften, XLVIII Band. — Vienne, 1865.

1150 Mussafia (A.). *Beiträge zur Litteratur der Sieben weisen Meister. I. Zum lateinischer Dolopathos, etc.*
Sitzungsberichte der philologischen-historischen Classe der kaiserlichen Akademie der Wissenschaften, VII Band ; Sitzung vom 2 oct. 1867. — Vienne, 1867.

1151 Oesterley (Hermann). *Johannis de Alta Silva Dolopathos.* — Strasbourg, 1873, in-8°, pp. XXIII, 73-80.

Cf. G. Paris, *Romania,* II, pp. 481 et ss.

1152 Nyrop (Kristoffer). *Den oldfranske Heltedigtning,* etc. — Copenhague, 1883, in-8°, pp. 229, 230. — Cf. la traduction italienne, *Storia dell' Epopea francese nel medio evo.* Turin, 1886, in-8°, pp. 220, 221.

Nyrop cite en note : « *De vilde Svaner* » d'Andersen; M. Winter, « *Danske Folkeeventyr* », I, 7-11; Bechstein, *Mærchenbuch (Die sieben Schwanen),* etc.

1153 Elster. *Beiträge zur Kritik des Lohengrin.*
Beiträge zur Geschichte der deutschen Sprache und Literatur, t. X, 1884, pp. 81-194.

1154 Golther (Wolfgang). *Lohengrin.*
Romanische Forschungen, t. V, 1889, pp. 103-136. Etc., etc.

———

CIPERIS DE VIGNEVAUX

.•. Voy. plus haut la Table par ordre alphabétique de tous les manuscrits de chansons de geste qui sont parvenus jusqu'à nous (*Epopées françaises,* t. I, p. 237). — Cf. la Liste des derniers romans en vers (II, p. 449) et surtout celle des Incunables (*ibid.,* p. 601).

« La plus ancienne édition est certainement celle de Claude, veuve de feu Jehan Sainct Denys. » Nicolas Chrestien, d'une part, Jehan Bonfons, de l'autre, en ont imprimé deux autres, également gothiques et s. d. (Voy. Brunet, 5ᵉ édition, t. V, 1864, col. 401.) Le texte de ces éditions a été réimprimé en 1842 (in-12, goth. Collection Silvestre, nᵒ 14).

La version de l'incunable est d'autant plus précieuse que la première moitié du roman en prose correspond à un fragment du poème que l'unique manuscrit de la chanson ne nous a pas conservé.

Le *Ciperis* en vers est inédit.

TRAVAUX
DONT LE POÈME A ÉTÉ L'OBJET

1155 **Reiffenberg** (Baron de). *Chronique rimée de Philippe Mouskes*, t. II, 1838, in-4ᵒ, p. ccxi.

1156 **Ideler** (L.). *Geschichte der altfranzösischen National-Literatur.* — Berlin, 1842, in-8ᵒ, pp. 130-131.

1157 **Brunet** (Jacques-Charles). *Manuel du libraire.* — Paris, 5ᵉ édition, 1860-1865, in-8ᵒ, t. V (1864), col. 401.

Éditions incunables.

1158 **Paris** (Paulin). *Histoire littéraire de la France*, t. XXVI, 1873, pp. 19-41.

Notice et analyse.

1159 **Nyrop** (Kristoffer). *Den oldfranske Heltedigtning*, etc. — Copenhague, 1883, in-8ᵒ, pp. 75, 76, 175 et 439. — Cf. la traduction italienne, *Storia dell' Epopea francese nel medio evo*. Turin, 1886, pp. 74-75, 168 et 426.

CLARISSE ET FLORENT

Troisième suite de Huon de Bordeaux (ms. de Turin, Bibl. Nat. L II, 14, Fᵒ 379-394).

∴ Voy., plus haut, la Table par ordre alphabétique de tous les manuscrits de chansons de geste qui sont parvenus jusqu'à nous (*Epopées françaises*, t. I, p. 551, et aussi t. III, p. 734). — Cf. (t. II, p. 551) la Liste des Romans en prose et (II, p. 603) celle des Íncunables. — Pour plus de détails bibliographiques, voy. notre Notice bibliographique et historique sur les Suites d'Huon de Bordeaux (III, pp. 742-745). — Depuis l'édition de Michel Le Noir, qui est la plus ancienne (1516), jusqu'aux plus récentes éditions de Montbéliard, tous les *Huon de Bordeaux* incunables et tous ceux de la Bibliothèque bleue renferment la version en prose de *Clairette et Florent*. Nous en avons donné la liste (*l. c.* III, pp. 734, 735).

Dans ces versions en prose le nom de *Clarisse*, qui est celui du poème, est changé en celui de *Clairette*.

Clarisse et Florent est inédit. Nous en avons donné une analyse sommaire (*l. c.* III, pp. 744 et 745).

TRAVAUX
DONT LE POÈME A ÉTÉ L'OBJET

1160 **Gautier** (Léon). *Les Épopées françaises.* — 1ʳᵉ éd., Paris, 3 vol., in-8ᵒ (1865-1868), t. I (1865), pp. 530, 531.

Analyse rapide de *Clairette et Florent* d'après les incunables. — Cf. le t. II (1867), p. 557, où l'on trouvera un sommaire très succinct d'après le poème.

1161 **Graf** (A.). *I complementi della Chanson d'Huon de Bordeaux.*

L'auteur se proposait de publier les Suites de Huon : il n'en a jusqu'ici édité que le prologue, *Auberon*.

1162 **Gautier** (Léon). *Les Épopées françaises*, 2ᵉ éd., 4 vol., in-8ᵒ (1878-1894), t. III (1880), pp. 734, 744-745.

Notice bibliographique et analyse.

1163 **Schweigel** (Max). *Ueber die Chanson d'Esclarmonde, die Chanson de Clarisse et Florent und die Chanson d'Yde et Olive, drei Fortsetzungen der Chanson von Huon de Bordeaux.* — Leipzig, 1888, in-8ᵒ. (Dissertation de Marbourg.)

Voy. *Huon de Bordeaux.*

CONQUÊTE DE JÉRUSALEM

Voy. *Jerusalem.*

CONQUÊTE
DE LA PETITE BRETAGNE

Voy. *Aquin.*

CONQUÊTE DE L'ESPAGNE

Voy. *Prise de Pampelune.*

COURONNEMENT LOOYS

A. — ÉDITIONS ET TRADUCTION
DU POÈME

.˙. Voy., plus haut, la Table par ordre alphabétique de tous les manuscrits de chansons de geste qui sont parvenus jusqu'à nous (*Epopées françaises*, t. I, pp. 237, 238, et aussi IV, p. 24 et pp. 335, 336). — Cf. la Liste des romans en prose (II, pp. 547 et 550, 551) et la Nomenclature des chansons françaises qui ont été connues, traduites ou imitées en Italie (II, p. 389) où l'on signale surtout les *Nerbonesi* d'Andrea da Barberino et l'*Incoronatione del rey Aloisi* de Michel-Angelo di Cristophano da Volterra (s. d.). — Pour plus de détails bibliographiques, voy. notre Notice bibliographique et historique sur le *Couronnement Looys* (IV, pp. 331-347), qui est accompagnée d'une analyse développée et d'une traduction littérale du début de la chanson (pp. 331-369).

1164 Jonckbloet (W. J. A.). *Guillaume d'Orange, Chansons de geste des*

xie *et* xiie *siècles publiées pour la première fois.* — La Haye, 1854, in-8°, t. I, pp. 1-71.

1165 Langlois (Ernest). *Le Couronnement de Louis, Chanson de geste, publiée d'après tous les manuscrits connus.* — Paris, 1888, in-8°.

Pour la Société des anciens textes français et provençaux.

1166 Jonckbloet (W. J. A.). *Guillaume d'Orange, le Marquis au court nez, Chanson de geste mise en nouveau langage.* — Amsterdam, 1867, in-8°, pp. 91-133.

Nous avons nous-même traduit les vers 28-218, d'après le manuscrit de la Bibliothèque nationale, fr. 774 (*Épopées françaises*, 2ᵉ éd., IV, pp. 351-353).

B. — TRAVAUX
DONT LA CHANSON A ÉTÉ L'OBJET

1167 Reiffenberg (Baron de). *Chronique rimée de Philippe Mouskes.* — Bruxelles, 1836, 1838, 2 vol. in-4°, t. I, pp. clix à clxiv.

Publication des cent quarante-quatre vers du début.

1168 Paris (Paulin). *Les manuscrits françois de la Bibliothèque du Roi*, t. III (1840), pp. 123-130, et IV (1841), pp. 334-369.

1169 Paris (Paulin). *Histoire littéraire de la France*, t. XXII, 1852, pp. 481-488.

Notice et analyse.

1170 Jonckbloet (W. J. A). *Guillaume d'Orange, Chansons de geste des* xie *et* xiie *siècles publiées pour la première fois.* — La Haye, 1854, in-8°, t. II, pp. 84 et ss.; 95 et ss.; 100 et 106.

Éléments historiques du *Couronnement*, etc.

1171 Littré (Émile). *Journal des Savants*, janv. 1857.

Analyse du *Couronnement* (qui a été réimprimée dans l'*Histoire de la langue française*). — Paris, 1860, t. I, pp. 160-185.

1172 Dozy (R.). *Recherches sur l'histoire et la littérature de l'Espagne au moyen âge.* — 2ᵉ éd., Leyde, 1860, 2 vol. in-8°, t. II, pp. 370 et ss.

Prétendue origine normande du *Couronnement.*

1173 Paris (Gaston). *Histoire poétique de Charlemagne.* — Paris, 1865, in-8, p. 424.

1174 Clarus (Ludwig) ═ Wilhelm **Volk.** *Herzog Wilhelm von Aquitanien,* etc. — Munster, 1865, in-8°, pp. 207-216.

Notice sur le poème français.

1175 Gautier (Léon). *Les Épopées françaises,* 1re éd. (1865-1868), t. II (1867), pp. 588-599, t. III (1868), pp. 307-341.

Notice bibliographique et historique ; analyse développée, traduction partielle.

1176 Hirsch. *Amatus de Monte Cassino ; Forschungen zur deutschen Geschichte.* — Gœttingue, 1868, in-8°, pp. 232-234.

Contre l'origine normande du *Couronnement.*

1177 Paris (Gaston). *Sur un vers du Couronnement Loois* (Li quens Guillaumes à Mosterel-sor-Mer).
Romania, t. I, 1872, pp. 177-189.

Influence sur notre cycle de Guillaume, comte de Montreuil-sur-Mer.

1178 Lücking. *Die ältesten französischen Mundarten.* — Berlin, 1877, in-8°, pp. 223-226.

1179 Rajna (Pio). *Un nuovo codice di Chansons de geste del ciclo di Guglielmo.*
Romania, VII (1877). Voy. n° 363.

1180 Isola (I.-G.). *Le storie Nerbonesi, romanzo cavalleresco del secolo XIV.* — Bologne, 1877, 1880 et 1887, in-8°, t. I (1877), pp. 240 et ss.

1181 Gautier (Léon). *Les Épopées françaises,* 2e édition (1878-1894), t. III (1880), pp. 774-784 et t. IV (1882), pp. 334-369.

1182 Langlois (Ernest). *Le Couronnement Looys, Chanson de geste du xiie siècle.*
Positions des thèses soutenues à l'École des Chartes, le 29 janvier 1883. — Paris, 1883, in-8°, pp. 61-63.

1183 Nyrop (Kristoffer). *Den oldfranske Heltedigtning,* etc. — Copenhague, 1883, in-8°, pp. 126, 139, 140-142, 163 et 439. — Cf. la traduction italienne, *Storia dell' Epopea francese nel medio evo.* Turin, 1886, in-8°, pp. 123, 135-138, 157 et 246.

1184 Constans (L.). *Chrestomathie de l'ancien français.* — Paris, 1884, in-8°, pp. 37-41.

Fragment du *Couronnement de Louis* d'après les manuscrits français de la Bibliothèque nationale 774 et 1449.

COVENANT VIVIEN

.*. Voy. plus haut, la Table par ordre alphabétique de tous les manuscrits de chansons de geste qui sont parvenus jusqu'à nous (*Epopées françaises,* t. I, p. 238, et aussi IV, pp. 24, 25 et 437). — Cf. plus loin la Liste des Romans en prose (II, pp. 547 et 550, 551) et la Nomenclature des Chansons françaises qui ont été connues, traduites ou imitées en Italie (II, p. 389). — Pour plus de détails bibliographiques, voy. notre Notice bibliographique et historique sur le Covenant Vivien (IV, pp. 437-441), qui est accompagnée d'une analyse développée et de la traduction littérale de plusieurs épisodes du vieux poème (pp. 437-454).

A. — ÉDITION ET TRADUCTION DU POÈME

1185 Jonckbloet (W. J. A.). *Guillaume d'Orange, Chansons de geste des xie et xiie siècles publiées pour la première fois.* — La Haye, t. I, 1854, in-8°, pp. 162-213.

1186 Jonckbloet (W. J. A.). *Guillaume d'Orange, le Marquis au Court nez, Chanson de geste mise en nouveau langage.* — Amsterdam, 1867, in-8°, pp. 203-239.

Traduction du *Covenant* sous ce titre : *Le vœu de Vivien.*

1187 Brun (Félix). *Le vœu de Vivien, fragments traduits du cycle de Guillaume.* — Paris, 1883, in-8°.

Cf. *Revue politique et littéraire,* 1883, 24 février (dans la « Causerie Littéraire »).

B. — TRAVAUX DONT LA CHANSON A ÉTÉ L'OBJET

1188 Paris (Paulin). *Histoire littéraire de la France,* t. XXII, 1852, pp. 507-511.

Notice et analyse sous ce titre : *La Chevalerie Vivien*.

1189 Jonckbloet (W. J. A.). *Guillaume d'Orange, Chansons de geste des XI° et XII° siècles publiées pour la première fois*. — La Haye, t. II, 1854, in-8°, pp. 41-59.

Origines historiques du *Covenant* et de l'*Aliscans*.

1190 Clarus (Ludwig) = Wilhelm **Volk.** *Herzog Wilhelm von Aquitanien*, etc. — Münster, 1865, in-8°, pp. 234-243.

Analyse.

1191 Gautier (Léon). *Les Épopées françaises*. — 1° édition, Paris, 3 vol. in-8°, 1865-1868, t. III (1868), pp. 403-432.

Notice bibliographique et historique ; analyse développée ; traduction partielle.

1192 Rajna (Pio). *Un nuovo codice di Chansons de geste*, 1877.

Manuscrit de la Bibliothèque Trivulziana à Milan.

1193 Gautier (Léon). *Les Épopées françaises*. — 2° édition, Paris, 4 vol. in-8°, (1878-1894), t. IV (1882), pp. 437-464.

1194 Nyrop (Kristoffer). *Den oldfranske Heltedigtning*, etc. — Copenhague, 1883, in-8°, pp. 145-148, 339 et 439. — Cf. la traduction italienne, *Storia dell' Epopea francese nel medio evo*. Turin, 1886, in-8°, pp. 140-143, 325 et 427.

1195 Thomas (Antoine). *Vivien d'Aliscans et la légende de saint Vidian*.

Dans les *Études romanes dédiées à Gaston Paris*. — Paris, 1890, in-8°.

Une communication avait été faite par A. Thomas, sur ce même sujet, au Congrès de Philologie romane (26-27 mars 1890). Cf. la *Revue des langues romanes*, 4° série, t. IV, 1890, p. 184.

CROISADE (LA)

D'APRÈS BAUDRI DE BOURGUEIL

1196 Meyer (Paul). *Un récit en vers français de la première Croisade, fondé sur Baudri de Bourgueil*.

Romania, t. V, 1876, pp. 1-63.

Cf. A. Tobler, *Literarisches Centralblatt*, 1876, p. 476.

1197 Meyer (Paul). *Le poème de la Croisade imité de Baudri de Bourgueil, fragment nouvellement découvert*.

Romania, t. VI, 1877, pp. 489-494.

1198 Nyrop (Kristoffer). *Den oldfranske Heltedigtning*, etc. — Copenhague, 1883, in-8°, pp. 233 et 439. — Cf. la traduction italienne, *Storia dell' Epopea francese nel medio evo*. Turin, 1886, in-8°, pp. 224 et 427.

CROISSANT

SIXIÈME ET DERNIÈRE SUITE DE HUON DE BORDEAUX

∴ Voy. plus haut notre Liste des Romans en prose (*Epopées françaises*, t. II, p. 551) et celle des Incunables (*ibid.*, p. 603). — Depuis l'édition de Michel Le Noir (1516) jusqu'aux plus récents tirages de Montbéliard, tous les *Huon de Bordeaux* incunables et tous ceux de la Bibliothèque bleue renferment la version en prose de *Croissant*. Nous en avons donné la liste (*l. c.*, III, pp. 734, 735). — Pour plus de détails bibliographiques, cf. notre Notice bibliographique et historique sur les Suites de Huon de Bordeaux (III, pp. 742-745.)

LE POÈME ORIGINAL NE NOUS EST PAS PARVENU, mais il est certain qu'il a existé, et nous pouvons aisément en reconstruire l'affabulation avec les incunables. Nous en avons donné une analyse sommaire (*l. c.*, III, p. 745).

1199 Gautier (Léon). *Les Épopées françaises*. — 1° édit., Paris, 3 vol. in-8°, (1865-1868), t. I (1865), p. 532.

Analyse rapide de *Croissant*, t. I (1867), p. 557. — Cf. la 2° édition, t. III (1880), pp. 734 et 745. Voy. *Huon de Bordeaux*.

DAUREL ET BETON

TEXTE PROVENÇAL

.˙. Voy., plus haut, la Table par ordre alphabétique de tous les manuscrits de Chansons de geste qui sont parvenus jusqu'à nous (*Epopées françaises*, t. I, p. 235). — *Daurel et Beton* y est mentionné sous le titre de *Betonnet, fils de Beuves d'Hanstonne*.

A. — ÉDITION DU POÈME

1200 **Meyer** (Paul). *Daurel et Beton, chanson de geste provençale, publiée pour la première fois d'après le manuscrit unique appartenant à M. A. Didot.* — Paris, 1880, in-8°.

(Pour la Société des anciens textes français.)

Cf. C. Chabaneau, *Revue des langues romanes*, t. VI, 246-262. Réponse dans la *Romania* (t. X, pp. 161-162).

B. — TRAVAUX DONT LA CHANSON A ÉTÉ L'OBJET

1201 **Gautier** (Léon). Analyse du Roman de Betonnet.
Le Monde, 4 avril 1876.

Le manuscrit nous avait été confié avant son achat par A.-F. Didot, et nous en avions fait la description et la copie partielle.

1202 **Gautier** (Léon). *Les Épopées françaises.* — 2e édit., 4 vol. in-8° (1878-1894), t. I (1878), pp. 133-134.

Description sommaire du manuscrit ; origine du poème.

1203 **Nyrop** (Kristoffer). *Den oldfranske Heltedigtning*, etc. — Copenhague, 1883, in-8°, pp. 156, 157, 207, 209, 214, 215, 217, 304 et 440. — Cf. la traduction italienne, *Storia dell' Epopea francese nel medio evo.* Turin, 1886, in-8°, pp. 150-151, 198, 200, 206, 208-210, 290 et 427-428.

DELIVRANCE OGIER (?)

1204 **Longpérier** (A. de). *La délivrance d'Ogier le Danois, fragment d'une Chanson de geste.*
Journal des savants, 1876, in-4°, pp. 219-233.

G. Paris, *Romania*, t. V, pp. 410, 411.

1205 **Nyrop** (Kristoffer). *Den oldfranske Heltedigtning*, etc. — Copenhague, 1883, in-8°, p. 440. — Cf. la traduction italienne, *Storia dell' Epopea francese nel medio evo.* Turin, 1886, in-8°, p. 428.

DEPARTEMENT DES ENFANS AIMERI

Il est nécessaire de répéter ici qu'il existe, à notre connaissance, trois versions notablement différentes du *Département des enfans Aimeri* : 1° Bibl. nat. fr. 1448 ; 2° British Museum, Harl. 1321 et Royal, 20 B XIX ; 3° Bibl. nat. fr. 24369 et British Museum, Royal, 20 D XI. Il en a sans doute existé d'autres. — Voy., sur ces trois rédactions, la Table par ordre alphabétique de tous les manuscrits de Chansons de geste qui sont parvenus jusqu'à nous (*Epopées françaises*, t. I, p. 238 et aussi, IV, p. 309). Cf. la Liste des Chansons françaises qui ont été connues, traduites ou imitées en Italie (II, p. 389.)

Voy., pour plus de détails bibliographiques, notre Notice bibliographique et historique sur le Departement des enfans Aimeri (IV, pp. 309-318.)

Le *Département* est inédit. — Nous avons analysé longuement le texte de chacune des trois rédactions : de la première (*Epopées françaises*, t. IV, pp. 309-311.); de la seconde (pp. 311-313) ; de la troisième (pp. 313-315). A ces trois analyses nous avons joint celle de la version en prose française (pp. 315, 316) et celle enfin de la compilation italienne, les *Storie Nerbonesi* (pp. 316-318). On prépare en Allemagne un travail important sur le *Departement*.

A. — TRADUCTION DU POÈME

1206 Gautier (Léon). *Les Épopées françaises.* — 2ᵉ édit., 4 vol. in-8°, 1878-1894, t. I (1878), pp. 497-501.

Traduction COMPLÈTE de la première rédaction du *Departement des enfans Aimeri* (ms. de la Bibl. nat. fr. 1448).

B. — TRAVAUX

DONT LA CHANSON A ÉTÉ L'OBJET

1207 Magnin (Charles). *Rapport sur quelques extraits de comptes municipaux relatifs aux dépenses faites pendant les* xivᵉ, xvᵉ *et* xviᵉ *siècles, pour des représentations de jeux par personnages, à Lille et à Douai.*

Bulletin du Comité de la langue, de l'histoire et des arts de la France, 1853-1855, t. II, pp. 120-121.

Paiement fait « as compaingnons de la fleste des enfans Aymeri de Narbonne » (?).

1208 Gautier (Léon). *Les Épopées françaises.* — 1ʳᵉ édit. 3 vol. in-8°, 1865-1868, t. III (1868), pp. 288-295.

Notice bibliographique et analyse d'après le ms. 1448.

1209 Demaison (L.). *Positions des Thèses soutenues à l'École des chartes.* — Paris, 1876.

Aimeri de Narbonne. — Étude sur les différentes versions du *Departement*.

1210 Gautier (Léon). *Les Épopées françaises.* — 2ᵉ édit. 4 vol. in-8°, 1878-1894, t. I (1878), pp. 497-501.

Traduction complète de la rédaction du ms. fr. 1448. — Cf. le t. IV 1882, pp. 309-329 (analyse des trois rédactions en vers, de la version en prose et des *Nerbonesi*).

1211 Isola (I. G.). *Le Storie Nerbonesi.* — Bologne, 1877 et 1880, in-8°, t. I (1877), pp. 83-140.

Texte de la grande compilation italienne qui correspond à notre *Departement*.

1212 Nyrop (Kristoffer). *Den old-franske Heltedigtning,* etc. — Copenhague, 1883, in-8°, pp. 138 et 140. — Cf. la traduction italienne, *Storia dell' Epopea francese nel medio evo,* 1886, pp. 133-134 et 428.

1213 Demaison (L.). *Aymeri de*

Narbonne. — Paris, 1887, in-8° (pour la Société des anciens textes), pp. XXVI, LXXXII-LXXXIV.

DESIER

POÈME QUI N'EST PAS PARVENU JUSQU'A NOUS

1214 Paris (Gaston). *Histoire poétique de Charlemagne.* — Paris, 1865, in-8°, pp. 330-336.

DESTRUCTION DE ROME

.˙. Voy., plus haut, la Table par ordre alphabétique de tous les manu˙scrits de Chansons de geste qui sont parvenus jusqu'à nous (*Epopées françaises,* t. I, p. 238). — Pour tout le reste, voy. *Fierabras* et notre Notice bibliographique et historique sur le poème intitulé : La destruction de Rome (III, pp. 366-368), laquelle est accompagnée d'une analyse développée de cette chanson où il ne faut voir, en réalité, qu'une première branche ou un prologue du *Fierabras*.

A. — ÉDITION DU POÈME

1215 Grœber (G.). *La Destruction de Rome. Première branche de la chanson de geste de Fierabras.*

Romania, t. II, 1873, pp. 1-48.

L'éditeur croit à l'origine picarde du poème original et fait un certain nombre de corrections « fondées sur des expressions et des tournures qui sont usitées en d'autres chansons de geste ».

Cf. Boucherie, *Revue des langues romanes,* t. IV, p. 475. — Paul Meyer, *Romania,* t. II, 1873, p. 373 et *Transactions of the Philol. Society,* 1873-1874, p. 432.

B. — TRAVAUX

DONT LA CHANSON A ÉTÉ L'OBJET

1216 Grœber (G.). *Vortrag ueber eine*

bisher unbekannte « branche » der chanson de geste Fierabras.

Verhandlung der 28ten *Versammlung deutscher Philologen.* — Leipzig, 1873, in-4°, pp. 209-218.

1217 Gautier (Léon). *Les Épopées françaises.* — 2° édition, 4 vol. in-8°, Paris, 1878-1894, t. III (1880), pp. 366-380.

Notice et analyse.

1218 Nyrop (Kristoffer). *Den old-franske Heltedigtning,* etc. — Copenhague, 1883, in-8°, pp. 91, 275, 289 et 440. — Cf. la traduction italienne, *Storia dell' Epopea francese nel medio evo.* Turin, 1886, in-8°, pp. 88, 89, 262, 277, 301 et 428.

DOON DE LA ROCHE

.*. Voy., plus haut, la T a b l e p a r o r d r e a l p h a b é t i q u e de t o u s les manu-scrits de Chansons de geste qui sont parvenus jusqu'à nous (*Epo-pées françaises,* t. I, p. 238).

TRAVAUX
DONT DOON DE LA ROCHE
A ÉTÉ L'OBJET

1219 Sachs (C.). *Beiträge zur Kunde altfranzösischer... Literatur aus franzö-sischen und englischen Bibliotheken.* — Berlin, 1857, in-8°, pp. 2-10.

1220 Meyer (Paul). *Rapport sur une mission littéraire en Angleterre.*
Archives des Missions (1866), 2° série, pp. 247-279.

L'un des objets de la mission était la colla-tion d'une copie de *Doon de la Roche* qui avait été exécutée sur le manuscrit Harléien 4404 par le docteur Sachs.

1221 Nyrop (Kristoffer). *Den old-franske Heltedigtning,* etc. — Copenhague, 1883, in-8°, pp. 208, 209, 280 et 441. — Cf. la tra-duction italienne, *Storia dell' Epopea fran-cese nel medio evo,* Turin, 1886, in-8°, pp. 199, 200, 267 et 429.

1222 Gautier (Léon). *La Chevalerie.* — Paris, 1884, in-8°, p. 443.

L'héroïne de *Doon de la Roche,* Olive, consi-dérée comme le type de l'épouse chrétienne.

1223 Gautier (Léon). *Les Épopées françaises.* — 2° édit. Paris, 4 vol. in-8° (1878-1894), t. II (1892-1894), pp. 253-260.

Analyse très détaillée où le poème est re-présenté comme le type d'un chant de jon-gleur.

Une édition du poème de *Doon de la Ro-che* a été annoncée par la Société des anciens textes (*Bulletin,* 1878, pp. 88-89).

DOON DE MAYENCE

.*. Voy., plus haut, la T a b l e par o r d r e a l p h a b é t i q u e de t o u s les manu-scrits de Chansons de geste qui sont p a r v e n u s jusqu'à nous (*Épo-pées françaises,* t. I, p. 238). — Cf. plus loin la L i s t e des r o m a n s en p r o s e (II, p. 547) et la N o m e n c l a t u r e des incu-nables (*ibid.,* p. 602). Aux éditions incuna-bles que nous avons signalées, il convient de joindre ici les suivantes : après la première édition, qui est celle d'Antoine Vérard en 1501, parurent successivement sous le même titre (*La fleur des batailles Doolin de Mayence*), celles d'Alain Lotrian, s. d.; d'Alain Lotrian et Denis Janot, s. d. (vers 1530); d'Olivier Arnoullet, à Lyon, en 1550; de Nicolas Bonfons, s. d.; de Jean Waesbergue, à Rotterdam, en 1604 (avec une modification dans le titre : *L'histoire du preux et vaillant Doolin de Mayence en son temps la fleur des chevaliers français;* de Nicolas Ou-dot, à Troyes, s. d., etc. — Voy., pour plus de détails, Brunet, 5° édition, II, pp. 816, 817.

A. — ÉDITION DU POÈME

1224 Pey (Alexandre). *Doon de Mayence, chanson de geste publiée pour la première fois d'après les manuscrits de Montpellier et de Paris.* — Paris, 1859, in-18.
Les anciens poètes de la France, t. II.
Cf. *Archiv für das Studium der neueren Sprachen,* t. XXVIII, 1860, p. 444.

B. — TRAVAUX

DONT LA CHANSON A ÉTÉ L'OBJET

1225 Bibliothèque des Romans. — Paris, février 1778, t. I, pp. 1-70.

1226 Græsse (J.-G.-T.). *Die grossen Sagenkreise des Mittelalters.* — Dresde et Leipzig, 1842, in-8°, p. 340.

1227 Ideler (L.). *Geschichte der altfranzösische National-Literatur.* — Berlin, 1842, in-8°, p. 99.

1228 Keller (A.). *Romvart.* — Mannheim et Paris, 1844, in-8°, pp. 42-86.

Fragments des manuscrits français XIII et XIV de Venise.

1229 Barrois (J.). *Éléments carlovingiens linguistiques et littéraires.* — Paris, 1846, in-4°, pp. 206-295.

Analyses des manuscrits cycliques de la geste de Doon.

1230 Pey (Alexandre). *Notice sur le roman inédit de Doon de Mayence.*

Jahrbuch für romanische und englische Literatur, t. I, 1859, pp. 320-349.

1231 Blommaert (P). *Fragment d'un Roman de chevalerie du cycle Carlovingien (découvert aux Archives de Bourbourg par M. E. de Coussemacker), transcrit d'après un parchemin du XIIIᵉ siècle.*

Annales du Comité flamand de France, 1860, t. V. pp. 89-103.

1232 Brunet (G.). *Manuel du libraire,* 5ᵉ édition, t. II, 1861, pp. 816, 817.

Éditions incunables de la *Fleur des batailles Doolin de Mayence,* etc.

1233 Gautier (Léon). *Les Épopées françaises.* — 1ʳᵉ édit., t. II, Paris, 1867, in-8°, p. 590 et t. III, 1868, p. 114. — 2ᵉ éd., t. III, Paris, 1880, in-8°, p. 115 et t. IV, 1882, pp. 129 et 130.

Résumé. Cf. la *Chevalerie,* pp. 126-130.

1234 Paris (Paulin). *Histoire littéraire de la France,* t. XXVI, 1873, in-4°, pp. 149-169 (*Enfances*); pp 170-191 (*Chevalerie*).

Notice et analyse.

1235 Bormans (St.). *Doon de Mayence : deux fragments manuscrits de la fin du XIIIᵉ siècle* (*Bulletin de l'Académie royale*

de Belgique, 2ᵉ série, t. XXXVII, n° 3 ; mars 1874).

1236 Nyrop (Kristoffer). *Den oldfranske Heltedigtning,* etc. — Copenhague, 1883, in-8°, pp. 166, 167 ; 268 et 441. — Cf. la traduction italienne, *Storia dell' Epopea francese nel medio evo,* Turin, 1886, in-8°, pp. 160, 161, 257 et 429.

1237 Dunlop (J.). *History of Prose Fiction,* édition de Londres, 1888, t. I, pp. 327-329.

Cf. l'Appendice 14, pp. 490-492.

1238 Petit (L.-D.). *Bibliographie der middelnederlandsche Taal-en Letterkunde.* — Leyde, 1888, in-8°, n° 429.

1239 Niederstadt (Wilhelm). *Alter und Heimat der altfranzösischen Chanson de geste Doon de Maience, sowie das Verhältnis der beiden Theile derselben zu einander,* 1889, in-8°.

Greifswalder Dissertation.

Age et origine de *Doon ;* rapport entre les deux parties qui composent ce poème (les *Enfances* et la *Chevalerie*).

DOON DE NANTEUIL

POÈME QUI N'EST PAS, DANS SON INTÉGRITÉ, PARVENU JUSQU'A NOUS

—

A. — ÉDITION DES QUELQUES FRAGMENTS QUI SONT PARVENUS JUSQU'A NOUS.

1240 Meyer (Paul). *La chanson de Doon de Nanteuil. Fragments inédits.*

Romania, t. XIII, 1884, pp. 1-26.

Fauchet en avait cité quelques vers d'après un manuscrit disparu (*Recueil de l'origine de la langue,* etc., Paris, 1581, in-4°, p. 111 ; *Œuvres,* Paris, 1610, in-4°, t. II, p. 562 et ss.).

B. — TRAVAUX

DONT CE POÈME A ÉTÉ L'OBJET

1241 Fauchet (Claude). *Recueil,* etc.

Paris, 1581, in-4°, p. 111. *Œuvres*, édition de Paris, in-4°, 1610, t. II, pp. 562 et ss.

1242 Paris (Gaston). *Histoire poétique de Charlemagne.* — Paris, 1865, in-8°, pp. 299-300.

Reconstitution hypothétique du poème perdu.

1243 Meyer (Paul). *Girart de Roussillon.* — Paris, 1884, in-8°, pp. xcı-xcvıı.

1244 Nyrop (Kristoffer). *Den oldfranske Heltedigtning*, etc. — Copenhague, 1883, in-8°, pp. 173 et 441. — Cf. la traduction italienne, *Storia dell' Epopea francese nel medio evo*, Turin, 1886, in-8°, pp. 167 et 429.

ELIE DE SAINT-GILLE

.*. Voy., plus haut, la Table par ordre alphabétique de tous les manuscrits de Chansons de geste qui sont parvenus jusqu'à nous (*Épopées françaises*, t. I, p. 238).

A. — ÉDITION DU POÈME

1245 Fœrster (W.). *Aiol und Mirabel und Elie de Saint Gille.* — Heilbronn, 2 vol. in-8°, 1876-1882.

Cf. G. Penon, *Les Chansons d'Aiol et d'Élie de Saint-Gille.* — *Taalstudie*, 1883, IV, p. 269. — Voy. *Aiol*.

1246 Raynaud (Gaston). *Élie de Saint-Gille, chanson de geste, publiée avec introduction, glossaire et index ; accompagnée de la rédaction norvégienne,* par Eugène KOELBING. — Paris, 1879, in-8°.

(Pour la Société des anciens textes.)

Cf. K. Nyrop, *Litteraturblatt für germanische und romanische Philologie,* 11 octobre 1881, col. 363.

B. — TRAVAUX DONT LA CHANSON A ÉTÉ L'OBJET

1247 Koelbing (Eug.). *Die nordische Elissaga ok Rosamunda und ihre Quelle. Beitrage zur verglichenden Geschichte der romantischen Poesie und Prosa des Mittelalters unter besondere Berücksichtigung der Englischen und Nordischen Literatur* — Breslau, 1876, in-8°, pp. 92-136.

Comparaison d'*Élie de Saint-Gilles* avec la *Saga* qui représente, suivant Koelbing, une forme plus ancienne de la Chanson.

Cf. G. Paris, *Romania*, t. VI, 1877, p. 146.

1248 Klockhoff (O.). *Sma bidrag till nordiska Literatur historien under modeltiden.* [*Quelques études sur l'histoire de la littérature noroise au moyen âge.*]—Upsal, 1880, in-8°.

Le deuxième article traite d'*Élie de Saint-Gille.*

Cf. *Literarisches Centralblatt,* 1881, col. 62.

1249 Koelbing (Eug.). *Elis Saga ok Rosamunda, mit Einleitung, deutscher Uebersetzung und Anmerkungen, zum ersten Mal...* — Heilbronn, 1881, in-8°.

Cf. *Athenaeum belge,* 1882. — Heinzel, *Zeitschrift für deutsches Alterthum,* 1882. — E. Mogk, *Litteraturblatt für germanische und romanische Philologie,* 1882, col. 337-339. — Cederschiœld, *Deutsche Literaturzeitung,* 1882, n° 4. — Edzardi, *Litterarisches Centralblatt,* 1882, n° 25.

1250 Koelbing (Eug.). *Das Verhältniss der Elis Saga ok Rosamunda.*

Zeitschrift für deutsches Alterthum und deutsche Literatur, t. XXVII, 1882, pp. 70-83.

Classement des manuscrits de la *Saga d'Élis et de Rosamonde.*

1251 Nyrop (Kristoffer). *Den oldfranske Heltedigtning,* etc. — Copenhague, 1883, in-8°, pp. 199, 201, 282, 393 et 441, 442. — Cf. la traduction italienne, *Storia dell' Epopea francese nel medio evo,* Turin, 1886, in-8°, pp. 191, 192, 268, 375 et 430.

ELIOXE

PREMIÈRE PARTIE OU PROLOGUE D'HELIAS (AUTRE RÉDACTION QUE BEATRIX).

Cf. la note initiale de *Beatrix* (p. 65).

A. — ÉDITION DU POÈME

1252 Todd (Henry-Alfred). *La nais-*

sance du Chevalier au Cygne ou les Enfants changés en cygnes, french poem of the XIIth century, published for the first time, together with an unedited prose version, from the manuscrits of the National and Arsenal libraries in Paris, with introduction, notes and vocabulary. — Baltimore, 1889, in-8°.

Publications of the Modern language Association.

G. Paris, *Romania*, t. XIX, 1890, pp. 314-340.

B. — TRAVAUX
DONT LE POÈME A ÉTÉ L'OBJET

1253 Paris (Paulin). *Histoire littéraire de la France*, t. XXII, 1852, pp. 389-39.

1254. Pigeonneau (H.). *Le cycle de la croisade et de la famille de Bouillon.* — Paris, 1877, in-8°, pp. 126 et ss.

1255 Paris (Gaston). *Romania*, t. XIX, 1890, pp. 314-340.

L'article précité de la *Romania* est un véritable traité sur la question : c'est le seul travail, à notre connaissance, dont *Elioxe* ait directement été l'objet.

L'auteur y étudie les manuscrits d'*Elioxe*, surtout le fr. 12558 de la Bibliothèque nationale (pp. 327 et ss.) et y met en lumière la valeur littéraire du poème qu'il considère à bon droit comme une œuvre véritablement remarquable (pp. 332 et ss.).

ENFANCES CHARLEMAGNE

.˙. Voy., plus haut, la Table par ordre alphabétique de tous les manuscrits de chansons de geste qui sont parvenus jusqu'à nous (*Epopées françaises*, t. I, p. 238) et plus loin, les articles *Karleto* et *Mainet*.

ENFANCES DOON DE MAYENCE

Les *Enfances Doon* ou *Doolin* forment la première partie de *Doon de Mayence*. Voy. ce dernier mot.

Cf. surtout la Notice de Paulin Paris dans le t. XXVI de l'*Histoire littéraire*, pp. 120-191.

ENFANCES GARIN DE MONTGLANE

.˙. Voy., plus haut, la Table par ordre alphabétique de tous les manuscrits de chansons de geste qui sont parvenus jusqu'à nous (*Épopées françaises*, t. I, p. 238 et aussi t. IV, pp. 106 et 107). Pour plus de détails, cf. notre Notice bibliographique et historique sur les Enfances Garin (IV, pp. 106-108), qui est accompagnée d'une analyse développée (*ibid.*, pp. 106-125).

TRAVAUX
DONT LES ENFANCES GARIN ONT ÉTÉ L'OBJET

1256 Paris (Paulin). *Histoire littéraire de la France*, t. XXII, 1852, in-4°, pp. 438-440. Résumé sommaire.

1257 Clarus (Ludwig) = **Volk** (Wilhelm). *Herzog Wilhelm von Aquitanien.* — Munster, 1864, in-8°, p. 198.

1258 Gautier (Léon). *Les Épopées françaises.* — 1re éd., Paris, 3 vol. in-8°, 1865-1868, t. III (1868), pp. 91-110 et 2e éd., 4 vol., in-8°, 1878-1894, t. IV (1882), pp. 106-125.

Notice et analyse.

1259 Nyrop, (Kristoffer). *Den oldfranske Heltedigtning*, etc. — Copenhague, 1883, in-8°, pp. 128, 129, 86 et 442. — Cf. la traduction italienne, *Storia dell' Epopea francese nel medio evo*, Turin, 1888, pp. 83-125 et 431.

ENFANCES GODEFROI

.˙. Voy., plus haut, la Table par ordre alphabétique de tous les manuscrits de chansons de geste qui sont parvenus jusqu'à nous (*Épopées françaises*, t. I, p. 238). Deux groupes de manuscrits correspondant à deux versions différentes). — Cf. la Liste des derniers romans en vers (II, pp. 448, 449), celle des Romans en prose (*ibid.*, pp. 546, 547) et celle des Incunables (*ibid.*, p. 601).

A. — ÉDITION DU POÈME

1° — Rédaction antérieure à la fin du XIIIᵉ siècle.

1260 **Hippeau** (C.). *La chanson du Chevalier au Cygne et de Godefroi de Bouillon.* — Première partie : *Le Chevalier au Cygne*, Paris, 1874, in-18. — Deuxième partie : *Godefroi de Bouillon*, Paris, 1877, in-18.

C'est à cette deuxième partie qu'on a le plus généralement attribué le titre d'*Enfances Godefroi.*

2° Remaniement du XVᵉ siècle.

1261 **Reiffemberg** (Baron de). *Le Chevalier au Cygne et Godefroid de Bouillon.* — Bruxelles, 1846-1856, 3 volumes in-4°, faisant partie de la *Collection des chroniques belges inédites*, XI (*Monuments pour servir à l'histoire des provinces de Namur, de Hainaut et de Luxembourg*, tomes IV, V et VI). M. de Reiffemberg a publié les deux premiers volumes (1846 et 1848); l'œuvre a été continuée par A. Borgnet, qui a publié en 1854 la première partie du t. III. Le *Glossaire du Chevalier au Cygne*, par E. Gachet et F. Liebrecht, qui forme la seconde partie du même tome, n'a paru qu'en 1859. — La partie de cette compilation du XVᵉ siècle qui correspond aux *Enfances Godefroi* se trouve au t. V, p. 3 et ss., vers 3477 et ss.

B. — TRAVAUX DONT CE POÈME A ÉTÉ L'OBJET

1262 **Paris** (Paulin). *Les manuscrits françois de la Bibliothèque du Roi*, t. VI, 1845, pp. 185-195.

1263 **Paris** (Paulin). *Histoire littéraire de la France*, t. XXII, 1852, pp. 397-400 et t. XXV, 1869, pp. 517-519.

Notice et analyse.

1264 **Pigeonneau** (H). *Le cycle de la Croisade et de la famille de Bouillon.* — Paris, 1877, in-8°, pp. 133 et ss.

1265 **Nyrop** (Kristoffer). *Den oldfranske Heltedigtning*, etc. — Copenhague, 1883, in-8°, pp. 221, 222, 272 et 431. — Cf. la traduction italienne, *Storia dell' Epopea francese nel medio evo*, Turin, 1886, in-8°, pp. 221, 222, 277, 431.

Voy. *Chevalier au Cygne.*

ENFANCES GUILLAUME

.*. Voy., plus haut, la Table par ordre alphabétique de tous les manuscrits de chansons de geste qui sont parvenus jusqu'à nous (*Épopées françaises*, t. I, pp. 238, 239 et aussi IV, p. 276). Les manuscrits des *Enfances* se divisent en trois familles. — Cf. la Liste des romans en prose (II, pp. 147 et 550, 551) et la Nomenclature des chansons françaises qui ont été traduites, connues ou imitées en Italie (*ibid.*, p. 389). — Pour plus de détails bibliographiques, voy. notre Notice bibliographique sur la chanson des Enfances Guillaume, qui est accompagnée d'une analyse développée (pp. 276-308). — Les *Enfances Guillaume* sont inédites.

A. — TRADUCTION DU POÈME

1266 **Jonckbloet** (W. J. A.). *Guillaume d'Orange, le Marquis au court nez*, chanson de geste mise en nouveau langage. — Amsterdam, 1867, in-8°, pp. 27-91. La traduction a pour titre : « Les premières armes de Guillaume. »

Voy., sur cette traduction, les *Épopées françaises*, 2ᵉ édition, IV, pp. 279, 280.

B. — TRAVAUX DONT LA CHANSON A ÉTÉ L'OBJET

Sous le titre d'*Arabellens Entführung*, un imitateur de Wolfram d'Eschenbach, Ulrich von dem Türlin entreprit d'écrire une introduction, un prologue pour le *Willehalm*. Son œuvre, en effet, a pour sujet les aventures de

Guillaume antérieures à celles que raconte Wolfram. Mais, depuis le mémoire de Suchier cité plus bas (*Ueber die Quelle Ulrichs von dem Türlin*, etc.), il est démontré qu'Ulrich n'a eu sous les yeux aucun poème français.

1267 Casperson. *Wilhelm der heilige von Oranse.* — Cassel, 1781, in-8°.

1268 Paris (Paulin). *Les manuscrits françois de la Bibliothèque du Roi*, t. III, 1840, p. 120, et t. VI, 1845, pp. 135-138.

1269 Tarbé (Prosper). *Girars de Viane.* — Reims, 1850, in-8°.

Résumé très sommaire.

1270 Paris (Paulin). *Histoire littéraire de la France*, t. XXII, 1852, pp. 470-481.

Notice et analyse.

1271 Jonckbloet (W. J. A.). *Guillaume d'Orange, chansons de geste*, etc. — La Haye, 1854, in-8°, t. II, pp. 11-20.

Analyse.

1272 Clarus (L.). = **Volk** (Wilhelm). *Herzog Wilhelm von Aquitanien*, etc. — Münster, 1865, in-8°, pp. 204-216 et 356.

Mise en lumière de l'*Arabellens Entführung* d'Ulrich von dem Türlin.

1273 Gautier (Léon). *Les Épopées françaises.* — 1re édition, Paris, 3 vol. in-8°, 1865-1868 (t. III, 1868, pp. 255-288). — Cf. la 2e édit., Paris, 4 vol, in-8°, 1878-1894 (t. IV, 1882), pp. 276-308.

Notice et analyse très étendue.

1274 Haag. *Bruchstücke aus dem Willehalm von Oranse des Ulrichs von dem Türlin.*
Zeitschrift für deutsche Philologie, t. III, 1871, pp. 95-105.

1275 Suchier (H.). *Ueber die Quelle Ulrichs von dem Türlin.* — Paderborn, 1873, in-8°.

Ulrich n'a fait aucun emprunt direct à nos chansons.
Cf. G. Paris. *Romania*, t. II, pp. 111-112; *Literarisches Centralblatt*, 1873, pp. 947-948.

1276 Isola (I. G.). *Le storie Nerbonesi.* — Bologne, t. I, 1877, pp. 34 et ss.

Version italienne des *Enfances*.

1277 Rajna (Pio). *Un nuovo codice di Chansons de Geste del ciclo di Guglielmo.* *Romania*, t. VI, 1877, pp. 237-261.

1278 Wolpert (G.). *Bruchstück aus Ulrichs von dem Türlin Wilhelm.*
Germania, t. XXVIII, 1883, pp. 337-342.

1279 Nyrop (Kristoffer). *Den oldfranske Heltedigtning*, etc. — Copenhague, 1883, in-8°, pp. 78, 137 et 442. — Cf. la traduction italienne, *Storia dell'Epopea francese nel medio evo*, Turin, 1886, in-8°, pp. 76, 133 et 431.

ENFANCES OGIER

.*. Voy., plus haut, la Table par ordre alphabétique de tous les manuscrits de chansons de geste qui sont parvenus jusqu'à nous (*Épopées françaises*, t. I, 239). — Cf. la Liste des derniers Romans en vers (II, p. 450), celle des Romans en prose (*ibid.*, p. 553), celle des Incunables (*ibid.*, p. 603) et la Nomenclature des chansons françaises qui ont été traduites, connues ou imitées en Italie (*ibid.*, p. 388). — Pour plus de détails, voy. notre Notice bibliographique et historique sur les Enfances Ogier, qui est accompagnée d'une longue analyse (*Ibid.*, III, pp. 52-63).

A. — ÉDITION DU POÈME

1280 Scheler (Aug.). *Les Enfances Ogier, par Adenés li Rois, poème publié pour la première fois et annoté.* — Bruxelles, 1874, in-8°.

Cf. G. Paris, *Romania*, t. V, 1876, pp. 115-119; A. Tobler, *Jahrbuch für romanische und englische Sprache und Literatur*, t. XV, pp. 244-263; T. de Puymaigre, *Polybiblion*, 1878, 1er semestre, pp. 197-198.

B. — TRAVAUX
DONT LA CHANSON A ÉTÉ L'OBJET

1281 Paris (Paulin). *Histoire littéraire*, t. XX, 1842, pp. 688-701.

Notice et analyse.

1282 Keller (Ad.). *Romvart. Beitrage zur Kunde mittelalterlicher Dichtung aus* *italianischen Bibliotheken.* — Mannheim et Paris, 1844, in-8°.

1283 **Guessard** (F.). *Notes sur un manuscrit français de la Bibliothèque de Saint-Marc.*
Bibliothèque de l'École des chartes, t. XVIII, 1857, pp. 193 et ss. — Cf. t. XXV, 1864, pp. 489 et ss.

Étude sur les *Enfances* d'après le ms. XIII.

1284 **Rajna** (Pio). *Uggeri il Danese, nella letteratura romanzesca degli Italiani.*
Romania, t. II, 1873, pp. 153 et suiv. et t. III, 1874, pp. 31 et ss.

Tableau de filiation de toutes les œuvres françaises et italiennes qui ont été consacrées à Ogier.

1285 **Gautier** (Léon). *Les Épopées françaises.* — 1re édit., 3 vol. in-8°, 1865-1868 ; t. II, 1867, pp. 45-56. — 2e édit., 4 vol. in-8°, 1878-1894, t. III, 1880, pp. 52-63.

Notice et analyse.

1286 **Nyrop** (Kristoffer). *Den oldfranske Heltedigtning,* etc. — Copenhague, 1883, in-8°, pp. 88, 89, 169, 190, 289 et 442, 443. — Cf. la traduction italienne, *Storia dell' Epopea francese nel medio evo,* Turin, 1888, in-8°, pp. 85, 86, 162, 183, 276 et 431.

Voy. plus loin *Ogier le Danois.* C'est au sujet du poème de Raimbert que nous aurons lieu de mentionner tous les travaux relatifs au personnage et à la légende générale d'Ogier de Danemark.

ENFANCES ROLAND

.*. Voy., plus haut, la Table par ordre alphabétique de tous les manuscrits de Chansons de geste qui sont parvenus jusqu'à nous (*Épopées françaises,* t. I, p. 239). — Cf. la Nomenclature des chansons françaises qui ont été traduites, connues ou imitées en Italie (II, 389, 390). — Pour plus de détails, voy. notre Notice bibliographique et historique sur les *Enfances Roland* ou *Berte et Milon* du ms. fr. XIII de Vienne, laquelle est accompagnée d'une analyse (III, pp. 64-70).

A. — ÉDITION DU POÈME

1287 **Mussafia** (A.). *Berta e Milone. — Orlandino.*
Romania, 1885, t. XIV, pp. 177-206.

B. — TRAVAUX DONT LA CHANSON A ÉTÉ L'OBJET

1288 **Guessard** (Fr.). *Notes sur un manuscrit français de la Bibliothèque de Saint-Marc.* Bibliothèque de l'École des chartes, t. XVIII, 1857, pp. 193 et ss.

1289 **Gautier** (Léon). *Les Épopées françaises,* 1re édit., 3 vol. in-8°, 1865-1868, t. II, 1867, pp. 57-62. — 2e édit., 4 vol. in-8°, 1878-1894, t. III, 1880, pp. 64-70.

Voy. dans l'article de *Berte aus grans piés,* l'indication des travaux qui ont été publiés sur le ms. XIII de Venise (Zanetti, Immanuel Bekker, Adelbert von Keller, Paul Lacroix, etc.).

ENFANCES VIVIEN

.*. Voy., plus haut, la Table par ordre alphabétique de tous les manuscrits de Chansons de geste qui nous sont parvenus (*Épopées françaises,* t. I, p. 239 et aussi IV, pp. 24 et 111). — Cf. la Liste des romans en prose (II, p. 547 et pp. 550, 551). — Pour plus de détails, voy. notre Notice bibliographique et historique sur les *Enfances Vivien,* qui est accompagnée d'une analyse développée et de la traduction littérale de plusieurs épisodes du vieux poème (IV, pp. 410-436).

A. — ÉDITION ET TRADUCTION DU POÈME

1290 **Wahlund** (Carl) et Hugo von **Feilitzen.** *Les Enfances Vivien, Chanson de geste, publiée pour la première fois d'après les manuscrits de Paris, de Boulogne, de Londres et de Milan (première partie).* — Upsal, 1886, in-4° (Première partie).

La seconde partie (où la publication est

achevée) a paru en 1895. Elle est précédée d'une « thèse de doctorat servant d'introduction, par Alfred Nordfelt, docteur ès lettres ». — La conception des textes en prose placés au-dessous de la version en vers appartient à M. Hugo de Feilitzen.

Cf. Muret, *Revue critique*, 1888, 1ᵉʳ sem., p. 458. — *Romania*, t. XIX, 1890, pp. 126-128, XXI, 1892, p. 476, et XXIV, 1895, pp. 633, 634.

1201 Brun (Félix). *Le Vœu de Vivien, fragments du Cycle de Guillaume d'Orange, traduits et précédés d'une Introduction.* — Paris, 1882, in-18.

Cf. nos *Épopées*, l. c., où nous avons traduit les deux épisodes intitulés : « Adieux d'Heutace à Vivien » et « Vivien chez le bon marchand Godefroi » (2ᵉ éd., IV, pp. 419 et 420).

B. — TRAVAUX
DONT LA CHANSON A ÉTÉ L'OBJET

1202 Paris (Paulin). *Les manuscrits françois de la Bibliothèque du Roi*, t. III, 1840, pp. 137-140 et t. VI, 1845, p. 139.

1203 Paris (Paulin). *Histoire littéraire de la France*, t. XXII, 1852, pp. 503-507. Notice et analyse.

1204 Clarus (Ludwig) = Wilhelm **Volk.** *Herzog Wilhelm von Aquitanien*, etc. — Münster, 1865, in-8°, pp. 232-234.

1205 Rajna (Pio). *Un nuovo codice di Chansons de geste*, 1877.

1206 Gautier (Léon). *Les Épopées françaises*, 1ʳᵉ édition, Paris. in-8°, t. III (1868), pp. 397-404. — 2ᵉ édition, Paris, in-8°, t. IV (1882), pp. 410-416.

Notice bibliographique, analyse et traduction partielle.

1207 Nyrop (Kristoffer). *Den oldfranske Heltedigtning*, etc. — Copenhague, 1883, in-8°, pp. 144, 145, 207 et 443. — Cf. la traduction italienne, *Storia dell'Epopea francese nel medio evo*, Turin, 1886, in-8°, pp. 139, 140, 198 et 432.

1208 Nordfelt (Alfred). « *Recueil de mémoires philologiques présenté à M. Gaston Paris par ses élèves suédois le 9 août 1889, à l'occasion de son 50ᵉ anniversaire.* » — Stockholm, imprimerie centrale, 1889, in-8°, pp. 63-102. — Tirage à part.

Classification des manuscrits des *Enfances Vivien*.

Cf. Paris. *Romania*, t. XIX, 1890, pp. 126-128.

ENTRÉE DE SPAGNE

.*. Voy., plus haut, la Table par ordre alphabétique de tous les manuscrits de Chansons de geste qui sont parvenus jusqu'à nous (*Épopées françaises*, t. I, p. 239 et aussi III, p. 405). — Cf. la Liste des romans en prose (II, 547) et surtout la Nomenclature des Chansons françaises qui ont été traduites, connues ou imitées en Italie (*ibid.*, p. 390). = Pour plus de détails bibliographiques, voy. notre Notice bibliographique et historique sur l'*Entrée de Spagne*, qui est accompagnée d'une analyse très développée (III, pp. 404-450). = Nous n'introduirons dans la bibliographie ci-dessous que les ouvrages les plus importants parmi ceux qui sont relatifs aux *Spagna* en vers et en prose.

TRAVAUX
DONT L'ENTRÉE DE SPAGNE
A ÉTÉ L'OBJET

1209 Tosi (Paolo Antonio). *Notizia di una edizione sconosciuta del poema romanzesco la Spagna, colla descrizione di un opuscolo impresso da Aldo Manuzzio nell'anno M CCCC XCIX.* — Milan, 1833, in-8°, 2 p.

1300 Notice sur l'Épopée chevaleresque, la Spagna. *Bulletin du Bibliophile* (1838-1839), pp. 168-172.

1301 Gautier (Léon). *L'Entrée en Espagne, Chanson de geste inédite renfermée dans un manuscrit de la Bibliothèque de Saint-Marc, à Venise. Notice, analyse et extraits.*

Bibliothèque de l'École des Chartes, 4ᵉ sér., t. IV, et tirage à part; Paris, Téchener, 1858, in-8°.

Publication de 900 vers du poème.

1302 Paris (Gaston). *Histoire poétique de Charlemagne.* — Paris, 1865, in-8°, pp. 173-177.

L'*Entrée de Spagne* et la *Prise de Pampelune* sont l'œuvre du même poète : ces deux poèmes sont le trait d'union entre nos chansons de geste et les *Reali.*

1303 Michelant (H.). *Titoli dei Capitoli della storia degli Reali di Francia.* *Jahrbuch für romanische und englische Literatur*, t. XI, 1870, pp. 189-209 et 298-312; t. XII, 1871, pp. 60-72; 217-232 et 396-406.

Ces rubriques du manuscrit, découvert par Ranke à la Bibliothèque Albani, offrent un grand intérêt, comme comparaison avec les données de l'*Entrée de Spagne.*

1304 Rajna (Pio). *La Rotta di Roncisvalle nella letteratura cavalleresca italiana.* — Bologne, 1871, in-8°. (Extrait du *Propugnatore.*)

Rôle de l'*Entrée de Spagne* dans la formation de la *Spagna*, etc.

1305 Ceruti (Antonio). *Il viaggio di Carlo Magno in Ispagna per conquistare il camino di San Giacomo, testo di lingua inedito.* — Bologne, 1871, 2 vol. in-16.

Le *Viaggio* comble heureusement les lacunes de l'*Entrée de Spagne.*

1306 Ceruti (Antonio). *La seconda Spagna e l'acquisto di Ponente ai tempi di Carlomagno, testi di lingua inediti del secolo XIII, tratti da un manoscritto dell' Ambrosiana.* — Bologne, 1871, in-8°.

Cf. *Literarisches Centralblatt*, 1871, n° 30.

1307 Paris (Paulin). *Histoire littéraire de la France*, t. XXVI, 1873, pp. 350-360.

Notice et analyse.

1308 Birch-Hirschfeld (A,). *Ueber die den provenzalischen Troubadours des XII und XIII jahrhunderts bekannten epischen Stoffe.* Leipzig, 1878.

Le duel entre Ferragus et Roland a donné lieu sans doute à des chants populaires.

1309 Paris (Gaston). *Les manuscrits français des Gonzague.* *Romania*, 1880, t. IX, pp. 501 et 503.

1310 Gautier (Léon). *Les Épopées françaises.* — 1re édit. Paris, 1865-1868, in-8°, t. II (1867), pp. 328-362 ; 2e édit. Paris, 1878-1894, in-8°, t. III (1880), pp. 404-450.

Notice et analyse très développée.

1311 Stengel (E.). *Zur Entrée en Espagne.* *Zeitschrift für romanische Philologie*, t. V, p. 379.

Distinction entre l'anonyme padouan et Nicolas de Vérone.

Cf. G. Paris, *Romania*, t. XI, 1882, p. 165.

1312 Thomas (Antoine). *Nouvelles recherches sur l'Entrée de Spagne, Chanson de geste franco-italienne.* — Paris, 1882, in-8°.

(*Bibliothèque des Écoles françaises d'Athènes et de Rome*, 25e fasc.)

L'*Entrée de Spagne* est l'œuvre d'un auteur padouan ; les 131 derniers vers sont le début d'une continuation due à Nicolas de Vérone.

Cf. Gaston Paris : *Romania*, t. XI, 1882, pp. 147-149. — Stengel, *Literaturblatt für germanische und romanische Philologie* (10 novembre 1882), col. 429. — *Giornale storico della Litter. Ital.* (1883), II, pp. 422-424.

1313 Nyrop (Kristoffer). *Den oldfranske Heltedigtning*, etc. — Copenhague, 1883, in-8°, pp. 93-96, 133, 268, 393 et 443. — Cf. la traduction italienne, *Storia dell' Epopea francese nel medio evo*, Turin, 1886, in-8°, pp. 90, 129, 257, 375 et 432.

1314 Osterhage (G.). *Ueber die Spagna istoriata.* Berlin, 1885, in-4o, (Programm des Humboldts-Gymnasium in Berlin).

1315 Thomas (Antoine). *Notice sur deux manuscrits de la Spagna en vers de la Bibliothèque nationale de Paris.* *Romania*, 1885, t. XIV, pp. 207-221.

1316 Castets (Ferdinand) *Recherches sur les rapports des Chansons de geste et de l'épopée chevaleresque italienne.*—Paris, 1887, in-8°, pp. 227-254.

1317 Yocca (G. Stefano). *Saggio su l'Entrée de Spagne ed altre chansons de geste mediœvali franco-italiane.* — Paris, 1895, in-8°.

————

ESCLARMONDE

SECONDE SUITE DE HUON DE BOR-
DEAUX (MS. DE TURIN, BIBL. NAT.
L II 14, fo 354-379).

.٠. Voy., plus haut, la Table par ordre
alphabétique de tous les manuscrits
de chansons de geste qui sont parvenus jusquà nous (*Épopées françaises*,
t. I, p. 239 et aussi III, p. 734). — Cf. plus loin
(II, p. 551) la Liste des Romans en prose
et (*ibid.*, p. 603), celle des Incunables. —
Pour plus de détails bibliographiques, voy.
notre Notice bibliographique et historique sur les Suites d'Huon de
Bordeaux (III, pp. 742-745). — Depuis l'édition de Michel Le Noir qui est la plus ancienne
(1516) jusqu'aux plus récents tirages de la
Bibliothèque bleue à Montbéliard, tous les
Huon de Bordeaux incunables et tous ceux de
la Bibliothèque bleue renferment la version en
prose d'*Esclarmonde*

A. — ÉDITION DU POÈME

1318 **Schæfer** (Hermann). *Erste
Fortsetzung der Chanson de Huon de Bor-
deaux nach der Pariser Handschrift Bibl.
Nat. fr. 1451.* — Worms, 1895, in 8°.

« M. Schäfer, qui a déjà publié (n° XC des
Ausgaben und Abhandlungen, dirigées par
M. Stengel) une étude sur les deux manuscrits de Paris qui contiennent les remaniements et suites de *Huon de Bordeaux,*
imprime ici la partie du long poème contenu
dans le ms. 1451 (il n'est pas dans 22555),
qui correspond à la *Chanson d'Esclarmonde* du manuscrit de Turin, et il compare
sommairement les deux rédactions. » (*Romania,* t. XXIV, 1895, p. 624.)

B. — TRAVAUX
DONT LE POÈME A ÉTÉ L'OBJET

1319 **Graf** (A.). *I complementi della
Chanson d'Huon de Bordeaux,* 1878.

M. Graf n'a publié que le Prologue d'*Huon,*
qui est le *Roman d'Auberon.*

1320 **Gautier** (Léon). *Les Épopées*

françaises. — 1re édit., Paris, in-8°, t. I
(1865), pp. 529, 530, et II (1867), p. 557.

Analyse rapide d'*Esclarmonde.*

2e édit., Paris, in-8°, t. III (1880), pp. 742-
744.

Notice bibliographique et analyse.

1321 **Schweigel** (Max). *Ueber die
Chanson d'Esclarmonde, die Chanson de
Clarisse et Florent, und die Chanson d'Yde
et Olive, drei Fortsetzungen der Chanson
von Huon de Bordeaux.* — Leipzig, 1888,
in-8°. (Dissertation de Marbourg.)

Voy. ci-dessus (n° 1318) l'article consacré
à H. Schäfer. Cf. plus loin *Huon de Bordeaux.*

———

FIERABRAS

TEXTE FRANÇAIS

.٠. Voy., plus haut, la Table par ordre
alphabétique de tous les manuscrits
de chansons de geste qui sont parvenus jusqu'à nous (*Épopées françaises,* t. I, p. 239). — Cf. la Liste des
Romans en prose (II, pp. 547, 548) et celle
des Incunables (*ibid.,* p. 602), comme aussi
la Nomenclature des chansons
françaises qui ont été traduites,
connues ou imitées en Italie
(*ibid,*, p. 390). === Les éditions incunables ont
été nombreuses : la première, comme nous
l'avons vu, est celle de Genève, en 1478 (sous
ce titre : *Le Roman de Fierabras le geant*), et
c'est le premier de nos romans qui ait eu les
honneurs de l'impression. Puis, viennent les éditions de Symon Dujardin, à Genève, s. d. ; de
Loys Garbin, à Genève, en 1483; de Guillaume
Le Roy, à Lyon, en 1486; deux autres éditions
du même, s. d. ; une autre de Genève, en 1488;
de J. Maillet, à Lyon, en 1489; une autre de
Lyon, sans nom de libraire et s. d. ; de Pierre
Mareschal et Barnabas Chaussard, à Lyon, en
1497. ===Sous un second titre : *La conqueste du
grant roi Charlemaigne des Espaignes et les
vaillances des douze pers de France et aussi
celles du vaillant Fierabras* ont paru successivement les éditions de Pierre de Saincte-Lucie,
dit le Prince, à Lyon, en 1498; de Pierre Mareschal et Barnabas Chaussard, à Lyon, en

7

1501; de Martin Havard, à Lyon, en 1505; de Michel Le Noir, à Paris, en 1520; de Jehan Trepperel, s. d.; de François Regnault, à Rouen, s. d.; de Pierre de Saincte Lucie, dit le Prince, à Lyon, en 1536; de Jean Burges, à Rouen, s. d.; de Jehan Bonfons s. d. == Sous un troisième titre, plus développé que le précédent : *La Conqueste du grand roi Charlemaigne des Espagnes, avec les faits et gestes des douze pairs de France et du grand Fierabras, et le combat fait par lui contre le petit Olivier lequel le vainquit. Et des trois freres qui firent les neuf espées dont Fierabras en avait trois pour combattre contre ses ennemis,* ont été publiées les éditions de Nicolas Bonfons, s. d.; de Jehan Bogart (et non Bigart, comme nous l'avons imprimé à tort, III, p. 384), à Louvain, en 1588; de la veuve L. Costé, à Rouen, en 1640; de la veuve Bailly, à Lyon, en 1664; de Jacques Oudot (la permission d'imprimer est du trente et un (*sic*) septembre 1705); de Deckherr, à Montbéliard, s. d.; et toutes les éditions de la Bibliothèque bleue jusqu'à nos jours. — En Espagne, Nicolas de Piamonte traduisit en 1528 le livre populaire français sous ce titre : *Historia del emperador Carlomagno y de los doce Pares de Francia,* et cette traduction fut réimprimée à Cuença; puis à Alcala, en 1570, par Sébastien Martinez, etc., etc., etc. == L'œuvre de Nicolas de Piamonte fut elle-même traduite en Portugais. == En Angleterre, le fameux livre *The Lyf of the noble and virtuous prince Charles the Great* qui sortit des presses de William Caxton, le 18 juin 1485, n'est qu'une traduction du *Fierabras.* == Il en est de même enfin pour le livre allemand imprimé en 1533, à Simmern, par Jérome Rodler: *Eine schœne und kurtzweilige Historie von einem machtige Riesen auss Hispanien Fierabras genannt* (Cf. le n° 1336). == Pour plus de détails-bibliographiques, voir notre Notice bibliographique et historique sur la chanson de Fierabras, qui est accompagnée d'une analyse développée (III, pp. 381-397).

A. — ÉDITION DU POÈME

1322 **Krœber** (A.) et **Servois** (G.). *Fierabras, Chanson de geste publiée pour la première fois d'après les manuscrits de Paris, de Rome et de Londres.* — Paris, 1860, in-18.
Les Anciens poètes de la France, t. IV.

B. — TRAVAUX
DONT LA CHANSON A ÉTÉ L'OBJET

1323 **Paulmy** (Marc-Antoine-René, marquis de). *Bibliothèque des Romans,* novembre 1777.

1324 **Paulmy** (M.-A.-R., marquis de). *Mélanges tirés d'une grande bibliothèque.* — Paris, 1780, in-8°, t. VIII, pp. 176 et ss.

1325 **Gaillard** (Gabriel-Henri). *Histoire de Charlemagne.* — Paris, 1782, in-8°, t. III, p. 420.

1326 **Roquefort** (J.-B.-B.). *État de la poésie française dans les xii° et xiii° siècles.* — Paris, 1815, in-8°, p. 136.

1327 **Raynouard** (François-Just-Marie). *Journal des savants,* mars 1831.
Article sur la publication d'Immanuel Bekker.
Voy. plus loin, le n° 1379.

1328 **Melzi** (Gaetano dei conti). *Bibliografia dei romanzi e poemi cavallereschi,* etc., 1829, in-8°. — 2° édit., Milan, 1838, in-8°, p. 232.

1329 **Duval** (Amaury). *Note sur une pastorale basque, intitulée :* Les douze Pairs, *entendue par M. Jomard à Castet.*
Histoire littéraire de la France, t. XVIII, 1835, pp. 720-721.

1330 **Michel** (Francisque). *Rapport sur les anciens monuments de l'histoire et de la littérature de la France qui sont conservés dans les bibliothèques d'Angleterre et d'Écosse.* — Paris, 1838, in-4°.
Collection des *Documents inédits sur l'histoire de France.*

1331 **Reiffenberg** (Baron de). *Chronique rimée de Philippe Mouskes.* — Bruxelles, 1838, in-4°, t. II, pp. ccxxxiii-ccxxxvii.

1332 **Duméril** (Edelestand). *Histoire de la poésie scandinave.* — Paris, 1839, in-8°, p. 183.
Établit, après Diez, l'antériorité du texte français.

1333 **Græsse** (J. G. T.). *Die grossen Sagenkreise des Mittelalters.* — Dresde et Leipzig, 1842, in-8°, pp. 354-355.

1334 Ideler (L.). *Geschichte der alt-französischen National-Literatur.* — Berlin, 1842, in-8°, pp. 103-105.

1335 Ellis (G.). *Specimens of early metrical romances ; a new edition revised by J.-C. Halliwell.* — Londres, 1848, in-8°, pp. 379-404.

Sir Ferumbras.

1336 Simrock (K.). *Eine schöne und kurzweilige Historie von einem Riesen Fierabras genannt, und welche Kämpfe Kaiser Karl und seine Helden mit den Heiden stritten.* — Frankfort-sur-le-Mein, 1849, in-8°, avec gravures sur bois.

(*Volksbücher deutsche nach den ältesten Ausgaben hergestellt.*)

1337 Sachs. *Miscellen aus Pariser Manuscripten.*

Archiv für das Studium der neueren Sprachen, t. XVIII, 1855, pp. 426-428.

1338 Heyse (Paul). *Romanische inedita auf italiänischen Bibliotheken gesammelt.* — Berlin, 1856, in-8°, pp. 128-156.

Poema del re Fierabraccia.

Fragment d'un poème italien de la Ricardiana, ms. 1144.

1339 Baret (Eugène). *Espagne et Provence.*— Paris, 1857, in-8° : Appendice n° 1, pp. 351-353.

Analyse d'une pastorale basque sur les Douze pairs. (Cf. le n° 1329.)

1340 Brunet (Jacques-Charles). *Manuel du libraire.* — Cinquième édition, Paris, t. II (1860), col. 1250, 1251 et 228, 229.

1341 Delvau (Alfred). *Bibliothèque bleue : Fierabras.* — Paris, 1862, in-8°.

Voy. les n°ˢ 405 et 411.

1342 Paris (Gaston). *Histoire poétique de Charlemagne.* — Paris, 1865, in-8°, pp. 97, 251, etc.

Existence probable d'un ancien poème intitulé *Balant* et qui devait servir de prologue à *Fierabras*, etc. (Voy. *Destruction de Rome.*)

1343 Gautier (Léon). *Les Épopées françaises.* — Paris, 1ʳᵉ édit., in-8°, t. II (1867), pp. 305-321 ; 2ᵉ édit., t. III (1880), pp. 381-397.

Notice et analyse développée.

1344 Revue critique, 1886, 1ᵉʳ sem., pp. 41-45 (article sur *la France littéraire au xvᵉ siècle*, de G. Robert).

1345 Knust (H.). *Ein Beitrag zur Kenntniss der Escorial-Bibliothek.*

(*Jahrbuch für romanische und englische Literatur*, t. IX, 1868, pp. 43-72.)

Cf. *Revue critique*, 17 octobre 1868.

1346 Uhland (Ludwig). *Sagengeschichte der germanischen und romanischen Völker.* 2ᵉ partie : *Zur romanischen Sagengeschichte.* — Stuttgart, 1868, pp. 645-646. (V. le n° 125.)

1347 Grœber (Gustav). *Die handschriftlichen Gestaltungen der Chanson de geste Fierabras und ihre Vorstufen.* — Leipzig, 1869, in-8°.

Indication de deux nouveaux manuscrits du *Fierabras*. .

Cf. Gaston Paris, *Revue critique*, 1869, 2ᵉ sem., pp. 121-126.— Bartsch, *Jahrbuch für romanische und englische Literatur*, t. XI, 1870, pp. 219-224.— Liebrecht, *Gœttingische Anzeiger*, t. I, 1870, p. 474. — Stimming, *Archiv für das Studium der neueren Sprachen*, XLVI, 1870, pp. 468-470. — *Literarisches Centralblatt*, 1870, col. 19.

1348 Catalogue raisonné *des livres de la Bibliothèque de M. Ambroise Firmin Didot.* — Paris, 1870, in-8° (tableau I, c.)

1349 Grœber (Gustav). *Vortrag ueber eine bisher unbekannte « Branche » der Chanson de geste Fierabras.*

Verhandlung der 28ᵗᵉⁿ Versammlung deutscher Philologen in Leipzig. — Leipzig, 1873, in-4°, pp. 209-218.

Il s'agit de la *Destruction de Rome*. (Voy., plus haut, n°ˢ 1215 et suiv.).

1350 Grœber (Gustav). *La Destruction de Rome, première branche de la Chanson de geste de Fierabras.*

Romania, II, 1873, pp. 1-48.

Texte critique. —(Voy., plus haut, l'article *Destruction de Rome*, n°ˢ 1215 et suiv.)

1351 Grœber (Gustav). *Zu den Fierabras-Handschriften.*

Jahrbuch für romanische und englische Literatur. Nouvelle série, t. I, 1874, pp. 111-117.

Fragment du xivᵉ siècle appartenant à la bibliothèque de Hanovre.

1352 Milà y Fontanals (M.). *De la poesia heroïco-popular castellana.* — Barcelone, 1874, in-8°, pp. 357-358.

1353 Catalogue Didot. — Paris, 1878, in-8°.

Le n° 30 est un manuscrit du *Fierabras*, du XIII° siècle ; le n° 42 un manuscrit du même poème, du XV° siècle.

1354 Le Roman de Fierabras-le-Géant.

Bibliographie und Literatur Chronik der Schweiz. VIII° année, 1878, n° 7-8.

1355 Herrtage (Sidney-J.). *Sir Ferumbras. Edited from the unique paper manuscript about 1380 A. D. in the Bodleian Library (Ashmole ms. 33).* — London, 1879, n-8°.

(*Early English text Society : extra-series,* t. XXXIV.)

Cf. Gaston Paris, *Romania,* t. XI, pp. 149-153.

1356 Hausknecht (Emil). *Ueber Sprache und Quellen des mittelenglischen Heldengedichts vom Sowdon of Babylon.*— Berlin, 1879; in-8°.

Le *Sowdan of Babylone* est une version anglaise de *Sir Ferumbras* qui renferme une *Destruction de Rome.*

Cf. G. Paris, *Romania,* VIII, p. 479. — *Archiv für das Studium,* LXIII (1879), pp. 460-461. — Grœber, *Zeitschrift für romanische Philologie,* IV (1880), pp. 163-170. — Wissmann, *Literaturblatt für germanische und romanische Philologie,* I, p. 100.

1357 Kœlbing (E.). *Das Neapler Fragment von Sir Isumbras.*

(*Englische Studien,* t. III, 1879, pp. 200-202.)

1358 Herrtage (Sidney-J.-H.). *The English Charlemagne Romances. Part. III. The Lyf of the noble and crysten prynce, Charles the Grete, translated from the French by William Caxton, and printed by him 1485. Edited now for the first time, from the unique copy in the British Museum, with introduction, notes and glossary.* — London, 1880-1881, 2 vol., in-8°.

(*Early Englisch text Society ; extra series,* t. XXXVI et XXXVII.)

1359 Stengel (E.). *El cantare di Fierabraccia ed Ulivieri.* — Marbourg, 1880, in-4°.

Programme joint à l'invitation adressée pour assister à la réception du nouveau Recteur, 17 oct. 1880.

1360 Stengel (E.). *El cantare di Fie-rabraccia ed Ulivieri. Italienische Bearbeitung der Chanson de geste Fierabras. Vorausgeschickt ist eine Abhandlung von* C. Buhlmann : *Die Gestaltung der Chanson de geste Fierabras im Italienischen.* (V. le n° suivant.)

(*Ausgaben und Abhandlungen,* 1881, 2° fasc., in-8°.)

Cf. *Deutsche Literaturzeitung,* 1881, n° 34. — Zenatti, *Giornale di Filologia romanza,* t. III, p. 114. — *Literarisches Centralblatt,* 1881, p. 47.

1361 Buhlmann (C.). *Die Gestaltung der Chanson de geste Fierabras im Italienischen.* — Marbourg, 1880, in-8°, reproduit dans les *Ausgaben und Abhandlungen* (2° fasc., 1881, en tête de l'édition de *Fierabraccia ed Ulivieri* publiée par E. Stengel). (Voy. le n° précédent.)

Cf. Morf, *Zeitschrift für romanische Philologie,* t. V, 1881, p. 165.

1362 Hausknecht (Emil). *The English Charlemagne Romances. — Part. V. The Romaunce of the Sowdone of Babylone and of Ferumbras his sone, who conquerede Rom. Reedited from the unique Manuscrit of the late Sir Thomas Philipps, with Introduction, Notes and Glossary.* — Londres, 1881, in-8°.

(*Early Englisch text Society ; extra-series,* t. XXXVIII.)

1363 Ritter (E.). *Jean Bagnyon, le premier des littérateurs vaudois.*

Gazette de Lausanne, 19 et 20 mai 1881.

Cf. *Romania,* oct. 1881, t. X, p. 634. Renseignements sur l'auteur du *Fierabras* en prose.

1364 Hausknecht (Emil). *Zur Fierabrasdichtung in England. Anglia,* t. VII, 1884, p. 160.

1365 Roussel (Ernest). *Recherches sur la foire du Lendit.*

Positions de thèses de l'École des Chartes, 1884.

Fierabras était un des poèmes qui étaient le plus chantés à la fameuse foire : il avait peut-être été composé pour justifier l'authenticité des reliques de la Passion conservées à l'abbaye de Saint-Denis. — Un érudit qui nous a été enlevé trop tôt, Gustave Roullant, est mort au moment où il a lait faire paraître une étude analogue sur le Lendit et les poèmes qui s'y chantaient.

1366 Carstens (B.). *Zur Dialektbes-timmung des mittelenglischen Sir Firum-bras. Eine Lautuntersuchung.* — Kiel, 1884, in-8°.

Dissertation de Kiel.

Cf. G. Sarrazin, *Literaturblatt für germa-nische und romanische Philologie,* 1884, n° 10, col. 388-390.— E. Einenkel,*Anglia,* t. VII, p. 2.

1367 List (W.). *Fierabras-Bruchstück. Zeitschrift für romanische Philologie,* t. IX, 1885.

1368 Nyrop (Kristoffer). *Den old-franske Heltedigtning,* etc. — Copenhague, 1883, in-8°, pp. 92-93, 97, 133, 155, 156, 272, 274, 275, 332, 347, 348 et 443-445. — Cf. la traduction italienne, *Storia dell' Epo-pea francese nel medio evo,* Turin, 1886, in-8°, pp. 89-90, 93, 120, 149-150 ; 260, 262, 318, 332, 333 et 433-434.

1369 Vinson. *Folk-lore du pays bas-que.* — Paris, 1883, in-8°, p. 343.

Le souvenir du *Fierabras* se retrouve dans une pastorale basque : « Charlemagne ». Voy. les n°⁸ 1329 et 1339.

1370 Bédier (J.) *La composition de la Chanson de Fierabras. Quels sont, dans le Fierabras, les souvenirs d'une forme origi-naire de la chanson, et quelle est la part des inventions postérieures ?* — *Romania,* t. XVII, 1888, pp. 22-51.

Une chanson ancienne a été choisie comme cadre par un jongleur pour y placer l'his-toire des reliques de Saint-Denis.

1371 Nettlau. *Irish texts in Dublin and London Manuscripts. Revue celtique,* t. X, 1889, pp. 456-463.

Manuscrit irlandais du *Fierabras* (Forti-bras).

1372 Reichel (C.). *Die mittelenglische Romanze Sir Fyrumbras und ihr Verhält-nis zum altfranzösischen and provenza-lischen* Fierabras. — Breslau, 1892.

Voy. le *Fierabras* (texte provençal) et la *Destruction de Rome.* Ce dernier poème n'est, comme nous l'avons dit, qu'un Prologue du *Fierabras.*

FIERABRAS

(TEXTE PROVENÇAL)

—

A. — ÉDITION ET TRADUCTION DU POÈME PROVENÇAL

1373 Bekker (Immanuel). *Der Roman von Fierabras Provenzalisch.* — Berlin, 1829, in-4°.

Cf. Fr. Diez, Compte rendu publié dans les *Ber-liner Jahrbücher für Wissenschaft Kritik,* 1831, t. II, pp. 160-193, et reproduit par Breymann, dans les *Friedrich Diez' kleinere Arbeiten und Recensionen.* Munich, 1883, in-8°, pp. 101-110. — F.-J.-M. Raynouard, *Journal des savants,* Paris, in-4°, mars 1831.

1374 Raynouard (François-Just-Marie). *Lexique roman.* — Paris, 1836-1844, 6 vol., in-8°, t. I, pp. 290-314.

Extraits du *Fierabras* provençal.

1375 Bartsch (Karl). *Provenzalisches Lesebuch.* — Elberfeld, 1855, in-8°.

1376 Lafon (Mary). *Fier à bras. Lé-gende nationale ; avec douze gravures d'après les dessins de Gustave Doré.*—Paris, 1857, in-8°.

Traduction du texte provençal.

B. — TRAVAUX DONT LA CHANSON A ÉTÉ L'OBJET

1377 Diez (F.). *Die Poesie der Trou-badours,* 1827, in-8°, p. 209.

1378 Diez (F.). *Leben und Werke der Troubadours,* 1829, in-8°, pp. 613-614.

1379 Raynouard (François-Just-Ma-rie). *Journal des savants,* mars 1831.

Article sur la publication du *Fierabras* provençal par Immanuel Bekker. — Analyse du poème et discussion de quelques points contestables.

1380 Dumeril (Edelestand). *Histoire de la poésie scandinave.* Paris, in-8°, p. 183. Voy. le n° 1332.

1381 Fauriel (Claude-Charles). *His-toire littéraire de la France,* t. XXII, 1852, pp. 190 et ss.

Notice sur le *Fierabras* provençal, où Fauriel ne se prononce pas nettement sur la question d'antériorité du texte français.

L'honneur d'avoir découvert l'antériorité du texte français appartient à Uhland.

Aux pp. 202-206 du même volume de l'*Histoire littéraire*, Fauriel donne la traduction de quelques passages remarquables du texte provençal.

1382 Sachs. *Provenzalisches Epos.*
Archiv für das Studium der neueren Sprachen, 1859, p. xxvi.

1383 Hofmann et **Baist** (G.) *Zum Provenzalischen Fierabras. I. Textverbesserungen. II. Die Handschrift.*
(*Romanische Forschungen* (1883), t. I, pp. 117-130.)

Cf. G. Paris, *Romania*, t. XI, 1882, p. 448.

Voy., plus haut, le *Fierabras* français.

FLOOVANT

.*. Voy., plus haut, la Table par ordre alphabétique de tous les manuscrits de Chansons de geste qui sont parvenus jusqu'à nous (*Épopées françaises*, t. I, p. 239) et surtout la Nomenclature des chansons françaises qui ont été connues, traduites ou imitées en Italie (II, p. 390).— Le nom du héros de la chanson dériverait de « Flodoving » =« Chlodoving », et le titre du poème original aurait été : *Enfances Dagobert le Floovant.* (Cf. plus loin A. Darmesteter, G. Paris et Nyrop.)

A. — ÉDITION DU POÈME

1384 Guessard (F.) et **Michelant** (H.). *Floovant, chanson de geste publiée pour la première fois d'après le manuscrit unique de Montpellier.* — Paris, 1859, in-16.
Anciens poètes de la France.
Cf. *Archiv für das Studium der neueren Sprachen*, XXVIII, 1860, p. 444, etc.

B. — TRAVAUX
DONT LA CHANSON A ÉTÉ L'OBJET

1385 Michel (Francisque). *Le Pays basque.* — Paris, 1857, in-8°, pp. 44-45.

1386 Bartsch (Karl). *Flovent. Bruchstücke eines mittelniederländischen epischen Gedichtes. Germania*, t. IX, 1864, pp. 407-436.

Comparaison avec le *Floovant*.

1387 Paris (Paulin). *Histoire littéraire de la France.* T. XXVI, 1873, pp. 1-19.

Notice et analyse.

1388 Rajna (Pio). *Osservazioni fonologiche a proposito di un manoscritto della Bibliotheca Magliabecchiana: Il libro delle storie di Fioravante.*
Il Propugnatore, 1872, disp. 1ª, pp. 29-63.

1389 Darmesteter (Arsène). *De Floovante vetustiore gallico poemate et de merovingo cyclo scripsit, et adjecit nunc primum edita Olavianam Floovents Sagæ versionem et excerpta e Parisiensi codice « Il Libro de Fioravante » A. Darmesteter.* — Paris, 1877, in-8°.

Cf. G. Paris, *Romania*, t. VI, 1877, pp. 605-613 .— E. Stengel, *Zeitschrift für romanische Philologie*, t. II, p. 332. (Réponse de Darmesteter, *Romania*, t. VII, 1878, p. 630.) — *Jenaer Literaturzeitung*, janvier-mars 1878, n° 11.

1390 De Floovant Sage. *Spectator*, 1878, pp. 242 et ss.

1391 Bangert (F.). *Beitrag zur Geschichte der Flooventsaga.* — Heilbronn, 1879, in-4°.

1392 Rajna (Pio). *Le Origini dell' Epopea francese.*— Florence, 1884, pp. 131-168.

1393 Hofmann (K.) *Sur Floovent. Romanische Forschungen*, t. II, 1885-1886. *Mélanges.*

1394 Nyrop (Kristoffer). *Den oldfranske Heltedigtning*, etc. — Copenhague, 1883, in-8°, pp. 70-74, 269 et 444, 445. — Cf. la traduction italienne, *Storia dell' Epopea francese nel medio evo*, Turin, 1886, in-8°, pp. 68-73, 257 et 434.

1395 Mentz (R.). *Die Träume in den altfranzösischen Karls und Artus Epen.* — Marbourg, 1888, in-8°, pp. 104-105 (*Der Traum in der Chanson de Floovant.*)
(Voy. le n° 476.)

Croit que le songe donné par les *Reali* et imaginé par Guessard pour combler une lacune du poème, n'existait pas dans le texte primitif.

1396 Petit (Louis-D.). *Bibliographie*

der middel-nederlandsche Taal-en Letter-kunde, 1888, in-8°.

Indication de fragments publiés par From-mann, K. Bartsch, G. Kalff.

1397 Kurth (Godefroid). *Histoire poé-tique des Mérovingiens.* — Paris, Bruxel-les et Leipzig, 1893, in-8°, pp. 456, 459, 460.

« L'auteur de *Floovant* a puisé à une source contenant une version déjà altérée de l'épisode rapporté dans les *Gesta Dagoberti*. »

FLORENCE DE ROME

.⁎. Voy., plus haut, la Table par ordre alphabétique de tous les manuscrits de Chansons de geste qui sont par-venus jusqu'à nous (*Epopées françaises*, t. I, p. 239). Cette Table devra être complétée par l'indication des manuscrits signalés ci-dessous par MM. Léopold Delisle et Paul Meyer. — Cf. la Liste des derniers romans en vers (II, p. 449).

TRAVAUX
DONT FLORENCE DE ROME A ÉTÉ L'OBJET

1398 Paris (Paulin). *Histoire littéraire de la France*, t. XXVI, 1873, pp. 335-350..

Notice et analyse développée.

1399 Delisle (Léopold). *Mélanges de paléographie.* — Paris, 1880, in-8°, p. 425.

M. Léopold Delisle signale un manuscrit, de la fin du xiii° siècle, qui nous offre une rédaction différente de *Florence de Rome* (Bibl. nat., Nouv. Acq., fr. 4192).

1400 Meyer (Paul). *Notice sur un recueil manuscrit de poésies françaises appartenant à M. d'Arcy Hutton de Marske Hall* (*Yorkshire*). *Bulletin de la Société des Anciens textes* (1882).

Commencement et fin du roman de *Flo-rence de Rome*, contenu dans ce manuscrit (pp. 55-59). Commencement du même poème d'après le manuscrit de Paris (pp. 66-69).

Cf. *Romania*, t. XI, 1882, p. 672.

1401 Nyrop (Kristoffer). *Den old-franske Heltedigtning*, etc. — Copenhague, 1883, in-8°, pp. 217-219, 78 et 445. — Cf. la traduction italienne, *Storia dell' Epopea francese nel medio evo*, Turin, 1886, in-8°, pp. 210-212, 76 et 434.

C. Nyrop établit dans une note (p. 210) qu'il a dû exister une autre rédaction de *Florence de Rome*.

1402 Wenzel (R.). *Die Fassungen der Sage von Florence de Rome und ihr ge-genseitiges Verhältnis.*

Dissertation de Marbourg, 1890, in-8°.

1403 Gautier (Léon). *Les Épopées françaises.* — 2° édition, t. II, 1892-1894, pp. 486-488.

FLORENT ET OCTAVIAN

.⁎. Voy., plus haut, la Table par ordre alphabétique de tous les manuscrits de Chansons de geste qui sont par-venus jusqu'à nous (*Epopées françaises*, t. I, p. 239). — Cf. la Liste des derniers romans en vers (II, p. 449). A celle des incunables (*ibid.*, p. 602) il faut ajouter l'indi-cation (qui a été omise) d'une rédaction en prose TRÈS ABRÉGÉE de *Florent et Octavian*, sous le titre : *L'histoire de Florent et Lyon, enfans de l'empereur de Romme... nouvellement imprimée à Paris en la rue Neufve Nostre Dame à l'enseigne de l'Escu de France*, s. d. in-4°, goth. (vers 1540). Il y a des éditions de Jehan Bonfons, s. d. in-4°, goth. ; de Nicolas Bonfons, s. d. in-4°, goth. (vers 1560) ; de Jehan Bogard, Louvain, in-4°, goth., 1592; de la veuve Costé, Rouen, s. d. (il en existe à la Bibliothè-que nationale-Y² 195^A , — un exemplaire qui a appartenu à Huet, évêque d'Avranches) ; de Nicolas Oudot, Troyes, s. d... Cf. Brunet, *Ma-nuel*, 5° édition, t. II, col. 1296, et *Supplément*, t. I, col. 506. ⹀ Une traduction ou adaptation anglaise doit également être signalée ' : *Here Begynneth Octavyan the emperoure of Rome*, in-4°, s. d. Cf. Hazlitt, *Handbook to the popular poetical and dramatic literature of Great Bri-tain*, 1869, in-8°, 1° série, p. 427. ⹀ Au sujet du titre de l'incunable français, M. Pau-lin Paris fait observer avec raison « qu'au lieu de ces mots: *L'histoire de Florent et Lyon*, il eut fallu écrire : *L'histoire de Florent et de Othovien le chevalier au Lyon* » (*Histoire littéraire*, XXVI, p. 335).

A. — ÉDITION DE LA CHANSON

Florent et Octavian est inédit, mais M. Karl Vollmœller a publié un poème en vers de huit syllabes, *Octavian*, qui est une version abrégée de notre chanson de geste en laisses monorimés. Cette chanson a près de 20,000 vers : le poème en octosyllabes n'en a environ que 5,400 : « Le récit est cependant à peu près identique dans les deux ; mais le poème abrège constamment (outre qu'il n'a pas les chevilles innombrables de la chanson) et réduit à presque rien les aventures d'Octavien (le frère de Florent et le second fils de l'empereur Octavien de Rome), tandis que la chanson, avant de réunir le père et les deux fils, donne aux aventures du second une étendue aussi considérable qu'à celles du premier ». (*Romania*, t. XI, 1882, p. 611, article de G. Paris.)

1404 Vollmoeller (Karl). *Octavian, altfranzösischer Roman, nach der Oxforder Handschrift Bodl. Hatton. 100, zum ersten Male hgg.* — Heilbronn, 1883, in-12.

(*Altfranzösische Bibliothek herausgegeben von Wendelin Fœrster. III Band.*)

Cf. Gaston Paris, *Romania* (oct. 1882), t. XI, pp. 609-614. — A. Mussafia, *Zeitschrift für romanische Philologie*, t. VI, 1882, pp. 628-636. — *Literaturblatt für germanische und romanische Philologie*, 1883, pp. 268-270. — *Revue critique*, 1883, 1er sem. p. 407.

B. — TRAVAUX
DONT LA CHANSON A ÉTÉ L'OBJET

1405 Paris (Paulin). *Histoire littéraire de la France*, t. XXVI, 1873, pp. 303-335.

Notice et analyse développée.

1406 Hippeau (C.). *Archives des Missions*, t. V, pp. 135-138 et 165-166.

1407 Brunet (G.). *Manuel du libraire*, cinquième édition, Paris, 1860, in-8°, t. II, col. 1296. Cf *Supplément*, t. I, p. 506.

Indication des éditions incunables dont nous avons ci-dessus donné la liste.

1408 Hazlitt (William-Carrew). *Handbook to the popular poetical and dramatic literature of Great Britain*, 1869, in-8°, 1re série, p. 427.

Voy. le n° 226, dont le texte sera corrigé dans notre *Erratum*. (Lire 1869 au lieu de 1889, etc.)

1409 Nyrop (Kristoffer). *Die oldfranske Heltedigtning*, etc. — Copenhague, 1883, in-8°, pp. 79-81, 86, 144, 200, 282 et 445. — Cf. la traduction italienne, *Storia dell' Epopea francese nel medio evo*, Turin, 1886, in-8°, pp. 77-79, 83, 140, 192, 208 et 435.

1410 Baist (G.). *Zum Octavian.* (*Romanische Forschungen*, 1883, t. I, p. 441.)

1411 Streve (Paul). *Die Octavian-Sage. Erlanger Dissertation*, 1884, in-8°.

1412 Sarrazin (G.). *Zwei mittelenglische Fassungen der Octavian-Sage.* — Heilbronn, 1885, in-8°.

(*Altenglische Bibliothek*, III° vol.)

Sur les deux formes qu'a reçues la légende d'Octavian en vieil anglais.

FOULQUE DE CANDIE

.*. Voy. plus haut la Table par ordre alphabétique de tous les manuscrits de Chansons de geste qui sont parvenus jusqu'à nous (*Epopées françaises*, t. I, p. 239, et aussi t. IV, p. 25). — Cf. la Nomenclature des chansons françaises qui ont été connues, traduites ou imitées en Italie (III, pp. 390, 391).

A. — ÉDITION DU POÈME

1413 Tarbé (Prosper). *Le roman de Foulque de Candie, par Herbert Leduc, de Dammartin.* — Reims, 1860, in-8°.

Ce n'est qu'une édition partielle : P. Tarbé n'a publié que le tiers environ de *Foulque.*

B. — TRAVAUX
DONT LA CHANSON A ÉTÉ L'OBJET

1414 Paris (Paulin). *Les Manuscrits françois de la Bibliothèque du Roi*, t. VI, 1845, pp. 139-140 et 151.

1415 Paris (Paulin). *Histoire litté-raire de la France,* t. XXII, 1852, pp. 544-546.

1416 Geffroy (A.). *Notices et extraits des manuscrits concernant l'histoire et la littérature de la France qui sont conservés en Suède, en Danemark et en Norvège,* etc.

Archives des Missions scientifiques et littéraires, 1856, 1re série, t. IV, pp. 261-263.

Sur le manuscrit de Stockholm qui contient *Foulque de Candie,* etc.

1417 Sachs (C.). *Beiträge zur Kunde altfranzösischer... Literatur aus französischen und englischen Bibliotheken.* — Berlin, 1857, in-8°, pp. 19-22.

1418 Dinaux (Arthur). *Les trouvères brabançons, hainuyers,* etc. — Paris, 1863, in-8°, pp. 59-60.

1419 Meyer (Paul). *Rapport sur une mission littéraire en Angleterre.*

Archives des Missions, 1866, 2e série, t. III, pp. 247-279.

L'auteur était chargé, entre autres travaux, d'apprécier la valeur du texte de la *Chanson de Foulque de Candie* contenu dans le ms. Bibl. Reg. 20. D. XI.

1420 Gautier (Léon). *Les Épopées françaises,* 1re édit., t. III (1868), pp. 26, etc. ; 2e édition, t. IV (1882), pp. 25, 42, 43.

Analyse des *Nerbonesi,* etc.

1421 Bormans (Stanislas). *La Geste de Guillaume d'Orange. Fragments inédits du xiiie siècle.*

Le Bibliophile Belge, t. XIII, 1878.

Publication d'un fragment de 248 vers du xiiie siècle, trouvés dans une vieille reliure.

G. Paris, *Romania,* avril 1879, t. VIII, pp. 301-302 : « Ces fragments appartiennent à *Foulque de Candie* et donnent de très bonnes leçons. » —*Literarisches Centralblatt,* juillet-sept. 1879, n° 29.

1422 Paris (Gaston). *Les manuscrits français des Gonzague.*

Romania, t. IX, 1880, p. 501.

1423 Vilmotte (M.). *Un fragment de Foucon de Candie.* — Bruxelles, 1890, in-8°, (Extrait du *Bulletin de l'Académie Royale de Belgique.*)

Il s'agit de 202 vers trouvés à Maestricht,

« nouvelle preuve, dit M. G. Paris, du grand succès de *Foulque de Candie* ».

Cf. la *Romania,* t. XIX, 1890, pp. 498, 499.

1424 Nyrop (Kristoffer). *Den old-franske Heltedigtning,* etc. — Copenha-gue, 1883, in-8°, pp. 152, 393, 445. — Cf. la traduction italienne, *Storia dell' Epopea francese nel medio evo,* Turin, 1886, in-8°, pp. 146, 147, 375 et 435.

———

GALIEN

.**.*. Voy., plus haut, la Liste des der-niers romans en vers (*Épopées fran-çaises,* t. II, p. 449); celle des Romans en prose (*ibid.,* pp. 548, 549) et celle des Incuna-bles (*ibid.,* p. 602). Cf. la Nomencla-ture des chansons françaises qui ont été connues, traduites ou imi-tées en Italie (*ibid.,* p. 391). — La liste des incunables doit être complétée ainsi qu'il suit. On y devra faire entrer tous les *Guerin de Montglane* incunables qui contiennent un *Girart de Viane* plus ou moins défiguré et un *Galien* (voy. notre article *Garin de Montglane*). Mais — pour nous en tenir ici au *Galien restauré* proprement dit — on observera de nouveau que la première édition est bien celle d'Anthoine Vérard, le 12 décembre 1500. Le titre exact est : *Galien rethoré nouvellement imprimé à Paris.* Après cette édition, il faut mentionner celle de « Lyon sur le Rosne », par Claude Nourry, *alias* le Prince, 18 août 1525, sous ce titre : *Les nobles prouesses et vaillances de Galien restauré, filz du noble Olivier le marquis et de la belle Ja-queline, fille du roi Hugon, empereur de Cons-tantinople.* — Puis, celles de la veuve de Jehan Trepperel et de Jehan Jehannot, s. d., avec ce titre : *Galien rethoré, noble et puissant cheva-lier, filz du conte Olivier de Vienne, per de France ;* — de Pierre Sergent, s. d., avec le même titre plus développé ; — de Benoist Ri-gaud, à Lyon, en 1575 (*Histoire des nobles prouesses et vaillances,* etc.) ; — de François Didier, à Lyon, en 1586 (même titre); — de Nicolas Bonfons, s. d. (*l'Histoire du preux et vaillant chevalier,* etc.); celles de Louvain, en 1589; de Troyes (Oudot, 1606, 1622, 1660, 1679, 1709; Garnier, s. d.); de Montbéliard (Deckherr, s. d.), en y joignant enfin, en 1862 et en 1870, celle de la *Bibliothèque bleue*, publiée par Alfred Delvau. — Pour plus de détails bibliographiques voy. notre Notice bibliographique et historique sur le roman de Galien (III, pp. 315-341).

A. — ÉDITION DU POÈME

1425 Stengel (Ed.) et **Pfeil** (K.) *Galiens li restorés, Schlusstheil des Cheltenhamer Guerin de Monglane unter Beifügung sämmtlicher Prosabearbeitungen zum ersten Mal veröffentlicht. Vorausgeschickt ist eine Untersuchung von K. Pfeil: über das gegenseitige Verhältniss der erhaltenen Galien-Fassungen*. — Marbourg, 1890, in-8°.

(*Ausgaben und Abhandlungen*, fasc. LXXXIV.)

Édition où l'on publie en regard du texte en vers, page par page, les textes en prose du ms. 1470 de la Bibl. nationale; du ms. 3351 de l'Arsenal; du *Galien* incunable (s. d., vers 1500) et du *Guerin de Montglane* incunable (éd. de Jehan Trepperel, s. d.).

A. — TRAVAUX DONT LA CHANSON A ÉTÉ L'OBJET

1426 Van Praet (J. B. B.). *Catalogue des livres sur vélin de la Bibliothèque du Roi*. — Paris, 1822-1828, 5 vol. in-8°, (n° 443).

Indique un manuscrit de *Galien* sur vélin.

1427 Nisard (Charles). *Histoire des livres populaires ou de la littérature de colportage*. — Paris, 1854, in-8°, t. II, pp. 530-533.

Cf. la deuxième édition. Paris, 1864, in-18, pp. 475-478.

Analyse de la *Bibliothèque bleue*, édition de Montbéliard.

1428 Brunet (G.). *Manuel de Libraire*, cinquième édition. — Paris, 1860, in-8°, t. II, col. 1460.

1429 Delvau (Alfred). *Bibliothèque bleue*. Réimpression des Romans de chevalerie des xii°, xiii°, xiv°, xv° et xvi° siècles, faite sur les meilleurs textes par une Société de gens de lettres sous la direction d'Alfred Delvau. — Paris, 1859-1862, 3 volumes en 30 livraisons in-4°

Le *Galien restauré* figure dans le tome II sous le n° 26. Cf. la *Collection des Romans de chevalerie*, du même Alfred Delvau; Paris, 1870, in-4°, tome I, n° 12.

1430 Gautier (Léon). *Les Épopées françaises*. — Première édition, Paris, in-8°, t. II, 1867, pp. 282-287. — 2° édition, Paris, in-8°, t. III, 1880, pp. 315-341. Cf. t. II, 1892-1894, pp. 413-420, 442- 446, 565-577.

Notice, analyse développée, essai de restitution (antérieurement à la découverte du manuscrit de Cheltenham); *Galien* pris comme exemple du travail de nos derniers versificateurs et des prosateurs des xv° et xvi° siècles.

1431 Koschwitz (E.). *Sechs Bearbeitungen des altfranzösischen Gedichts von Karls des Grossen Reise nach Jerusalem und Constantinopel*. — Heilbronn, 1879, in-16.

1432 Nyrop (Kristoffer). *Den oldfranske Heltedigtning*, etc. — Copenhague, 1883, in-8°, pp. 123 et 446. Cf. la traduction italienne : *Storia dell' Epopea francese nel medio evo*, Turin, 1886, in-8°, pp. 120 et 436.

1433 Paris (Paulin). *Histoire littéraire de la France*, t. XXVIII, 1881, pp. 221-239.

1434 Schellenberg (Hermann). *Der altfranzösische Roman Galien Rethoré in seinem Verhältniss zu den verschiedenen Fassungen der Rolands und Roncevaux-Sage*. — Marbourg, 1883, in-8°.

Inaugural Dissertation.

1435 Constans (L.). *Chrestomathie de l'ancien français*. — Paris, 1884, in-8°, pp. 22-36.

Scène des *gabs* publiée d'après le ms. de la Bibliothèque Nationale fr. 1470, d'après la réimpression par Koschwitz de l'édition de 1527, et d'après le *Guerin de Monglane* de l'Arsenal, ms. 3351.

1436 Dunlop (John Colin). *History of Prose Fiction*, édition de 1888, t. I, pp. 315-317.

Cf. l'Appendice XIII, pp. 488-490 : *Mort d'Olivier*.

1437 Pfeil (K.). *Das Gedicht Galien Rethoré der Cheltenhamer Handschrift und sein Verhältnis zu den bisher allein bekannten Prosabearbeitungen*. — Marbourg, 1889, in-8°.

Inaugural Dissertation.

Voy. le *Voyage Charlemagne*.

GARINS LI LOHERAINS

.•. Voy., plus haut, là Table par ordre alphabétique de tous les manuscrits de Chansons de geste qui sont parvenus jusqu'à nous (*Épopées françaises*, t. I, pp. 239, 240). — Cf. la Liste des derniers romans en vers (II, pp. 449), celle des Romans en prose (au mot *Lorrains*, ibid., pp. 551-552).

A. — ÉDITIONS ET TRADUCTION DU POÈME

1438 **Paris** (Paulin). *Li Romans de Garin le Loherain, publié pour la première fois et précédé de l'examen du système de M. Fauriel sur les Romans carlovingiens.* — Paris, 1833, in-16.

1439 **Du Méril** (Edelestand). *La mort de Garin le Loherain, poème du* XIIe *siècle, publié pour la première fois d'après douze manuscrits.* — Paris, 1846, in-12.

Quelques-exemplaires portent pour titre : « Li Romans de Garin le Loherain, tome III. Paris et Leipzig, 1862. » C'est la même édition, avec un nouveau titre.

Cf. Nyrop, *Storia dell' Epopea*, p. 454.

1440 **Paris** (Paulin). *Garin le Loherain, chanson de geste, composée au* XIIe *siècle par Jean de Flagy, mise en nouveau langage.* — Paris, 1862, in-18, pp. 399. (Collection Hetzel.)

Traduction, avec notes et glossaire.
Cf. P. Meyer, *Correspondance littéraire*, t. VII, 1863, p. 120.

1441 **Le Glay** (Edw.). *La mort de Bégon de Belin, épisode extrait et traduit du roman de Garin le Loherain.* — Valenciennes, 1845, in-8°. — (Tiré à cinquante exemplaires.)

B. — TRAVAUX DONT LA CHANSON A ÉTÉ L'OBJET

1442 **Sinner** (Jean-Rodolphe). *Extraits de quelques poésies des* XIIe, XIIIe *et* XIVe *siècles.* — Lausanne, 1759, in-8°, pp. 21-29.

Début des « *Loherens* ».

1443 **Raynouard** (F.-J.-M.). *Sur le Roman de Garin.*

Journal des Savants, août et septembre 1833, in-4°.

Au sujet de la publication du texte de *Garin* par Paulin Paris.

1444 **Duval** (Amaury). *Histoire littéraire de la France*, t. XVIII, 1835, pp. 738-748.

1445 **Le Roux de Lincy.** *Analyse critique et littéraire du Roman de Garin le Loherain, précédée de quelques observations sur l'origine des Romans de chevalerie.* — Paris, 1835, in-12.

1446 **Mone** (Fr.-Jos.). *Werin von Lothringen.*

Anzeiger, 1835, col. 338-345, 1836, col. 360-362.

1447 **Mone** (Fr.-Jos.). *Untersuchungen zur Geschichte der deutschen Heldensage.* — Quedlinbourg et Leipzig, 1836, in-8°.

Bibliothek der gesammten deutschen National-Literatur. Zweite Abtheilung I. Band., pp. 192-281. (*Werin von Lothringen.*)

Publication de plusieurs extraits de *Garin*.

1448 **Mone** (Fr.-Jos.). *Anzeiger*, 1838, col. 408-411.

Fragment de *Garin*.

1449 **Reiffenberg** (Baron de). *Chronique rimée de Philippe Mouskes*, t. II, 1838, pp. CCLXIII-CCLXXX.

1450 **Ideler** (L.). *Geschichte der altfranzösischen National-Literatur.* — Berlin, 1842, in-8°, t. II, pp. 268-272.

Fragment de *Garin*.

1451 **Græsse** (J. G. T.). *Die grossen Sagenkreise des Mittelalters.* — Dresde et Paris, 1842, in-8°, p. 288.

1452 **Paris** (Paulin). *Histoire littéraire de la France*, t. XXII, 1852, pp. 604-623.

Notice et analyse.

1453 **Le Glay** (Edw.). *Fragments d'épopées romanes traduits et annotés.* — Paris, 1858, in-8°, pp. 93-158.

« Un mot sur le roman de *Garin le Loherain.* — La mort de Bègue de Belin. »

1454 **Hofmann** (C.). *Ueber ein neuent-*

decktes mittelniederländisches Bruchstück des Garijn.

Sitzungsberichten der Köiglichen Akademie der Wissenschaften zu Munchen. Philos. Philol. Classe : Sitzung vom 6 juli 1861. — Munich, t. II, 1861, pp. 59-74.

1455 **Chasles** (Émile). *Garin le Lorrain.*

Mémoires de l'Académie de Stanislas pour l'année 1862. — Nancy, 1863, in-8°, p. XVII.

1456 **Paris** (Paulin). *Étude sur les Chansons de geste et sur le Garin le Loherain de Jean de Flagy.*

Correspondant, t. LVIII, 1863, pp. 725 et ss.

1457 **Ludlow** (John Malcolm.). *Popular Epics of the Middle Ages of the North-German and Carlovingian cycles.* — Londres 1865, in-16, t. II, pp. 12-141.

Résumé très détaillé (pp. 12-128). — Date, origine et valeur de la chanson (pp. 128-141).

1458 **Bartsch** (Karl). *Chrestomathie de l'ancien français.* — Berlin, 1884, in-8°, col. 63-68.

La mort de Garin, d'après l'édition d'Edelestand du Méril. — L'édition de 1884 est la cinquième de la *Chrestomathie :* les quatre premières sont de 1866, 1872, 1875 et 1880.

1459 **Michel** (Emmanuel). *Sur un manuscrit du Roman de Garin le Loherain, conservé à Montpellier.*

Bulletin de la Société d'archéologie et d'histoire de la Moselle, 10e année, 1867, p. 43.

1460 **Stengel** (E.). *Mittheilungen, aus französischen Handschriften der Turiner Universitäts Bibliothek, bereichert durch Auszüge aus Handschriften anderer Biblioteken, besonders der N. B. zu Paris.* — Marbourg, 1873, in-4°, pp. 12-13, 25-30.

1461 **Delius** (N.). *Bego's Tod.*
Alemannia, t. II, 1874, pp. 33-50.

Cf. *Romania*, 1874, t. III, p. 431 (traduction de l'épisode de la mort de Begon dans le *Garin*).

1462 **Meyer** (Paul). *Mélanges de poésie française.*
Romania, t. VI, 1877, pp. 481-489.

I. Fragment d'une rédaction de *Garin le Lorrain* en alexandrins.

Cf. E. Stengel, *Zeitschrift für romanische Philologie*, t. II, 1878, pp. 347-348.

1463 **Gautier** (Léon). *Les Épopées françaises*, 2e édit., t. I, 1878, in-8°, pp. 489-490.

Traduction du « Départ de Begue ».

1464 **Rhode** (A.). *Die Beziehungen zwischen den Chansons de Geste Hervis de Mes und Garin le Loherain.*

Ausgaben und Abhandlungen, fasc. III. — Marbourg, 1881, in-8°, pp. 121-170.

1465 **Nyrop** (Kristoffer). *Den oldfranske Heltedigtning*, etc. — Copenhague, 1883, in-8°, pp. 190-193, 289, 339 et 446. — Cf. la traduction italienne, *Storia dell' Epopea francese nel medio evo*, Turin, 1886, in-8°, pp. 183-186, 277, 324, 325 et 436, 437.

Notice et bibliographie.

1466 **Bartsch** (Karl). *La langue et la littérature française depuis le ixe siècle jusqu'au xive siècle.* Textes et glossaire, etc. — Paris, 1887, in-8°.

Extrait de *Garin*, col. 111 et ss. (épisode du départ de Begue et de la mort du sanglier). Texte critique.

Voy. *Hervis de Metz* et les *Lorrains*.

GARIN DE MONTGLANE

.*. Voy., plus haut; la T a b l e par ordre alphabétique de t o u s les manuscrits de Chansons de geste qui sont parvenus jusqu'à nous (*Épopées françaises*, t. I, p. 240). ═ Cf. la L i s t e des derniers romans en vers (II, p. 449), à laquelle il faut ajouter, pour plus de clarté, que toute la chanson de *Garin de Montglane* a été l'objet d'un remaniement en vers à l'époque de la décadence, au xve siècle, et que ce remaniement nous a été conservé dans le même manuscrit où se trouve le seul texte connu des *Enfances Garin* (Bibl. nat. fr. 1460). On pourra lire un résumé complet de cette nouvelle rédaction en notre tome IV, pp. 131-134. — Cf. également la Table des Romans en prose (II,

p. 549) et celle des Incunables (*ibid.*, pp. 662, 603).—Il convient seulement d'observer qu'on a eu tort d'infliger le titre de *Garin de Montglane* au ms. 3351 de l'Arsenal qui renferme une compilation où les aventures de Garin n'occupent que quelques pages. Il en est à peu près de même pour tous les *Guerin de Montglave* incunables, et rien n'est mieux fait que ce titre pour dérouter les lecteurs. —La plus ancienne édition incunable de *Guerin de Montglave* est peut-être la suivante : « *S'ensuyt la très plaisante histoire du preux et vaillant Guerin de Montglave, lequel fist en son temps plusieurs très nobles et illustres faicts en armes. Et aussi parle des terribles et merveilleux faicts que firent Robastre et Perdigon, pour secourir le dict Guerin et ses enfants... Nouvellement imprimée à Paris, par Jehan Trepperel*, petit in-4°, goth., s. d. » — Cf. les éditions d'Alain Lotrian; s. d.; de Nicolas Chrestien, s. d.; de Jehan Bonfons, s. d.; de Benoist Rigaud, à Lyon, 1585; de Louis Costé, à Rouen, en 1626. — On a eu l'idée de réunir en un seul volume, les aventures de Guérin et celles de Maugis d'Aigremont. De là l'édition gothique de Michel Lenoir en 1518 (le 15 juillet), qui porte ce titre : *Icy est contenu les deux très plaisantes histoires de Guerin de Monglave et de Maugist d'Aigremont qui furent en leur temps très nobles et vaillans chevalliers en armes. Et si parle des terribles et merveilleux faictz que firent Robastre et Perdigon pour secourir le dit Guerin et ses enfans. Et aussi pareillement de ceulx du dict Maugis.* — Pour plus de détails bibliographiques, voy. notre *Notice bibliographique et historique sur la chanson de Garin de Montglane*, qui est accompagnée d'une analyse très développée et de la traduction littérale de l'épisode de Gaumadras (II, pp. 126-171).

TRAVAUX
DONT LA CHANSON A ÉTÉ L'OBJET

1467 **Gaillard** (Gabriel-Henri). *Histoire de Charlemagne*, t. III, 1782, pp. 479 et ss. Résumé.

1468 **Reiffenberg** (Baron de). *Chronique rimée de Philippe Mouskes*, t. II, 1838, in-4°, pp. CCXXXVIII-CCXLIV.

Publication de 444 vers de *Garin de Montglane*.

1469 **Keller** (A.). *Romvart*, 1844, in-8°, pp. 337-365.

Fragment du manuscrit du Vatican, n° 1517 du fonds de la reine Christine.

1470 **Paris** (Paulin). *Histoire littéraire de la France*, t. XXII, 1852, pp. 441-448.

Notice et analyse.

1471 **Sachs** (C.). *Beiträge zur Kunde altfranzösischer... Literatur aus französischen und englischen Bibliotheken.* — Berlin, 1857, in-8°, pp. 10-14.

1472 **Delvau** (Alfred). *Bibliothèque bleue, réimpression des romans de chevalerie des XII°, XIII°, XIV°, XV° et XVI° siècles, faite sur les meilleurs textes par une Société de gens de lettres, sous la direction d'Alfred Delvau.* — Paris, 1859-1862 ; trois volumes en trente livraisons in-4°.

Le *Guerin de Montglave* figure dans le premier volume sous le n° 6. = Cf. la *Collection des Romans de chevalerie mis en prose française*, du même Alfred Delvau. Paris, 1870, quatre vol. in-4° (t. I, n° 8).

1473 **Brunet** (G.). *Manuel du libraire.* — Paris, cinquième édition, 1860, in-8°, t. II, col. 1786, 1787.

1474 **Clarus** (Ludwig). = **Wilhelm' Volk.** *Herzog Wilhelm von Aquitanien*, etc. — Münster, 1865, in-8°, p. 198.

1475 **Gautier** (Léon). *Les Épopées françaises.* — 1re édition, t. III, Paris, 1868, in-8°, pp. 111-154 ; 2e édition, t. IV, Paris, 1882, in-8°, pp. 126-171.

Notice et analyse.

1476 **Stengel** (Edmond). *Die Chanson de geste Handschriften der Oxforder Bibliotheken.*
Romanische Studien, t. I, 1873, pp. 406-408.

1477 **Stengel** (Ed.). *Bruchstük der Chanson de Garin de Monglane.*
Zeitschrift für romanische Philologie, t. IV, 1882, pp. 403-413.

Fragment d'un manuscrit de Trèves (commencement du XIV° siècle), publié avec les variantes de Rome, de Paris et de Londres.

1478 **Nyrop** (Kristoffer). *Den oldfranske Heltedigtning*, etc. — Copenhague, 1883, in-8°, pp. 129-131, 170, 183 et 446. — Cf. la traduction italienne, *Storia dell' Epopea francese nel medio evo*, Turin, 1886, in-8°, pp. 125-127, 163, 178 et 436.

1470 Paris (Gaston). *Le roman de la
Geste de Monglane.*

Romania, t. XII, 1883, pp. 1-13.

La compilation conservée sous une double
forme, dans le ms. de l'Arsenal 3351 et dans le
Guerin de Montglave incunable se réduit à
deux éléments : un *Girard de Vienne* renou-
velé et amplifié, et un *Guerin.*

1480 Stoeriko (Adolf). *Ueber das
Verhältnis der beiden Romane Durmart
und Garin de Montglane.*— Marbourg, 1888,
in-8°.

Inaugural Dissertation.

Le même ouvrage a paru dans les *Ausgaben und Abhandlungen*, Marbourg, 1888,
n° LXXVII, in-8°.

1481 Rudolph (K.). *Das Verhältnis
der beiden Fassungen, in welchen die Chanson Garin de Monglane überliefert ist,
nebst einer Untersuchung der Enfances
Garin de Monglane.* — Marbourg, 1890,
in-8°.

Dissertation de Marbourg.

GAUFREY

.·. Voy., plus haut, la Table par ordre
alphabétique de tous les manuscrits de chansons de geste qui
sont parvenus jusqu'à nous (*Epopées
françaises*, t. I, p. 240).

A. — ÉDITION DU POÈME

1482 Guessard (Francis) et **Chabaille** (P.). *Gaufrey, chanson de geste,
publiée pour la première fois d'après le
manuscrit de Montpellier.* — Paris, 1859,
in-16.

Les Anciens poètes de la France, t. III.

Cf. G. Buchmann, *Archiv für das Studium
der neueren Sprachen*, t. XXVIII, 1860, p. 445.

B. — TRAVAUX
DONT LA CHANSON A ÉTÉ L'OBJET

1483 Barrois (Jean-Baptiste-Joseph).

---

*Éléments carolingiens, linguistiques et
littéraires.* — Paris, 1846, in-4°, pp. 296-299.

1484 Gautier (Léon). *Les Épopées
françaises.* — 1re édit., t. III, Paris, 1868,
in-8°, pp. 114-116 ; 2e édit., t. IV, Paris,
1882, in-8°, pp. 130, 131.

Analyse développée.

1485 Paris (Paulin). *Histoire littéraire
de la France*, t. XXVI, 1873, pp. 191-212.

Notice et analyse.

1486 Nyrop (Kristoffer). *Den oldfranske
Heltedigtning*, etc. — Copenhague, 1883,
in-8°, pp. 115, 139, 167-169, 190 et 447. —
Cf. la traduction italienne, *Storia dell' Epopea francese nel medio evo*, Turin, 1886,
in-8°, pp. 111, 135, 161, 162, 183 et 437.

1487 Meyer (Paul). *Girart de Roussillon.* — Paris, 1884, in-8°, pp. xcvii-xcix.

Allusion, dans *Gaufrey*, à un passage du
Girart de Roussillon (§ 53).

GAYDON

.·. Voy., plus haut, la Table par ordre
alphabétique de tous les manuscrits de chansons de geste qui
sont parvenus jusqu'à nous (*Épopées
françaises*, t. I, p. 239). — Pour plus de détails
bibliographiques, cf. la Notice bibliographique et historique sur la chanson de Gaydon, qui est accompagnée d'une
analyse développée et de la traduction littérale
de l'épisode du vavasseur Gautier (III, pp. 625-
636).

A. — ÉDITION DU POÈME

1488 Guessard (Francis) et **Luce**
(Siméon). *Gaydon, chanson de geste publiée pour la première fois d'après les
trois manuscrits de Paris.* — Paris, 1862,
in-16.

Les Anciens poètes de la France, t. VII.

B. — TRAVAUX
DONT LA CHANSON A ÉTÉ L'OBJET

1489 Michel (Francisque). *La chanson

de Roland. — Paris, 1837, in-8°, pp. XXIV-XXIX.

Citation de la première et de la dernière laisse de *Gaydon.*

1490 Paris (Paulin). *Les Manuscrits françois de la Bibliothèque du Roi.* — Paris, in-8°, t. VII (1848), pp. 27-28.

1491 Paris (Paulin). *Histoire littéraire de la France,* t. XXII, 1852, pp. 429 et ss.

1492 Luce (Siméon). *De Gaidone carmine gallico vetustiore disquisitio critica.* — Paris, 1860, in-8°.

Thèse de la Faculté des Lettres.

Cf. P. Meyer, *Jahrbuch für romanische und englische Literatur,* 1861, t. III, pp. 206-207.

1493 Paris (Gaston). *Histoire poétique de Charlemagne.* — Paris, 1865, in-8°, p. 323.

Origine angevine de *Gaydon,* etc.

1494 Gautier (Léon). *Les Épopées françaises.* — 1re édit., t. II, Paris, 1867, pp. 460-472 ; 2e édit., t. III, Paris, 1878, pp. 624-636.

Notice et analyse développée.

1495 Reimann (W.). *Ueber die chanson de Gaydon, ihre Quellen, und die angevinische Thierry-Gaydon-Sage.* — Marbourg, 1881, in-8°.

(*Ausgaben und Abhandlungen,* fasc. III, pp. 49-120.)

W. Reimann expose que *Gaydon* renferme les restes évidents d'antiques légendes locales de l'Anjou.

1496 Nyrop (Kristoffer). *Den oldfranske Heltedigtning,* etc. — Copenhague, 1883, in-8°, pp. 175, 209-211, 289, 341 et 447. — Cf. la traduction italienne, *Storia dell' Epopea francese nel medio evo,* Turin, 1886, in-8°, pp. 168, 200, 201, 326 et 437, 438.

GIRART DE ROUSSILLON

.˙. Voy., plus haut, la Table par ordre alphabétique de tous les manuscrits de Chansons de geste qui sont parvenus jusqu'à nous (*Épopées françaises,* t. I, p. 240). — Cf. la Liste des derniers romans en vers (II,

pp. 449, 450), celle des romans en prose (*ibid.,* 549, 550), et celle enfin des incunables [*ibid.,* 602].— Comme on le verra plus loin on ne connaît que deux éditions incunables de l'*Hystoire de Monseigneur Gerard de Roussillon :* l'une est celle de Lyon, Olivier Arnoullet, s. d. commencement du XVIe siècle ; l'autre est celle de Paris, Michel Le Noir, 1520 (Brunet, *Manuel du libraire,* cinquième édition, t. II, col. 1548). Ces deux éditions sont représentées chacune par un exemplaire unique et offrent le même texte qui est celui de la *Fleur des histoires.* — Cf. la Nomenclature des chansons françaises qui ont été connues, traduites ou imitées en Italie (II, p. 391).

Pour que la Bibliographie des éditions de *Girart de Roussillon* offre quelque clarté et soit de quelque profit, il est préalablement nécessaire d'être bien renseigné sur les différentes formes qu'a reçues la légende de Girard, comme sur les différentes œuvres qui lui ont été consacrées et qui sont parvenues jusqu'à nous. Nous emprunterons au *Girart de Roussillon* de Paul Meyer toutes les lumières dont nous aurons besoin.

La légende de Girart a successivement donné naissance aux œuvres suivantes :

1° Une première Chanson de geste, depuis longtemps perdue et qui était sans doute du XIe siècle ;

2° Une Vie latine qui, selon toute apparence, date de la fin du XIe siècle ou du commencement du XIIe, et dont l'auteur a largement utilisé la première chanson de geste. Paul Meyer en a publié le texte dans la *Romania* (t. VII, 1878), et en a donné le sommaire en son *Girart de Roussillon* (pp. XXII-XXIV) ;

3° Une Chanson de geste « renouvelée » qui ne peut avoir été rédigée avant la seconde moitié du XIIe siècle et qui a été, selon toute probabilité, composée sous la latitude de Lyon, mais plus à l'ouest. Le texte de la « chanson renouvelée » nous a été conservé dans quatre manuscrits : A. Oxford, Canonici Miscell., 63, milieu du XIIIe siècle. — B. Londres, Brit. Mus., Harl. 4334 (fragment de 3,500 vers), milieu du XIIIe siècle. — C. Passy. Fragment de cinq feuillets de la première moitié du XIIIe siècle, appartenant à M. Paul Meyer. — D. Paris, Bibl. nat. fr. 2180. Milieu du XIIIe siècle (complet, moins un cahier de 360 vers.) Ces quatre manuscrits peuvent être divisés en deux familles, la première représentée par ABC ; la seconde par

D. = Le ms. A a été publié partiellement dans les *Gedichte der Troubadours* de Mahn et en second lieu, par W. Fœrster (*Romanische Studien*, t. V). M. Karl Schweppe en a publié 1550 vers à Stettin en 1878. Le ms. B a été publié par Fr. Michel, en 1856, et une édition paléographique en a été donnée par Stürzinger (*Romanische Studien*, LV). Le ms. D a été publié partiellement par Raynouard, au t. I de son *Lexique roman*, et intégralement : 1° par F. Michel en 1856, et 2° par C. Hoffmann, à Berlin, en 1856, 1857, dans les *Werke der Troubadours* de Mahn. Cette dernière édition a été collationnée par M. Apfelstedt au t. V des *Romanische Studien*, pp. 282-295 ;

4° Un renouvellement du XIIIᵉ siècle, exécuté en Flandre ou en Brabant, qui ne nous est point parvenu ;

5° Un roman en alexandrins qui a été composé entre les années 1330 et 1334 et qui a été publié par M. Mignard ;

6° Un roman en prose de Jehan Vauquelin, qui fut achevé en 1447 et qui a été publié par M. de Montille ;

7° Un abrégé de Vauquelin qui nous a été conservé dans une *Histoire de Charles Martel* de 1448, dans la *Fleur des histoires* de Jehan Mansel et en deux éditions incunables : Lyon, Olivier Arnoullet, s. d. et Paris, Michel Le Noir, 1520. « Les deux éditions, sont la reproduction l'une de l'autre et offrent identiquement le même texte qui est celui de la *Fleur des histoires*. » (Paul Meyer, l. c.) Voy., plus loin, la mention relative à la publication par M. de Terrebasse du texte des deux incunables.

A. — ÉDITIONS ET TRADUCTIONS DU POÈME

I. — ÉDITIONS

1° Éditions du texte d'Oxford (ms. A).

1497 Mahn (C. A. F.). *Gedichte der Troubadours*, quatrième fascicule. — Berlin, 1865-1873, petit in-8°.

Fragment considérable copié par MM. Bœhmer et Stengel. (Du fᵒ 54 vᵒ au fᵒ 164 vᵒ.)
Cf. P. Meyer, *Romania*, t. III, pp. 308, 309.

1498 Fœrster (W.). *Girart de Rossillon nach Oxford Canonici 63.*

Romanische Studien, t. V, 1880, fasc. 1, pp. 1-193.

Édition paléographique. — Les pages 193-201 « contiennent la description matérielle du manuscrit, des observations sur son origine et des notes sur la lecture de quelques passages ». (P. M.)
Cf. Paul Meyer, *Romania*, t. X, 1881, pp. 305 et ss. — Bartsch, *Literaturblatt für germanische und romanische Philologie*, t. II (1882), p. 397. — Neumann, *Literarisches Centralblatt*, 1882, pp. 1, 14.

1499 Schweppe (Karl). *Études sur Girart de Rossilho, chanson de geste provençale, suivi[e]s de la partie inédite du manuscrit d'Oxford.* — Stettin, 1878, in-8°.

Cf. P. Meyer, *Romania*, t. VII, pp. 128, 129. — Karl Bartsch, *Zeitschrift für romanische Philologie*, t. III, pp. 433-438.

2° Éditions du texte de Londres (ms. B).

1500 Michel (Francisque). *Gerard de Rossillon, chanson de geste ancienne, publiée en provençal et en français, d'après les manuscrits de Paris et de Londres.* — Paris, 1856, in-18 (Bibliothèque elzévirienne).

1501 Sturzinger (J.). *Der Londoner Girart mit Bemerkungen.*
Romanische Studien, t. V, fasc. 1, 1880, pp. 203-282.

Édition paléographique comme celle de Fœrster, précédemment citée. Les abréviations, les lettres suscrites, etc., sont reproduites à l'aide de caractères fondus *ad hoc*.
Cf. Paul Meyer, *Romania*, t. X, 1881, p. 305.

1502 Chabaneau (C.). *Fragments d'un manuscrit de Girart de Roussillon.*
Revue des langues romanes, 4ᵉ sér., t. III, 1889, pp. 133-137.

Ces fragments proviennent, suivant P. Meyer, du ms. Harleien 4334.
Cf. P. Meyer, *Romania*, t. XVIII, 1889, pp. 518-519.

3° Édition du texte de Paris (ms. D).

1503 Raynouard (F.-J.-M.). *Lexique roman.* — Paris, 1836-1844, t. I (1836), pp. 174-224.

Extraits.

1504 Michel (Francisque). *Gerard de Roussillon, chanson de geste ancienne, publiée en provençal et en français, d'après* *les manuscrits de Paris et de Londres.* — Paris, 1856, in-18. (Bibliothèque elzévirienne.)

Voy., plus haut, l'édition du texte de Londres qui a été publiée dans le même volume par le même éditeur.

1505 Hofmann (Conrad). *Girartz de Rossilho nach der Pariser Handschrift.* — Berlin, 1855-1857, petit in-8°.

Dans les *Werke der Troubadours* de Mahn.

1506 Apfelstedt (F.). *Der Pariser Girart collationniert.*

Romanische Studien, t. V, fasc. 1, 1880, pp. 283-295.

4° Éditions du Roman en alexandrins

1507 Mone (F.). *Gerhart von Rousillon.*

Anzeiger, etc., 1835, col. 208-222.

Fragments du manuscrit de Bruxelles, Bibl. roy. 1181.

1508 Mignard (T.-J.-A.-P.). *Le Roman en vers de très excellent, puissant et noble homme Girart de Roussillon, jadis duc de Bourgogne, publié pour la première fois d'après les manuscrits de Paris, de Sens et de Troyes, avec de nombreuses notes philologiques,... suivi de l'histoire des premiers temps féodaux.* — Paris et Dijon, 1858, in-8°.

Dans son *Girart de Roussillon* (pp. cxxiv-cxxv), P. Meyer donne la liste exacte des manuscrits du roman en alexandrins.

Cf. E. Littré *Journal des Savants*, avril et mai 1860; réimprimé dans son *Histoire de la langue française*. — P. Meyer, *Bibliothèque de l'École des chartes*, 1861, pp. 186-190. — Stievenart, *Revue des Sociétés savantes*, t. V, pp. 84-90.

5° Édition du roman en prose de Jehan Vauquelin.

1509 Montille (L. de). *Chronicques des faiz de feurent Monseigneur Girart de Rossillon à son vivant duc de Bourgoingne. et de dame Berthe sa femme, fille du comte de Sans, que Martin Besançon fit escripre en l'an MCCCCLXIX, publiées pour la première fois d'après le manuscrit de l'Hôtel-Dieu de Beaune.* — Paris, 1880, in-8°.

Publication de la Société d'archéologie, d'histoire et de littérature de Beaune.

Cf. Paul Meyer, *Romania*, t. IX, 1880, pp. 314-319.

6° Publication du texte des deux incunables.

1510 Terrebasse (Alfred de). *Girard de Roussillon. S'ensuyt l'histoire de Monseigneur Girard de Roussillon, jadis duc et conte de Bourgogne et d'Aquitaine. Avec des préliminaires historiques et bibliographiques.* — Lyon, 1856, in-8°.

Cf. P. Meyer, *Bibliothèque de l'École des chartes*, 1861, pp. 186-190.

II. — TRADUCTIONS

1511 Mary-Lafon. *Le Roman de Gérard de Roussillon, traduit.* — Toulouse, 1838, in-8°.

(Tirage à part de la *Revue de Toulouse*.)

1512 Meyer (Paul). *La chanson de Girart de Roussillon, traduite pour la première fois d'après le manuscrit d'Oxford.*

Revue de Gascogne, t. X, 1869, pp. 477-494 ; t. XI, 1870, pp. 149-169 ; t. XIV, 1873, pp. 293-308.

Romania, t. II, 1873, pp. 378-379.

1513 Meyer (Paul). *Girart de Roussillon, chanson de geste, traduite pour la première fois.* — Paris, 1884, in-8°.

Cf. G. Raynaud, *Bibliothèque de l'École des chartes*, t. XLV, 1884, p. 361. — *The Athenæum*, 16 août 1884. — A. d'Avril, *Polybiblion*, octobre 1884, pp. 318-320. — De Gubernatis, *Revue internationale*, t. II, 1884.

B. — TRAVAUX DONT LE POÈME A ÉTÉ L'OBJET

1514 Diez (Fr.). *Die Poesie der Troubadours, nach gedruckten und handschriftlichen Werken derselben dargestellt.* — Leipzig, 1826, in-8°, pp. 201 et ss.

1515 Mone (F.-J.). *Gerhart von Roussillon.*

Anzeiger für Kunde des deutschen Mittelalters, 1835, col. 208-222.

Analyse du roman en alexandrins et publication de fragments considérables du dit poème d'après le ms. de la Bibl. roy. de Bruxelles 1181.

1516 Reiffenberg (Baron de). *Chro-*

nique rimée de Philippe Mouskes, t. II, 1838, pp. CCXLV-CCL.

1517 Græsse (J. G. T.). *Die grossen Sagenkreise des Mittelalters.* — Dresde et Leipzig, 1842, in-8°, pp. 287-288.

1518 Paris (Paulin). *Les Manuscrits françois de la Bibliothèque du Roi*, t. VI, 1845, pp. 101-112 et t. VII, 1848, pp. 10-15.

C'est de l'œuvre de Jean Vauquelin qu'il est question en ce dernier tome.

1519 Fauriel (Claude-Charles). *Girart de Roussillon.*
Histoire littéraire de la France, t. XXII, 1852, pp. 167-190.

Notice.

1520 Terrebasse (Alfred de). *Gérard de Roussillon, fragment.* (Extrait de l'*Histoire des deux derniers royaumes de Bourgogne.*) — Lyon, 1853, in-8°.

1521 Bartsch (Karl). *Provenzalisches Lesebuch.* — Elberfeld, 1855, in-8°.

Extrait de *Girard de Roussillon*, pp. 1-25.

1522 [Terrebasse (Alfred de)]. *S'ensuyt l'hystoire de Monseigneur Gerard de Roussillon, jadis duc et comte de Bourgongne et d'Aquitaine, etc.* — Lyon, 1856, in-8°.

L'Introduction « renferme des recherches sur le comte Girart de l'histoire ». (P. M.)

1523 Brunet (G.). *Manuel du Libraire*, cinquième édition, Paris, 1860, in-8°, t. II, col. 1548, au mot *Girard de Roussillon.*

1524 Fabre (Adolphe). *Un mot sur les romans de Girard de Roussillon.* — Vienne, 1857, in-8°. (Extrait du *Moniteur Viennois*, mai 1857.)

1525 Fabre (Adolphe). *Gérard de Roussillon. Examen des travaux récents publiés sur Gérard de Roussillon par MM. de Terrebasse, Fauriel et Francisque Michel.* — Lyon, 1857, in-12.

1526 Kannegiesser. *Giratz de Rossilho. Das älteste provenzalische Epos.*
Archiv für das Studium der neueren Sprachen und Literaturen, t. XXIV, 1857, pp. 369-384.

Sur l'édition d'Olivier Arnoullet.

1527 Mignard (T.-J.-A.-P.). *Sur Gé-* rard de Roussillon, fondateur de l'abbaye de Vezelay,
Congrès scientifique de France, 25° session tenue à Auxerre, sept. 1858, t. II. Auxerre, 1859, in-8°, p. 250.

1528 Cherest (Aimé). *Gérard de Roussillon dans l'histoire, les romans et les légendes.* — Auxerre, 1859, in-8°.

1529 Meyer (Paul). *Études sur la chanson de Girard de Roussillon.*
Bibliothèque de l'École des Chartes, t. XXII, 1860, p. 31.

1530 Paris (Gaston). *Histoire poétique de Charlemagne.* — Paris, 1865, in-8°, pp. 297-299.

Girard dans l'Épopée française.

1531 Gautier (Léon). *Les Épopées françaises*, 1re éd., t. I, Paris, 1865, in-8°, pp. 108. — 2° éd., t. I, Paris, 1878, in-8°, pp. 134, 135 et 487, 488.

Traduction, en ces deux dernières pages, d'un épisode de *Giratz*, du manuscrit de Paris: (*Lexique roman* de Raynouard, p. 214.)

1532 Ludlow (John-Malcolm). *Popular Epics of the Middle Ages of the North-German and Carlovingian cycles.* — Londres, 1865, deux vol. in-16, t. II, pp. 171-173.

1533 Clerc (Edouard). *Gérard de Roussillon, récit du IX° siècle, d'après les textes originaux et les dernières découvertes faites en Franche-Comté, avec les plans des champs de bataille de Château-Châlon et de Pontarlier.* — Paris, 1869, in-8°.

1534 Clerc (Édouard). *Notice sur Gérard de Roussillon et ses démêlés avec Charles le Chauve.*
Académie des sciences, belles-lettres, etc., de Besançon, 1870, in-8°, p. 40.

Cf. *Revue des Sociétés savantes*, 5° sér., t. III, p. 593.

1535 Meyer (Paul). *Études sur la chanson de Girart de Roussillon.*
Jahrbuch für romanische und englische Literatur, t. XI (1870), pp. 121-142.

1536 Stengel (Ed.). *Zu Paul Meyer's Études sur la chanson de Girart de Roussillon.*

Jahrbuch für romanische und englische Literatur, t. XII, 1871, pp. 119-120.

Intercalation de deux feuillets étrangers dans le manuscrit d'Oxford.

1537 Fabre (Adolphe). *Romans et chansons de geste sur Gérard de Roussillon : étude historique et littéraire.* — Vienne, 1873, in-8°.

1538 Meyer (Paul). *Recueil d'anciens textes.....,* t. I, 1874, pp. 44-69.

Fragment de 655 vers de *Girart.*

1539 Mignard (T.-A.-J.-P.). *Quelques remarques sur un des héros les plus populaires de nos chansons de gestes en langue d'oc et en langue d'oïl* [Girard de Roussillon]. — Paris, 1864, in-8°.

1540 Mahn (A.). *Ueber die epische Poesie der Provenzalen, besonders über die beiden vorzüglichsten Epen Jaufre und Girartz de Rossilho, sowie über die Ausgaben und Handschriften, worin sich dieselben befinden.* — Berlin, 1874.

Avait d'abord paru dans *Archiv für das Studium der neueren Sprachen und Literaturen*, t. LII, in-8°, pp. 281-292.)

1541 Meyer (Paul). *Dia dans Girart de Rossillon. Rectification au Dictionnaire étymologique de Diez.*

Romania, t. V, 1876, pp. 113 et ss.

1542 Koehler (R.). *Die Beispiele aus Geschichte und Dichtung in dem altfranzösischen Roman von Girart von Rossillon.*

Jahrbuch für romanische und englische Sprache und Literatur. Nouvelle série, t. II, 1875, pp. 1-31.

Cf. *Romania,* t. III, 1874, p. 501.

1543 Catalogue Didot. — Paris, 1878, in-8°, p. 49, n° 65 : « *Chroniques abrégées des anciens rois et ducs de Bourgogne.* »

Ornées de miniatures qui se rapportent à l'histoire de Bourgogne ; la sixième représente une victoire remportée par Girard de Roussillon sur le roi de France.

Cf. P. Meyer, *Girart de Roussillon,* p. cxviii.

1544 Meyer (Paul). *La légende de Girart de Roussillon, texte latin et ancienne traduction bourguignonne.*

Romania, t. VII, 1878, pp. 161-235.

Cf. Karl Bartsch, *Zeitschrift für romanische*

Philologie, t. II, pp. 496-497. — *Literarisches Centralblatt,* juil.-sept. 1879, n° 37.

1545 Longnon (Auguste). *Girard de Roussillon dans l'histoire.*

Revue historique, t. VIII, 1878, pp. 241-279.

Cf. P. Meyer, *Romania,* t. VIII, p. 138.

1546 Schweppe (Karl). *Études sur Girart de Rossilho, chanson de geste provençale, suivi[e]s de la partie inédite du manuscrit d'Oxford.* — Stettin, 1878, in-8°, 52 p.

(Dissertation de Rostock.)

Nous avons déjà cité cet ouvrage parmi les éditions du manuscrit d'Oxford.

Cf. P. Meyer, *Romania,* t. VIII, 1879, pp. 128 129. — Karl Bartsch, *Zeitschrift für romanische Philologie,* t. III, 1879, pp. 432-438, etc.

1547 Heiligbrodt (R.). *Synopsis der Tiradenfolge in den Handschriften des Girart de Rossillon.*

Romanische Studien, t. IV, 1879, pp. 124.

Cf. P. Meyer, *Romania,* t. VIII, 1879, p. 465.

1548 Bartsch (Karl). *Chrestomathie provençale,* 4e édition.—Leipzig, 1880, in-8°, col. 33-48.

1549 Paris (Gaston). *Les manuscrits français des Gonzague.*

Romania, t. IX, 1880, p. 501.

1550 Hofmann (K.). *Zur Erklärung und Chronologie des Girart de Rossilho.*

Romanische Forschungen, t. I, 1882, pp. 137 et suiv.

Cf. G. Paris, *Romania,* t. XI, avril-juillet 1882, p. 448.

1551 Müller (Conrad). *Die Assonanzen im Girart von Rossillon.*

Französische Studien, t. III, 1882, pp. 287-356. — Tirage à part.

Cf. A. Darmesteter, *Revue critique,* 1883, 1er sem., p. 94.

1552 Hentschke (G.). *Die Verbalflexion in der Oxford hs. des Girart de Rossillon.* — Halle, 1882, in-8°.

Dissertation de Breslau.

1553 Nyrop (Kristoffer). *Den oldfranske Heltedigtning,* etc. — Copenhague, 1883, in-8°, pp. 157, 158 ; 196, 197 ; 447-449. — Cf. la traduction italienne, *Storia dell' Epopea francese nel medio evo,* Turin, 1886, in-8°, pp. 151, 152 ; 188-190, 438-440.

1554 **Mahn** (A.). *Epische Poesie der Provenzalen. Erster Band. Einleitung. Girartz de Rossilho.* — Berlin, 1883, in-8°.

1555 **Breuer** (G. M.). *Sprachliche Untersuchung des Girart de Rossillon herausgegeben von Mignard.*

Dissertation de Bonn, 1884, in-8°.

1556 **Vaudin** (Eugène). *Girart de Roussillon. Histoire et légende.* — Auxerre, 1884, in-8°.

Cf. Paul Meyer, *Romania*, t. XIII, 1884, p. 463.

1557 **Jacobs** (E.). *Bruchstücke eines nederland. Prosaromans.*

Zeitschrift für deutsches Alterthum und deutsche Literatur, t. XXX, 1886, n° 1.

Fragments d'un roman néerlandais, en prose, rapprochés des fragments correspondants de la traduction de P. Meyer.

1558 **Crampon** (A.). *Girart de Roussillon, chanson de geste.*

Mémoires de la Société des antiquaires de la Picardie, t. XXIX, 1887, pp. 1-26.

1559 **Bartsch** (Karl.). *Zum Girart de Rossilho.*

Zeitschrift für romanische Philologie, t. X, 1886, p. 143.

Fragment de traduction en prose allemande.

Cf. P. Meyer, *Romania*, t. XVI, 1887, p. 152.

1560 **Meyer** (Paul). *Un nouveau manuscrit de la légende latine de Girard de Roussillon.*

Romania, 1887, t. XVI, pp. 103-105.

Il s'agit du manuscrit de la Bibliothèque Mazarine (n° 1733 du Catalogue Molinier).

1561 **Mahn** (A.). *Commentar zu Girartz de Rossilho.* 1re part. — Berlin, 1887, in-8°.

1562 **Stimming** (Albert). *Ueber den provenzalischen Girart von Rossillon; ein beitrag zur Entwickelungsgeschichte der Volksepen.* — Halle, 1888, in-8°.

Cf. P. Meyer, *Romania*, t. XVII, 1888, pp. 637-638. — M. Wilmotte, *Le moyen âge*, juin 1886, pp. 126-129. — A. Pakscher, *Zeitschrift für romanische Philologie*, t. XIII, 1889, pp. 556-567. — Schultz, *Deutsche Literaturzeitung*, 1888, n° 51. — Ernest Muret, *Revue critique*, 12 mai 1890, pp. 371-374.

GIRART DE VIANE

.'. Voy., plus haut, la Table par ordre alphabétique de tous les manuscrits de chansons de geste qui sont parvenus jusqu'à nous (*Épopées françaises*, t. I, 240 et aussi IV, pp. 23, 24). — Cf. la Liste des derniers Romans en vers (II, p. 449); celle des Romans en prose (*ibid.*, p. 550) et enfin celle des Incunables (*Ibid.*, p. 602, au mot *Guerin de Montglave*). ⚌ On voudra bien se souvenir ici que ce titre : *Guerin de Montglave* est absolument inexact, et que les compilations manuscrites ou imprimées qui portent ce titre ne correspondent réellement qu'à un *Girart de Viane* plus ou moins défiguré et amplifié et à un *Galien*. Il faut donc se reporter, pour *Girart de Viane*, à notre article *Garin de Montglane*. ⚌ Pour plus de détails bibliographiques, voy. notre Notice bibliographique et historique sur *Girart de Viane*, laquelle est accompagnée d'une analyse développée et de la traduction littérale des trois épisodes de la « Pauvreté de Garin », de l' « Arrivée d'Aimeri au palais de Viane », et de « Charlemagne fait prisonnier par ses vassaux », etc. (t. IV, pp. 172-191 et 218-230).

A. — ÉDITION DU POÈME

1563 **Tarbé** (Prosper). *Le roman de Girard de Viane, par Bertrand de Bar-sur-Aube.* — Reims, 1850, in-8°.

1564 **Bekker** (Immanuel). *Der Roman von Fierabras*, 1829, pp. xii-liii.

Fragment de 4060 vers

B. — TRAVAUX DONT LA CHANSON A ÉTÉ L'OBJET

1565 **Bibliothèque des Romans**, octobre 1776, t. II, p. 489.

D'après le *Guerin de Montglave* incunable.

1566 **Gaillard** (Gabriel-Henri). *Histoire de Charlemagne*, t. III, 1782, p. 484.

Résumé.

1567 **Uhland** (Jean-Louis). *Roland und Aude.*

(*Justinus Kerners poetisches Almanach für das Jahr* 1812, pp. 243-248.)

1568 **Bilderdijk** (W.). *Fragmenten van den Roman van Guerin van Montglavie medegedeelde Taal-en Dichtkundige Verscheidenheden*, t. IV, 1823, pp. 121-140.

Fragments d'un poème néerlandais sur *Girart de Viane* publié sur le faux titre de *Guerin de Montglave* (Cf. la Bibliographie de L. D. Petit, n° 432).

1569 **Michel** (Francisque). *Roman de la Violette ou de Gérard de Nevers par Girbert de Montreuil.* — Paris, 1834 (Introduction).

1570 **Reiffenberg** (Baron de). *Chronique rimée de Philippe Mouskes*, t. II, 1838, pp cc-cclii.

1571 **Michel** (Francisque). *Rapport à M. le Ministre de l'Instruction publique sur les anciens monuments de l'histoire et de la littérature de la France qui sont conservés dans les bibliothèques de l'Angleterre et de l'Écosse.* — Paris, 1838, in-4°.

1572 **Græsse** (J. G. T.). *Die grossen Sagenkreise des Mittelalters.* — Dresde et Leipzig, 1842, in-8°, p. 345.

1573 **Ideler** (L.). *Geschichte der altfranzösischen Literatur.* — Berlin, 1842, in-8°, p. 85.

1574 **Wey** (Francis). *Histoire des révolutions du langage français.* — Paris, 1848, in-8°.

Étude sur divers épisodes de *Girart de Viane.*

1575 **Paris** (Paulin). *Histoire littéraire de la France*, t. XXII, 1852, pp. 448-460.

Notice et analyse.

1576 **Holland** (W.-L.). *Ein Zeugniss für die Chanson de Roland.*

Germania, t. I, 1856, in-8°, p. 486.

Mention d'une chanson sur le combat d'Olivier et de Roland dans le « Drame d'Adam ».

1577 **Sachs**. *Beiträge zur Kunde altfranzösischer Literatur aus französischen und englischen Bibliotheken.*—Berlin, 1857, pp. 14-17.

1578 **Hugo** (Victor). *La Légende des Siècles*, 1859.

Le mariage de Roland.

Imitation de notre *Girart de Viane* combiné avec des poèmes italiens.

1579 **Paris** (Gaston). *La Karlamagnus Saga*, etc.

Bibliothèque de l'École des chartes, 1864, p. 100.

1580 **Clarus** (L.) = **Volk** (Wilhelm). *Herzog Wilhelm von Aquitanien*, etc. — Munster, 1865, in-8°, p. 205.

1581 **Paris** (Gaston). *Histoire poétique de Charlemagne*, 1865, in-8°, pp. 325-328.

1582 **Ludlow**. *Popular Epics of the Middle Ages of the North-German and Carlovingian cycles.* Londres, 1865, deux vol. in-16, t. II, pp. 321-336.

(*The epic of chivalry : Gerard of Viana.*)

1583 **Gautier** (Léon). *Les Épopées françaises*, 1re édit., t. II, 1867, pp. 83-103 et t. III, 1868, pp. 155-175 et 200-212; 2e édit., t. III (1880), pp. 95-112 et t. IV (1882), pp. 172-191 et 218-230.

Notice; deux analyses distinctes (l'une pour la geste du Roi, l'autre pour celle de Guillaume), et traduction littérale de nombreux épisodes.

1584 **Uhland** (Jean-Louis). *Uhland's Schriften zur Geschichte der Dichtung und Sage.* — Stuttgart, 1869, in-8°. (*Ueber das altfranzösische Epos*, pp. 68-73 et 373-406.)

Traduction de fragments en vers allemands assonancés.

Cf. plus haut le n° 19 et ci-dessus le n° 1567.

1585 **Meyer** (E.-H.). *Ueber Gerhard von Vienne. Ein Beitrag zur Rolandssage.*

Zeitschrift für deutsche Philologie, t. III (1871), pp. 422-458. A paru aussi sous ce titre : *Intorno a Gerardo di Vienne per servire alla Saga di Rolando. Rivista Filologica Letteraria*, t. II, p. 227.

1586 **Paris** (Gaston). *La mythologie allemande dans* Girard de Vienne.

Romania, t. I, 1872, pp. 101-104.

Réfutation de E.-H. Meyer.

1587 **Wulf** (F.-A.). *Notice sur les Sagas de Magus et de Geirard et leurs rapports avec les Épopées françaises.* — Lund, 1874, in-4°.

Contrairement à l'opinion reçue, la Saga de Geirard ne renferme aucun élément emprunté à *Girard de Viane*.

Cf. *Romania*, t. IV, 1875, p. 475.

1588 Meyer (Paul). *Vida de Sant Honorat*.
Romania, t. V, 1876, p. 247.

1589 Longnon (Aug.). *Girard de Roussillon dans l'histoire*.
Revue historique, t. VIII, 1878, pp. 274-276.
Le Girart de Viane de la légende est un dédoublement du personnage historique de Girard de Provence.

1590 Paris (Gaston). *Les Manuscrits français des Gonzague*.
Romania, t. IX, 1880, p. 501.

1591 Nyrop (Kristoffer). *Den oldfranske Heltedigtning*, etc. — Copenhague, 1883, in-8°, pp. 131-133, 276, 289, 449, 450. — Cf. la traduction italienne, *Storia dell' Epopea francese nel medio evo*, Turin, 1886, in-8°, pp. 127-129, 264, 367, 440, 441.

1592 Meyer (Paul). *Girart de Roussillon*. — Paris, 1884, in-8°, pp. XIII-XVI.

1593 Kunze (A.). *Das Formelhafte in Girart de Viane, verglichen mit dem Formelhaften im Rolandsliede*. — Halle, 1885, in-8°.

1594 Demaison (L.). *Aymeri de Narbonne*. — Paris, 1887, in-8°, t. I, pp. LXXIII-LXXVIII.

1595 Petit (L.-D.). *Bibliographie der middelnederlandsche Taal-en Letterkunde*. — Leyde, 1888, in-8°, n° 432.

1596 Dunlop (John-Colin). *History of Prose Fiction*, édition de Londres, 1888, t. I, pp. 311-315. Appendice, n° 12, pp. 488-489.
Duel de Roland et d'Olivier.

1597 Schuld (Heinrich). *Das Verhältniss der Hs. des Girart de Viane*, 1889, in-8°.
Inaugural Dissertation.

1598 Hartmann (K.). *Ueber die Eingangsepisoden der Cheltenhamer Version des Girart de Viane*, 1890, in-8°.
Dissertation de Marbourg.

GIRBERT DE METZ

.⁎. Voy., plus haut, la Table par ordre alphabétique de tous les manuscrits de chansons de geste qui sont parvenus jusqu'à nous (*Épopées françaises*, t. I, pp. 230 et 239). Cf. la Liste des romans en prose (II, pp. 551, 552) au mot *Lorrains*.

A. — ÉDITIONS PARTIELLES DU POÈME

1599 Rochambeau (A. de). *Fragment de la Chanson de geste de* Girbert de Metz.
(*Cabinet historique*, t. XIII, août-septembre 1867. 1ʳᵉ partie, p. 189; et tirage à part. Paris, 1868, in-8°.)

1600 Stengel (E.). *Anfang der Chanson de* Girbert de Metz. *Schluss des Theiles der Geste des Loherains, welches in vier Handschriften Jean de Flagy zugeschrieben wird*.
Romanische Studien, 1874, t. I, part. 4, pp. 441-552.
Publication des deux mille quatre cent soixante vers du début de *Girbert* d'après le manuscrit de la Bibl. nat. fr. 19160, avec les variantes de six autres manuscrits.
Cf. *Jahrbuch für romanische und englische Sprache und Literatur*, t. XV, 1876, p. 265. — H. Suchier, *Jenaer Literatur zeit*, t. I, 1874, p. 800. V. également, de Stengel, sur *Girbert de Metz, Mittheilungen*, p. 30.
Romania, t. III, 1874, p. 421.

1601 Meyer (Paul) et **Longnon** (A.). *Raoul de Cambrai*. — Paris, 1882, in-8° (*Société des Anciens textes*), pp. 297-320.
Histoire de Raoul de Cambrai d'après le manuscrit de la *Chanson de Girbert de Metz*, Bibl. nat. fr. 1622 : publication de sept cent quatre-vingt-quatre vers.

Cf. ci-dessous le n° 1606.

B. — TRAVAUX DONT LA CHANSON A ÉTÉ L'OBJET

1602 Paris (Paulin). *Histoire littéraire de la France*, t. XXII, 1852, in-4°, pp. 623-633.
Notice et analyse.

1603 **Paris** (Paulin). *Garin le Lohe-rain.* — Paris, 1862, in-18 (collection Hetzel), pp. 341-354.

Résumé de *Girbert* à la suite de la traduction de *Garin*.

1604 **Meyer** (Paul). *Rapport sur un fragment de la chanson de Girbert de Metz, communiqué par M. d'Arbois de Jubain-ville.*

(*Revue des Sociétés savantes,* 1868, 2ᵉ sem., pp. 274-283.)

1605 **Meyer** (Paul). *Rapport sur un fragment de la .chanson de Girbert de Metz, communiqué par M. A. de Rochambeau.*

Revue des Sociétés savantes des départements, 1867, 1ʳᵉ partie, pp. 441-443. Cf. le nº 1599.

P. Meyer signale deux autres fragments trouvés à Carpentras.

1606 **Bonnardot** (François). *Rapport sur une mission littéraire en Lorraine.*

Archives des Missions, 1873, 3ᵉ sér., t. I, p. 264 et nº XI de l'Appendice.

Fragment du xiiiᵉ siècle.

1607 **Suchier** (H.). *Bruchstück aus* Girbert de Metz.

Romanische Studien, t. I, 1873, pp. 376-379.

1608 **Bartsch** (Karl). *Bruchstücke einer Handschrift der Geste des Lorrains.*

Zeitschrift für romanische Philologie, t. IV (1880), pp. 575-582.

E. Stengel : observations sur l'article précé-dent, *Zeitschrift,* etc., t. V, pp. 88-89.

1609 **Bonnardot** (François). *Essai de classement des manuscrits des Loherains, suivi d'un nouveau fragment de* Girbert de Metz.

Romania, t. III, 1874, pp. 195-262.

1610 **Rudolph** (A.). *Ueber die « Ven-geance Fromondin », die allein in Hand-schrift M ᵃ erhaltene Forsetzung der Chanson de geste von* Girbert de Mez.

Dissertation de Marbourg, 1884, et *Aus-gaben und Abhandlungen,* nº XXXI, pp. 1-20.

1611 **Nyrop** (Kristoffer). *Den oldfranske Heltedigtning,* etc. — Copenhague, 1883, in-8ᵒ, pp. 193, 194, 210, 301 et 450 — Cf. la traduction italienne, *Storia dell' Epopea*

francese nel medio evo, Turin, 1886, in-8ᵒ, pp. 186, 187, 201, 288 et 441.

1612 **Mentz** (Richard). *Die Traüme in den altfranzösischen... Epen.* 1888.

(*Anhang zur Kritik einzelner Chançons de geste,* pp. 105-106.)

1613 **Gautier** (Léon). *Les Épopées françaises,* 2ᵉ édition, t. II, 1892-1894, p. 438.

Exemple d'un plagiat notoire : l'auteur de *Girbert* copiant *Ogier le Danois.*

Voy. LORRAINS.

GODIN

CINQUIÈME SUITE DE HUON DE BOR-DEAUX (MS. DE TURIN, BIBL. NAT., L II 14, Fᵒ 401-460).

.·. Voy. plus haut, la Table par ordre alphabétique de tous les manus-crits de chansons de geste qui sont parvenus jusqu'à nous (*Épopées fran-çaises,* t. I, p. 240 et aussi t. III, p. 742). — *Godin* n'a pas été, à notre connaissance, traduit en prose. — Pour plus de détails bibliogra-phiques, voy. notre Notice bibliogra-phique et historique sur les Suites d'Huon de Bordeaux (III, pp. 742-745).

TRAVAUX DONT LE POÈME A ÉTÉ L'OBJET

1614 **Graf** (A.). *I complementi della Chanson d'Huon de Bordeaux,* 1878, in-8ᵒ.

M. Graf n'a publié que le Prologue d'*Huon* qui est le *Roman d'Auberon.*

1615 **Gautier** (Léon). *Les Épopées françaises,* 2ᵉ édit. — Paris, in-8ᵒ, t. III (1880), pp. 734, 742, 745.

Sommaire très succinct.

Voy. HUON DE BORDEAUX.

GORMONT ET ISEMBART
(LE ROI LOUIS)

—

— A. ÉDITION PARTIELLE
DU POÈME

1616 Reiffenberg (Baron de), *Chronique rimée de Philippe Mouskes*, t. II, 1888, pp. vii-xxxii.

La mort du roi Gormond, fragment de 660 vers octosyllabiques.

1617 Scheler (Auguste). *La mort du roi Gormond. Fragment unique d'une chanson de geste inconnue, conservé à la Bibliothèque royale de Belgique, réédité littéralement sur l'original et annoté.*

Bibliophile Belge, 1875, t. X, pp. 149-198.

M. Scheler avait retrouvé, dans les papiers de M. de Ram, les huit pages publiées naguère par M. de Reiffenberg.

Cf. G. Paris, *Romania*, pp. 377-385 (critique du texte de Scheler). — W. Foerster, *Jenaer Literaturzeitung*, III, 1876, pp. 557-559.

1618 Heiligbrodt (R.). *Fragment de Gormund et Isembart. Text nebst Einleitung, Anmerkungen und vollständigen Wortindex.*

Romanische Studien, 1878, pp. 501-596.

C'est le fragment déjà publié par Reiffenberg et Scheler.

Cf. G. Paris, *Romania*, t. VIII, pp. 299-301.

1619 Bartsch (Karl). *Chrestomathie de l'ancien français* (5e éd. 1884), pp. 22-26.

D'après Scheler et Heiligbrodt.

B. — TRAVAUX
DONT LE POÈME A ÉTÉ L'OBJET

1620 Depping (G. B.) *Des expéditions maritimes des Normands et de leur établissement en France au xe siècle.* — Paris, 1826, 2 vol. in-8°, t. I, p. 232.

1621 Ideler (L.). *Geschichte der altfranzösischen Literatur.* — Berlin, 1842, in-8°, pp. 131-132.

1622 Storm (Gustav). *Gurmundus rex Africanorum. Kritiske Bidrag til Vikinge-*

tidens Historie. — Kristiania, 1878, p. 193-196.

1623 Heiligbrodt (R.). *Zur Sage von Gormund und Isembard. Romanische Studien*, t. IV, 1879, pp. 119-123.

1624 Paris (Gaston). *Histoire littéraire de la France*, t. XXVIII, 1881, pp. 250-253.

Notice sur le poème de *Lohier et Mallart*, ancien poème français du xive siècle qui ne nous est connu que par une traduction allemande du xve. On y trouve la légende de Gormont et d'Isambart.

1625 Voelcker (B.). *Die Wortstellung in den ältesten französischen Sprachdenkmälern.*

(*Französische Studien herausgegeben von G. Koerting und E. Koschwitz*, III, 7. Heilbronn, 1882, in-8°.)
Dissertation de Munster.

1626 Nyrop (Kristoffer). *Den oldfranske Heltedigtning*, etc. — Copenhague, 1883, in-8°, pp. 206-208, 394 et 450. — Cf. la traduction italienne, *Storia dell' Epopea francese nel medio evo;* Turin, 1886, pp. 197-199, 17, 370 et 442.

L'auteur (p. 197) nous reproche avec raison de ne pas avoir compris ce poème parmi ceux qui sont l'objet de notre travail.

GUI DE BOURGOGNE

.*. Voy., plus haut, la Table par ordre alphabétique de tous les manuscrits de Chansons de geste qui sont parvenus jusqu'à nous (*Epopées françaises*, t. I, p. 240). — Pour plus de détails bibliographiques, cf. notre Notice bibliographique et historique sur la chanson de Gui de Bourgogne qui est accompagnée d'une analyse développée et de la traduction littérale de plusieurs épisodes du vieux poème (III, pp. 481-490).

A. — ÉDITION DU POÈME

1627 Guessard (Francisque) et **Michelant** (H.). *Gui de Bourgogne, chanson de geste publiée pour la première fois* *d'après les manuscrits de Tours et de Londres* (tome Ier des *Anciens poètes de la France*). — Paris, 1859, in-16.

Cf. G. Servois. *Correspondance littéraire*, III, 353 (1859).

B. — TRAVAUX
DONT LA CHANSON A ÉTÉ L'OBJET

1628 **Histoire littéraire de la France**, t. XV, 1820, p. 484.

1629 **Ideler** (L.). *Geschichte der altfranzösischen national Literatur.* — Berlin, 1842, in-8°, p. 130.

1630 **Paris** (Gaston). *Histoire poétique de Charlemagne.* — Paris, 1865, in-8°, pp. 278-302.

1631 **Gautier** (Léon). *Les Épopées françaises,* 1re édition, t. II, 1867, pp. 377-386. — 2° édition, t. III, 1880, pp. 482-490.

Notice et analyse, traduction partielle.

1632 **Paris** (Paulin). *Histoire littéraire de la France,* t. XXVI, 1873, pp. 278-302.

Notice et analyse.

1633 **Lenander** (Jos, H. R.). *Dissertation sur les formes du verbe dans la chanson de geste de Gui de Bourgogne.* — Malmö (Suède). Dissertation de Lund, 1874, in-8°.

1634 **Nyrop** (Kristoffer). *Den oldfranske Heltedigtning,* etc. — Copenhague, 1883, in-8°, pp. 97, 98, 301, 302 et 452. — Cf. la traduction italienne, *Storia dell' Epopea francese nel medio evo ;* Turin, 1886, in-8°, pp. 93, 94, 301, 311.

1635 **Mauss** (Franz). *Die Charakteristik der in der altfranzösischen Chanson de geste Gui de Bourgogne auftretenden Personen nebst Bemerkungen über Abfassungszeit und Quellen des Gedichtes.* Dissertation de Münster 1883, in-8°.

1636 **Freund** (H.). *La chanson de Gui de Bourgogne et ses rapports avec la Chanson de Roland et la Chronique de Turpin.* — Crefeld, 1885, in-4°.

Romania, t. XIV, 1885, p. 315.

1637 **Thomas** (Antoine). *Sur la date de Gui de Bourgogne.*

Romania, t. XVII, 1888, pp. 280-282. A. Thomas regarde le poème comme postérieur au XII° siècle.

1638 **Schmidt** (A.). *Aus altfranzösischen Handschriften der Hofbibliothek zu Darmstadt.*

Zeitschrift für romanische Philologie, t. XIV, p. 521 (1891 ?).

GUERRE D'ESPAGNE

Voy. *Prise de Pampelune.*

GUIBERT D'ANDRENAS

.·. Voy., plus haut, la Table par ordre alphabétique de tous les manuscrits de Chansons de geste qui sont parvenus jusqu'à nous (*Epopées françaises,* t. I, p. 240). — Cf. la Liste des Chansons françaises qui ont été connues, traduites ou imitées en Italie (II, p. 391). — *Guibert d'Andrenas* est inédit.

TRAVAUX
DONT LE POÈME A ÉTÉ L'OBJET

1639 **Paris** (Paulin). *Histoire littéraire de la France,* t. XXII, 1852, pp. 498-501 et 548.

Notice.

1640 **Gautier** (Léon). *Les Épopées françaises,* 2° édition, t. IV, 1882, p. 39.

Analyse rapide des *Nerbonesi.*

1641 **Nyrop** (Kristoffer). *Den oldfranske Heltedigtning,* etc. — Copenhague, 1883, in-8°, pp. 151 et 452. — Cf. la traduction italienne, *Storia dell' epopea francese nel medio evo ;* Turin, 1886, in-8°, pp. 145, 146 et 444.

GUI DE NANTEUIL

.˙. Voy., plus haut, la Table par ordre
alphabétique de tous les manuscrits de Chansons de geste qui
sont parvenus jusqu'à nous (*Epo-
pées françaises*, t. I, p. 240). — Cf. la Liste
des chansons françaises, connues,
traduites ou imitées en Italie (t. II,
391).

A. — ÉDITION DU POÈME

1642 **Meyer** (Paul). *Gui de Nanteuil,
chanson de geste publiée pour la première
fois d'après les deux manuscrits de Montpellier et de Venise.* — Paris, 1861, in-16.
Les Anciens poètes de la France, t. VII.

B. — TRAVAUX
DONT LA CHANSON A ÉTÉ L'OBJET

1643 **Keller** (Adalbert). *Romvart.* —
Mannheim et Paris. 1844, in-8°, pp. 38-41.
Fragment du manuscrit français de Ve-
nise.

1644 **Barrois** (J.). *Éléments carlovingiens linguistiques et littéraires.* —
Paris, 1846, pp. 301-302.

1645 **Gautier** (Léon). *Les Épopées
françaises*, 1ʳᵉ édition, t. II, 1867, pp. 590-
591. — 2ᵉ édition, t. III, 1880, p. 776.
Courte analyse de *Gui de Nanteuil*.

1646 **Paris** (Paulin). *Histoire littéraire
de la France*, t. XXVI, 1873, pp. 212-228.

1647 **Milà y Fontanals**. *Lo sermo
d'en Muntaner.*
Revue des Langues romanes, 3ᵉ série,
t. II, nov.-déc. 1879, p. 218.
Étude sur le chapitre 272 de la Chronique de
Remon Muntaner.
Cf. Paul Meyer. *Romania*, juillet 1880, p. 476.
La note de P. M. est précieuse en ce qu'elle
montre que certaines chansons de geste
étaient faites « sur l'air » de certaines autres.

1648 **Paris** (Gaston). *Les manuscrits
français des Gonzague.*
Romania, t. IX, 1880, p. 501.

1649 **Milà y Fontanals**. *Lo sermo
d'en Muntaner. Adicio.*
Revue des Langues romanes, 3ᵉ série,
t. V (janvier 1881), pp. 1-12.
Répondant à P. Meyer, Milà y Fontanals
suppose que le *Sermo* a pu être fait sur une
version provençale de *Gui de Nanteuil*.
Cf. P. Meyer, *Romania*, juillet 1881, t. XI,
p. 440.

1650 **Nyrop** (Kristoffer). *Den oldfranske Heltedigtning*, etc. — Copenhague,
1883, in-8°, pp. 174, 175, 325 et 452. — Cf.
la traduction italienne, *Storia dell' Epopea francese nel medio evo.* — Turin, 1886,
pp. 168, 311 et 445.

———

GUILLAUME (GESTE DE)

La geste de Guillaume ne ressemble pas
aux autres gestes, et les vingt-quatre poèmes
qui composent ce cycle ont entre eux une
cohésion que n'offrent pas ceux des autres
cycles. Ces poèmes forment entre eux une
seule et même chanson, plutôt qu'une série
de chansons distinctes et, parmi les manuscrits
qui nous en ont conservé le texte, il en est
un certain nombre qui ont un caractère mani-
festement cyclique. C'est ce qui nous a décidé
naguère à consacrer à la Geste de Guillaume
une Notice de cent pages (t. IV, pp. 4-104),
sans préjudice des Notices particulières qui
devaient être plus loin consacrées à chaque
chanson. C'est ce qui nous décide aujourd'hui
à donner, dans cette Bibliographie de nos
vieux poèmes, une place spéciale à cette
geste si profondément une (indépendamment
des vingt-quatre chapitres spéciaux qui ont
pour objet les vingt-quatre chansons de ce
cycle.)

.˙. Voy. plus haut notre Notice bibliographique et historique sur la geste
de Guillaume qui se divise comme il
suit : Chansons dont se compose
la geste de Guillaume (*Épopées françaises*, 2ᵉ éd., t. IV, p. 4); Date de la composition (p. 5); Origine (p. 8); Auteurs (p. 17); Nombre de vers et
nature de la versification (p. 19);
Manuscrits qui sont parvenus jusqu'à nous (p. 22); Versions en prose
p. 26); Éditions imprimées (p. 29;
Traductions (p. 29); Diffusion à

l'étranger (p. 30); Travaux dont la geste de Guillaume a été l'objet (p. 57), etc.

A. — ÉDITION ET TRADUCTION CYCLIQUES DES ROMANS DE LA GESTE DE GUILLAUME.

1651 **Jonckbloet** (W. J. A.). *Guillaume d'Orange, chansons de geste des XIᵉ et XIIᵉ siècles publiées pour la première fois et dédiées à S. M. Guillaume III, roi des Pays-Bas, prince d'Orange.* — La Haye, 1854. 2 vol. in-8º.

Le tome Iᵉʳ renferme le texte : 1º du *Coronement Looys* (pp. 1-71); 2º du *Charroi de Nîmes* (pp. 73-112) ; 3º de la *Prise d'Orange* (pp. 113-162); 4º du *Covenant Vivien* (pp. 163-213); 5º d'*Aliscans* (pp. 215-427). ══ Le tome II est consacré à « l'examen critique des chansons de geste de Guillaume d'Orange ».

1652 **Jonckbloet** (W. J. A.). *Guillaume d'Orange, le Marquis au court nez, Chanson de geste du XIIᵉ siècle, mise en nouveau langage.*

Amsterdam, 1867, in-8º.

Sept de nos poèmes ont été traduits par Jonckbloet : 1º *Les enfances Guillaume* (sous ce titre : *Les premières armes de Guillaume,* pp. 27-89); 2º *Le Couronnement Looys* (pp. 91-129) ; 3º *Le Charroi de Nîmes* (pp. 131-162); 4º *La prise d'Orange* (pp. 163-200) ; 5º *Le Covenant Vivien* (sous ce titre : *Le vœu de Vivien* (pp. 201-235) ; 6º *Aliscans* et *Renouard-au-tinel* qui forme la 2ᵉ partie d'*Aliscans.*(pp. 237-362); 7º *Le Moniage Guillaume* (pp. 363-385.)

Cf. *Literarisches Centralblatt,* 1867, p. 51.

B. — TRAVAUX DONT LE CYCLE A ÉTÉ L'OBJET

1653 **Catel** (Guillaume). *Histoire des comtes de Tolose.* — Toulouse, 1623, in-fol. pp. 44-52.

Découverte d'un manuscrit cyclique de la geste de Guillaume (aujourd'hui Bibl. nat. fr. 774), etc.

1654 **Catel** (Guillaume), *Mémoires de l'Histoire du Languedoc.* — Toulouse, 1633, in-fº. pp. 567-573.

Charles de Gellone; *Vita sancti Willelmi;* longues citations du *Charroi* et du *Moniage Guillaume.*

1655 **La Pise** (Joseph de). *Tableau de l'histoire des princes et principautés d'Orange.* — La Haye, 1639, p. 51.

Sur le nom de Guillaume « au cornet ».

1656 **Mabillon** (Dom Jean). *Acta ordinis Sancti Benedicti.* Sæcul. IV, 1ª pars 1677, in-fol., pp. 72-90.

Vita Sancti Wilhelmi, publiée avec des *Observationes præviæ.*

1657 **Henschenius** (Godefroi) et ses collaborateurs. *Acta Sanctorum,* t. VI de mai, 1688, in-fol. col. 809-810. Ed. Palmé, col. 798-800.

Vita sancti Wilhelmi : Commentarium prævium.

Citation de nos vieux poèmes : vœu émis en faveur de leur publication.

1658 **Vaissete** (Dom Joseph) et Dom Claude **de Vic.** *Histoire générale du Languedoc,* t. I, 1730, pp. 444, 445, 452, 461, 462, 732, 735, et s., t. II, 1733, pp. 120, 121, etc.

Saint Guillaume de Gellone et les Guillaumes « similaires ».

1659 **Bonaventure de Sisteron** (Le P.). *Histoire nouvelle de la ville et principauté d'Orange.* — Avignon, 1741, in-4º, pp. 220-322. Troisième Dissertation.

Généalogie et vie de « Guillaume au Cornet ».

1660 **Ceillier** (Dom Remy). *Histoire des auteurs ecclésiastiques et sacrés,* 1ᵉ édit. —Paris, 1729-1763, t. XX, 1757, in-4º, pp. 403, 404. Cf. la 2ᵉ édit., Paris, t. XIII, 1863, in-8º, pp. 234, 235.

1661 **Sinner** (Jean-Rodolphe). *Catalogus codicum manuscriptorum Bibliothecæ Bernensis, annotationibus criticis illustratus.*— Berne, 1760-1772, 3 vol., in-8º, t. III, p. 333.

Description du manuscrit cyclique de Berne.

1662 **Bibliothèque des Romans.** — Paris, octobre 1778, in-8º.

Adaptation de *Garin de Montglane,* de *Girart de Viane,* d'*Hernaut de Beaulande* et de *Renier de Gennes.* On remarquera que c'est la composition exacte du *Guerin de Montglave* incunable, que les auteurs de la *Bibliothèque des Romans* avaient évidemment sous les yeux,

1663 Paulmy (Marc - Antoine-René, marquis de). *Mélanges tirés d'une grande bibliothèque.* 1779-1784, t. VI, pp. 190-194.

1664 Brunet (Jacques-Charles). *Manuel du Libraire.* — Paris, in-8. La 1re édition est de 1810 ; la 5e de 1860-1865 (6 vol., in-8°).

Énumération de tous les incunables de la geste.

1665 Roquefort-Flaméricourt (J.-B. Bonaventure). *De l'état de la poésie française dans les XIIe et XIIIe siècles.* — Paris, 1815, in-8°, pp. 163-164.

1666 Daunou (P.-C.-François). *Histoire littéraire de la France,* t. XVI, 1824, in-4°.

Discours sur l'état des lettres en France au XIIIe siècle.

1667 Barrois (Jean - Baptiste -Joseph). *Bibliothèque protypographique.* — Paris, 1830 in-8°, nos 5, 437, 1306 et 1907.

1668 Melzi (Gaetano de' conti). *Bibliografia dei romanzi e poemi romanzeschi cavallereschi italiani.* — Milan, 1829, in-4°. (Supplément en 1831) 2e édition, 1838 ; 3e édition, avec préface de P. A. Tosi, 1865.

1669 Fauriel (Claude-Charles). *Origine de l'Épopée chevaleresque.*
Revue des Deux-Mondes, t. VII, 1er et 15 sept., 15 oct. et 15 nov. 1832.

Dans sa septième leçon, Fauriel s'étend sur la légende de Guillaume qu'il regarde comme essentiellement méridionale.

1670 Funck (Friedr.). *Ludwig der Fromme. Geschichte der Auflösung des grossen Frankenreichs.* — Francfort, 1832, in-8°.

Étude, d'après les historiens arabes, des invasions des Sarrasins en France.—La grande bataille sur l'Orbieu, etc.

1671 Renouvier (Jules), *Monuments de quelques anciens diocèses du Bas-Languedoc.* — Montpellier et Paris, 1835-1840, in-4°.

Étude sur saint Guillaume de Gellone.

1672 Jubinal (Achille). *Mystères inédits du XVe siècle,* 1836.

Analyse du manuscrit cyclique de la Bibl. nat. fr. 24369 (anc. Lavallière 23).

1673 Mone (F.-J.). *Wilhelm von Orange. Anzeiger,* 1836, col. 177-192.

Description du manuscrit cyclique de Boulogne-sur-Mer.

1674 Reinaud (Joseph-Toussaint). *Invasions des Sarrasins en France.* — Paris, 1836, in-8°.

La grande invasion de 793 et la bataille de Villedaigne-sur-l'Orbieu, etc.

1675 Reiffenberg (Baron de). *Chronique rimée de Philippe Mouskes,* 1836-1838, t. II, pp. 237 et ss.

Notice sur Guillaume, le héros central de la geste qui porte son nom.

1676 Thomassy (Raymond). *Recherches historiques et littéraires sur la fondation de Saint-Guilhem-du-Désert et le cycle épique de Guillaume au court nez.*
Journal de l'Instruction publique, 15 mai et 5 août 1838.

Plusieurs saints Guillaumes ont contribué à former la légende pieuse, et plusieurs Guillaumes la légende militaire et la geste épique

1677 Michel (Francisque). *Rapports à M. le Ministre de l'Instruction publique sur les documents de l'histoire et de la littérature de la France qui sont conservés dans les bibliothèques de l'Angleterre et de l'Écosse,* 1838-1839, in-4°.

Description des trois manuscrits cycliques du British Museum.

1678 Thomassy (Raymond). *Découverte de l'autel de Saint-Guillaume.*
Mémoires de la Société des Antiquaires de France, t. XIV, 1838, pp. 222 et ss. (tirage à part, Paris, 1838, in-8°).

1679 Jubinal (A.). *Rapport à M. le Ministre de l'Instruction publique.* — Paris, 1838, in-4°.

Le manuscrit cyclique de Berne est signalé à l'attention des érudits.

1680 Thomassy (Raymond). *L'ancienne abbaye de Gellone.*
Mémoires de la Société des antiquaires de France, t. XV, 1839, p. 307.

1681 Beaufort (Comte Amédée de). *Légendes et traditions populaires de la France.* — Paris, Debécourt, 1840, in-8°.
Sur Saint-Guilhem-du-Désert.

1682 Thomassy (Raymond). *Chartes de fondation de Saint-Guilhem.*
Bibliothèque de l'École des Chartes, t. II, 1841, pp. 177 et ss.

1683 **Paris** (Paulin). *Les manuscrits françois de la Bibliothèque du Roi*, t. III, 1840, pp. 113-172 et t. VI, 1845, pp. 135-144 et 228-229.

Manuscrits cycliques de la geste de Guillaume, etc.

1684 **Græsse** (Johann-Georg-Theodor). *Die grossen Sagenkreise des Mittelalters.* — Dresde et Leipzig, 1842, in-8°, pp. 357-361.

Cf., du même érudit, le *Trésor des livres rares et précieux*, 1858-1867, t. III, p. 182 et t. VII, p. 346.

1685 **Ideler** (L.) *Geschichte der altfranzösische National-Literatur.*— Berlin, 1842, in-8°, pp. 97 et 106.

1686 **Keller** (Adelbert von). *Romvart.* — Mannheim, 1844, in-8°, pp. 29-38 et 338-365.

Extraits des manuscrits franco-italiens de Venise (pp. 29-38) et du *Garin* de la Vaticane (pp. 338-365).

1687 **Laveleye** (Émile de). *Histoire de la langue et de la littérature provençales.* — Bruxelles, 1845, in-8°.

1688 **Leprévost** (Auguste). *Histoire ecclésiastique par Orderic Vital.* — Paris, 5 vol. in-8° (1838-1855), t. III, pp. 5 et ss. Publications de la Société de l'Histoire de France.

Histoire et légende de saint Guillaume.

1689 **Fauriel** (Claude). *Histoire de la poésie provençale.* — Paris, 1846-1847, 3 vol. in-8°. (Cf. plus haut le n° 1669.)

1690 **Paris** (Paulin). *Histoire littéraire de la France*, t. XXII, 1852, pp. 435-551. Notices et analyses développées.

1691 **Jonckbloet** (W. J. A.). *Geschiedenis der middelnederlandschen Dichtkunst*, 1852, t. I, pp. 203 et 311-332.

1692 **Courtet** (Jules). *Notice historique et archéologique sur Orange.* *Revue archéologique*, 1852, p. 336.

Rapprochement entre Guillaume de Gellone et Guillaume Ier, comte de Provence.

1693 **Jonckbloet** (W. J. A.). *Guillaume d'Orange, Chansons de geste des xi° et xii° siècles*, etc. — La Haye, 1854, 2 vol., in-8°.

C'est le livre capital sur la matière. — Le tome Ier, que nous avons eu lieu de citer plus

haut, renferme le texte de cinq de nos chansons; le tome II est une suite de dissertations sur les éléments historiques de la geste, la fusion de plusieurs Guillaumes en un seul, la date exacte de la composition de nos poèmes, la nature de leur langue et de leur versification, leurs imitations à l'étranger, leur valeur artistique, etc.

1694 **Le Ricque de Monchy.** *Notice sur l'autel de Saint-Guilhem-du-Désert.* *Annuaire de la Société archéologique de Montpellier*, t. IV, 1857, p. 381.

1695 **Dozy** (R). *Recherches sur l'histoire et la littérature de l'Espagne pendant le moyen âge.* — Leyde, 2° édition, 1860, 2 vol., in-8°.

Développement de cette thèse « qu'un certain nombre de chansons de notre geste sont d'origine normande». Cf., du même : *De middeleeuwske gedichten over Willem van Orange.* (Publié dans une Revue hollandaise, *De Gids*, 2° série, t. VII, p. 776.)

1696 **Menault** (Dom). *Biographies bénédictines. I. Saint Guilhem*, 1860, in-8°.

1697 **Unger** (C. R.). *Karlamagnus Saga.* — Christiania, 1860, in-8°, p. 532.

La neuvième branche de la Saga est consacrée à Guillaume.

1698 **Solitaire Montagnard** (Un). *Vie de Saint Guilhem duc d'Aquitaine, comte de Toulouse, premier prince d'Orange, fondateur et moine de l'abbaye de Saint-Guilhem-le-Désert*, etc. — Lodève, s. d. (1803), in-8°.

1699 **Puymaigre** (Comte Th. de). *Les vieux auteurs castillans*, 1re édit., 1862, 2 vol., in-18, t. II, pp. 323-350 et 351.

Influence de la geste de Guillaume sur les romances espagnoles.

1700 **Paris** (Gaston). *La Karlamagnus Saga*, etc. *Bibliothèque de l'École des chartes*, 1864, pp. 89-123 et 1865, pp. 1-42.

Analyse de la neuvième branche, consacrée à Guillaume.

1701 **Paris** (Gaston). *Histoire poétique de Charlemagne.* — Paris, 1865, in-8°, p. 470.

Tableau généalogique de la maison de Montglave : I, d'après Alberic des Trois Fontaines ; II, d'après Aimeri de Narbonne, etc. .

1702 **Ludlow** (John-Macoln). *Popular Épics of the Middle Ages of the North-*

German and Carlovingian cycles. — Londres, 1865, 2 vol., in-16, t. II, pp. 173-246. *(William of Orange.)*

Sur les principales chansons de geste du cycle de Guillaume.

1703 Clarus (Ludvig) == **Volk** (Wilhelm). *Herzog Wilhelm von Aquitanien, ein Grosser der Welt, ein Heiliger der Kirche, und Held der Sage und Dichtung.* — Münster, 1865, in-8°.

La plus complète et la meilleure monographie dont Guillaume ait été l'objet.

1704 Jonckbloet (W. J. A.). *Guillaume d'Orange, le marquis au court nez. Chanson de geste du XIIIe siècle mise en nouveau langage.* — Amsterdam, 1867, in-8°.

Nous avons cité plus haut (n° 1652) cette œuvre de Jonckbloet à cause de la traduction qu'elle renferme : nous la citons ici à raison de son *Introduction* où l'auteur traite à nouveau la question des origines historiques de notre geste, etc.

1705 Pfeiffer (Franz). *Altdeutsche Handschriften der fürstlichen Starhembergischen Bibliothek, früher zu Riedegg, jetzt zu Efferding. I. Wilhelm von Orange.* *Germania*, t. XII, 1867, pp. 66-70.

1706 Gautier (Léon). *Les Épopées françaises,* 1re édit., t. III, 1868, in-8°, 2e édit., t. IV, 1882, in-8°.

Le tome III de la 1re édition et le t. IV de la 2e sont tout entiers consacrés à la geste de Guillaume.

1707 Hirsch. *Amatus de Monte Cassino : Forschungen zur deutschen Geschichte.* — Gœttingen, 1868, pp. 232-234.

Contre Dozy et sa théorie « normande ».

1708 Essai de classification méthodique et synoptique des Romans de chevalerie inédits et publiés. *Premier appendice au Catalogue raisonné des livres de la Bibliothèque de M. Ambroise-Firmin Didot,* — Paris, 1870, in-8°.

La « Geste des Narbonnais » occupe une partie du tableau A, pp. 2 et 3.

Cf. un article du *Bibliophile français*, mai-juin 1870.

1709 Révillout (Ch.). *A quelle époque la vie de saint Guillaume du Désert a-t-elle été composée ?*

Mémoire lu à la séance de la réunion des Sociétés savantes, du 22 nov. 1870 : *Revue des Sociétés savantes*, 5e sér., t. I, pp. 465-466.

1710 San-Marte. *Ueber Wolfram's von Eschenbach Rittergedicht Wilhelm von Orange und sein Verhältniss zu den altfranzösischen Dichtungen gleichen Inhalts.* — Quedlinbourg, 1871, in-8°. *Bibliothek der Geschichte deutscher National-Literatur.* Abthh. II. Bd. 5.

Nous ne citons ici le livre de San Marte qu'à raison de son caractère un peu général. C'est à l'article *Aliscans* qu'on trouvera l'indication des principaux travaux consacrés au *Willehalm* et à ses compléments.

Cf. Heinrich Prœhle, *Archiv für das Studium der neueren Sprachen*, t. XLVIII (1871), pp. 451-452.

1711 Milà y Fontanals (Manuel). *De la poesia heroico-popular Castellana.* — Barcelone, 1874, in-8°.

Romances sur Aimeri de Narbonne, etc.

1712 Suchier (Hermann). *Le manuscrit de Guillaume d'Orange anciennement conservé à Saint-Guilhem-du-Désert.* *Romania*, t. II, 1873, pp. 335-336.

Identification de ce manuscrit avec le fr. 774 de notre Bibliothèque nationale.

1713 Révillout (Charles). *Étude historique et littéraire sur l'ouvrage latin intitulé « Vie de saint Guillaume ».* (Extrait des *Publications de la Société archéologique de Montpellier*, n°° 35-36.) — Paris, 1876, in-4°.

La *Vita sancti Willelmi* n'a été écrite qu'au commencement du XIIe siècle. Critique des chartes de fondation de Gellone. Cf. Gaston Paris. *Romania*, juil. 1877, t. VI, pp. 467-471.

1714 Rajna (Pio). *Un nuovo codice di Chansons de geste del ciclo di Guglielmo.* *Romania*, t. VI (1877), pp. 237-261.

C'est le manuscrit de la Trivulziana qui est du XIIIe siècle et contient environ 36,500 vers.

1715 Isola (I.-G.). *Le storie Nerbonesi, romanzo cavalleresco del secolo XIV.* — Bologne, t. I, 1877, in-8°. Faisant partie de la *Collezione di opere inedite o rare dei primi tre secoli della lingua, publicata per cura della R. commissione pe' testi di lingua nelle provincie dell' Emilia.* — Le second volume a été publié en 1887 et le troisième *(Appendice)* avait paru en 1880.

Voy., dans nos *Épopées françaises*, t. IV, pp. 30-46, notre analyse détaillée des *Nerbonesi* et notre étude sur leurs sources.

1716 Saumade (J.-E.). *Soldat et moine. Vie de saint Guilhem du Désert.* — Montpellier, 1878, in-8°.

1717 Rez (G. de). *Invasions des Sarrasins en Provence pendant le VIII°, le IX° et le X° siècles.* — Marseille, 1879, in-8°.

1718 Lenthéric. *La Provence maritime.* — Paris, 1880, in-8°, pp. 184 et 288-289.

Guillaume I°r, comte de Provence, et la bataille de Fraxinet.

1719 Petit de Julleville (L.). *Histoire du Théâtre en France ; Les Mystères.* — Paris, 1880, 2 vol., in-8°, t. II, pp. 245-248.

1720 Nyrop (Kristoffer). *Den oldfranske Heltedigtning*, etc. — Copenhague, 1883, in-8°, pp. 141, 142, etc. — Cf. la traduction italienne, *Storia dell' Epopea francese nel medio evo ;* Turin, 1886, in-8°, pp. 136, 138.

Cf. les Notices que Nyrop a spécialement consacrées à chacun des vingt-quatre poèmes qui composent la Geste.

1721 Roque-Ferrier. *Deux traditions languedociennes sur saint Guilhem de Gellone.*
Revue des langues romanes, t. XXVI, 1884, pp. 146-150.

1722 Petit (L.-D.). *Bibliographie der middelnederlandsche Taal-en Letterkunde*, 1888, n° 431.

Fragments publiés par Hoffmann von Fallersleben et Willelms.

1723 Lot (Ferdinand). *Guillaume de Montreuil.*
Romania, t. XIX, pp. 290-293.

1724 Saltzmann (H.). *Der historisch-mythologische Hintergrund und das System der Sage im Cyclus des Guillaume d'Orange und in den mit ihm verwandten Sagenkreisen.*
Programme de Pillau, 1890, in-8°, 30 p.
Cf. *Zeitschrift für französische Sprache und Literatur*, XII. — *Archiv für das Studium der neueren Sprachen*, LXXXV, n° 12.

1725 Paris (Gaston). *La littérature française au moyen âge*, 2° édit., 1890, pp. 62-72.

Voy. plus haut ou plus loin : *Aimeri de Narbonne ;* — *Aliscans ;* — *Bataille Loquifer ;* — *Beuves de Commarcis* (remaniement du *Siège de Barbastre*); — *Charroi de Nîmes ;* — *Couronnement Looys ;* — *Covenant Vivien ;* — *Département des enfans Aimeri ;* — *Enfances Garin ;* — *Enfances Guillaume ;* — *Enfances Vivien ;* — *Foulque de Candie ;* — *Garin de Montglane ;* — *Girart de Viane ;* — *Guibert d'Andrenas ;* — *Hernaut de Beaulande ;* — *Moniage Guillaume ;* — *Moniage Rainoart ;*—*Mort d'Aimeri de Narbonne ;* — *Prise de Cordres ;* — *Prise d'Orange ;* — *Renier ;* — *Renier de Gennes ;* — *Siège de Barbastre ;* — *Siège de Narbonne.*

HELIAS

Voy. *Chevalier au Cygne.*

HERNAUT DE BEAULANDE ET MILON SON FRÈRE

.°. Voir, plus haut, la Liste par ordre alphabétique de tous les manuscrits de Chansons de geste qui sont parvenus jusqu'à nous (*Épopées françaises*, t. I, p. 210, et aussi IV, p. 203). — Cf. la Table des romans en prose (II, p. 551) et celle des incunables au mot *Guerin de Montglave.* — Pour plus de détails voy. notre Notice bibliographique et historique sur le Roman d'Hernaut de Beaulande qui est accompagnée d'une analyse développée (IV, pp. 203). === Pour la version en prose, voy. *Garin de Montglane.*

TRAVAUX
DONT LA CHANSON D'HERNAUT
A ÉTÉ L'OBJET

1726 Bibliothèque universelle des Romans, octobre 1778, t. II.

1727 Gautier (Léon). *Les Épopées françaises*, 1re édition. — Paris, 1865-1868, trois vol. in-8°.

Texte d'un couplet en vers retrouvé dans le roman en prose, I, p. 508 ; notice et analyse, I, pp. 186-200.

Cf. la 2ᵉ édition, Paris, 1878-1894, in-8°. — Texte du couplet retrouvé, II, pp. 599, 600. Notice et analyse, IV, pp. 203-217.

1728 Nyrop. *Den oldfranske Helte-digtning*, etc. — Copenhague, 1883, pp. 133, 134 et 453. — Cf. la traduction italienne, *Storia dell' Epopea francese nel medio evo*, Turin, 1886, in-8°, pp. 130 et 445.

HERVIS DE METZ

.ᐧ. Voy., plus haut, la Table par ordre alphabétique de tous les manuscrits de chansons de geste qui sont parvenus jusqu'à nous (*Épopées françaises*, t. I, p. 240). Cf. la Table des romans en prose, au mot *Lorrains* (*Ibid.*, t. II, p. 551) ; — MM. Stengel et Bonnardot préparent depuis longtemps une édition d'*Hervis de Metz*.

TRAVAUX
DONT LA CHANSON A ÉTÉ L'OBJET

1729 Calmet (Dom). *Histoire ecclésiastique et civile de la Lorraine.* — Nancy, 1745-57, 7 vol. in-fol., t. I, p. 1120, et t. II des *Preuves*, pp. cxxi-cxxiii).

Dom Calmet a transcrit une partie d'*Hervis* d'après le ms. fr. 19160 de la Bibl. nat. (anc. S. Germain 1944).

1730 Paris (Paulin). *Histoire littéraire de la France*, t. XXII, 1852, pp. 587-604.

Notice et analyse.

1731 Clercx. *Catalogue des manuscrits relatifs à l'histoire de Metz et de la Lorraine.* — Metz, 1856, in-8°, pp. 75-76.

Le ms. 847 renferme le texte autographe d'une version en prose d'*Hervis*, de *Garin* et de *Girbert* qui fut composée en 1515 par Philippe de Vigneulles. Le traducteur s'est servi de deux manuscrits, dont l'un ne contenait que la branche d'*Hervis* ». (Bonnardot, *Essai de classement des manuscrits des Lorrains*, *Romania*, III, 1874, p. 199).

1732 Prost (A.). *Études sur l'Histoire de Metz ; les légendes*, 1865, in-8°, pp. 343, 400, 490-499.

Version en prose de Philippe de Vigneulles. — Fragment de cette version relatif à la légende d'Hervis.

1733 Bourquelot (Félix). *Études sur les foires de Champagne, sur la nature, l'étendue et les règles du commerce qui s'y faisait aux xiiᵉ, xiiiᵉ et xivᵉ siècles. — Mémoires présentés à l'Académie des Inscriptions*, 1865. Tirage à part en deux vol. in-4°.

Analyse et extraits d'*Hervis* (t. I, 1ʳᵉ partie, pp. 113-129).

1734 Stengel (Ed.). *Mittheilungen aus altfranzösische Handschriften der Turiner Universitäts Bibliothek.* — Halle, 1873, in-4°, p. 29.

Table des rubriques d'*Hervis* d'après le manuscrit de Turin, LII, 14.

1735 Bonnardot (François). *Essai de classement des manuscrits des Lorrains.* *Romania*, t. III, 1874, in-8°, pp. 198, 199.

Sur la version en prose de Philippe de Vigneulles.

1736 Schædel (B.). *Bruchstück der Chanson de Hervis.* *Jahrbuch für romanische und englische Literatur*, t. XV, 1876, pp. 445-450.

1737 Hub (Heinrich). *La Chanson de Hervis de Mes. Inhaltsangabe in Klassification der Handschriften.* Dissertation de Marbourg. — Heilbronn, 1879, in-8°.

1738 Rhode (Auguste). *Die Beziehungen zwischen den Chansons de geste « Hervis de Mes » und « Garin le Loherain », und ihre nachträgliche Verknüpfung durch den Verfasser der Redaktion N T der Geste des Loherains.* — Marbourg, 1881, in-8° (Inaugural Dissertation). — A paru aussi dans les *Ausgaben und Abhandlungen aus dem Gebiete der romanischen Philologie*, fasc. III, pp. 121-170.

1739 Gautier (Léon). *Les Épopées françaises*, 2ᵉ édition. — Paris, 1878-1894 ; t. IV, 1882, pp. 414-415.

Analyse de la première partie d'*Hervis* que l'on compare avec les *Enfances Vivien*.

1740 Nyrop (K.). *Den oldfranske Heltedigtning*, etc. — Copenhague, 1883, in-8°, pp. 144, 180, 190, 305 et 453. — Cf. la traduction italienne, *Storia dell' Epopea francese nel medio evo*, Turin, 1886, in-8°, pp. 140, 182, 183, 445 et 446.

Notice et bibliographie.

1741 Bœckel (Otto). *Philippe de Vigneulle's Bearbeitung des Hervis de Mes.* — Marbourg (dissertation), 1883, in-8°.

Remaniement d'*Hervis* en prose.

1742 Gautier (Léon). *La Chevalerie*, 1re édition, Paris, 1884, in-8°; 2e édition, Paris, 1891, pp. 213 et ss. (Cf. pp. 131, 176, 182 et 289, etc.)

Résumé du début d'*Hervis*. Comparaison avec les *Enfances Vivien*.

1743 Meyer (Paul). *Girart de Roussillon.* — Paris, 1884, in-8°, pp. c-ci.

Du rôle de Girart dans *Hervis de Metz*. Épisode qui sert de transition entre *Hervis* et *Garin le Loherain*.

1744 Schmidt (A.). *Aus altfranzösische Handschriften der Hofbibliothek zu Darmstadt.*
Zeitschrift für romanische Philologie, t. XIV, p. 521.

Voy. *Garin le Loherain* et les *Lorrains*.

HORN

.⁎. Voy., plus haut, la Table par ordre alphabétique de tous les manuscrits de Chansons de geste qui sont parvenus jusqu'à nous (*Epopées françaises*, t. I, p. 240). — *Horn* n'a été classé parmi les chansons de geste qu'à raison de quelques caractères secondaires, (parce qu'il est écrit en alexandrins, parce qu'on y a introduit le récit d'une guerre contre les Sarrasins, etc.) Mais en réalité, comme le fait observer Nyrop, sa place serait plutôt parmi les Romans bretons.

A. — ÉDITIONS DE LA CHANSON FRANÇAISE ET DE KING HORN.

1745 Michel (Francisque). *Horn et Rimenhild. Recueil de ce qui reste des* poèmes relatifs à leurs aventures, composés en français, en anglais, en écossais, dans les xiiie, xive, xve et xvie siècles, publié d'après les manuscrits de Londres, de Cambridge, d'Oxford et d'Edimbourg. — Paris, 1845, in-4° (imprimé pour le *Bannatyne Club*).

1746 Lawson Lumby (J.). *King Horn, with fragments of Floriz and Blaunchefl* eur and of the Assumption of Our Lady, edited with notes and glossary.* — Londres, 1866, in-8°. (Early english Text Society.)

Cf. Paul Meyer, *Revue critique*, 1867, II, 358 et ss.

1747 Hortsmann (K.). *King Horn nach Ms. Laud 108.*
Archiv für das Studium der neueren Sprachen, 1872, pp. 39-58.

1748 Wissmann (Theodor). *Das Lied von King Horn, mit Einleitung, Anmerkungen und Glossar. (Quellen und Forschungen zur Sprach-und Culturgeschichte der germanischen Völker herausgegeben von B. ten Brink., etc.),* — Strasbourg, 1881, in-8°.

1749 Brede (R.) et **Stengel** (E.). *Das anglonormannische Lied vom wackern Ritter Horn. Genauer Adbruck der Cambridger, Oxforder und Londoner Handschrift.* — Marbourg, 1883, in-8°, avec un fac-simile (Ausgaben uud Abhandlungen, fasc. VIII).

B. — TRAVAUX DONT LA CHANSON FRANÇAISE ET KING HORN ONT ÉTÉ L'OBJET.

1750 Scott (Walter). *Sir Tristrem; a metrical romance of the thirteen Century.* — Edinbourg. 1811, in-8°, 3e édition, pp. LVIII-LXII.

1751 Paris (Paulin). *Histoire littéraire*, t. XXII, 1852, pp. 551-568.
Notice et analyse.

1752 Sachs (C.). *Beiträge zur Kunde altfranzösischer, altenglischer und provinzalischer Literatur aus französischen und englischen Bibliotheken.* — Berlin, 1857, in-8°, pp. 55-56.

1753 Stengel (E.). *Die chansons de Geste Handschriften der Oxforder Bibliotheken.*

Romanische Studien, t. I, 1873, p. 381.

1754 Thiem (Carl.). *Das altenglische Gedicht « King-Horn ».* 1874, in-8°. (Dissertation de Rostock.)

1755 Wissmann (Theodor). *King Horn. Untersuchungen zur mittelenglischen Sprache und Literaturgeschichte.* — Strasbourg, 1876, in-8°.

King Horn n'est pas imité de la chanson française et lui a plutôt servi de modèle. (Voy. plus loin, n° 1762, la réponse de G. Paris.)
Cf. *Revue critique*, 1876, 2° semestre, pp. 361-362. — A. Stimming, *Englische Studien*, I, 351-362.

1756 Wissmann (Theodor). *Studien zu King Horn.* Voy. le n° précédent.

Anglia, t. IV, pp. 342-400.

1757 Brede (R.). *Ueber die Handschriften der Chanson de Horn* (*Ausgaben und Abhandlungen*, fasc. IV, 1883, in-8°). — Avait paru en 1882 comme dissertation de Marbourg.

1758 Nyrop (K.). *Den oldfranske Heltedigtning*, etc. — Copenhague. 1883, in-8°, pp. 219-221, 298 et 454. — Cf. la traduction italienne, *Storia dell' Epopea francese nel medio evo*, Turin, 1886, in-8°, pp. 212-214, 285 et 447.

Notice et bibliographie.

1759 Wright (Th.). Analyse du manuscrit de Cambridge qui contient *Horn*.

Foreign Quaterly Review, t. XVI, pp. 133-141.

1760 Rudolph (G.). *Der Gebrauch der Tempora und Modi im anglonormanischen Horn.* (Dissertation de Halle.) — Brunswick, 1885, in-8°.

1761 Nauss (M.). *Der Stil des anglonormannischen Horn.* (Inaugural Dissertation.) — Halle, 1885, in-8°.

1762 Sœderhjelm (W.). *Sur l'identité du Thomas, auteur de Tristan, et du Thomas, auteur de Horn.*

Romania, t. XV, 1886, pp. 575-596 (et à part, Helsingfors, 1886).

Bien que le poème de *Horn* offre de grandes ressemblances avec les chansons de geste, M. S. ne croit pas qu'on puisse le considérer comme une chanson de geste proprement dite. C'est aussi l'avis de G. Paris dans une des notes dont il a accompagné le long article de W. Sœderhjelm. « Quant à la question de la source du roman français de *Horn*, elle n'est pas résolue (ajoute Gaston Paris).» M. Wissmann (voy. plus haut, n° 1755) a tort quand il prétend que *Horn* est une transformation de *King Horn*: il ne semble pas avoir tenu compte de la langue de notre poème, d'après laquelle on ne peut placer le roman français qu'au milieu ou à la fin du XII° siècle, tandis que *King Horn* date d'une époque plus récente.

Cf. *Zeitschrift für romanische Philologie : Supplementhefte*, t. VIII, année 1883, 1477, et X, année 1885, 1271.

1763 Mettlich (J.). *Bemerkungen zu dem anglonormanischen Lied vom Wackeren Ritter Horn.* — Munster, 1890, in-4°.

HUON D'AUVERGNE

.·. *Huon d'Auvergne* est un poème franco-italien, découvert par M. A. Graf, et qui a été imité au XIV° siècle par un remanieur italien dont nous avons longuement parlé (*Épopées françaises*, t. II, pp. 355-356) et qui est Andrea da Barberino, auteur des *Reali* et des *Nerbonési*.

A. — TRAVAUX
DONT HUON D'AUVERGNE A ÉTÉ L'OBJET

1764 Tobler (Ad.). *Die Berliner-Handschrift des* Huon d'Auvergne. *Sitzungsberichte der K. Akademie der Wissenschaften zu Berlin*, 1884, gr. in-8°.

Cf. *Giornale storico della Letteratura Italiana*, t. III, 1884, etc.

1765 Gautier (Léon). *Les Épopées françaises*, 2° édit., 1878-1894, in 8°, t. II, 1894, p. 394.

Huon d'Auvergne entre comme élément de la « Nomenclature des chansons françaises qui ont été connues, traduites ou imitées en Italie ».

B. — TRAVAUX DONT UGO D'ALVERNIA A ÉTÉ L'OBJET.

1766 Rajna (Pio). *Ricordi dei codici francesi posseduti dagli Estensi nel secolo XV.*

Romania, 1873, p. 57.

Dans le *Liber dictus Alvernaschus*, P. Rajna croit voir l'*Ugo d'Alvernia.*

1767 Graf (A.) *Di un poema inedito di Carlo Martello e di Ugo conte d'Alvernia.*

Giornale di filologia Romanza, 1878, t. I, pp. 92-110.

Cf. Gaston Paris, *Romania*, octobre 1878, pp. 626-627. — Antoine Thomas, *Le n° 44 des manuscrits français des Gonzague: Romania,* t. X, 1881, pp. 406-408.

1768 Zambrini (F.) et **A. Bacchi della Lega.** *Storia di Ugone d'Alvernia volgarizzata nel secolo XIV da Andrea da Barberino, non mai fin qui stampata.* — Bologne, 1882, deux vol. in-16.

Scelta di curiosità letterarie inedite o rare del secolo XIII al XIV. Disp. CLXXXVIII et CLXXXX.

1769 Zambrini (F.). *Il maritaggio del conte Ugo d'Avernia : novella cavalleresca in prosa del secolo XIV, inedita, publicata per le nozze Giraudini-Pananti.* — Imola, 1882.

1770 Renier (R.). *La discesa di Ugo d'Alvernia all' inferno, secondo il codice franco-italiano della Nazionale di Torino.* — Bologne, 1883.

Scelta di curiosità letterarie inedite o rare del secolo XIII al XIV. Disp. CXCIV.

Cf. *Litteraturblatt für germanische und romanische Philologie,* 1888, pp. 73-75. — *Archivio per lo Stud. delle tradiz. popol.,* t. II, pp. 321-322.

1771 Nyrop (Kristoffer). *Den oldfranske Heltedigtning,* etc. — Copenhague, 1883, in-8°, 474. — Cf. la traduction italienne, *Storia dell' Epopea francese nel medio evo,* Turin, 1886, in-8°, pp. 251 et 476.

1772 Crescini (V.). *Ugo d'Alvernia, poema franco-veneto del secolo XIV.*
Il Propugnatore, t. XIII, pp. 44-69.

1773 Gaspary (Adolfo). *Storia delle letteratura italiana, tradotto del tedesco da Nicòla Zingarelli.* — Turin, 1887, in-8° ; t. I, pp. 107-108.

HUON CAPET

.°. Voy. plus haut la Liste par ordre alphabétique de tous les manuscrits de chansons de geste qui sont parvenus jusqu'à nous (*Epopées françaises,* t. I, p 241). === C'est le lieu de parler ici de la popularité de *Huon Capet* en Allemagne. *Hug Schapler* est une traduction allemande d'*Huon Capet.* L'auteur est Élisabeth de Lorraine, comtesse de Vaudemont, mariée au comte de Nassau-Saarbruck, et morte le 17 janvier 1456. — L'œuvre d'Élisabeth, composée sans doute vers 1440, a été imprimée pour la première fois en 1500, quarante-quatre ans après sa mort et (comme le dit le marquis de la Grange en sa préface d'*Hugues Capet*) « a pris dès lors son rang parmi les livres populaires de l'Allemagne. » — La première édition, celle de 1500, est de Strasbourg ; et c'est à Conrad Heindœrffer qu'on en doit la publication. — La seconde édition, qui est de 1508, a été également imprimée à Strasbourg. La troisième, publiée en 1537, encore dans la même ville, nous offre un texte malheureusement trop « rajeuni » et c'est celle cependant dont le marquis de la Grange a dû se servir pour nous donner, dans la préface d'*Hugues Capet,* une analyse du roman allemand qu'il a très intelligemment comparé, page par page, avec la chanson française. Une quatrième édition a paru à Francfort en 1571, et une cinquième à Leipzig en 1604. — En 1841, Bulow a rajeuni à son tour le vieil *Hug Schapler* et l'a inséré dans ses *Nouvelles.*

A. — ÉDITION DU POÈME

1774 La Grange (marquis de). *Hugues Capet, Chanson de geste publiée pour la première fois d'après le manuscrit unique de Paris.* — Paris, 1864, in-16.

Collection des anciens poètes de la France, t. VIII.

Cf. d'Arbois de Jubainville, *Bibliothèque de l'École des Chartes*, t. XXVI, pp. 84-85. — E. Littré, *Journal des Savants*. Paris, 1865, in-4°, pp. 88-105 (reproduit dans les « *Études et glanures* ». Paris, 1880, in-8°, pp. 154-179). — Saint-René Taillandier, *Revue des Deux-Mondes*, 15 octobre 1864, pp. 1026-1030.

B. — TRAVAUX
DONT LA CHANSON A ÉTÉ L'OBJET

1775 Bibliothèque universelle des romans, janvier 1778, pp. 5-70.
Analyse très inexacte.

1776 La Motte Fouqué (F. H. C., baron de). *Der Zauberring* (l'anneau magique). — Nurenberg, 1816.
Imitation d'*Hugues Capet*.

1777 Bulow (Charles-Édouard de). *Neues Novellenbuch*. — Brunswick, 1841.
Nouvelle édition, très rajeunie, de *Hug Schapler*.

1778 Græsse (J. G. T.). *Die grossen Sagenkreise des Mittelalters*. — Dresde et Leipzig, 1842, in-8°, p. 346.

1779 Capefigue. *Hugues Capet et la troisième race.* — Paris, 1845, in-8°, p. 78.
Analyse rapide du poème et qui, comme le fait remarquer M. de La Grange, est « en partie de l'imagination de M. Capefigue, en partie extraite de la *Bibliothèque des Romans* ».

1780 Paris (Paulin). *Les manuscrits françois de la Bibliothèque du Roi.* — Paris, sept vol. in-8°, 1836-1848, t. VI (1845), p. 175.

1781 Châtel (Eugène). *Hugues Capet dans l'histoire et le roman.*
Positions des thèses soutenues à l'École des Chartes. — Paris, 1849, in-8°.
Il existait avant Dante une légende populaire qui faisait de Hue Capet le petit-fils d'un boucher de Paris. — La geste de Hue Capet remonte au moins au XIII° siècle. — La première partie de ce poème a un caractère politique et une tendance bourgeoise.

1782 Gervinus. *Geschichte der Deutschen Dichtung.* — Leipzig, t. II, 1853, p. 210.
Appréciation critique de *Hug Schapler*.

1783 Menzel (Wolfgang). *Deutsche Dichtung.* — Stuttgart, 1858, in-8°, t. I, p. 400.
Jugement sur *Hug Schapler*.

1784 Leclerc (Victor). *Histoire littéraire de la France : Discours sur l'état des lettres en France au XIV° siècle.* — Paris, in-4°, t. XXIV, 1862, pp. 443, 517 et 557.

1785 Græsse. *Trésor des livres rares et précieux.* — Dresde, 1862, in-8°, t. II, p. 384.

1786 Gautier (Léon). *Les Épopées françaises.* — 1™ édit., Paris, 1865-1868, in-8°, 3 vol. in-8°, t. I, 1865, pp. 457-460. — Cf. la 2° édition, Paris, 1878-1894, 4 vol. in-8°, t. II, 1894, pp. 427-430.
Résumé rapide d'*Huon Capet* et jugement littéraire.

1787 Mussafia (Ad.). *Eine Emendation zu Hugues Capet.*
Jahrbuch für romanische und englische Literatur, t. VI, 1865, p. 230.

1788 Paris (Paulin). *Histoire littéraire de la France,* t. XXVI, 1873, pp. 125-149.
Notice et analyse.

1789 Nyrop (Kristoffer). *Den oldfranske Heltedigtning,* etc. — Copenhague, 1883, in-8°, pp. 184-187, 144, 207, 282, 298, 405 et 454. — Cf. la traduction italienne, *Storia dell' Epopea francese nel medio evo,* Turin, 1886, in-8°, pp. 119, 140, 178, 179, 198, 268, 286, 447 et 448.
Notice et bibliographie.

HUON DE BORDEAUX

.*. Voy., plus haut, la Liste par ordre alphabétique de tous les manuscrits de Chansons de geste qui sont parvenus jusqu'à nous (*Épopées françaises,* t. I, p. 241 et aussi III, p. 734). — Cf. la Table des derniers romans en vers (II, p. 450): celle des Romans en prose (II, p. 551) et surtout celle des Incunables (II, p. 603). ═══ On remarquera, au sujet des incunables et des livres de la Bibliothèque bleue, qu'ils renferment, les uns comme les autres, les quatre Suites d'*Huon* qui ont pour titres : *Esclarmonde, Clairette et Florent, Ide et Olive* et enfin *Croissant*. — La première édition d'*Huon* est celle de Michel Le Noir 1516 : « *Les prouesses et faictz merveilleux du noble Huon de Bordeaux, per de Francé, duc de Guyenne, nouvellement redigé en bon françoys* ». — A cette édition il faut ajouter ici une édition s. l. n. d., qui est attribuée également à Michel Le Noir (?) par le Catalogue Douce : puis, successivement toutes les autres éditions du xvi° siècle et toutes celles de la Bibliothèque bleue, etc. = C'est ici qu'il convient aussi de signaler la version néerlandaise : *Een schoone Historie van Huyge van Bourdeus* (Anvers, chez M. W. Vorsterman, s. d.) dont une autre édition a paru à Amsterdam (s. d. vers 1644). Dans la collection de Stuttgart *(Bibliothek des literarischen vereins in Stuttgart)* le *Huyge van Bourdeus* néerlandais a été réimprimé en 1860 par Ferd. Wolf. === Cf. la version anglaise de sir John Bourchier, lord Berners, traducteur de Froissart, qui fut faite à la prière du comte de Huntingdon et conquit un succès immense et vraiment populaire. L'édition la plus rare et que ne possède pas le Musée Britannique porte ce titre dans le Catalogue de la vente Bliss : *Huon of Bordeure. Here begynnithe the boke of duke Huon of Bordeure and of them that issuyd from hym*. On n'est pas d'accord sur le nom de l'imprimeur auquel on doit cette édition : les uns se déclarent pour Copland ; les autres pour Berthelet et Redborne. On n'est d'accord que sur la date approximative (vers 1540).

En 1601, Thomas Purfoot donna à Londres une édition de *The ancient... historie of Huon of Bordeaux*. Il y a quelques années, enfin, M. S. L. Lee a réimprimé la traduction de lord Berners d'après une autre édition que celle mentionnée ci-dessus : *The boke of duke Huon of Bordeux, done into english by sir John Bourchier, lord Berners, and printed by Wynkyn de Worde about 1534 a. d.* (Londres, 1883 et 1885, Early English Text Society). === Pour plus de détails, voy. notre Notice bibliographique et historique sur la chanson d'Huon de Bordeaux (*Épopées françaises*, t. III, pp. 732 et ss.) qui est accompagnée d'une analyse très développée et de la traduction littérale d'un des plus beaux épisodes de la Chanson.

A. — ÉDITION DU POÈME

1790 **Guessard** (F.). et Charles **Grandmaison.** *Huon de Bordeaux;*

Chanson de geste publiée pour la première fois d'après les manuscrits de Tours, de Paris et de Turin. — Paris, 1860, in-16. (Collection des anciens poètes de la France, t. V.)

B. — TRAVAUX DONT LA CHANSON A ÉTÉ L'OBJET

1791 **A pleasant Comedie** *presented by Oberon King of Faeries,* 1594.

Œuvre anonyme.

1792 **Johnson** (Benjamin) ou **Ben Johnson.** *Oberon the Fairy prince, a masque of prince Henry's.* Vers 1620.

1793 **Huon de Bordeaux.** Pièce nouvelle de M. Gilbert, jouée par les Comédiens français en 1660 et 1661. Cf. *Registre de La Grange*, p. 23.

Cette pièce ne paraît pas avoir été imprimée.

1794 **Pasini,** etc. *Codices manuscripti Bibliothecae regii Taurinensis Athenaei, recensuerunt et animadversionibus illustrarunt* J. Pasinus, A. Rivautella et F. Berta. — Turin, 1749, 2 vol. in-fol., t. II, pp. 742, 473.

Description du manuscrit de Turin.

1795 **Bibliothèque universelle des Romans,** avril 1778, t. II, pp. 7-163.

1796 **Wieland** (Christophe-Martin). C'est dans le *Mercure* de 1786 qu'a paru son poème sur *Huon de Bordeaux*.

1797 **Daunou** (Pierre-Claude-François). *Histoire littéraire de la France.*

Discours sur l'état des lettres au xiii° *siècle,* t. XVI, 1824, p. 178.

1798 **Morice** (Émile). *De la littérature populaire en France.*

Revue de Paris, t. XXIV, 1831, p. 90.

1799 **Warton.** *History of englisch poetry.* — Londres, 1840, t. III, pp. 52 et 64.

Constatation du grand succès obtenu par la traduction que lord Berners a faite de notre *Huon de Bordeaux.*

1800 **Michel** (Francisque). *Actes de l'Académie de Bordeaux,* 1842, p. 118.

Comme quoi les griffes du griffon d'Huon de Bordeaux ont été estimées dans une sorte de loterie « à dix-huit mil quarts de ducats d'or » et comment ces mêmes griffes, suivant les versions d'*Huon* en prose, ont été suspendues dans la Sainte Chapelle de Paris, etc.

1801 Saint-Marc-Girardin. *Cours de littérature dramatique*, t. III, 1843, in-18, éd. Charpentier.

Comparaison avec le poème de Wieland.

1802 Simrock (Karl). *Das Kleine Heldenbuch.* — Stuttgart, 1844, in-8°, pp. 309-420. *(König Ortnits Meerfahrt und Tod.)*

1803 The diary of Philip Henslowe *from 1591 to 1609.* — Londres, aux frais de la *Shakespeare society*, 1845, in-8°, pp. 31, 32.

Journal de l'acteur Philippe Henslowe (?) constatant la représentation d'un drame intitulé : *Huon de Bordeaux* qui fut joué en Angleterre dans le temps même où Shakespeare composait le *Songe d'une nuit d'été*.

1804 Wind (De). *Nieuwe Reeks van Werken van de Maatschappij der nederlandsche Letterkunde*, 4ᵉ partie. — Leyde, 1847, in-8°, pp. 261-304.

Quatre fragments néerlandais.

1805 Nisard (Charles). *Histoire des livres populaires ou de la littérature de colportage depuis le xvᵉ siècle jusqu'à l'établissement de la Commission d'examen des livres de colportage, 30 novembre 1852,* — Paris, 1854, in-8°, t. II, pp. 534-539.

Résumé rapide de la Bibliothèque bleue (édition de Montbéliard).

1806 Wolf (J.). *Ueber die beiden wiederaufgefundenen niederländischen Volksbücher von der Königin Sibille und von Huon de Bordeaux.*
Mémoires de l'Académie impériale de Vienne (Section d'histoire, t. VIII, pp. 180-260), 1857. — Tirage à part.

1807 Græsse (J. G. T.). *Trésor des livres rares et précieux.* — Dresde, 1858-1867, t. III, p. 393.

1808 Bibliothèque bleue. *Réimpression des Romans de chevalerie des* xiiᵉ, xiiiᵉ, xivᵉ, xvᵉ et xviᵉ *siècles, faite sur les meilleurs textes par une Société de gens de lettres sous la direction d'Alfred* Delvau. — Paris, 1859-1863, trois vol. in-4°.

Premier volume : *Huon de Bordeaux.*

Cf. le nᵒ 411.

1809 Brunet (G.). *Manuel du libraire.* — Paris, 5ᵉ édit., 1860, in-8°, t. III, pp. 382, 383.

1810 Wolf (F.). *Huyge van Bourdeus, ein niederländisches Volksbuch.* — Stuttgart, 1860.
(*Bibliothek des literarisches Vereins in Stuttgart,* t. LV.)

1811 Paris (Gaston). *Huon de Bordeaux et Ortnit.*
Revue germanique, t. XVI, 1861, pp. 376 et ss.

Cet article a été, si je ne me trompe, le début de l'auteur.

1812 Paris (Gaston). *Histoire poétique de Charlemagne.* — Paris, 1865, in-8°, p. 323.

1813 Bartsch (Karl). *Chrestomathie de l'ancien français.* (Cinq éditions entre 1866 et 1884.) — 1ʳᵉ édit., Leipzig, 1866, pp. 51-62.

Cf. la 5ᵉ édition, Leipzig, 1884, in-8°, col. 197.

1814 Gautier (Léon). *Les Épopées françaises.* — 1ʳᵉ édit., Paris, 1865-1868, 3 vol. in-8°, t. II, 1867, pp. 552-588. — Cf. la 2ᵉ édit., Paris, 1878-1894, t. III, 1880, pp. 732-773.

Notice bibliographique, analyse très développée, traduction de l'épisode qui a pour titre : Première rencontre d'Huon avec le nain Oberon.

1815 Müllenhoff. *Das Alter der Ortnit.*
Zeitschrift für deutsches Alterthum. Nouvelle série, t. I, 1867, pp. 185-192.

1816 Lindner (Fr.). *Ueber die Beziehungen des Ortnit zu Huon de Bordeaux.*
Dissertation de Rostock. — Rostock, 1873, in-8°.

L'*Ortnit*, aux yeux de M. Linder, dérive de *Huon de Bordeaux.*

Cf. G. Paris, *Romania,* t. III, 1874, p. 494.

1817 Kirpichnikof (A.). *Opyt cravnitelnavo izonchenia zapadnavo i ronsskavo eposa. Poemy lombardskavo tsikla.* — Moscou, 1873.

Ressemblance du *Huon de Bordeaux* avec l'*Ortnit.*

1818 Paris (Paulin). *Histoire littéraire de la France,* t. XXVI, 1873, pp. 41-94.

1819 Stengel (E.). *Mittheilungen aus französischen Handschriften der Turiner Universitäts-Bibliothek.* — Marbourg, 1873, in-4°.

Analyse du manuscrit de Turin. Stengel y signale dix-sept vers des *Lorrains* renfermant le résumé d'un *Huon* antérieur à celui que nous possédons.

Cf. Gaston Paris, *Romania*, t. III, 1874, pp. 109-110.

1820 Verdam (J.). *Het Volksboek van Huge van Bordeaux. Taalk. Bijdr.* 1877, t. I, pp. 113-115.

Cf. la Bibliographie de Louis D. Petit, n° 441.

1821 Hummel (F.). *Das Verhältniss des Ortnit zum Huon de Bordeaux.*

Archiv für das Studium der neueren Sprachen, t. LXI, 1878, pp. 294-342.

Cf. Gaston Paris, *Romania*, t. VIII (1879), p. 301. Il paraît aujourd'hui démontré que les deux poèmes, le *Huon de Bordeaux* et l'*Ortnit*, sont indépendants l'un de l'autre.

1822 Graf (A.). *I complementi della chanson d'Huon de Bordeaux.* Voy. AUBERON.

1823 Ritter (E.). *Recueil de morceaux choisis en vieux français.* — Genève, 1878, in-8°, pp. 56-76.

Publication, dans cette anthologie, des vers 2889-3496, d'après l'édition Guessard et Grand-maison.

1824 Longnon (Auguste). *L'élément historique de Huon de Bordeaux.*

Ce n'est pas sous Charlemagne, mais sous Charles le Chauve qu'il faut placer les véritables origines d'*Huon de Bordeaux*. Le Charlot de ce poème n'est autre que Charlot l'enfant, un des fils de Charles le Chauve et de la reine Irmentrude, etc.

1825 Koch (M.). *Das Quellenverhältniss von Wielands Oberon.* — Marbourg, 1880, in-8°.

1826 The Huth library. — Londres, 1880, in-8°, t. II de ce Catalogue, p. 748.

1827 Neumann (Friedrich). *Die Entwickelung der Ortnitdichtung und der Ortnitsage.*

Germania, t. XXVII, 1882, pp. 191-219.

1828 Seemuller (J.). *Die Zwergensage im Ortnit.*

Zeitschrift für deutsches Alterthum, t. XVI, 1882, pp. 201-211.

1829 Romania (1882, p. 629) mentionne l'acquisition d'un manuscrit de *Huon de Bordeaux* par le gouvernement prussien dans la collection Hamilton.

1830 Nyrop (Kristoffer). *Den oldfranske Heltedigtning*, etc. — Copenhague, 1883, in-8°, pp. 77, 116-119, 169, 178, 210, 270, 300, 301, 303, 306, 325, 347, 348 et 455. — Cf. la traduction italienne, *Storia dell' Epopea francese nel medio evo*, Turin, 1886, in-8°, pp. 76, 112-115, 162, 171, 201, 264, 287, 288, 290, 293, 311, 332, 333, 448, et 449.

Notice et bibliographie.

1831 Lee (S.-L.). *The boke of Duke Huon of Bordeux, done into english by sir John Bourchier, lord Berners, and printed by Wynkyn de Worde about 1534 A. D. Edited with an introduction.* — Londres, 1883 et 1885.

Early English Text Society.

Cf. *The Athenæum*, 1883, n° 2899, p. 629. — *The Academy*, 19 avril 1884.

1832 Baecht (Hermann). *Sprachliche Untersuchung über Huon de Bordeaux.* — Cassel, 1884.

Dissertation d'Erlangen.

1833 Luzel. *Payer le tribut à César. Revue des traditions populaires*, août 1887, p. 346.

Conte breton qui présente de nombreuses analogies avec *Huon de Bordeaux*.

1834 Dunlop (John-Colin). *History of Prose Fiction.* Nouvelle édition, augmentée par H. Wilson. — Londres, 1888, 2 vol. in-12, t. I, pp. 294-311 et Appendice n° 11, pp. 487-488.

1835 Petit (Louis-D.). *Bibliographie der middelnederlandsche Taal-en Letterkunde*, 1888, n° 441, p. 55.

Indication de fragments publiés par S. de Wind, G. Kalff, W. Holtrop.

1836 Riedl (J.-Caspar). *Huon de Bordeaux in Geschichte und Dichtung.*

Zeitschrift für vergeichende Literatur-Geschichte und Renaissance-literatur. t. III, 1889.

1837 Schæfer (H.). *Ueber die Pariser hss. 1451 und 22555 der Huon de Bordeaux Sage. Beziehung der hs. 1451 zur Chan-*

son de *Croissant* ; die chanson de *Huon et Callisse* ; die chanson de *Huon roi de Féerie*. — Marbourg, 1891.

Dissertation de Marbourg.

Voy. *Auberon, Clarisse et Florent, Croissant, Esclarmonde, Godin, Huon roi de Féerie, Ide et Olive.*

HUON, ROI DE FÉÉRIE

PREMIÈRE SUITE DE HUON DE BORDEAUX (BIBL. NAT. fr. 22555, f° 248-251).

.•. Voy. plus haut notre Notice bibliographique et historique sur les Suites d'*Huon de Bordeaux* (*Épopées françaises*, t. II, pp. 742-745).

1838 Graf (A). *I complementi della chanson d'Huon de Bordeaux.* — Halle, 1878, in-4°.

Auberon seul a paru.

1839 Gautier (Léon). *Les Épopées françaises.* — Paris, 2° éd., 1878-1894, in-8°, t. III, 1880, pp. 742-743.

Analyse de *Huon, roi de Féerie*, d'après le manuscrit de Turin.

Voy. *Huon de Bordeaux.*

IDE ET OLIVE

QUATRIÈME SUITE DE HUON DE BORDEAUX (MS. DE TURIN, BIBL. NAT. L II, 14, f° 394-401).

.•. Voy. plus haut la Table par ordre alphabétique de tous les manuscrits de chansons de geste qui sont parvenus jusqu'à nous (*Épopées françaises*, t. I, p. 243 et aussi III, p. 472). — Cf. la Liste des Romans en prose (II, 551) et celle des Incunables (*ibid.*, p. 603) au mot *Huon de Bordeaux*). = Pour plus de détails, voy. notre Notice bibliographique et histo-

rique sur les Suites d'*Huon de Bordeaux*, 117, 742-743-745. — Depuis l'édition de Michel le Noir (1516) jusqu'aux plus récents tirages de la Bibliothèque Bleue, tous les *Huon de Bordeaux* incunables et tous ceux de la Bibliothèque Bleue renferment la version en prose d'*Ide et Olive*. — *Ide et Olive* est inédit.

1840 Gautier (Léon). *Les Épopées françaises*, 1865-1868, trois vol. in-8°, t. I, 1865, p. 53, 2° édition. — Paris, 1878-1894, in-8°, t. III, 1880, p. 745.

Analyse d'*Ide et Olive.*

1841 Graf (A.). *I complementi della Chanson d'Huon de Bordeaux.* — Halle, 1878, in-4°.

Auberon seul a paru.

1842 Schweingel (Max.). — *Ueber die chanson d'Esclarmonde... die Chanson d'Yde et Olive, drei Forsetzungen der Chanson von Huon de Bordeaux.* — Leipzig, 1888, in-8°.

Voy. *Huon de Bordeaux.*

ISOMBERTE

V. le *Chevalier au Cygne.* (Notice générale.) Cf. G. Paris, *Romania*, XIX, 1890, pp. 320, 321.

ISORÉ LE SAUVAGE

V. *Anseïs de Carthage.*

JEHAN DE LANSON

.•. Voy. plus haut la Liste par ordre alphabétique de tous les manuscrits de chansons de geste qui sont parvenus jusqu'à nous (*Épo-

pées françaises, t. I, p. 241 et aussi III, pp. 258 et 259). — Cf. pour plus de détails, notre Notice bibliographique et historique sur la chanson de *Jehan de Lanson* (III, 257 et ss.) qui est accompagnée d'une analyse très développée (pp. 257-270). — *Jehan de Lanson* est inédit.

B. — TRAVAUX
DONT LE POÈME A ÉTÉ L'OBJET

1843 **Paris** (P.). *Le Romancero français. Histoire de quelques anciens trouvères et choix de leurs chansons. Le tout nouvellement recueilli.* — Paris, 1833, in-8°, pp. 78-80.

Fragment de *Jehan de Lanson.*

1844 **Ideler** (J.-L.). *Geschichte der altfranzösischen Literatur.* — Berlin, 1842, in-8°, p. 130.

1845 **Paris** (Paulin). *Histoire littéraire de la France*, t. XXII, 1852, pp. 568-583.

Notice et analyse.

1846 **Paris** (Gaston). *Histoire poétique de Charlemagne.* — Paris, 1865, in-8°, p. 322.

« *Jehan de Lanson* n'est pas fondé sur la tradition et ne paraît pas avoir joui d'une grande popularité. »

1847 **Gautier** (Léon). *Les Épopées françaises*, 1re édition. — Paris, trois vol. in-8°, 1865-1868, t. II, 1867, pp. 247-261, 2e édition. — Paris, quatre volumes in-8°, 1878-1894, t. III, 1880, pp. 257-270.

Notice et analyse.

1848 **Nyrop** (Kristoffer). *Den Oldfranske Heltedigtning*, etc. — Copenhague, 1883, in-8°, pp. 113-115, 314 et 455. — Cf. la traduction italienne, *Storia dell Epopea francese nel medio evo;* Turin, 1886, in-8°, pp. 110-112, 301 et 449.

Notice et bibliographie.

JERUSALEM

Voy. plus haut (*Épopées françaises*, t. I, p. 241) la Liste par ordre alphabétique de tous les manuscrits de

chansons de geste qui sont parvenus jusqu'à nous. — Cf. la Table des romans en prose (II, pp. 546-547) au mot *Chevalier au cygne.*

A. — ÉDITION DU POÈME

1849 **Hippeau** (C.). La *Conquête de Jérusalem faisant suite à la Chanson d'Antioche composée par le pèlerin Richard et renouvelée par Graindor de Douai.* — Paris, 1868, in-8°.

Cf. Paul Meyer, *Bibliothèque de l'Ecole des Chartes*, 1870, XXXI-227-230. L'éditeur, ne voulant pas donner un texte critique, aurait dû reproduire exactement le manuscrit qu'il choisissait; il a omis, sans raison, d'imprimer le commencement du poème.

B. — TRAVAUX
DONT LA CHANSON A ÉTÉ L'OBJET

1850 **Le Roux de Lincy.** *Analyse du Roman de Godefroi de Bouillon. Bibliothèque de l'École des Chartes*, II, 1841, pp. 437-460.

Analyse de *Jerusalem* d'après le ms. 7628, etc.

1851 **Paris** (P.). *Histoire littéraire de la France*, t. XXII, 1852, pp. 370-384.

Notice et analyse.

1852 **Stengel** (E.). *Les manuscrits d'Oxford*, etc., 1873.
Romanische Studien, t. I, pp. 390-392.

1853 **Monnier** (Fr.). *Godefroid de Bouillon et les Assises de Jérusalem* (Appendice : *La chanson de Godefroid, chanson de geste inédite*). *Séances et travaux de l'Académie des sciences morales et politiques.* Juillet et novembre 1873, mars-avril 1874.

Cf. Paul Meyer. *Romania*, 1874, III, 431. L'Appendice intitulé : *La chanson de Godefroid, chanson de geste inédite*, est une étude très imparfaite de la continuation de la chanson de *Jerusalem* (B. N., p. 12569) dont 70 vers sont publiés avec beaucoup d'incorrections.

1854 **Pigeonneau** (H.). *Le cycle de la Croisade et de la famille de Bouillon.* — Paris, 1877, in-8°, pp. 15 et ss.

1855 **Meyer** (Paul). *Recueil d'anciens textes*, 1877, pp. 264-274.

Fragment.

1856 **Gautier** (Léon). *Les Épopées françaises*, 2ᵉ édition. — Paris, quatre volumes in-8º, 1878-1894; t. I, 1878, pp. 493-495.

Traduction de l'épisode de l'élection de Godefroi comme roi de Jérusalem. — Fait partie de la *Chrestomathie épique*.

1857 **Nyrop** (Kristoffer). *Den Oldfranske Heltedigting*, etc. — Copenhague, 1883, in-8º, pp. 225-227, 139 et 456. — Cf. la traduction italienne, *Storia dell' Epopea francese nel medio evo*. — Turin, 1886, in-8º, pp. 217-218, 135 et 449.

Notice et bibliographie.

1858 **Paris** (Gaston). *La littérature française au moyen âge*, 2ᵉ éd. — Paris, 1890, in-18, p. 49.

Part faite à l'imagination et à l'histoire dans la composition de *Jerusalem*.

Voy. *Antioche, Le Chevalier au Cygne, Godefroi de Bouillon*.

JOURDAINS DE BLAIVIES

Voy. plus haut (*Épopées françaises*, t. I, 241) la Liste par ordre alphabétique de tous les manuscrits de chansons de geste qui sont parvenus jusqu'à nous. — Cf. la Table des derniers romans en vers (II, p. 450), celle des Romans en prose (*ibid.*, p. 551) et celle enfin des Incunables (*ibid.*, p. 603). — A l'édition de Michel le Noir en 1520 qui est la plus ancienne de ce poème(*Les faitz et prouesses du noble et vaillant chevalier Jourdain de Blaives filz de Girart de Blaives, lequel en son vivant conquesta plusieurs royaulmes sur les Sarrazins*), il convient d'ajouter celles d'Alain Lotrian, s. d. goth.; de Nicolas Chrestien s. d.? goth.; de Jehan Boufons, s. d. goth; etc. Cf. Brunet, *Manuel du Libraire*, 5ᵉ éd., III, p. 578.

A. — ÉDITION DU POÈME

1859 **Hofmann** (K.). *Amis et Amiles und Jourdains de Blaivies. Zwei altfranzösische Heldengedichte des Karolingischen Sagenkreises nach der Pariser Handschrift zum ersten Male herausgegeben*. —

Erlangen, 1852, in-8º. pp. 107-239. — Cf. la 2ᵉ édit., Erlangen, 1882.

B. — TRAVAUX
DONT LA CHANSON A ÉTÉ L'OBJET

1860 **Bibliothèque des Romans**, décembre 1778, pp. 51-91.

1861 **Michel** (Francisque). *La Chanson de Roland ou de Roncevaux*, etc. — Paris, 1837, in-8º. Préliminaires, pp. xxxi-xxxv.

1862 **Reiffenberg** (Baron de). *Littérature française du moyen âge. — Chansons de geste. — Roman de Jourdain de Blaye. Bulletin de l'Académie royale de Bruxelles*, t. IV, 1837, pp. 242-252.

Extraits du manuscrit de Tournai.

1863 **Reiffenberg** (Baron de). *Version de la légende de Jourdain de Blaye, attribuée à un Belge. Bulletin de l'Académie royale de Bruxelles*, t. V, 1838, pp. 309-313.

Quelques extraits.

1864 **Reiffenberg** (Baron de). *Chronique rimée de Philippe Mouskes*. — Bruxelles, 1836 et 1838, in-4º, etc., t. II, 1838, pp. ccliv à cclxii.

1865 **Dinaux** (Arthur). *Trouvères de la Flandre*. — Paris, 1839, in-8º, pp. 135-148.

1866 **Græsse** (J.-G.-T.). *Die grossen Sagenkreise des Mittelalters*. — Dresde et Leipzig, 1842, in-8º, p. 353.

1867 **Ideler** (L.). *Geschichte der altfranzosischen National Literatur*. — Berlin, 1842, in-8º, p. 106.

1868 **Paris** (Paulin). *Les manuscrits françois de la Bibliothèque du Roi*. — Paris, t. VII, 1848, in-8º, p. 30.

1869 **Paris** (Paulin). *Histoire littéraire de la France*, t. XXII, 1852, pp. 583-587.

Notice et analyse.

1870 **Brunet**. *Manuel du Libraire*, cinquième édition, t. III, 1862, p. 578.

1871 **Hofmann** (K.). *Ueber Jourdain de Blaivies, Apollonius de Tyr, Salomon und Marcolf, Sitzungsberichte der philos. philol. Klasse der Akademie der Wis-*

senschaften zu Munchen, 1871, p. 415-448, et 2ᵉ édition du poème, pp. xxxiii-lxvi.

1872 Gautier (Léon), *La Chevalerie*, 1ʳᵉ édit. — Paris, 1884, gr. in-8°, pp. 76, 125, 511, 512.

Épisode du dévouement du Renier.

1873 Koch (John). *Ueber* Jourdain de Blaivies, *ein altfranzösisches Heldenge-dicht des Kerlingischen Sagenkreises.* — Kœnigsberg, 1875, in-8°.
Inaugural-Dissertation.

Cf. A. Lüttge, *Archiv für das Studium der neuer Sprache*, LVII, p. 118.

1874 Lucking (G.). *Die ältesten französischen Mundarten.* — Berlin, 1877, in-8°.

1875 Nyrop (Kristoffer). *Den old-franske Heltedigtning*, etc. — Copenhague, 1883, in-8°, pp. 157, 201-205 ; 217, 338, 343. — Cf. la traduction italienne, *Storia dell' Epopea francese nell' medio evo ;* Turin, 1886, in-8°, pp. 193-197, 150, 210, 324, 428 et 449-450.

Rapide analyse et bibliographie.

1876 Lansberg (C.). *Die verbalen Synonyma in den Chansons de Geste Amis et Amiles und Jourdains de Blaivies.* — Munster, 1884. in-8°.

1877 Constans (L.). *Chrestomathie de l'ancien français*, 1884, in-8°, pp. 52-56. Épisode du dévouement de Girart publié d'après Konrad Hoffmann.

1878 Huellen (C.). *Der poetische Sprachgebrauch in den altfranzösischen Chanson de geste Amis et Amiles und Jourdains de Blaivies.*
Inaugural-Dissertation. — Munster, 1884.

1879 Andresen (H.). *Zu* Amis et Amiles *und* Jourdains de Blaivies.
Zeitschrift für romanische Philologie, t. X, 1886, p. 482.
Voy. *Amis et Amiles*, n° 798.

1880 Modersohn (H.). *Die Realien in den altfranzösischen Chansons de Geste* Amis et Amiles *und* Jourdain de Blaivies. *Ein Beitrag zur Kultur und eine Ergänzung der Literatur-Geschichte des französischen Mittelalters.* — Munster, 1886, in-8°.

1881 Dunlop (John Colin). *History of* *Prose Fiction*, 2ᵉ édition augmentée par H. Wilson, Londres, 1888, deux vol. in-12, t. I, pp. 325-327.
Cf. le n° 187.

KARLETO

1882 Zanetti. *Latina et italica D. Marci Bibliotheca codicum manuscriptorum*, 1750, p. 250.

1883 Bekker (Immanuel). *Die altfranzösische romanen der S. Marcus.*
(*Abhandlungen der Königsberg Akademia zu Berlin*, 1840.)

1884 Keller (Adelbert von). *Romvart. Beiträge zur Kunde mittelalterlicher Dichtung aus Italienischen Bibliotheken.* — Mannheim et Paris, 1844, in-8°.
Publication de toutes les rubriques et de quelques fragments du ms. fr. XIII de Venise.

1885 Lacroix (Paul). *Collection des documents inédits. Mélanges historiques*, III, p. 345. (*Rapport sur les Bibliothèques d'Italie.*)
Sur le *Karleto* du ms. XIII.

1886 Mission en Italie de MM. F. Guessard, Michelant et L. Gautier, août-octobre 1856.
Analyse du *Karleto*, par F. Guessard.

1887 Guessard (Francis). *Notes sur un manuscrit français de la Bibliothèque de Saint-Marc.* — *Bibliothèque de l'École des Chartes*, t. XVIII, mars-juin 1857, in-8°.
Résumé de *Karleto* d'après le ms. XIII.

1888 Paris (Gaston). *Histoire poétique de Charlemagne.* — Paris, 1865, in-8°, pp. 169, 170.
« Le *Karleto* a pour base une chanson de geste perdue... Les Mayençais y jouent le même rôle que dans *Berte*. »

1889 Rajna (Pio). *La leggenda della gioventù di Carlo Magno nel decimoterzo codice francese de Venezia.*
Rivista filologico-letteraria, II, pp. 65-75.
Cf. Gaston Paris, *Romania*, t. II, 1872, pp. 270, 271.

1890 **Nyrop** (Kristoffer). *Den oldfranske Heltedigtning*, etc. — Copenhague, 1883, in-8°, pp. 86, 268, 269. — Cf. la traduction italienne, *Storia dell' Epopea francese nel medio evo*; Turin, 1886, in-8°, pp. 83, 256, 257.

1891 **Gautier** (Léon). *Les Épopées françaises*, 2° édit. — Paris, 1878-1894, in-8°, t. III, 1880, p. 40.

Notice bibliographique et historique sur les *Enfances Charlemagne* ou le *Karleto* du manuscrit XIII de Venise.

Voy. *Enfances Charlemagne* et *Mainet*.

———

LION DE BOURGES

.*. Voy. plus haut (*Épopées françaises*, t. I, p. 241), notre Liste par ordre alphabétique de tous les manuscrits connus de nos Chansons de geste. — Il ne faut pas oublier que nous possédons deux versions bien distinctes de *Léon de Bourges*, l'une en alexandrins (Bibl. nat. fr. 22555, xv° siècle); l'autre en octosyllabes (Bibl. nat. fr. 351, xvi° siècle).

1892 **Paris** (Paulin). *Les manuscrits françois de la Bibliothèque du Roi.* — Paris, t. III, 1840, in-8°, pp. 1-4.
(*Le Roman du duc Louis de Bourges.*)

1893 **Græsse** (J. G. T.). *Die grossen Sagenkreise des Mittelalters.* — Dresde et Leipzig, 1842, in-8°, p. 380.

1894 **Ebert** (Adolf). *Die Handschriften der Escorial-Bibliothek.*
Jahrbuch für romanische und englische Literatur, t. IX, 1862, pp. 53-54.

1895 **Gautier** (Léon). *Les Épopées françaises*, 1ʳᵉ édit. — Paris, 3 vol. in-8°, 1865-1868, t. I, 1865, pp. 470-473.

Résumé très succinct, et extraits comparés de la version en alexandrins et de la rédacion en octosyllabes.

1896 **Nyrop** (Kristoffer). *Den oldfranske Heltedigtning*, etc. — Copenhague, 1883, in-8°, pp. 222 et 457. — Cf. la traduction italienne, *Storia dell' Epopea francese nel medio evo*; Turin, 1886, in-16, pp. 214 et 451.

LOHIER ET MALLART

Lother und Mallart est un livre populaire allemand du xv° siècle qui est certainement la traduction d'un poème français du xiv° siècle, dont le texte n'est point parvenu jusqu'à nous. — L'auteur de la traduction allemande est Élisabeth de Lorraine, comtesse de Nassau et Sarbrücken, qui travaillait sur un texte français écrit pour sa mère, Marguerite. Nous possédons deux manuscrits de la version allemande, l'un et l'autre du xv° siècle, sans parler d'une version en bas-allemand que M. Heiligbrodt a signalée naguère à Hambourg. La plus ancienne édition a paru en 1514, à Strasbourg, sous ce titre : *Lother und Maller, ein schœne History von Keiser Karolus sun genant Loher oder Lotarius* : Strassburg; J. Grüninger, 1514, in-fol., fig. Une seconde édition a été publiée à Francfort en 1567, et une troisième en 1613, à Leipzig, sous ce titre différent *(Ein schœne warhafftige Geschicht von Keyser Loher eines Kœnigs sohn aus Franckreich und Maller sohn aus Gallien).* — Ces derniers mots nous autorisent à classer *Lohier et Mallart* dans le cycle de Galien, et c'est ce qu'atteste fort clairement le texte du *Galien* en prose cité par Gaston Paris (*Histoire littéraire*, t. XXVIII, p. 239) : « En celle Guimarde engendra Galien restoré, qui moult exauça nostre loy. Celluy fut pere Mallart, le compagnon Lohier qui endura moult de mal; mais de ce je me tairay pour cause de briefveté. » (Voy. *Histoire liittéraire*, t. XXVIII, p. 240.)

A. — ÉDITION ET TRADUCTION DE LA VERSION ALLEMANDE

1897 **Schlegel** (Frédéric de). *Lother und Maller, eine Rittergeschichte. Aus einer ungedruckten Handschrift bearbeitet und herausgegeben.* — Francfort sur le Mein, 1805.

C'est d'après le manuscrit conservé à Cologne qu'en 1805 Mᵐᵉ Frederic de Schlegel (Dorothée Mendelssohn) publia, d'après les œuvres de son mari, un rajeunissement de *Lother und Maller* abrégé de plus de la moitié. » (G. Paris, *Histoire littéraire*, t. XXVIII, p. 240.)

1898 **Lothaire et Maller**; roman de

chevalerie, traduit de l'allemand (Ch. W. F. Schlegel). — Genève et Paris, 1807, in-12. Voy. le nº précédent.

1899 **Beck** (Friedrich). *Lother und Maller. Ein episches Gedicht.* — Munich, 1863.

1900 **Simrock** (Karl). *Loher und Maller, Ritterroman.* — Stuttgart, 1868, petit in-8°.

(*Bibliothek der Romane... herausgegeben von Simrock.*)

« Simrock s'appuyant à la fois sur les manuscrits et sur l'antique édition, a publié un renouvellement fidèle et complet. » (G. Paris, *Histoire littéraire de la France*, t. XXVIII, p. 240.)

Cf. Gaston Paris, *Revue critique*, 1868, t. I, pp. 381-385.

B. — TRAVAUX
DONT LA CHANSON A ÉTÉ L'OBJET

1901 **Ideler** (L.). *Geschichte der altfranzösischen National-Litteratur.* — Berlin, 1842, in-8°, p. 105.

1902 **Græsse** (J. G. T.). *Trésor des livres rares et précieux.*, t. IV, p. 264.

1903 **Heiligbrodt** (R.). *Zur Sage von Gormund und Isembard.* *Romanische Studien*, t. IV, 1879, p. 119.

1904 **Nyrop** (Kristoffer). *Den oldfranske Heltedigtning,* etc. — Copenhague, 1883, in-8°, pp. 108, 140, 145, 207 et 457. — Cf. la traduction italienne, *Storia dell' Epopea francese nel medio evo;* Turin, 1886, in-8°, pp. 105, 135, 141, 198 et 457.

1905 **Winkel** (J. te). *Loyhier ende Malart.* *Tijdschr ift voor nederlandsche Taal-en Letterkunde*, t. IV, 1884, pp. 300-313.

Cf. Petit, nº 435.

1906 **Paris** (Gaston). *Histoire littéraire de la France*, t. XXVIII, 1881, pp. 239-253. Notice critique et analyse. — Démonstration de l'origine française du roman.

1907 **Petit** (L. D.). *Bibliographie der middelnederlandsche Taal - en Letterkunde*, 1888, nº 435. Indication de fragments publiés par van den Bergh et Serrure.

Le troisième livre de *Lohier et Mallart* « nous offrant la reproduction fidèle et précieuse de notre *Gormon et Isenbard*, voy., plus haut, l'article consacré à cette chanson « dont nous n'avons, par malheur, conservé aucune forme ancienne complète » (G. Paris, *l. c.*).

LES LORRAINS

.·. Voy., plus haut (*Épopées françaises*, t. II, pp. 551, 552), la Liste des Romans en prose. — Nous n'entendons parler, dans le présent article, que de la Geste des Lorrains en général, et, pour le détail, nous renvoyons aux articles *Hervis de Metz, Garin le Loherain, Girbert de Metz* et *Anseïs, fils de Girbert.* Il importe toutefois de ne pas oublier que la Geste des Lorrains, comme celle de Guillaume, offre une véritable unité.

1908 **Dinaux** (Arthur). *Les trouvères cambrésiens.* — Paris, 1836, in-8°, pp. 76-81.

1909 **Paris** (Paulin). *Histoire littéraire de la France.* — Paris, t. XXII, 1852, pp. 587-641.

1910 **Paris** (Paulin). *Garin le Loherain, chanson de geste, composée par Jean de Flagy, mise en nouveau langage.* — Paris, 1862, in-18 (collection Hetzel).

P. Paris, à la p. 341, a donné une « analyse des dernières parties de la geste des Lorrains ».

1911 **Prost** (Auguste). *Études sur l'histoire de Metz. Les Légendes.* — Metz, 1865, in-8°, pp. 357-377.

Cf. Charles Robert : *Revue critique*, 1866, 1866, 1ʳᵉ partie, pp. 173-175.

1912 **Potvin** (Charles). *Nos premiers siècles littéraires.* — Bruxelles, 1870, in-8°. t. I, 14ᵉ conférence. L'épopée des ducs de Lorraine et de Brabant.

1913 **Stengel** (E.). *Mittheilungen aus altfranzösischen Handschriften der Turiner Universitäts-Bibliothek.* — Halle, 1873, in-4.°

Introduction aux *Lorrains* (p. 12). — *Hervis, Garin,* fragments de *Girbert* (pp. 25 et ss.),

1914 **Stengel** (E.). *Die Handschriften der Oxforder Bibliotheken.*

Romanische Studien, t. I, 1873, in-8°.

1915 **Bonnardot** (F.). *Un nouveau manuscrit des Loherains.*
Romania, t. III, 1874, pp. 78-88.
Ce manuscrit (Dijon 300¹) donne une partie de *Garin* et de *Girbert de Metz ;* il appartient à la même famille que l'Arsenal 181, mais fournit des leçons meilleures.

1916 **Bonnardot** (F.). *Essai de classement des manuscrits des Loherains, suivi d'un nouveau fragment de Girbert de Metz.*
Romania, t. III, 1874, pp. 195-262.
C'est le travail le plus complet sur la matière.

1917 **Vietor** (Wilhelm). *Die Handschriften der Geste des Loherains, mit Texten und Varianten.* — Halle, 1876, in-8°.
Une partie (32 p.) avait paru en 1875 comme Dissertation de Marbourg.
Cf. Suchier, *Literarisches Centralblatt,* avril-juin 1876, 25.

1918 **Matthes** (J. C.). *Der Roman der Lorreinen (Nieuw entdeckte Gedeelten).* — Groningue, 1876, in-8°.
(*Bibliotheek van middelnederlandische Letterkunde onder redactie van H.-E. Molzer,* 17e livraison.)
Cf. E. Stengel, *Zeitschrift für romanische Philologie,* t. I, pp. 137-144.

1919 **Fleck** (Aug.). *Der betonte Vocalismus einiger ältesten französischen Sprachdenkmäler in der Assonanzen der Chanson des Loherains verglichen.* — Marbourg, 1877, in-8°.

1920 **Fischer** (H.). *Zwei Fragmente des mittelniederländischen Roman der Lorreinen.* — Stuttgart, 1877, in-4°.
(*Festschrift zur vierten Säcular-Feier der Eberhard-Karls-Universität zu Tübingen,* pp. 769-787.)
Cf. E. Stengel, *Zeitschrift für romanische Philologie,* t. III, 1879, p. 143.

1921 **Fischer** (H.). *Die Handschriften des mittelniederländischen Romans der Lorreinen.*
Neuere Anzeiger für Bibliographie, 1877, pp. 313-316.

1922 **Bartsch** (Karl). *Bruchstücke einer Handschrift der Geste des Loherains.*
Zeitschrift für romanische Philologie, t. IV, 1880, pp. 575-582.

1923 **Stengel** (E.). *Zu den Bruchstücken der Geste des Loherains.*
Zeitschrift für romanische Philologie, t. V, 1881, pp. 88-89.
A propos de l'article de Karl Bartsch cité plus haut.

1924 **Vries** (de). *Nieuwe fragmenten van den Roman der Lorreinen.*
(*Tijdschrift voor nederlandsche Taal-en Letterkunde,* t. III, 1883.)

1925 **Feist** (A.). *Die Geste des Loherains in der Prosabearbeitung der Arsenal-Handschrift.* — Marbourg, 1884, in-8°.
Ausgaben und Abhandlungen, 2e fasc.

1926 **Heuser** (Emil W.). *Ueber die Teile, in welche die Lothringer Geste sich zerlegen lässt.*
Dissertation de Marbourg, 1884, in-8°.

1927 **Marseille** (Hermann). *Ueber die Handschriften-Gruppe E, M, P, X, des Loherains.*
Dissertation de Marbourg, 1884, in-8°.

1928 **Krüger** (Karl). *Ueber die Stellung der Handschrift J in der Ueberlieferung der Geste des Loherains, nebst zwei Anhängen : I. Die Chanson des Loherains eine Quelle der Chevalerie Ogier. II. Text des Lothringer Bruchstücks Z⁵., von Emil* Heusen. — Marbourg, 1886, in-8°.
Cf. *Literatur Centralblatt,* sept. 1887.

1929 **Büchner** (Georg.). *Das altfranzösischen Lothringer-Epos. Betrachtungen über Inhalt, Form und Entstehung des Gedichts. Im Anschluss an die Steinthal'sche Theorie über die Entstehung des Volk-Epos überhaupt.* — Leipzig, 1887, in-8°.
Cf. Gaston Paris, *Romania,* t. XVI, 1887, pp. 581-572. — E. Schwan, *Literaturblatt für germanische und romanische Philologie,* t. IX, mai 1888, pp. 222-223. — *Franco-Gallia,* t. IV, 1887, p. 168.

1930 **Nyrop** (Kristoffer). *Den oldfranske Heltedigtning,* etc. — Copenhague, 1883, in-8°, p. 457. Cf. la traduction italienne, *Storia dell' Epopea francese nel medio evo :* Turin, 1886, in-8°, pp. 451, 452.

1931 **Petit** (Louis-D.). *Bibliographie der middelnederländsche Taal-en Letterkunde.* — Leyde, 1888, in-8°, n° 437.
Indication de fragments publiés par

Fischer, Frommann, Hofmann, Jonckbloet, Massmann, Matthes, Penon, Willems, te Winkel...

MACAIRE

Macaire (dont le vrai titre serait la *Reine Blanchefleur*) et la *Reine Sibille* sont deux formes différentes de la même légende, mais entre lesquelles il importe de faire ici une distinction précise : *Macaire* nous est parvenu sous la forme d'un poème franco-italien en décasyllabes de la fin du xiiᵉ siècle ou du commencement du xiiiᵉ — *La Reine Sibille* a été le sujet d'un poème en alexandrins du xivᵉ siècle (dont quelques fragments sont seulement parvenus jusqu'à nous) et d'un remaniement en prose du xvᵉ siècle (ms. 3351 de l'Arsenal). — Dans la *Reine Sibille* c'est le mauvais Nain qui, tout d'abord, se prend d'amour pour la Reine, laquelle porte ici le nom de « Sibille », et non pas, comme dans *Macaire*, celui de « Blanchefleur ». La reine proscrite séjourne, dans *Sibille*, un fort long temps en Hongrie. Sur la route de Constantinople elle est, avec son fils Louis, arrêtée par des voleurs et protégée par l'un d'eux, nommé Grimouard. Lorsqu'enfin les Grecs envahissent la France pour venger l'injure faite à Sibille, qui est la fille de leur empereur, ils trouvent devant eux Aimeri de Narbonne qui leur oppose une énergique résistance. Le tout se termine par une réconciliation universelle et par le mariage du fils de Sibille avec la fille d'Aimeri de Narbonne. Rien de pareil dans *Macaire* qu'il faut, malgré tout, considérer comme la forme la plus ancienne de la légende. La plus ancienne, mais non pas la plus populaire. C'est la *Reine Sibille* qui a conquis au moyen âge le succès le plus étendu. *Macaire* n'a laissé aucunes traces après lui; la *Reine Sibille* au contraire a été résumée au xiiiᵉ siècle, par Aubry de Trois-Fontaines; elle forme au xivᵉ siècle (comme nous l'avons dit) le sujet d'un long poème en alexandrins et, au xvᵉ, d'un *rifacimento* en prose, et c'est elle enfin qui pénètre victorieusement (et non pas *Macaire*) dans TOUTES les littératures étrangères. ⇒ Voy., plus haut, la Liste par ordre alphabétique de tous les manuscrits de Chansons de geste (aux mots *Macaire*, I, p. 241 et *Reine Sibille*, *ibid.*, p. 242). — Cf. la Table des derniers romans en vers, au mot *Reine Sibille* (II, pp. 450, 451), celle des Romans en prose (*ibid.*, p. 554), et, enfin, la Nomenclature des chansons françaises qui ont été connues et imitées en Italie (*ibid.*, pp. 392, 393). — Aux éditions signalées par nous (III, p. 687) de l'*Historia de la Reina Sebilla*, à Séville en 1532 et à Burgos, en 1551, il faut joindre une édition de Tolède en 1521 ⇒ Pour plus de détails, voy. notre Notice bibliographique et historique sur la chanson de *Macaire* [et sur la *Reine Sibille*] qui est accompagnée d'une analyse très développée et de la traduction du dénouement de *Macaire* (III, pp. 684-719.) ⇒ Nous avons marqué d'une astérisque ce qui concerne proprement *Macaire*.

A. — ÉDITION DU POÈME

1ᵒ Du Macaire.

1932 * **Guessard** (F.). *Macaire, chanson de geste publiée d'après le manuscrit unique de Venise avec un essai de restitution en regard du texte.* — Paris, 1866, in-16. *Anciens poètes de la France*, t. IX.

Cf. D'Arbois de Jubainville, *Bibliothèque de l'École des Chartes*, t. XXVIII, 1867, pp. 480-483. — *Literarisches Centralblatt*, nᵒ 20, 1867, c. 549-551.

1933 * **Mussafia** (A.). *Altfranzösische Gedichte aus Venezianischen Handschriften. II. Macaire.* — Vienne, 1864, in-8ᵒ.

2ᵒ D'un fragment de la Reine Sibille (remaniement en alexandrins du XIVᵉ siècle).

1934 **Reiffenberg** (Baron de). *Philippe Mouskes*, t. I, 1836, pp. 611-614.

(Publication d'un fragment de la *Reine Sibille*, trouvé par Bormans.)

1935 **Guessard** (F.). *Macaire.* — Paris, 1866, in-16.

(*Anciens poètes de la France*, pp. 307-312.) Fragments d'une version en vers alexandrins de la *Reine Sibille* (d'après M. de Reiffenberg).

1936 **Scheler** (Aug.). *Fragments uni-*

ques *d'un roman du* xiii*e siècle sur la Reine Sibille, restitués, complétés et, annotés.*

Bulletin de l'Académie royale de Belgique, 2e série, t. XXXIX, no 4, avril 1875.

Cf. Gaston Paris, *Romania,* t. IV, 1875, pp. 298-299.

B. — TRAVAUX
DONT LA CHANSON A ÉTÉ L'OBJET

1937 Wolf (Ferdinand). *Ueber die neuesten Leistungen der Franzosen für die Herausgabe ihrer National-Heldengedichte.* — Vienne, 1833, in-8°, p. 124, etc.

A paru également sous le titre de *Ueber die altfranzösischen Heldengedichte aus dem Karolingischen Sagenkreise.*

1938 Reiffenberg (Baron de). *Philippe Mouskes,* t. I, 1836, in-4°, pp. 611-614.

C'est à Ferdinand Wolf que revient l'honneur d'avoir trouvé plus tard l'attribution exacte des 126 vers publiés par M. de Reiffenberg.

1939 Græsse (J. G. T.). *Die grossen Sagenkreise des Mittelalters.* — Dresde, 1842, in-8°, p. 353.

1940 Ellis (G.). *Specimens of early english metrical romances.* — Londres, 1848, in-8°, pp. 491-501.

Sir Triamour n'est qu'une imitation de *Macaire.*

1941 Massmann (H. P.). *Kaisercronik.* — Quedlinbourg, 1849, in-8°.

Fragments de « l'Innocenté reine de France » (t. III, p. 907). — Fragments du poème d'Enenkel, première partie du xiiie siècle (t. III, pp. 1033-1038).

1942 Hagen (H. von der). *Die Königin von Frankreich und der ungetreue Marschall : Gesammtabenteuer,* t. I, 1850, 1049 pp. civ-cxii, 165-188.

1943 * Guessard (Francis). *Notes sur un manuscrit français de la Bibliothèque de Saint-Marc.*

Bibliothèque de l'École des Chartes, t. XVIII (4e sér., t. III), 1857, pp. 302-414.

Première notice sur le *Macaire.*

1944 Gayangos (D. Pascual de). *Libros de Caballerias un con discurso preli-*

minar y un catalogo razonado. — Madrid, 1857, in-8°, p. lxxxiii.

Sur la *Reyna Sebilla.*

1945 Wolf (Ferdinand). *Ueber die beiden... niederländischen Volsksbücher von der Königin Sibille und von Huon de Bordeaux.* — Vienne, *Mémoires de l'Académie impériale,* 1857, in-4°.

1946 Menzel (Wolfgang). *Deutsche Dichtung,* t. I. — Stuttgart, 1858, in-8°, t. I, pp. 299-300.

Analyse de l'« Innocente reine de France ».

1947 * Guessard (F.). *Macaire, chanson de geste publiée d'après le manuscrit unique de Venise, avec un essai de restitution en regard du texte.*

Bibliothèque de l'École des Chartes, t. XXV (5e sér., t. V), 1864, pp. 489 et ss.

C'est une partie de la *Préface* de l'édition des *Anciens poètes de la France.* V. le n° 1031

1948 Amador de los Rios (Don). *Historia critica de la literatura española.* — Madrid, 1864, pp. 344-391.

Publication du *Noble cuento del emperador Carlos Maines de Roma* e *de la buena emperatriz Sevilla sa muger,* d'après un manuscrit de l'Escurial (fin du xive ou commencement du xve siècle.)

1949 Paris (Gaston). *Histoire poétique de Charlemagne.* — Paris, 1865, in-8°, pp. 389 et ss.

Analyse de la *Reine Sibille* d'après la version espagnole. — Quelques mots seulement sur *Macaire* (p. 395.)

1950 Gautier (Léon). *Les Épopées françaises.* — 1re édition, Paris, 1865-1868, in-8° ; t. II, 1866, pp. 520-551. — Cf. la 2e édition, Paris, 1878-1894, t. III, 1880, pp. 684-719.

Notice et analyse très développée.

1951 Michelant (H.). « Rubriques de la *Spagna* du manuscrit de la Bibliothèque Albani. »

Jahrbuch für romanische und englische Literatur, t. XI, (1870), pp. 189-209 et XII, (1871), pp. 60-72, 217-232 et 396-406.

1952 Ceruti. *Il viaggio di Carlomagno in Ispagna.* — Bologne, 1871, in-8°, t. II, chap. xxxix, p. 46.

Voir *Épopées,* t. III, p. 695.

1953 Kœhler (R.). *Zu der altspani-schen Erzählung von Karl dem Grossen und seiner Gemahlin Sibille.*
Jahrbuch für romanische und englische Literatur, t. XII, (1871) pp. 286-316.
Le roman espagnol vient *directement* du poème français.

Cf. G. Paris, *Romania,* t. I, 1872, p. 263.

1954 * Paris (Paulin). *Histoire litté-raire de la France,* t. XXVI, 1873, pp. 373-387.

Notice et analyse.

1955 Milà y Fontanals. *Poesia heroïco-popular castellana.* — Barcelone, 1874, in-8°, p. 340.

Le conte du manuscrit de l'Escurial dérive d'une chanson française.

1956 Isola (J.-G.). *Le storie Nerbonesi, romanzo cavalleresco del secolo XIV.* — Bologne, t. I, 1877, in-8°.

Les chapitres II-VII et X-XII sont consa-crés à l'histoire de la reine de France, du traître et du nain.

1957 * Bartoli (Adolfo). *Storia della Letteratura italiana.* — Florence, 1878-1879, in-8°, t. II, pp. 359-372.

Saggio del *Macaire.*

1958 Bartsch (K.). *Aus einem alten Handschriften Katalog.*
Zeitschrift für romanische Philologie, t. III, 1879, p. 78.

Liste en latin des manuscrits français de l'abbaye de Péterborough. — L'un d'eux où manque la mention « *gallice* », semble être une rédaction latine de la *Reine Sybille.*

Cf. *Revue des langues romanes,* 2° sér., t. III, p. 134.

1959 * Nyrop (Kristoffer).*Den oldfranske Heltedigtning,* etc. — Copenhague, 1883, in-8°, pp. 79, 86, 124-126, 208, 209, 268, 362, 364 et 458 *(Macaire)* et pp. 86, 125, 469 *(Reine Sibille).* — Cf. la traduction ita-lienne, *Storia dell' Epopea francese nel medio evo,* Turin, 1886, in-8°, pp. 78, 83, 121, 122, 199, 200, 256, 346, 348, 452, 453 *(Macaire)* et pp. 83, 122, 469 *(Reine Sibille).*

1960 Rajna (Pio). *Le Origini dell' Epopea francese.* — Florence, 1884, in-8°, pp. 179-198 *(Sibilla).*

1961 Petit (Louis-D.). *Bibliographie*

der *middel-nederlandsche Taal-en Letter-kunde,* 1888, in-8°, p. 56, n° 442.

1962 Seelmann (W.). *Valentin und Namelos,* 1884, in-8°, p. XI.

MAINET

.°. Le *Mainet* est ce poème dont M. Gaston Paris, en 1865, constatait la disparition (*Histoire poétique de Charlemagne,* p. 73) et qui a été heureusement retrouvé, mais en partie seule-ment (800 vers) par M. Boucherie en août 1874. = Voy., plus haut (*Épopées françaises,* t. I, p. 241), la Liste par ordre alphabé-tique de tous les manuscrits de Chansons de geste qui sont parve-nus jusqu'à nous. — Pour plus de dé-tails, cf. notre Notice bibliographique et historique sur la chanson inti-tulée *Mainet* (III, pp. 37-40), laquelle ren-ferme une analyse détaillée du poème.

A. — ÉDITION DU SEUL FRAG-MENT CONNU DE LA CHAN-SON DE MAINET.

1963 Paris (Gaston). *Mainet. Frag-ments d'une chanson de geste du XII° siècle.* *Romania,* t. IV, 1875, pp. 305-337.

B. — TRAVAUX DONT LE POÈME A ÉTÉ L'OBJET

1964 Gœdeke (K). *Deutsche Dichtung im Mittelalter.* — Hanovre, 1854, in-8°, pp. 698-699.

Sur le *Karl Meinet.*

1965 Keller (Adelbert von). *Karl Meinet.* — Stuttgart, 1858, in-8°. (T. XLV de la *Bibliothèque littéraire de Stuttgart.*)

1966 Bartsch (Karl). *Ueber Karl Meinet. Ein Beitrag zur Karlsage.* — Nuremberg, 1861, in-8°, VIII·301 p.

1967 Bartsch (Karl).*Zum Karlmeinet.* *Germania,* t. VI, pp. 28-43.

1968 Kæntzler. *Zum Karlmeinet.*

Annalen des historischen Vereins für den Niederrhein. — Köln, 1862.

1969 **Kalff** (G.). *Fragmenten van den Karlmeinet.*

Tijdschrift voor nederlandsche Taal-en Letterkunde, t. IV, 1885.

Il ne faut pas se tromper sur ces mots : *Karl Meinet* qui sont employés dans les six publications ci-dessus énoncées. Il ne s'agit pas ici d'une œuvre qui ait pour unique objet les « enfances Charlemagne » ; mais d'une vaste compilation cyclique (35,800 vers) due à un auteur allemand qui écrivoit au commencement du xive siècle, et assez analogue à celle de notre Gérard d'Amiens. Les enfances du grand empereur y occupent sans doute une grande place (fo 1-215), et c'est pourquoi nous devions en faire ici la mention ; mais le compilateur nous conduit jusques à Roncevaux et encore plus loin. Le *Karl Meinet* n'a été longtemps connu que par des fragments relatifs aux enfances. « On désigna naturellement sous le nom de *Karl Meinet* (qui se trouvait dans un vers de ces fragments) le poème dont ces fragments étaient détachés, et, quand on découvrit l'ouvrage entier, on continua de l'appeler ainsi, bien que le titre ne lui convint aucunement et que le seul admissible fût *Charlemagne ou Karl* » (*Histoire poétique de Charlemagne,* p. 128).

1970 **Paris** (Gaston). *La ville de Pui dans Mainet.*

Romania, t. VI, 1877, pp. 437-438.

M. G. Paris renonce à la conjecture de Pui = Puigcerda, et lirait volontiers Tui au lieu de Pui.

1971 **Gautier** (Léon). *Les Épopées françaises,* 2e édit., 1878-1894, t. III, 1880, pp. 37-40.

Notice et analyse.

1972 **Nyrop** (Kristoffer). *Den oldfranske Heltedigtning,* etc. — Copenhague, 1883, in-8e, pp. 86-87, 268, 314 et 458. — Cf. la traduction italienne, Turin, 1886, in-8o, *Storia dell' Epopea francese nel medio evo,* pp. 83, 84, 256, 301 et 453.

Voy. *Enfances Charlemagne, Karleto....*

MAUGIS D'AIGREMONT

.*. Voy., plus haut (*Épopées françaises,* t. I, p. 241), la Liste par ordre alphabétique de tous les manuscrits de Chansons de geste qui sont parvenus jusqu'à nous. — Cf. la Table des derniers romans en vers (II, p. 450); celle des Romans en prose (*ibid.,* p. 552) et celle enfin des Incunables (*ibid.,* p. 603). = Nous avons déjà observé, à propos de ces derniers, que l'histoire de Maugis est réunie à celle de Guérin de Montglave dans l'édition de Michel Le Noir (Paris, 15 juillet 1518, petit in-8o, goth.). — L'édition de Jehan Trepperel, 10 septembre 1527, offre le titre suivant, d'où il appert que Guérin de Montglave a été éliminé de cette étrange combinaison : *La très plaisante hystoire de Maugis d'Aigremont et de Vivian son frere, en laquelle est contenu comment ledict Maugis, à l'ayde d'Oriande la faée sa mye, alla en l'isle de Boucault où il s'abilla en dyable, et puis comment il enchanta le dyable Ranouart et occist le serpent qui gardoit la roche, par laquelle chose il conquist le bon cheval Bayard, et aussi conquesta le geant Sorgalant.* — Après 'édition de Jehan Trepperel, il faut signaler avec Brunet (*Manuel,* III, col. 1540, 1541), celles d'Alain Lotrian, s. d.; d'Olivier Arnoullet (Lyon, 20 octobre 1538) ; du même (Lyon, 22 avril 1551); de la veuve Jehan Bonfons, s. d.; de Nicolas Bonfons, 1584 (et une autre s. d.); de Piot (Troyes, 1614); de Nicolas Oudot (Troyes, 1668); d'Estienne Tantillon (Lyon, s. d.); de la veuve Louis Costé (Rouen, s. d.)... == Dans toutes ces éditions la « très plaisante hystoire de Maugis » est toujours jointe à celle de son frère Vivien : elle se termine, au moment où l'on reconnaît quels sont les parents de Vivien, par le chapitre qui porte ce titre : *Comment tous les roys, princes et barons qui estoient à Aigremont prindrent congé l'ung de l'autre pour retourner chascun en sa contrée. Et comment Bayard, le cheval de Maugist, estrangla Espiet. Et comment Maugist donna son cheval et son espée Flamberge à Regnault de Montauban son cousin. Et comment Maugis et Girard de Roussillon et Doon de Nanteuil s'en allerent avec Vivian et menerent deux evesques avecques eulx pour faire baptiser tous ceulx du pays.* == De la version populaire néerlandaise, nous possédons une édition d'Anvers (chez Franciscus van Soest, s. d.), sous ce titre : *Een schoon-*

historie van den vromen ridder Malegys die't vervaerlijck Rosbeyaert vvon. Le privilège est de 1554, *stylo Brabantiæ.* Cf. une édition d'Amsterdam (Rome,' s. d., avec privilège de 1638). Voy. Græsse, « *Trésor des livres rares et précieux* », t. IV, col. 448.

A. — ÉDITION PARTIELLE
DU POÈME

1973 **Castets** (Ferdinand). *Recherches sur les rapports des chansons de geste et de l'épopée chevaleresque italienne, avec textes inédits empruntés au ms. H. 247 de Montpellier (parties du* Renaud de Montauban, *du* Maugis d'Aigremont, *etc.*), — Montpellier, 1887, in-8°, pp. 43 et ss.

Fragments importants et analyse.

B. — TRAVAUX
DONT LA CHANSON A ÉTÉ L'OBJET

1974 **Paris** (Paulin). *Les manuscrits françois de la Bibliothèque du Roi*, t. VI. — Paris, 1845, in-8°, pp. 125-126, 144-145.

1975 **Barrois** (J.). *Éléments carlovingiens.* — Paris, 1846, in-4°, pp. 302-303.

1976 **Paris** (Paulin). *Histoire littéraire de la France*, t. XXII, 1852, in-4°, pp. 700-703.

1977 **Græsse** (J. G. T.). *Trésor des livres rares et précieux*, 1858-1867, t. IV, in-8°, col. 448.

Version néerlandaise.

1978 **Brunet** (Jacques-Charles). *Manuel du libraire*, t. III, 5ᵉ édit. 1860. — Paris, in-8°, col. 1540, 1541.

Éditions incunables de *Maugis*.

1979 **Wulf** (Frederik). *Recherches sur les Sagas de Magus et de Geirardh et leur rapport aux Épopées françaises.* — Lund, 1873-1874, in-4°. (*Acta Universitatis Lundensis*, t. X.)

Cf. E. Kœlbing, *Germania*, t. XXI, pp. 359-364. — G. Paris, *Romania*, t. IV, pp. 474-478.

1980 **Suchier** (H.). *Die Quellen der Magus-Saga.*
Germania, t. XX, 1875, pp. 273-291.

1981 **Kœhler** (R.). *Zur Magus-Saga.*

Germania, t. XXI, 1876, pp. 18-27.

1982 **Nyrop** (Kristoffer). *Die oldfranske Heltedigtning,* etc. — Copenhague, 1883, in-8°, pp. 182 et 458. — Cf. la traduction italienne, *Storia dell' Epopea francese nel medio evo*, Turin, 1886, in-8°, pp. 177 et 453.

1983 **Castets** (Ferdinand). *Fragment du manuscrit de Montpellier.* Voy. le n° 1973.
Revue des langues romanes, t. XXIX, mars 1886, pp. 105-123 et t. XXX, pp. 61-128.

Cf. P. Meyer *Romania*, t. XV, 1886, pp. 626-627. Comparaison avec le texte de Cambridge.

1984 **Castets** (F.). *Note sur deux manuscrits des Fils Aymon.*
Revue des langues romanes, t. XXXI, 1887, pp. 49-58.

1985 **Dunlop** (John-Colin). *History of Prose fiction*, édition de 1888, t. I, pp. 338-340.

1986 **Petit** (Louis-D.). *Bibliographie der middel-nederlandsche Taal-en Letterkunde.* 1888, in-8°, n° 439.

Indication de plusieurs fragments publiés par H. Hoffmann von Fallersleben ; W. Bilderdijk ; M. de Vries ; J.-H. Bormans ; F.-J. Mone ; J. Verdam ; — et d'une édition populaire.

MONIAGE GUILLAUME

* Voy., plus haut, la 'L i s t e p a r o r d r e a l p h a b é t i q u e d e t o u s l e s m a n u s c r i t s d e c h a n s o n s d e g e s t e q u i s o n t p a r v e n u s j u s q u'à n o u s (*Épopées françaises*, I, p. 241 et aussi IV, pp. 25, 26). ═ Cf. (II, pp. 550, 551) la N o m e n c l a t u r e d e s r o m a n s e n p r o s e au mot *Guillaume d'Orange* et toute la partie de notre *Notice bibliographique et historique sur la geste de Guillaume* qui est relative au *Moniage Guillaume* (IV, pp. 7, 21 et 22, 25 et 26, 44, 45, et surtout 81-83).

A. — ÉDITION PARTIELLE
ET TRADUCTION DU POÈME

1987 **Hofmann** (Conrad). *Ueber ein Fragment des* Guillaume d'Orange.

Abhandlungen der K. bayer. Akademie der Wissenschaften. Philos.-philol. Classe. VI band. — Munich, 1852, in-4°, pp. 569-629 et 683--687.

1988 Jonckbloet (W. J. A.). *Guillaume d'Orange, le Marquis au court nez, chanson de geste du* xii° *siècle, mise en nouveau langage.* — Amsterdam, 1867, in-8°, pp. 365-385.

Traduction libre du *Moniage.*

B. — TRAVAUX
DONT LA CHANSON A ÉTÉ L'OBJET

1989 Stengelius (Car.). *Vita sancti Guilleimi abbatis Hirsaugiensis.* — Augsbourg, 1611, in-4°.

L'éditeur publie en même temps la *Vita sancti Guillelmi Gellonensis.*

1990 Catel (Guillaume). *Histoire des comtes de Tolose.* — Toulouse, 1623, in-f°.

Découverte du manuscrit cyclique aujourd'hui conservé à la Bibl. nat. (fr. 774) et qui contient le *Moniage.*

1991 Catel (Guillaume). *Mémoires sur l'histoire du Languedoc* [publiés par Catel neveu]. — Toulouse, 1633, in-folio.

Étude sur la légende et l'histoire du comte Guillaume; citations du *Moniage.*

1992 Acta sanctorum maii, t. VI, 1688, in-folio. Die vicesima octava maii, pp. 809 et ss.

C'est là qu'on lit (p. 811) ces mots sur nos vieilles chansons qui font tant d'honneur aux Bollandistes : « De francica veteri lingua fortassis non male mereretur qui ejusmodi poemata proferret in lucem. »

1993 Mabillon (Dom Jean). *Acta sanctorum ordinis sancti Benedicti.* — Paris, 1667, in-f° (sæc. IV, pars prima, 70-90).

Cf. les *Annales ordinis sancti Benedicti,* II, 368, 369, où il est fait allusion aux fragments du *Moniage* publiés par Catel.

1994 Thomassy (Raymond). *Recherches historiques et littéraires sur la fondation de Saint-Guilhem-du-Désert et le cycle épique de Guillaume au court nez. Journal général de l'Instruction publique,* 15 mai et 5 août 1838.

1995 Grimm und **Schmeller.** *Lateinische Gedichte des X und XI Jahrhunderts.* Gœttingue, 1838, in-8°.

Comparaison de la Chronique de Novalese avec le *Moniage Guillaume.*

1996 Willems. *Belgisch Museum,* t. IV, p. 186.

Fragment du poème néerlandais de Nicolas von Brechten (fin du xii°, commencement du xiii° siècle) qui est une imitation du *Moniage Guillaume.*

1997 Paris (Paulin). *Les manuscrits françois de la Bibliothèque du Roi,* t. III, 1840, pp. 169-172, et t. VI, pp. 140-144.

1998 Thomassy (Raymond). *Chartes de fondation de l'abbaye de Saint-Guilhem. Bibliothèque de l'École des Chartes,* t. II, 1840, p. 177.

1999 Paris (Paulin). *Histoire littéraire de la France,* t. XXII, 1852, pp. 519-539.

Notice et analyse.

2000 Jonckbloet (W. J. A.). *Guillaume d'Orange, chansons de geste des* xi° *et* xii° *siècles...* — La Haye, 1854, 2 vol. in-8°, t. II, pp. 117-166.

Éléments historiques du *Moniage.*

2001 Unger(C.-R.).*Karlamagnus Saga ok kappa hans.* — Christiania, 1860, in-8°. Branche IX, cap. 1, 2.

2002 Paris (Gaston). *La Karlamagnus saga, histoire islandaise de Charlemagne. Bibliothèque de l'École des Chartes,* t. XXVI, 1864, pp. 37-41.

Analyse de la neuvième branche de la Saga.

On trouvera dans notre t. IV, pp. 55, 56, une analyse rapide de cette branche, et notamment le résumé d'un admirable épisode qui nous semble dérivé d'une version primitive du *Moniage.*

2003 Clarus (Ludvig) = Wilhelm **Volk.** *Herzog Wilhelm von Aquitanien, ein Grosser der Welt, ein Heiliger der Kirche und ein Held der Sage und Dichtung.* — Munster, 1865, in-8°.

Éléments historiques de tout le cycle et en particulier du *Moniage.*

2004 Paris (Gaston). *Histoire poétique de Charlemagne.* — Paris, 1865, in-8°, p. 151.

Sur la branche IX de la *Karlamagnus Saga.*

2005 Revillout (Charles). *Étude historique et littéraire sur l'ouvrage latin intitulé Vie de saint Guillaume.* (Publication de la Société archéologique de Montpellier, nos 35 et 36, juillet 1876.)

La *Vita sancti Willelmi* n'a été rédigée qu'au commencement du XIIe siècle.

2006 Rajna (Pio). *Un nuovo codice di « Chansons de Geste » del ciclo di Guglielmo. Romania,* VI, 1877, pp. 257-261.

Il s'agit du manuscrit de la Trivulziana qui contient un texte du *Moniage Guillaume* en 6866 vers.

2007 Gautier (Léon). *Les Épopées françaises,* 2e édition, 1878-1894, t. I, 1878, pp. 488, 489.

Traduction d'un épisode du *Moniage :* « La mort de Guibourc. » *Ibid.,* t. IV, pp. 81-83. Éléments historiques du *Moniage,* etc.

2008 Nyrop (Kristoffer). *Den oldfranske Heltedigtning,* etc. — Copenhague, 1883, in-8o, pp. 152-154, 280, 305 et 458. — Cf. la traduction italienne, *Storia dell' Epopea francese nel medio evo,* Turin, 1886, in-8o, pp. 147, 148, 267, 292 et 453, 454.

2009 Isola (I.-G.) *Le storie Nerbonesi, romanzo cavalleresco del secolo XIV.* — Bologne, t. II, 1887, pp. 546-555.

« Come Guglielmo d'Oringa si parte e vanne in romitorio, egli e Tiborga sua, e vanno a faro penitenza de' loro peccati. »

2010 Paris (Gaston). *La littérature française au moyen âge,* 2e édition. — Paris, 1890, in-18, pp. 48, 66, etc.

2011 Becker (Ph. Aug.) *Die altfranzœsische Wilhelmsage und ihre Beziehung zu Willelm dem Heiligen. Studien über Epos vom* Moniage Guillaume. Halle, 1896, in-8o.

Cf. Jeanroy, *Revue critique,* 1896, 1er semestre, p. 347.

M. Becker, en des conclusions très hardies, va jusqu'à contester le rapport (admis par tous ses devanciers) entre le Guillaume d'*Aliscans* et le Guillaume de l'histoire qui fut vaincu en 793 à Villedaigne sur l'Orbieu, etc. Thèse contestable et qui donnera lieu à de longues discussions.

MONIAGE RENOART

Voy., plus haut (*Épopées françaises,* p. 241 et aussi IV, p. 25), la Liste par ordre alphabétique de tous les manuscrits de chansons de geste qui sont parvenus jusqu'à nous. — Cf. la Nomenclature des romans en prose, au mot *Guillaume d'Orange* (II, pp. 550 et 551) et surtout notre *Notice bibliographique et historique sur la geste de Guillaume* (t. IV, pp. 7, 21, 25, 27, 53, etc.).

TRAVAUX
DONT LA CHANSON A ÉTÉ L'OBJET

2012 Paris (Paulin). *Les manuscrits françois de la Bibliothèque du Roi,* t. III, 1840, pp. 166-168.

2013 Paris (Paulin). *Histoire Littéraire de la France,* t. XXII, 1852, pp. 538-542.

2014 Roth (Carl). *Ulrich von Thürheims Reinwart, Gedicht des XIII Jahrhunderts.* — Ratisbonne, 1856, in-8o.

Un continuateur de Wolfram d'Eschenbach, Ulrich vom Türheim, a écrit sur le titre de *Der Stark Reinwart* un poème où il a utilisé à sa manière la *Bataille Loquifer* et les *Moniages.* C'est ce poème que Carl Roth a publié en partie.

2015 Rajna (Pio). *Un nuovo codice di « Chansons de Geste » del ciclo di Guglielmo. Romania,* VI, 1877, pp. 257-261.

Il s'agit du manuscrit de la Trivulziana à Milan, où l'on trouve un texte (incomplet par le commencement) du *Moniage Renoart* (environ 3,600 vers.)

2016 Kohl (O.). *Zu dem Willehalm Ulrichs vom Türheim.*

Zeitschrift für deutsche Philologie, t. XIII, 1881.

2017 Lohmeyer (Eduard). *Die Handschriften des Willehalm Ulrichs vom Türheim.* — Cassel, 1882, in-8o.

2018 Nyrop (Kristoffer). *Den oldfranshe Heltedigtning,* etc. — Copenhague, 1883, in-8o, pp. 149, 153, 289, 294 et 459. — Cf. la traduction italienne, *Storia dell' Epopea francese nel medio evo,* Turin,

1886, in-8°, pp. 143, 144, 147, 148, 277, 281 et 454.

2019 **Paris** (Gaston). *La littérature française au moyen âge*, 2ᵉ édit. — Paris, 1890, in-18, pp. 69, 70.

———

MORT AIMERI DE NARBONNE

Voy., plus haut (*Épopées françaises*, I, p. 241, et aussi IV, p. 25), la Liste par ordre alphabétique de tous les manuscrits de chansons de geste qui sont parvenus jusquà nous.

A. — ÉDITION DU POÈME

2020 **Couraye du Parc** (J.). *La mort Aymeri de Narbonne, chanson de geste, publiée d'après les manuscrits de Londres et de Paris.* — Paris, 1884, in-8° (Société des anciens textes français).

B. — TRAVAUX DONT LA CHANSON A ÉTÉ L'OBJET

2021 **Paris** (Paulin). *Histoire littéraire de la France*, t. XXII, 1852, pp. 501-503.
Notice rapide.

2022 **Couraye du Parc** (Joseph). *La mort d'Aimeri de Narbonne ou la Bataille des Sagittaires, chanson de geste du XIIIᵉ siècle. Texte critique.*
Positions des Thèses soutenues à l'École des Chartes, le 19 janvier 1880. — Paris, 1880, in-8°, pp. 13-14.

2023 **Stengel** (E.). *Bruchstück der Chanson de la* Mort Aimeri de Narbonne. *Zeitschrift für romanische Philologie*, t. VI, 1882, pp. 397-403.
Fragment d'un manuscrit de Düsseldorf, (XIVᵉ s.) avec variantes empruntées à d'autres manuscrits.

2024 **Mentz** (Richard). *Die Traüme in den altfranzösische Epen.* — Marbourg, 1887. in-8°. (Pages 103-104 : *Die Traüme in Mort Aymeri de Narbonne.*)

L'auteur croit que les songes ont été ajoutés après coup dans la *Mort Aimeri*.

2025 **Nyrop** (Kristoffer). *Den oldfranske Heltedigtning.* etc. — Copenhague, 1883, in-8°, pp. 151, 152, 314 et 449. — Cf. la traduction italienne, *Storia dell' Epopea francese nel medio evo*, Turin, 1886, in-8°, pp. 146, 301 et 454.

———

MORT GARIN LE LOHERAIN
—

ÉDITION DU POÈME

2026 **Dumeril** (Edelestand). *La mort de Garin le Loherain, poème du XIIᵉ siècle, publié pour la première fois d'après douze manuscrits.* — Paris, 1846, in-8°.

M. Nyrop fait remarquer avec raison que quelques exemplaires de la *Mort de Garin*, datés de 1862 (Paris et Leipzig), portent ce titre faux : *Li Romans de Garin le Loherain*, tome III. C'est, sauf le titre, absolument la même édition que celle de 1846.

2027 **Bartsch** (Karl). *Chrestomathie du vieux français.* — Leipzig, in-8°, pp. 53-58.
Fragment correspondant aux vers 4624-4809 de l'édition d'Edelestand Dumeril.

2028 **Nyrop** (Kristoffer). *Den oldfranske Heltedigtning*, etc. — Copenhague, 1883, in-8°, pp. 192, 341 et 459. — Cf. la traduction italienne, *Storia dell' Epopea francese nel medio evo*, Turin, 1886, in-8°, pp. 185, 326 et 454.

Il convient d'observer que la *Mort Garin* est un fragment de poème, et non pas un poème indépendant.

———

OGIER LE DANOIS

Voy., plus haut, la Liste par ordre alphabétique de tous les manuscrits de Chansons de geste qui sont parvenus jusqu'à nous (I, *Épopées françaises*, t. I, p. 236). — Cf. la Table des derniers romans en vers (II,

p. 450); celle des R o m a n s e n p r o s e (*ibid.*, p. 553) et celle des I n c u n a b l e s (*ibid.*, p. 614) et en particulier, le T a b l e a u d e s c h a n s o n s d e g e s t e q u i o n t é t é c o n n u e s, t r a-d u i t e s o u i m i t é e s e n I t a l i e (*ibid.*, pp. 388, 389). — Les Incunables ont ici un rôle très important. Cette version en prose embrasse à la fois les *Enfances* et la *Chevalerie*, avec une Suite où l'on raconte les aventures d'Ogier en Angleterre et en Orient, l'histoire de son neveu Gautier, etc., etc. — La première édition est celle d'Anthoine Verard : *Ogier le Dannoys.* Paris. s. d. (vers 1498). Cette édition se termine ainsi qu'il suit : « A la louange de Dieu et de toute la court celeste, ci finist le Rommant nommé *Ogier le Dannoys*, parlant des belles victoires et grans prouesses qu'il eut, ensemble plusieurs nobles princes françois, contre les Sarrazins et infidèles. Imprimé à Paris pour Anthoine Verard, libraire, demeurant à Paris, sur le pont Notre-Dame, » etc. (Cf. Van Praet, *Catalogue des livres sur velin*, Belles lettres, p. 259, n° 384, et Brunet, *Manuel du Libraire*, t. IV, col. 170). Viennent ensuite les édi-tions suivantes : Paris, Le Petit Laurens, s. d. ; — Veuve feu Jehan Trepperel et Jehan Jehan-not, s. d. (avec ce titre : » S'ensuyt Ogier le Dannois, duc de Danemarche, qui fut l'ung des douze pairs de France, lequel, avec le secours et aide du roy Charlemaigne, chassa les Payens hors de Romme et remist le Pape en son siège. Et fut long temps en Faerie ; puis revint, comme vous pourrez lire cy après en ce present livre. ») — Veuve feu Jehan Trepperel et Jehan Jehan-not, s. d. (attribué à 1522). — Lyon, Claude Nourry, dit le Prince, 1525. — Nicolas Chrestien, s. d. — Alain Lotrian et Denys Janot, s. d. (vers 1536). — Lyon, Arnoullet, 1556 ; — veuve Jehan Bonfons, s. d. ; — Lyon, Benoist Rigaud, 1579 (avec un titre allongé : « L'Histoire d'Ogier le Dannoys... et remist le Pape en son siège. Puis, conquist trois terribles geans sarrazins en champ de bataille, c'est assavoir Brunamont, roi d'Égypte devant Rome ; Bruhier, Soudan de Babylone devant Laon et Justamont son père devant Acre. Et après fut couronné roi d'Angleterre et roy d'Acre. Aussi conquist la cité de Jerusalem et Babylonne. Et plusieurs autres vaillances fist le dict Ogier qui, enfin, fut longtemps en Faerie comme vous pourrez lire cy après. » — Nicolas Bonfons, 1583. —Le même s. d. — Nicolas Oudot, 1606, 1610, s. d., et toutes les éditions de la Bibliothèque bleue jusqu'à celle d'Alfred Delvau, Paris, 1859, et au-delà. — Cf. le *Premier livre des visions*

d'*Ogier le Dannoys au royaulme de Fairie*, Paris, Denys Janot pour Pierre Roffet, 1542. Voy. le *Supplément* de Brunet, II,col. 69, etc.,etc. =*Ogier* a été traduit ou « adapté » en plusieurs langues, et nous ne pouvons ici que signaler les plus importantes des éditions imprimées de ces adaptations ou traductions. — La version Danoise : *Olger Danke's Kronike* (œuvre de Christen Pedersen) a paru à Malmoe en 1552, et il existe des éditions de Copenhague datées de 1665, 1695, 1707, 1729, etc., etc. — La version allemande (traduite du Danois): *Dennemarkische Historien von eines treffenliche Kœnigssohn der nach seines Vaters Todregieren der Kœnig in Dannemark wird*, a paru à Francfort en 1571, etc. — Nous avons longuement parlé des imitations italiennes de notre *Ogier*, et n'a-vons pas à y revenir. Il convient seulement de signaler ici, parmi les éditions imprimées le fameux *Libro dele Bataglie del Danese*, qui parut pour la première fois à Milan, chez Leon Pachel, 1498, et dont les éditions se multipliè-rent (Milan, 1498, 1515. Venise, 1511, 1544, 1553, 1588, 1599, 1611 et 1638, etc.). (Cf. G. Ferrario l. c., t. III, pp. 16 et 17, et Melzi, l. c., p. 24.) — Une autre œuvre consacrée à Ogier en Italie est *La morte del Danese*, di Cassio da Narni, dédiée « Allo illustre donno Hercule da Este ». et imprimée à Ferrare par Laurent de Russi le 6 novembre 1521 (cf. Melzi, l. c., p. 25), etc., etc. = C'est ici le lieu de citer cette Suite d'*Ogier* qui a pour titre *Meurvin*. La 1re édition de *Meurvin* est de 1540, et en voici le titre exact : « L'Histoire du preux Meurvin fils de Oger le Dannoys, lequel par sa prouesse con-quist Hierusalem, Babilone et plusieurs autres royaulmes sur les Infidèles ; nouvellement imprimé à Paris, le vingtiesme jour de janvier mil cinq cens quarante, par Estienne Caveiller, imprimeur, pour Jehan Longis et Pierre Sergent. La date de 1540 est fort douteuse, et l'*explicit* n'est pas à cet égard conforme au titre. — Autre édition de 1539 que Brunet n'a jamais vue (?) — Autre encore, de Nicolas Bonfons, s. d. (Cf. l'édition anglaise de Londres, 1612 : « The most famous and renowned historie of... Mor-vine, son to Oger the Dane, translated by J[ames] M[arkham], etc., etc.) = Pour plus de détails, voy. notre *Notice bibliographique et historique, sur les Enfances Ogier* (*Epopées françaises*, III, pp. 52-55) et notre analyse déve-loppée de la *Chevalerie Ogier* (*ibid.*, pp. 240-257) qui est accompagnée de la traduction littérale de plusieurs épisodes du vieux poème.

A. — ÉDITION DU POÈME

2029 Barrois (J.). *La Chevalerie Ogier de Danemarche, par Raimbert de Paris, poème du XIIe siècle, publié pour la première fois d'après le manuscrit de Marmoutier et le manuscrit 2729 de la Bibliothèque du Roi.* — Paris, 1842, deux vol. in-12, ou un vol. in-4°.

(Romans des douze pairs de France, n°s VIII et IX).

Une traduction complète de l'œuvre de Raimbert a été achevée, il y a quelques années, par Mlle ***. Nous en connaissons quelques fragments qui sont vraiment remarquables et font désirer vivement une publication où la gloire du Danois serait heureusement popularisée.

M. Voretzsch, professeur à l'université de Tubingue, fera paraître prochainement une nouvelle édition d'*Ogier*.

B. — TRAVAUX
DONT LA CHANSON A ÉTÉ L'OBJET

2030 La vie, mœurs, gestes et faits d'Ogier le Danois, duc de Dannemarc et Pair de France, *extraite des chartes de l'abbaye de Saint-Pharon de Meaux. Plus l'Épitaphe qui se trouve gravée sur le tombeau dudit saint Pharon, en son église à Meaux.* — Paris. P. de Face, 1613, in-8° (Bibl. nat. Recueil Fontanieu, CLVIII).

2031 Bartholinus (Th.). *Dissertatio historica de Holgero Dano, qui Caroli Magni tempore floruit.* — Copenhague, 1677, in-8°.

2032 Mabillon (Dom Jean). *De Otgerio, Benedicto et Rotgario, monachis piis in cœnobio S. Faronis apud Meldos. Acta Sanctorum ordinis sancti Benedicti.* — Paris, 1677, in-f°, sæc. IV, pars prima, 600, 656-667.

Cf. les *Annales ordinis sancti Benedicti*, II, 376-379.

2033 La Bruyère (Jean de). *Les caractères.* — Paris, 1688, chap. XIX. : *De quelques usages.*

Rondeau sur Ogier.

2034 Schœnau (Fried. Christ.). *Holger Danskes Levnet.* — Copenhague, 1751, in-8°.

2035 Bibliothèque des Romans. Févr. 1778, p. 71-107.

Cf. L. Gautier, *Épopées françaises*, première édition, t. I, pp. 588-590 ; 2e édition, t. II, pp. 688-690. Reproduction de trois extraits du remaniement de Tressan.

2036 Paulmy (M. A. R. marquis de). *Mélanges tirés d'une grande Bibliothèque.* — Paris, 1779-1785, t. VIII, p. 178.

2037 Tressan (L. E. de la Vergne, comte de). *Œuvres choisies.* — Évreux, 1796, in-8°, pp. 48-196.

2038 Hagen (F. H. von der). *Remarques sur Ogier le Danois en Orient.*
Museum für altdeutsche Literatur I, (1810), p. 269.

2039 Praet (Joseph Basile Bernard van). *Catalogue des livres sur vélin de la Bibliothèque du Roi.* — Paris, 1822-1828, cinq volumes in-8° (Belles-Lettres, n° 384).

2040 Ferrario (Giulio). *Storia ed analisi degli antichi romanzi di cavalleria e dei poemi romanzeschi d'Italia.* — Milan, 1828, 4 vol. in-8° (III, pp. 16, 17, 306, 320-329).

2041 Melzi (Gaetano de' Conti). *Bibliografia dei romanzi e poemi cavallereschi italiani*, seconda edizione, 1838, in-8°, pp. 24, 26, etc.

Cf. n° 255. V. à l'*Erratum*.

2042 Michel (Francisque). *Examen critique de la Dissertation de M. Henri Monin sur le Roman de Roncevaux.* — Paris, Silvestre, 1832, in-8° (*Extrait du Cabinet de Lecture*), pp. 12-15.

2043 Becdelièvre. *Biographie Liégeoise*, 1836, t. I, p. 30.

2044 Mone (F.-J.). *Anzeiger für Kunde des deutschen Mittelalters* ; 1836, col. 63-71 (*Otger von Dänemark*).

2045 Reiffenberg (Baron de). *Chronique rimée de Philippe Mouskes*, Bruxelles, t. I (1836), pp. CLXXXVIII-CXCIII : fragment de 137 vers et t. II (1838), pp. CCXVII-CCXXIII.

2046 Monin (H.). *Oger le Danois, roman de chevalerie* (traduction).
Revue du Lyonnais, 1837, tome VI, pp. 289-311.

La Suite annoncée ne semble pas avoir paru.

2047 Du Méril (Edelestand). *Histoire de la Poésie scandinave.* — Paris, 1839, in-8°, pp. 376-388.

2048 Paris (Paulin). *Recherches sur Ogier le Danois.*
Bibliothèque de l'École des Chartes, 1re sér., t. III, 1841, pp. 521-538. Cf. *Recherches sur le personnage d'Ogier le Danois.* Lecture académique. — Paris, 1842.

2049 Græsse (Johann Georg Theodor). *Die grossen' Sagenkreise des Mittelalters.* — Dresde et Leipzig, 1842, in-8º, pp. 340-344.

2050 Ideler (Julius Ludwig). *Geschichte der altfranzösischen National Literatur.* — Berlin, 1842, in-8º, pp. 99-103.

2051 Rothe (L. Aug.). *Undersögelser om Holger Danske.* [Recherches sur Ogier le Danois.] — Copenhague, 1847, in-4º.
« Indbydelsesskrift i Anledning af festen paa Sorœ Academie Kong Kristian VIII's Fœdseldag den 8 september 1847. »

2052 Mayer (Th.). *Archiv für österreichische Geschichtsquellen*, 1849, II, pp. 283 et ss. ; 327...
Les *Quirinalia* de Metellus de Tegernsee et le récit en prose de Wernher de Tegernsee, etc.

2053 Paris (Paulin). *Histoire littéraire de la France.* — Paris, t. XXII, 1852, in-4º, pp. 643-659.
Notice et analyse.

2054 Jonckbloet (W. J. A.) *Geschiedenis der middennederlandschen Dichtkunst.* — Amsterdam, 1852, 3 vol. in-8º (t. I, pp. 280 et ss., et notamment p. 286).
Ogier dans la poésie néerlandaise.

2055 Gervinus (G. G.). *Geschichte der deutschen Dichtung.* — Leipzig, 1853, 5 vol. in-8º (t. II, p. 70).

2056 Brandt (C.-J.). *Pedersen's Skrifter Femte Bind.* — Copenhague, 1856, in-8º.
Ogier dans la *Chronique danoise de Charlemagne*, qui suit sans doute la rédaction primitive de la *Karlamagnus Saga.*

2057 Sachs (C.). *Beiträge zur Kunde altfranzösischer... Literatur aus französischen und englischen Bibliotheken*, Berlin, 1857, in-8º, pp. 36-39.

2058 Graesse (Johann Georg Theodor). « *Trésor des livres rares et précieux* ». — Dresde, 1858-1867, t. V, col. 15 et Supplément, col. 437.
Cf. pour *Meurvin*, le t. IV, col. 511.

2059 Unger (C. R.). *Karlamagnus Saga ok Kappa hans.* — Christiania, 1860, in-8º.
Branche III (Enfances Ogier).

2060 Brunet (Jacques-Charles). *Manuel du libraire*, 5e édition. — Paris, 1860, in-8º, t. IV, col. 170, 171, 172, 173. Cf. le *Supplément du Manuel*, t. II, col. 69.
Voy. pour *Meurvin* le t. III, col. 1687.

2061 Paris (Gaston). *La Karlamagnus Saga, histoire islandaise de Charlemagne.*
Bibliothèque de l'École des Chartes, 5e série, t. V, 1863, pp. 89-123 ; 6e série, t. I, 1864, p. 1-42.
Ogier est une des branches qui ont été analysées en détail.

2062 Thorsen (P. G.). *Nogle Meddelelser om visse historiske Bestanddele i Sagnet om Olger Danske, tilligemed en Undersögelse om « Chronicon monasterii Sancti Martini majoris Coloniensis ».*
Oversigt over det kgl. d. Videnskab. Selskabs Forhandlinger, 1865, pp. 165-205.

2063 Ludlow (John Malcolm). *Popular Epics of the Middle Ages of the North German and Carlovingian cycles*, 1865, in-8º, II, 247-303. (*Sub-cycle of the Peers : Ogier of Denmark.*)

2064 Paris (Gaston). *Histoire poétique de Charlemagne.* — Paris, 1865, in-8º.
Récits épiques où Ogier joue un rôle, pp. 249-251 et 305-313. La légende d'Ogier dans les Pays Bas, pp. 137, 138 ; dans les pays scandinaves, 150, 152; en Italie, 171, 186, 188, 193 ; en Espagne, 210, 211.

2065 Gautier (Léon). *Les Épopées françaises*, 1re édit. — Paris, 1865-1868, t. II, 1867, pp. 45-57 et 229-247. — Cf. la 2e édition. Paris, 1878-1894, in-8º, t. I, 1878, pp. 483-487; t. II, 1894, pp. 367-376, 386, 389, 450, 553, 604, 688-690 ; t. III, 1880, pp. 52-53.
Notice bibliographique sur les *Enfances* ; analyse très développée des *Enfances* et de la *Chevalerie* ; traduction de plusieurs épisodes; histoire de la légende en Italie, etc..; derniers romans en vers, romans en prose, incunables, etc.

2066 Meyer (Paul). *Deuxième Rapport sur une mission littéraire en Angleterre et en Écosse. Archives des missions scienti-*

fiques et littéraires, 1867, 2ᵉ sér., III, pp. 117-119 et 123-126.

Signale à la Bibliothèque Cosin (ms. V, II, 17, xiiiᵉ siècle), une bonne version d'*Ogier* dont il publie quatre extraits.

2007 Pio (L.). *Sagnet om Holger Danske, dets udbredelse og Forhold til Mythologien.* — Copenhague, 1870, in-8°.

Cf. *Literarisches Centralblatt,* 1870, c. 199-200 et Gaston Paris, *Revue critique,* 1870, 1ᵉʳ sem. 103-107.

Interprétation mythologique des légendes danoises sur Ogier; reconnaît qu'elles n'ont rien de commun avec la tradition française.

2068 Rajna (Pio). *Uggeri il Danese nella letteratura romanzesca degl' Italiani* — *Romania,* t. II, 1873, pp. 153-169, t. III, 1874, pp. 31-77, t. IV, 1875, pp. 398-436.

Nous en avons donné le résumé (*Épopées françaises,* II, 1894, pp. 368 et ss.)

2069 Matthes (J.-C.) *De nederlandsche Ogier.* — Groningue, s. d., in-8°, 27 pp. (Extrait du *Taal-en Letterbode,* 1876.)

Cf. Gaston Paris, *Romania,* t. V, 1876, pp. 383-384.

Réimpression des fragments du poème néerlandais qu'avait publiés Willems. Ce poème n'est que la traduction d'un poème français postérieur à celui de Raimbert.

2070 Longpérier (A. de). *La délivrance d'Ogier le Danois, fragment d'une chanson de geste.*

Journal des Savants, avril 1876, pp. 219-233.

Cf. Gaston Paris, *Romania,* t. V, 1876, p. 410.

2071 Hansen (N.). *Olger Danskes Krönike.* — Copenhague, 1878.

2072 The Huth library. — Londres, 1880, in-8°, t. III, 1058.

2073 Demaison (Louis), *Les portes antiques de Reims et la captivité d'Ogier le Danois.* — Reims, 1881, in-8°. Extrait des *Travaux de l'Académie de Reims,* t. LXV.

2074 Fiebiger (E.). *Ueber die Sprache der Chevalerie Ogier von Raimbert von Paris.*

Dissertation de Halle, 1881, in-8°.

Cf. E. Stengel, *Literaturblatt für germanische und romanische Philologie,* t. III, 1882, pp. 273-282.

2075 Nyrop (Kristoffer). *Den Old-franske Heltedigtning.* — Copenhague,

1883, in-8°, pp. 88, 169-173; 190, 268, 271, 280 et 459, 460. Cf. la traduction italienne, Turin, 1886, pp. 86, 162-166, 183, 256, 260, 267 et 454, 455.

Notice et bibliographie.

2076 Heuser (Emil). *Die Chanson des Loherains eine Quelle der Chevalerie Ogier* (*Ausgaben und Abhandlungen veröffentlicht* von E. Stengel, LXII, Anhang I. — Appendice à la Dissertation de K. Krüger sur le ms. J. des Loherains. — Marbourg, 1886, in-8°, pp. 68-89).

2077 Bartsch (Karl). *La langue et la littérature françaises depuis le ixᵉ siècle jusqu'au xivᵉ siècle :* textes et glossaire. — Paris, 1887, in-8°, col. 141-150.

Long fragment d'*Ogier* d'après l'édition de Barrois (t. II, pp. 331-343, vers 8201-8496). M Bartsch l'a collationné avec le manuscrit de Paris, Bibl. nat. fr. 24403.

2078 Dunlop (John Colin). *The history of fiction,* édition de 1888, I, 329-337. Appendice; pp. 492-493. — V. l'*Erratum.*

Ogier présenté à Artus par la fée Morgane.

2079 Petit (L.-D.). *Bibliographie der middelnederlandsche Taal-en Letterkunde,* 1888, in-8°, n° 436.

Indication de fragments publiés par Wilhems.

Voy. *Enfances Ogier* et *Meurvin.*

ORSON DE BEAUVAIS

Voy., plus haut, la Liste par ordre alphabétique de tous les manuscrits de Chansons de geste qui sont parvenus jusqu'à nous (*Epopées françaises,* t. I, p. 241) — Ce poème presque ignoré débute ainsi dans le seul ms. qui soit parvenu jusqu'à nous : « Seigneur, oez chançon dont li ver sont bien fait,... — D'Ugon le Barruier et d'Orson de Biauvaiz. — Hugues fu de Berri, dou chatiaul de Calcais. — Et tint quite Beorges et Virson et Centais. — Et Ors fu nez de France : Clermont tint et Biauvaiz. ⹀ Seignors, oez les vers d'une bonne chançon, — D'Ugon le Barruier et dou bon duc Orson. — Antre Hugon et Orson devindren

compagnon. — Lor foiz s'entredonnerent par
tel devision — Que l'uns ne faudroit l'autre
por.nule rien dou mont. — Veant mil chevaliers en la sale Charlon, — Li dus Ours prit
molier de molt sade façon, — Adeline la
jante et la pucelle à nom », etc., etc. Le sujet
du roman est assez banal. Trahi par Hugues
« au cuer felon » qui courtise « à laron » sa
femme Adeline, le bon duc Orson est vengé
par Milon son fils, et le poème se termine par
sa rentrée triomphante en sa ville de Beauvais : « Et li dus Ors s'en va à Beauvaiz la
garnie; — Si home vont a[n]contre c'ont la
novale oïe. — Cel jor fu Biauvaiz d'erbe et de
jons bien jonchie », etc.

2080 Nyrop (Kristoffer). *Den Oldfranske Heltedigtning.* — Copenhague,
1883, in-8°, p. 222. Cf. l'édition italienne,
*Storia dell' Epopea francese nel medio
evo.* — Turin, 1886, in-8°, p. 214.

2081 Seelmann (W.). *Valentin und
Namelos.* — Norden et Leipzig, 1884, in-8°,
p. LII.

Publication d'une trentaine de vers formant
le commencement et la fin d'*Orson de Beauvais.*

La Société des anciens textes français a an-
noncé la publication de ce poème. V. G. Paris,
la littérature française au moyen âge, 2° édition, pp. 47 et 261.

OTINEL

Voy., plus haut, la Liste par ordre
alphabétique de tous les manuscrits de chansons de geste qui
sont parvenus jusqu'à nous (*Épopées
françaises,* t. I, p. 242). Cf. la Liste des
romans en prose (II, p. 553), etc.

A. — ÉDITIONS DU POÈME
ET DE LA VERSION ANGLAISE.

2082 Guessard (F.) et **H. Michelant.** *Otinel, chanson de geste publiée
pour la première fois d'après les manuscrits de Rome et de Middlehill.* — Paris,
1859, in-16 (*Les Anciens poètes de la
France,* t. Ier).

2083 Nicholson (Alexander). *Ancient
metrical romances from the Auchinlek
manuscript. The romances of* Rouland and
Fernagu *and* Sir Otuel, *presented to the
members of the Abbotsford-club.* — Edimbourg, 1836, in-4°.

2084 Herrtage (Sidney J.). *The English Charlemagne Romances. Part. II.*
« The Sege off Melayne » and « The Romance of duke Rowland and sir Otuel of
Spayne » *now for the first time printed
from the unique ms. of R. Thornton in
the British Museum, ms. addit.* 31402, *together with a fragment of* The Song of
Roland » *from the unique ms. Lands. 388
edited.* — (*Earl. engl. Text. Soc. ; extra
series.* XXXV.) — Londrès, 1880, in-8°.

G

B. — TRAVAUX
DONT LA CHANSON A ÉTÉ L'OBJET

2085 Ellis (G.) *Specimens of early
english metrical romances. A new edition
revised by J. O. Halliwel.* — Londres, 1848,
in-8° (pp. 357-359.

2086 Sachs (C.). *Beiträge zur Kunde
altfranzösischer, englischer und provenzalischer Literatur aus französischen und
englischen Bibliotheken.* — Berlin, 1875,
in-8° (pp. 29-33).

2087 Paris (Gaston). *Histoire poétique
de Charlemagne.* — Paris, 1865, in-8°
(p. 155).

**2088 La Storia di Ottinello e Giu-
lia,** *poemetto popolare in ottava rima, ri-
prodotto sulle antiche stampe.* — Bologne,
1867, in-12. — *Scelta di curiosità letterarie
inedite o rare del secolo XIII al XVII.*
Disp. LXXXIII.

Cf. Lemke, *Jahrbuch für romanische und englische Literatur,* 1867, VIII, pp. 429-430.
Le *poemetto* s'écarte absolument de la version française.

2089 Paris (Paulin). *Histoire littéraire
de la France,* t. XXVI, 1873, pp. 269-278.
Notice et analyse.

2090 Gautier (Léon). *Les Épopées
françaises,* 1re édition, trois volumes in-8°,
1865-1868, t. II, 1867, pp. 321-328. Cf. la
2° édition, Paris, quatre vol. in-8°, 1878-

1894; t. II (1894), pp. 306, 307 et III, 1880, pp. 396-401.

Notice bibliographique et analyse détaillée.

2091 **Treutler** (H.). *Die Otinelsage im Mittelalter.*

Englische Studien, 1881, t. V, pp. 97-149.

Cf. F. Bangert, *Zeitschrift für romanische Philologie*, V. 4. pp. 582-585.

2092 **Nyrop** (Kristoffer). *Den oldfranske Heltedigtning.* — Copenhague, 1883, in-8°, pp. 96, 97, 275, 280 et 460. Cf. l'édition italienne, *Storia dell' Epopea francese nel medio evo.* — Turin, 1886, in-8°, pp. 93, 262, 267 et 456.

2093 **Langlois** (Ernest). Otinel, Aspremont : *Deux fragments épiques.*

Romania (octobre 1883), t. XII, p. 433.

Fragments anglo-normands du milieu du XIII° siècle.

Cf. *Romania*, XIV, 1885, 312.

2094 **Wæchter** (W.). *Untersuchungen über die beiden mittelenglischen Gedichte « Roland and Vernagu » und « Otuel ».* Dissertation de Berlin, 1885, in-8°.

La première partie seulement (*Roland and Vernagu*) a paru.

PARISE LA DUCHESSE

* Voy., plus haut, la L i s t e p a r o r d r e a l p h a b é t i q u e d e t o u s les manuscrits de chansons de geste qui sont parvenus jusqu'à nous (*Épopées françaises*, t. I, p. 242).

A. — ÉDITIONS DU POÈME

2095 **Martonne** (G.-F. de). *Li romans de Parise la duchesse, publié pour la première fois d'après le manuscrit unique de la Bibliothèque royale.* — Paris, 1836, in-12.

(*Romans des douze pairs de France*, n° IV.)

2096 **Guessard** (F.) et **L. Larchey.** *Parise la duchesse, chanson de geste, deuxième édition, revue et corrigée d'après le texte unique de Paris.* — Paris, 1860,

in-16. (*Les anciens poètes de la France*, t. IV, 2.)

B. — TRAVAUX DONT LA CHANSON A ÉTÉ L'OBJET

2097 **Gautier** (Léon). *Les Épopées françaises*, 2° édition, 1878-1894, quatre vol. in-8°, t. I, 1878, p. 485.

Traduction d'un épisode de *Parise* : Départ de la Duchesse.

2098 **Paris** (Paulin). *Histoire littéraire de la France*, t. XXII, 1852, pp. 659-667.

Notice et analyse.

2099 **Nyrop** (Kristoffer). *Den oldfranske Heltedigtning*, etc. — Copenhague, 1883, in-8°, pp. 175, 176, 340, 341, 348, 460. Cf. l'édition italienne, *Storia dell' Epopea francese nel medio evo*, Turin, 1886, in-8°, pp. 168, 169, 326, 333, 456.

Notice et bibliographie.

PELERINAGE CHARLEMAGNE

Voy. *Voyage Charlemagne.*

PRISE DE CORDRES

* Voy., plus haut, la L i s t e p a r o r d r e a l p h a b é t i q u e d e t o u s les manuscrits de chansons de geste qui sont parvenus jusqu'à nous (*Épopées françaises*. t. I, p. 242). Cf. III, pp. 4, 7, 20, 22, 25. — La *Prise de Cordres*, comme le *Siège de Narbonne*, a été découverte par l'auteur des *Épopées françaises* (1re édit., III, p. VII) qui se propose d'en publier prochainement une analyse et des fragments.

2100 **Nyrop** (Kristoffer). *Den oldfranske Heltedigtning.* — Copenhague, 1883, in-8°, pp. 151 et 462. Cf. l'édition italienne, *Storia dell' Epopea francese nel medio evo*, Turin, 1886, in-8°, pp. 146 et 458.

2101 Rohde (Max). La Prise de Cordres, *Altfranzösisches Volksepos aus der Wende des 12 und 13 Jahrhunderts. Nach der einzigen Pariser Hs. Bibl. nat. fonds fr. 1448 (anc. 7595)* I. Theil. *Literarhistorische Einleitung, Inhaltsangabe und Lautlehre.* Dissertation de Gœttingue, 1888, in-8°. (*Roman. Forsch.*, VI, 1.)

———

PRISE DE PAMPELUNE

Voy., plus haut (*Épopées françaises*, t. I, p.242) la Liste par ordre alphabétique de tous les manuscrits de chansons de geste qui sont parvenus jusqu'à nous. — Cf. la Nomenclature des romans en prose (II, p. 513) et aussi le Tableau (*ibid.*, pp. 391, 392) des Chansons de geste qui ont été connues, traduites ou imitées en Italie. — Pour plus de détails, voy. notre Notice historique et bibliographique sur la *Prise de Pampelune* (III, pp. 455-481) qui est accompagnée d'une analyse très développée et de la traduction d'un des épisodes du poème.

A. — ÉDITION DU POÈME

2102 Mussafia (Adolf). *Altfranzösische Gedichte aus venezianischen Handschriften herausgegeben. I. La Prise de Pampelune.* — Vienne, 1864, in-8°.

B. — TRAVAUX DONT LE POÈME A ÉTÉ L'OBJET

2103 Paris (Gaston). *Histoire poétique de Charlemagne.* — Paris, 1865, in-8°, pp. 173 et ss.

Discussion sur les rapports de l'*Entrée de Spagne* avec la *Prise de Pampelune* ; sur Nicolas de Padoue et son grand poème : *L'Espagne*.

2104 Gautier (Léon). *Les Épopées françaises*, 1re édition. — Paris, 1865-1868, 3 vol. in-8°, t. II, pp. 366-376, 2e édition, Paris, 1878-1894, 4 vol. in-8°, t. III, pp. 455-481.

Notice bibliographique, analyse détaillée et

discussion critique sur les rapports entre la *Prise de Pampelune* et l'*Entrée de Spagne*.

2105 Michelant (Henri). *Titoli dei capitoli della storia dei Reali di Francia.* *Jahrbuch für romanische und englische Literatur* (1870 et 1871, XI et XII).

Ce sont les rubriques très précieuses de la *Spagna* en prose du manuscrit de la Bibliothèque Albani. Elles offrent une affabulation de la *Prise de Pampelune* que nous avons analysée dans nos *Épopées*, (2e éd., III, p. 461).

2106 Ceruti. *Il viaggio di Carlo Magno in Ispagna.* — Bologne, 1871, 2 vol. petit in-8°.

Le *Viaggio* nous offre une autre affabulation de la *Prise de Pampelune* que nous avons également analysée dans le t. III de nos *Épopées*, 2e éd., pp. 461-465.

2107 Rajna (Pio), *La Rotta di Roncisvalle nella letteratura cavalleresca italiana.* — Bologne, 1871, in-8.

2108 Paris (Paulin). *Histoire littéraire de la France.* — Paris, t. XXVI, 1873, in-4°, pp. 360-372.

Notice et analyse. — P. Paris donne à la *Prise de Pampelune* un titre qu'il juge plus exact : « *La guerre en Espagne.* »

2109 Rajna (P.). *Le Origini delle famiglie Padovane.* *Romania*, t. IV, 1875, pp. 171 et ss.

2110 Bartoli (A.). *Storia della Letteratura italiana.* — Firenze, 1878-84, t. II, pp. 373-377. (*Saggio della* Prise de Pampelune.)

2111 Paris (Gaston). *Les manuscrits français des Gonzague.* *Romania*, t. IX, 1880, p. 501.

2112 Nyrop (Christopher). *Den oldfranske Heltedigtning.* — Copenhague, 1883, in-8°, pp. 93-96, 268, 394, 398 et 462. Cf. la traduction italienne, *Storia dell' Epopea francese nel medio evo*, Turin, 1886, in-8° (pp. 80-93, 375 et 459).

Notice et bibliographie.

2113 Mussafia (Adolf). *Handschriftliche Studien*, II, 291-301.

Voy. *Entrée de Spagne.*

PRISE D'ORANGE

* Voy., plus haut (*Épopées françaises*, t. I, p. 242 et aussi IV, 19-24), la Liste par ordre alphabétique de tous les manuscrits de chansons de geste qui sont parvenus jusqu'à nous, etc. — Cf. la Nomenclature des romans en prose au mot « Geste de Guillaume » (II, pp. 550 et 551) et le Tableau des chansons de geste qui ont été connues, traduites et imitées en Italie (II, p. 391). — Pour plus de détails, voy. la Notice historique et bibliographique que nous avons consacrée à la *Prise d'Orange* (IV, pp. 392-409) et qui est accompagnée d'une analyse développée.

A. — ÉDITION ET TRADUCTION DU POÈME

2114 **Jonckbloet** (W. J. A.). *Guillaume d'Orange, chansons de geste*, etc.—La Haye, 1854, deux volumes in-8°, t. I, pp. 113-162 t. II, pp. 237-239 (édition).

2115 **Jonckbloet** (W. J. A.). *Guillaume d'Orange, le Marquis au court nez.* — Amsterdam, 1867, in-8°, pp. 165-203 (traduction).

B. — TRAVAUX DONT LA CHANSON A ÉTÉ L'OBJET

2116 **Courtet** (J.). *Notice historique et archéologique sur Orange.*
Revue archéologique, 1852.
La légende a fondu en un seul et même personnage Guillaume Ier, comte de Provence, et saint Guillaume de Gellone.

2117 **Paris** (Paulin). *Histoire littéraire de la France*, t. XXII, 1852, in-4°, pp. 495-498.
Notice et analyse.

2118 **Jonckbloet** (W. J. A.). *Guillaume d'Orange, chansons de geste*, etc. La Haye, 1874, deux vol. in-8°, t. II, pp. 67-79.
Dissertation critique.

2119 **Clarus** (Ludwig) = *Wilhelm*

Volk. — *Herzog Wilhelm von Aquitanien, ein Grosser der Welt, ein Heiliger der Kirche und ein Held der Sage und Dichtung.* — Munster, 1865, in-8°, pp. 220-228.

2120 **Gautier** (Léon). *Les Épopées françaises*, 1re édition. — Paris, 1865-1868, trois vol. in-8°, t. II, 1867 pp. 362-379. 2e édition, Paris, 1878-1894, quatre vol. in-8°, t. IV, 1880 pp. 392-409.
Notice bibliographique et analyse détaillée.

2121 **Haag.** *Bruchstück aus dem Willehalm von Orange des Ulrichs von dem Türlin.*
Zeitschrift für deutsche Philologie, t. III, 1871, pp. 95-105.

2122 **Suchier** (Hermann). *Ueber die Quelle Ulrichs von dem Türlin und die älteste Gestalt der* Prise d'Orenge. — Paderborn, 1873, in-8°.
Cf. Gaston Paris, *Romania*, t. II, 1873, pp. 111-112. — *Literarisches Centralblatt*, 1873, n° 30.
La thèse de Suchier est qu'Ulrich von dem Türlin n'a connu aucun poème français et a seulement utilisé les données fournies par Wolfram.

2123 **Isola** (J.-G.). *Novella del conte Guglielmo di Nerbona e di dama Orabile.*
Il Propugnatore. I, disp. 6 (fragment des *Storie Nerbonesi*. Cf. *Jahrbuch für romanische und englische Literatur* XI, 442).

2124 **Rajna** (Pio). *Un nuovo codice di Chansons de geste*, 1877, in-8°.

2125 **Wolpert** (G.). *Bruchstück aus Ulrichs von dem Türlin Willehalm.*
Germania, t. XXVIII, 1883, pp. 337-342.

2126 **Nyrop** (Kristoffer). *Den oldfranske Heltedigtning.* — Copenhague, 1883, in-8°, pp. 143, 144, 151 et 462. Cf. l'édition italienne, *Storia dell' epopea francese nel medio evo*, Turin, 1886, in-8°, pp. 139, 146 et 459.
Notice et bibliographie.

───────

QUATRE FILS AIMON

∴ Voy., plus haut, la Liste par ordre alphabétique de tous les manuscrits de. Chansons de geste qui sont parvenus jusqu'à nous (*Épopées françaises*, t. I, p. 242). — Cf. la Table des derniers romans en vers (II, p. 450); celle des Romans en prose (*ibid.*, p. 552 et surtout 554), celle des Incunables (*ibid.*, p. 603 et surtout 604), et, tout particulièrement, la Nomenclature de toutes les chansons de geste qui ont été connues, traduites ou imitées en Italie (*ibid.*, p. 392.) — Au sujet des Incunables, on remarquera tout d'abord que les éditions des *Quatre fils Aimon* ont été imprimées D'APRÈS LES MANUSCRITS QUI NOUS OFFRENT LA VERSION LA PLUS COMPLÈTE, d'après ceux qui débutent par le récit d'une cour plénière tenue par Charlemagne au jour de la Pentecôte. Le premier chapitre des Incunables contient le récit de la mort de Lohier et le second celui du meurtre de « Berthelot ». Le troisième chapitre débute par ces mots : « Or dit l'hystoire que du temps du roy Alixandre. etc. », et c'est là que commençaient en effet un certain nombre d'autres manuscrits, mais un certain nombre seulement. — La première édition (l'*Istoire de Regnault de Montauban*), s. l. n. d., est attribuée par Brunet (IV, col. 999), à l'imprimerie lyonnaise vers 1480, et elle est en effet imprimée avec les mêmes caractères que ceux de l'*Abusé en court* et du *Doctrinal* de Pierre Michault qui sont sortis des presses lyonnaises vers cette même date. On lit à la fin : *Cy finist l'histoire du noble et vaillant chevallier Regnault de Montauban. Deo gracias.* Les premières rubriques sont ainsi conçues : « Comment le duc Aymon presenta ses quatre fils au roy Charlemagne pour les faire chevaliers. — Comment Berthelot donna un soufflet à Regnault en jouant aux eschez », etc. — La seconde édition (connue) est celle de Lyon en 1493 : « Cy finist l'hystoire du noble et vaillant chevalier Regnault de Montauban. Imprimé à Lyon le xx du moys d'apvril l'an mil quatre cens nonante trois. » — En 1495, nouvelle édition, toujours à Lyon, et cette ville peut légitimement passer pour avoir joué, à l'origine, le rôle le plus important dans la diffusion typographique des *Quatre fils Aimon*. Cette troisième édition est ainsi datée : « Imprimé à Lyon par maistre Jehan de Vingle, demourant en la dicte ville de Lyon, le cinquiesme de may l'an mil quatre cens nonante et cinq. » — Le « quatriesme jour de novembre l'an mil quatre cens nonante sept », nouvelle édition chez le même Jehan de Vingle, et

c'est par elle que se termine la nomenclature des éditions du xve siècle. — « L'an mil cinq cens et six, le seiziesme jour d'août », encore une édition lyonnaise « imprimé[e] à Lyon sur la Rosne par Claude Nourry ». — La même année 1506 (11 juillet), les *Quatre fils Aimon* (c'est la première fois que ce titre apparaît, au lieu de l'*Ystoire du preux et vaillant chevalier Regnault de Montauban*) sont « imprimé[s] à Paris pour maistre Thomas Duguernier, demourant en la rue de la Harpe, à l'enseigne du Petit cheval blanc ». Sur l'exemplaire de la Bibliothèque Mazarine on a écrit au xviie siècle (après 1648) la singulière note qui suit : « Par la voix qui me dit trois jours devant la journée des Baricades : Il est aussy vray que le peuple doibt estre delivré par toy que tu es cousin des princes. Va-tent voir au sepulchre de S. Medard : tu trouveras qu'il est ainsy. Je croy que Charlemagne a esté condamné de diverses gens de bien à recevoir une correction paternelle du tort qu'il avoit faict à Regnaud de Montauban en sa vie. Laquelle correction n'ayent voulu recevoir publiquement en sa vie, ces successeurs furent chargez de la recevoir et, à faute de ce, perdirent l'empire et le royaume de France, etc., etc. » — Suivent les éditions de 1508 (Paris, pour maistre Thomas Duguernier, demourant en la rue de la Harpe, à l'enseigne Sainct Yves); d'Alain Lotrian et Denis Janot, Paris, s. d. (avec ce titre : *S'ensuyt le livre des Quatre fils Aimon, c'est assavoir Regnault, Alard, Guichard et Richard, avec leur cousin Maugis*); de la veuve Michel Le Noir, Paris, 1521; de Claude Nourry dit le Prince et Pierre de Vingle, Lyon sur le Rhosne, 1526; des mêmes, 1531; de Pierre de Saincte-Lucie, dict le Prince, Lyon, 1539; de Gilles et Jacques Huguetan, frères, Lyon, 1539; de Nicolas Chrestien, Paris, s. d. (vers 1550); de Jehan Bonfons, Paris, s. d.; de 1561, Anvers (sous ce titre : *La belle et plaisante histoire des Quatre fils Aymon*); de la veuve Jehan Bonfons, Paris, s. d.; de François Arnoullet, Lyon, 1573 (sous ce titre : *Histoire des nobles et vaillans chevaliers, les Quatre filz Aymon, reveue et corrigée de nouveau et remise en bon langage françois, selon les anciennes croniques*); de Nicolas Bonfons, Paris, s. d. (deux éditions, l'une à longues lignes, l'autre à deux colonnes); de Fr. Didier, Lyon, 1579; de Jean Bogard, Louvain, vers 1590; de Jonas Gautherin, Lyon, 1613; de la veuve Louis Costé, Rouen. s. d.; de Troyes, 1625; de Nicolas Oudot, Troyes, s. d. (?) (cf. Corrard de Brebant et Thierry-Poux, *Recherches* sur l'établissement de l'imprimerie à Troyes, pp. 187 et ss.); de J. Oudot, Troyes, 1706; de la veuve Jacques Oudot, Troyes, 1717; de Limoges, 1744 (*Catalogue Champfleury*, du 15 déc. 1890); de Costard et Fournier, Paris, 1783 (cf. une édition d'Avignon, 1786, *Catalogue Champfleury*); de F.-J. Desoer, Liège, 1787 (*Bibliothèque Bleue entièrement refondue et considérablement augmentée*); de D. de Boubers, Liège, 1793 (*Les Quatre fils Aimon, histoire héroïque*); de Jean Chaillot, Avignon, 1802; de Rouen, 1811 (Catalogue du Baron T***, 6 mars 1877, nº 2116); de Lille, s. d. (vers 1820); d'Épinal, s. d. (vers 1850), etc. (nouvelle édition publiée par M. de Robville); de Paris, s. d.; de Deckherr frères, Montbéliard, s. d.; de L. Janet, Paris, 1827, in-18 (par Jean-Pierre Brès); même édition, in-32, 1829; de Jouenhomme, Liège, 1841 et 1842 (cette seconde édition est précédée d'une Introduction historique de L. Polain); de Liège en 1844 (publiée par Ferd. Hénaux; de Montbéliard (?), imprimée cette même année); de Paris, 1848, in-12 (*Les Quatre fils Aymon, histoire héroïque, par Huon de Villeneuve*, publiée sous une forme nouvelle et dans le style moderne (avec cette épigraphe : *Ennii de stercore*); de Pellerin, Épinal, s. d.; de Lécrivain et Toubon, Paris, 1859; de Mᵐᵉ veuve Desbleds, Paris, s. d.; de la *Nouvelle Bibliothèque bleue*, sous la direction d'Alfred Delvau. (1859-1862) et de la *Collection de Romans de Chevalerie*, par le même Delvau, 1870; d'Ardant, Limoges, 1873; de Lebailly, Paris, s. d. (*Histoire des Quatre fils Aymon ou Courage, bravoure et intrépidité de ces héroïques chevaliers. Cf.* notre tome II, pp. 698-699); de Carpentras, s. d. (*Catalogue Champfleury*, 15 déc. 1890), de Lecrenne-Labbey, Rouen, s. d. (*ibid.*), etc.; etc. Une mention spéciale est due à l'édition de Launette, Paris, s. d. (*Histoire des Quatre fils Aymon, tres nobles et tres vaillants chevaliers*, illustrée de compositions en couleurs, par E. Grasset; Introduction et Notes par C. Marcilly, 1ʳᵉ partie). ═ M. le baron d'Avril prépare en ce moment un résumé des *Quatre fils Aimon* pour sa *Nouvelle Bibliothèque bleue*. — A la suite de cette nomenclature NÉCESSAIREMENT INCOMPLÈTE, c'est ici le lieu de signaler quelques œuvres dramatiques qui ont été plus ou moins inspirées par le roman français. C'est en 1787 le « *Renaud de Montauban, pièce héroïque*, » traduite de Lopez de Vega et jouée sur le théâtre italien le 6 avril 1717 (cf. *Annales du théâtre italien*, par d'Origny, t. I, p. 41); ce sont encore « *Les Quatre*

fils Aymons,* » pantomime en trois actes, par Arnoul (Mussot), représentée, en 1779, au théâtre de l'Ambigu-comique à Paris et à Bruxelles, sur le théâtre du Parc (Bruxelles, Em. Flon 1784, in-8º); enfin « *Les Quatre fils Aimon* », opéra comique, paroles de MM. de Leuven et Brunswick, musique de M. Balfe (22 juillet 1844. Cf. Théophile Gautier, *Histoire de l'art dramatique*, Paris, 1859, in-18, t. III, pp. 232-236), etc. ═ Il ne nous reste plus qu'à indiquer les versions en langue étrangère d'un roman qui a joui d'une si grande popularité; mais, avant de franchir les frontières de France, il faut tout au moins mentionner chez nous une rédaction en patois poitevin : *Histouère des Quatre fails Aymein, très nobles et très vaillonts, les meillous chevalaies de lou temps, racontaie en bea lingage potevin*, par Francet : Niort, 1865, s. d. — Une affabulation bretonne a circulé sous une forme dramatique dans nos départements bretons : *Buez par evar Mab Emon, duc d'Ordon, laque e form un dragedi* (sept actes, en vers sauf le dernier) : Montroulez [Morlaix], 1818, in-8º. ═ La version néerlandaise présente, sous la forme régulièrement narrative, une ancienneté bien plus respectable. En 1602, parait à Amsterdam : *Een schoone historie van de vier Heemskinden. Waur in verhaald wordalle haar vroome Daaden van Wapenen.* Cf. le livre populaire publié en 1619 à Anvers, chez J.-H. Heyliger : *Historie van de vier vroome Ridders genaemd de vier Hemskinderen Reynout en syne Broeders.* Cf. le Catalogue de la Bibliothèque Douce à la Bodléienne, p. 286). Voyez aussi les éditions d'Amsterdam en 1795 et 1802; de Gent, s. d. (vers 1830); d'Anvers, s. d. (vers 1835) etc., etc. ═ La version anglaise (*The four sonnes of Aymon*), a été pour la première fois imprimée chez W. Caxton; vers 1489; mais elle ne porte en réalité ni date, ni lieu. Cf. l'édition de Wenkyn de Worde, en 1504, le 8 mai, laquelle a été réimprimée en 1554, le 6 mai, par William Copland. Voyez aussi (?) une édition de W. Copland signalée dans le *Catalog of the books... of the British Museum printed in England... to the yar 1640* (t. 1, p. 67), et une édition du 22 février 1598-1599, mentionnée par Hazlitt (*l. c.,* 2ª série, p. 21.) ═ C'est en 1535, à Simmern, chez Jheron. Rodler, que parut pour la première fois le livre populaire allemand tiré du vieux roman français : *Ein schœn lustig Geschicht wie Keyser Carle die Gross vier Gebrüder, Hertzog Aymons sœhn, sechtzehen jar langk bekrieget, etc. Auss frānzœsischen Sprach* *in Teutsch transferiert.* Sous un titre moins développé (*Lustige historia von den vier Heymonskindern, ihren ritterlich Vater gegen die Heiden zu Zeiten Caroli M.*) et, avec des variantes que nous ne sommes pas en mesure de signaler, le livre populaire consacré aux *Quatre fils Aymon* a paru à Cologne en 1604 et s. d. (plusieurs fois); à Nuremberg, s. d., etc. Cf. G. O. Marbach : *Geschichte von den vier Heymonskindern*, Leipzig, 1838, et l'excellente vulgarisation de notre légende nationale par Karl Simrock : *Eine schœne Geschichte von den vier Heimonskindern Adelhart, Richart, Alart und Reinold, mit ihrem Ross Baiart. Dem ist beigefügt : Das Leben des heil. Reinold.* Francfort, 1845, in-8º (*Deutsche Volksbücher*, nº 9). Il ne reste plus guère à citer pour l'Allemagne que les deux publications suivantes : *Historie von den vier Heymonskindern*, par O. J. W. Schonbüth (Reutlingen, [1864], in-8º, et le *Reinolt von Montalban oder die Heimonskinder*, par Friedrich Pfaff, Stuttgart, 1886, in-8º.—C'est en Italie que la légende de Renaud a reçu visiblement son plus étonnant développement, et nous avons vu plus haut que l'on appelle encore aujourd'hui du nom de *Rinaldi* les chanteurs populaires, les *cantastorie* de Naples (II, pp. 367 et 394). Plus haut aussi, nous avons eu lieu de montrer l'influence des *Storie di Rinaldo* (II, pp. 371 et ss.) ; mais nous n'avons, dans cette bibliographie, à ne nous occuper que des documents imprimés, et nous nous contenterons de citer les suivants. Le premier de tous et le plus important, c'est la *Storia di Rinaldino, romanzo cavalleresco in prosa*, publié il y a trente ans par Carlo Minutoli (Bologne, 1865, in-8º, *Collezione de opere inedite o rare*). Depuis le xvº siècle, dès les premiers temps de l'imprimerie, les Italiens étaient entrés dans cette voie. La première œuvre reproduite par la typographie fut sans conteste l'*Innamoramento di Rinaldo da Monte-Albano*, in-fº (s. l. n. d., mais probablement, suivant Melzi, de 1474, à Naples. Nombreuses éditions postérieures). Cf. l'*Innamoramento de Carlomanno imperatore de Roma e de le sui paladini Orlando e Rinaldo* [Venise], 1481 (Ferrario, *l. c.*, t. III, p. 212). — *I triomphi di Carlo*, di messer Francesco di Lodovici, Vinitiano ; Venise, 1585; — *Rinaldo furioso* di messer Marco Cavallo, Anconitano, Venise, 1526, in-8º; — *Rinaldo appassionato* (par Hectore, dit Lionello di Francesco Baldovinetti), Venise, 1528; in-8º, et surtout le

poème du Tasse : *Il Rinaldo*, Venise, 1562, in-4º, etc. ═ En Espagne, on se contenta de traduire l'*Innamoramento di Carlomanno*, et de là. le livre populaire imprimé à Tolède en 1523, par Juan de Villaquiran : *Libro del noble y esforçado cavallero Renaldos de Montalvan y de las grandes prohezas y estranos hechos en armas que el y Roldan y todos los doze pares paladinos hizieron.* Le traducteur est Luys Domingues (Brunet, t. IV, col. 1218). — A cette œuvre, on donna comme suite, la *Trapezonda* dont nous allons parler et qui était également traduite de l'italien. Enfin il parut à Séville, en 1542, *El quarto libro del caballero Reynaldos.* Le mot *quarto* a besoin d'être expliqué : la traduction de l'*Innamoramento* forme deux livres, et la *Trapezonda* doit être regardée comme le troisième.

.·. Les *Quatre fils Aimon* ont deux Suites qui ne leur ont été ajoutées que fort tard, mais que nous ne saurions passer sous silence : la première, c'est *Mabrian*; la seconde c'est la *Conqueste de Trebizonde.* Nous allons leur consacrer deux Notices bibliographiques dont c'est ici la place.

Mabrian a été « commencé par maistre Guy Bonnay, licencié es loix, lieutenant du baillif de Chastelroux et achevé par noble homme Jehan Le Cueur, escuyer, seigneur de Nailly en Puysaie, estant a Paris pour les affaires de noble et puissant seigneur messire Regné d'Anjou » (éd. de 1530). Il se compose de deux parties : la première est consacrée aux aventures des trois derniers fils Aimon et de Maugis après la mort de Renaud; dans la seconde, est contenue l'histoire proprement dite de Mabrian, fils de Renaud. Ce singulier ouvrage a été publié sous les deux titres suivants : 1º *Histhoire singulière et fort recreative, contenant la reste des faiz et gestes des quatre filz Aymon, Regnault, Allard, Guichard et le petit Richard et de leur cousin le subtil Maugis, lequel fut pape de Romme. Semblablement la cronicque et hystoire du chevalereux, preux et redoubté prince Mabrian, roy de Hierusalem et de Inde la Majour, fils de Yvon, roy de Hierusalem, lequel fut filz du vaillant Regnault de Montauban.* On les vend à Paris, en la grant salle du Palays, au premier pillier, en la boutique de Galliot du Pré... Nouvellement imprimé à Paris, par Jacques Nyverd, libraire etc. S. d. [1525]; 2º *La cronicque et hystoire singulière et fort recreative des conquestes et faicts bellicqueux du preux, vaillant et le nom-*

pareil chevalier Mabrian, lequel par ses prouesses fut roy de Hierusalem, d'Angorie et de Jnde la majour, filz de Yvon, roy de Hierusalem, lequel fut filz du vaillant Regnault de Montauban. Et commence l'hystoire à la reste (sic) *des faitz et portz d'armes des quatre filz Aymon.; Regnault, Alard, Guichard et le petit Richard. Avec la mort et martyre d'iceulx et de leur cousin le subtil Maugis, lequel fut pape de Romme comme vous verrez au commencement de ceste presente hystoire. Ensemble les prouesses de Gracien, bastard de Mabrian et de sa mye, la belle Gracienne faye. Et les faictz belliqueux de Regnault, filz legitime de Mabrian et de son espouse la royne Gloriande.* Nouvellement veu, corrigé et imprimé a Paris *cum privilegio...* Et fut achevé de imprimé (sic) a Paris le xx jour de janvier l'an mil cinq cens XXX, par Jaques Nyverd, imprimeur et libraire. » — Les éditions suivantes de *Mabrian*, sont celles d'Alain Lotrian et Denis Janot, Paris, s. d.; de Denys Janot seul, Paris s. d. (deux éditions? Cf. Brunet, III, col. 1265 et IV, col. 1001); d'Olivier Arnoullet, Lyon, 1549; de Jean Bonfons, Paris, s. d.; de la veuve Jean Bonfons, Paris, s. d.; de Théodore Rinsar, Rouen, s. d.; de Benoist Rigaud, Lyon, 1581; de Chastelart, Lyon, 1625; de Nicolas Oudot, Troyes, 1625, etc., etc.

La seconde suite des *Quatre fils Aimon* est la *Conqueste de Trebizonde*. La première édition est celle d'Yvon Gallois, Paris, 1517, sous ce titre : *La conqueste du très puissant empire de Trebisonde et de la spacieuse Asie. En laquelle sont comprinses plusieurs victorieuses batailles, tant par mer que par terre, ensemble maintes triumphantes entrées de villes et prinses d'icelles decorées par stille poeticque et descriptions de pays avecques plusieurs joyeulx comptes d'amours qui jusques cy ne ont esté veus, et harengues très eloquentes.* — Les éditions suivantes sont celles de Jehan Trepperel, Paris, s. d.; de la vesve feu Jehan Trepperel, Paris, s. d.; d'Alain Lotrian, Paris, s. d.; de François Arnoullet, Lyon, 1583 (*La chronique de Turpin, archevesqué et duc de Reims et premier pair de France. Faisant mention de la Conqueste du très puissant empire de Trebizonde faite par le très pieux Regnaut de Montauban*). — La version italienne a été imprimée à Bologne, en 1483, c'est-à-dire vingt-quatre ans avant la plus ancienne édition française connue. Le poème italien en octaves porte dans une des éditions suivantes (Venise, 1492), le titre suivant : *Trabisonda istoriata ne*

laquale si contiene nobilissime battaglie con la vita e morte di Rinaldo. — La *Trabisonda istoriata* a été, suivant Brunet, traduite en espagnol : d'où la *Trapezonda que es tercero libro de Don Renaldos.* Seville, 30 mai 1533, chez Juan Cromberger. Le *Don Renaldos* que ' la *Trapezonda* contient , n'est autre que la traduction espagnole de l'*Innamoramento di Carlomanno* (en deux livres), laquelle traduction avait paru à Tolède, en 1523.

.*. Pour plus de détails sur les *Quatre fils Aimon*, voy. notre analyse très développée du vieux poème français (*Épopées*, t. III, pp. 190-240), où nous avons inséré la traduction littérale d'un certain nombre d'épisodes. Cf. notre *Chrestomathie épique*, t. I, pp. 496, 497. ⚏ Sur *Mabrian*, voy., plus haut, t. II, p. 603; et sur la *Conqueste de Trebisonde*, ibid., pp. 601, 602 et surtout 628-631.

Les *Quatre fils Aimon*, dans l'état où ils nous sont parvenus (éd. Michelant), sont précédés d'une sorte de préambule ou de prologue qui a sans doute formé autrefois un poème distinct, dont le titre devait être : *La mort Beuvon d'Aigremont* ou *Bueves d'Aigremont.* Ce préambule, cet ancien poème mériterait d'avoir une bibliographie spéciale qui aurait pour principaux éléments les œuvres suivantes : Paulin Paris : *Manuscrits françois de la Bibliothèque du Roi*, t. VI, 1845, pp. 112-114 et 144, 145; — J. Barrois, *Éléments carlovingiens*, Paris, 1846, p. 305; — Paulin Paris, *Histoire littéraire de la France*, t. XXII, 1852, pp. 669-673; — G. Paris, *Histoire poétique de Charlemagne*, Paris, 1865, in-8°, pp. 300-301; — Paul Meyer, *Girart de Roussillon*, Paris, 1884, in-8°, pp. xci-xcii; — K. Nyrop, *Den oldfranske Heltedigtning*, Copenhague, 1883, in-8°, pp. 181 et 436; traduction italienne, Turin, 1886, in-8°, pp. 173 et 423, etc. (Voy. les pages 68, 69.)

A. — ÉDITIONS DU POÈME

2127 Tarbé (Prosper). *Le Roman des Quatre fils Aymon, princes des Ardennes.* — Reims, 1861, in-8°.

Collection des poètes de Champagne, n° XVIII.

Fragments considérables.

2128 Michelant (H.). *Renaus de Montauban oder die Haimonskinder, altfranzösisches Gedicht, nach den Hand-*

schriften zum ersten Mal herausgegeben. — Stuttgart, 1862, in-8°.

Bibliothek des literarischen Vereins in Stuttgart, t. LXVII.

Une édition des *Quatre fils Aymon* avait été préparée, pour la Collection des anciens poètes de la France, par MM. Gaston Paris et A. Pey, sous le titre suivant : « Renaut de Montauban ou les Quatre fils Aymon, chanson de geste, publiée pour la seconde fois, mais sur d'autres manuscrits. » *Le Catalogue de la Bibliothèque elzévirienne* (Paris 1866, p. 135), auquel nous empruntons cette indication, ajoute : « Ce poème formera deux volumes; le texte du premier est imprimé. » L'ouvrage n'a jamais paru.

Des fragments ont été publiés par Immanuel Bekker, dans son *Fierabras* de 1829 (pp. I-XII, 1045 vers); par Ferdinand Castets, *Recherches sur les rapports des chansons de geste et de l'épopée chevaleresque italienne,* Paris, 1887, in-8° pp. 11-38 (977 vers d'après le ms. H 247 de Montpellier), etc.

B. — TRAVAUX
DONT LA CHANSON A ÉTÉ L'OBJET

2129 **Bayle** (Pierre). *Dictionnaire historique et critique,* 3° édition. — Rotterdam, 1720, 4 vol. in-fol. ; t. I, p. 118, au mot *Aimon.*

2130 **Renaud de Montauban,** pièce héroïque, traduite de Lope de Vega, jouée sur le Théâtre italien le 6 avril 1717.

Cf. les *Annales du théâtre italien,* par A.-J.-B.-A. d'Origny, Paris, 1788, 3 vol. in-8°; t. I, p. 41.

2131 **Bibliothèque des Romans,** novembre 1777 et juillet 1778, pp. 60-171.

Les *Quatre fils Aimon, Mabrian* et *la Conquête de Trebisonde.*

2132 **Arnould** (Jean-François **Mussot** plus connu sous le nom d'). *Les quatre fils Aimon,* pantomime en trois actes, représentée en 1779, au théâtre de l'Ambigu comique à Paris, et en 1784, au théâtre du Parc à Bruxelles. — Bruxelles, 1784, in-8°.

2133 **Adelung** (Frederic d'). *Altdeutsche Gedichte in Rom.* — Kœnigsberg, 1799, in-8°.

Sur *Renaud de Montauban* et *Maugis.*

2134 **Gœrres** (Jean-Joseph de). *Die*

Teutschen Volksbücher. — Heidelberg, 1807, in-8°, pp. 99-131.

Gœrres regarde *Renaud de Montauban* « comme le point central et comme le foyer de toute l'épopée carolingienne » (*Histoire poétique de Charlemagne,* par G. Paris, p. 302). — Cf. Karl Rosenkranz, *Geschichte der Poesie,* pp. 59, 60, également cité par G. Paris et qui parle dans le même sens que Gœrres.

2135 **Ginguené** (Pierre-Louis). *Histoire littéraire d'Italie.* — Paris, 1811-1819, in-8°, t. IV, p. 173..

2136 **Auguis** (P. R.). *Les poètes françois depuis le XII° siècle jusqu'à Malherbe, avec une Notice historique et littéraire sur chaque poète.* — Paris, 1824, 6 vol. in-8°, t. II, p. 105.

Citation de dix-huit vers de *Renaud de Montauban.*

2137 **Bilderdijk** (Guillaume). *Nieuwe Taal en dichtkundige Verscheidenheden.* — Rotterdam, 1824, in-8°, t. I, pp. 113-198.

2138 **Ferrario** (Giulio). *Storia ed analisi degli antichi romanzi di cavalleria e dei poemi romanzeschi d'Italia...* — Milan, 1828-1829, 4 vol. in-8°, t. III, p. 212.

2139 **Bekker** (Immanuel). *Der Roman von Fierabras.* — Berlin, 1829, in-4°, pp. I-XII.

(*Aus den Haymonskindern;* fragment de 1045 vers. Cf le n° 2128.)

2140 **Duval** (Amaury). *Huon de Villeneuve.*

Histoire littéraire de la France, t. XVIII, 1835, pp. 721-730.

2141 **Mone** (F. J.). *Tod Reinolds von Montauban.*

Anzeiger, 1837, col. 189-205.

Fragments allemand et français.

2142 **Mone** (F. J.). *Die Haimonskinder. Anzeiger,* 1837, col. 328-337.

Fragments de la chanson française, d'après le manuscrit de Metz.

2143 **Reiffenberg** (Baron de). *Philippe Mouskes.* — Bruxelles, t. II, in-4°, 1838. *Introduction,* pp. CCII à CCXVII.

2144 **Melzi** (Gaetano de' conti). *Bibliografia dei romanzi e poemi cavallereschi italiani.* — Milan, 1829, in-8° (Supplément en 1831 ; 2° édition, 1838, in-8°, 3° édition, avec préface de P.-A. Tosi, 1865.

2145 Græsse (J. G. T.). *Die grossen Sagenkreise des Mittelalters.* — Dresde et Leipzig, 1842, in-8°, pp. 326-340.

Liste des traductions populaires étrangères, etc.

2146 Roisin (F. de). *Les IV fils Aymon.* Traduction d'un extrait de J. J. de Gœrres. Publiée, comme un Appendice, à la suite de la traduction des *Romans en prose* de J. W. Schmidt.

Mémoires de la Société des antiquaires de la Morinie, t. VI, 1845, pp. 182-188.

2147 Polain (L.). *Histoire des quatre fils Aymon, très nobles et très vaillants chevaliers,* nouvelle édition complète. — Liège, 1842, in-12.

Une *Introduction historique* est signée de L. Polain.

2148 Michel (Francisque). *De la popularité du Roman des quatre fils Aymon et de ses causes.*

Actes de l'Académie de Bordeaux, t. IV, 1842, pp. 53-126.

2149 Leuven (de) et **Brunswick.** *Les quatre fils Aimon,* opéra comique, musique de M. Balfe, représenté pour la première fois le 22 juillet 1844.

Cf. Théophile Gautier, *Histoire de l'art dramatique,* t. III, Paris, 1859, in-18, pp. 232-236. Les auteurs n'ont pas reproduit fidèlement la légende.

2150 Henaux (Ferdinand). *Les quatre fils Aymon.* — Liège, 1844, in-8°.

2151 Paris (Paulin). *Les manuscrits françois de la Bibliothèque du Roi,* t. VI, 1845, pp. 38, 112-125, 144-145.

Beuves d'Aigremont, première partie ou préambule des *Quatre fils Aimon,* etc.

2152 Simrock (Carl). *Eine schöne Geschichte von den vier Heimonskindern, Adelhart, Richart, Alart und Reinold, mit ihrem Ross Baiart. Dem ist beigefügt : Das Leben des heil. Reinold.* — Francfort-sur-le-Mein, 1845, in-8°.

Deutsche Volksbücher, n° IX.

2153 Zinnow. *Die Sage von den Haimonskindern.*

Neues Jahrbuch der Berlinischen Gesellschaft für deutsche Sprache, t. VII, 1846, pp. 10-68.

Cf. Nyrop, *Storia dell' Epopea,* p. 461.

2154 Barrois (J.). *Éléments carlovingiens.* — Paris, 1846, pp. 304, 305.

Beuves d'Aigremont, première partie ou préambule des *Quatre fils Aimon,* etc.

2155 Luzel. Communication d'une traduction bas-bretonne des *Quatre fils Aymon.*

Procès-verbaux des séances du Comité historique. — Paris, 1850, in-8°, p. 316.

Cette version bretonne (un *dragedi* en sept actes) avait paru à Montroulez [Morlaix] en 1818.

2156 Paris (Paulin). *Histoire littéraire de la France,* t. XXII, 1852, pp. 669-673.

Beuves d'Aigremont, première partie ou préambule des *Quatre fils Aimon.*

2157 Gœdeke (K.). *Deutsche Dichtung im Mittelalter.* — Hanovre, 1854, in-8°, pp. 699, 701-708.

2158 Nisard (Charles). *Histoire des livres populaires et de la littérature de colportage,* 1re édition, Paris, 1854, t. II, pp. 500-525 ; 2° édition, Paris, 1864, in-18, t. II, pp. 448 et ss., 470 et ss.

Analyse de l'*Histoire des Quatre fils Aymon.*

2159 Hippeau (C.). *Archives des Missions,* t. V, 1856, pp. 134-135 ; 157-165.

2160 Michel (Francisque). *Le pays Basque,* 1857, pp. 89-92.

Analyse d'une pastorale intitulée : *Les Quatre fils d'Aimon.*

2161 Græsse (J. G. T.). *Trésor des livres, rares et précieux.* — Dresde, 1858-1867, t. I, col. 226.

2162 Delvau (Alfred). *Les quatre fils Aymon.* — Paris, L'écrivain et Toubon, 1859, in-8°.

« Nouvelle Bibliothèque bleue. »

2163 Brunet (Jacques-Charles). *Manuel du libraire,* 5° édition. — Paris, 1860, in-8°, t. II, col. 227 *(Conqueste de Trebisonde);* t. III, col. 1264, 1265 *(Mabrian);* t. IV, col. 999, 1000, 1001, 1002, et Supplément, t. II, col. 343, 344 *(Quatre fils Aimon):* t. IV, col. 1218-1219 *(Trapezonda).*

2164 Schonbüth (O. J. W.). *Historie von den vier Heymonskindern.* Reutlingen, 1864, in-8°.

Voy. la page 161.

2165 Gautier (Léon). *Études littérai-res pour la défense de l'Église.* — Paris, 1865, in-18, pp. 397-412.

2166 Ludlow (John-Malcolm). *Popular Epics of the middle Ages*, etc. — Londres, 1865, deux volumes in-16, t. II, pp. 388-403. *(Transition to the Renaissance : the four Sons of Aymon.)*

2167 Paris (Gaston). *Histoire poétique de Charlemagne.* — Paris, 1865, in-8°, pp. 300-305.

Analyse rapide de *Beuves d'Aigremont* et des *Quatre fils Aimon.*

2168 Gautier (Léon). *Les Épopées françaises*, 1re édition. — Paris, 3 vol. in-8°, 1865-1868, t. II, 1867, pp. 177-229. — 2e édition. Paris, 4 vol. in-8°, 1878-1894 ; t. I, 1878, pp. 406, 407 ; t. III, 1880, pp. 190-240, etc.

Analyse détaillée et traduction littérale d'un certain nombre d'épisodes.

2169 Minutoli (Carlo). *Storia di Rinaldino da Montalbano, romanzo cavalleresco in prosa.* — Bologne, 1865, in-8°.

(Collezione di opere inedite o rare.) Rinaldino est un fils de Renaut.

2170 Bartsch (Karl). *Chrestomathie de l'ancien français (viii°-xv° siècles)*, 1re édition. Leipzig, 1866, in-8°. — Cf. la 5e édition, qui est de 1884 (col. 81-86).

Fragment qui correspond à l'édition de Michelant, pp. 286-292.

2171 Taine (Henri). *Nouveaux essais de critique et d'histoire.* — Paris, 1865, in-18, pp. 169-206.

Article sur l'édition du *Renaud de Montauban* publiée par H. Michelant.

2172 Catalogue Yemeniz. — Paris, 1867, in-8°, pp. 491, 492, n° 2294.

2173 Ferrato (P.). *Frammenti della Storia di Rinaldo da Montalbano.* Publicazione per nozze. — Venise, 1868, in-16.

2174 Uhland (Ludwig). *Sagengeschichte der germanischen und romanischen Völker.* — Stuttgart, 1868, p. 645. = Dans les *Uhlands Schriften* (IV, p. 337) cf. une lettre de J. Grimm à Adelbert von Keller.

2175 Hazlitt (William-Carew.). *Handbook to the popular poetical and dra-matic literature of Great Britain*, 1869, pp. 21 et 79.

2176 Rajna (Pio). *Rinaldo da Montalbano.*

Extrait du *Propugnatore* de Bologne, t. III, 1, pp. 213-241 ; 2, pp. 58-127. — Bologne, 1870, in-8°. (Tirage à part.)

Examen de deux versions italiennes, l'une en prose, l'autre en vers, et des rapports qu'elles présentent avec les textes français. Cf., du même érudit, les *Fonti dell' Orlando furioso*, p. 12, etc. Cf. G. Paris, *Revue critique*, 1872, t. I, pp. 220, 222, et A. Tobler, *Jahrbuch für romanische und englische Literatur*, t. XII, pp. 445-446.

2177 Robert (Charles). *Renaud de Montauban ou les Quatre fils Aymon.* *Bulletin de la Société Franklin, Journal des Bibliothèques populaires*, 15 novembre 1871, n° 36, pp. 225-230.

Étude sur le chapitre X du second volume des *Épopées françaises* par L. Gautier.

2178 S[errure] (C. A.). *De vier Heemskinderen. De Eendracht*, 1871, xxv, 101.

Cf. la *Bibliographie* de L.-D. Petit, *l. c.*, n° 438.

2179 Stengel (E.). *Die Chanson de geste Handschriften der Oxforder Bibliotheken.* *Romanische Studien*, t. I, 1873, pp. 381-383.

2180 Wülf (F. A.). *Notices sur les Sagas de Magus et de Geirard et leurs rapports aux Épopées françaises.* — Lund, 1874, in-4°, 44 p.

Cf. G. Paris, *Romania*, t. IV, 1875, pp. 474-478.

2181 Gros (Ernest). *Renaud de Montauban, nouvelle histoire de ce chevalier, contenant ses guerres, ses voyages, ses aventures surprenantes et extraordinaires sur terre et sur mer*, etc. — Boulogne-sur-Mer, 1875, in-18.

2182 Matthes (J. C.). *Renout van Montalbaen met Inleiding en Aanteekeningen.* — Groningue, 1875, in-8°.

Réimpression des seuls fragments des *Quatre fils Aimon*, qui nous sont parvenus en néerlandais. — L'*Introduction* a été résumée et discutée par G. Paris, *Romania*, t. IV, 1875, pp. 471-474.

2183 Matthes (J. C.). *Die Oxforder Renaushandschrift, ms. Hatton 42, Bodl. 59, und ihre Bedeutung für die Renaussage* *nebst einem Worte über die übrigen in England befindlichen Renausmss.*

Extrait du *Jahrbuch für romanische und englische Sprache und Literatur*, Neue Folge, III Band, 1875, pp. 1-32. — Leipzig, 1876, in-8º.

Cf. Gaston Paris, *Romania*, t. V, 1876, p. 254.

2184 Longnon (Auguste). *Les Quatre fils Aymon.*

Revue des questions historiques, t. XXV, janvier 1879.

Éléments historiques de la chanson. — A. Longnon démontre que le Renaud de l'histoire est mort vers le milieu du VIIIe siècle et que, par conséquent, c'est contre Charles Martel, et non contre Charlemagne qu'il a eu à lutter. Il prouve, plus clairement encore, que le roi Yon de notre vieux poème doit être identifié avec un Eudon, duc ou roi de Gascogne, qui donna réellement asile à des ennemis de Charles Martel, etc. — Travail très important.

Cf. G. Paris, *Romania*, juillet 1879, t. VIII, p. 468.

2185 Paris (Gaston). *Les manuscrits français des Gonzague.*

Romania, t. X, 1880, p. 501.

2186 Faber. *Histoire du théâtre français en Belgique.*

Annales du Bibliophile belge (1881), nouvelle série, t. I, p. 161.

Moralité représentée en 1518 à Namur.

2187 Blades (W.) *Caxton's Four Sons of Aymon.*

The Athenæum 1882, nos 2860, 2861, 2864.

2188 Marcilly (C.) et **Grasset** (E.). *Histoire des quatre fils Aymon, tres nobles et très vaillants chevaliers*, illustrée de compositions en couleur, par E. Grasset. Introduction et notes, par C. Marcilly. — Paris, Launette, 1883, in-8º.

2189 Ward (H.-L.-D.). *Catalogue of romances in the department of manuscripts in the British Museum.* — Londres, 1883, in-8º, t. I, pp. 619-625, etc.

2190 Nyrop (Kristoffer). *Den oldfranske Heltedigtning*, etc. — Copenhague 1883, in-8º, pp. 179-181, 115, 170, 183, 289, 334, 463, 464. — Cf. la traduction italienne, *Storia dell' Epopea francese nel medio evo*, Turin, 1886, in-8º, pp. 111, 163, 168, 171-174, 277, 320, 460, 461.

Pour *Beuves d'Aigremont* spécialement, on devra se reporter, dans l'édition danoise, aux pp. 181 et 436, et dans la traduction italienne, aux pp. 173 et 423.

2191 Meyer (Paul). *Girart de Roussillon.* — Paris, 1884, in-8º, pp. XCI-XCVII.

Du rôle de Girard de Roussillon dans la *Mort Beuvon d'Aigremont*, qui est le préambule de *Renaus de Montauban*.

2192 Zwick (R.). *Ueber die Sprache des* Renaut de Montauban. — Halle, 1884, in-8º.

Cf. *Romania*, t. XIV, 1885, p. 318.

2193 Gautier (Léon). *La Chevalerie.* — Paris, 1884, gr. in-8º, pp. 496-408, 513-515.

2194 Francet. *Histouère dos quatre fails Aymein très noblles et très vaillonts, lès meillous chevalaies de lou tomps, racantaie tont dau leing en bea lingage potevin.* — Niort, s. d. (1885), in-8º.

2195 Grellet (Charles). *Histoires et légendes d'Aquitaine*, 1885, in-8º.

Origine « aquitanique » de la légende des Quatre fils Aimon.

2196 Castets (Ferdinand). *Recherches sur les rapports des chansons de geste et de l'épopée chevaleresque italienne, avec textes inédits empruntés au ms. H 247 de Montpellier.* — Paris, 1887, in-8º. = Avait précédemment paru dans la *Revue des langues romanes*, 1885, 1886.

I. *Renaud de Montauban*, pp. 6-42. Fragment important du manuscrit de Montpellier (977 vers). — VI. *Rinaldo da Montalbano*, pp. 182-226.

2107 Castets (Ferdinand). *Note sur deux manuscrits des Fils Aymon.*

Revue des langues romanes, janvier 1887, t. XXXI, pp. 49-58.

Manuscrits de Peterhouse et de Venise.

2198 Pfaff (Friedrich). *Reinolt von Montelban oder die Heimonskinder.* — Stuttgart, 1886, in-8º.

(*Bibliothek des Literarischen Vereins in Stuttgart*, nº 174.)

Cf. Karl Kochendærffer, *Zeitschrift für deutsches Alterthum*, 1886, 30e vol., 2e part., pp. 253-256, et *Anzeiger für deutsches Alterthum und deutsche Literatur*, 1886, t. XII, nº 3.

2199 Aelts (Paul von der). *Das deutsche Volksbuch von den Heymonskinderen* nach dem Niederländischen bearbeitet. Mit einer Einleitung über Geschichte und Verbreitung der Reinoltsage von F. PFAFF. — Fribourg, 1887, in-8°.

2200 **Hansen** (J.). *Die Reinoldsage und ihre Beziehung zu Dortmund.* *Forschungen zur deutschen Geschichte*, t. XXIV, pp. 104-121, 1887.

2201 **Pfaff** (Friedrich). *Die Handschriften des Reinolt von Montelban.* *Germania*, t. XXXII, 1887, pp. 49-65; t. XXXIII, 1888, pp. 34-45.

2202 **Mentz** (R.). *Die Traüme in den altfranzösischen Karls — und Artus — Epen.* — Marbourg, 1888, in-8°, pp. 102-103. *Ausgaben und Abhandlungen*, LIII.

2203 **Dunlop**. *History of prose fiction*, t. I, 1888, pp. 341-344. Cf. l'Appendice 16, pp. 493-496. Guérison de Richard par Maugis : 1° dans le roman français ; 2° dans la traduction de Caxton.

2204 **Petit** (L. D.). *Bibliographie der middelnederlandsche Taal-en Letterkunde.* — Leyde, 1888, in-8°, n° 438. Indication de fragments publiés par H. Hoffmann von Fallersleben, W. Bilderdijk, M. de Vries, J. van Vloten, Eelco Verwijs, J. C. Matthes, W. Bisschop, H. E. Moltzer.

2205 **Paris** (Gaston). *La littérature française au moyen âge*, 2° éd. — Paris, 1890. in-18, p. 45.

2206 **Catalogue Champfleury**, 15 déc. 1890. — Édition populaire.

2207 **Corrard de Breban** et **Thierry-Poux**. *Recherches sur l'établissement et l'exercice de l'imprimerie à Troyes*, 3° édition. — Paris, 1893, pp. 187 et ss.

2208 **Gautier** (Léon). *L'Épopée nationale* (*Histoire de la langue et de la littérature française* publiée par Armand Colin sous la direction de L. Petit de Julleville). — Paris, t. I, 1896, in-8°, pp. 74-75.

—

Avant de clore la bibliographie des *Quatre fils Aymon*, il est nécessaire de signaler divers ouvrages dont les titres sembleraient indiquer une re-lation avec l'ancien roman, mais qui en réalité n'ont qu'un rapport fort lointain avec lui. = Au xv° siècle fut composée une facétie intitulée l' « Esbatement du mariage des Quatre fils Hémon » (Jubinal, *Mystères inédits du xv° s.*, I, 369) dont il existe une édition gothique du xvi° siècle (s. l. n. d., in-8°) réimprimée en facsimilé (1835). Cette plaquette est consacrée à la description et au « mariage » des diverses enseignes de Paris : les *Quatre fils Aymon* épousent les *Trois filles Dampsimon* et la *Pucelle Saint-Georges*. A la célébration de ces noces figurent toutes les enseignes de la ville, auxquelles l'auteur assigne un rôle en rapport avec leurs noms. Chose assez curieuse, au xv° siècle, le mariage des enseignes fut mis réellement à exécution par les étudiants de l'époque. On raconte tout au long, dans les plaidoiries, les désordres auxquels ces jeunes gens s'étaient livrés en décrochant les enseignes de diverses boutiques pour procéder à cet étrange mariage. Cet épisode fut le thème d'un poème aujourd'hui perdu de Villon, le *Pet-au-Diable* (A. Longnon, *Œuvres de Villon*, 1892, in-8°, pp. xxxv à LIII). La vogue dont a joui l'enseigne des Quatre fils Aimon est une nouvelle preuve de la popularité du roman ; il en reste encore aujourd'hui des traces à Paris, et la rue des *Quatre fils* tire son nom d'une maison où se voyait l'image de nos héros. — A Lorris en Gâtinais, il existe un bas-relief du xvi° siècle, représentant les quatre chevaliers montés sur Bayard : il faut sans doute y reconnaître une ancienne enseigne. Etc., etc. = *La Chasse des Quatre fils Aymon ; légende du temps de Charlemagne*, par Gaston Vassy (Paris, 1874, in-12), ne se rattache pas à notre chanson de geste. C'est un récit entièrement fantaisiste, composé pour servir de réclame à un armurier de Paris. == Enfin, *Les Quatre fils Aymon*, publiés par Pierre Du Château (Paris, 1889, in-4°) ne sont qu'un roman enfantin et qui n'a, avec le poème du moyen âge, d'autre rapport que son titre.

———

RAOUL DE CAMBRAI

.*. Voy., plus haut, la Liste par ordre alphabétique de tous les manuscrits de chansons de geste qui sont parvenus jusqu'à nous. (*Épopées françaises*, t. I, p. 242.)

A. — ÉDITIONS ET TRADUCTION DU ROMAN

2209 Le Glay (Édouard). *Li Romans de Raoul de Cambrai et de Bernier, faisant suite à la Collection des Romans des douze pairs, publié pour la première fois d'après le manuscrit de la Bibliothèque du Roi.* — Paris, 1840, in-12.

Cf. *Bulletin du Bibliophile*, 1840, p. 156.

2210 Meyer (Paul) et Auguste **Longnon**. *Raoul de Cambrai, Chanson de geste.* — Paris, 1882, in-8ᵇ.

Cf. *The Academy*, 19 avril 1884, etc.

2211 Settegast (F.). Raoul von Cambrai. *Ein altfranzösisches Heldenlied; Uebersetzung.*

Archiv für das Studium der neueren Sprachen und Literatur, t. LXX (1883).

Voy., plus loin, nᵒˢ 2213 et 2218, quelques essais de traduction partielle par E. Le Glay.

B. — TRAVAUX DONT LA CHANSON A ÉTÉ L'OBJET

2212 Fauchet (Claude). *Origines des dignitez et magistrats de France.*
Œuvres. — Paris, 1610, in-4ᵒ, fol. 483.

2213 Le Glay (E.). *Incendie de l'abbaye d'Origny, épisode du poème de* Raoul de Cambrai, *extrait et traduit.*
Mémoires de la Société d'émulation de Cambrai, 1832, in-8ᵒ.

2214 Græsse (J. G. T.). *Die grossen Sagenkreise des Mittelalters.* — Dresde et Leipzig, 1842, in-8ᵒ, p. 378.

2215 Deligne (J.). *Analyse de Li Romans de Raoul de Cambrai et de Bernier, publié par E. Le Glay.*
Mémoires de la Société des sciences, de l'agriculture et des arts de Lille, et à part. — Lille, 1850.

2216 Paris (Paulin). *Histoire littéraire de la France*, t. XXII, 1852, in-4ᵒ, pp. 708-727.

2217 Le Glay (E.). *Fragments d'épo-*

pées romanes du xiiᵉ siècle, traduits et annotés. — Paris, 1858, in-8ᵒ (pp. 23-92).
Incendie d'Origni. — Mort de Raoul. — Meurtre de Bernier.

2218 Ludlow (John-Malcolm). *Popular Epics of the middle ages, etc.* — Londres, 1865, deux volumes in-16, t. II, pp. 142-170.
« Sub-cycle of the lords of Vermandois : *Raoul de Cambrai.* »

2219 Meyer (Paul). *Recueil d'anciens textes.* — Paris, 1877, in-8ᵒ, pp. 253-263.

2220 Meyer (Paul) et Auguste **Longnon**. *Raoul de Cambrai, chanson de geste.* — Paris, 1882, in-8ᵒ. (Voy. le nᵒ 2210.)
Dans l'*Introduction* (pp. xv et ss.) l'historicité de *Raoul de Cambrai* est de nouveau mise en lumière.

2221 Nyrop (Kristoffer). *Den oldfranske Heltedigtning, etc.* — Copenhague, 1883, in-8ᵒ, pp. 78, 211, 212, 289, 313, 338, 345 et 462, 463. — Cf. la traduction italienne, *Storia dell' Epopea francese nel medio evo*, Turin, 1886, in-8ᵒ, pp. 76, 201-204, 277, 300, 324, 330 et 459.

2222 Gautier (Léon). *La Chevalerie.* — Paris, 1884, gr. in-8ᵒ (pp. 26, 35, 51, 75, 78, 103, 113, 188, 202, 563, 564).
Épisodes de l'incendie d'Origni, du duel entre Raoul et Ernaut, de la mort de Raoul, etc.

2223 Constans (L.). *Chrestomathie de l'ancien français.* — Paris, 1884, in-8ᵒ (pp. 47-52).
I. Bernier vient proposer la paix à Raoul. — II. Les barons se réconcilient et font alliance contre le Roi. — Le texte est emprunté à l'édition de Paul Meyer et Auguste Longnon.

2224 Saint-Pierre (B. di). *Raoul de Cambrai. Chanson de geste.*
Atti della real Academia delle scienze di Torino, t. XIX, disp. 4 (mars 1884).

2225 Paris (Gaston). *Publications de la Société des anciens textes français et provençaux* (Aiol. — Élie de Saint-Gilles. — Daurel et Beton. — Raoul de Cambrai).
Journal des savants. — Paris, 1886, 1887, in-4ᵒ, et tirage à part.

2226 Goerke (Rich.). *Die Sprache des* Raoul de Cambrai, *eine Lautuntersuchung.* — Kiel, 1887, in-8ᵒ.

2227 Paris (Gaston). *La littérature française au moyen âge*, 2ᵉ édition. — Paris, 1890, in-18 (pp. 15 et 46).

2228 Gautier (Léon). *L'Épopée nationale* (dans l'*Histoire de la langue et de la littérature française* publiée par Armand Colin sous la direction de L. Petit de Julleville). — Paris, 1896, in-8°, I, pp. 75-76.

REINE SIBILLE

Voy. l'article consacré plus haut à *Macaire* où nous avons distingué par un astérisque les publications qui se rapportent à *Macaire* et celles qui ont la *Reine Sibille* pour objet.

RENAUD DE MONTAUBAN

Voy. *Quatre fils Aymon*.

RENIER

Voy. plus haut (*Épopées françaises*, t. I, p. 242) la Liste par ordre alphabétique de tous les manuscrits de Chansons de geste qui sont parvenus jusqu'à nous. Cf. IV, pp. 22-24. — *Renier* est inédit.

2229 Paris (Paulin). *Histoire littéraire de la France*, t. XXII, 1852, in-4°, pp. 542-544 et 550.

2230 Nyrop (Kristoffer). *Den oldfranske Heltedigtning*, etc. — Copenhague, 1883, in-8°, pp. 149, 150 et 464. Cf. la traduction italienne, *Storia dell' Epopea francese nel medio evo*, Turin, 1886, in-8°, pp. 144 et 461.

2231 Paris (Gaston). *La littérature française au moyen âge*, 2ᵉ éd. — Paris, 1890, in-8°, p. 70.

RENIER DE GENEVE

Voy., plus haut, la Liste par ordre alphabétique de tous les manuscrits de chansons de geste qui sont parvenus jusqu'à nous (*Epopées françaises*, t. I, p. 240 et aussi IV, p. 192). Cf. la Table des romans en prose (II, p. 554) et celle des Incunables au mot *Guerin de Montglave.* — Pour plus de détails, voy. notre Notice bibliographique et historique sur le Roman de Renier de Gennes qui est accompagnée d'une analyse développée (IV, pp. 102-192). = Le roman EN VERS de *Renier de Geneve* n'est pas parvenu jusqu'à nous : on n'en a retrouvé qu'un extrait (voy. le nᵒ 2233). Son cas est le même que celui d'*Hernaut de Beaulande*. = Pour la version en prose, voy. *Garin de Montglane*.

TRAVAUX DONT LA CHANSON DE RENIER DE GENEVE A ÉTÉ L'OBJET

2232 Bibliothèque universelle des Romans. Octobre 1778, t. II.

2233 Gautier (Léon). *Les Épopées françaises*, 1ʳᵉ édition. Paris, 1865-1868, t. I, 1865, p. 508 et surtout III, 1868, pp. 175-185. 2ᵉ édition, Paris, 1878-1894, t. II, 1894, pp. 599, 600, et surtout, IV, 1882, pp. 192-202.

Notice bibliographique et historique, accompagnée d'une longue analyse. — Un couplet en vers d'une chanson perdue a été retrouvé dans un roman en prose : texte de ce couplet.

2234 Nyrop (Kristoffer). *Den oldfranske Heltedigtning*, etc. — Copenhague. 1883, in-8°, pp. 133 et 464. Cf. la traduction italienne, *Storia dell' Epopea francese nel medio evo*, Turin, 1886, in-8°, pp. 129, 130, 462.

2235 Ritter (Eugène). *Olivier et Renier, comtes de Genève.* — (Genève, 1888, in-8°. (Extrait de la *Revue savoisienne*, 1888.)

Cf. Gaston Paris, *Romania*, 1888, pp. 335-336. L'auteur de l'article expose pourquoi, en ce qui concerne Renier et Olivier, il préfère Geneve à Gênes.

ROLAND
(LA CHANSON DE)

Quand K. Nyrop arrive, dans son excellent livre sur l'Épopée française, à la bibliographie de la *Chanson de Roland*, il avertit loyalement ses lecteurs qu'il se contentera, pour tous les travaux antérieurs à 1877, de leur indiquer les titres des ouvrages les plus importants (*Den oldfranske Heltedigtning*, Copenhague, 1883, in-8°, p. 464). C'est en 1877 qu'avait paru la *Bibliographie de la Chanson de Roland*, par Joseph Bauquier, et Nyrop estimait sans doute qu'il était préférable de renvoyer le public à une œuvre aussi spéciale et aussi détaillée. Nous nous trouvons dans le même cas que Nyrop depuis la publication de l'ouvrage d'Emil Seelmann (*Bibliographie des altfranzœsischen Rolandsliedes*), qui a paru à Heilbronn en 1888. Cette Bibliographie est si complète que nous n'avons vraiment à y ajouter que bien peu d'éléments nouveaux. Nous sommes donc amené fort naturellement à suivre ici l'exemple de Nyrop et à n'offrir, nous aussi, à nos lecteurs que « LES TITRES DES OUVRAGES LES PLUS IMPORTANTS » et à les renvoyer pour tout le reste au travail si achevé de Seelmann. Ce consciencieux érudit dit quelque part, en un langage pittoresque, qu'il s'est proposé d'écrire un « Roland-Bædeker ». C'est la même entreprise que nous tentons aujourd'hui, D'APRÈS UN PLAN NOTABLEMENT DIFFÉRENT et en des proportions réduites. Dans ce « Guide-Joanne du *Roland* », nous n'indiquerons que le bagage nécessaire au voyageur et les hôtels où il est forcé de faire halte. Nous n'avons pas d'autre dessein.

I. BIBLIOGRAPHIES ANTÉRIEURES DE LA CHANSON DE ROLAND.

Sans parler des bibliographies nécessairement rudimentaires de J. G. T. Grœsse (*Die grossen Sagenkreise des Mittelalters*, Dresde et Leipzig, 1842. in-8°, pp. 262, 296, 298) et de J. L. Ideler (*Geschichte der altfranzœsischen natio-nal Literatur*, Berlin, 1842, in-8°, pp. 62, 92-95), et en laissant également de côté quelques Bibliographies trop rudimentaires, les Bibliographies « complètes » du *Roland* qui ont paru avant la nôtre sont les suivantes :

2236 Bauquier (Joseph). *Bibliographie de la Chanson de Roland*. — Heilbronn, 1877, petit in-8° carré.

2237 Gautier (Léon). *Les Épopées françaises*, seconde édition, t. III. — Paris, 1880, in-8°, pp. 494-591 (291 numéros.)

2238 Nyrop (Kristoffer). *Den oldfranske Heltedigtning.* — Copenhague, 1883, in-8°, pp. 464-469. — Traduction italienne, *Storia dell' Epopea francese nel medio evo*, Turin, 1886, in-8°, pp. 462-469.

2239 Seelman (Emil). *Bibliographie des altfranzösischen Rolandsliedes*. — Heilbronn, 1888, in-8°.

Comme il est facile de le voir et important de le constater, la première de ces Bibliographies s'arrête à l'année 1877 ; la seconde en 1880 ; la troisième en 1883-86 et la dernière en 1888.

II. PREMIERS TRAVAUX
SUR LA CHANSON DE ROLAND.

Nous nous proposons de signaler ici les quelques érudits, auxquels on pourrait donner le nom trop solennel de « précurseurs », qui ont les premiers discuté critiquement la légende rolandienne et soupçonné la véritable valeur du manuscrit d'Oxford.

2240 Leibnitz (Godefroi Guillaume). *Godofredi Wilhelmi Leibnitii Annales imperii occidentis Brunsvicenses*, t. I de l'édition de Hanovre, 1843, ann. 778. (La première édition est de 1707 et années suivantes).

Réfutation de la Chronique de Turpin ; exposition de la légende de Roland ; Wenilo, archevêque de Sens sous Charles le Chauve, est le type de Ganelon ; l'origine de nos légendes épiques remonte peut-être au IXe siècle ; les statues de Roland, etc.

2241 Rivet (Dom). *Histoire littéraire de la France*, t. VI, 1742, pp. 12 et ss. ; t. VII, 1746, pp. LXIII-LXXXII, in-4°.

Distinction nette entre le *Roland* et le *Roncevaux*.

2242 Conybeare (J. F.). *The Gentlemans Magazine*, t. LXXXVII, II, août 1817, p. 103, col. 2.

Quelques lignes sur le manuscrit d'Oxford dont Conybeare. se propose de publier des extraits. (Voy. Seelmann, p. 37.)

2243 Tyrwhitt (T.). *The Canterbury tales of Chaucer.* — Londres, 1775, in-8°.

Connait et signale le manuscrit d'Oxford.

2244 Monin (Henri). *Dissertation sur le Roman de Roncevaux,* par Henri Monin, élève de l'École Normale. — Paris, 1832, in-8°.

Corrections et additions, Paris, 1832, quatre pages in-8°.

Petite brochure, mais dont l'influence a été considérable. — M. Monin ne connait pas le texte d'Oxford et ne raisonne que sur le manuscrit de Paris. — Analyse du *Roncevaux;* détermination de sa date; légendes rolandiennes qui circulaient dès les ix° et x° siècles; condamnation du faux Turpin; ressources que les érudits trouveront dans nos romans pour la peinture exacte de la vie privée, etc. Cf. l'article de Raynouard dans le *Journal des savants* de juillet 1832, et l'ouvrage de Ferdinand Wolf : *Ueber die neuesten Leistungen der Franzosen für die Herausgabe ihrer Nationalheldengedichte ; nebst Auszügen aus ungedruckten oder seltenen Werken verwandten Inhalts. Ein Beitrag zur Geschichte der Romanischen Poesie.* — Vienne, 1833, in-8°.

III. LES MANUSCRITS
DE LA CHANSON DE ROLAND

1° LISTE DES MANUSCRITS DU ROLAND QUI SONT
PARVENUS JUSQU'A NOUS.

A. Version primitive (à laquelle on est convenu de donner le nom de *Chanson de Roland*) : 1° Oxford, Bodléienne, n° 1624 ; Digby 23 ; — 2° Venise, Bibliothèque Saint-Marc, manuscrits français, IV (pour ses 3846 premiers vers).

B. Version remaniée (qu'on appelle *Roncevaux* pour la distinguer de la première) : 1° Paris, Bibl. nat. fr. 860_: ancien fonds 7227⁵ ; anc. Colbert, 658 ; — 2° Châteauroux (= Versailles). Une copie moderne est conservée à la Bibl. nat. (fr. 15108 ; anc. Supplément français, 254²¹) ; — 3° Venise, Bibliothèque Saint-Marc, manuscrits français VII ; — 4° Lyon, Bibliothèque de la ville, n° 984 (Catalogue de Delandine, n° 649) ; — 5° Fragment lorrain (de 347 vers) appartenant naguère à la bibliothèque de M. H. Miche-

lant ; — 6° Cambridge, Trinity College, R 3³². = A ces six manuscrits il convient de joindre la fin du ms. fr. IV de Venise, laquelle est empruntée à une version remaniée (depuis le vers 4419 jusqu'au vers 6012).

—

Edm. Stengel a publié une photographie complète du manuscrit d'Oxford : *Photographische Wiedergabe der Hs. Digby 23,* Heilbronn, 1878, in-8°. — Fr. Michel, longtemps auparavant, avait enrichi d'un *fac simile* son édition de la *Chanson de Roland* (Paris, 1837, in-8°, p. 105). — Léon Gautier a également reproduit une page du même manuscrit dans sa 1ʳᵉ édition (Tours, 1872, in-8°, t. I, p. XLII), et dans chacune de ses éditions suivantes (sauf la 2° et la 3°).

Chacun de ces manuscrits a été intégralement publié une ou plusieurs fois. (Voy. le chapitre suivant qui a pour titre : *Éditions de la Chanson de Roland.*)

2° DATE DE CES MANUSCRITS.

A. VERSION PRIMITIVE. — Le manuscrit d'Oxford a été écrit, suivant Stengel, vers la fin du XII° siècle ; Gaston Paris en place l'exécution vers 1170. — Le manuscrit de Venise fr. IV est du milieu du XIII° siècle.

B. VERSION REMANIÉE. — 1° Manuscrit de Paris : milieu du XIII° siècle. — 2° Manuscrit de Châteauroux : seconde moitié du XIII° (d'après Fœrster qui l'a publié). — 3° Manuscrit de Venise fr. VII : fin du XIII° siècle (d'après Fœrster qui en a donné une édition). — 4° Manuscrit de Lyon, XIV° siècle. — 5° Fragment lorrain, XIII° siècle. — 6° Manuscrit de Cambridge, fin du XV° siècle.

3° OUVRAGES RELATIFS A L'ÉNUMÉRATION, AU CLASSEMENT ET A LA CONCORDANCE DES MANUSCRITS DU ROLAND.

2245 Müller (Theodor). La *Chanson de Roland,* 3° édition. — Gœttingue, 1878, in 8°, pp. III-VII.

2246 Gautier (Léon). Les *Épopées françaises,* seconde édition. — Paris, 1880, in-8°, pp. 499-503.

2247 Fœrster (Wendelin). *Zeitschrift für romanische Philologie,* t. II, 1878, pp. 162 et ss.

Tableau de la filiation des manuscrits.

2248 Seelmann (Emil). *Bibliographie des altfranzösischen Rolandsliedes.* — Heilbronn, 1888, in-8°, pp. 1-6.

C'est le travail le plus complet, avec l'indication la plus précise de tous les livres, brochures et articles qui ont pour objet chacun des manuscrits du *Roland*.

2249 Heiligbrodt (Robert). *Concordanztabelle zum altfranzösischen Rolandsliede,* à la suite de la publication de W. Fœrster, *Das altfranzösische Rolandslied, text von. Paris, Cambridge, Lyon, etc.* — Heilbronn, 1886, in-8°, pp. 341-377.

Concordance vers par vers de tous les manuscrits de la version primitive et de la version remaniée du *Roland.* Travail infiniment précieux et sur lequel devront s'appuyer les éditeurs futurs du *Roland.*

2250 Schœlle (Franz). *Der Stammbaum der altfranzösischen und altnordischen Ueberlieferungen des Rolandsliedes und der Wert der Oxforder Handschrift.* — Berlin, 1889, in-4°.

Cf. *Romania,* 1890, p. 157.

Sur tel ou tel des manuscrits cités plus haut, il existe des Dissertations dont nous ne pouvons faire ici connaître le détail. P. Paris, dans ses *Manuscrits françois de la Bibliothèque du Roi* (t. VII, 1848, in-8°, pp. 25-27), a notamment étudié le ms. fr. 860 (texte de Paris); M. Joseph Patureau (dans une conférence du 16 mai 1881 (publiée comme appendice au *Catalogue des livres imprimés et manuscrits de la Bibliothèque de Châteauroux,* Châteauroux, 1880, in-8°, pp. 357-375), a rencontré sur son chemin le texte dit de Châteauroux, etc., etc.

IV. ÉDITIONS
DE LA CHANSON DE ROLAND.

1° ÉDITIONS DE LA VERSION PRIMITIVE. — *a.* LE TEXTE D'OXFORD a été publié par huit éditeurs dont les noms suivent, avec le titre exact et la date de leurs éditions :

2251 Michel (Francisque). *La Chanson de Roland ou de Roncevaux, publiée pour la première fois d'après le manuscrit de la Bibliothèque Bodléienne à Oxford.* — Paris, 1837, in-8°.

Une seconde édition de l'œuvre de F. Michel a paru trente-deux ans plus tard sous ce titre : *La Chanson de Roland et le Roman de Roncevaux des XIIᵉ et XIIIᵉ siècles publiés d'après les manuscrits de la Bibliothèque Bodléienne à Oxford et de la Bibliothèque Impériale.* — Paris, 1869, petit in-8°. La version d'Oxford est ici accompagnée du remaniement dit « de Paris » et les mots « difficiles » des deux textes originaux sont traduits en marge.

2252 Génin (Francis). *La Chanson de Roland, poème de Theroulde, texte critique accompagné d'une traduction, d'une introduction et de notes.* — Paris, 1850, in-8°.

2253 Müller (Theodor). *La Chanson de Roland, berichtigt und mit einem Glossar versehen, nebst Beiträgen zur Geschichte der französischen Sprache.* — Gœttingue, 1851, in-8°.

La première édition de Theodor Müller a été jugée insuffisante par son auteur lui-même, qui, douze ans plus tard, a publié, après un minutieux labeur, cette excellente seconde édition qui a eu tant d'influence sur la formation du texte critique de notre chanson : « *La Chanson de Roland... nach der Oxford Handschrift herausgegeben.* » — Gœttingue, 1863, in-8°. Une troisième édition, résultat d'un nouveau labeur, et encore plus voisine de la perfection, parut quinze ans après, sous le même titre. — Gœttingue, 1878, in-8°.

2254 Hofmann (Konrad). Édition imprimée aux frais de l'Académie royale de Bavière, mais non publiée. La « signature » de chaque feuille est ainsi conçue : *Anhang. Sitzungsberichte,* 1866, I. » (Seelmann, *Bibliographie des Altfranzösischen Rolandsliedes,* p. 10.) — Au bas des pages, l'éditeur a très intelligemment imprimé le texte de Venise IV.

2255 Gautier (Léon). *La Chanson de Roland, texte critique accompagné d'une traduction nouvelle et précédé d'une introduction historique.* — Tours, 1872, in-8°. = Un second volume, contenant les notes, les variantes, le glossaire et la table, a paru dans le même format, la même année, à la même librairie.

Vingt-cinq éditions de 1872 à 1895. Deux de ces éditions (la 2ᵉ en 1872 et la 3ᵉ la même année) ne renferment que le texte sans la traduction. En revanche la 10ᵉ édition (1881), la 14ᵉ (1884) et la 25ᵉ (1895) ne renferment que la traduction sans le texte. La première édition classique est la quatrième, laquelle a paru en 1874.

2256 Boehmer (Edouard). *Rencesval, édition critique du texte d'Oxford de la Chanson de Roland.* — Halle, 1872, in-8°.

2257 Stengel (Edmond). *Das altfran-*

zösische Rolandslied, Genauer Abdruck der Oxforder Hs. .Digby 23... — Heilbronn, 1878, in-8º.

Édition purement paléographique.

2258 Clédat (L.). *La Chanson de Roland, nouvelle édition classique, précédée d'une introduction et suivie d'un glossaire.* — Paris, 1886, in-12.

Nous ne citons ici que pour mémoire les textes imprimés en regard des traductions de MM. Lehugeur et Petit de Julleville, parce que ces textes ne sont généralement que la reproduction de la seconde édition de Theodor Müller.

M. Wendelin Fœrster annonce une édition critique, qui est très vivement attendue : *Das altfranzösische Rolandslied, kritischer Text mit Anmerkungen und vollständigen Wörterbuch.*

.*. A côté des éditions intégrales que nous venons d'énumérer, il semble que ce soit ici le lieu de citer les éditions fragmentaires de la *Chanson de Roland* à l'usage des classes :

2259 Talbot (E.). *Extrait de la Chanson de Roland et des Mémoires de Joinville* à l'usage de la classe de seconde. — Paris, 1886, in-12.

2260 Paris (Gaston). *Extraits de la Chanson de Roland,...* 1ʳᵉ éd. — Paris, 1887, in-16. — 2ᵉ éd. Paris, 1889, in-16. — 3ᵉ éd. Paris, 1891, in-16. — 4ᵉ éd. Paris, 1893, in-16. — 5ᵉ édition, 1896, in-16. Les deux premières éditions renferment en outre des fragments de la *Vie de saint Louis* par Joinville.

2261 Petit de Julleville (L.). *La Chanson de Roland.* Extraits avec notes et glossaire. — Paris, 1894, in-18.

2262 Fœrster (Wendelin) et **E. Koschwitz.** *Rolandmaterialien.* In *Altfranzösisches Uebungsbuch zum Gebrauch bei Vorlesungen und Seminarübungen hgg. von W. Fœrster und E. Koschwitz.* — Heilbronn, 1886, in-8º.

Choix d'épisodes du *Roland* pour exercices critiques (vers 1851-2396; 3265-3595). Épisode de Baligant. Fragments des éditions de F. Michel et L. Gautier. Deux pages photographiées d'après la reproduction de Stengel.

Nous ne pouvons citer ici que pour mémoire les extraits publiés dans la *Chrestomathie de l'ancien français* de Karl Bartsch

(Leipzig, 1866, in-8º, et éditions suivantes) ; dans la *Langue et la littérature française* du même auteur (Paris, 1887, in-8º) ; dans le *Choix des anciens textes français* d'Édouard Lidforss (Lund, 1877, in-4º, etc., etc.). Mais nous ne saurions passer sous silence les extraits publiés par Paul Meyer, *Recueil d'anciens textes bas-latins, provençaux et français,* IIᵉ partie, Paris, 1877, in-8º (pp. 209-236). Ces extraits (qui correspondent aux vers 2355-2569 de l'édition Müller) sont empruntés aux versions d'Oxford, de Paris, de Châteauroux, de Lyon et de Cambridge, et constituent une étude comparative de ces différents manuscrits.

b. LE TEXTE DE VENISE IV a été imprimé deux fois, la première fois par K. Hofmann et la seconde par E. Kölbing :

2263 Hofmann (Konrad).
C'est au bas des pages de son édition du texte d'Oxford que la version de Venise IV a été imprimée (mais non publiée) par K. Hofmann. (Voy. le nº 2254.) Il n'est ici question, bien entendu, que de la partie du texte de Venise qui correspond exactement au texte de la Bodléienne.

2264 Kœlbing (Eugen). *La Chanson de Roland, Genauer Abdruck der Venetianer Handschrift...* — Heilbronn, 1877, in-8º.

2º ÉDITIONS DE LA VERSION REMANIÉE OU « ROMAN DE RONCEVAUX ». — *a.* TEXTE DE PARIS. — Paulin Paris l'avait fait imprimer *partiellement* pour les auditeurs de son cours au Collège de France (1855-1856) : il a été publié *in extenso* par Francisque Michel et par Wendelin Fœrster :

2265 Michel (Francisque). *La Chanson de Roland et le Roman de Roncevaux des* XIIᵉ *et* XIIIᵉ *siècles, publiés d'après les manuscrits de la Bibliothèque Bodléienne à Oxford et de la Bibliothèque Impériale.* — Paris, 1869, in-8º. Voy. le nº 2251.

2266 Fœrster (Wendelin). *Das altfranzösische Rolandslied Text von Paris, Cambridge, Lyon und den sog. Lothringischer Fragmenten, mit R. Heiligbrodt's Concordanztabelle zum altfranzösischen Rolandslied...* — Heilbronn, 1886, in-8º.

b. TEXTE DE CHATEAUROUX ⚌ VERSAILLES. Jean-Louis Bourdillon l'avait édité sous ce titre : *Roncisvals mis en lumière* (Cf. le *Sup-plément au poème de Roncevaux, mis en lumière par J.-L. Bourdillon*). Francisque Michel en a publié les quatre-vingts premiers couplets (Paris, 1869, pet. in-8°), pour compléter son édition du texte de Paris. Il a été, enfin, imprimé *in extenso* par Wendelin Fœrster, conjointement avec le texte de Venise VII (Heilbronn, 1883, in-8°) :

2267 Bourdillon (Jean-Louis). *Roncisvals mis en lumière.* — Paris, 1841, in-8°.

Le *Supplément* a paru six ans après (Crapelet, 1847, in-8°).

2268 Michel (Francisque). *La Chanson de Roland et le Roman de Roncevaux...* — Paris, 1869, petit in-8°. (Voy. le n° 2251.)

2269 Fœrster (Wendelin). *Das alt-französische Rolandslied : Text von Chateauroux und Venedig VII...* — Heilbronn, 1883, in-8°.

c. Texte de Venise VII. Wendelin Fœrster l'a édité conjointement avec le texte de Châteauroux :

2270 Fœrster (Wendelin). *Das alt-französische Rolandslied : Text von Chateauroux und Venedig VII...* — Heilbronn, 1883, in-8°.

d. Texte de Lyon. Il a été également publié par Wendelin Fœrster :

2271 Fœrster (Wendelin). *Das alt-französische Rolandslied : Text von Paris... Lyon...* — Heilbronn, 1886, in-8°.

e. Fragment Lorrain. Il a été imprimé par H. Michelant dans l'édition de F. Génin, Paris, 1850, p. 489 (Voy. le n° 2252), et réédité par Wendelin Fœrster :

2272 Fœrster (Wendelin). *Das alt-französische Rolandslied : Text von Paris... und den sog. Lothringischer Fragmenten.* — Heilbronn, 1886, in-8°.

f. Texte de Cambridge. Il a été publié par Wendelin Fœrster :

2273 Fœrster (Wendelin). *Das alt-französische Rolandslied : Text von Paris, Cambridge...* — Heilbronn, 1886, in-8°.

Il convient de rappeler ici le tableau de concordance, vers par vers, de tous les textes du *Roncevaux*, publié par R. Heiligbrodt, à la suite de l'édition, par W. Fœrster, des textes de Paris, de Cambridge et de Lyon. — Heilbronn, 1886, in-8°, pp. 341 et ss. (Voy. le n° 2266.)

C'est à titre de curiosité que nous signalons, en terminant, un article du *Louis Braille* (journal spécial pour les aveugles, publié à Paris et imprimé en relief d'après le système Braille). Cet article, de M. Marmoyet, est intitulé : « *La Chanson de Roland*, étude sur l'édition de M. Léon Gautier » (Supplément du *Louis Braille*, septembre, octobre et novembre 1884). Il renferme des extraits de notre vieux poème.

V. Traductions françaises de la Chanson de Roland.

A. version primitive.

2274 Delecluze (E.-J.). *Roland et la Chevalerie.* — Paris, 1845, in-8°, t. I, pp. I-VIII et 9-147 (d'après le texte publié par F. Michel).

2275 Génin (Francis). *La Chanson de Roland, poème de Theroulde, accompagné d'une traduction*, etc. — Paris, 1850, in-8°.

La traduction, qui est en prose *suivie*, est placée au bas du texte (pp. 1-334).

Génin a donné une autre édition de sa traduction, sans le texte : *Roncevaux, traduit du poème en vers de dix syllabes composé vers le milieu du XIᵉ siècle par Théroulde*. Paris, 1852, in-8°. C'est le tirage à part de deux articles de la *Revue de Paris* (1852, mai-juin, pp. 5-35, 49-104).

2276 Vitet (L.). *La Chanson de Roland.* Revue des Deux-Mondes, t. XIV, 1852, pp. 829-851.

Traduction en prose très abrégée ; ou analyse très étendue.

2277 Jónain (P.). *Roland, poème héroïque de Théroulde, trouvère du XIᵉ siècle, traduction en vers français, par P. Jónain, sur le texte et la version en prose de F. Génin.* — Paris, 1861, in-12.

La traduction est en vers décasyllabiques rimés (rimes croisées). — Jónain n'a pas fait entrer dans sa traduction l'épisode de Baligant.

2278 Avril (Adolphe d'). *La Chanson de Roland, traduction nouvelle avec une introduction et des notes.* — Paris, 1865, in-8°.

Traduction en décasyllabes « blancs ». — L'épisode de Baligant n'est pas traduit. — La traduction de M. d'Avril a été réimprimée plusieurs fois, et tout d'abord, en 1867, par la Société de Saint-Michel, en un volume populaire in-12. — Puis, elle a été introduite dans la

Collection des *Classiques pour tous*, publiée par la Société bibliographique (3ᵉ éd., 1877, in-18 ; 4ᵉ éd., 1880, in-18, etc.).

2279 Saint-Albin (Alexandre de). *La Chanson de Roland, poème de Théroulde, suivi de la Chronique de Turpin.* — Paris, 1865, in-18.

Traduction en prose *suivie.*

2280 Lehugeur (Alfred). *La Chanson de Roland, poème français du moyen âge, traduit en vers modernes.* — Paris, 1870, in-18.

Une 2ᵉ édition a paru en 1880 et une 3ᵉ en 1882. Le vers employé est l'alexandrin à rimes plates.

* **2281 Gautier** (Léon). *La Chanson de Roland, texte critique accompagné d'une traduction nouvelle.* — Tours, 1872, 2 vol. in-8°.

Cette même traduction (en prose, VERS PAR VERS) se trouve dans toutes les éditions du *Roland* de L. G. (voy. plus haut), sauf deux, les 2ᵉ et 3ᵉ, qui ne renferment que le texte. — Dès la 7ᵉ édition, L. G. avait publié, dans les éditions classiques de son *Roland*, un *Essai de traduction interlinéaire* (pp. 633-640 de la 7ᵉ édition, etc.).

2282 Petit de Julleville (L.). *La Chanson de Rolland, traduction nouvelle rythmée et assonancée avec une Introduction et des notes.* — Paris, 1878, in-8°.

Traduction en décasyllabes qui sont en effet assonancés comme ceux du xiᵉ siècle.

2283 Feuilleret (H.). *La Chanson de Roland, traduction nouvelle, revue et annotée.* — Limoges, 1879, in-8°.

Il y a une seconde édition sous ce titre : *La Chanson de Roland, traduction réduite et annotée pour la jeunesse,* Limoges, 1882, in-8°.

2284 Chaillot (Amédée). *La Chanson de Roland, traduction française.* — Limoges, 1880, in-8°.

2285 Rœhrich (Edouard). *La Chanson de Roland, traduction nouvelle à l'usage des écoles, précédée d'une Introduction sur l'importance de la Chanson de Roland pour l'éducation de la jeunesse et suivie de notes explicatives.* — Paris, 1885, in-18.

2286 Jubert (Amédée). *La Chanson de Roland, traduite en vers.* — Paris, 1886, in-18.

2287 Clédat (François). *La Chanson de Roland, traduction archaïque et rythmée accompagnée de notes explicatives.* — Paris, 1887, in-8°.

Une traduction sans nom d'auteur et sans date a paru chez les éditeurs Marpon et Flammarion (in-18), et une autre, très abrégée, chez l'éditeur H. Gautier (Bibliothèque à 10 centimes), etc. Dans son petit volume intitulé *Récits extraits des poètes et prosateurs du moyen âge* (Paris, 1896, in-18), M. Gaston Paris a traduit quelques fragments du *Roland.*

Dans l'édition de notre poème qu'il a publiée en 1869 (*La Chanson de Roland et le Roman de Roncevaux des* xiiᵉ *et* xiiiᵉ *siècles*), M. Francisque Michel donne en marge, comme nous l'avons dit, l'interprétation de tous les mots qui offrent quelque difficulté. Il a appliqué le même système au *Roncevaux*. C'est une sorte de traduction, mais qui semble avoir de notables inconvénients.

En résumé, parmi les traductions que nous venons d'énumérer, cinq sont en vers : celles de Jónain (décasyllabes rimés, rimes croisées) ; de Lehugeur (alexandrins à rimes plates) ; du baron d'Avril (décasyllabes blancs) ; de Petit de Julleville (décasyllabes assonancés) et de Jubert.

Les autres sont en prose. Génin s'est étudié, dans la sienne, à imiter le français du xviᵉ siècle ; la traduction de L. Gautier est « vers pour vers » ; celle de F. Clédat est archaïque et « rythmée ».

C'est ici qu'il convient enfin de signaler la traduction en latin étymologique d'un épisode considérable de *Roland* qu'a publiée M. Armand Gasté, à l'usage des candidats à la licence. (*La mort de Roland, vers 2164-2396 ; traduction en latin étymologique ; remarques philologiques, grammaticales et littéraires,* Paris, 1887, in-8°.)

B. VERSION REMANIÉE

TEXTE DE CHATEAUROUX = VERSAILLES.

2288 Bourdillon (Jean-Louis). *Le poème de Roncevaux, traduit du roman en français.* — Dijon, 1840, in-18.

Voy. le nᵒ suivant.

TEXTE DE PARIS.

2289 Michel (Francisque). *La Chanson de Roland et le Roman de Roncevaux des* xiiᵉ *et* xiiiᵉ *siècles.* — Paris, 1869, petit in-8°.

Le *Roman de Roncevaux,* publié par F. Mi-

chel, se compose de 80 premiers couplets de
Versailles et de tout le texte de Paris qui est
parvenu jusqu'à nous. L'éditeur se contente,
comme nous l'avons déjà observé, d'expliquer
en marge les mots vieillis.

VI. Traductions étrangères
de la chanson de Roland.

Nous n'entendons parler ici que des traductions contemporaines, et non pas de celles
du moyen âge.

Traductions allemandes.

2290 Keller (H. A.). *Altfranzösische
Sagen.* — Tubingue, 1839, 2 vol. in-8° (t. I,
pp. 59-187). — 2° édit. Heilbronn, 1876,
in-8°, pp. 43-134.
Traduction en prose, d'après le texte de
Fr. Michel.

2291 Hertz (Wilhelm). *Das Rolandslied, das älteste französische Epos.* — Stuttgart, 1861, in-8°.
Traduction en vers iambiques allemands.

2292 Zimmermann (Friedrich). *Nach
der Chanson de Roland.*
(*Archiv für das Studium der neueren
Sprachen*, t. LXV, 1881, pp. 121-124.)
Traduction (en décasyllabes assonancés avec
césure) des tirades CCIV-CCVI, CCXXXIV-CCXL,
CCXCVII et CCXCVIII.

2293 Müller (E.). *Das Rolandslied.
Ein altfranzösisches Epos übersetzt.* —
Hambourg, 1891, in-8°.

Traductions anglaises.

2294 Marsh (Mrs.). Londres, 1853, in-4°.
Traduction de la version abrégée de Vitet.

2295 O'Hagan (John). *The song of
Roland translated into english verses.* —
Londres, 1880, in-8°.

2296 Rabillon (Léonce). *La Chanson
de Roland, translated from the seventh edition of Léon Gautier.* — New-York, 1885,
in-16.

Traductions italiennes.

2297 Canello (U. A.). *Dalla Chanson
de Roland versioni.*
(*Nuova Antologia*, vol. LIX, 1881, 2° série,
t. XXIX, pp. 526, 536, in-8°.)

Traduction en vers assonancés des vers 1-95;
2259-2296; 3905-3933 du texte d'Oxford.
Cf. du même : *Saggi di versione dalla Chanson de Roland...* Padoue, 1882, in-32 (Per Nozze
Ferrari-Turazza).

2298 Cannizzaro (T.). *Fiori d'oltralpe...* — Messine, 1882, pp. 97-123.
Traduction de l'épisode de la *Mort de Roland*
(vers 2254-2493 du texte d'Oxford).

Traductions suédoises et danoises.

2299 Hagberg (Theodor). *Rolandssagan till sin historiska kärna och poetiska
omklädning.* — Upsal, 1884, in-4°.
Traduction en suédois de quelques tirades
du *Roland*.

2300 Schultén (Hugo af). *Sången om
Roland från det fornfranska originalet
öfversatt af... med en inledning af Werner
Söderhjelm.* — Helsingfors, 1887, in-4°.
Nyrop annonce depuis 1883, une traduction
danoise de *Roland*. (*Den oldfranske Heltedigtning*, Copenhague, 1883, in-8°, p. 466; trad. italienne, p. 463.)

Traductions slaves (polonaise et russe).

2301 Duchinska (Severina geb. Zochovska).
Bibliotheka Warszawska, 1868, in-8°; t. I,
pp. 456 et ss.; t. II, pp. 89 et ss.

2302 Almasof (Boris). *La Chanson
de Roland...* — Moscou, 1869.

VII. Les analyses.

Sans parler des traductions plus ou moins
abrégées, telles que celles de Vitet (*Revue des
Deux-Mondes*, t. XIV, 1er juin, pp. 817-864), où
l'on se propose surtout « de pénétrer les rusti-
ques beautés et la naïve grandeur » du texte
original (*ibid.*, p. 821), il reste à signaler ici de
véritables analyses, d'un certain développement,
où l'on suit le texte pas à pas, mais sans le
traduire. Telles sont les suivantes :

2303 Paris (Paulin). *Histoire littéraire
de la France*, t. XXII. — Paris, 1852, in-4°,
pp. 727-755.

2304 Paris (Gaston). *Histoire poétique
de Charlemagne.* — Paris, 1865, in-8°,
pp. 270-277.

2305 Gautier (Léon). *Les Épopées
françaises*, 1re éd., t. II, 1867, pp. 390-460 ;
2° éd., t. III, pp. 493-625.

VIII. Date de lá composition.

2306 De la Rue (Abbé). *Essais histo-riques sur les bardes, les jongleurs et les trouvères normands et anglo-normands.* — Caen, 1834, trois volumes in-8°.

T. II, pp. 57-65 : *Étude sur Turold et Extraits de son* Roman de Roncevaux.

2307 Michel (Francisque). *La Chanson de Roland ou de Roncevaux du xiie siècle.* — Paris, 1837, in-8°.

Le titre suffit à montrer que F. Michel croyait que notre chanson datait du xiie siècle.

2308 Génin (François). *La Chanson de Roland, poème de Théroulde...* — Paris, 1850, in-8°.

Génin attribue le *Roland* à un Théroulde, précepteur de Guillaume le Conquérant ou au fils de ce Théroulde. C'est assez dire qu'il place la rédaction de notre vieux poème vers le milieu du xie siècle.

2309 Gautier (Léon). *Les Épopées françaises,* 1re éd., t. II, 1867, in-8°, pp. 390, 391 ; 2e éd., t. III, 1880, in-8°, pp. 493-496.

« Le *Roland* appartient aux dernières années du xie siècle » (1re éd., p. 39).

« Le plus ancien *Roland* parvenu jusqu'à nous est une œuvre postérieure à 1066, antérieure à 1095 » (2e éd., t. III, p. 483).

2310 Gautier (Léon). *La Chanson de Roland,* 1re éd. — Tours, 1872, in-8°.

Le chapitre VIII de l'*Introduction* (pp. lx-lxiii) porte ce titre : *A quelle époque a été composé le Roland?* — La conclusion de l'au-teur est que notre chanson « est probablement antérieure à la première croisade » (p. lxiii), etc.

C'est également la conclusion de toutes les autres éditions du *Roland* (depuis la quatrième) où le chapitre V de l'*Introduction* est consacré à la date du vieux poème : « Il n'est pas cer-tain, mais il est probable que le *Roland* est antérieur à la première croisade. »

2311 Paris (Gaston). *Sur la date et la patrie de la Chanson de Roland.*

Romania, t. XI, 1882, pp. 400-409.

« L'époque où la *Chanson de Roland* a pris la forme que nous pouvons restituer à l'aide de nos huit manuscrits français et des versions étrangères du moyen âge, me parait toujours devoir être placée antérieurement à la croi-sade » (p. 409).

Dans sa *Littérature française au moyen âge,*

2e éd., 1890, in-18, p. 246, Gaston Paris place vers 1080 « la forme conservée du *Roland* ».

2312 Paris (Gaston). *La littérature française au moyen âge,* 2e éd. — Paris, 1890, in-18, pp. 56 et ss.

« La rédaction en assonances ne peut re-monter plus haut que la seconde moitié du xie siècle ;... mais il n'y a aucune raison de la faire descendre plus bas que la première croi-sade... »

Cette même conclusion se retrouve dans les *Extraits de la Chanson de Roland,* publiés par G. Paris (4e édition, Paris, 1893, in-18, pp. xxii, xxiii).

IX. Auteur et lieu d'origine.

2313 De la Rue (Abbé). *Essais his-toriques sur les bardes, les jongleurs et les trouvères normands et anglo-normands.* — Caen, 1834, trois vol. in-8°.

Voy. surtout t. II, pp. 57-65. (*Turold. De son origine. De son roman de la Bataille de Ron-cevaux. Époque où vivait ce trouvère. De la versification, de la rime, du style de ce poète. Extraits.*)

2314 Duval (Amaury). *Turold, auteur du poème de la Bataille de Roncevaux.*

Histoire littéraire de la France, t. XVIII, 1835, pp. 714-720.

Notice et fragments.

2315 Génin (François). *La Chanson de Roland, poème de Théroulde, texte critique accompagné d'une traduction, d'une Intro-duction et de notes.* — Paris, 1850, in-8°.

« De la bataille d'Hastings et de Théroulde auteur de ce poème » : tel est le titre du cha-pitre V de l'*Introduction*, pp. lxiv-lxxxv. Attribution du *Roland* à Théroulde ou Tou-roude, bénédictin de la célèbre abbaye de Fé-camp, qui suivit Guillaume à la conquête de l'Angleterre et auquel le roi normand donna l'abbaye de Malmesbury. — Génin ajoute qu'à son défaut, on peut faire honneur du *Roland* au père de ce Touroude, qui fut précepteur de Guillaume le Conquérant (*Introduction,* pp. lxiv et ss.).

2316 Gautier (Léon). *Les Épopées françaises,* 1re éd. — Paris, trois vol. in-8°, tome II, 1867, p. 391.

Réfutation de l'opinion de Génin qui attri-buait le *Roland* à Théroulde, bénédictin de la célèbre abbaye de Fécamp, abbé de Malmes-bury, puis de Peterborought : « *La Chanson de Roland,* est l'œuvre d'un poète normand, du pays d'Avranches. » L'auteur des *Épopées* se

fonde principalement sur la place considérable qu'occupent, dans notre poème, la fête,
le souvenir, l'invocation de saint Michel du
Péril : « Il n'y a qu'un Avranchinais qui ait été
capable de donner tant d'importance à un
pèlerinage, à une fête, j'allais dire à un saint
de son pays. »

2317 **Gautier** (Léon). *La Chanson de
Roland*, 1ʳᵉ éd. — Tours, 1872, in-8°,
pp. LXIV et ss.

L'auteur réfute, pour la seconde fois, l'opinion qui attribue à Turoldus la composition
du *Roland*. Cette opinion repose sur le dernier
vers du poème : *Ci falt la geste que Turoldus
declinet*. Le mot *decliner* signifie achever :
« Mais est-ce un scribe qui a achevé de trans-
crire la chanson, un jongleur qui a achevé
de la chanter, un poète qui a achevé de la
composer? Tout au moins il y a doute »
(p. LXVII). Dans toutes les éditions que M. L.
Gautier a données du *Roland* (depuis la quatrième), le sixième chapitre de l'*Introduction*
est consacré à l'auteur du *Roland*, et la conclusion est partout la même : « L'auteur de notre
vieux poème est un Normand qui a séjourné
en Angleterre, mais il n'est pas certain qu'il ait
porté le nom de Touroude, et encore moins
que ce soit le fameux abbé de Peterborought
ou son père. »

2318 **Gautier** (Léon). *Les Épopées
françaises*, 2ᵉ édition, t. III. — Paris, 1880,
in-8°, pp. 496-498.

« 1° L'auteur du *Roland* est un Normand, et
peut-être un Avranchinais; — 2° Ce Normand
a dû séjourner en Angleterre; — 3° Turoldus
est l'auteur d'une chanson ou d'une chronique
antérieure, mais non pas du *Roland* d'Oxford. »

2319 **Rajna** (Pio). *Contributi alla
Storia dell' Epopea e del romanzo medievale*. « III. Ci falt la geste que Turoldus declinet.»
Romania, t. XIV, 1885, pp. 405-415.

2320 **Paris** (Gaston). *Sur la date et la
patrie de la Chanson de Roland*.
Romania, t. XI, 1882, pp. 400-409.

2321 **Paris** (Gaston). *La littérature
française au moyen âge*, 2ᵉ éd. — Paris,
1890, in-18.

G. Paris, parlant de la plus ancienne rédaction du *Roland*, dit que « la patrie et la date
n'en sont pas encore fixées sans contestation ».
Le plus probable, ajoute-t-il, c'est qu'elle repose sur un poème originairement composé
dans la Bretagne française, remanié ensuite dans
l'Anjou, et qu'elle a pour auteur un « Français

de France », qui a dû achever son œuvre, à laquelle il a donné une inspiration plus largement nationale, sous le règne de Philippe Iᵉʳ
p. 61).

2322 **Paris** (Gaston). *Extraits de la
Chanson de Roland*, 4ᵉ éd. — Paris, 1893,
in-18, p. XXIX.

Gaston Paris reproduit ici, presque dans les
mêmes termes, la doctrine de sa *Littérature
française au moyen âge;* mais au lieu des mots:
« Remanié en Anjou », il dit (plus prudemment
peut-être), « remanié à plusieurs reprises en
diverses parties de la région occidentale de
notre pays ». La conclusion reste la même.

X. DE DEUX RÉDACTIONS DE LA CHAN-SON DE ROLAND QUI NE SONT POINT PARVENUES JUSQU'A NOUS.

Le premier de ces *Rolands* nous est conservé
plus ou moins purement dans la fameuse
Chronique de Turpin, et le second dans le
poème latin intitulé : *Carmen de prodictione
Guenonis*.

1° CHRONIQUE DE TURPIN.

a. ÉDITIONS.

2323 **Seelmann** (Emil). *Bibliographie
des altfranzösischen Rolandsliedes*. —
Heilbronn, 1888, in-8°.

Voy. pp. 17, 18, une Bibliographie nécessairement incomplète de la Chronique de Turpin
(texte latin et traductions françaises).

Nous ne signalons ici, à dessein, que les
éditions les plus récentes; mais il convient,
d'ailleurs, de ne pas oublier que la présente
bibliographie s'arrête à 1890.

2324 **Castets** (Ferdinand). *Turpini
historia Karoli Magni et Rotholandi, texte
revu et complété d'après sept manuscrits*.
— Paris, 1880, in-8°.

« Publications spéciales de la Société pour
l'étude des langues romanes [à Montpellier].
Septième publication... »

2325 **Wulff** (Fr.). *La Chronique de
Turpin, publiée d'après les manuscrits
B. N., 1850 et 2137*. — Lund, 1881, in-4°.

2326 **Auracher** (Theodor). *Der Pseudo-
Turpin in altfranzösischer Uebersetzung,
nach einer Handschrift (cod. Gall. 52) der
Münchener Staatsbibliothek... Programm
des K. Maximilians-Gymnasiums zum

Schlusse des Schuljahres 1875-1876. — Munich, 1876, in-8°.

2327 **Paris** (Gaston). *De Pseudo-Turpino.* — Paris, 1865, in-8°.

2328 **Paris** (Gaston). *Histoire poétique de Charlemagne.* — Paris, 1865, in-8°.

« Le récit de Turpin représente, à peu près seul, une autre forme de la légende qu'on a réputée comme plus ancienne et plus fidèle encore que celle du manuscrit d'Oxford » (p. 271). Dans ces quelques lignes, qui datent de trente ans, la question était déjà très nettement posée.

2329 **Laurentius** (Guido). *Zur Kritik der Chanson de Roland.* — Altenbourg, 1876, in-8°. (Dissertation de Leipzig.)

La Chronique de Turpin, si l'on en défalque les interpolations cléricales, représente une forme plus antique de la tradition que la *Chanson de Roland* elle-même.

2330 **Paris** (Gaston). *Le Carmen de prodicione Guenonis et la légende de Roncevaux.*

Romania, t. IX, 1882, pp. 465-518.

Il ne faudrait pas se tromper sur le titre de cet article, et G. Paris est amené à s'y occuper aussi de la Chronique de Turpin dans ses rapports avec la légende Rolandienne et avec la *Chanson de Roland* elle-même.

2331 **Stengel** (E.). *Das Verhältnis des altfranzösischen Rolandsliedes zur Turpinschen Chronik und zum Carmen de prodicione Guenonis; Kritische Betrachtung der von Gaston Paris in der Romania, XI, über diesen gegenstand veröffentlichten Untersuchung.*

Zeitschrift für romanische Philologie, t. VIII, 1884, pp. 499-521.

2332 **Paris** (Gaston). *La littérature française au moyen âge,* 2° éd. — Paris, 1890, in-18, p. 56.

« La légende rolandienne nous est arrivée sous trois formes : le chapitre XIX du roman latin qui prétend être l'œuvre de Turpin, composé vers la fin du premier tiers du XII° siècle; — le *Carmen de prodicione Guenonis,* poème en distiques latins qui est à peu près de la même époque; — la *Chanson de Roland* dont la forme la plus ancienne, en assonances, est encore du XI° siècle. Le *Carmen* et le *Roland* remontent à une même source, moins altérée dans le *Carmen*, considérablement amplifiée et modifiée dans le poème français; le chapitre

de Turpin représente un état sensiblement plus ancien. »

2333 **Paris** (Gaston). *Extraits de la Chanson de Roland,* 3° édit. — Paris, 1891, in-18 ; 4° éd., 1893, in-18, pp. XII-XXII.

Contribution du faux Turpin et du *Carmen* à la formation de la légende rolandienne; leur comparaison avec le *Roland.*

2334 **Auracher** (Theodor). *Der altfranzösische Pseudo-Turpin der Arsenalhandschrift BLF 283.*

Romanische Forschungen, t. V, 1889, pp. 137-171.

Dans son *Épopée nationale* (publiée dans le tome 1 de l'*Histoire de la langue et de la littérature française,* 1896, chez A. Colin) M. Léon Gautier a exposé sommairement l'état actuel de la question en ce qui concerne le faux Turpin et le *Carmen* dans leurs rapports avec la *Chanson de Roland.*

2° CARMEN DE PRODICIONE GUENONIS.

Seelmann (l. c., pp. 18, 19) indique les éditions du *Carmen* données par Fr. Michel à la suite de son édition du *Roland* (pp. 228-242), et par Caspar Orellius (*Carmen de bello in Runcisvalle,* d'après le manuscrit de la Cottonienne, Titus A XIX) : *Index lectionum in Academia Turicensi inde a die 22 mensis Aprilis usque ad diem 25 mensis septembris MDCCCXXXIX habendarum.* Turici,1839, in-8° (pp. 1-13). Seelmann signale en finissant la plus récente et la meilleure édition qui est celle de Gaston Paris dans la *Romania.*

2335 **Paris** (Gaston). *Le Carmen de prodicione Guenonis et la légende de Roncevaux.*

Romania, t. XI, 1882, pp. 465-518.

Le texte du *Carmen* est publié intégralement (pp. 460-480).—Le reste de l'article est une Dissertation sur la place qu'occupent comparativement le faux Turpin et le *Carmen* dans la formation de la légende rolandienne. C'est l'œuvre la plus importante et la plus complète sur la matière.

Cf. l'article de Stengel mentionné plus haut (n° 2331): *Das verhältnis des altfranzœsischen Rolandsliedes zur Turpinschen Chronik und zum Carmen de prodicione Guenonis... Zeitschrift für romanische Philologie,* t. VIII, 1884, pp. 499-521.— Voy. aussi (n° 2332) la *Littérature française au moyen âge* de G. Paris et (n° 2333) ses *Extraits de la Chanson de Roland,*

XI. Historicité de la chanson.

Les textes historiques relatifs à la bataille de Roncevaux ont été publiés plus d'une fois. Voir, entre autres, l'ouvrage suivant :

2336 Gautier (Léon). *Les Épopées françaises,* t. III, 2ᵉ éd. — Paris, 1880, in-8°, pp. 450 et ss.

« Tableau indiquant : 1° les faits historiques relatifs aux différentes expéditions de Charles au-delà des Pyrénées ; 2° les textes des historiens à l'appui de ces faits ; 4° les légendes et les chansons de geste auxquelles ces faits ont donné lieu. »

* Un certain nombre de questions spéciales ont été soulevées au sujet de cette même historicité du vieux poème : « Les Sarrazins ont-ils pris réellement quelque part au désastre de Roncevaux ? Quelle est la date exacte de la bataille ? » Etc., etc. C'est à ces questions que répondent, plus ou moins directement, les livres suivants :

2337 Reinaud (Jean). *Invasion des Sarrazins en France... pendant les* VIIIᵉ, IXᵉ *et* Xᵉ *siècles de notre ère, d'après les auteurs chrétiens et mahométans.* — Paris, 1846, in-8°.

2338 Dümmler (E.). *Grabschrift aus dem achten Jahrhundert.*
Zeitschrift für deutsches Alterthum, t. XVI. = Nouvelle série, t. IV, 1873, p. 279.

« Abgedruckt in *Monumenta Germaniæ historica,* abteil *Poetæ latini ævi carolini recensuit Ernestus Dümmler.* — Berlin, t. I, I, 1880, in-4°, pp. 109, 110.

C'est l'épitaphe d'un guerrier franc, mort à Roncevaux ; c'est celle de cet Eggihard « qui est mentionné par Eginhard, avec Anselm et Hruodland, comme un des plus illustres morts de Roncevaux ». Grâce à cette épitaphe, on sait maintenant la date exacte de la bataille où succomba Roland : ce fut le 15 août 778. Cf. un article de G. Paris, dans la *Romania,* 1873, p. 147.

2339 Cœuret. *Documents historiques relatifs à la Chanson de Roland.*
Dans l'*Investigateur* de sept.-oct. 1875, pp. 218-225.

2340 Paris (Gaston). *L'épitaphe de Roland.*
Romania, t. XI, 1882, pp. 570-571.
Les vers insérés dans la Chronique de Turpin

comme épitaphe de Roland ne sont, sauf deux pentamètres, que des emprunts faits à cinq pièces de Fortunat, etc.

XII. Géographie du Roland.

* Des questions spéciales ont été soulevées aussi bien sur la topographie que sur l'historicité du *Roland.* Et celle-ci tout d'abord : « Quel a été le théâtre du désastre de Roncevaux, la Cerdagne ou la Navarre ? » De là une polémique qui a donné lieu aux travaux ci-dessous mentionnés :

2341 Avril (Adolphe baron d'). *La Chanson de Roland,* traduite du vieux français et précédée d'une introduction. — Paris, Albanel, 1867.

« Le détail de ce voyage de Charles et la mention de la Cerdagne indiquent que le lieu du désastre, d'après notre poème, serait la Cerdagne. C'est sur cette route que l'on trouve une localité appelée la Tour de Karl. On se serait donc trompé en cherchant le Roncevaux de Roland dans le Roncivals qui existe sur la frontière de la Navarre » (p. 217).

2342 Tamizey de Larroque. *Une question sur Roncevaux.*
Revue de Gascogne, t. X, 1869, pp. 332, 365, 379.

2343 Saint-Maur (Francisque). *Roncevaux et la Chanson de Roland, simple réponse à une question de géographie historique.* — Paris, 1870, in-8°.

2344 Paris (Gaston). *La géographie de la Chanson de Roland.*
Revue critique, t. IV, 1869, 11 sept., II, pp. 173-176.

« La grande bataille a eu lieu en Navarre et non pas en Cerdagne : » telle a été la conclusion du débat.

2345 Gautier (Léon). *La Chanson de Roland,* 1ʳᵉ édition. — Tours, 1872, in-8°.

Dans la carte formant le frontispice du second volume, on a figuré l'itinéraire de l'armée de Charlemagne : Jules Quicherat, auteur du dessin qui représente la chapelle d'Ibagneta, lieu présumé de la défaite, etc. — Dans les éditions classiques, un des quatre « Éclaircissements » (le 4 ᵉ) est consacré à la » Géographie du *Roland* ». (7ᵉ édition, Tours, 1878, in-18, pp. 398-402, etc.)

* L'élément topographique du *Roland* a été l'occasion d'autres polémiques et d'autres re-

marques, dont nous allons citer les principales :

- 2346 **Paris** (Gaston). *Noms des peuples païens dans la Chanson de Roland.*
Romania, t. II, 1873, pp. 329-334.

2347 **Meyer** (Paul). *Batentrot ; les Achoparts ; les Canelius.*
Romania, t. VII, 1878, pp. 435-444.

' La vallée du Batentrot n'a dû être connue qu'après la première croisade : donc, le *Roland* doit être postérieur à cette date. — On peut répondre à cet argument de Paul Meyer, que des pèlerins ont pu apporter en France, avant la première croisade, la connaissance de cette vallée, etc.

2348 **Sarasa** (Hilario). *Roncesvalles. Reseña historica de la real casa de Nuestra Señora de Roncesvalles y description de su contorno.* — Pampelune et Madrid, 1878, in-4°.

2349 **Suchier** (H.). « *Jusqu'as Seinz.* » *Zeitschrift für romanische Philologie,* t. IV, 1880, pp. 583, 584.

« Par les *Seinz*, il faut entendre la ville de Xanten appelée *Sancti* dans divers textes depuis le IXe siècle. » (*Romania*, t. X, 1881, p. 304.)

2350 **Le Héricher** (Ed.). *Des mots de fantaisie et des rapports du Roland avec la Normandie.*
Bulletin de la Société des antiquaires de Normandie, t. IX, années 1878-1879 et 1879-1880, Caen, 1881, in-8°, pp. 510-525.

2351 **Hoffmann** (K.). « *Tere de Bire.* » *Roland*, v. 3995.
Romanische Forschungen, t. I, 1883, p. 429.

Nimphe = Nismes.

2352 **Ancona** (Aless. d'). *Il Tesoro di Brunetto latini versificato.* — Rome, 1889, in-4°, 166 p.

Cf. *Romania*, 1889, t. XVIII, p. 649.

Détails historiques curieux sur Charlemagne et Roncevaux.

2353 **Dubarat** (L'abbé V.). *Roncevaux. Charte de fondation : poème du moyen âge : règle de saint Augustin ; obituaire ; étude historique et littéraire.* — Pau, 1890, in-8°, 80 pp.
(*Bulletin de la Société des sciences, etc., de Pau*, 2e sér., t. XVIII.)

* Le point le plus important à déterminer

était le sens exact des mots *France* et *Franceis* dans la plus ancienne de nos épopées.

2354 **Gautier** (Léon). *L'idée politique dans les Chansons de geste.*
Revue des questions historiques, t. V, 1869, p. 84.

Cf., du même, la 4e édition du *Roland*. Paris, 1875, in-18, p. 6, etc. ; la *Chevalerie*. Paris, 1884, p. 58 ; la *Littérature catholique et nationale*, 1894, p. 86.
Les mots *France* et *Franceis* s'appliquent 170 fois, dans la *Chanson de Roland*, à tout l'Empire de Charlemagne ; mais, dans le même poème, ils sont aussi employés dans un sens plus restreint pour désigner le domaine royal avant Philippe-Auguste.

2355 **Hoefft** (Carl Theodor). *France, Franceis et franc im Rolandslied.* — Strasbourg, 1891, in-8°.
Voy. *Romania*, t. XXI, p. 475.

XIII. LES REMANIEMENTS EN VERS ET LES VERSIONS EN PROSE.

2356 **Gautier** (Léon). *Les Épopées françaises*, 2e édition, t. III. — Paris, 1880, in-8°, pp. 570-572 et 586, 587, etc.

Et surtout :

2357 **Gautier** (Léon). *La Chanson de Roland*, 1re éd. — Tours, 1872, 2 vol. in-8°.
Voy. l'*Introduction* : chap. XII, *Les Remaniements*, pp. LXXXIX-CIX et chap. XIII, *Les Romans en prose*, ibid., pp. CIX-CXIX. Cf. dans l'*Histoire de la langue et de la littérature française*, publiée par A. Colin sous la direction de Petit de Julleville, les pages 164 et ss. du tome I (1896).

XIV. LES VARIANTES ET MODIFICATIONS DE LA LÉGENDE.

2358 **Gautier** (Léon). *Les Épopées françaises*, 3e édit., t. III. — Paris, 1880, in-8°, pp. 564-590.

Cf. l'*Introduction*, par le même, de la 1re édition de la *Chanson de Roland* (Tours, 1872, 2 vol. in-8°).

XV. CRITIQUE DU TEXTE.

* Indépendamment du devoir général qui incombe à tout éditeur de dresser un texte critique et rétablir partout la « bonne le-

çon », les éditeurs du *Roland* se sont trouvés en présence de trois difficultés :

1° Le plus ancien manuscrit, celui d'Oxford, présente des lacunes évidentes : il s'agit de les combler ;

2° Ce même texte renferme, selon plus d'un érudit, certaines intercalations ou additions qu'il convient peut-être de supprimer ;

3° Ce manuscrit enfin est l'œuvre d'un scribe anglo-normand qui l'a écrit selon les habitudes de son propre parler. Il importe de savoir si telle est vraiment la langue de la chanson originelle et, dans le cas contraire, de ramener ce texte corrompu à son dialecte primordial,

Ces trois difficultés ont été abordées, sinon résolues, dans une série de travaux qu'il est utile de connaître.

Indépendamment de la « bonne leçon » que la plupart des éditeurs ont essayé de rétablir (témoin les éditions de T. Müller, de C. Hoffmann, d'E. Bœhmer, de L. Gautier, de G. Paris, etc.), plusieurs romanistes se sont attachés à combler les lacunes du texte d'Oxford en s'aidant du manuscrit IV de Venise et de ces remaniements qui sont connus sous le nom de *Roncevaux*, etc. C'est ce qu'ont tenté de faire T. Müller qui a signalé ces additions dans ses notes et L. Gautier qui les a introduites dans le corps même de son texte.

Certains traducteurs (Jónain, d'Avril) ont, par une sorte de coup d'État, supprimé l'épisode de Baligant.

Il est enfin des éditeurs qui n'ont pas reculé devant la restitution hypothétique et malaisée, de la langue du poème original. Tels ont été notamment L. Gautier et G. Paris. Ces deux éditeurs ne se sont point, d'ailleurs, placés au même point de vue : l'un d'eux, G. Paris, s'est proposé de ramener le dialecte du manuscrit d'Oxford à ce parler qu'il appelle le *francien* ; l'autre, L. Gautier, s'est donné pour but de le ramener au dialecte normand.

On consultera donc — sur les lacunes du texte d'Oxford et les efforts qu'on a faits pour les combler — les 2° et 3° éditions de T. Müller (Gœttingue, 1863 et 1878, in-8°) et, dans la 7° édition de L. Gautier (Tours, 1880, in-18, pp. 408-448), les *Notes pour l'établissement du texte.* — Sur l'épisode de Baligant, en particulier, on se reportera utilement aux ouvrages suivants :

2359 **Scholle** (Franz). *Die Baligants-episode, ein Einschub in das Oxforder Rolandslied.*

Zeitschrift für romanische Philologie, I (1877), pp. 26-40.

L'épisode de Baligant faisait-il ou non partie de la rédaction primitive du *Roland* ? N'a-t-il pas été ajouté tardivement à la version du texte d'Oxford ? M. Scholle est de ce dernier avis.

2360 **Dœnges** (Emil). *Die Baligants-episode im Rolandsliede.* — Marbourg, 1879, in-8°.

2361 **Pakscher** (A.). *Zur Kritik und Geschichte des altfranzösischen Rolands-liedes.* — Berlin, 1885, in-8°.

« La *Chanson de Roland* a subi la revision d'un clerc qui en a beaucoup accentué le caractère religieux. Le *Baligantepisode*, également l'œuvre d'un clerc, était encore étranger au poème en des rédactions assez récentes. — Étude du personnage de Bramimonde.— Rapports entre le *Mainet* et le *Baligant*. — L'auteur accepte l'opinion de G. Paris sur le rôle du Turpin et du *Carmen de prodicione Guenonis* ; mais c'est à l'épisode de Baligant qu'est consacrée la plus grande partie du travail de M. Pakscher. » (*Romania*, XIV, 1885, pp. 316 et 594-598.)

2362 **Paris** (Gaston). *La littérature française au moyen âge.* — Paris, 2° édition, 1890, in-18.

« Le grand épisode où Baligant, chef suprème des païens, intervient pour venger Marsile et est vaincu, à son tour, par Charlemagne, a très probablement été incorporé plus tard à la rédaction du *Roland* qui est représentée par le manuscrit d'Oxford » (p. 58).

2363 **Paris** (Gaston). *Extraits de la Chanson de Roland*, 3° et 4° éditions.—Paris, 1892 et 1893. Introduction, pp. xxi-xxii.

G. Paris suppose l'existence d'un poème indépendant, intitulé *Baligant*, qui aurait été soudé plus ou moins adroitement avec le *Roland* d'Oxford.

* En ce qui touche enfin à la restitution du dialecte originel, on pourra se référer notamment (sans négliger les autres éditions) aux deux œuvres suivantes :

2364 **Gautier** (Léon). *La Chanson de Roland*, 7° édition (édition classique). — Tours, 1880.

« Nous nous sommes proposé de ramener la *Chanson de Roland* à la pureté du dialecte normand ou, en d'autres termes (comme nous l'a écrit Theodor Müller), « de restituer la *Chanson de Roland* normande, si misérablement défigurée sous la recension anglonormande du manuscrit d'Oxford » (p. 407).

2305 **Paris** (Gaston). *Extraits de la Chanson de Roland*, 4e édition. — Paris, 1893, in-18, pp. iv et v.

« J'ai ramené les formes, autant que possible (l'assonance m'en a quelquefois empêché), à celles du *francien*, de manière que tout mot apparût clairement comme intermédiaire entre le latin et le français moderne. Ce procédé n'est justifiable que par la destination du livre où je l'emploie, qui s'adresse aux commençants : je puis invoquer pour me couvrir l'illustre exemple de Cobet, qui, dans un Recueil de morceaux grecs choisis destiné aux commençants, a ramené toutes les formes des textes dont il donnait des extraits à celles du dialecte attique. » Il convient d'ajouter avec Ad. Horning, qu'il faut entendre ici par dialecte *francien* « celui de l'Ile de France, celui-là même qui est devenu le français littéraire ».

* Tous ces travaux sur le texte du *Roland* ont été jugés, encouragés ou rectifiés en des articles critiques dont l'utilité n'a pas besoin d'être mise en lumière.

2366 **Paris** (Gaston). *Romania*, t. II, 1872, pp. 97-103, etc. (Critique des premières éditions de L. Gautier et de celle de Bœhmer, etc.).

2367 **Fœrster** (Wendelin). *Zeitschrift für romanische Philologie*, t. II, 1878, pp. 162-189. (Observations sur la seconde édition de T. Müller. Etc., etc.)

* La comparaison des différentes rédactions du *Roland* (qui constitue en réalité la meilleure préparation à une édition critique) a donné lieu, d'autre part, aux Dissertations suivantes :

2368 **Ottman** (Hugo). *Die stellung von V⁴ in der Ueberlieferung des altfranzösischen Rolandsliedes : eine textkritische Untersuchung.* — Marbourg, 1879, in-8e.

L'auteur regarde le manuscrit V⁴ comme provenant au moins de deux manuscrits (*Romania*, IX, 1880, p. 176).

2369 **Perschmann** (Hermann). *Die Stellung von O in der Ueberlieferung des altfranzösischen Rolandsliedes : eine text-* *kritische Untersuchung.* — Marbourg, 1880, in-8e.

Cf. *Ausgaben und Abhandlungen*, t. III, pp. 1-48.

2370 **Scholle** (Franz). *Das Verhæltniss der verschiedenen Ueberlieferungen des altfranzösischen Rolandsliedes zu Einander.* *Zeitschrift für romanische Philologie*, t. IV, 1880, pp. 7-34.

2371 **Scholle** (Franz). *Zur Kritik des Rolandsliedes*, in *Zeitschrift für romanische Philologie*, t. IV, 1881, pp. 195 et ss.

« L'auteur essaie de prouver que le poème a été longtemps conservé par la tradition orale avant d'être écrit, et que les différentes rédactions que nous en avons présentent elles-mêmes beaucoup de variantes dues à l'intervention des jongleurs, et non pas seulement aux copistes (*Romania*, t. X, 299). Nous nous rallions volontiers à cette opinion.

* De petites questions complémentaires ont pu s'élever au sujet du texte du *Roland* : telle est celle qui a pour objet le sens de l'AOI qui se lit à la fin de chacun des couplets de notre vieux poème. Seelmann a donné (l. c., p. 73) l'indication de tous les travaux et le tableau de toutes les opinions sur cette notation qui n'est pas encore suffisamment comprise :

Le savant bibliographe a cependant oublié notre Erratum du tome II des *Épopées françaises* (2e édition, p. 805) où nous avons écrit ce qui suit : « Le mot AOI ne peut être expliqué que comme une interjection analogue à notre *ohé*. Ahoy est encore en usage dans la marine anglaise : « *Boat ahoy*, entendait-on héler d'une masse obscure qui se dessinait confusément à l'avant. C'était le vaisseau amiral anglais. Puis, retentissait un accord parfait : Hodu canot ! » (*Une station sur les côtes d'Amérique*, dans la *Revue des Deux-Mondes*, 1862, t. IV, p. 877.) Le mot, qui se trouve dans les dictionnaires anglais, n'est plus employé que dans un sens très restreint. »

* Wendelin Fœrster nous promet une édition critique à laquelle il est préparé mieux que personne par ses publications antérieures et dont il a déjà libellé le titre : *Das altfranzösische Rolandslied kritscher Text, mit Anmerkungen und vollständigem Wörterbuch.*

XVI. Phonétique

Voy. plus loin, le chapitre « Grammaire .»

2372 **Gautier** (Léon). *La Chanson de Roland*, 4ᵉ édition (édition classique). — Tours, 1875, in-18, pp. 485-497, et 7ᵉ édition, Tours, 1880, in-18, pp. 461-473, etc.

Et surtout :

2373 **Paris** (Gaston). *Extraits de la Chanson de Roland*. — Paris, in-18, 1ʳᵉ édition, 1887, pp. 17-40 ; 2ᵉ édition, 1889, pp. 1-21 ; 3ᵉ édition, 1891, et 4ᵉ édition, 1893, pp. 1-22.

Se référer aux ouvrages suivants dont on trouvera une nomenclature plus détaillée dans la *Bibliographie* de Seelmann, pp. 62, 63.

2374 **Meyer** (Paul). *Phonétique française : an et en toniques*.
Mémoires de la Société de linguistique de Paris, t. I, 1868, pp. 258-208.

2375 **Paris** (Gaston) et **Pannier** (Léopold). *La Vie de saint Alexis*, poème du XIᵉ siècle, et renouvellements des XIIᵉ, XIIIᵉ et XIVᵉ siècles, publiés avec préfaces, variantes, notes et glossaire. — Paris, 1872, in-8°.

Caractères distinctifs du dialecte normand et de celui de France, etc.

2376 **Loeschhorn** (Hans). *Zum Normannischen Rolandsliede*. — Leipzig, 1873, in-8°.

2377 **Joret** (Charles). *Du c dans les langues romanes*. — Paris, 1874, in-8°.

Bibliothèque de l'École des Hautes-Études t. XVI. Voy. surtout les pp. 237-240, etc.

2378 **Bœhmer** (Edward). *A e im Oxforder Roland*.
Romanische Studien, t. I, mai 1875, pp. 599-620.

2379 **Joret** (C.). *Étude sur le patois normand du Bessin, Mémoires de la Société de Linguistique*, 1877, t. III, fasc. 3.

Prononciation du c, etc.

2380 **Buhle** (Wilhelm). *Das c im Lambspriger Alexius, Oxforder Roland und Londoner Brandan*. — Greifswald, 1881, in-8°.

XVII. Grammaire

Des grammaires du *Roland* ont été publiées dans les éditions suivantes :

2381 **Gautier** (Léon). *La Chanson de Roland*, 4ᵉ édition (édition classique). — Tours, 1875, in-18, et 7ᵉ édition, Tours, 1880, pp. 474-483 (Phonétique, Grammaire, Rythmique).

2382 **Clédat** (L.). *La Chanson de Roland*, nouvelle édition classique. — Paris, s. d. (1886), in-18.

« La langue française au XIᵉ siècle. Tableau des flexions. Notions de syntaxe » (pp. XII-XXXV).

2383 **Paris** (Gaston). *Extraits de la Chanson de Roland*. — Paris, in-18 ; 1ʳᵉ édition, 1875, pp. 17-81 ; 2ᵉ édition, 1880, pp. 21-42 ; 3ᵉ éd. 1891, et 4ᵉ édition, 1893, pp. 1-62.

Gaston Paris divise, ainsi qu'il suit, ses « Observations grammaticales » : I. Phonétique : 1° voyelles ; 2° consonnes ; — II. Flexion : 1° Déclinaison ; 2° Conjugaison ; — III. Syntaxe : 1° Syntaxe du nom ; 2° Syntaxe du verbe ; 3° Phrases composées ; 4° Ordre des mots : — IV. Lexique ; — V. Versification.

Dans sa *Chrestomathie de l'ancien français* (Leipzig, 1866, in-8°, etc.), et dans un autre Recueil intitulé : *La langue et la littérature française depuis le IXᵉ siècle jusqu'au XIVᵉ siècle* (Paris, 1887, in-8°), Karl Bartsch a inséré une *Grammaire* qui peut servir pour l'étude des fragments de *Roland* publiés dans ces deux Anthologies. Dans la *Chrestomathie*, cette Grammaire est de Karl Bartsch lui-même ; dans le second ouvrage, elle est d'Adolf Horning.

On consultera utilement, sur les mêmes matières, les ouvrages suivants dont on trouvera une énumération plus détaillée dans la *Bibliographie* de Seelmann et dans le livre de H. Varnhagen et J. Martin intitulé : *Systematisches Verzeichnis der Programmabhandlungen, Dissertationen und Habilitationsschriften...* (Leipzig, 1893, in-8°, pp. 87-89).

2384 **Simon** (Moritz). *Ueber den flexivischen Verfall des Substantivs im Rolandsliede*. — Bonn, 1867, in-8°.

2385 **Darin** (Robert). *Observations sur la syntaxe du verbe dans l'ancien français*. — Lund, 1868, in-8°.

L'auteur s'appuie sur la *Chanson de Roland*, le *Rou* et le *Dolopathos*.

2386 **Trautmann** (Moriz). *Bildung
und Gebrauch der tempora und modi in
der Chanson de Roland. I. Die Bildung
der tempora und modi.* — Halle, 1871,
in-8°.

2387 **Carlberg** (A. E). *Étude sur
l'usage syntaxique dans la Chanson de
Roland,* 1ʳᵉ partie. — Lund, 1874, in-8°.

2388 **Beyer** (Ernestus). *Die pronomina
im altfranzösischen Rolandsliede.* — Halle,
1875, in-8°.

2389 **Scholle** (Franz). *Die a-, ai-, an-,
en- Assonanzen in der Chanson de Roland.
Jahrbuch für romanische und englische
Sprache und Literatur,* XV = nouvelle série,
t. III, 1876, pp. 65-81, in-8°.

2390 **Rambeau** (Adolf). *Ueber die
als echt nachweisbaren Assonanzen der
Chanson de Roland.* — Marbourg, 1877,
in-8°.

Cf. *Ueber die als echt nachweisbaren Assonanzen des Oxforder textes der Chanson de
Roland.* — Halle, 1878, in-8°.

2391 **Morf** (Heinrich). *Die Wortstellung im altfranzösischen Rolandsliede.
Romanische Studien,* t. III, 1878, pp. 199-
294.

« Ce travail fournit à un important chapitre de l'histoire de la syntaxe une base très
solide » (*Romania,* 1878, p. 632).

2392 **Freund** (Heinrich). *Ueber die
Verbalflexion der ältesten französischen
Sprachdenkmäler bis zum Rolandslied
einschliesslich.* — Marbourg, 1878, in-8°.

2393 **Eichelmann** (Ludwig). *Ueber
flexion und attributive Stellung des Adjec-
tivs in den ältesten französischen Sprachdenkmälern bis zum Rolandslied einschliesslich.* — Marbourg, 1879, in-8°.

2394 **Bockhoff** (Heinrich). *Der syntaktische Gebrauch der tempora im Oxforder texte des Rolandsliedes.* — Munster,
1880, in-8°.

2395 **Mussafia** (A.). *Zum Oxforder
Roland.
Zeitschrift für romanische Philologie,*
IV, 1880, pp. 104-113, in-8°.

« Le savant professeur de Vienne a réuni,
au grand profit de l'histoire de la langue, tous
les exemples d'accord ou de non accord du

participe passé construit avec *avoir* dans le
Roland d'Oxford » (*Romania,* IX, 1880, p. 429).

2396 **Flaschel** (H.). *Die gelehrten
Wörter in der Chanson de Roland : ein
Sprachgeschichtlicher Versuch.* — Neisse,
1881, in-8°.

2397 **Riecke** (Otto). *Die Construction
der nebensätze im Oxforder texte des
altfranzösischen Rolandsliedes.* — Munster,
1884, in-8°.

2398 **Goehling** (Dʳ). *Die Satzverbindung im altfranzösischen Rolandsliede.* —
Brandebourg, 1886, in-8°.

2399 **Niebuhr** (Carl). *Syntaktische
Studien zum altfranzösischen Rolandsliede,* I. — Gœttingue, 1888, in-8°.

2400 **Alscher** (R.). *Der Konjunctiv
im Rolandsliede.* Programm der Oberreal-
Schule zu Jägerndorf, 1888.

2401 **Niebuhr** (Carl). *Syntaktische
Studien zum altfranzösischen Rolands-
liede,* II. — Gœttingue, 1888 et 1889, in-8°,
(Voy. le n° 2399.)

2402 **Bauer** (Rudolf). *Ueber die subjektiven Wendungen in den altfranzösi-
chen Karlsepen mit besonderer Berücksichtigung der verschiedenen Versionen des
altfranz. Rolandslieds.* — Francfort-sur-
le-Mein, 1889, in-8°, (Dissertation de Heidelberg.)

Cf. *Romania,* 1890, XIX, 158-159.

XVIII. GLOSSAIRES

Plusieurs Glossaires spéciaux ont été
publiés à la suite des éditions du *Roland,*
dont l'énumération est ci-dessous :

2403 **Michel** (Francisque). *La Chanson
de Roland.* — Paris, 1837, in-8°, pp. 169 et
ss.

Il est impossible de considérer comme un
glossaire l'index historique et philologique de
Génin (*Chanson de Roland.* — Paris, 1850, in-8°,
pp. 537-560).

2404 **Gautier** (Léon). *La Chanson de
Roland,* 1ʳᵉ éd. — Tours, 1872, 2 vol. in-8°,
t. II, pp. 275-478. — Cf. 4ᵉ éd. (classique),
Tours, 1875, in-18, pp. 513-652 ; 7ᵉ éd.
(classique), Tours, 1880, in-18°, pp. 491-
632, etc., etc.

Toutes les formes citées dans ce Glossaire
sont celles du manuscrit d'Oxford lui-même,
et non pas celles du texte critique.

2405 **Clédat** (L.). *La Chanson de Roland*, 1886, in-18 (classique), pp. 153-221.

« Nous n'avons pas fait entrer dans ce Glossaire les mots qui appartiennent encore à la
langue française et dont le sens ne diffère pas
de la signification qui leur est donnée dans
notre texte. Nous indiquons les formes succes-
sives du même mot jusqu'à la forme actuelle.
Nous n'avons pas cru devoir renvoyer aux
différents vers où se rencontre chaque accep-
tion. »

2406 **Talbot** (E.). *Extraits de la Chanson de Roland...* — Paris, s. d. [1886],
in-18°.

Glossaire très sommaire ; huit pages sans
renvois aux vers de la chanson.

2407 **Paris** (Gaston). *Extraits de la
Chanson de Roland.* — Paris, in-18°, 1ʳᵉ édit.,
1887, in-18°, pp. 165-220 ; 2ᵉ éd. 1890,
pp. 113-155 ; 3ᵉ éd. 1891, et 4ᵉ éd. 1893,
pp. 116-160.

Les notations ne sont pas celles du manuscrit
d'Oxford, mais les notations rectifiées par
G. Paris.

Dans les Glossaires de la *Chrestomathie*
de Bartsch et de *La Langue et la littérature françaises depuis le* ix* siècle jusqu'au xiv* siècle, du même auteur (Paris,
1887, in-8°), il se trouve un certain nombre
de mots qui sont tirés des extraits de la
Chanson de Roland, publiés dans ces deux
Anthologies, etc., etc.

On consultera utilement les ouvrages suivants dont on trouvera l'énumération plus
détaillée dans l'excellente Bibliographie de
Seelmann et dans le *Systematisches Verzeichnis der Programmabhandlungen, Dissertationen und Habilitationsschriften* de H. Varnhagen et Joh. Martin. — Leipzig, 1893, in-8°.

2408 **Pakscher** (A.). *Zur Kritik und
Geschichte des altfranzösischen Rolandsliedes.* — Berlin, 1885, in-8°. Voy. le n° 2361.

Voy. pp. 107-130** : Die gelehrten und geistli-
chen Elemente im Rolandsliede.

2409 **Flaschel** (Hermann). *Die gelehrten Wörter in der* Chanson de Roland. —
Neisse, 1881, in-8°. Voy. le n° 2396.

2410 **Schmilinsky** (G.). *Probe eines
Glossars zur* Chanson de Roland. — Halle,
1876, in-4°.

XIX. Rythmique

Des *Rythmiques* spéciales du *Roland* ont
été publiées dans les éditions suivantes :

2411 **Genin** (F.). *La Chanson de Roland.* — Paris, 1850, in-8°.

« De la versification du *Roland* », pp. cxlvi-
cxlvii.

2412 **Gautier** (Léon). *La Chanson de
Roland*, 4ᵉ édition (édition classique). — Paris,
1885, in-18.

Rythmique, pp. 508-512. Cf. la 7ᵉ édition,
pp. 484-489, et les *Épopées françaises*, 2ᵉ éd.,
tome III, 1880, pp. 499 et ss.

2413 **Clédat** (L.). *La Chanson de Roland.* — Paris, 1886, in-18, pp. xxxiv, xxxv.

2414 **Paris** (Gaston). *Extraits de la
Chanson de Roland.* — Paris, in-18, 1ʳᵉ éd.,
1887, pp. 82-88 ; 2ᵉ éd., 1889, pp. 55-60 ;
3ᵉ éd., 1891, pp. 56-61 ; 4ᵉ éd., 1893, pp.
57-62.

Tableau des assonances dans les cinquante-
six couplets qui sont publiés par G. Paris.

Cf. les ouvrages suivants, dont on trouvera, dans la *Bibliographie* de Seelmann,
une nomenclature plus détaillée et plus complète :

2415 **Paris** (Gaston). *Les assonances du
Roland.*

Romania, II, 1873, pp. 263, 264.

Tableau dressé d'après l'édition Bœhmer.

2416 **Raynaud** (Gaston). *Les assonances du Roland.*

Romania, III, 1874, p. 291.

Pour compléter et redresser le tableau de
Gaston Paris.

2417 **Hill** (Franz). *Ueber das Metrum in
der* Chanson de Roland. — Paris, Strasbourg,
1874, in-8°.

Théorie de l'élision, du hiatus, etc.

2418 **Petit de Julleville** (L.). *La
Chanson de Roland*, traduction nouvelle,
rythmée et assonancée. — Paris, 1878, pct.
in-8.

Le chapitre vi de l'Introduction est intitulé :
*De la versification dans la Chanson de Roland
et du procédé employé dans cette traduction*,
pp. 79 et ss.

2419 **Dietrich** (Otto). *Ueber die wie-*

derholungen in den altfranzösischen Chansons de Geste. — Erlangen, 1881, in-8°.

Théorie des couplets similaires.

2420 Schneider (Bernhard). *Die Flexion des Substantivs in den ältesten Metrischen des französischen Denkmälern.* — Marbourg, 1883, in-8° (*Zum vorkommen des Hiats im Rolandslied*, pp. 57-61.)

2421 Reissert (Oswald). *Die syntaktische Behandlung des zehnsilbigen Verses im Alexius und Rolandsliede*, erster Theil. — Marbourg, 1883, in-8. Diss. Sva.

2422 Merlet (Gustave). *Études littéraires,* etc. — Paris, 1883, in-8°, pp. 10-11.

De la prosodie du texte d'Oxford.

2423 Havet (Louis). *Le décasyllabe roman.*

Romania, XV, 1886, p. 126.

L. Havet propose, comme origine de ce décasyllabe, le trimètre iambique paroxyton.

2424 Henry (V.). *Contribution à l'étude des origines du décasyllabe roman.* — Paris, 1886, in-8°.

M. Henry rapproche le décasyllabe de l'iambique scazon de Martial. Cette hypothèse, de Louis Havet, est irréprochable au point de vue métrique.

2425 Stengel (E.). *La versification romane (Grundriss der romanischen Philologie,* hgg. von *Gustav Gröber*, I, 1893, pp. 1-96).

« Des divergences d'opinion ne sauraient empêcher de rendre hommage au mérite d'un ouvrage si neuf et si précieux. Les recherches sur la versification romane auront désormais une base et un cadre. Rien d'essentiel ne paraît omis. » (*Romania,* 1893, p. 243.) L'auteur de l'article reproche à M. Stengel de n'avoir pas suffisamment utilisé l'*Essai sur l'origine et l'histoire des rythmes* de M. M. Kawczinski, « un des livres les plus remarquables qu'on ait encore écrits sur le sujet » (*l. c.,* p. 344).

Dans notre *Épopée nationale (Histoire de la littérature française,* chez Colin, 1895, in-8°, t. I), nous avons renoncé à notre première opinion sur l'origine métrique du décasyllabe et avons adopté le système de G. Paris, sur l'origine rythmico-populaire de la versification romane.

XX. LE STYLE

2426 Génin (F.). *La Chanson de Roland.* — Paris, 1850, in-8°, pp. VI-XV.

« Désormais on ne reprochera plus à la littérature française de manquer d'une épopée : voilà le *Roland* de Theroulde... Deux passions remplissent le poème : la valeur et l'amour de la patrie. Nulle part ailleurs on ne retrouve cette tendresse émue, ce dévouement sans bornes pour la terre de France. Ce fait suffit à échauffer l'œuvre d'un bout à l'autre. »

2427 Paris (Paulin). *Histoire littéraire de la France,* t. XXII, Paris, 1852, in-4°, pp. 735, etc.

« On reconnaîtra que le style du *Roland* est simple, grave, imposant, d'une chaleur pénétrante... Le vers se forme de lui-même sans recherche, sans travail, sans ôter au langage ordinaire rien de sa libre allure... L'auteur ne tombe jamais dans les lieux communs... »

2428 Souvestre (Émile). *Causeries historiques et littéraires,* 3° série. — Paris, 1861, in-12°, pp. 206-224.

« Chapitre VI : Le Chant de Roland ; — époque de sa composition ; — analyse et citations ; — toutes les conditions de l'épopée s'y trouvent remplies ; — ce qui le fait différer des *Niebelungen* ; — pourquoi le *Chant de Roland* n'est pas resté un monument poétique populaire comme l'*Iliade,* en Grèce, ou la *Jérusalem délivrée,* en Italie ? »

2429 Gautier (Léon). *Les Épopées françaises,* 1re édition. — Paris, 1885, in-8°, t. I.

Le volume se termine par ces mots : « La Chanson de Roland vaut l'*Iliade,* » qui ont été expliqués et atténués à la page XV du second volume, etc. — Cf. ce second volume (Paris, 1867, in-8°) aux pp. 405 et 406, et le t. III de la seconde édition (Paris, 1880, in-8°), aux pp. 561, 562. — Voy. aussi, du même auteur, *Le Style des chansons de geste,* dans la *Revue du monde catholique* des 10 et 25 mars 1870.

2430 D'Avril (Adolphe). *La Chanson de Roland,* 1re édit. — Paris, 1865, in-8°, pp. CV-CVIII.

« L'émotion va toujours croissant, et notre épopée atteint les dernières limites du pathétique sans être tombée une seule fois dans l'exagération... Devant ces admirables scènes, dit M. Vitet, un seul mot vient à l'esprit, le mot *sublime* » (p. LVII).

Cf. les autres éditions du baron d'Avril ; celle de 1877, à la p. 14, etc.

2431 Gautier (Léon). *La Chanson de Roland,* 1re édition. — Paris, 1872, in-8°.

Voy. dans l'*Introduction* « Un chapitre d'esthétique. La beauté du Roland » (pp. LXXI-LXXVIII).

Cf. dans la 4° édition, le chapitre intitulé :

Le Style (pp. XXVIII et suiv.); dans la 7ᵉ, le même chapitre (pp. XXVI et ss.), etc.

2432 Aubertin (Charles). *Histoire de la langue et de la littérature françaises au moyen âge,* d'après les travaux les plus récents. — Paris, in-8°, t. I, 1876, pp. 172-189, et t. II, 1883, pp. 276-292.

2433 Nyrop (Kristoffer). *Den oldfranske Heltedigtning.* — Copenhague, 1883, in-8°, p. 336.

Cf. la traduction italienne, Turin, 1886, in-8°, p. 322 : « *La Chanson de Roland* ha le sue belleze et l'*Iliade* le sue, e si possono gustare ambedue i poemi senza che sia necessario paragonare i loro prezi estetici. Si resta entusiasmati nel leggerli e l'animo si diletta di essi come di due più splendidi e imponenti prodotti della primitiva poesia popolare. »

2434 Merlet (Gustave). *Études littéraires sur les classiques français des classes supérieures.* — Paris, 1883, in-8°, pp. 12-33.

2435 Clédat (L.). *La Chanson de Roland.* — Paris, 1886, in-8°, pp. IX-XI.

« L'introduction de la *Chanson de Roland* dans l'enseignement secondaire était justifiée non seulement par le grand mérite littéraire de ce vieux poème, mais encore par sa haute valeur morale. Du premier au dernier vers il respire un ardent amour de « douce France », un profond sentiment de l'honneur et du devoir. En le lisant, les jeunes générations apprendront à servir leur pays sans défaillance, à « mieux aimer mourir que laisser honnir la France » (p. XII).

2436 Talbot (E.). *Extraits de la Chanson de Roland,* etc. — Paris, s. d. (1886), in-18, pp. 14-20.

2437 Paris (Gaston). *Extraits de la Chanson de Roland.* — Paris, 3ᵉ édit. 1891, 4ᵉ édit. 1893, pp. XXVI-XXX.

« *La Chanson de Roland* se dresse à l'entrée de la voie sacrée où s'alignent depuis huit siècles les monuments de notre littérature, comme une arche haute et massive, étroite si l'on veut, mais grandiose et sous laquelle nous ne pouvons passer sans admiration, sans respect et sans fierté » (p. XXX). Cf. *La littérature française au moyen âge*, 1890, pp. 60 et ss.

Cf. les ouvrages suivants dont on trouvera l'énumération plus détaillée dans la Bibliographie de Seelmann (pp. 52-54) et dans le livre, déjà cité, de Vernhagen (pp. 87-88).

2438 Weddigen (Otto). *Études sur*

la composition de la Chanson de Roland, — Schwerin, 1874, in-8°.

2439 Graevell (Paul). *Die Charakteristik der Personen im Rolandslied.* — Marbourg, 1880, in-8°. Voy. le n° 2466.

2440 Ziller (Fritz). *Der epische Stil des altfranzösischen Rolandslied.*

« Programm des Real-Gymnasiums in Magdeburg. » — Magdebourg, 1883, in-4°.

2441 Groth (Ernst Johannes). *Vergleich zwischen der Rhetorik im altfranzösischen Rolandslied und in Karls Pilgerfahrt.*

Archiv für das Studium der neueren Sprache, LXIX, 1883, pp. 391-418.

2442 Ritschel (A.)? *Remarques sur les épithètes dans la Chanson de Roland.* « Programm der Realschule zu Elbogen », 1883.

2443 Drees (Heinrich). *Der Gebrauch der Epitheta ornantia im altfranzösischen Rolandslied* (Oxforder Text). — Munster, 1883, in-8°.

2444 Zutavern (Karl). *Ueber die altfranzösische epische Sprache.* — Heidelberg, 1885, I. in-8°.

D'après *La Chanson de Roland, Gormont et Isembard* et le *Voyage de Charlemagne*.

2445 Kunze (Albert), *Das formelhafte in Girart de Viane verglichen mit dem formelhaften im Rolandsliede.* — Halle, 1885, in-8°.

2446 Lemberg (Dietr.). *Die verbalen Synonyma im Oxforder Texte des altfranzösischen Rolandsliedes.* — Leipzig, 1888, in-8°.

2447 Vieluf (Gustav). *Zum französischen Rolandsliedes Komposition und Stil.* — Hirschberg, 1889, in-8°.

2448 Vising (Johan). *Les débuts du style français.*

« Fait partie du recueil de Mémoires philologiques présentés à Gaston Paris par ses élèves suédois. » — Stockholm, 1889, in-4°, pp. 189-195.

Cf. Gaston Paris, *Romania*, XIX, 1890, pp. 129-130.

—

« *La Chanson de Roland* a été souvent l'objet

d'une comparaison avec les autres épopées. Nous ne pouvons qu'indiquer ici deux ou trois de ces essais de littérature comparée. Cf. les livres cités plus haut où l'on rapproche si fréquemment le *Roland* de l'*Iliade* (n°⁸ 455, 456, 457), etc., etc.

2449 **Schlegel** (Friedr.). *Geschichte der alten und neuen Literatur*, édition de l'*Athenæum* de Berlin, I, pp. 203-205.

Belle page sur l'ancienne chanson de Roland (que Schlegel cherche à reconstituer) et sur l'œuvre de l'Arioste comparée à la légende carolingienne.

2450 **Paris** (Gaston). *La Chanson de Roland et les Niebelungen*.

Revue germanique et française, t. XXV, Paris, 1863, in-8°, pp. 292-302.

« C'est l'âme de la France féodale telle qu'elle existait au xiᵉ siècle, qui vivifie et inspire la *Chanson de Roland* » (p. 294).

« Les *Niebelungen* sont un poème humain, la *Chanson de Roland*, un poème national » (p. 300).

2451 **Monge** (Léon de). *Études morales et littéraires. Épopées et romans chevaleresques :* I. *Les Niebelungen, la Chanson du Roland, le poème de Cid.* — Paris, 1887, in-8°.

———

' *Roland* a, depuis « l'année terrible », inspiré plus d'un poète national. Deux œuvres — une épopée, un drame, — ont ici surpassé toutes les autres : la *Légende des Paladins*, d'Autran, et la *Fille de Roland*, de M. de Bornier. Il nous paraît superflu, sans remonter au *Roland à Roncevaux*, de Mermet (1863), de mentionner ici une foule d'œuvres lyriques ou théâtrales qui ont eu Roland pour héros.

C'est seulement à titre de curiosité que nous reproduisons un programme du *Chat Noir* : « *Théâtre du Chat Noir.* Programme in-4° de « 8 folios non numérotés (de l'imprimerie de « Charles Blot, rue Bleue, Paris s. d. (1891) : « *Roland*, oratorio en 3 tableaux, poésie de « Georges d'Esparbès, musique de Charles de « Sivry... Décors de Henry Rivière ; découpa- « ges de M. Barat. »

XXI. Les idées et les mœurs.

I. Vie publique et vie privée.

2452 **Littré** (E.). *La Poésie épique dans la société féodale.*

Revue des Deux-Mondes, 1ᵉʳ juillet 1854.

Réimprimé plus tard dans l'*Histoire de la langue française*, I, pp. 256 et ss.

2453 **D'Avril** (Adolphe). *La Chanson de Roland*, 1ʳᵉ édit., Paris, 1865, in-8°.

« Du christianisme (p. xxxix). — Turpin ou du Clergé (xliii). — Charlemagne ou de la Royauté (p. xlvi). — De la tradition nationale (p. l). — Les sentiments, les idées, le merveilleux (p. lxv). — De la piété (p. lxx). — De l'idée du droit (p. lxxviii). — De l'amour (p. lxxxviii). — De l'amitié (p. xciv). — Les petits (xcvi). »

2454 **Luce** (Siméon). *Le génie français dans la Chanson de Roland.*

Revue contemporaine, LV (1867), pp. 630-645.

2455 **Gautier** (Léon), *L'idée politique dans les chansons de geste.*

Revue des questions historiques, IVᵉ année (1869), t. I, pp. 79-114.

Long développement juridique sur le procès de Ganelon (pp. 101-108) : « Tout un cours de droit féodal est implicitement contenu dans nos chansons » (p. 108, etc.).

L'*Idée politique* a été réimprimée dans la *Littérature politique et nationale*, 1894, in-8°, pp. 81-116.

2456 **Bresslau** (Dʳ). *Rechtsalterthümer aus dem Rolandslied.*

Archiv für das Studium der neueren Sprache und Literatur, XLVIII, 1871, pp. 291-306.

2457 **Petit de Julleville** (L.). *La Chanson de Roland*, traduction nouvelle, rythmée et assonancée. — Paris, 1878, petit in-8°.

Le chapitre iii de l'*Introduction* est intitulé : *Les mœurs et les caractères* (pp. 46 et ss.).

2458 **Gautier** (Léon). *Les Épopées françaises*, 2ᵉ éd. — Paris, t. I, 1878, in-8°, pp. 529 et suiv.

« L'épopée française du moyen âge considérée comme le reflet exact de la société des xiᵉ-xiiᵉ siècles. — Peinture rapide de cette société. — Nombreuses citations du *Roland*. »

2459 **Gautier** (Léon). *La Chevalerie*, 1ʳᵉ éd. — Paris, 1883, gr. in-8°.

Mentions fréquentes du *Roland*, notamment aux pp. 57, 58, 61, 62, 63, 67, 68, 527, 528, 662, 663, etc.

2460 **Weisz** (A. M.). *Die Entwicklung des christlichen Ritterthums.*

Görres-Gesellschaft. Historisches Jahrbuch, redigirt von Dʳ Georg Hüffer. — Munster, 1880, in-8°.

2461 Paris (Gaston). *La Poésie française au moyen âge : leçons et lectures,* — Paris, 1885, in-18°.

Pp. 86-118 : *La Chanson de Roland et la Nationalité française*, leçon d'ouverture au Collège de France, 8 décembre 1870.

2462 Settegast (F.). *Der Ehrbegriff im altfranzösischen Rolandsliede.*
Zeitschrift für romanische Philologie, IX (1865), pp. 204-222.

2463 Veckenstedt (Edmund). *Die farbenbezeichnungen im* Chanson de Roland *und in der Nibelunge not.*
Zeitschrift für Völkerpsych. und Sprache, XVII (1887), pp. 139-161.

2464 Baist (G.). *Der gerichtliche Zweikampf nach seinem Ursprung und im Rolandslied.*
Romanische Forschungen, 1889, V.

II. LES CARACTÈRES ET LES PERSONNAGES.

2465 Reiffemberg (baron de). *Chronique rimée de Philippes Mouskes.* — Bruxelles, 1836, 1838, 1845, 3 vol. in-4°. Collection des chroniques belges inédites.

Simples notes sur Roland, Olivier, Aude (t. I, pp. 112, 180-184, 186, 206, 233, 237, 241, 272, 299, 319, 322, 327, 330, 333,334,342, 352, 353, 354), et Études plus développées sur les héros des chansons de geste : sur Charlemagne, t. II, (*Introduction*, p. CL) ; sur Turpin (*ibid.*, CLIV) ; sur Roland (*ibid.*, CLXXXI) et, enfin, sur Ganelon (*ibid.*, CXCIX).

2466 Graevell (Paul). *Die Characteristik der Personen im Rolandslied, ein Beitrag zur Kenntniss seiner poetischen Technik.* — Marbourg, 1880, in-8°.

Réimprimé (?) à Heilbronn, chez Henninger, 1880, in-8°.

XXII. ROLAND DANS L'ART.

Le principal ouvrage sur la matière est le suivant :

2467 Muntz (Eugène). *La légende de Charlemagne dans l'art du moyen âge.*
Romania, XIV, 1885, pp. 321-342.

Sur l'iconographie de Roland, voir surtout les pp. 327, 328, 329, 331, 333, 337. — Sur les *Rolandssaulen*, la p. 341, etc.

On pourra consulter aussi les livres et articles suivants, etc.

2468 Gautier (Léon). *La Chanson de Roland.* — Tours, 1872, 2 vol. 1888.

Reproduction (d'après deux dessins de Jules Quicherat) :
1° Des deux statues d'Olivier et de Roland au porche de la cathédrale de Vérone ;
2° D'un médaillon du vitrail de Chartres qui représente Roland sonnant du cor et fendant le rocher.
Ces mêmes dessins sont reproduits dans la 4° édition (classique). — Tours, 1875, in-8°, pp. 397 et 398, etc., etc.

2469 Vetault (Alphonse). *Charlemagne.* — Tours, 1ʳᵉ éd., 1877, in-8°.

Reproduction du vitrail de Chartres où les médaillons 16-21 représentent les différents épisodes de la bataille de Roncevaux, d'après la Chronique de Turpin (pp. 74-75). — Cf. p. 475 la reproduction des statues de Vérone (p. 475).

2470 Avril (A. d'). *Iconographie de Roland.*
Notes d'art et d'archéologie, août 1890.

Sur la question des *Rolandssaulen*, ou « statues de Roland », voir l'ouvrage de Leibniz : *Annales imperii occidentis Brunsvicenses* (année 778); les Dissertations de J. Gryphiander (*Commentarius de weichbildis saxonicis seu de colossis Rolandinis urbium quarumdam saxonicarum*, Francfort, 1624, in-4°); de J. H. Eggeling (*Dissertatio de statuis Rolandinis*, Brème, 1700, in-4°); de J. F. Rhetius (*Dissertatio de statuis Rolandinis, jurium quorumdam indicibus*, Francfort, 1670, in-4°); de Nic. Meyer (*Dissertatio de statuis et colossis Rolandinis*, Bâle, 1675, et Halle, 1739, in-4°); de Karl Tuerk (*Dissertatio historico-juridica de statuis Rolandinis*, Rostock, 1825, in-4°); de Wilhelm Stapperbeck (*Ueber die Rolandssaulen*, Berlin, 1847, in-8°), et de H. Zœpfl, *Die Rulandssaüle*, Leipzig et Heidelberg (1861, in 8°).

L'*Illustrirte Zeitung*, en son numéro du 11 juin 1892, a donné la reproduction de dix-huit « statues de Roland », toutes en Allemagne.

XXIII. Diffusion a l'étranger de la légende rolandienne et de la Chanson de Roland.

I. Généralités.

2471 **Génin** (Fr.). *La Chanson de Roland.* — Paris, 1850, in-8°.

Le chapitre VII de l'*Introduction* est intitulé : *Imitations et traductions du Roland, soit en France, soit à l'étranger* (pp. CXXIV et ss.).

2472 **Paris** (Gaston). *Histoire poétique de Charlemagne.* — Paris, 1865, in-8°.

Diffusion à l'étranger de l'épopée française et, en particulier, de la légende de Roland : Allemagne, p. 118 ; Pays-Bas, p. 135 ; Pays-Scandinaves, p. 147 ; Angleterre, p. 154 ; Italie, p. 159 ; Espagne, p. 203.

2473 **Gautier** (Léon). *La Chanson de Roland*, 1ʳᵉ éd., — Tours, 1872, 2 vol. in-8°.

T. I. Le chapitre XIV de l'*Introduction* (pp. CXX et ss.) est consacré à la diffusion du *Roland* dans tous les pays de l'Europe. (Allemagne, p. CXX ; Néerlande, p. CXXV ; Pays Scandinaves, p. CXXVII ; Angleterre, p. CXXIX ; Italie, p. CXXXI ; Espagne, p. CXXXIX.)

Dans les éditions classiques (comme la quatrième, qui a paru en 1875), le chapitre de l'*Introduction* intitulé *La Gloire* est consacré au même sujet (pp. XXXIV-XLV). Cf. la 7ᵉ édition (pp. XXXIV-XXXIX), etc., etc.

2474 **Paris** (Gaston). *La littérature française au moyen âge.* — Paris, 1890, in-18° (2ᵉ éd.), pp. 51, 52.

Résumé en deux pages sur l'influence à l'étranger de notre Épopée nationale et, en particulier, du *Roland*.

2475 **Gautier** (Léon). *Les Épopées françaises.* — Paris, 1878-1894, in-8°, t. II, 1894, pp. 272 et ss.

Voyages de l'Épopée française (et, en particulier, du *Roland*) : 1° En Allemagne, p. 272 ; 2° en Néerlande, p. 293 ; 3° en Angleterre, p. 302 ; 4° aux Pays Scandinaves, p. 320 ; 5° en Espagne, p. 326 ; 6° en Italie, p. 345.

Cf. le chapitre intitulé : L'*Épopée nationale dans l'Histoire de la langue et de la littérature française*, publiée par A. Colin sous la direction de M. Petit de Julleville, t. I (1896), pp. 153-160.

II. Le Roland en Allemagne.

L'histoire de diffusion de nos chansons en Allemagne peut se résumer en quelques lignes. Deux de nos poèmes ont été populaires de l'autre côté du Rhin : le *Roland* et l'*Aliscans*. Ce dernier roman a donné lieu au beau poème de Wolfram d'Eschenbach, au *Willehalm* et à ses compléments par Ulrich von dem Turlin (*Arabellens Entführung*) et par Ulrich von Thürheim (*Rennewart*). Le *Willehalm* est une œuvre des premières années du XIIIᵉ siècle, et c'est durant ce même siècle qu'ont été écrits les deux compléments dont nous venons de parler. Quant au *Roland*, dont nous avons ici à nous préoccuper tout particulièrement, il a donné lieu (vers le milieu du XIIᵉ siècle) au *Ruolandes Liet* du curé Conrad, qui est une sorte de traduction de notre vieux poème, et au *Karl* du Stricker (vers 1290) qui est au *Ruolandes Liet* ce que nos remaniements sont à notre plus ancien poème. Il faut, pour être complet, joindre à cette brève nomenclature la *Kaiserchronik*, ce poème du XIIᵉ siècle, qui n'a rien de français, et le *Karl Meinet*, cette compilation du commencement du XIVᵉ siècle où l'auteur s'est inspiré surtout du faux Turpin.

a. Le Ruolandes Liet du curé Conrad.

Le *Ruolandes Liet* a été publié deux fois, la première par W. Grimm, la seconde par K. Bartsch :

2476 **Grimm** (W.). *Ruolandes Liet*, herausgegeben von Wilhelm Grimm mit einem Facsimile und den Bildern der pfälzischen Handschrift. — Gœttingue, 1838, in-8°.

2477 **Bartsch** (Karl). *Das Rolandslied*, herausgegeben von Karl Bartsch. — Leipzig, 1874, in-8°.

Cf. les ouvrages suivants.

2478 **Michel** (Francisque). *La Chanson de Roland.* — Paris, 1837, in-8°.

Analyse des poèmes allemands sur la bataille de Roncevaux, composés par le prêtre Chuonrat et par Striker (pp. 284-296).

2479 **Heydler** (W. F.). *Vergleichung des Rolandsliedes vom Pfaffen Conrad und des Karl vom Stricker, nebst einem Frag-*

ment einer niederdeutschen Predigt aus dem XIII Jahrhundert. — Francfort-sur-l'Oder, 1840, in-4º.

2480 Golther (Wolfgang). *Das Rolandslied des Pfaffen Konrad, seine poetische Technik im Verhältniss zur französischen* Chanson de Roland... — Munich, 1866, in-8º.

« L'auteur étudie avec sympathie, mais impartialement, les traits par lesquels Conrad se distingue de son modèle français. Ce qui nous intéresse le plus est l'hypothèse d'une source française perdue pour l'Introduction du *Rolandslied*, laquelle, comme on le sait, ne se trouve dans aucun texte français. » (*Romania*, XV, 641.)

b. LE STRICKER.

Le *Stricker* a été publié par Bartsch.

2481 Bartsch (Karl). *Karl der Grosse von dem Stricker,* herausgegeben von Karl Bartsch. — Quedlinbourg et Leipzig, 1852, in-8º.

Voy. plus haut, l'ouvrage de W. F. Heydler et la Dissertation suivante :

2482 Ammann (J.-J.). *Das Verhältnis von Strickers Karl zum Rolandslied des Pfaffen Konrad mit Berücksichtigung der* Chanson de Roland. — Leipzig, 1889, in-8º.

c. KAISERCHRONIK.

La Kaiserchronik a été publiée deux fois, la première par Ferd. Massmann, la seconde par Joseph Diemer.

2483 Massmann (Hans Ferd.). *Der Keiser und der Kunige Buoch oder die sogenannte Kaiserchronik,* etc... herausgegeben von Hans Ferd. Massmann. — Quedlinbourg et Leipzig, 1849, 3 vol. in-8º.

2484 Diemer (Joseph). *Die Kaiserchronik nach der ältesten Handschrift des Stiftes vorau aufgefunden mit einer Einleitung anmerkungen und den Lesearten der Zunæchst stehenden hss,* herausgegeben von Joseph Diemer, Theil I. — Urtext. auf Kosten der Kais. Academie der Wissenschaften. — Vienne, 1849, in-8º.

d. KARL MEINET.

Le *Karl Meinet* a été publié par Adelbert von Keller et longuement commenté par Karl Bartsch.

2485 Keller (Adelbert von). *Karl Meinet, zum ersten Mal,* herausgegeben durch Adelbert von Keller. — Stuttgart, 1858, in-8º.

(Bibliothek des literarischen Vereins, in Stuttgart, XLV.)

L'ouvrage le plus complet sur la matière est le suivant :

2486 Bartsch (Karl). *Ueber Karl Meinet, ein beitrag zur Karlssage.* — Nuremberg, 1861, in-8º.

Pour tout ce qui concerne l'Allemagne, voy. plus haut l'article « *Généralités* », et cf. le passage suivant de l'*Histoire poétique des Mérovingiens* par Godefroy Kurth (Paris, 1893, in-8º, p. 498): « Au XIIe siècle, ce sont les chansons de geste françaises qui, traduites en allemand, réveilleront la vie littéraire d'outre Rhin et détermineront la renaissance à laquelle nous devons l'épopée des *Nibelungen*. » •

III. ANGLETERRE.

Il n'y a, pour la diffusion de nos romans en Angleterre, rien à signaler avant la conquête normande. Avec cette conquête commence la période *française*, durant laquelle les conquérants se font purement et simplement chanter des poèmes français par des jongleurs français. A cette période succède la période *anglo-normande*, où l'on voit quelques poèmes composés en pays anglais dans le dialecte anglo-normand. Puis vient la période *des traductions et des imitations en anglais*, et c'est ici qu'il convient de mentionner le *Roland* anglais qui fut écrit au xve siècle d'après nos remaniements. Mais les deux poèmes qui ont conquis la plus grande vogue de l'autre côté du détroit, sont incontestablement le *Fierabras* et l'*Otinel*. De là le *sir Ferumbras* du xve siècle avec son introduction, The sowdon of Babylone ; de là le *sir Otuel*, antérieur à 1330, avec une introduction qui reproduit sans doute un de nos romans perdus, *The siege of Melaine.* — Le 18 juin 1485, W. Caxton fait paraître une *Lyf of Charles the Great* qui n'est qu'une traduction de nos *Conquestes du grand roi Charlemaine des Espaignes* (une des formes du *Fierabras*). Il ne reste plus qu'à citer les adaptations théâtrales de nos vieux romans et, en première ligne, le *Songe d'une nuit d'été*, qui est un des chefs-d'œuvre de Shakespeare.

2487 **Michel** (Francisque). *La Chanson de Roland.* — Paris, 1837, in-8°, pp. 279-284.

« Analyse d'un fragment en vieil anglais sur la bataille de Roncevaux » (d'après le ms Lansdownien, n° 388).

2488 **Nicholson** (A.). *The romances of « Rouland and Vernagu », and « Otuel » from the Auchinleck mss.* — Edimbourg, pour l'Abbotsford Club, 1836, in-4°. Voy. le n° 223.

2489 **Paris** (Gaston). *Histoire poétique de Charlemagne.* — Paris, 1865, in-8°.

La légende de Charlemagne en Angleterre, le *Roland*, etc. (pp. 154 et ss.)

2490 **Schleich** (Gustav). *Prolegomena ad carmen de Rolando anglicum.* — Burg, 1879, in-8°.

2491 **Schleich** (Gustav). *Beiträge zum mittelenglischen Roland.*

Anglia, IV, 1881, pp. 307-341.

2492 **Herrtage** (Sidney J.). *The english Charlemagne romances*, part. II. « The Sege off Melayne » and « The romance of duke Rowland and sir Otuell of Spayne » ; now for the first time printed from the unique ms. of R. Thornton, in the British Museum (ms. addit. 31, 042) Together with a fragment of « The song of Roland » from the unique ms. Lansd. 388, edited by Sidney J. Herrtage. — Londres, 1880, in-8°.

Early English text Society. Extra series, n° XXXV.

2493 **Herrtage** (Sidney J.). *The english Charlemagne romances*, part. VI, … fragments of « Roland and Vernagu » and « Otuel » from the unique Auchinleck ms. about 1330 A. D. — Londres, 1882, in-8°.

Early English Text Society. Extra series, n° XXXIX.

Pour tout ce qui concerne l'Angleterre, voy. plus haut l'article « Généralités » (n°ˢ 2471-2475) et un article de G. Paris, dans la *Romania*, XI, 1882, pp. 149-153.

IV. Néerlande.

Les Romans français eurent d'abord ' en Néerlande un succès dont il n'est pas permis de douter quand on considère les nombreuses imitations de ces Romans qui sont parvenues jusqu'à nous et parmi lesquelles il faut signaler des *Roncevaux* du xiii° siècle. Mais, dès ce siècle même, une réaction nationale très vive se donne carrière contre les poèmes d'origine française, et cette réaction, qui est appelée à triompher, a pour chefs Jacques van Maerlant en son *Miroir historial*, et Jan Boendale. Avec l'imprimerie, nos vieux romans redeviennent à la mode, mais sous une nouvelle forme, sous une forme populaire, et la *Bataille de Roncevaux* tient brillamment sa place parmi ces petits livres à bon marché. (Voy. l'édition d'Anvers, 1576, in-4°, avec l'approbation des censeurs de 1552, etc.) Par malheur, l'autorité ecclésiastique s'émeut des dangers que peuvent offrir ces fictions romanesques et interdit formellement la lecture de plusieurs d'entre elles, au milieu desquelles le *Roncevaux* ne figure pas.

2494 **Jonckbloet** (W. J. A.). *Roman van Karel den Grooten en zijne 12 Pairs (fragmenten)*, uitgegeven door W. J. A. Jonckbloet. — Leyde, 1844, in-8°.

2495 **Bormans** (J. H.). *La Chanson de Roncevaux*, fragments d'anciennes rédactions thioises, avec une Introduction et des remarques. — Bruxelles, 1864, in-8°.

Extrait du t. XVI des *Mémoires couronnés et autres Mémoires publiés par l'Académie royale de Belgique.*

« Les quatre fragments, publiés par M. Bormans, appartiennent à autant de poèmes distincts. … Les auteurs de ces poèmes avaient sous les yeux un premier texte qui était avec ces poèmes dans le même rapport que le texte de Turold avec les remaniements français. Ce premier texte est perdu. » (G. Paris, *Bibliothèque de l'École des Chartes*, 1865, pp. 384-392.)

Aux pp. 185-223, on lira, dans le livre de Bormans, des extraits de la Bibliothèque bleue flamande au xvi° siècle.

2496 **Paris** (Gaston). *Histoire poétique de Charlemagne.* — Paris, 1865, in-8°.

La légende populaire dans les Pays-Bas. *Roland*, etc. (pp. 135 et ss.).

2497 **Kalff** (Dʳ H.). *Middelnederlandsche epische fragmenten, meet aanteekeningen*, uitgegeven door Dʳ G. Kalff. — Groningue, 1885, in-8°.

Sur l'édition populaire néerlandaise, cf. les quelques pages de

2498 Mone (Franz Joseph). *Uebersicht der Niederländischen Volks-literatur älterer Zeit.* — Tubingue, 1838, in-8°, pp. 36-38.

Voy. surtout le livre suivant qui peut servir de base aux études sur cette branche de la littérature néerlandaise :

2499 Petit (Louis). *Bibliographie der middelnederlandsche Taal-en Letterkunde.* — Leyde, 1888, in-8° (pp. 47, 48, n° 430).

V. PAYS SCANDINAVES.

La race scandinave, avant sa conversion, ignorait l'Épopée française et n'aurait pu, si elle l'eut connue, que lui être à cette époque profondément réfractaire. Cette épopée était, en effet, d'une inspiration très chrétienne et c'est précisément ce caractère qui devait un jour en faire un instrument de propagande religieuse. Le roi Haquin V (Haakon-Haakonson), qui régna en Norvège de 1217 à 1263, se servit de nos vieux poèmes pour achever la conversion de son peuple à la foi catholique. Parmi toutes les Sagas islandaises qui furent alors traduites ou imitées de nos vieux poèmes, la plus importante est certainement la *Karlamagnus-Saga*, vaste compilation dont la huitième branche est consacrée à Roncevaux. On la traduisit en suédois et le *Runzival* suédois est parvenu jusqu'à nous ; mais surtout, on en composa en danois un abrégé qui, sous le nom de *Keiser Karl Magnus Kronike*, eut au xv° siècle une merveilleuse fortune. Cette prétendue chronique prit dès lors la forme d'un livre populaire analogue à ceux de notre Bibliothèque bleue : elle circule encore à Copenhague et dans le Danemark.

a. LA KARLAMAGNUS SAGA.

2500 Michel (Francisque). *La Chanson de Roland.* — Paris, 1837, in-8°.

« Saga Islandaise » (fragment de la *Karlamagnus's Saga*), pp. 308, 309.

2501 Unger (C. R.). *Karlamagnus Saga ok Kappa hans...* — Christiania, 1860, in-8°.

La huitième branche a pour titre *Runcivals*.

2502 Paris (Gaston). *La Karlamagnus Saga, Histoire islandaise de Charlemagne, Bibliothèque de l'École des Chartes*, nov.-déc. 1863, et sept.-oct. 1864.

2503 Paris (Gaston). *Histoire poétique de Charlemagne.* — Paris, 1865, in-8°.

La légende de Charlemagne dans les pays scandinaves (pp. 147 et ss.).

2504 Gautier (Léon). *La Chanson de Roland*, 1re éd., Tours, 1872, 2 vol. in-8°, t. II, pp. 242-252 : (traduction des chapitres xxxvii-xli de la *Karlamagnus-Saga*.)

2505 Koschwitz (Ed.). *Der altnordische Roland, ins deutsche übersetzt..: Romanische Studien*, III, 1878, pp. 295-350.

Traduction de la huitième branche de la *Karlamagnus Saga*, qui est consacrée à Roncevaux. « M. K. a pris soin de traduire même les variantes des divers manuscrits que M. Ungera fait figurer au bas de son édition du texte. » (G. Paris, *Romania*, VIII, 1878, p. 632.)

b. LA KEISER KARL MAGNUS KRONIKE.

2506 Keyser Karl Magnus Kronicke, etc.

La plus ancienne édition a été publiée à Malmœ en 1534 et réimprimée à Copenhague en 1856, parmi les œuvres de Christiern Pedersen qui est en effet l'auteur de cette Chronique. — Voy. la *Bibliographie* de Seelmann qui reproduit, en caractères gothiques, le titre exact de l'édition originale. — Cf. les éditions de 1827 et de 1866, toutes deux imprimées à Copenhague (Seelmann, *l. c.*).

2507 Michel (Francisque). *La Chanson de Roland.* — Paris, 1837, in-8°. « Extrait relatif à la Bataille de Roncevaux, tiré de la Chronique danoise de Charlemagne intitulée : *Krönike om Keiser Carl Magnus* », pp. 297-308.

2508 Gautier (Léon). *La Chanson de Roland*, 1re éd., Tours, 1872, 2 vol. in-8°, t. II, pp. 242-252.

Traduction de la *Keiser Karl Magnus Kronike.*

2509 Karl Magnus Kroniké, n° VII. *Slaget i Ronceval.* — Copenhague, 1877, in-8°.

Cf., également, l'ouvrage suivant :

2510 Dahl (Franciscus W.). *Fabula Caroli Magni Suecana*, e codd. mss. reg. Biblioth. Hauniensis necnon reg. Biblioth. Holmiensis, nunc primum edita. — Lund, 1847, in-8°. — Voy. la *Bibliographie* de Seelmann, p. 22.

2511 Hagberg (Theodor). *Rolandssagan till sin historiska kärna och poetiska omklädning.* — Upsal, 1884, in-4°.

2512 Rosenberg (C.). *Rolandskvadet, et normannisk heltedigt.* — Copenhague, 1860, in-8°.

2513 Storm (Gustav). *Sagnkredsene om Karl den Store og Didrik af Bern hos de nordiske Folk. Et Bidrag til Middelalderens litteraere Historie.* — Christiania, 1874, in-8°.

VI. ITALIE.

La légende et la gloire de Roland ont pénétré de fort bonne heure en Italie, et des jongleurs venus de France ont d'abord célébré le héros mort à Roncevaux en des chansons qui, elles aussi, venaient de France, mais dont la langue avait dû être singulièrement italianisée. Les Italiens ne s'en contentèrent pas longtemps, et l'on vit bientôt les Lombards, les Trévisans composer eux-mêmes de nouveaux poèmes dans une langue factice, qui avait le français pour base, mais qui était fortement influencée par les dialectes vénitien et lombard. Il n'y avait pas là de quoi satisfaire la légitime ambition des Italiens ; ils consentirent volontiers à garder nos fictions épiques pour lesquelles ils s'étaient pris d'une véritable passion ; mais ils ne voulurent plus de notre langue, si italianisée et méconnaissable qu'elle pût être. Ces Italiens enfin prétendirent faire, sur des sujets français, des œuvres vraiment italiennes : de là ces six livres des *Reali di Francia* que compila Andrea da Barberino à la fin du XIVe siècle, au commencement du XVe. De là (et nous sommes ici au cœur de la légende de Roland), cette *Spagna in rima* qui fut composée entre les années 1350 et 1380 ; de là, cette *Rotta di Roncisvalle* qui n'est, au XVe siècle, qu'un remaniement de la *Spagna* en vers ; de là, enfin, la *Spagna* en prose, et le *Viaggio di Carlomagno in Ispagna* (en prose également), qui appartiennent l'un et l'autre au même XVe siècle et où éclate cette gloire du neveu de Charle-

magne dont notre *Chanson de Roland* demeure la plus ancienne et la plus haute consécration. Ce n'est pas ici le lieu de parler des *Nerbonesi*, et de la geste de Guillaume en Italie, ni du cycle d'Ogier, ni de celui de Renaud ; mais nous allons retrouver Roland dans les poèmes de la Renaissance italienne, dans le *Morgante* de Pulci en 1481 ; dans l'*Orlando innamorato* de Bojardo, en 1486, et enfin dans l'*Orlando furioso* de l'Arioste, en 1516. Encore aujourd'hui les *cantastorie* d'Italie et ceux de Sicile chantent à pleine voix les exploits de notre *Roland*, et, comme le racontait tout récemment un voyageur français, le prix des places est doublé au Théâtre des marionnettes, quand on y représente la *Rotta di Roncisvalle*.

2514 Ferrario (Giulio). *Storia ed analisi degli antichi romanzi di cavalleria e dei poemi romanzeschi d'Italia.* — Milan, 1828, 1829, quatre vol. in-8°.

Les trois premiers volumes sont consacrés à l'histoire et le quatrième à la bibliographie des romans italiens (*Bibliografia dei romanzi e poemi romanzeschi, Appendice all' opera del dottore Giulio Ferrario*).

Voy. surtout t. I, pp. 1-136 ; (Romans d'origine française sur Charlemagne et sur Roland ; Chronique de Turpin), etc., et t. III, pp. 17-24 : *La Spagna istoriata*, etc.

2515 Melzi (Gaetano de' conti). *Bibliografia dei romanzi e poemi cavallereschi italiani*, seconda edizione corretta ed accresciuta. — Milan, 1838, in-8°.

La première édition est de 1829 : Raynouad lui avait consacré dans le *Journal des savants* un article important.

2516 Gautier (Léon). *Les Épopées françaises*, 2e éd., Paris, 1878-1894 ; t. II, 1892-1894, pp. 386 et ss.

« Tableau de toutes les Chansons de geste qui, depuis les XIe et XIIe siècles jusqu'aux temps modernes, ont été connues, imitées, traduites en Italie (p. 386).

2517 Paris (Gaston). *Histoire poétique de Charlemagne.* — Paris, 1865, in-8°.

La légende de Charlemagne en Italie (pp. 159 et ss.).

2518 Rajna (Pio). *La Rotta di Ron-*

*cisvalle nella letteratura cavalleresca ita-
liana. Il Propugnatore*, art. ι, vol. III,
part. 2 (1870), pp. 384-409. — Art. ιι, *ibid.*,
IV, 1 (1871), pp. 52-78. — Art. ιιι, *ibid.*,
pp. 333-390. — Art. ιv, *ibid.* IV, 2 (1871),
pp. 53-133.

2519 Nyrop (Cristoforo). *Storia dell'
Epopea francese nel medio evo, prima tra-
duzione dall' originale danese di Egidio
Gorra.* — Turin, 1886, in-8°.

Histoire abrégée de la diffusion de nos
poèmes en Italie, par E. Gorra, pp. 207, 208.

2520 Gaspary (Adolfo). *Storia della
letteratura italiana, tradotta del tedesco
da Nicòla Zingarelli.* Volume primo. —
Torino, 1887, in-8°, pp. 96 et ss.

Cf. *Romania*, XVIII, p. 325.

C. AVANT LES REALI.

Sur la plus ancienne période de l'histoire
de nos Chansons en Italie ; sur l'époque des
Romans composés en France et chantés de
l'autre côté des Alpes en une langue hybride
dont le fond est français, mais dont les
flexions sont italiennes ; sur les romans
appelés franco-italiens qui ont été composés
en Italie et dont le type est le ms. fr. XIII de
la Bibliothèque Saint-Marc à Venise, cf. dans
les *Épopées françaises*, le résumé des derniers travaux, 2° éd., t. II, 1894, pp. 347-354.

2521 Ancona (Alessandro d'). *Tradizioni carlovingie in Italia*, 1889.

2522 Rajna (Pio). *Il teatro di Milano
e i canti intorno ad Orlando e Ulivieri.*
— *Archivio storico Lombardo*, ann. XIV,
1887, série II, vol. IV, pp. 5-22, in-8°. Etc.,
etc.

d. LES REALI.

Sur les *Reali*, voy. le résumé des derniers
travaux dans les *Épopées françaises*, 2° éd.,
t. II, 1894, pp. 354-359. Etc., etc.

**2523 Qui si commenza la hysto-
ria e real di Franza.** — Modene, 1491.

Tel est le titre exact de la première édition
des *Reali*. — Cf. dans Brunet (*Manuel du
libraire*, 5° édition, IV, pp. 1130 et ss.) les autres éditions des *Reali* données à Venise en
1499, 1511, 1537, etc. — Voy. la *Bibliographie*
de Giulio Ferrario, pp. 1-4, et celle de Melzi,
2° éd., pp. 2-9. Etc., etc.

2524 Li Reali di Francia nei quali
si contiene la generazione degli imperadori,
re, principi, baroni e paladini con la bellis-
sima istoria di Buovo di Antona, edizione per
la prima volta purgata da infiniti errori. —
Venise, 1821, in-8° (éd. Bartelommeo Gamba).

2525 Michelant (H.). *Titoli dei capitoli della Storia Reali di Francia.
Jahrbuch fur romanische und englische
Literatur*, XI, 1870, pp. 189-209 ; XII, 1871,
pp. 60-72, 217-232, 395-406.

2526 Rajna (Pio) et Giuseppe **Vandelli.** *I Reali di Francia. — I. Ricerche intorno ai Reali di Francia..... seguite dal
Libro delle storie di Fioravante e dal Cantare di Bovo d'Antona*, vol. I (par Pio
Rajna). — Bologne, 1872, in-8°.

Un second volume (texte critique des
Reali) a paru en 1892 : il est l'œuvre de
M. G. Vandelli et c'est la maîtresse édition
qu'il faut consulter de préférence à toutes les
autres. (Voy. le n° 289.)

e. LA SPAGNA IN RIMA.

Sur la *Spagna in rima*, dite aussi *Spagna
istoriata* (qui a été écrite par un poète toscan
anonyme à la fin du xiv° siècle, et avant la
Spagna en prose), voy. le résumé des derniers
travaux dans les *Épopées françaises*, 2° éd., t. II,
1892-1894, pp. 395, 360 et 362.

**2527 Questo e il libro chiamato
la Spagna.** — Bologne, 1487, in-8°. C'est
l'édition originale.

Cf. les éditions de Venise en 1488, de Milan
en 1512, de Venise en 1514, de Milan en 1519,
de Venise en 1534 et 1557, etc., etc.

Cf., surtout, Brunet, *Manuel du libraire*,
5° édition, pp. 470-472.

Voy. les Bibliographies de G. Ferrario,
pp. 26-28 ; de Melzi, 2° éd., pp. 42-47 et 356 ; de
Seelmann, pp. 24, 25, et, plus haut, 1299 et ss.

f. LA ROTTA DI RONCISVALLE.

Sur la *Rotta di Roncisvalle*, qui n'est qu'une
imitation de la *Spagna en rima*, et qui appartient seulement à la première moitié du
xv° siècle, voy. le résumé des derniers travaux
dans les *Épopées françaises*, 2° éd., t. II, 1894,
p. 361.

2528 La Rotta di Roncisvalle. —
Florence, s. d., in-4°.

Cf. les éditions de Florence, 1590, de Sienne,
1607, de Venise, 1609, de Trévise, 1652, etc. —
Cf. Brunet, *Manuel du libraire*, 5° édition,

pp. 1414, etc. — Voy. aussi les Bibliographies de G. Ferrario, pp. 126, 127 et Supplément pp. 327, 328, etc., et de Seelmann, p. 25.

g. LA SPAGNA EN PROSE.

Sur la *Spagna* en prose, qui est postérieure à la *Spagna in rima*, voy. le résumé des derniers travaux dans les *Épopées françaises*, 2ᵉ édition, t. II, 1892-1894, p. 361.

h. LE VIAGGIO.

2529 Ceruti (Antonio). **Il Viaggio di Carlo Magno in Ispagna.** — Bologne, 1871, 2 vol., pet. in-8°.

Sur le *Viaggio* du xvᵉ siècle, qui doit être considéré comme une famille de la *Spagna* en prose, voy. le résumé des derniers travaux dans les *Épopées françaises*, 2ᵉ éd., t. II, 1894, pp. 362, 363; cf. III, 426, 427, etc.

i. DEPUIS LA RENAISSANCE JUSQU'A NOS JOURS.

Sur la destinée de la légende de nos vieux poèmes, et en particulier de la légende Rolandienne, à l'époque de la Renaissance italienne, sur le *Morgante* de Pulci, l'*Orlando innamorato* de Bojardo et l'*Orlando furioso* de l'Arioste; sur les poèmes de second ordre qui ont gravité autour de ces trois œuvres, voy. *Épopées françaises*, II, 1894, pp. 376-386 et surtout, en ce qui concerne l'Arioste, le livre que Pio Rajna a publié en 1856 : *Le fonti dell' Orlando furioso*.

Entre nos poèmes français et les poèmes italiens que nous avons énumérés jusqu'ici, la comparaison s'imposait. Elle a fait l'objet, entre autres études, des deux œuvres suivantes :

2530 Ricagni (Giovanni). *La fioritura epica francese nel medio evo e la Chanson de Roland comparata coi poemi italiani che trattano la rotta di Roncisvalle.*

Il Propugnatore, X, 1877, II, pp. 90-117, 228-280, XI, 1878, I, pp. 77-139.

2531 Crescini (Vincenzo). *Orlando nella Chanson de Roland e nei poemi del Bojardo e dell' Ariosto.* — Bologne, 1880, in-8°.

Sur les *cantastorie* qui, encore aujourd'hui, chantent en Italie et en Sicile des romans empruntés à des chansons françaises et dont les héros sont français, voy. l'article suivant de l'érudit qui a le plus profondément étudié l'histoire de l'épopée française en Italie :

2532 Rajna (Pio). *I Rinaldi o i cantastorie di Napoli.*

Nuova Antologia, XII, 15 décembre 1878.

Cf. G. Fusinato : *Giornale di filologia romanza*, 1883, n° 9, p. 170 (t. IV, fasc. 3, 4), et G. Pitré, *Tradizioni cavalleresche popolari in Sicilia* (*Romania*, 1884, pp. 320, 328, 344 et 355), sans oublier le témoignage récent de René Bazin dans son livre intitulé : *Sicile*.

VII. EN ESPAGNE.

En Espagne, et surtout au célèbre pèlerinage de Compostelle, les *juglares* commencent par chanter des *cantares de gesta* dont l'origine est française, dont les héros sont français. C'est la première époque de l'histoire de notre Épopée de l'autre côté des Pyrénées ; mais elle n'est pas de longue durée, et, de bonne heure, la fierté espagnole réagit contre le succès de nos légendes et la gloire de nos héros. C'est alors, c'est vers les premières années du xiiᵉ siècle que l'Espagne oppose à notre Roland un héros sorti de son imagination, Bernard del Carpio, dont on peut lire la fabuleuse histoire dans la Geste de Fernan Gonzalez (xiiiᵉ siècle) ; dans le *Chronicon mundi* de Lucas de Tuy († 1250) ; dans l'*Historia de rebus hispanicis* de Roderic de Tolède († 1247), et dans la *Cronica general* d'Alfonse X (seconde moitié du xiiiᵉ siècle). — Cependant les souvenirs de l'Épopée française ne s'éteignent pas en Espagne. Parmi les Romances (dont aucune ne nous est parvenue sous une forme antérieure au xvᵉ siècle, mais qui ont peut-être circulé oralement durant le siècle précédent), il en est certaines qui sont françaises et d'autres qui sont espagnoles d'inspiration. Et voilà ce qui nous conduit jusqu'à une dernière période de cette longue histoire, où l'on voit nos très médiocres romans en prose (imprimés dès la fin du xvᵉ siècle) exercer jusqu'en Espagne leur influence singulière et presque inattendue. L'*Historia de Carlomagno y de los doce Pares de Francia*, par Nicolas da Piamonte, n'est que la traduction de la *Conqueste du grand roi Charlemagne des Espagnes*, ou, pour parler plus net, de l'éternel *Fierabras* plus ou moins développé ou « embelli ». Il n'y a plus, dès lors, à signaler en Espagne que le succès des romans italiens où *Roland* tient une si grande place : Roland défiguré, mais encore Roland.

a. GÉNÉRALITÉS

2533 Puymaigre. *Les vieux auteurs castillans.* — Paris, 1861, 1862, deux vol. in-18°.

Romances du cycle carlovingien, t. II, p. 295. Sur Roland, pp. 315, 324-328.

Cf. la seconde édition de ce bon livre qui a été l'objet d'une revision très attentive et qui est considérablement augmentée (Paris, 1890, in-18°), II, pp. 117-152, 160.

2534 Paris (Gaston). *Histoire poétique de Charlemagne*. — Paris, 1865, in-8°.

La légende de Charlemagne en Espagne : Roncevaux, les romances (pp. 203 et ss.).

2535 Mila y Fontanals. *De la poesia heroico-popular castellana*. — Barcelone, 1874, in-8°.

b. LES ROMANCES.

2536 Sepulveda (Lorenço de). *Romances neuamente sacados de historias antiguas de la cronica de España* compuestos per Lorenço de Sepulueda..... en Anvers, MDLI, in-12.

2537 Cancionero de romances *en que estan recopilados la mayor parte de los romances castellanos que hasta agora se han compuesto,...* En Anvers, MDLV, in-12.

2538 Romancero general *en que se contienen todos los romances que andan impressos : aora nuevamente añadido y enmendado año 1604,* en Madrid, in-8°.

2539 Tortajada (Damian Lopez de). *Floresta de varios romances sacados de las historias antiguas de los hechos famosos de los doze Pares de Francia,* agora nuevamente corregidas por Damian Lopez de Tortajada..... en Madrid, 1713, in-12.

2540 Grimm (Jacob).*Silva de romances viejos,* publicada por Jacobo Grimm.—Vienna de Austria, 1815, in-8°.

« Romances del emperador Carlos y de los doze Pares, pp. 3-234. »

2541 Diez (Friederich). *Altspanische Romanzen,* uebersetzt von Friederich Diez. — Francfort-sur-le-Mein, 1818, in-8°.

2542 Diez (Friederich). *Altspanische Romanzen, besonders vom Cid und Kaiser Karls Paladinen,* uebersetzt von Friedrich Diez. — Berlin, 1821, in-8°.

2543 Rodd (Thomas). *History of Charles the Great and Orlando, ascribed to archbishop Turpin, translated from* *the latin in Spanheim's lives of ecclesiastical writers together with the most celebrated ancient Spanish ballads relating to the twelve Peers of France, mentioned en* Don Quixote, *with english metrical versions,* by Thomas Rodd. — Londres, 1812, deux volumes in-8°.

Le t. I renferme le faux Turpin (pp. 2-56) et la reproduction (pp. 57 et ss.) de la *Floresta de varios romances* de Damian Lopez de Tortajada, citée plus haut. — Au t. II, pp. 308-323, Romances sur la bataille de Roncevaux.

2544 Duran (Agustin). *Romancero de romances caballerescos é históricos anteriores al siglo XVIII, que contiene los de amor, los de la Tabla redonda, los de Carlo Magno y de los doce Pares, los de Bernardo del Carpio,* ordenado y recopilado por D. Agustin Duran. —Madrid, 1832, in-8°.

C'est dans la première partie de ce volume (pp. 23 et ss.), que l'on trouve les « Romances tradicionales de Carlo Magno y de los doce Pares con los de Bernardo del Carpio ».
— Le second volume a paru à Madrid, en 1851. On y trouve (pp. 229 et ss.), les « Romances de Carlo Magno y los doce pares de Francia ». Voy. spécialement les nos 1259 et 1260 qui ont pour objet la bataille de Roncevaux.

2545 Michel (Francisque). *La Chanson de Roland*. — Paris, 1837, in-8°.

1° Romances de la Bataille de Roncevaux, pp. 245-258 ; 2° Romances de Bernard del Carpio, *ibid.,* pp. 259-275.

2546 Ochoa (Eugenio de). *Tesoro de los romanceros y cancioneros españoles, históricos, caballerescos, moriscos y otros* recogidos y ordenados por don Eugenio de Ochoa. — Paris, 1838, in-8°.

2547 Wolf (J. F.) et **Conrad Hofmann**. *Primavera y flor de romances o coleccion de los mas viejos y mas populares romances castellanos,* publicada con una Introduccion y notas par don Fernando José Wolf y don Conrado Hofmann. — Berlin, 1856, 2 vol., in-8°.

Voy. au t. I (pp. 26-47), les Romances sur Bernard del Carpio, et au t. II (pp. 313-325), celles sur la bataille de Roncevaux.

2548 Tailhan (J.). *Le Romancero. Études religieuses, historiques et littéraires,* nouvelle série, t. VIII, 1865.

P. 41. Romance sur Roland, d'après le *Romancero* d'Agustin Duran.

Cf. l'ouvrage de M. de Puymaigre, précédemment cité (n° 2533).

En achevant cette « Bibliographie de la chanson de Roland », nous nous faisons, encore une fois, un devoir de renvoyer nos lecteurs à la *Bibliographie* de Seelmann, comme à l'ouvrage le plus solide et le plus complet sur la matière.

———

LES SAISNES

* Voy., plus haut, la Liste par ordre alphabétique des manuscrits de chansons de geste qui sont parvenus jusqu'à nous (*Épopées françaises*, t. I, p. 243, et aussi III, pp. 650, 651). — Cf. la Nomenclature des Romans en prose, II, p. 555. — Pour plus de détails, cf. notre Notice bibliographique et historique sur la Chanson des Saisnes, qui est accompagnée d'une analyse très développée et de la traduction littérale de plusieurs épisodes du vieux poème (II, pp. 650-684).

A. — ÉDITION DU POÈME

2549 **Michel** (Francisque). *La Chanson des Saisnes, par Jean Bodel, publiée pour la première fois.* — Paris, 1839, 2 vol. in-12. (*Romans des XII Pairs*, nos V-VI.)

B. — TRAVAUX
DONT LA CHANSON A ÉTÉ L'OBJET

2550 **Bibliothèque universelle des Romans,** juillet et août 1777.

2551 **Gaillard** (Gabriel-Henri). *Histoire de Charlemagne.* — Paris, 1782, in-8°, t. III, pp. 382 et ss.

2552 **Arlincourt** (vicomte Victor d'). *Charlemagne ou la Caroléide, poème épique en vingt-quatre chants, orné de gravures dessinées par M. Horace Vernet, gravées par MM. Bovinet et Migneret ; et d'un plan figuratif des lieux où se passe l'action du poème.* — Paris, 1818, 2 vol. in-8° de xxv-279 et 275 pp.

℥ Le poème a pour sujet les guerres contre les Saxons, mais c'est le seul rapport qu'il offre avec la *Chanson des Saisnes*, et nous ne le citons ici que comme un point curieux de comparaison.

2553 **Reiffemberg** (Baron de). *Chronique rimée de Philippe Mouskes.* — Bruxelles, in-4°, t. I et II, 1836, 1838 ; vers 9852-9997.(*Collection des Chroniques belges inédites.*)

2554 **Paris** (Paulin). *Les manuscrits françois de la Bibliothèque du Roi.* — Paris, t. III, 1840, in-8°, pp. 107-111.

2555 **Paris** (Paulin). *Histoire littéraire de la France*, t. XX, 1842, in-4°, pp. 616-626.

2556 **Græsse** (J. G. T.). *Die grossen Sagenkreise des Mittelalters.* — Dresde et Leipzig, 1842, in-8°, p. 291.

2557 **Ideler** (J.L.). *Geschichte der altfranzösischen national Literatur.* — Berlin, 1842, in-8°, t. II, pp. 85-89. — Cf. le mot *Ideler* dans notre *Table.*

2558 **Delécluze** (E. J.). *Roland ou la Chevalerie.* — Paris, 1845, in-8°.

2559 **Bormans** (J. H.). *Fragment trouvé chez les PP. Récollets à Saint-Trond d'un ancien Roman du cycle de Charlemagne en vers thyois, avec une Introduction et des notes* (*Compte rendu des séances de la Commission royale d'histoire de l'Académie de Bruxelles*). 1848, XIV, 253-279.

2560 **Puymaigre** (comte de). *Les vieux auteurs castillans.* — Paris, 1861, in-18, t. II, 311.

« Les poètes espagnols ont confondu Baudouin tué par Charlot et vengé par son père, Ogier de Danemark, avec Baudouin, frère de Roland, et amant de Sebile, femme de Guiteclin. »

2561 **Ludlow.** *Popular Epics.* 1865, II, 337-354.

2562 **Paris** (Gaston). *Histoire poétique de Charlemagne.* — Paris, 1865, in-8°, pp. 120 et 285-293.

La chanson de Jean Bodel et le *Guitalin* de la *Karlamagnus Saga.*

2563 **Gautier** (Léon). *Les Épopées françaises,* 1re édition, Paris, 1865-1868, trois vol. in-8° ; t. II, 1867, pp. 485-510 ;

2ᵉ édition, Paris, 1878-1894, 4 vol, in-8° ; t. III, 1880, pp. 650-684.

Notice bibliographique et analyse très développée.

2564 Stengel (E.). *Mittheilungen aus französischen Handschriften der Türiner Universitäts-Bibliothek.* — Halle, 1873, in-4°, p. 9.

2565 Milà y Fontanals. *De la poesia heróico-popular castellana.* — Barcelone, 1874, in-8°, pp. 339 et 379.

Traces de la légende de Guiteclin dans la *Gran Conquista de Ultramar* et dans les romances.

2566 Brandt (C. J.). *Romantisk Digtning fra middelalderen udgiven*, III. — Copenhague, 1877, in-8°, p. 176.

Sur le Baudouin de la *Keyser Karl Magnus Kronike.*

2567 Meyer (Paul). *Vie latine de saint Honorat. Romania*, t. VII, 1879, pp. 481 et suiv.

Épisode de la belle Sibille qui fut exorcisée par saint Honorat, et qui devait un jour « s'enamourer » de Baudouin.

2568 Dettmer (J.). *Der Sachsenführer Widukind nach Geschichte und Sage.* — Würtzbourg, 1879, in-8°.

2569 Meyer (H.). *Die Chanson des Saxons Johann Bodels in ihrem Verhältnisse zum Rolandsliede und zur Karlamagnus Saga.* Inaugural Dissertation. — Marbourg, 1882, in-8°.

Le même ouvrage, développé, a paru dans les *Ausgaben und Abhandlungen* d'E. Stengel, IV, 1. — Marbourg, 1883, in-8°.

2570 Nyrop (Kristoffer). *Den oldfranske Heltedigtning*, etc. — Copenhague, 1883, in-8°, pp. 108-112, 159, 271, 280, 289 et 469. Cf. la traduction italienne, *Storia dell' Epopea francese nel medio evo.* Turin, 1886, in-8°, pp. 106-109, 152, 260, 267, 277 et 469.

Notice où l'on établit que les *Saisnes* forment trois poèmes en un seul : 1° *Les Herupois;* 2° *Les Saisnes ou Guiteclin de Sassoigne;* 3° *La mort de Baudouin.*

2571 Bartsch (Karl). *La langue et la littérature françaises depuis le ixᵉ siècle jusqu'au xivᵉ siècle : textes et glossaire.* — Paris, 1887, in-8°, col. 325-332.

Fragment correspondant aux pp. 129-140 du tome I de l'édition de Fr. Michel, collationné par Bartsch avec les manuscrits de Paris.

2572 Petit (L. D.). *Bibliographie der middelnederlandsche Taal-en Letterkunde,* 1888, in-8°, n° 434.

LE ROI LOUIS

2573 Paris (Gaston). *La littérature française au moyen âge.* — Paris, 1890 (2ᵉ éd.), in-18, p. 43.

« *Le roi Louis*, beau poème du xiᵉ siècle, dont on n'a qu'un fragment de 600 vers de huit syllabes, plus la version allemande d'un renouvellement du xiiiᵉ siècle : est un souvenir très vivant de la victoire remportée en Vimeu par Louis III sur les Normands en 881. »

SIÈGE DE BARBASTRE

Le *Siège de Barbastre* est le poème qu'Adenet a « rajeuni » dans son *Bueves de Commarchis* (publié par Aug. Scheler, Bruxelles, 1874, in-8°). — Sur le *Siège de Barbastre*, voy. plus haut la Liste par ordre alphabétique de tous les manuscrits de chansons de geste qui sont parvenus jusqu'à nous (*Épopées françaises*, t. I, p. 243. Cf. IV, pp. 22 et 25). Cf. la Nomenclature des romans en prose, au mot « Guillaume d'Orange » (II, pp. 550, 551) et la Liste des Chansons de geste qui ont été connues, traduites ou imitées en Italie, *ibid.*, p. 394.

TRAVAUX
DONT LE SIÈGE DE BARBASTRE
A ÉTÉ L'OBJET

2574 Paris (Paulin). *Histoire littéraire de la France*, t. XX, 1842, in-4°, p. 706.

2575 Dozy (R.). *Recherches sur l'his-*

toire de *l'Espagne au moyen âge.* — Leyde, 1860, 2 vol. in-8°; II, 2° édition, pp. 355 et ss.

Ce sont, d'après Dozy, les Normands qui ont créé le cycle de Guillaume, et il s'appuie en particulier sur la conquête de Barbastre qu'il attribue à Guillaume de Montreuil.

2576 Keller (Victor). « Le siège de Barbastre » *und die Bearbeitung von Adenet le Roi.* — Marbourg, 1875, in-4°.

Cf. H. Suchier, *Jenaer Literaturzeit.*, août-septembre 1875, n° 38.

2577 Gundlach (A.). *Das Handschriftenverhältniss des* Siège de Barbastre.

A paru comme dissertation de Marbourg, 1882, in-8°, puis dans les *Ausgaben und Abhandlungen*, fasc. IV, 1883.

2578 Nyrop (Kristoffer). *Den oldfranske Heltedigtning.* — Copenhague, 1883, in-8°, pp. 150, 151, 163-165 et 469. Cf. la traduction italienne, *Storia dell' Epopea francese nel medio evo*, Turin, 1886, in-8°; pp. 145 et 470.

On remarquera notamment l'Appendice II de la p. 157 et pp. suiv., qui est consacré à réfuter l'opinion de Dozy sur l'origine normande de la geste de Guillaume.

SIÈGE DE CASTRES

M. Suchier (dont nous allons citer le Mémoire) « appelle ainsi un fragment qui se trouve à la Bodléienne et que M. Gautier avait cru devoir rapporter à *Garin de Monglane.* Dans ce fragment de 125 vers, on voit les Sarrazins, sous le roi Hertaut, assiégés dans Castres par les chrétiens que commandent le roi Henri et le roi Anthiaume ». (*Romania*, 1875, p. 497.) Il n'est cependant pas absolument certain qu'il ait existé un poème sous ce titre, et ce n'est encore aujourd'hui qu'une ingénieuse hypothèse.

2579 Suchier (H.). *Le Siège de Castres, Fragment aus einer Handschrift der Bodleyana.*
Romanische Studien, t. I, 1871, pp. 399-593.

Cf. *Romania*. t. IV, 1875, p. 499 (article de Gaston Paris).

SIÈGE DE MILAN

Le *Siège de Milan*, en vers français, n'est pas parvenu jusqu'à nous ; mais il nous a été conservé dans un poème anglais, *The Sege of Melaine*, que M. Herrtage a publié et dont M. G. Paris nous a donné un résumé (voy. ci-dessous). Cette chanson avait sans doute été composée pour servir d'introduction à *Otinel*.

2580 Herrtage (J.). *The english Charlemagne romances.* Part. II : *The Sege of Melaine.* — Londres, 1880, in-8°.

Cf. *Romania* (t. XI, 1882, pp. 151, 152) un article où Gaston Paris résume le texte anglais.

2581 Nyrop (Kristoffer). *Der oldfranske Heltedigtning*, etc. — Copenhague, 1883, in-8°, p. 470. Cf. la traduction italienne. *Storia dell' Epopea francese nel medio evo*, Turin, 1886, in-8°, p. 470.

2582 Gautier (Léon). *Les Épopées françaises.* 2° édition, Paris, 4 vol. in-8°, 1878-1894 ; t. II, 1892-1894, pp. 304 et 407.

SIÈGE DE NARBONNE

Sur ce poème que nous avons naguère découvert, voir plus haut la Liste par ordre alphabétique de tous les manuscrits de chansons de geste qui sont parvenus jusqu'à nous (*Épopées françaises*, t. I, p. 243 et aussi IV, pp. 320, 321). — Cf. la Table des Romans en prose (II, p. 555) et la Nomenclature des chansons de geste qui ont été connues, traduites ou imitées en Italie (*ibid.*, p. 394). Pour plus de détails, voy. notre Notice bibliographique et historique sur le Siège de Narbonne qui est accompagnée d'une analyse très développée de la chanson (IV, pp. 320-333).

2583 Gautier (Léon). *Les Épopées françaises*, 1ʳᵉ édition, Paris, 1865-1868, 3 vol. in-8° ; III, 1868, pp. 295-305, 2ᵉ édition, Paris, 1878-1894, 4 vol. in-8°, t. III (1880), p. 775 ; t. IV (1882), pp. 30 et ss. 44, 320-333.

2584 Isola (I. G.). *Le storie Nerbonesi.* — Bologne, 1877, in-8°, t. I, pp. 140-200.

Version du *Siège de Narbonne* qui offre de notables différences avec celle de notre poème.

2585 Nyrop (Kristoffer). *Den oldfranske Heltedigtning.* — Copenhague, 1883, in-8°, pp. 138, 139, 339 et 470. Cf. la traduction italienne, *Storia dell' Epopea francese nel medio evo.* Turin, 1886, in-8°, pp. 134, 135, 325 et 470.

———

SIMON DE POUILLE

* Voy. plus haut la Liste par ordre alphabétique de tous les manuscrits de chansons de geste qui sont parvenus jusqu'à nous (*Épopées françaises*, t. I, p. 243). — Cf. la table de la *Bibliothèque universelle des Romans* (II, 680). — Pour plus de détails, cf. notre Notice bibliographique et historique sur le roman de Simon de Pouille, qui est accompagnée d'une analyse développée et d'un extrait traduit de la chanson.

* Depuis que nous avons écrit la Notice ci-dessus mentionnée, on a eu connaissance d'un nouveau manuscrit de *Simon de Pouille* (vente du baron Dauphin de Verna, n° 1290). Ce manuscrit, qui est de la fin du XIIIᵉ siècle ou du commencement du XIVᵉ, est malheureusement incomplet et ne nous donne que 2180 vers du vieux roman. La version qu'il nous offre diffère notablement de celle du manuscrit précédemment connu. (Bibl. Nat. fr, 368.)

TRAVAUX DONT LE ROMAN DE SIMON DE POUILLE A ÉTÉ L'OBJET

2586 Bibliothèque universelle des Romans, octobre 1777, pp. 113-156.

2587 Michel (Francisque). *Charlemagne, an anglo-norman poem* [*Voyage de Charlemagne*]. — Londres, 1836, in-8°.

L'*Introduction* renferme une analyse de *Simon de Pouille*.

2588 Michel (Francisque). *Rapport à M. le Ministre de l'Instruction publique sur les anciens monuments de l'histoire et de la littérature de la France, qui sont conservés dans les bibliothèques de l'Angleterre et de l'Écosse.* — Paris, 1838, in-4°, p. 91.

2589 Paris (Paulin). *Les manuscrits françois de la Bibliothèque du Roi*, t. III, 1840, pp. 112-113.

La *Chanson de Charlemagne et de Simon de Pouille.*

2590 Gautier (Léon). *Les Épopées françaises*, 1ʳᵉ édition Paris, 1865-1868, in-8°, 3 vol. in-8°, t. II, 1861, pp. 287-294 ; 2ᵉ édit. Paris, 1878-1894, 4 vol. in-8°, t. III, 1880, pp. 346-352.

Notice et analyse.

2591 Nyrop (Kristoffer). *Den oldfranske Heltedigtning*, etc. — Copenhague, 1883, in-8°, pp. 124 et 470. Cf. la traduction italienne, *Storia dell' Epopea francese nel medio evo*, Turin, 1886, in-8°, pp. 120, 121 et 470.

———

SYRACON

Le poème de *Syracon* n'est pas intégralement parvenu jusqu'à nous, et nous n'en possédons qu'un fragment d'environ deux cents vers, heureusement découvert par E. Stengel. *Syracon* a une connexion assez étroite avec *Floovant*, et appartient par conséquent au « cycle mérovingien ». C'est du moins ce qu'on a pu conclure du fragment de Stengel (Nyrop, l. c.).

2592 Stengel (E.). *Die Chanson de Geste Handschriften der Oxforder Bibliotheken.*

Romanische Studien, 1873, t. I, pp. 399-406.

Publication du fragment précité.

2593 Nyrop (Kristoffer). *Den old-franske heltedigtning*, etc. — Copenhague, 1883, in-8°, pp. 74, 75 et 170. — Cf. la traduction italienne, *Storia dell' Epopea francese nel medio evo*, Turin, 1883, in-8°, pp. 73, 74 et 470.

Analyse rapide, d'après le fragment de Stengel.

TERSIN

La chanson provençale de *Tersin* (qu'on a pu également appeler le *Roman d'Arles*) ne nous est parvenue que sous la forme d'une version en prose. L'original ne devait pas être antérieur à la seconde moitié du XIIIe siècle. Il y était question d'une guerre entre Charlemagne et le roi Tersin, et la conquête de la cité d'Arles y tenait une place importante (Nyrop, l. c.).

TRAVAUX
DONT LE ROMAN DE TERSIN
A ÉTÉ L'OBJET

2594 Meyer (Paul). *Tersin, tradition arlésienne.*

Romania, t. I, 1872, pp. 51-68.

Notice sur ce petit roman provençal qui a été composé, suivant P. Meyer, d'après une tradition locale arrangée au goût des chansons du cycle carolingien et qui nous est parvenue sous la forme de deux remaniements en prose du XVe siècle.

2595 Lieutaud (V.). *Lou Rouman d'Arles.*

Revue de Marseille et de Provence, 1873, pp. 159-187.

Cf. Paul Meyer, *Romania* (1873), 379. — C. Chabaneau, *Revue des langues romanes*, 1875, premier semestre, pp. 412-414. — Voy., ci-dessous, le n° 2597.

2596 Nyrop (Kristoffer). *Den old-franske Heltedigtning*, etc. — Copenhague, 1883, in-8°, pp. 159, 160 et 470. — Cf. la traduction italienne, *Storia dell' Epopea francese nel medio evo*, Turin, 1886, in-8°, pp. 153, 154 et 470.

Notice et analyse. Aux yeux de Nyrop, *Tersin* n'est qu'une imitation des poèmes français, et l'on ne saurait en tirer une conclusion en faveur de l'existence d'une épopée provençale.

2597 Chabaneau (Charles). *Le Roman d'Arles.*

Revue des langues romanes, 1888, XXXII, 473-542 et 1889, XXXIII, 101-106.

TRISTAN DE NANTEUIL

Voy. plus haut la Liste par ordre alphabétique de tous les manuscrits de chansons de geste qui sont parvenus jusqu'à nous (*Épopées françaises*, t. I, p. 243).

TRAVAUX DONT LA CHANSON
DE TRISTAN DE NANTEUIL
A ÉTÉ L'OBJET

2598 Meyer (Paul). *Notice sur le* Roman de Tristan de Nanteuil. — *Jahrbuch für romanische und englische Literatur*, t. IX, 1868, pp. 1-42, 353-398.

Analyse développée et nombreuses citations de *Tristan*.

2599 Paris (Paulin). *Histoire littéraire de la France*, t. XXXI, 1873, pp. 229-269.

Notice et analyse.

2600 Paris (Gaston) et **A. Bos**. *La Vie de saint Gilles.* — Paris, 1881, in-8°, *Société des anciens textes français.*

Analyse de *Tristan de Nanteuil* (pp. XCVII-CX).

2601 Nyrop (Kristoffer). *Den old-franske Heltedigtning.* — Copenhague, 1883, in-8°, pp. 176-178 et 470. Cf. la traduction italienne, *Storia dell' Epopea francese nel medio evo*, Turin, 1883, in-8°, pp. 169-171 et 471.

Notice accompagnée d'une intéressante « Observation » sur Blanchandin ou Blanchandine, sur leur changement de sexe, et sur les mythologies et les poèmes où l'on trouve une transformation de ce genre.

2602 Gautier (Léon). *Les Épopées*

françaises, 2ᵉ édition, Paris, 1878-1894, 4 vol. in-8°, II, 1894.

Nombreuses citations de *Tristan de Nanteuil* dans le chapitre intitulé : « Les derniers romans en vers », pp. 447 et ss.

UGO D'ALVERNIA

Voy. *Huon d'Auvergne.*

VALENTIN ET ORSON

Valentin et Orson ne nous est resté ni sous la forme d'une chanson de geste, ni même sous celle d'une version en prose MANUSCRITE. Nous ne le possédons que sous la forme d'un incunable. La plus ancienne édition est celle de 1489 (Lyon, 30 mars) qui fut suivie d'une foule d'autres dont nous n'avons pas à donner ici la nomenclature. Ce fut un des premiers romans publiés dans la Bibliothèque bleue (voy. Alexandre Assier, *La Bibliothèque bleue depuis Jean Oudot 1 jusqu'à M. Baudot,* 1601-1863. Cf. plus haut, II, pp. 692-695), et c'est encore aujourd'hui l'un des cinq romans qui circulent le plus abondamment dans nos campagnes (*Histoire de Valentin et Orson, très nobles et très vaillants chevaliers, fils de l'empereur de Grèce et neveux du très vaillant et très chretien Pepin roi de France,* Épinal, in-4°, 96 pages à deux colonnes, grav., etc.) Cette pauvre rapsodie a été, en 1884, l'objet d'une étude spéciale à laquelle nous renvoyons pour plus de détails.

2603 **Nisard** (Charles). *Histoire des livres populaires et de la littérature de colportage,* 2ᵉ édition, Paris, 1864, deux vol. in-18, pp. 472-475.

Analyse rapide et reproduction d'une curieuse gravure de la Bibliothèque bleue représentant Orson sur la forme d'un sauvage velu qui est dompté et conduit en laisse par Valentin.

2604 **Seelmann** (W.). Valentin und Namelos. *Die niederdeutsche Dichtung.*

Die hochdeutsche Prosa. Die Bruchstücke der mittelniederländischen Dichtung. Nebst Einleitung, Bibliographie und Analyse des Romans Valentin und Orson. — Norden, 1884, in-8°. (*Denkmäler herausgegeben vom Verein für niederdeutsche Sprachforschung.*)

Bibliographie du Livre populaire. Impressions françaises, anglaises, allemandes, néerlandaises, italiennes. — Version manuscrite islandaise (pp. xxx-xl).

Cf. *Deutsche Literaturzeitung,* 1884, n° 52 col. 1914. — Sprænger, *Literaturblatt für germanische und romanische Philologie,* 1885, VI.

2605 **Petit** (L. D.). *Bibliographie der middelnederlandsche Taal-en Letterkunde.* — Leyde, 1888, in-8°, n° 462.

Indication de fragments publiés par Hoffmann von Fallersleben, G. Kalff et H. E. Moltzer.

LA VENGEANCE DE RIOUL
(ou GUILLAUME LONGUE-ÉPÉE)

On ne connaît rien de ce poème peu favorable aux Normands que par le résumé d'un historien anglais. (G. Paris, *La littérature française,* p. 46.) Voy. ci-dessous.

2606 **Paris** (Gaston). *La Chanson de la vengeance de Rioul ou de la mort de Guillaume Longue-Épée.* *Romania,* t. XVII, 1888, p. 276.

2607 **Paris** (Gaston). *La littérature française au moyen âge.* — Paris, 2ᵉ édition, 1890, in-18, p. 46.

VIVIEN L'AUMACHOUR
DE MONBRANC

Voy., plus haut, la Liste par ordre alphabétique des manuscrits de chansons de geste qui sont parvenus jusqu'à nous (*Épopées françaises,* t. I p. 243). — Cf. la Nomenclature des

Romans en prose (II, p. 555) où nous voyons l'histoire de Vivien l'Aumachour de Monbranc déjà enchevêtrée, dans une version manuscrite, avec les aventures de Maugis. C'est de là qu'elle est passée, plus ou moins directement, dans les incunables, où elle offre le même caractère. Elle y est toujours, en effet, précédée de l'histoire de Maugis. On y raconte ensuite les exploits de Vivien lui-même après sa conversion, ses luttes contre les païens, le meurtre de Lohier par Beuves, la guerre de Charlemagne contre la famille du meurtrier, la mort de Vivien sous les coups de l'Empereur, la soumission de Beuves et son assassinat par les traîtres, par Ganelon de Hautefeuille et Hardré : « Cy endroit ne parle plus nostre histoire des faicts de Maugis et s'en taist à tant. » Et le romancier nous renvoie à *Renaud de Montauban* et à *Mabrian*. — Voy. l'article bibliographique consacré plus haut à *Maugis d'Aigremont*.

A. — ÉDITION
DE LA CHANSON

2608 Castets (Ferdinand). *Recherches sur les rapports des Chansons de geste et de l'épopée chevaleresque italienne, avec textes inédits empruntés au ms. H. 247 de Montpellier. Parties du Renaud de Montauban, du Maugis d'Aigremont, le Vivien de Monbranc.* — Paris, 1887, in 8°, pp. 151-182. Avait paru d'abord dans la *Revue des langues romanes*, tomes XXVII, XXIX et XXX, 1885 et 1886.

B. — TRAVAUX
DONT LE POÈME A ÉTÉ L'OBJET

2609 Barrois (Jean-Baptiste Joseph). *Éléments carlovingiens, linguistiques et littéraires.* — Paris, 1846, in-4° (pp. 303-304).

3610 Castets (Ferdinand). *Recherches sur les rapports des chansons de geste et de l'épopée chevaleresque italienne ; avec textes inédits empruntés au ms. H 247 de Montpellier* (parties du *Renaud de Montauban*, du *Maugis d'Aigremont*, le *Vivien de Monbranc*). — Paris, 1887, in-8°.

C'est le travail le plus important qui ait

été publié sur *Vivien de Monbranc*. L'auteur met en lumière ce fait incontestable que *Maugis, Vivien* et les *Quatre fils Aimon* forment une véritable trilogie. Cette association est attestée par le manuscrit de Montpellier. — M. Castets donne une analyse de *Vivien* et en publie les onze cents vers.

VOYAGE DE CHARLEMAGNE
A JÉRUSALEM
ET A CONSTANTINOPLE

Voy., plus haut, la Liste par ordre alphabétique des manuscrits de chansons de geste qui sont parvenus jusqu'à nous (*Epopées françaises*, t. I, p. 243 et aussi t. III, pp. 271-276). Cf. t. II, pp. 555, 556, la Nomenclature des romans en prose (B. N. fr. 1470 ; Arsenal 3351 ; *Galien*, incunable de 1500 et *Guerin de Montglave*, incunable de Jehan Trepperel).— Cf. la Liste des chansons françaises qui ont été connues, traduites ou imitées en Italie (t. II, p. 394). — Pour plus de détails, se reporter à notre *Notice bibliographique et historique sur le Voyage à Jérusalem*, qui est accompagnée d'une analyse très développée (t. III, pp. 270-315).

Le *Voyage*, comme on va le voir, a été publié trois fois : une première fois par Fr. Michel, en 1836 ; la seconde et la troisième par E. Koschwitz, en 1880 et 1883. La seconde édition de Koschwitz est « complètement refondue et augmentée ».

A. — ÉDITIONS DU POÈME

2611 Michel (Francisque). *Charlemagne, an anglo-norman poem of the twelfth century, now first published with an Introduction and a glossarial index. With one fac simile.* — Londres, 1836, petit in-8°.

2612 Koschwitz (Eduard). *Karls des Grossen Reise nach Jerusalem und Constantinopel.* — Heilbronn, 1880, in-8°.

A. Mussafia : *Zeitschrift fur die Osterr. Gym-*

nasien, XXXI, 1879, pp. 195-200. — Boucherie, *Revue des langues romanes*, 3ᵉ série, IV, pp. 196-197. — C. Nyrop, *Nordisk Tidskrift for Filologi; Ny Raekke*, V, p. 171. — Suchier, *Zeitschrift für romanische Philologie*, IV, 401-415. — Stengel, *Literaturblatt für germanische und romanische Philologie*, II, 286-290. — Vollmœller, *Zeitschrift für romanische Philologie*, V, 385.

Une autre édition a paru en 1883, à Heilbronn.

E. Stengel, *Literaturblatt*, 1883, pp. 429-440 ; G. Paris, *Romania*, XIII, pp. 126-133.

Dès 1879, Koschwitz avait publié trois versions en prose du *Voyage* dans l'ouvrage dont le titre suit :

2613 Koschwitz (Eduard). *Sechs Bearbeitungen des altfranzösischen Gedichts von Karls des Grossen Reise nach Constantinopel und Jerusalem*. — Heilbronn, 1879, in-8º.

Publication des textes en prose de la première partie du *Galien* qui correspond au *Voyage*, etc., etc.

Cf. Nyrop, *Nordisk Tidskrift for Filologi : Ny Raekke*, IV, 235-243. — Suchier, *Zeitschrift für romanische Philologie*, IV, 401-415,

B. — TRAVAUX DONT LA LÉGENDE ET LA CHANSON ONT ÉTÉ L'OBJET.

2614 Lambeck (Pierre). *Commentaria de Augusta Bibliotheca Cæsarea Vindobonensi*. — Vienne, 1665-1679, 8 vol. in-8º, t. II, p. 362.

2615 Lecointe (Le P.). *Annales ecclesiastici*. — Paris, t. VI, 1676, in-fol. ; nº XXVIII, p. 726.

Fausseté de la légende du *Voyage*.

2616 Menagiana, *ou les bons mots et remarques critiques, historiques, morales et d'érudition, de M. Ménage, recueillis par ses amis*. 1729, 4 vol. in-12, t. III, p. 96.

Résumé des *gabs*.

2617 Lebeuf (abbé). *Examen critique de trois histoires fabuleuses dont Charlemagne est le sujet*. *Histoire de l'Académie des Inscriptions*, t. XXI, 1754, pp. 136-149.

L'*Iter Jerosolimitanum* a été fabriqué par un moine de Saint-Denis pour expliquer la présence en son monastère des prétendues reliques de la Passion.

2618 Foncemagne (Étienne LAURÉAULT de). *Examen de la tradition historique touchant le Voyage de Charlemagne à Jérusalem*. *Histoire de l'Académie des inscriptions*, t. XXI, 1754, pp. 149-150.

2619 Chaussée (Pierre-Claude NIVELLE DE LA). *Œuvres*. — Paris, 5 vol. in-12, 1762 : t. V, Supplément (pp. 66-71). Imitation du *Voyage*.

2620 Bibliothèque universelle des Romans, t. I, octobre 1777, pp. 134 et ss.

Reproduction défigurée du Roman.

2621 Gaillard (Gabriel-Henri). *Histoire de Charlemagne*, t. III, 1782, pp. 398-402. Résumé de la légende.

2622 Paulmy (Marc-Antoine-René, marquis de). *Mélanges tirés d'une grande Bibliothèque*, t. VI, pp. 64 et ss (?). Autre résumé.

2623 Wilken (J.). *Geschichte der Kreuzzüge*, 1807-1832.

Le premier Appendice de cette « Histoire des croisades » est intitulée : *Ueber den fabelhaften Zug Karls des Grossen nach Palestina*,

2624 Bredow (Gabriel Godefroy). *Karl der Grosse*. — Altona, 1814, in-8º, p. 100. Traduction de la légende latine du *Voyage*.

2625 Chénier (Marie-Joseph de). *Œuvres complètes*. — Paris, 1823-1826, 8 vol. in-8º. Cf. t. IV, pp. 150 et ss. (?) « Les miracles » : conte sur l'épisode des *gabs*.

2626 Pertz (Georges Henri). *Archiv*, 1824.

Étude sur le texte du moine Benoît du Mont Soracte. — Cf. *Scriptores*, t. III, p. 710.

2627 James (Georges PAYNE RAINSFORD). *The History of Chivalry*, 1830, p. 319.

2628 Raynouard (F.-J.-M.). *Journal des savants*, 1833, pp. 69-73.

2629 Duval (Amaury). *Histoire littéraire de la France*, t. XVIII, 1835, pp. 704-714.

Dans une Notice consacrée à « l'Anonyme,

« auteur du Voyage de Charlemagne à Jéru-
« salem et à Constantinople », l'auteur cite
un certain nombre de vers du *Voyage* dont
Raynouard lui avait communiqué la copie.

2630 Reiffenberg (Baron de), *Chronique rimée de Philippe Mouskes.*

Collection des Chroniques Belges inédi-
tes, 2 vol. in-4°, t. I, 1836, pp. CCLVIII-CLX.

2631 Bruce-Whyte. *Histoire des
langues romanes et de leur littérature
depuis leur origine jusqu'au XIV° siècle.* —
Paris, 1841, 3 vol. in-8°; t. III, pp. 1-37,
chap. XXXI.

Récit romanesque du « Voyage de Charlemagne à Jérusalem et à Constantinople ».

2632 Græsse (J. G. T.) *Die grossen
Sagenkreise des Mittelalters.* — Dresde,
1842, in-8°.

2633 Ideler (L.). *Geschichte der altfranzösischen National Literatur.* — Berlin, 1842; in-8°, t. II, p. 84.

2634 Paris (Paulin). *Notice sur la
Chanson de geste intitulée « le Voyage
de Charlemagne à Jérusalem ».*

*Jahrburch für romanische und englische
Literatur,* t. I, 1859, pp. 198-211.

2635 Moland (Louis). *Origines littéraires de la France.* — Paris, 1863, in-8° ;
pp. 109 et ss., 386 et ss.

Étude publiée d'abord dans la *Revue
archéologique,* 1861, pp. 37 et ss.

Traduction ancienne de l'*Iter Jerosolimitanum.*

2636 Ludlow (John-Malcolm). *Popular
Epics of the Middle Ages of the North-
German and Carlovingian Cycles,* 1865,
deux vol. in-16, t. II, pp. 300-320.

The grotesque Epic : « Charlemain's Voyage. »

2937 Paris (Gaston). *Histoire poétique
de Charlemagne.* — Paris, 1865, in-8°, pp. 55
et 337-341.

Origines et histoire de la légende du *Voyage;*
date et résumé de la chanson, etc.

2638 Gautier (Léon). *Les Épopées françaises.* — 1re édition, Paris, 1865-1868,
trois vol. in-8°, t. II, 1866, pp. 260-282;
2° édition, Paris, 1878-1894, 4 vol. in-4°,
t. III, 1880, pp. 270-315.

Notice, analyse, traduction de l'épisode du
Juif de Jérusalem, etc. — La *Notice* de la

2° édition est une œuvre presque toute nouvelle (discussion sur la date où le poème a
été composé; long exposé de toutes les variantes et modifications de la légende; description du vitrail de Chartres, etc.).

2639 Meyer (Paul). *Rapport sur une
mission littéraire en Angleterre.*

Archives des Missions; 2° sér., t. III,
1866, pp. 247-279.

Un des objets de cette mission était la col-
lation du manuscrit du British Museum
(Bibl. reg. 16. E. VIII) qui contient le texte du
Voyage.

2640 Græsse (J. G. T.). *Trésor des livres rares et précieux.* — Dresde, 1858-
1867, in-8°, t. VII, col. 291.

2641 Uhland, *Sagengeschichte,* 1868,
pp. 638-645.

2642 Hofmann (Konrad). *Die Pilgerfahrt Karls des Grossen nach Jerusalem
(franz. normannisch.).* — *Sitzungsberichte d. kön. bayer. Akademie der Wissenschaften in München,* 1868, p. 240.

2643 Ceruti (Antonio). *Il viaggio di
Carlo Magno in Ispagna per conquistare
il cammino di S. Giacomo.* — Bologne,
1871, 2 vol. in-18.

Compilation en prose italienne du XV° siècle
empruntée à une série de poèmes franco-
italiens des XII°-XIV° siècles, et qui nous offre
(II, p. 170 et ss.) une version du *Voyage*
différente de toutes les autres (voy. *Épopées,*
III, 294, 295).

Cf. *Revue critique,* 1873, 1re partie.

2644 Rajna (Pio). *Ricordi di codici
francesi posseduti dagli Estensi nel secolo XV.*

Romania, 1873, p. 52.

« Libro uno chiamado Cutifrè de Buione,
del viazo de Charlo, in francexe. » (?)

2645 Stengel (Ém.). *Manuscrits d'Oxford.*

Romanische Studien, t. I, 1873, pp. 392-
399.

2646 Lair (Jules). *Mémoire sur deux
Chroniques latines composées au XII° siècle
à l'abbaye de Saint-Denis.*

Bibliothèque de l'École des Chartes, 1874,
p. 545.

Étude sur le manuscrit de la Bibliothèque
nationale lat. 12710 (XII° siècle), où M. Lair croit

voir la première maquette des *Grandes Chroniques* et où le compilateur du moyen âge a transcrit *in extenso* la légende latine du *Voyage*, l'*Iter Jerosolimitanum.*

2647 Storm (Gustav). *Sagnkredsene om Karl den Store og Didrik af Bern hos de nordiske Folk. Et Bidrag til middelalderens litteraere Historie.* — Christiania, 1874, pp. 59-63 et 228-245.

Étude sur la forme de la légende dans la *Karlamagnus Saga*, et comparaison entre les versions danoise et suédoise du *Voyage.*

2648 Wülf (F. A.). *Notices sur les Sagas de Magus et de Gerard et leurs rapports aux Épopées françaises.* — Lund, 1874, in-4°.

2649 Koelbing (E.). *Zur älteren romantischen Literatur im Norden.*
Germania, 1875, p. 227.

Kœlbing complète et rectifie les éclaircissements donnés par G. Storm sur la version du *Voyage* dans la *Karlamagnus Saga* et ses dérivés.

2650 Koschwitz (Eduard). *Ueber das Alter und die Herkunft der Chanson du Voyage de Charlemagne à Jerusalem et à Constantinople.*
Romanische Studien, t. II, 1875-1877, pp. 1-60.

Koschwitz attribue le poème à la fin du xi° siècle et à la Normandie.
Cf. G. Paris, *Romania*, IV, 1875, pp. 505-507. — E. Kœlbing, *Germania*, XXI, pp. 364, 365. — H. Suchier, *Jenaer Literaturzeitung*, 1876, p. 707. — W. F. *Literarisches Centralblatt*, (avril-juin 1877.)

2651 Cerquand. *Légendes et récits populaires du pays basque.* — Paris, 1876, in-8°, t. IV, pp. 22-25.

« Les gabs de Roland et de ses frères. »

2652 Keller (Adelbert von). *Altfranzösische Sagen.* — Heilbronn, 1876, in-8°. (Kaiser Karl im Morgenland. pp. 19-42.)

2653 Koschwitz (Ed.). *Ueberlieferung und Sprache der Chanson du Voyage de Charlemagne à Jerusalem et à Constantinople. Eine kritische Untersuchung.* — Heilbronn, 1876, in-8°.

Classification des manuscrits du *Voyage* qui ont pu donner lieu aux différentes versions françaises et étrangères.
Cf. Gaston Paris, *Romania*, VI, 1877, p. 146. — H. Suchier, *Jenaer Literaturzeitung*, 1877, n° 64.

W. Fœrster, *Literarisches Centralblatt*, 1877, n° 16.

2654 Vétault (Alphonse). *Charlemagne.* — Tours, 1877, in-8°.

L'Éclaircissement IV est consacré à un vitrail de la cathédrale de Chartres, où le verrier s'est proposé de traduire en couleurs la légende latine du *Voyage* et la Chronique de Turpin.

2655 Paris (Gaston). *La Chanson du Pèlerinage de Charlemagne.* Mémoire lu à l'Académie des Inscriptions, le 7 décembre 1877.
Mémoires de l'Académie des Inscriptions, in-4°.

Ce Mémoire a été publié dans la *Revue de l'ancienne langue française*, t. I, 1877, pp. 367-388, d'après le *Journal officiel* du 7 déc. 1877. — Un extrait de cette étude a été publié sous ce titre : *L'Origine parisienne de la chanson du Pèlerinage de Charlemagne*, dans le *Bulletin de la Société de l'Histoire de Paris*, t. IV, 1877, p. 164.
Le Mémoire a été traduit en danois par E. Gigas : « *Sangen om Karl den Stores Valfart.* » (*Maanedsskrift for udenlandsk Literatur*, I, 1879-1880, pp. 206-228.)

2656 Bartsch (Karl). *Aus einem alten Handschriften Katalog.*
Zeitschrift für romanische Philologie, t. III, 1879, p. 78.

2657 Paris (G.). *La Chanson du Pèlerinage de Charlemagne.*
Romania, t. IX, 1880, pp. 1-50.

Le poème est antérieur aux croisades; sa versification se rapporte au xi° siècle; le mélange d'héroïsme et de comique qu'on y rencontre s'explique par la prédominance de l'élément populaire dans l'auditoire pour lequel il fut composé et qui consistait principalement dans les pèlerins de l'Endit de Saint-Denis, etc.
Cf. G. Grœber, *Zeitschrift für romanische Philologie*, 1880, IV, pp. 468-470. — *Revue des langues romanes*, 3° série, t. III, 1880, p. 297. — *The Academy*, 15 mai 1880.

2658 Riant (Comte). *Inventaire critique des lettres historiques des croisades.*
Archives de l'Orient latin, t. I, 1881, pp. 12-21.

2659 Michelant (H.) et **Raynaud** (G.). *Itinéraires à Jérusalem et Description de la Terre-Sainte, rédigés en français aux xi°, xii° et xiii° siècles.* (Publications de la Société de l'Orient latin. Série géographique, III. — Genève, 1882, in-8°.)
Chap. 1er des *Itinéraires.*

2660 Groth (E.-J.). *Vergleiche zwischen der Rhetorik im altfranzösischen Rolandslied und in Karls Pilgerfahrt.*

Archiv für das Studien der neueren Sprachen, t. LXIX, 1883.

2661 Nyrop (Kristoffer). *Den oldfranske Heltedigtning.* — Copenhague, 1883, in-8°, pp. 119-123, 132, 183, 275, 280, 313 et 474. — Cf. la traduction italienne, *Storia dell' Epopea francese nel medio evo*, Turin, 1886, in-8°, pp. 115-119, 129, 178. 262, 300, 477 et 478.

Analyse et bibliographie. — Observations sur les *gabs*, etc.

2662 Schneider (B.). *Die Flexion des Substantivs in den ältesten metrischen Denkmälern des Französischen, und im Charlemagne.* — Marbourg, 1883, in-8°.

2663 Roussel (Ernest). *Recherches sur la foire du Lendit depuis son origine jusqu'en 1430.*

Positions des thèses soutenues à l'École des Chartes, le 21 janvier 1884. — Paris, 1884, chap. III, p. 104.

Le Lendit dans la poésie du moyen âge. — Le *Pèlerinage de Charlemagne*, le *Fierabras*, le *Dit du Lendit*. = Un ancien élève de l'École des Chartes, G. Roulland, avait longtemps travaillé sur le même sujet; mais il est mort prématurément, avant d'avoir achevé son livre.

2664 Morf (H.). *Étude sur la date, le caractère et l'origine de la Chanson du Pelerinage de Charlemagne.*

La chanson est antérieure à 1080; elle n'a pas de caractère parodique: c'est le remaniement d'une chanson dont la *Karlamagnus Saga* nous a conservé un résumé.

Romania, avril-juillet 1884, pp. 185-232.

2665 Bartsch (Karl). *Chrestomathie de l'ancien français* (VIII°-XV° siècles), accompagnée d'une grammaire et d'un glossaire. — 5° édit., Leipzig, 1884, in-8°, col. 45.

Extrait du *Voyage*, d'après la première édition de Koschwitz, vers 435-628 (scène des *gabs*). Cf. les quatre premières éditions (1866, 1872, 1875, 1880).

2666 Constans (L.). *Chrestomathie de l'ancien français.* — Paris, 1884, in-8°, pp. 17-22.

Scène des *Gabs* publiée d'après l'édition de Koschwitz avec les corrections de Förster et de Suchier.

2667 Bartsch (Karl). *La langue et la littérature françaises depuis le IX° siècle jusqu'au XIV° siècle; textes et glossaire.* — Paris, 1887, in-8°, col. 47.

Extrait du *Voyage*, d'après la seconde édition de Koschwitz, vers 1-166.

2668 Dunlop (John). *History of Fiction*, édition de 1888, t. I, pp. 289-291.

Transformations de la légende; les Sagas; le *Viaggio* publié par Ceruti; les imitations du XVIII° siècle, etc.

2669 Suchier (H.). *La XIV° laisse du Voyage de Charlemagne.*

Le Moyen âge, t. I, 1888, n° 1.

2670 Clédat. *Le vers 127 du Pelerinage de Charlemagne.*

Revue de Philologie française et provençale, 1890, n° 3.

Ce vers est le suivant d'après l'édition Koschwitz: « E les lavacres curre e les peissuns par mer. »

2671 Rauschen (Gerhard). *Die Legende Karls des Grossen im 11 und 12 Jahrhundert mit einem Anhange von Hugo* LOERSCH. — Leipzig, 1890, in-8°. *Publikation der Gesellschaft für Rheinische Geschichtskunde.*

Pp. 141-147: « Karls des Grossen sagenhafter Zug nach Jerusalem und Konstantinopel. »

2672 Paris (Gaston). *La littérature française au moyen âge.* — 2° édition, Paris, 1890, in-18, pp. 39, 43, 47, 65.

De la relation du *Voyage* avec la geste de Guillaume, etc.

2673 Densusianu (Ov.). *Aymeri de Narbonne dans la Chanson du Pelerinage de Charlemagne.*

Romania, t. XIV, 1896, pp. 487 et ss.

« Dans un article paru au t. IX de cette Revue, M. Gaston Paris a démontré que la *Chanson du Pelerinage de Charlemagne* n'a pu être composée qu'avant les croisades, et probablement dans le troisième quart du XI° siècle. [Ses] arguments nous semblent décisifs. Etc. »

Voy. l'article bibliographique sur *Galien*.

TABLE ALPHABÉTIQUE DES MATIÈRES*

A

ABRAHAMS (N.-C.-L.). *Description des manuscrits du Moyen âge à la Bibliothèque royale de Copenhague (1844),* 351.

ACHOPARTS (Les). *Butentrot; les Achoparts; les Canelius,* par Paul Meyer *(1878),* 635, 2347.

ACTA SANCTORUM des Bollandistes : 1° *De sanctis Amico et Amelio,* 757. — 2° *Vita sancti Willelmi,* 1657, 1992.

ACTA SANCTORUM ORDINIS SANCTI BENEDICTI. 1° *De sancto Willelmo Gellonensi,* 1656, 1993. — 2° *De Otgerio,* etc., 2032.

ADAM (Drame d'). Mention d'une chanson qui a pour objet le combat entre Roland et Olivier, 1576.

ADELAÏDE DE HONGRIE, drame de Dorat, 959.

ADELUNG (Frederic d'). *Altdeutsche Gedichte in Rom (1799),* 2133.

ADENÉS LI ROIS, auteur de *Berte aus grans piés,* 969 et ss.; de *Beuves de Commarcis,* 998 et ss., et des *Enfances Ogier,* 1280 et ss. Cf. 467, 650. Voy. *Berte aus grans piés, Beuves de Commarcis, Enfances Ogier.*

AELTS (Paul von der). *Das deutsche Volksbuch von den Heymonskindern nach dem Niederländischen bearbeitet (1887),* 2199.

Agolant. C'est le titre qui a été parfois donné à la *Chanson d'Aspremont* (voy. ce nom), et notamment à la cinquième branche de la *Karlamagnus Saga,* 864.

Aigar et Maurin, chanson de geste provençale, 645, 646.

Aimeri de Narbonne, chanson du cycle de Guillaume, 647-684. — 1° Historicité de la chanson. Est-ce l'Aimeri de l'histoire (1105-1134) qui a influé sur la légende? ou la légende sur l'histoire? 678. — 2° Auteur de la chanson, 1025. — 3° Manuscrits, 649, 655, 675, 680, 683, 684. — 4° Édition, de Louis Demaison 647; cf. 182. — 5° Fragments publiés, 652, 658, 659, 674. — 6° Notices et analyses, 661, 668, 681, 682. — 7° Diffusion à l'étranger : a. En Espagne, 658, 663, 665, 671, 677; b. En Italie, 669, 670, 671. — Traduction libre du début de la chanson, par Achille Jubinal, qui a été la source de l'*Aymerillot* de Victor Hugo, 656. — Aimeri de Nar-

---

* Les chiffres italiques placés entre parenthèses désignent la date des publications qui sont citées dans la présente Table; les autres chiffres renvoient aux numéros de notre *Bibliographie.*

bonne dans la chanson du *Peleri-nage de Charlemagne*. 2673.

Aiol, chanson de geste, 685-704,
— 1° É d i t i o n s : *a.* de W. Fœrster
(sous ce titre : *Aiol et Mirabel*), 685 ;
b. de Jacques Normand et Gaston
Raynaud, 686. Cf. 695 et 182. —
2° T r a d u c t i o n p a r t i e l l e. G. Paris a publié, en 1896, la traduction
d'un épisode d'*Aiol* dans ses *Récits
extraits des poètes et prosateurs du
moyen âge*). — 3° A n a l y s e s, 687,
690. — 4° D i f f u s i o n à l ' é t r a n-
g e r. *a.* Version « thioise », 692,
694. *b.* Fragments néerlandais, 300,
685, 699.

Aiquin, chanson de geste, 844-
853. Voy. AQUIN.

AJOLFO DEL BARBICONE, 693.

ALBERDINGK-THIJM (P.-A.). *Karolingische Verhalen*, etc. (*Oud nederlandsche Verhalen, etc.,1851 et1873*),
293.

ALBERIC. Voy. Aubry de Trois
Fontaines.

ALBERT (Paul). *Les Épopées du
moyen âge (1870)*, 127.

ALBRECHT (C. A. G.). *Vorbereitung
auf den Tod, Totengebraüche und
Totenbestattung in der altfranzösischen Dichtung (1892)*, 632.

ALEXANDRE LE GRAND *dans la littérature française. du moyen âge*,
par Paul Meyer *(1886)*, 420.

ALEXANDRIN (vers), 434.

Aliscans, chanson de la geste du
Roi, 705-738. 1° O r i g i n e s h i s-
t o r i q u e s, t o p o g r a p h i e, etc.,
721. — 2° É d i t i o n s : *a.* de W.-J.-
A. Jonckbloet, 705 ; *b.* de F. Guessard et A. de Montaiglon, 706 ; *c.* de
G. Rolin, 707. — 3° F r a g m e n t s
p u b l i é s, 718. — 4° T r a d u c-
t i o n s : *a.* Intégrale, par Jonckbloet, 708 ; *b.* partielles, 709. Cf.,
page 175, les *Récits extraits des
poètes et prosateurs du moyen âge*,
où G. Paris a traduit, en 1896, l'épisode du retour de Guillaume à

Orange. — 5° A n a l y s e s, 719,
720, 723, 730.

ALLEMAGNE. L'Épopée française en
Allemagne : 1° Généralités, 203-222,
2471-2486. Cf. 1023, 1024, 1122,
1942, 1946, etc., et pp. 191, 198. — 2°
Influence spéciale de certaines chansons déterminées : *Amis et Amiles,*
799 ; *Chevalier au Cygne,* 1122, 1144 ;
Fierabras, 1336 et p. 98, *Girard de
Roussillon,* 1559 ; *Girard de Viane,*
1584 ; *Huon Capet,* p. 131 ; *Huon de
Bordeaux,* 1796 ; *Lohier et Mallart,*
p. 140 et n° 1624 ; *Ogier le Danois,*
p. 151 ; *Les Quatre fils Aimon,* pp.
160, 161 ; *Reine Sibille (l'Innocente
reine de France),* 1941, 1942, 1946 ;
Roland, 2471-2486. — Vulgarisation
de nos vieux poèmes par Simrock,
1336, etc. Voy. Simrock.

ALMASOF (Boris). Traducteur
russe de la *Chanson de Roland*
(1869), 2302.

ALSCHER (R.). *Der Konjunctiv im
Rolandsliede (1888)*, 2400.

ALTNER (Eugen). *Ueber die Chastiements in den altfranzösischen Chansons de geste (1885)*, 591.

ALTON (J.) *Anseis von Karthago
(1892)*, 805.

ALTONA (J.). *Gebete und Anrufungen in den altfranzösischen Chansons de geste (1883)*, 581.

AMADIS DES GAULES, 604.

AMADOR DE LOS RIOS (Don). *Historia
critica de la literatura Española*
(1864), 1948.

Amis et Amiles, chanson de
geste, 754-804. — 1° M a n u s c r i t,
769. — 2° É d i t i o n s (de Conrad
Hofmann), 754, 755. — 3° F r a g-
m e n t s p u b l i é s, 791. — 4° T r a-
d u c t i o n p a r t i e l l e (épisode de
la mort et de la résurrection des
enfants d'Amile), 782. — 5° A n a-
l y s e s, 771, 777. — 6° M é t r i q u e
e t g r a m m a i r e, 779, 804. —
7° D e s a u t r e s f o r m e s qu'a
revêtues cette légendé épi-

q u e, 773, 776 : *a.* une Vie latine (*De sanctis Amico et Amelio*), 757, 760, 886 ; *b.* une Nouvelle française du XIIIᵉ siècle, 772 ; *c.* un Mystère, 766, 784 ; *d.* des éditions incunables (*Mille et Amys*), 775 et p. 52, col. 1 ; *e.* la Bibliothèque bleue. 405, 774, etc. — 8° D i f f u s i o n à l'é t r a n- g e r : *a.* en Allemagne, 799 ; *b.* en Angleterre, 770, 783, 790, 800 ; *c.* dans les pays scandinaves, 778, 790 ; *d.* texte gallois, 789 ; *e.* version catalane, 785.

AMMANN (J. J.). *Das Verhältniss von Strickers Karl zum Rolandslied des Pfaffen Konrad mit Berücksichtigung der Chanson de Roland* (*1889*), 2482.

AMPÈRE (J.-J.) : 1° *De la littérature française au moyen âge dans ses rapports avec les littératures étrangères* (*1833*), 202. — 2° *De l'histoire de la littérature française* (*1834*), 40. — 3° *Histoire littéraire de la France avant le XIIᵉ siècle* (*Revue des Deux Mondes, 1836*), 49. — 4° *Cours sur la poésie épique au moyen âge* (*1838*), 57. — 5° *De la Chevalerie* (*1838*), 557. — 6° *Vue générale sur la littérature française au moyen âge* (*1839*), 62. — 7° *Histoire littéraire de la France avant le XIIᵉ siècle* (*1839, 1840*), 64. — 8° *Histoire de la littérature française au moyen âge, comparée aux littératures étrangères* (*1841*), 66. — 9° *Mélanges d'histoire littéraire et de littérature* (*1867*), 113.

ANCIENS POÈTES DE LA FRANCE (Les). « publiés sous les auspices de S. E. M. le Ministre de l'Instruction publique et des cultes » depuis 1859 jusqu'en 1870. Les dix volumes publiés renferment les poèmes suivants : I. *Gui de Bourgogne, Otinel, Floovant* ; II. *Doon de Mayence* ; III. *Gaufrey* ; IV. *Fierabras, Parise la Duchesse* ; V. *Huon de Bordeaux* ; VI. *Aye d'Avignon, Gui de Nanteuil* ; VII.

Gaydon ; VIII. *Hugues Capet* ; IX. *Macaire* ; X. *Aliscans*. Se reporter, dans la présente Table, à chacun de ces noms. Cf. 96.

ANCONA (Alessandro d') : 1° *Musica e poesia nell' antico comune di Perugia* (*1874-1875*), 524. — 2° *Una leggenda araldica e l'epopea carolingia nell' Umbria* (*1880*), 275. — 3° *Tradizioni carolingie in Italia* (*1889*), 287 et 2521. — 4° *Il Tesoro di Brunetto Latini versificato* (*1889*), 2352.

ANDREA DI JACOPO DA BARBERINO DI VALDESSA. Voy. Barberino.

ANDRESEN (H.) : 1° *Ueber den Einfluss von Metrum, Assonanz und Reim auf die Sprache der altfranzösischen Dichter* (*1874*), 433. — 2° *Zum Rolandslied* (*1883*) : à ajouter après le n° 2351. — 3° *Zu Amis et Amiles und Jourdains de Blaivies* (*1886*), 798, 1879.

ANGILBERT considéré comme l'auteur du poème épique sur Charlemagne et Léon, 1079.

ANGLETERRE : 1° L'Épopée française en Angleterre, 203, 204, 223-231, 2472, 2473, 2475, 2487-2493, et p. 192 col. 2. — 2° Des différentes périodes par lesquelles a passé la littérature épique de la France durant sa diffusion en Angleterre : « périodes française, anglo-normande », etc., p. 192, col. 2, — 3° Influence spéciale d'un certain nombre de nos chansons de geste : *Beuves de Hanstone*, 69, 71, 1012, 1014 ; *Fierabras (sir Ferumbras)*, p. 98, et n°ˢ 1335, 1355, 1358, 1362, 1364, 1366, 1372 ; *Horn* (?), 1745-1763 ; *Huon de Bordeaux*, p. 133 et n°ˢ 1791, 1792, 1799 ; *Macaire (sir Triamour)*, 1940 ; *Octavian*, 1412 ; *Otinel (sir Otuel)*, 2083-2085, 2094 ; *Ogier le Danois*, p. 151 ; *Les Quatre fils Aimon*, p. 160 et n° 2187, etc. ; *Roland*, 2472, 2473, 2475, 2487-2493. Cf. *Die Chanson de Roland und die englische Epik*, von F. Lindner

(1893). — 4° La poésie nationale en Angleterre : *The history of english poetry* de Thomas Warton, 13; *History of England* de S. Turner, 24; *Ancient english metrical romances*, par Joseph Ritson, 18; *Specimens of early English metrical romances*, par G. Ellis, 80. Etc., etc.

ANGLO-NORMANDS. *Sur la versification anglo-normande*, par G. Vising *(1884)*, 442. — *Essais historiques sur les bardes, les jongleurs et les trouvères normands et anglo-normands*, 503, par l'abbé De la Rue *(1834)*, 503, etc. Voy. l'article précédent et le mot *La Rue*.

ANIMAUX DANS L'ÉPOPÉE FRANÇAISE (Les). *Die tiere im altfranzösischen Epos*, par F. Bangert *(1884)*, 590.

ANJOU. Caractère angevin du *Gaydon*, 1493, 1495.

ANNALES ORDINIS SANCTI BENEDICTI : 1° Saint-Guillaume de Gellone, 1993; 2° Ogier, 2032.

Anseïs de Carthage, chanson de geste, 805-820. I. La légende. Analogie de l'affabulation d'*Anseïs de Carthage* avec la légende du roi Rodrigue, 817. — II. Le poème français : 1° Manuscrits, 811, 814-816. — 2° Éditions, 805, 806. — 3° Notices et analyses, 809, 813, 818, 819.

Anseïs de Metz. Voy. l'article suivant.

Anseïs, fils de Girbert, chanson de geste, du cycle des Lorrains, 821-826 : 1° Manuscrits, 824. — 2° Fragments publiés, 826. — 3° Analyses, 821, 822. Voy. LORRAINS.

Antioche, chanson de geste, du cycle de la croisade, 827-841 : 1° Historicité, 835, 836. — 2° Manuscrits, 829, 834, etc. — 3° Édition, 827, 1113. — 4° Fragments publiés, 838. — 5° Traduction, 828. — 6° Analyses, 830, 831, 1118. — 7° *Chanson d'Antioche provençale*, 343, 839, 840.

AOI. Notation qui termine chacune des laisses du *Roland* d'Oxford, p. 183, col. 2.

APPELSTEDT (F.). Collation du *Girard de Roussillon* (texte de Paris), *(1880)*, 1506.

Aquilon de Bavière, chanson de geste, 842, 843.

Aquin (= AIQUIN OU ACQUIN), chanson de geste, 844-853. — 1° Édition, 844. — 2° Notices et analyses, 846, 847, 848, 850, 851. — 3° Mention aux xv° et xvi° siècles, 852.

ARABELLENS ENTFÜHRUNG, d'Ulrich von dem Türlin, 1272, 1273, 1274, 1275, 1278 et p. 191, col. 2.

ARABES (Historiens), Invasion des Sarrasins en France, d'après les historiens arabes (Voy., plus loin, Funck et Reinaud), 1670, 1674, etc.

ARBRES ET PLANTES DANS L'ÉPOPÉE CAROLINGIENNE : *Die Pflanzenwelt in den altfranzösischen Karlsepen. I. Die Bäume*, par C. Schwarzentraub *(1890)*, 626.

ARCHÉOLOGIE dans ses rapports avec les chansons de geste, 639 et ss.

ARETIN (J.-C.-P. von), *Aelteste Sage über die Geburt und Jugend Karls des Grossen (1803)*, 961, 1051.

ARGENSON (Marc-Antoine-René, marquis de Paulmy d') : 1° *Bibliothèque universelle des Romans (1777 et 1778)*, 393, 958 ; 2° *Mélanges tirés d'une grande bibliothèque* (la vraie tomaison est la suivante : *1779-1788*; 70 tomes en 69 volumes), 394, 959, etc. On trouvera dans la bibliographie spéciale de chaque chanson l'indication précise de ceux de nos vieux poèmes qui ont été « analysés » dans la *Bibliothèque universelle des Romans*.

ARIOSTO (L.), *Orlando furioso*, traduction de Mazuy, 59, et p. 197, col. 1. — *Le fonti dell' Orlando furioso; ricerche e studii* par Pio

Rajna (*1876*), 268. — *La genealogia dell' Orlando furioso*, par le même (*1875*), 270. — L'œuvre de l'Arioste comparé avec la légende carolingienne par Frédéric de Schlegel, 2449.

ARLINCOURT (vicomte Victor d') *Charlemagne ou la Caroléide* (*1818*), 2552, etc.

ARMOIRIES. *Le langage héraldique au* XIII° *siècle dans les poèmes d'Adenet le Roi*, par le comte de Marsy (*1881*), 641. Cf. 549.

ARMURE offensive et défensive dans les chansons de geste : *Das höfische Leben zur Zeit der Minnesinger*, par Alwin Schultz (*1879 et 1889*), 579. — 1° Armure offensive : *Die Angriffswaffen im altfranzösischen Epos*, par Aron Sternberg (*1886*), 606. — 2° Armure défensive : *Die Verteidigungswaffen im altfranzösischen Epos*, par V. Schirling (*1887*), 614. Cf. 639. — 3° *Des armes et des chevaux merveilleux, considérés comme moyens épiques dans les poèmes du moyen âge*, par le baron de Reiffemberg (*1845*), 73.

Arnais d'Orléans, chanson de geste perdue (?), 854.

ARNOULD (Jean-François Mussot, plus connu sous le nom d'). *Les quatre fils Aimon*, pantomime en trois actes (*1779 et 1784*), 2132.

ARREAT (Lucien). *La Morale dans le drame et l'épopée* (*1884*), 584.

ARSENAL (Bibliothèque de l'). Voy. *Bibliothèques.*

ART ET LES CHANSONS DE GESTE (L'). 1° *La légende de Charlemagne dans l'art du moyen âge*, par E. Muntz (*1885*), 642. — 2° *Inventaire des tapisseries de Charles VI*, par Jules Guiffrey (*1887*). Indication d'un certain nombre de tapisseries historiées dont les sujets sont empruntés à des chansons de geste, 643. — 3° *Inventaire des joyaux de Louis Ier duc d'Anjou*, par G. Ledos (*1889*).

Nombreux sujets également empruntés à l'affabulation de nos vieux poèmes, 644. — En août 1890, le baron d'Avril a publié dans les *Notes d'art* une *Iconographie de Roland*, 470.

ARTUS (Cycle d'), 622, etc.

ARVOR (C. d'), 987.

ASHTON (John). *Romances of chivalry told and illustrated in facsimile* (*1887*), 230.

Aspremont, chanson de geste, du cycle de Charlemagne, qu'on a quelquefois désignée sous le titre d'*Agolant*, 855-878 ; 1° Manuscrits, 857, 858, 859, 871. — 2° Éditions partielles : *a.* Imm. Bekker, 855. *b.* Adelbert von Keller, 856. *c.* F. Guessard et L. Gautier, 857. *d.* Autres fragments publiés, 872, 873, 875, 877, 878, 2093. — 3° Traduction allemande d'un fragment d'*Aspremont* (par Ludwig Uhland), 868. — 4° Notices et analyses, 860, 867, 870, 874. — 5° Diffusion à l'étranger : *a.* En Italie. L'*Aspromonte*, considéré comme faisant suite aux *Reali*, 256, 863. *b.* Dans les pays scandinaves : cinquième branche de la Karlamagnus Saga, 864. — 6° Jugement littéraire, 859.

ASPROMONTE, 256, 863, etc. Voy. l'article précédent et le mot *Reali.*

ASSIER (Alexandre). *La Bibliothèque bleue depuis Jean Oudot Ier jusqu'à M. Baudot* (*1874*), 414.

ASSOMPTION NOSTRE-DAME : *King Horn with fragments of Floriz and Blanchefleur and of the Assumption of our Lady, edited with notes and glossary* par J. Rawson Lumby (*1866*), 1746. Lire *Rawson*, p. 129, col. 2, au lieu de *Lawson*.

ASSONANCE. 1° De l'Assonance et de la Rime en général : *Ueber den Einfluss von Metrum, Assonanz und Reim auf die Sprache der altfranzösischen Dichter*, par H. Andresen

(1874), 433. — 2° De l'assonance étudiée spécialement dans certaines chansons : *a*. Dans *Amis et Amiles : Ueber Metrum und Assonanz der Chanson de geste Amis et Amiles*, par J. Schoppe *(1882)*, 787; *b*. Dans *Girard de Roussillon : Die Assonanzen im Girart von Rossillon*, par C. Müller *(1882)*, 1551 ; *c*. Dans les *Lorrains : Der betonte Vocalismus einiger altostfranzösischen Sprachdenkmäler und die Assonanzen der Chanson des Loherains verglichen*, par A. Fleck *(1877)*, 1919. *d*. Dans le *Roland : Les assonances du Roland*, par Gaston Paris *(1873)*, et Gaston Raynaud *(1874)*, 2415, 2416; *e*. Dans *Aye d'Avignon : Ein Fall der Binnenassonanz in einer Chanson de geste* par E. Stengel *(1880)*, 904. Voy. l'article *Versification*.

Auberi (= *Aubri le Bourgoing*, etc.), chanson de geste 879-890 : 1° Manuscrits, 885, 887. — 2° Éditions : *a*. de P. Tarbé, 869 ; *b*. d'A. Tobler, 880. — 3° Fragments publiés, 882, 883, 884. — 4° Traductions partielles : épisode de la mort d'Orri, 888. —5° Notices et analyses, 886, 889. — 6° Diffusion à l'étranger (en Néerlande), 300 et 890.

Auberon, poème que forme le prologue d'*Huon de Bordeaux*, 891-899 : 1° Origines du mythe d'Oberon : article de G. Paris dans la *Revue germanique (1861)*, 863. Ce mythe est-il germanique ou celtique? 894. — 2° Édition, d'A. Graf, 891. — 3° Notices et analyses, 894, 896, 899. — 4° Oberon en Allemagne (l'*Oberon* de Wieland), 892, 895, 897 et en Angleterre, 1792 et p. 133. Voy. *Huon de Bordeaux*.

Aubertin (Charles). *Histoire de la langue et de la littérature française au moyen âge (1876)*, 141, 2432.

Aubry de Trois Fontaines. Sources poétiques de sa Chronique, 86.

Aude = **Alda**. *Roland und Aude* de J. L. Uhland, 1567. Cf. 19.

Auguis (P. R.). *Les poètes français depuis le* XII° *siècle jusqu'à nos jours (1824)*, 2136 (*Les quatre fils Aimon*).

Auracher (Theodor M.) : 1° *Der Pseudo Turpin in altfranzösischer Uebersetzung, nach einer Handschrift (cod. Gall. 52) der Münchener Staatsbibliothek (1876)*, 2326. — 2° *Der altfranzösische Pseudo Turpin der Arsenal Handschrift BLF 283 (1889)*, 2334.

Auriac (E. d'). *La Corporation des Ménétriers et le Roi des Violons (1880)*, 332.

Auteurs des chansons de geste. Voy. Carl. Wahlund : *Ouvrages de Philologie romane et textes d'ancien français*, etc. *(1889)*, pp. 219 et ss., et Léon Gautier, *Épopées françaises*, 2° éd., t. I *(1878)*, pp. 219-223 (Adenet le Roi, auteur de *Berte aus grans piés*, de *Beuves de Commarcis* et des *Enfances Ogier* ; Bertrand de Bar-sur-Aube, de *Girard de Viane*, d'*Aimeri de Narbonne*? et d'une version de *Beuves d'Hanstone* ; Jean Bodel, des *Saisnes* ; Pierre du Riés, d'*Anseïs de Carthage* ; Jehan de Flagy, de *Garin le Loherain* ; Gautier de Douai et le roi Louis, de la *Destruction de Rome* ; Girard d'Amiens, de *Charlemagne* ; J. Herbert Leduc de Dammartin, de *Foulque de Candie* ; Jendeus de Brie? d'*Aliscans* et de la *Bataille Loquifer* ; Guillaume de Bapaume? du *Moniage Rainouart* ; Graindor de Douai, d'après Richard le Pèlerin, de la chanson d'*Antioche* ; Raimbert de Paris, de la *Chevalerie Ogier*). — Incertitude sur quelques-unes de ces attributions. — Se reporter aux articles consacrés à chacun de ces noms.

AUTRAN. *La légende des Paladins* (*1895*), p. 189, col. 1.

AVRIL (A. baron d') : 1° *La Chanson de Roland, traduction nouvelle avec une Introduction et des notes*, 1re édition (*1865*), 2278. Cf. 453, 2430, 2453 — Éditions populaires de la même chanson, publiées dans la *Collection des classiques pour tous* (Société bibliographique) et, plus tard, à la librairie Sanard et Derangeon, 2278, etc. — 2° Polémique sur la question de savoir si l'on doit placer en Cerdagne ou en Navarre le théâtre de la défaite de Roncevaux, 2341, 2344. — 3° « *Nouvelle Bibliothèque bleue* » (*1892?* et années suivantes) : *Du temps que la reine Berte filait.* — *Les enfances Roland.* — *Le mystère de Roncevaux* (qui avait été dès 1875 publié à Nîmes). — *Le chien*

de *Montargis (Macaire); Guillaume Bras de fer, le Marquis au court nez* et *son neveu Vivien.* — *Girard de Roussillon, duc de Bourgogne et d'Aquitaine*, qui porta le charbon pendant sept ans, 422. — 4° *Iconographie de Roland* (*1890*), 2470. Voy. au mot '*Art.* — C'est par erreur qu'à la p. 31 on a placé un point et un tiret entre *Guillaume bras de fer* et le *Marquis au court nez.*

Aye d'Avignon, chanson de geste, 900-906. Cf. 1. — 1° Manuscrit, 902. — 2° Auteur, 905. — 3° Édition, 900. — 4° Notices et analyses, 901 et 906.

AYMERIC (Joseph), 139.

AYMERILLOT, de Victor Hugo, en sa première *Légende des siècles*. A été composé directement non pas sur l'*Aimeri de Narbonne*, mais sur une « adaptation » d'Achille Jubinal, 656.

B

BACCHI DELLA LEGA (A.). *Storia di Ugone d'Alvernia* (*1882*), 1768.

BADER (Clarisse). 1° *Les Épopées françaises* (*1881*), 163. — 2° *Nos aïeules. La femme au moyen âge* (*1880*), 595.

BAECHT (Hermann). *Sprachliche Untersuchung über Huon de Bordeaux* (*1884*), 1832.

BÆCHSTRÖM (P. O.). *Svenska folkböcker* (*1845-1848*), 305.

BAGNION (Jean), auteur du *Fierabras* en prose, 1363.

BAIST (G.). 1° *Zum Rolandslied* (*1883*), à ajouter après le n° 2351. — 2° *Zum Octavian* (*1883*), 1410. — 3° *Der gerichtliche Zweikampf, nach seinem Ursprung und im Rolandslied* (*1889*), 619 et 2464. — Cf. *Zum Provenzalischen Fierabras*

(*1883*), en collaboration avec Hofmann, 1383.

Balant, première branche du *Fierabras*, 1342. Voy. Destruction de Rome, 1215-1218.

BALFE (Michel-Guillaume). *Les quatre fils Aimon*, opéra comique représenté en 1844, « De tous les ouvrages de Balfe, c'est celui dont le succès a été le plus général » (Fétis, *Biographie universelle des Musiciens*, I, p. 230), 2149.

BALFINCH (Thomas). *Legends of Charlemagne, or romance in the Middle Ages* (*1863*), 1062.

BALIGANT. Épisode de Baligant, dans la *Chanson de Roland*, qui est considéré par un certain nombre de critiques comme ne faisant point partie de la version primitive du vieux poème, 2359-2363. Voy. Franz Scholle : *Die Baligantsepisode; ein Einschub in das Oxforder Rolandslied (1877)*, 2359 ; Emil Dönges, *Die Baligantsepisode im Rolandsliede (1879)*, 2360 ; A. Pakscher, *Zur Kritik und Geschichte des altfranzösischen Rolandsliedes (1885)*, 2361 ; G. Paris, *La littérature française au moyen âge (1890)*, 2362, et *Extraits de la Chanson de Roland (1892-1893)*, 2363. L'épisode de Baligant (qui fait défaut dans le manuscrit de Lyon) a été omis à dessein dans les traductions de Jônain et du baron d'Avril, 2277, 2278.

BANGERT (Friedrich) : 1° *Beitrag zur Geschichte der Flooventsaga (1879)*, 1391 ; — 2° *Die Tiere im altfranzösischen Epos (1884)*, 590.

BAPTÊME. Noms donnés aux enfants, 630, 631, 632.

BARBASTRE. Voy. *Siège de Barbastre.*

BARBERINO (Andrea di Jacopo da Barberino di Valdessa), auteur des *Reali*, de l'*Aspromonte*, des *Nerbonesi*, de la *Storia di Ajolfo del Barbicone*, d'*Ugo d'Alvernia*, 676, 693, 1768.

BARDES, *Essais historiques sur les bardes, les jongleurs et les trouvères normands et anglo-normands*, par l'abbé de la Rue (*1834*), 503, 1006, etc.

BARET (Eugène). *Espagne et Provence (1857)*, 1339.

BARROIS (Jean-Baptiste-Joseph) : 1° *Bibliothèque protypographique (1830)*, 1667. — 2° *La Chevalerie Ogier de Danemarche*, par Raimbert de Paris (*1842*), 2029. — 3° *Éléments carlovingiens, linguistiques et littéraires (1846)*, 76, 352. (Étude générale sur les chansons de geste, bibliographie, analyses, traductions, qui ont notamment pour objet les poèmes suivants : *Aye d'Avignon*, 902; *Beuves d'Aigremont*, 2154 et p. 68 ; *Doon de Mayence*, 1229; *Gaufrey*, 1483; *Gui de Nanteuil*, 1644 ; *Maugis d'Aigremont*, 1975 ; *Vivien l'aumachour de Monbranc*, 2609, etc).

BARTH (Hans). *Charakteristik der Personen in der altfranzösischen Chanson d'Aiol (1885)*, 700.

BARTHÉLEMY ?, auteur d'un article sur *Berte* dans la *Revue des Deux Mondes (1868)*, 981.

BARTHOLINUS (Th.). *Dissertatio historica de Holgero dano qui Caroli magni tempore floruit (1677)*, 2031.

BARTOLI (Adolfo). *Storia della letteratura italiana (1878-1884)*. Voy. les n°ˢ 273 (influence française); 1957 (*Macaire*); 2110 (*Prise de Pampelune*).

BARTSCH (Karl) : 1° *Karl der Grosse von dem Stricker (1852)*, 210 et 2481. — 2° *Provenzalisches Lesebuch (1855)*. (Extrait de *Girard de Roussillon*), 1521. — 3° *Ueber Karl Meinet. Ein Beitrag zur Karlssage (1861* et non pas *1865* comme on l'a imprimé par erreur à la page 63, col. 1), 217 et 914. — 4° *Zum Lohengrin (1862)*, 1147. — 5° *Flovent. Bruchstücke eines mittelniederlandischen epischen Gedichtes (1864)*, 1386. — 6° *Chrestomathie de l'ancien français* (1ʳᵉ édition *1866*; 2ᵉ éd., *1872*; 3ᵉ éd. *1875;* 4ᵉ éd. *1880;* 5ᵉ éd. *1884*), 484, etc. Cf. dans la *Chrestomathie provençale* du même auteur, un fragment de *Girard de Roussillon*, 1548. — 7° Article de Karl Bartsch dans la *Revue critique* (1867), sur le système mythique, etc., 980. — 8° *Bruchstück einer Handschrift von Wolframs Wilielhalm (1872)*. 749. — 9° *Grundriss zur Geschichte der provenzalischen Literatur (1872)*, 334. — 10° *Das Rolandslied*, édition de l'œuvre du curé Conrad (*1874*), 220 et 2477. — 11° *Aus einem alten Handschriften Katalog (1879)*, 366, 1958. — 12° *Bruchstücke* (et non pas *Bruchseücke*) einer Handschrift der *Geste der Lorrains* (*1880*), 1608, 1922. — 13° *Zum Girart de Rossilho* (*1886*), 1559. — 14° *La langue et la littérature françaises depuis le* ix° *jusqu'au* xiv° *siècle* (*1878*), 489, etc.

Basin (= Charles et 'Elegast), 907-915.

Basque. Pastorales basques : 1° sur *Fierabras*, 1329, 1339, 1369. — 2° sur les *Quatre fils Aimon*, 2160.

Bastart de Bouillon (Le), chanson de la décadence, qui est probablement du même auteur que *Baudouin de Sebourc*, 916-923, 1131. 1° Édition, 916. — 2° Notices et analyses, 918, 921. — 3° Citations nombreuses, 923. — 4° De l'élément mythique dans ce roman, 922.

Bataille des Sagittaires, chanson de geste. C'est le titre ou le sous-titre que l'on donne parfois à la *Mort Aimeri de Narbonne*. Voy. ce dernier mot.

Bataille Loquifer, chanson de geste, du cycle de Guillaume, 924-930. 1° Manuscrits, 928. — 2° Notice et analyse, 926. — 3° Diffusion à l'étranger (Allemagne), 930. Ulrich von Türheim utilise dans son *Den Stark Reinwart* les données de la *Bataille Loquifer* et des deux *Moniages*, 2014.

Bationskof (Th.). 1029.

Baudot. Bibliothèque bleue de Troyes : *La Bibliothèque bleue depuis Jean Oudot* Ier *jusqu'à M. Baudot*, 1609-1863, par Alexande Assier (*1874*), 414.

Baudouin de Sebourc, chanson de la décadence, 931-940. — 1° Édition, 931. — 2° Fragments publiés: 933. — 3° Notice et analyse, 934. — Étude critique sur *Baudouin de Sebourc* considéré comme le type le plus complet de nos derniers romans en vers, 940.

— De l'élément mythique dans *Baudouin de Sebourc*, 939 et 1131.

Baudouin, héros de la *Chanson des Saisnes*, 2566, 2567, etc. Voy. *Saisnes*.

Baudri de Bourgueil (*La Croisade d'après*), 1196-1198.

Baüer (Rudolf). *Ueber die subjektiven Wendungen in den altfranzösischen Karlsepen* (*1889*), 478, 2402.

Bauquier (Joseph) : 1° *Bibliographie de la Chanson de Roland* (*1877*), 2336. — 2° *Odierne et Beaucaire* (*1881*), 636.

Bayle (Pierre). *Dictionnaire historique et critique* (*1726*), 2129 (*Les quatre fils Aimon*).

Beatrix, Chanson de geste (première partie du *Chevalier au Cygne* publié par M. Hippeau), 941-943, p. 65, col. 1. — Édition, 941 et 1110, etc.

Beaucaire (*Odierne et*) par J. Bauquier (*1881*), 636.

Beaufort (comte Amédée de). *Légendes et traditions populaires de la France* (*1840*). Sur Saint-Guilhem-du-Désert, 1681.

Beauvois (A.) : 1° *Les chants héroïques des Francks* (*1865*), 104. — 2° *Histoire légendaire des Francks et des Burgondes aux* iii° *et* iv° *siècles* (*1867*), 112.

Becdelièvre. « *Ogier le Danois* » dans la *Biographie liégeoise* (*1836*), 2043.

Beck (Fedor) *Zur Sage von Karl und Elegast* (*1864*), 911.

Beck (Friedrich). *Lother und Maller. Ein episches Gedicht* (*1863*), 1899.

Becker (G.). *Les Ménétriers de Genève* (*1874*), 523.

Becker (Ph. Aug.) : 1° *Ueber den Ursprung der romanischen Versmasse* (*1890*), 448. — 2° *Die altfranzösische Wilhelmsage und ihre Beziehung zu Wilhelm dem Heiligen* (*1896*), 2011.

Becker (Reinhold). *Ritterliche*

Waffenspiele nach Ulrich von Lichtenstein (1887), 610.

BÉDIER (J.). *La composition de la chanson de Fierabras (1858)*, 1370.

BEKKER (Immanuel) : 1° *Der Roman von Fierabras provenzalisch (1829)*, 1373, 1327 (Fragments d'*Aspremont*, 855, et des *Quatre fils Aimon*, 2139). — 2° *Die altfranzösischen Romane der S. Marcus Bibliothek (1840)*, 946 (*Berta de li gran pié*), 1032 (Bovo d'Antona), 1883 (Karleto). Cf. 349. — 3° *Der Roman von Aspremont altfranzösische aus der Handschrift der kaiserlichen Bibliothek (1847)*, 858. — 4° *Vergleichung homerischen und altfranzösischen Sitten (1866)*, 455. — 5° *Homerische Ansichten und Ausdrucksweisen mit altfranzösischen zusammengestellt (1867)*, 456. — 6° *Homerische Blätter. Beilage zu dessen carmina homerica (1872)*, 457. Ces trois derniers travaux ont, comme on le voit, pour principal objet la comparaison entre la poésie homérique et les chansons de geste.

BELGIQUE : 1° *Chronique rimée de Philippe Mouskes*, publiée par M. de Reiffemberg. L'éditeur étudie surtout les héros de nos chansons dans leurs rapports avec la Belgique (*1836-1838*), 60. — 2° *Essai sur la poésie française en Belgique jusqu'à la fin du règne d'Albert et d'Isabelle*, par André van Hasselt (*1838*), 61. — 3° *Trouvères, jongleurs et ménestrels du nord de la France et du midi de la Belgique*, par Arthur Dinaux (*1837-1863*), 506. — 4° *La Bibliothèque bleue en Belgique*, par C. L. Ruelens (*1872*), 412.

BENALMENIQUE (Le comte).*Romances espagnoles*, 677. Voy. *Aimeri de Narbonne*.

BENLOEW (L.). *De l'Épopée (1870)*, 129.

BENOISTON DE CHATEAUNEUF. Son *Essai sur la poésie et les poètes français aux XIIe-XIVe siècles (1815)*, 22.

BERGII (van der), 1907.

BERNE (bibliothèque de). Manuscrit cyclique de la geste de Guillaume, 1661. Etc.

BERNARDT (B.). *Recherches sur l'histoire de la Corporation des ménétriers ou joueurs d'instruments de la ville de Paris (1841-1843)*, 509.

BERNERS (Sir John Bourchier, lord) Sa version d'*Huon de Bordeaux*, p. 133.

BERTA (F.). 1794.

Berta de li gran pié, chanson franco-italienne, 944, 951 et p. 65, col. 2. — 1° Manuscrit, 946-949. — 2° Edition, 944. — 3° Notice et analyse, 951. Voy. *Berte aux grans piés*.

Berta e Milone, roman franco-italien formant avec *Orlandino* les *Enfances Roland*, p. 94, col. 1, 1287-1289. 1° Manuscrit, 971. — 2° Édition Mussafia (*1885*), 1287. — 3° Notices et analyses, 1288, 1289. Voy. *Enfances Roland*.

Berte aus grans piés, chanson de geste d'Adenet le Roi, 952-997. — 1° Légendes relatives à la mère de Charlemagne, 965. — 2° Auteur du poème, 969. — 3° Manuscrit, 971. — 4° Éditions : *a*. de Paulin Paris, 952; *b*. d'Auguste Scheler, 953. — 5° Fragments publiés, 978, 980, 989, 994. — 6° Notices et analyses, 960, 969, 979, 982, 983, 988, 992. — 7° Traduction partielle, 979. — 8° Roman en prose de la Bibliothèque de Berlin, 962. — 9° Bibliothèque universelle des Romans, 958 Cf. l'adaptation de *Berte* dans les *Mélanges tirés d'une grande bibliothèque*, 959. — 10° Bibliothèque bleue (d'Alfred Delvau) 975, 405, et 411 et *Nouvelle bibliothèque bleue*, du baron d'Avril (sous ce titre : *Du temps que la reine Berthe filait*), 422. Cf. 973. — 11° *Berte* au théâtre, 956, 957,

960, 991. — 12° Diffusion à l'étranger : *a*. Espagne, 958, 985; *b*. Néerlande et Flandre, 300, 986; *c*. Italie, 984 (cf. l'article *Berta de li gran pié*); *d*. Allemagne, 982 (Uhland) et 974 (Simrock), etc.

Berte et Milon. Voy. Berta e Milone.

BERTON (Paul). *De l'Épopée française au moyen âge (1879)*, 159.

BERTRAND DE BAR-SUR-AUBE, auteur de *Girard de Viane*, d'*Aimeri de Narbonne?* et d'une des versions de *Beuves de Hanstone*, 1025.

BESSIN. *Étude sur le patois normand du Bessin*, par C. Joret (*1877*), 2379.

BÉTHANCOURT (abbé). *Des chansons de geste en général et de la Chanson de Roland en particulier* (*1877*), 151.

Betonnet, titre du roman plus connu maintenant sous le nom de *Daurel et Beton*, 1200-1203. Voy. *Daurel et Beton*.

Beuves d'Aigremont, poème qui forme la première partie ou le préambule des *Quatre fils Aimon*, pp. 68 et 162. — 1° Manuscrits, pp. 68 et 162, et n° 2151. — 2° Notice bibliographique, pp. 69 et 162, et n°s 2156, 2167, 2190. Voy. *Quatre fils Aimon*.

Beuves de Commarcis, chanson de geste, du cycle de Guillaume, 998-1002. — 1° Édition, 998. — 2° Notices et analyses, 998, 1001. — *Beuves de Commarcis* n'étant qu'un remaniement du *Siège de Barbastre*, voy. ce dernier mot.

Beuves de Hanstone, chanson de geste, 1003-1030. — 1° Manuscrits, 1011, 1018 et p. 70, col. 1. — 2° Auteur, 1007, 1025. — 3° Notice, 1020. — 4° Incunables, 1009, 1013. — 5° Bibliothèque des Romans, 1003. — 6° Diffusion à l'étranger : *a*. Dans la littérature galloise, 1027 ; *b*. en Ir-

lande (*Bibus o Hamtwir*), 1030; *c*. en Islande (*Bevers Saga*), 307, 319, 1023, 1024 ; *d*. en Angleterre (Sir Bewis of Hampton), n°s 1009, 1012, 1014, 1015, et p. 71 (version anglo-normande); *e*. rédactions italiennes (*Bovo* ou *Buovo d'Antona*), p. 71 et n°s 263, 1030, 1004, 1016, 1017, 1028, 1031-1038, 2016; *f*. rédaction roumaine, 1021 ; *g*. version russe : 1022, 1029; *h*. *Buovo d'Antona* traduit de l'italien en hébreu, et plus tard, de l'hébreu en roumain, p. 71. Voy. *Bovo* et *Buovo d'Antona*.

BEVERS SAGA, version islandaise de *Beuves de Hanstone*, 307, 319, 1023. Voy. l'article précédent.

BEWIS OF HAMPTON, 1009, 1012, 1014, 1015 et p. 71. Voy. *Beuves de Hanstone*.

BEYER (Ernst). *Die pronomina im altfranzösischen Rolandslied (1876)*, 2388.

BIBLIOGRAPHIE DES CHANSONS DE GESTE : 1° Manuscrits, 345-373; 2° Imprimés, 374-988. — Dans cette nomenclature on doit signaler surtout les deux ouvrages suivants comme les plus exacts et les plus complets (malgré le titre trop modeste du second) : 1° K. Nyrop, *Den Oldfranske Helledigtning*, *histoire de l'Épopée française au moyen âge accompagnée d'une bibliographie détaillée (1883)*, traduit en italien sous ce titre : *Storia dell' Epopea francese con aggiunte e una copiosa bibliografia* (*1886*), 382, etc.; 2° Carl Wahlund, *Ouvrages de philologie romane et textes d'ancien français faisant partie de la bibliothèque de M. Carl Wahlund, à Upsal (1889)*, 388. — Pour les incunables, il y aura lieu de consulter principalement le *Manuel du libraire* de J.-C. Brunet (5° édition, *1860-1865*), 404; pour les romans italiens, l'ouvrage de G. Ferrario (*1828* et *1829*), 28, 1374, et celui de G. Melzi (2° édition,

1838), 375; pour les romans néerlandais, la *Bibliographie* de Louis D. Petit (*1888*), 387, et enfin pour la *Chanson de Roland* en particulier, les deux livres de Joseph Bauquier (*1877*), 2236, et d'Emil Seelmann (*1888*), 2239, etc.

BIBLIOTHÈQUE BLEUE, pp. 28 et ss. — 1º Histoire de la Bibliothèque bleue : *Recherches sur l'établissement et l'exercice de l'imprimerie à Troyes*, par Corrard de Breban (3ᵉ éd. revue par Thierry-Poux, *1873*), 413. — « *Catalogue des livres qui se vendent en la boutique de la veuve Nicolas Oudot, rue de la Harpe* », 413. — *La Bibliothèque bleue depuis Jean Oudot Iᵉʳ jusqu'à M. Baudot*, par M. Alexandre Assier (*1874*), 414. — *Histoire des livres populaires ou de la littérature de colportage depuis le xvᵉ siècle jusqu'à l'établissement de la Commission de colportage*, par Charles Nisard (*1854* et *1864*), 403. Cf. 391, 402. — *La Bibliothèque bleue en Belgique*, par C. L. Ruelens (*1872*), 412. — 2º Principaux romans qui ont été reproduits et défigurés dans la Bibliothèque bleue : *Fierabras* (*Conqueste du grant roi Charlemagne des Espagnes*), pp. 97, 98 ; *Galien*, nᵒˢ 1427, 1429 ; *Huon de Bordeaux*, 1805, 1808, p. 133 ; *Quatre fils Aimon*, nᵒˢ 2147, 2162, 2207 ; *Valentin et Orson*, 391, etc. — 3º Nouvelles Bibliothèques bleues : *a.* d'Alfred Delvau, 405, 411, 975 ; *b.* du baron d'Avril, 422, 738, etc.

BIBLIOTHÈQUE FRANÇAISE (La), par Charles Sorel (*1664*), 5.

BIBLIOTHÈQUES renfermant les manuscrits des chansons de geste : 1º Bibliothèques d'Allemagne, 371, etc. — 2º D'Angleterre : *a.* en général, 347, 356, 359 ; *b.* British Museum, 369, 417, 1500, 2189, etc. ; *c.* Oxford, 362, 1497 et ss., 1914, 2179, 2183, p. 171, etc. ; *d.* Cambridge, p. 171. — 3º Du Danemark (Copenhague), de la Suède et de la Norvège, 351, 354, etc. — 4º D'Italie : *a.* en général, 350, 360, 948, 1885, 1913, 1951, 2006 ; *b.* de la Bibliothèque Saint-Marc, à Venise, 349, 357, 380, 945, 946, 949, 1031, 1035, 1882-1889, 1943, et p. 171 ; *c.* de Turin, 2564, etc. = Nous ne mentionons pas ici les manuscrits des bibliothèques françaises, et notamment ceux de la Bibliothèque nationale, parce que de telles mentions nous entraîneraient trop loin. Voy. en particulier, l'ouvrage de Paulin Paris : *Les Manuscrits françois de la Bibliothèque du Roi* (*1836-1848*), 346, et se reporter, pour plus de détails, aux noms de toutes les chansons.

BIBLIOTHÈQUE UNIVERSELLE DES DAMES (*1787*), 387.

BIBLIOTHÈQUE UNIVERSELLE DES ROMANS de M. de Paulmy, 14 et 409. — Table des matières pour les deux années 1777 et 1778, 393. — Chansons qui ont été, plus ou moins heureusement, utilisées dans l'œuvre de M. de Paulmy : *Amis et Amiles*, 756 ; *Berte*, 957 ; *Beuves de Hanstone*, 1003 ; *Doon de Mayence*, 1225 ; *Charlemagne*, de Girard d'Amiens, 1040 ; *Garin de Montglane*, 1662 ; *Girard de Viane*, 1565 et 1662 ; *Hernaut de Beaulande*, 1662 et 1726 ; *Huon Capet*, 1775 ; *Huon de Bordeaux*, 1795 ; *Jourdains de Blaivies*, 1860 ; *Ogier le Danois* 2035 ; *Renier de Gennes* (ou *de Genève*), 1662 et 2232 ; les *Quatre fils Aimon* (suivis de *Mabrian* et de la *Conquête de Trébizonde*); 2131 ; *les Saisnes*, 2550 ; *Simon de Pouille*, 2586 ; *Le Voyage de Charlemagne à Jerusalem et à Constantinople*, 2620. — Extraits de la *Bibliothèque des Romans* qui peuvent servir de types et donner une idée exacte de ce genre d'adaptation, 2035. — Au lieu de *Bibliographie*, lire au nᵒ 14, *Bibliothèque universelle des Romans*.

BIGORRE (Comté de), 1074.

BILDERDIJK (W.). 1•*Fragmenten van den Roman van Guerin van Montglavie Medegedeelde Taal-en Dichtkundige Verscheidenheden* (*1823*), 1568; — 2° *Nieuwe Taal-en Dichtkundige Verscheidenheden* (sur les *Quatre fils Aimon, 1824*), 2137. Cf. 1986 et 2204.

BIRE (Terre de). Article de K. Hoffmann (*1883*), 234.

BIRCH-HIRSCHFELD (Ad.). *Ueber die den provenzalischen Troubadours des XII und XIII Jahrhunderts bekannten epischen Stoffe* (*18̃8*), 336, 1308.

BISSCHOP (W.). 2204.

BISTROM (W.). *Das russische Volksepos,* 303.

BLADÉ (F. F.). *La Gascogne et les pays limitrophes dans la légende carolingienne* (*1889*), 638.

BLADES (W.). *Caxton's Four Sons of Aymon* (*1882*), 2187.

BLANCHANDIN ET BLANCHANDINE,, 2601.

BLASON, 541, 608.

BLOMMAERT (G.). *Fragment d'un Roman de chevalerie du cycle carlovingien,* etc. (*1860*), 1231. Le fragment appartient à *Dooñ de Mayence.*

BOCA (M. L.). *Baudouin de Sebourc, poème du XIV° siècle publié pour la première fois d'après le manuscrit de la Bibliothèque Royale* (*1841*), 931.

BOCK (M.). *Ueber den Gebrauch der Pronomina in Amis et Amiles* (*1890*), 804.

BOCKHOFF (Heinrich). *Der syntaktische Gebrauch der Tempora im Oxforder Texte des Rolandsliedes* (*1880*), 2394.

BOECKEL (Otto). *Philipp de Vigneulles Bearbeitung des Hervis de Metz* (*1883*), 1741.

BOEDMER (Jean-Jacques). *Wilhelm von Oranse* (*1774*), 711.

BODEL (Jehan), auteur des *Saisnes,* 549 et ss.

BOEHMER (Edouard) : 1° *Roncisval,* édition critique du texte d'Oxford de la Chanson de Roland (*1872*), 2256; 2° *a, e, i im Oxforder Roland* (*1875*), 2378. — Avait copié pour Mahn une partie du *Girard de Roussillon* (texte d'Oxford), 1497.

BOISLISLE (A. de). *Inventaire des bijoux, vêtements, manuscrits et objets précieux appartenant à la comtesse de Montpensier* (*1880*), 854. Parmi les manuscrits figure le « livre d'Arnais d'Orléans ».

BOISSIER (Gaston). 1° *Les théories nouvelles du poème épique* (*1867*). 114; 2° *Les Épopées françaises du moyen âge* (*1884*), 172.

BOJARDO, auteur de l'*Orlando innamorato,* 65, 2531, etc.

BOLLANDISTES. Voy. *Acta sanctorum.*

BONAVENTURE DE SISTERON (le P.). *Histoire nouvelle de la ville et principauté d'Orange* (*1741*), 1659 (Vie de Guillaume au Cornet).

BONNARD (J.). *Des origines de l'Épopée en France* (*1879*), 160.

BONNARDOT (François). 1° *Rapport sur une mission littéraire en Lorraine* (*1873*), 1606. — 2° *Essai de classement des manuscrits des Lorrains* (*1874*), 1609, 1916, 1735. — 3° *Un nouveau manuscrit des Lorrains* (*1874*), 1915. — 4° *Fragment d'Aubry le Bourgoing* (Notice du manuscrit 189 de la bibliothèque d'Épinal) (*1876*), 887.

BONSTETTEN (baron de). *Romans et épopées chevaleresques de l'Allemagne au moyen âge* (*1847*), 214, 1144.

BOREL (Pierre). Son *Trésor de recherches et antiquitez gauloises et françaises* (*1655*), 4, 451.

BORELLI (vicomte de), traducteur en vers du *Tumbeor Nostre Dame,* 521.

BORGNET (Ad.) : 1° termine l'édi

tion du *Chevalier au Cygne* dont les deux premiers volumes avaient été publiés par M. de Reiffemberg (voy. ce nom), 1115, 1261 ; 2° édite, avec Stanislas Bormans, le *Myreur des histors, chronique de Jean des Preis dit d'Outremeuse (1864-1887)*, 406. Voy. S. Bormans.

BORINSKI (K.). *Das Epos der Renaissance (1885)*, 174.

BORMANS (J. H.). 1° *Fragment trouvé chez les PP. Recollets, à Saint-Trond, d'un ancien Roman du cycle de Charlemagne en vers thyois, avec une Introduction et des notes.* Le fragment en question appartient aux *Saisnes (1848)*, 2559. — 2° *Fragments d'une ancienne version thioise de la chanson de geste d'Aiol, suivis d'un extrait du texte inédit du poème français et d'annotations (1863)*, 694. — 3° *La Chanson de Roncevaux, fragments d'anciennes rédactions thioises (1864)*, 295 2495. — 4° *Karel en Elegast. Deux fragments manuscrits du XIVᵉ siècle, conservés à la bibliothèque de la ville de Namur (1873)*, 913. Cf. 1986.

BORMANS (Stanislas). 1° *Doon de Mayence, deux fragments manuscrits de la fin du XIIIᵉ siècle (1874)*, 1235. — 2° *La geste de Guillaume d'Orange, fragments inédits du XIIIᵉ siècle (1878)*, 1421. — 3° A publié avec H. Borgnet le *Myreur des histors, chronique de Jean des Prés, dit d'Outremeuse (1864-1887)*, 406. Un appendice de cette publication est la *Geste de Liège*, chronique en vers dont la forme est vraiment unique et qui renferme un nombre appréciable d'éléments légendaires. On y trouve notamment une version très développée de *Jehan de Lanson*.

BORNHÄK (C). *Geschichte der französischen Litteratur von den ältesten Zeiten bis zum Ende des zweiten Kaiserreichs 1884)*, 180.

BORNIER (Henri de). *La fille de Roland (1875)*, p. 189, col. 1.

Bos (A) et Gaston Paris. *La Vie de saint Gilles (1881)*, 2600.

BOTTÉE DE TOULMON (Auguste). *De la chanson musicale en France au moyen âge (1837)*, 54.

BOUCHERIE (A). 1° Le *Pseudo-Turpin. Traduction poitevine du XIIIᵉ siècle (1871)*. Indication omise à tort et que l'on pourra placer après notre n° 2326. — 2° Réponse à F. Brunetière, auteur de l'article intitulé : *La langue et la littérature française au moyen âge (1880 et 1881)*, 461.

BOUILLON (famille de). *Le cycle de la croisade et la famille de Bouillon* par H. Pigeonneau *(1876)*, 835, 919.

BOURCHIER (sir John) lord Berners. Sa version d'*Huon de Bordeaux*, p. 133.

BOURDILLON (Jean-Louis). 1° Le *poème de Roncevaux traduit du roman en français (1840)*, 2288. — 2° *Roncisvals mis en lumière (1841)*. Un *Supplément* a paru en 1847, 2267.

BOURGUEIL (Baudri de). *La Croisade* d'après Baudri de Bourgueil, 1196-1198.

BOURQUELOT (Félix). *Études sur les foires de Champagne* : analyse et extraits d'*Hervis de Metz (1865)*, 1733.

Bovo d'Antona, chanson franco-italienne, 1031-1038, etc. Voy. *Beuves*.

BRAGA (Theophilo). *Epopeas de raça mosarabe (1871)*, 244, 516.

BRAGHIROLLI (Willelmo). *Inventaire des manuscrits en langue française possédés par Francesco Gonzaga I, capitaine de Mantoue, mort en 1407.* En collaboration avec G. Paris et Paul Meyer *(1880)*, 367.

BRAILLE. Le *Louis Braille* est un journal imprimé en relief à l'usage des aveugles (d'après le système

Braille). Article de M. Marmoyet dans ce journal (*1884*) où l'auteur cite plusieurs extraits de la *Chanson de Roland*, imprimés de la sorte à l'usage des aveugles, p. 174, col. 2.

BRANDT (C. J.) : 1° *Christiern Pedersen's danske Skrifter* (*1856*), 2056. — 2° *Romantisk Digtning fra middelalderen udgiven af C.-J. Brandt* (n° VII de la *Karl Magnus Kronike : « Slaget i Ronceval »*) (*1877*), 2566. = Rétablir au n° 2056 le titre complet comme ci-dessus, et mettre un point avant *Femte*.

BRECHTEN(Nicolas van), auteur d'un poème néerlandais (de la fin du XIIᵉ siècle ou du commencement du XIIIᵉ) qui est une imitation du *Moniage Guillaume*, 292 et 1996.

BREDE (R.) : 1° *Das anglo-normannische Lied vom wackern Ritter Horn. Genauer Abdruck der Cambridger, Oxforder und Londoner Hs.* (en collaboration avec E. Stengel, *1883*), 1749. — 2° *Ueber die Handschriften der Chanson de Horn* (*1883*), 1757.

BREDOW (Gabriel-Gottl.). *Karl der Grosse, wie Eginhard ihn beschrieben hat, die Legende ihn dargestellt und Neueren ihn beurtheilt haben* (*1814*), 1052, 2624.

BREDTMANN (H.). *Der sprachliche Ausdruck einiger der geläufigsten Gesten im altfranzösischen Karlsepos* (*1889*), 477.

BRÈS (Jean-Pierre). *Histoire des quatre fils Aimon* (*1827*), p. 160, col. 1.

BRESSLAU. *Rechtsalterthümer aus dem Rolandslied* (*1871*), 569 et 2456.

Bretagne (CONQUÊTE DE LA PETITE). C'est le nom qu'on a donné (assez peu légitimement) à la *Chanson d'Aquin*. Voy. *Aquin*.

BRETAGNE. Version bretonne des *Quatre fils Aimon* (drame en sept actes), p. 160. — D'un manuscrit du XVIIᵉ siècle, en bas breton, qui a pour titre : *Charlemagne et les*

douze pairs, 1060. — D'un conte breton qui présente de grandes analogies avec la chanson d'*Huon de Bordeaux*, 1833.

BREUER (G. M.). *Sprachliche Untersuchung des Girart de Rossillon hgg. von Mignard* (*1884*), 1555.

BRINKMEIER (E.). *Die Sagen von den Abenteuern Carls des Grossen und seine Paladine aus den ältesten Spanischen Romanzen, etc.* (*1843*), 1057.

BRITISH MUSEUM. *Catalogue of Romances in the Department of manuscripts in the British Museum*, par H. L. D. Ward (*1883*), 369, 417.=Cf., pour le British Museum, les n°ˢ 1500, 2189, etc.

BRUCE-WHYTE. *Histoire des langues romanes et de leur littérature depuis leur origine jusqu'au XIVᵉ siècle* (*1841*), 2631.

BRUN (Félix) : 1° *Étude sur la Chanson de Roland* (*1876*). A placer après le n° 2432. — 2° *Le vœu de Vivien, fragments du cycle de Guillaume* traduits (*1883*), 1187 et 1291.

BRUN DE LA MONTAGNE, roman d'aventure (en couplets monorimes à l'imitation des Chansons de geste) publié pour la première fois d'après le manuscrit unique de Paris, par Paul Meyer, Paris (*1875*), in-8°. C'est à dessein que, malgré sa forme littéraire, nous n'avons pas fait entrer ce « roman d'aventure » dans la nomenclature de nos chansons de geste.

BRUNET (Gustave). *Étude bibliographique sur les romans de chevalerie espagnole* (*1861*), 242.

BRUNET (Jacques-Charles). *Manuel du libraire et de l'amateur de livres* (nous citons partout, dans notre *Bibliographie*, la cinquième édition qui est de *1860-1865*, 404.—Indication des incunables qui sont relatifs aux romans suivants : *Amis et Amiles*, 775 ; *Beuves de Hanstone*, 1013 ; *Chevalier au Cygne*, 1124, 1145 ; *Ciperis de Vignevaux*, 1157; *Doon de Mayence*, 1232; *Fierabras*, 1340; *Florent et Octavian*, 1407; *Galien*, 1428; *Girard de Roussillon*, 1523; *Guerin de Montglave*, 1473; Geste de Guillaume, 1664; *Huon de Bordeaux*, 1809; *Jourdain de Blaivies*, 1870; *Maugis d'Aigremont*, 1978; *Ogier*, 2060; *Quatre fils Aimon*, 2163. Cf. les Notices en petit texte que nous avons placées en tête de tous les articles consacrés à chacun de ces romans. = Au n° 1232, lire « Brunet (Jacques-Charles) » au lieu de « Brunet (Gustave) ».

BRUNETIÈRE (F.). 1° *Le Cycle de la croisade (1877)*, 1127. — 2° *La langue et la littérature française au moyen âge (1879)*, 461.

BRUNETTO-LATINI. *Il Tesoro di Brunetto Latini versificato*, par A. d'Ancona (*1889*), 2352.

BRUNSWICK. *Les Quatre fils Aimon*, opéra-comique (*1844*), 2149.

BRYNJULFSON. *Annaler for nordisk Oldkyndighed* (*1851*), 306. Prétendue influence de la poésie islandaise sur l'épopée française par l'entremise des Normands.

BÜCHNER (Georg). *Das altfranzösische Lothringer-Epos. Betrachtungen über Inhalt, Form und Entstehung des Gedichts, im Anschluss an die Steinthal'sche Theorie über die Entstehung des Volks-Epos überhaupt* (*1887*), 1929. Un certain nombre de fautes doivent être corrigées dans cet article : lire *altfranzösische* au lieu de *altfranzösischen; Volks*

au lieu de *Volk; Anschluss* au lieu de *Auschluss;* supprimer le point avant *im* et le remplacer par une virgule. — En 1886, G. Büchner avait déjà publié : *Die chanson de geste des Loherains und ihre Bedeutung für die Culturgeschichte.* (Dissertation de Giessen.)

BUHLE (Wilhelm). *Das c im Lambspringer* Alexius, *Oxforder* Roland *und Londoner* Brandan.(*1881*), 2380.

BUHLMANN (C.). *Die Gestaltung des Chanson de geste Fierabras im Italienischen* (*1880*), 1360, 1361.

BULFINCH. *Legends of Charlemagne* (*1863*), 99.

BULOW (Charles-Édouard de). Édition rajeunie de *Hug Schapler* (*1841*), 1777.

Buovo d'Antona, poème italien en *ottava rima* dont la première édition parut en 1480 et auquel on donna une suite : *La morte di Buovo d'Antona* (*1500*). = Voy. notre p. 71, *Bovo d'Antona* et *Beuves de Hanstone.*

BURNEY (Charles). *A general history of music from the earliest ages to the present period* (*1776-1789*), 498.

BUSSE (G.). *Der Conjunctiv im Altfranzösischen Volksepos* (*1886*), 469.

BUTENTROT. « *Butentrot; les Achoparts; les Canelius* », par Paul Meyer (*1878*). Objection soulevée, à raison de ce nom de *Butentrot,* contre l'antiquité de la *Chanson de Roland*, 635 et 2347.

C

C DANS LES LANGUES ROMANES (Le), par C. Joret (*1874*), 2377.

CABHAM (Thomas de). Son *Penitentiel* : texte sur les jongleurs, 513.

CALMET (Dom). *Histoire ecclésias-*

tique et civile de la Lorraine (1745-1757) : transcription d'une partie d'*Hervis de Metz.*

CALMON (abbé Marc). *Roland*, drame en quatre actes et en vers. —

Paris, 1880, in-12. A ajouter à la p. 189, col. 1.

CAMBRAI, CAMBRESIS. *Les Trouvères cambrésiens,* par Arthur Dinaux (*1836*), 1908.

CANALEJAS (Francisco de Paula) : 1° *La poesia epica en la antiguetad y en la etad media* (*1868-1869*), 121. — 2° *De la poesia heroico-popular castellana* (*1876*), 248. — 3° *Los poemas caballerescos y los libros de caballerias* (*1878*), 249..

CANCIONERO espagnol, 2533-2548. Voy. *Romancero, Romances*

CANELIUS (les). « *Butentrot; les Achoparts ; les Canelius* », par Paul Meyer (*1878*), 635 et 2347.

CANELLO (U. A.). Traduction italienne, en vers assonancés, de quelques couplets du *Roland* (*1881*), 2297, etc.

CANNIZZARO (T.). *Fiori d'oltralpe.* Traduction de l'épisode de la mort de Roland, d'après le texte d'Oxford (*1882*), 2298.

CANTARES DE GESTA. Leur influence en Espagne, 516.

CANTASTORIE de Naples. 1° *I Rinaldi o cantastorie di Napoli,* par Pio Ràjna (*1878*), 272. Cf. 2532. — 2° *Cantastorie* de Sicile et de Venise, 276. — 3° *Un cantastorie chioggiotto,* par G. Fusinato (*1883*), 537.

CANTILÈNES (théorie des), 178.

CAPEFIGUE. *Hugues Capet et la troisième race* (*1845*), 1779.

CARLBERG (A. E.). *Étude sur l'usage syntaxique dans la Chanson de Roland* (*1874*), 2387.

CARLIADE (La), poème épique latin d'Ugolino Verino, 1082.

CARMEN DE PRODICIONE GUENONIS. Contribution du faux Turpin et du *Carmen* à la formation de la légende rolandienne. Leur comparaison avec le *Roland.* Éditions. Discussion critique, p. 179, 2330-2333, 2335.

CARNOY (Henry). *Les légendes de Gandelon ou Ganelon.* Récits populaires recueillis dans le département de la Somme (*Romania,* avril-juillet 1882).

CAROLÉIDE (La), du vicomte d'Arlincourt (*1818*), 2552.

CAROLINGIEN (Cycle). Charlemagne dans la légende et dans la poésie, 1049-1084. — *Zur Karolingischen Sage,* par F.-J. Mone (*1836*), 1056. *Die Karlssage in der französischen Poesie,* par F. Diehl (*1867*), 115. *Karl der Grosse und seine Zeit in der Geschichte und in der Sage,* par M. Carrière (*1867*), 1070. Cf. 1054, 1065, etc., etc. — Le mot « carolingien », appliqué à nos poèmes, a reçu tantôt un sens étroit et tantôt un sens large, suivant qu'il se rapporte ou non à la SEULE geste du Roi. = Voir aux mots *Geste, Épopée, Cycle,* etc. Cf. subsidiairement les n°s 39, 60, 213, 257, 287, 399, etc.

CARRIÈRE (M.). *Karl der Grosse und seine Zeit in der Geschichte und in der Sage* (*1867*), 1070.

CARSTENS (B.). *Zur Dialektbestimmung des mittelenglischen Sir Firumbras* (*1884*), 1366.

CARTES. *Carte du théâtre de la Chanson de Roland,* 633. Etc.

CASPERSON : 1° *Wilhelm der heilige von Oranse* (*1781*), 1267. — 2° *Der Markgraf von Narbonne, von Wolfram von Eschilbach* (première édition du *Willehalm, 1784*), 739.

CASTETS (Ferdinand) : 1° *Turpini Historia Karoli Magni et Rotholandi; texte revu et complété d'après sept manuscrits* (*1880*), 2324. — 2° *Recherches sur les rapports des chansons de geste et de l'épopée chevaleresque italienne ; avec textes inédits empruntés au manuscrit H 247 de Montpellier.* Fragments considérables des *Quatre fils Aimon,* et de *Maugis d'Aigremont;* texte de *Vivien l'aumachour de Monbranc* (*1887*), 179,

1973, 1983, 2128, 2196, 2608, 2609. Cf. 1316 (*Entrée de Spagne*). — 3° *Note sur deux manuscrits des Quatre fils Aimon* (*1887*), 1984, 2197.

CATALOGUES. Catalogues Didot 1543, 1708. — Catalogue Yemeniz, 2072. — Catalogue Champfleury, 2206, etc., etc.

CATEL (Guillaume) : 1° *Histoire des comtes de Tolose* (*1623*), 1092, 1653, 1990. — 2° *Mémoires de l'Histoire de Languedoc* (*1633*), 1654, 1901, etc.

. CAXTON (William). *The lyf of Charles the Great translated by William Caxton and printed by him* (Nouvelle édition, par Sidney J. Herrtage) (*1880-1881*), 228, 1358, p. 192, col. 2. Cf. 2187 et 2203.

CAYLUS (comte de). *Observations sur l'origine de l'ancienne chevalerie et des anciens romans* (*1756*), 552. ,

CEDERSCHIÖLD (Gustav). *Fornsögur Sudhrlanda. Magus saga jarls ; Konradhs saga ; Bärings saga ; Flovents saga ; Bevers saga* (*1884*), 319.

CEILLIER (Dom Rémy). *Histoire des auteurs ecclésiastiques et sacrés* (*1729-1763*), 1660.

CELTES, ÉLÉMENT CELTIQUE. Influence prétendue de l'élément celtique sur l'Épopée française : *Keltische Studien*, par Friedrich Kœrner (*1849*), 82. = Cf. *Épopées françaises*, par L. G. 2° édition, I, pp. 16 et ss.

CENAC-MONCAUT. *Les jongleurs et les ménestrels* (*1867*), 518.

CERDAGNE. Ce serait en Cerdagne et non en Navarre (d'après une théorie du baron d'Avril), qu'il faudrait placer le théâtre du désastre de Roncevaux. Discussion de la thèse, 2341-2344.

CERQUAND. *Légendes et récits populaires du pays basque* (*1876*), 2651.

CERUTI (Antonio) : 1° *La seconda Spagna e l'acquisto di Ponente ai*

tempi de Carlomagno. Testi di lingua inediti del secolo XIII, tratti da un manoscritto dell' Ambrosiana. (*1871*), 260 et 1306. — 2° *Il viaggio di Carlo Magno in Ispagna per conquistare il camino di S. Giacomo.* (*1871*), 262, 1305, 1952, 2106, 2529, 2643.

CÉSURE dans la versification romane, 441, 444.

CHABAILLE (J.-P.). *Épopées chevaleresques* (*1837*), 55. — M. Chabaille a été, avec F. Guessard, un des éditeurs de *Gaufrey*, 1482.

CHABANEAU (Camille) : 1° *Sur quelques manuscrits provençaux perdus ou égarés. Poème composé en 1212 par Albusson de Gourdon à la louange d'Aymeri de Narbonne* (*1883*), 683. — 2° *Fragment d'un manuscrit de Girart de Roussillon*, texte de Londres (*1883*), 1502. — 3° *Le Roman d'Arles* (*1888*), 2597.

CHAILLOT (Amédée). *La Chanson de Roland, traduction française* (*1880*), 2284.

CHAMPFLEURY (Catalogue), 2206.

CHAMPION DES DAMES (Le), poème de Martin le Franc. Passage où il . résume un épisode de *Boudouin de Sebourc*, etc., 938.

Chanson d'Antioche. Voy. *Antioche.*

Chanson d'Aspremont. Voy. *Aspremont.*

Chanson de Roland. Voy. *Roland.*

Chanson des Saisnes. Voy. *Saisnes.*

CHANSONS DE GESTE. Le présent livre étant tout entier consacré à la Bibliographie des chansons de geste, chacun des éléments qui le composent est relatif à nos vieux poèmes et ne saurait être ici mentionné en détail. Il semble toutefois utile de rappeler le plan qui a été suivi dans tout ce travail, afin que le lecteur puisse se référer à telle ou telle de ses parties qui l'intéresse plus particulièrement : PREMIÈRE PARTIE : BIBLIOGRAPHIE GÉNÉRALE. I. Ouvrages généraux sur l'Épopée française, 1-201. — II. L'Épopée française à l'étranger, 202-320 : (Allemagne, 206-222 ; 2471-2486 ; Angleterre, 223-231 ; 2487-2493 ; Espagne et Portugal, 232-250, 2533-2548 ; Italie, 251-289, 2514-2532 ; Pays-Bas, 290-300, 2494-2499 ; Russie, 301-304 ; Pays scandinaves, 305-320 et 2500-2513). — III. L'Épopée provençale, 321-344. — IV. Bibliographie, 345-388 (Manuscrits, 345-373 ; Imprimés, 374-388). — V. Versions en prose, 389-422. — VI. La forme des chansons de geste, 423-491 (Rythmique, 423-450 ; Langue et style, 451-491). — VII. Les propagateurs des chansons de geste, 492-548. — VIII. L'esprit des chansons de geste, 549-644. = SECONDE PARTIE : BIBLIOGRAPHIE SPÉCIALE de chacune de nos Chansons de geste groupées suivant l'ordre alphabétique de leurs titres (depuis *Aimar et Maurin* jusqu'au *Voyage de Charlemagne à Jerusalem et à Constantinople*, 645 et ss.). Se reporter, dans la présente Table, aux noms qui forment le titre de chacun de nos vieux poèmes). = Il est certaines questions relatives aux Chansons de geste qui méritent peut-être, dans ce répertoire, une mention spéciale ; telles sont les suivantes : 1° Du mot « chansons de geste, et comment il a été restitué par Paulin Paris dans sa *Lettre à M. de Monmerqué (1851)*, 32. — 2° Bibliographies antérieures à la nôtre, 76, 376, 377, 378, 1708, 386 et surtout 356 (Bibliographie de K. Nyrop); — 3° Chansons de geste qui ne sont point parvenues jusqu'à nous, pp. 68, 140, 169, 192, col. 2 ; n°s 854, 907-915, 1214, 1726 et ss., 1888, 1897 et ss., 2069, 2232, 2363 et ss., etc. — 4° Des rapports de nos Chansons avec les Chroniques, et de leur place dans notre histoire nationale, 196, 197. — 5° Comme quoi les Chansons de geste nous offrent la peinture exacte des mœurs et des idées de leur époque, 575, etc. — 6° Les poèmes chevaleresques considérés comme une source précieuse de l'histoire de la civilisation, 597, etc. — Voy. les mots *Épopée, Geste, Cycle, Manuscrits*, etc.

CHARDON (Henri). *Sur l'Épopée et le poème épique (1867-1868)*, 120.

Charlemagne, poème de Girard d'Amiens, 1039-1048. — Notices et analyses, 1045, 1046, 1047.

CHARLEMAGNE. 1° Charlemagne dans la légende et dans la poésie, 1049-1084 ; 203, 204, 205 ; 33, 105, 2002, etc., etc. C'est sur le n° 203 qu'il convient surtout de fixer son attention (*Histoire poétique de Charlemagne*, par Gaston Paris : légende de Charles en Allemagne, aux Pays-Bas, aux Pays scandinaves, en Angleterre, en Italie, en Espagne). — 2° La mère de Charlemagne, 944-997 (*Berte*). — 3° Enfances du grand empereur, 1963-1972 (*Mainet*) ; 1882-1891 (*Karleto*); 1039-1048 (*Charlemagne* de Girard d'Amiens). — 4° Résumé poétique de la vie de Charles 1039-1048 (*Charlemagne* de Girard d'Amiens, etc.). — 5° Culte rendu à Charlemagne : office de Girone ; 344, 1077. — 6° Charlemagne dans l'art, 642 et 2467. = Cf. sur Charlemagne, les n°s 107, 108, 822, 1051, 1081, etc., etc., et se reporter surtout, dans la présente Table, aux noms de chacune des chansons qui composent l'histoire légendaire et poétique du grand empereur : *Berte, Berta de li gran pié, Charlemagne* de Girard d'Amiens, *Mainet*, *Karleto*, *Basin* ou *Charles et Elegast*, *Enfances Ogier*, *Enfances Roland*, *Aspremont*, *Desier*, *Girard de Viane*, *Renaud de Montauban*, *Ogier le Danois*, *Jehan de Lanson*, *Voyage à Jerusalem*, *Galien*, *Simon de Pouille*, *Aquin*, *la Destruction de Rome*, *Fierabras*, *Otinel*, *Entrée de Spagne*, *Prise de Pampelune*, *Gui de Bourgogne*, *Roland*, *Gaydon*, *Anseïs de Carthage*, *les Saisnes*, *Macaire*, *Auberon*, *Huon de Bordeaux* et même le *Couronnement Looys* qui appartient en réalité à la geste de Guillaume. Tous les poèmes qui viennent d'être énumérés (sauf ceux dont le titre est ci-dessus marqué d'un astérisque), forment plus ou moins directement, la « geste du Roi ».

Charles et Elegast (= BASIN), 907-915, 300. — 1º Étude (par Gaston Paris) sur les trois versions de la légende. G. Paris combat la thèse d'une tradition spécialement flamande ou allemande, 912. — 2º On ne possède pour ce poème que des allusions et des imitations étrangères, 915. — 3º Éditions du texte néerlandais, 908, 290.—4ºFragments publiés, 913, 914. — 5º Traduction du texte flamand en vers français, par Jules de Saint-Genois (*1836*). 907.— 6º Adaptation par Alberdingk-Thijm, 293.

Charles le Chauve, roman de la décadence, 1085-1088. — 1º A n a - l y s e s, 1085, 1086, 1088.—2º C i t a - t i o n s nombreuses, 1086.

Charroi de Nimes, chanson de la geste de Guillaume, 1089-1105. — 1º. O r i g i n e s d e l a l é g e n d e, 1096, 1097. — 2º É d i t i o n s, 1089, 1091. — 3º T r a d u c t i o n, 1090. — 4º N o t i c e s e t a n a l y s e s, 1095, 1098, 1099, 1103, 1105. — 5º I m i - t a t i o n e n v e r s m o d e r n e s,

1102. — 6º D i f f u s i o n à l'é t r a n - g e r, 1100. = Cf. 1854.

CHARTRES, Vitrail de la cathédrale de Chartres, représentant les principaux épisodes de la bataille de Roncevaux et de l'*Iter Jerosolimitanum*, 2468, 2469, 2654.

CHASLES (Émile) : 1º *Garin le Loherain* (*1862*), 1455. — 2º *Histoire nationale de la littérature française; Origines* (*1870*), 128.

CHASLES (Philarète). *Du Roman et de ses sources dans l'Europe moderne* (*1842*), 68.

« CHASTIEMENTS » *Ueber die* Chastiements *in den Altfranzösischen Chansons de geste*, par E. Altner (*1885*), 591.

CHATEAUNEUF (Benoiston de). Son *Essai sur la poésie et les poètes français aux* XIIᵉ-XIVᵉ *siècles* (*1815*), 22.

CHATEL (Eugène). *Hugues Capet dans l'histoire et dans le roman* (*1849*), 1781.

CHAT-NOIR (Théâtre du), « *Roland, oratorio en trois tableaux* » (*1891*), p. 189, col. 1.

CHAUSSÉE (Pierre-Claude Nivelle de la), 2619.

CHÉNIER (Marie-Joseph de). Son *Cours de littérature à l'Athénée de Paris, en 1801 et 1807*, 26. — *Œuvres complètes* (*1823-1826*), 2625.

CHEREST (Aimé). *Gérard de Roussillon dans l'histoire, les romans et les légendes* (*1859*), 1528.

Chétifs (Les), chanson du cycle de la Croisade, 1106-1109. — 1º Origines, 549, etc. — 2º Manuscrit, 1108. — 3º Publication partielle, 1106, 1112. — 4º N o t i c e s et a n a l y s e s, 1107, 1109.

CHEVALERIE dans les chansons de geste, 559, 564, 588, 611, 616. — La *chevalerie* d'un héros opposée à ses *enfances*, 1239. — La Chevalerie en général, 551-553, 555-557, 567, 568, 572, 573, 578, 600, 608, etc.

Chevalier au Cygne. 1º Notice générale sur le *Chevalier au Cygne*, pp. 77, 78. — 2º Des différents sens qui ont été donnés à ces trois mots, pp. 77 et ss. : *a.* Sens large : « Ensemble des poèmes consacrés à la geste de Bouillon (*Helias* précédé de *Beatrix* on d'*Elioxe*, les *Enfances Godefroi*, les *Chetifs*, *Antioche*, *Jerusalem*) » 1110-1131. *b.* Sens étroit : « *Helias* » considéré comme le seul poème qui mérite en réalité le titre de *Chevalier au Cygne*, 1132-1137.— 3º Remaniement du xivᵉ siècle publié par M. de Reiffemberg. Ce remaniement se rapporte au « sens large » mentionné plus haut, et il est réellement du xivᵉ siècle (et non pas du xvᵉ comme on l'a imprimé par erreur au nº 1261), 1115, 1261. = Voy. pour le détail aux mots *Helias*, *Beatrix*, *Elioxe* (que M. Todd appelle *La naissance du Chevalier au Cygne*), *Enfances Godefroi*, *Chetifs*, *Antioche* et *Jerusalem*.

Chevaux merveilleux dans l'Épopée française, 73.

Chien de Montargis. Voy. la *Préface* du *Macaire* de M. Guessard, 1947. — C'est le titre que M. d'Avril a donné à l'un des volumes de sa *Nouvelle Bibliothèque bleue*, où il s'est proposé d'écrire une « adaptation du *Macaire* », 422.

Chrestomathie. 1º *Chrestomathie épique*, plan d'un « Recueil d'anciens textes empruntés aux chansons de geste et accompagnés d'une traduction nouvelle » (*Épopées françaises*, 2º édition, t. I, 1878, pp. 474-501), 158, etc. — 2º *Chrestomathies* de K. Bartsch, P. Meyer, E. Lindforss, E. Ritter, L. Constans, E. Cledat, F. Devillard, 484-491. Cf. chacun de ces noms et voir au mot Godefroy (Frédéric).

Chronique de Turpin, 2323-2334.

1º Éditions, 2323-2326. — 2º Traduction, 2279. — 3º Dissertations et Mémoires, 2327-2334 : *a.* la Chronique de Turpin considérée comme renfermant (en dehors de ses éléments cléricaux) une forme très ancienne de la *Chanson de Roland*, 2328, 2333, 2335. *b.* La Chronique de Turpin comparée, d'une part, avec le *Carmen de prodicione Guenonis* et, de l'autre, avec le *Roland* du manuscrit d'Oxford, 2333, 2335. *c. La chanson de Gui de Bourgogne et ses rapports avec la Chanson de Roland et la Chronique de Turpin*, par H. Freund (*1885*), 1636. *d.* Réfutations de la Chronique de Turpin par Leibnitz, etc, 2240, et 2244, etc., etc. = Cf., sur la dite Chronique, les nᵒˢ 25, 32, 43, 64, 70, etc.

Chroniques. Rapports entre les chroniques et les chansons de geste; 196. — Chroniques de Saint-Denis, 2646. — Chroniques de Novalèse, 1995; de Wolter, 973; de Weihenstephan, 961. — Chronique rimée de Philippe Mouskes : édition de M. de Reiffemberg, 1117, etc.

Ciampi (Sebastiano). *Gesta Caroli Magni ad Carcassonam et Narbonam et de ædificatione monasterii Crassensis, edita ex codice Laurentiano et observationibus criticis-philologicis illustrata* (*1823*), 322.

Cid (Le poème du). *Les Nibelungen, la Chanson de Roland, le Cid*, par Léon de Monge (*1887*), 472 et 2451.

Ciperis de Vignevaux, roman de la décadence, 1155-1158. — 1º Version en prose; incunables, 1157. — 2º Notices et analyses, 1158 et 1159. — 3º Citation, 1.

Clairette et Florent. C'est le titre donné, dans les incunables, à *Clarisse et Flovent*, pp. 81, 82. Voy. l'article suivant.

Clarisse et Florent, troisième suite d'*Huon de Bordeaux*, 1160-1163. — Notices et analyses, 1160, 1162.

Clarus (Ludwig) (= Wilhelm Volk). *Herzog Wilhelm von Aquitanien, ein Grosser der Welt, ein Heiliger der Kirche, und ein Held der Sage und Dichtung* (1865), 218, 1703. — Éléments historiques de la geste de Guillaume, 2003. — Analyses du *Couronnement Looys*, 1174 ; des *Enfances Garin de Montglane*, 1257 ; de *Garin de Montglane*, 1474 ; de *Girard de Viane*, 1580 ; d'*Aimeri de Narbonne*, 666 ; des *Enfances Guillaume* et de *Arabellens Entführung*, 1272 ; du *Charroi de Nîmes*, 1099 ; de la *Prise d'Orange*, 2119 ; des *Enfances Vivien*, 1294 ; du *Covenant Vivien*, 1190 ; de l'*Aliscans* et du *Willehalm*, 747. = Au nº 1703, lire *und ein Held*.

Clédat (Léon) : 1º *La Chanson de Roland, nouvelle édition classique*, précédée d'une *Introduction* et suivie d'un *glossaire* (1886), 2258, 2382, 2405. — 2º *La Chanson de Roland, traduction archaïque et rythmée, accompagnée de notes explicatives* (1887), 2287. — 3º *Morceaux choisis des auteurs français du moyen âge*, etc. (1887), 490. — 4º *Le vers 127 du Pèlerinage de Charlemagne* (1890), 2670. — Cf. 150.

Clerc (Édouard). *Gérard de Roussillon, récit du IXᵉ siècle d'après les textes originaux et les dernières découvertes faites en Franche-Comté, avec les plans du champ de bataille de Château-Châlon et de Pontarlier* (1869), 1533. = Cf., du même auteur, *Notice sur Gérard de Roussillon et ses démêlés avec Charles le Chauve* (1870).

Clercx. *Catalogue des manuscrits relatifs à l'histoire de Metz et de la Lorraine.* Version en prose d'*Her-*

vis, de *Garin*, de *Girbert* (1856), 1731.

Cligès, 799.

Clovis. Voy. *Floovant.*

Coeuret (L.). *Nouvelle définition de l'Épopée, déduite des épopées de plusieurs peuples* (1876), 146. (Les mots « déduite des épopées » ont été omis à la p. 10, col. 2.) — Cf., du même auteur, *Ganelon d'après Theroulde et d'après Pulci dans son poème de Morgant* (1874) et les *Documents historiques relatifs à la Chanson de Roland* (1875), 2339.

Colée (= paumée = *alapa*), 611.

Collin de Plancy. *La reine Berte au grand pié et quelques légendes de Charlemagne* (1854), 973.

Colportage (Littérature de). *Histoire des livres populaires et de la littérature de colportage*, par Charles Nisard (1854 et 1864), 403, 407, 2158. Voy. *Bibliothèque bleue.*

Combat judiciaire, 592 et 619.

Comité de la langue, de l'histoire et des arts de la France (Section de Philologie). *Projet d'instructions* par Victor Leclerc. Résumé de l'histoire des chansons de geste (1853), 88.

Communion de Vivien (première) dans *Aliscans*. Eucharistie ? ou pain bénit ? 735.

Compagnonnage dans les chansons de geste, par Jacques Flach (dans les *Études romanes* dédiées à Gaston Paris, le 29 décembre 1890), 629.

Comparaisons dans l'Épopée carolingienne (Les), par K. Meinhoff (1886), 470.

Condamin (Jules), traducteur, avec Joseph Aymeric, du livre d'Adolf Ebert : *Allgemeine Geschichte der Literatur des Mittelalters im Abendlande* (1874-1885). La traduction a paru en 1883-1889, 139.

Conflictus Veris et Hiemis. — *Naso Angilbert und der Conflictus Veris et Hiemis*, par E. Ebert, 1079.

Conquête de la petite Bre-

tagne. C'est le titre qu'on a parfois donné à la chanson d'*Aquin*. Voy. ce mot et p. 83.

CONQUESTES DU GRANT ROI CHARLEMAIGNE DES ESPAIGNES. Ce titre représente une famille des versions en prose du *Fierabras*, pp. 97, 98. — Traduction anglaise par W. Caxton (*18 juin 1485*), p. 192, col. 2.

Conquête de l'Espagne. Nom donné (très justement) à la *Prise de Pampelune*. Voy. ce mot et p. 83.

Conquête de Jérusalem. Voy. *Jerusalem.*

CONQUÊTE DE TRÉBIZONDE, seconde suite des *Quatre fils Aimon*, p. 162. — Type italien, p. 162.— Incunables, n° 2163. — *Bibliothèque des Romans*, 2131.

CONRAD (le curé), auteur du *Ruolandes liet*, p. 191, col. 2 et n°s 2476-2480.

CONRAD DE WURTZBOURG et le *Chevalier au Cygne*, 1144.

CONSTANS (L.). *Chrestomathie de l'ancien français* (IX°-XV° ss.) *à l'usage des classes, précédée d'un Tableau sommaire de la littérature française au moyen âge et suivie d'un glossaire étymologique détaillé* (*1884*; 2° éd. *1890*), 488. Fragments cités d'*Aliscans*, 734; d'*Antioche*, 838; du *Couronnement Looys*, 1184; de *Berte*, 994; de *Galien*, 1435; de *Jourdain de Blaivies*, 1837; de *Raoul de Cambrai*, 2223 et du *Voyage de Charlemagne*, 2666.

CONYBEARE (J.-F.). *The Gentlemans magazine* (*1827*). On y peut lire quelques lignes sur le manuscrit du *Roland* d'Oxford, 2242.

CORNU (J.) : 1° *Trois passages de la Chanson de Roland corrigés à tort : vers 2676, 3004, 3025* (*1880*)... — 2° *Valeur du ch dans la Prose de sainte Eulalie, la Chanson de Roland et les Psautiers d'Oxford et de Cambridge* (*1881*). A ajouter après le n° 2439.

CORPORATION DES MÉNÉTRIERS. 1° B. Bernhardt : *Recherches sur l'histoire de la Corporation des ménétriers ou joueurs d'instruments de la ville de Paris* (*1841-1843*), 509. — 2° E. d'Auriac, *La Corporation des ménétriers et le Roi des violons* (*1880*), 532.

CORRARD DE BRÉBAN et THIERRY-POUX. *Recherches sur l'établissement et l'exercice de l'imprimerie à Troyes* (3° éd., *1873*), 413, 2207.

COSTUME : 1° Costume de guerre d'après les Chansons de geste, 639, 640, 579, etc. — 2° Costume féminin : Max Winter, *Kleidung und Putz der Frau nach den altfranzösischen Chansons de geste* (*1886*), 609.

COUPLETS SIMILAIRES, 464, 2419.

COURAYE DU PARC (Joseph) : 1° *La Mort Aimeri de Narbonne ou la Bataille des Sagittaires, chanson de geste du* XIII° *siècle, texte critique.* Positions des thèses soutenues à l'École des Chartes le 19 janvier *1880*, 2022. — 2° *La Mort Aymeri de Narbonne, chanson de geste publiée d'après les manuscrits de Londres et de Paris* (*1884*), 2020.

Couronnement Looys, chanson du cycle de Guillaume, 1164-1184. — 1° Étude générale, par Ernest Langlois, 1182. — 2° Origines et historicité, 1170, 1171, 1172, 1175, 1176. — 3° Manuscrits, 1168, 1179, etc. — 4° Éditions : a. De W.-J.-A. Jonckbloet (*1854*), 1164; b. d'Ernest Langlois (*1888*), 1165. — 5° Fragments publiés, 1167, 1184. — 6° Traduction par W.-J.-A. Jonckbloet, 1166. Cf. 1175. — 7° Notices et analyses, 1169, 1171, 1174, 1175, 1180, 1183. — 8° Diffusion à l'étranger, 1180.

COURTET (Jules). *Notice historique et archéologique sur Orange* (*1852*), 1692, 2116.

COUTURE (L.). *Une question sur*

Roncevaux (*1869*), *Revue de Gasco-gne*, X, 379.

Covenant Vivien, chanson du cycle de Guillaume, 1185-1195. — 1º Origines et historicité, 1189. — 2º Manuscrits, 1192. — 3º Édition, 1185. — 4º Traductions, 1186, 1187, 1191, 1193. — 5º Notices et analyses, 1188-1191, 1193, 1194. — 6º Adaptation moderne, 1187.

Cox (George). *Popular romances of the middle ages* (en collaboration avec Eustace Hinton Jones, *1872*), 135.=Notre texte de la p. 10, col. 1, porte à tort *age* et *1871*.

CRAMPON(A.). *Girard de Roussillon, chanson de geste* (*1887*), 1558.

CRESCINI (Vincenzo) : 1º *Ugo d'Alvernia, poema franco-veneto del' secolo XIV* (*Il Propugnatore*, t. XIII), 1772. — 2º *Orlando nella Chanson de Roland e nei poemi del Bojardo e dell' Ariosto* (*1879*), 2531. — 3º *Marin Sanudo precursore del Melzi* (*1885*), 384.

CREUZÉ DE LESSER (A.). *La Chevalerie ou les Histoires du moyen âge, composées de la Table ronde, Amadis, Roland*, etc. (*1815 et 1839*), 556.

CRIS DE GUERRE, DEVISES, 570.

Croisade (La) d'après Baudry de Bourgueil. Récit en vers de la première croisade, publié par Paul Meyer (*1876*), 1196-1198.

CROISADE (cycle de la). Le « cycle de la Croisade » se compose d'une série de poèmes dont les uns sont historiques, comme *Antioche* et *Jerusalem*; les autres mêlés de légende et de fantaisie, comme *Helias*, les *Enfances Godefroi* et les *Chetifs*. Ces différentes chansons ont été au xivº siècle l'objet d'un remaniement qu'on a désigné sous le nom de *Chevalier au Cygne*, et, dès le commencement de ce même siècle, on leur avait déjà donné un complément étrange avec *Baudouin*

de Sebourc et le *Bastart de Bouillon*. = Pour *Helias* (précédé d'*Elioxe* ou de *Beatrix*), voir nos nºs 1110, 1132-1137, 941-943 et 1252-1255 ; pour les *Enfances Godefroi*, 1111 et 1260-1265; pour les *Chetifs*, 1112 et 1106-1109; pour *Antioche*, 1113 et 827-841 ; pour *Jerusalem;* 1114 et 1849-1858; pour *Baudouin de Sebourc*, 931-940 ; pour le *Bastart de Bouillon*, 916-923, et enfin, pour le remaniement du xivº siècle, 1115. = Cf. Pigeonneau, *Le cycle de la croisade et la famille de Bouillon* (*1877*), 919, 936, 1254, 1264.

CROISÉS. *La croix des premiers croisés*, par F. de Mély (*1890*), 891.

Croissant, sixième et dernière Suite d'*Huon de Bordeaux*, p. 85 et nº 1199.

CROIX DU MAINE (François Grudé, sieur de la). *Bibliothèque françoise* (*1584*), 389. — Nouvelle édition de la *Bibliothèque françoise*, par Rigoley de Juvigny (*1772, 1773*), 392.

CYCLES ÉPIQUES : 1º Cycle mérovingien 1384-1391 et, en particulier, 1389, 1397 (voy. *Floovant*). — 2º Cycle carolingien (voy. les mots *Carolingien et Charlemagne*, et, subsidiairement (soit dans le sens large, soit dans le sens étroit du mot *carolingien*), les nºs 39, 60, 213, 257, 399, 287, etc., etc. — 3º Cycle de Guillaume, 1651-1725. — 4º Cycle de Doon. Voy. les mots *Ogier, Quatre fils Aimon, Maugis d'Aigremont*, et aussi *Doon de Mayence, Gaufrey, Vivien l'aumachour de Monbranc*, etc. — 5º Cycle des Lorrains, p. 141 et nºs 1908-1931. (Voy. les mots *Hervis, Garin, Girbert et Anséis fils de Girbert*.) — 6º Cycle de la croisade, pp. 77-81 (voy. les mots *Croisades, Chevalier au Cygne*, etc.).

CYCLIQUES (manuscrits) : 1º De la geste de Guillaume, 713, 928,

1900, 2015, etc. — 2° De la geste de Doon, 1229, etc. — 3° De la geste des Lorrains, 1913, 1915-1917, 1921-1923, 1927-1928.

CYGNE. La légende des enfants changés en cygnes, p. 77, n°s 1138-1154 et 1252. Voy. surtout au mot *Chevalier au Cygne*.

D

DAHL (Franciscus W.). *Fabula Caroli Magni Suecana e codd. mss. reg. Bibl. Hauniensis necnon reg. Bibl. Holmiensis nunc primum edita* (*1847*), 2510.

DAHN (Thérèse]. *Kaiser Karl und seine Paladine* (*1887*), 1084. L'Introduction est de Félix Dahn.

DANEMARK. L'Épopée française en Danemark, p. 21, 2056, etc. : 1° *Keiser Karl Magnus Kronike*, p. 21 312, 2056; 2° *Olger Danske's Kronike*, p. 151 et n°s 2034, 2056. Plusieurs de ces mentions devront être ajoutées à la notice sur l'Épopée française aux Pays scandinaves (pp. 21 et ss.). Cf. 354.

DARIN (Robert). *Observations sur la syntaxe du verbe dans l'ancien français* (*1868*), 2385.

DARMESTETER (Arsène). *De Floovante vetustiore gallico poemate et de merovingo cyclo* (*1877*), 1389.

DAUNOU (Pierre-Claude-François). Son *Discours sur l'état des lettres en France au* XIIIe *siècle*, tome XVI de l'*Histoire littéraire de la France* (*1824*), 27. Voir, en particulier, les n°s 650 (*Aimeri de Narbonne*), 807 (*Anseïs de Carthage*) ; 1133 (*le Chevalier au Cygne*) ; 1797, (*Huon de Bordeaux*); 1666 (geste de Guillaume), etc.

Daurel et Beton, chanson de geste provençale, 1200-1203. — 1° Manuscrit, 1201, 1202. — 2° Édition, 1200. — 3° Notices et analyses, 1201, 1203. Cf. 182, 1019, et surtout 337.

DÉCASYLLABE : 1° Ten Brink.

Conjectanea in historiam rei metricæ franco-gallicæ (*1864*), 428 ; — 2° A. Rochat : *Étude sur le vers décasyllabe dans la poésie française au moyen âge* (*1870*), 432. — 3° V. Henry : *Contribution à l'étude des origines du Décasyllabe roman* (*1886*), 445 et 2424. — 4° Louis Havet : *Le Décasyllabe roman* (*1886*), 443 et 2423. Cf. 434, etc., etc.

DE LA CHAUSSÉE (Pierre-Claude Nivelle), 2619.

DE LA CROIX DU MAINE (François-Grudé, seigneur de). Sa *Bibliothèque françoise* (*1584*), 389. — Nouvelle édition par Rigoley de Juvigny (*1772-1773*), 392.

DE LA RUE (L'abbé). *Essais historiques sur les bardes, les jongleurs et les trouvères normands et anglo-normands* (*1834*), 503, 2306, 2313, etc., etc.

DELÉCLUZE (E.-J.). *Roland ou la Chevalerie*, traduction du *Roland* d'Oxford (*1845*), 559, 560, 2274, 2558.

DELIGNE (J.). *Analyse de Li romans de Raoul de Cambray publié par E. Le Glay* (*1850*), 2215.

DELISLE (Léopold). *Mélanges de paléographie* (*1880*), 1399.

DELIUS (N.). *Bego's Tod ; traduction de l'épisode de la mort de Begon dans Garin le Loherain* (*1824*), 1461.

Delivrance Ogier, poème perdu (?), 1204, 1215, 2070.

DELVAU (Alfred) : 1° *Bibliothèque bleue. Réimpression des Romans de chevalerie des* XIIe*,* XIIIe*,* XIVe*,* XVe *et* XVIe *siècles faite sur les meilleurs* *textes par une Société de gens de lettres sous la direction d'Alfred Delvau (1859-1862)*, 405. Cf. 774 (*Amis et Amiles*), 975 (*Berte*), 1341 (*Fierabras*), 1429 (*Galien*), 1472 (*Guerin de Montglave*), 1808 (*Huon de Bordeaux*), 2162 (*Quatre fils Aimon*) ; — 2° *Collection des Romans de chevalerie mis en prose moderne avec illustrations*, par Alfred Delvau (*1870*), 411, etc.

DEMAISON (Louis) : 1° *Aymeri de Narbonne, chanson de geste inédite du XIII° siècle* (Positions des thèses soutenues à l'École des Chartes, les 17 et 18 janvier *1876*, 673. — 2° *Aymeri de Narbonne, chanson de geste publiée d'après les manuscrits de Londres et de Paris* (*1888*), 647. Cf. 342 (Épopée provençale), 1025 (*Beuves de Hanstonne*), 1213 (*Departement des enfans Aimeri*), et 1598 (*Girard de Viane*). — 3° *Les portes antiques de Reims et la captivité d'Ogier le Danois* (*1881*), 2073.

DEMOGEOT (Jacques-Claude). *Histoire de la littérature française* (*1851*), 85.

DEMOLINS (E.). *Les Chansons de geste au moyen âge* (*1878*), 156.

DENSUSIANU (Ovide). *Aymeri de Narbonne dans la Chanson du Pelerinage de Charlemagne* (*1896*), 2673.

Departement des Enfans Aimeri, chanson de geste dont plusieurs rédactions sont parvenues jusqu'à nous : pp. 86 et n°ˢ 1206-1213. — 1° Étude sur ces différentes versions, 1209. — 2° Analyse des trois rédactions en vers, de la version en prose et de l'adaptation italienne (les *Nerbonesi*), 1210. — 3° Traduction complète de la première rédaction ; 1206, 1210. — 4° Notices et analyses, 1208, 1210, 1212. — 5° Diffusion en Italie, 1211.

— 6° Le Departement au théâtre (?), 1207.

DEPPING (G.-B.) : 1° *Des expéditions maritimes des Normands* (*1826*), 1620. — 2° *Veland le forgeron, dissertation. sur une tradition du moyen âge* (*1833*), 35.

Desier, poème qui n'est point parvenu jusqu'à nous (?), 1214.

Destruction de Rome, chanson de geste qui forme le prologue du *Fierabras*, 1215-1218. — 1° Origine topographique, 1215. — 2° Édition, 1215, 1350. — 3° Notices et analyses, 1217-1218. Cf. 1349. — 4° Diffusion à l'étranger. Le *Sowdon of Babylone* est une version de *Sir Ferumbras* qui contient une *Destruction de Rome*, 1350. Cf. 1342.

DETERMANN. (J.-W.). *Epische Verwandtschaften im altfranzösischen Volks-Epos* (*1887*), 473.

DETTMER (J.). *Der Sachsenführer Widukind nach Geschichte und Sage* (*1879*), 2568.

DEVILLARD (Fr.). *Chrestomathie de l'ancien français : IX°-XV° siècles. Texte, traduction et glossaire* (*1887*), 491. Cf. le mot *Chrestomathie.*

DEVISES, CRIS DE GUERRE, 570.

DEYKS (Ferd.). *Carminum epicorum germanicorum nederlandicorum fragmenta* (*1859*), 692.

DIA dans *Girard de Roussillon*, 154.

DIDOT (Ambroise-Firmin) : 1° *Catalogue raisonné des livres de la Bibliothèque de M. Ambroise-Firmin Didot : Romans de chevalerie* (*1867*), 380 ; — 2° *Essai de classification méthodique et synoptique des Romans de chevalerie inédits et publiés. Premier appendice au Catalogue raisonné des livres de la Bibliothèque de M. Ambroise-Firmin Didot* (*1870*), 358, 410, 1348, 1708 ; — 3° *Catalogue Didot* (*1878*), 1353, 1543. = Cf. 777 (Analyse d'*Amis et Amiles*).

DIEMER (Joseph). Édition de la *Kaiserchronik* (*1849*), 2484.

DIEHL (F.). *Die Karlssage in der altfranzösischen Poesie* (*1867*), 115.

DIELITZ (J.), 570.

DIETRICH (Otto). *Ueber die Wiederholungen in den altfranzösischen Chansons de geste* (*1881*), 464 et 2419. O. Dietrich expose, dans cette dissertation, une théorie sur la question si controversée des « répétitions épiques ».

DIEZ (F.) : 1° *Altspanische Romanzen* (*1818 et 1821*), 234, 235 et 2541, 2542 ; — 2° *Die Poesie der Troubadours* (*1826*), 1514, 1377 ; — 3° *Leben und Werke der Troubadours* (*1829*), 1378 ; — 4° *Ueber den epischen Vers* (*Altromanische Sprachdenkmale*, *1848*), 424.

DINAUX (Arthur). Le titre g é n é r a l de l'œuvre d'Arthur Dinaux est le suivant : *Trouvères, jongleurs et menestrels du nord de la France et du midi de la Belgique*. Cette œuvre, commencée en 1837, a été terminée en 1863. Elle se compose de quatre volumes portant les titres et les dates qui suivent : t. I, *Les trouvères cambrésiens* (*1837*) ; t. II, *Les trouvères de la Flandre et de Tournaisis* (*1839*) ; t. III, *Les trouvères artésiens* (*1843*) ; t. IV, *Les trouvères brabançons, hainuyers*, etc. (*1863*). — Pour l'œuvre générale (*Trouvères, jongleurs et menestrels du nord de la France et du midi de la Belgique*), voy. les n°ˢ de notre bibliographie 37 et 506 ; pour le premier volume en particulier (*Les trouvères cambrésiens*), les n°ˢ 1042 et 1908 ; pour le tome II (*Les trouvères de la France et du Tournaisis*), le n° 1805 et, enfin, pour le tome IV (*Les trouvères brabançons, hainuyers*, etc.), les n°ˢ 832, 917, 932 et 1418. [Au n° 31 lire 1837, au lieu de 1833 ; au n° 506 lire 1837 au lieu de 1887 ; aux

n°ˢ 1042 et 1908, lire 1837 au lieu de 1836.]

DISCESA DI UGO D'ALVERNIA ALL' INFERNO, 1770.

DISSERTATIONS près des Universités allemandes, etc. Table par Hermann Varnhagen et Johannes Martin dans le livre qui nous a été d'une si grande utilité et qui est intitulé : *Systematisches Verzeichnis der Programmabhandlungen, Dissertationen und Habilitationsschriften... von Hermann Varnhagen. Zweite vollständig umgearbeitete Auflage. Besorgt von Johannes Martin* (*1893*), 381, etc.

DOLOPATHOS : 1° Texte latin : *Zum lateinischer Dolopathos*, par Adolf Mussafia (*1867*), 1150 ; *Johannis de Alta-Silva Dolopathos*, par Hermann Oesterley (*1873*), 1151 ; — 2° Texte français, édition Brunet et De Montaiglon (*1856*), 1145. — 3° Sources du *Dolopathos* français ; mémoire d'A. Mussafia (*1865*), 1149.

DÖNGES (Emil). *Die Baligantsepisode im Rolandsliede* (*1879*), 2360.

DON QUICHOTTE, 2543.

DOOLIN DE MAYENCE (et non Mayenne, comme on l'a imprimé à la page 29, col. 1), 396, etc. Voy. *Doon de Mayence*.

Doon de la Roche, chanson de geste, 1119-1223. — 1° M a n u s c r i t, 1119, 1120. — 2° N o t i c e s e t a n a l y s e s, 1221, 1222, 1223.

Doon de Mayence, chanson de geste, 1224-1239. — 1° A g e et o r i g i n e, 1039. — 2° R a p p o r t entre les deux parties qui composent ce poème, les *Enfances*, d'une part, et, de l'autre, la *Chevalerie*, 1239. — 3° É d i t i o n, 1224. — 4° F r a g m e n t s p u b l i é s, 1228, 1231, 1235. — 5° N o t i c e s e t a n a l y s e s, 1229, 1230, 1233, 1234, 1236. — 6° I n c u n a b l e s, p. 87, n° 1232. — 7° D i f f u s i o n à l ' é t r a n g e r (Pays-Bas), 300, 1238.

Doon de Nanteuil, chanson de geste dont quelques fragments seulement sont parvenus jusqu'à nous, 1240-1244. — 1° É d i t i o n de ces fragments, 1240. — 2° R e c o n s t i t u t i o n hypothétique de tout le poème, 1242. Cf. 1.

DORAT (Claude-Joseph). *Les deux Reines,* drame *(1767 et 1774),* 959.

DORTMUND (= « Tremoigne » des *Quatre fils Aimon),* 2200.

DOUTREPONT (A). *Trois fragments* d'Anseïs de Metz *(1889),* 826.

DOZY (R). *Recherches sur l'histoire et la littérature de l'Espagne pendant le moyen âge* (2° éd. *1860,* 3° éd. *1881),* 241. Voir, en particulier, les n°s 663 (*Aimeri de Narbonne*); 1097 (*Charroi de Nimes*); 1172 (*Couronnement Looys*); 1695, 2575, 2578 (Origine normande de quelques chansons de la geste de Guillaume); 2575 (*Siège de Barbastre*), etc.

DRAME. Influence de l'épopée française sur le drame. Voy. *Mystères.*

DRAME D'ADAM, 1576.

DRAPEYRON (Ludovic). *Études historiques. La Chevalerie française* (*1875*), 572.

DREES (Heinrich). *Der Gebrauch der epitheta ornantia im altfranzösischen Rolandsliede : Oxforder Text* (*1883*), 2443.

DREYLING (Gustav). *Die Ausdrucksweise der übertriebenen Verkleinerung im altfranzösischen Karls-Epos* (*1888*), 475.

DROIT public et privé. 1° *L'idée politique dans les chansons de geste,* par L. Gautier (*1868*), 565. — 2° *Il diritto nell' epica francese dei secoli* XII *e* XIII, par Giovanni Tamassia (*1886*), 607. — 3° *Les origines de l'ancienne France,* par Jacques Flach, 629, etc.

DUBARAT (l'abbé V.). *Roncevaux. Charte de fondation. Poème du*

moyen âge. Règle de S. Augustin. Obituaire, etc. (*1890*), 2353.

DU CANGE (Charles· Du Fresne, sieur). *Histoire de saint Louis, IX° du nom, roi de France, contée en françois par Jean, sire de Joinville, avec des Observations et Dissertations historiques* (*1668*), 550.

DUCHINSKA (Severina geb. Zochovska). Traduction polonaise du *Roland* (*1868*), 2301.

DUGUESCLIN (Bertrand). Prétend descendre du roi Aquin, 840.

DU MÉRIL (Edelesland). 1° *Histoire de la poésie scandinave* (*1839*), 508 (la tradition épique au moyen âge) ; 1332 et 1350 (*Fierabras*) et 2047 (*Ogier le Danois*). — 2° *La mort de Garin le Loherain, poème du* XII° *siècle publié pour la première fois d'après douze manuscrits* (*1846*), 2026. — 3° *Mélanges archéologiques et littéraires* (*1850*), 425 (origines de la versification française) et 512 (poésie lyrique en France aux XII° et XIII° siècles).

DÜMMLER (Ern.). *Grabschrift aus dem achten Jahrhundert,* etc. (*1873*), 2338. Cf. *Poetæ latini ævi Carolini* dans les *Monumenta Germaniæ historica* (*1880*). Épitaphe d'un guerrier franc mort à Roncevaux : date de cette bataille fixée au 15 août *778,* 2338.

DUNLOP (John Colin). *The history of fiction : being a critical· account of the most celebrated prose works of fiction, from the earliest greek romances to the novels of the present age* (2° édition, t. 1, *1816*). Traduit en allemand par Félix Liebrecht : *John Dunlop's Geschichte der Prosadichtungen,* etc. (*1851*). — Une nouvelle édition anglaise a paru en *1888* : *History of prose fiction,* etc. C'est celle qui est citée le plus couramment dans notre bibliographie. Voir, en particulier, n°s 25, 187, 758 (*Amis et Ami-*

les); 1237 (*Doon de Mayence*) ; 1436 (*Galien*) ; 1596 (*Girard de Viane*); 1834 (*Huon de Bordeaux*); 1881 (*Jourdain de Blaivies*); 1985 (*Maugis d'Aigremont*); 2078 (*Ogier*); 2203 (*Quatre fils Aimon*); 2668 (*Voyage de Charlemagne*).

DÜNTZER (Heinrich). *Wielands Oberon erläutert* (2° édition, *1880*), 895.

DURAND (Agustin) : 1° *Romancero de romances caballerescos·é históricos anteriores al siglo* XVIII (*1832*), 236, 2544. — 2° *Romancero general. Coleccion de romances castellanos anteriores al siglo* XVIII (*1851*), 238, 2544. (C'est le second volume du Recueil précédent.)

DURMART, roman d'aventures : *Ueber das Verhältniss der beiden Romane, Durmart und Garin de Montglane*, par Adolf Stoeriko (*1888*), 1480.

DUTENS (Louis). Ses *Tables généalogiques des héros de romans* (s. d. : la 2ᵉ édition est de *1796*), 17.

DUVAL (Amaury) un des collaborateurs de l'*Histoire littéraire de la France,* tomes XVIII, XIX, etc. — Au tome XVIII se réfèrent les nᵒˢ suivants : 1007 (*Beuves de Hanstone*) ; 1444 (*Garin le Loherain*) ; 2314 (Turold, auteur du poème de la *Bataille de Roncevaux*); 2140 (*Quatre fils Aimon*); 1329 (Pastorale basque sur les douze Pairs) ; 2629 (*Voyage de Charlemagne à Jerusalem et à Constantinople*). Cf. dans le tome XIX, l'article sur *Anseïs de Carthage*), 810.

DUVERDIER (Antoine) : 1° *Bibliothèque* d'Antoine Duverdier, contenant le Catalogue de tous les auteurs qui ont écrit ou traduit en françois (*1585*), 390. — 2° Nouvelle édition de la *Bibliothèque* par Rigoley de Juvigny (*1771, 1773*), 392.

E

EBERT (Adolf) : 1° *Die Handschriften der Escorial-Bibliothek* (*1862*), 1894 (*Lion de Bourges*). — 2° *Allgemeine Geschichte der Literatur des Mittelalters im Abendlande* (*1874* et ss.), 139. Ce dernier ouvrage a été traduit en français par MM. Joseph Aymeric et Jules Condamin (*1883-1889*), 139.

EBERT (Emil). *Naso Angilbert und die Conflictus Veris et Hiemis*, 1079. M. Ebert a publié 'en 1884 : *Die Sprichwörter der Altfranzösischen Karlsepen*, 466.. — Supprimer la virgule après *Naso* au n° 1079.

ÉDITIONS ET ÉDITEURS des Chansons de geste. On en trouvera l'énumération presque complète (jusqu'en 1889) dans le livre de Carl Wahlund : *Ouvrages de philologie romane et textes d'anciens français faisant partie de la bibliothèque de M. Carl Wahlund,* Upsal, *1889*, in-8. Cf. les *Notices bibliographiques* de toutes les chansons qui sont analysées dans nos *Épopées françaises* et voir aussi, dans la présente Table, les articles consacrés à chacun de nos vieux poèmes, etc., etc.

EGGELING (J.-H.). *Dissertatio de statuis Rolandinis* (*1700*), p. 190, col. 2.

EGGIHARD, mort à Roncevaux le 15 août *778*, 2338.

EICHELMANN (Ludwig). *Ueber Flexion und attributive Stellung des Adjektivs in den ältesten französischen Sprachdenkmälern bis zum Rolandsliede einschliesslich* (*1879*), 2393.

Elie de Saint-Gilles, chanson de geste, 1245-1251. — 1° Éditions: *a.* De W. Fœrster (*1876*), 1245 et 685 ; *b.* De Gaston Raynaud (*1879*), 1246 et 317. — 2° Notice, 1251. — 3° Diffusion à l'étranger : l'*Elis Saga,* 1247-1250. Voy. aussi 182.

Elioxe, première partie ou « prologue » d'*Helias* (rédaction qui diffère de *Beatrix*), 1252-1255. — 1° Manuscrits, 1255. — 2° Édition, 1242. — 3°. Notices et analyses, 1253. Cf. 1110. — 4° Valeur littéraire, 1255.

ELISSAGA, la Saga d'Elie. — Comparaison avec la *Chanson d'Elie de Saint-Gilles,* 1247-1250 et 317.

ELLIS (George). *Specimens of early english metrical romances* (édition de *1848*), 80, etc. Voir en particulier les nᵒˢ 1058 (romans relatifs à Charlemagne) ; 1012 (*Beuves de Hanstone*); 224 et 1335 (*sir Ferumbras*) ; 1940 (*Macaire*) ; 224 et 2085 (*sir Otuel*) ; 224 (*Roland et Vernagu*) ; 511 (les jongleurs), etc.

ELSENER (C.). *Die Beziehungen zwischen der deutschen und französischen Poesie im Mittelalter* (*1873* et *1879*), 137.

ELSTER. *Beiträge zur Kritik des Lohengrin* (*1884*), 1153.

ÉMILIEN (saint), évêque de Nantes. Chant populaire et Office, 542.

ENENKEL, chroniqueur-poète de la première partie du XIIIᵉ siècle. Fragments d'un beau récit dont l'impératrice Hildegarde est l'objet et que l'on peut comparer à l'affabulation de l'*Innocente reine de France.* Le récit d'Enenkel a été publié par H.-F. Massmann (*1849*), 1941.

ENFANCES d'un héros opposées à sa « chevalerie », 1239.

Enfances Charlemagne, chanson de geste. Voy. *Karleto, Mainet, Karlmeinet,* etc.

Enfances Doon de Mayence, p. 91.

Enfances Garin de Montglane, roman de la décadence, qu'on a rattaché à la geste de Guillaume, 1256-1259, et page 108. — Notices et analyses, 1256, 1258, 1259. Voy. *Garin de Montglane.*

Enfances Godefroi, chanson du cycle de la Croisade, 1260-1265. — 1° Manuscrits, 1262. — 2° Éditions : *a.* De la rédaction antérieure à la fin du XIIIᵉ siècle, 1260. *b.* Du remaniement du XIVᵉ siècle, 1261. — 3° Notices et analyses, 1263-1265.

Enfances Guillaume, chanson du cycle de Guillaume, 1266-1279. — 1° Manuscrits, 1268, 1277. — 2° Traduction, 1266. — 3° Notices et analyses, 1270, 1271, 1273, 1279. — 4° Diffusion à l'étranger (Italie), 1276.

Enfances Ogier, chanson de geste, 1280-1286. Une première rédaction est due à Raimbert (XIIᵉ siècle); une seconde à Adenet le Roi (XIIIᵉ siècle), et il faut tenir compte, en troisième lieu, de la version franco-italienne du manuscrit fr. XIII de la bibliothèque Saint Marc à Venise : 1° Rédaction de Raimbert (au début de son grand poème sur *Ogier*), 1285, 1286 (Voy. surtout au mot *Ogier*). — 2° Version franco-italienne, 1282, 1283. — 3° Remaniement d'Adenet, 1280.

Enfances Roland (= *Berta e Milone* et *Orlandino*). Voir les nᵒˢ 1287-1289 et la p. 68. — 1° Édition, 1287. — 2° Notice, 1289. — 3° Bibliothèque bleue (du baron d'Avril), 422.

Enfances Vivien, chanson du cycle de Guillaume, 1290-1298. — 1° Manuscrits, 1292, 1295, 1298. — 2° Édition, 1290. — 3° Notices et analyses, 1293, 1296, 1297.

Enfants changés en cygnes. C'est le titre donné à *Elioxe* par M. Todd. Voy. *Cygne.*

ENFANTS-CYGNES. Légende des enfants-cygnes, 1138-1154. Voy. *Cygne.*

ENGEL (Edouard). *Geschichte der französischen Litteratur von ihren Anfängen bis auf die neueste Zeit*; (chap. II : *Die altfranzösische Heldendichtung*) (*1883*), 165.

ENJAMBEMENT. *Ueber Strophen und Vers-Enjambement im Altfranzösischen*, par E. Stramwitz (*1886*), 446.

ENSEIGNES. « Mariage des enseignes » à Paris, p. 167.

Entrée de Spagne (=ENTRÉE EN ESPAGNE), chanson du cycle de Charlemagne, 1299-1317. — 1° Manuscrits, 1309 ? — 2° Auteur véritable : distinction entre l'anonyme padouan et Nicolas de Vérone, 1311, 1312. — 3° Rapports avec la *Prise de Pampelune*, 1302, 2103, 2104. — 4° Édition partielle, 1301. — 5° Notices et analyses, 1301, 1307, 1310, 1313. — 6° Rôle de l'*Entrée de Spagne* dans la formation de la *Spagna*, 1304. = Cf. 1316, 1317.

ÉPITAPHES : 1° D'Eggihard mort à Roncevaux, le 15 août *778*, 2338 ; — 2° De Roland, 2340, etc.

ÉPITHÈTES dans les Chansons de geste : *Die schmückenden Beiwörter und Beisätze in den altfranzösischen Chansons de geste*, par Otto Husse, 1887, 471.

ÉPOPÉE. Nous ne pouvons que répéter ici (en y changeant seulement deux ou trois mots) l'observation préalable que nous formulions ci-dessus. dans cette même Table, au mot « Chansons de geste ». Le présent livre étant tout entier consacré à la bibliographie de l'Épopée française, chacun des éléments qui le composent est relatif à nos vieux poèmes et ne saurait être ici mentionné en détail. Nous ne signale-rons ci-dessous que le nécessaire : 1° De l'Épopée en général, 95, 107, 109, 114, 123, 129, 146, 149, 157, 158, etc. — 2° De l'Épopée française en particulier, 6, 7, 19, 25, 39, 51, 55-57, 84, 85, 87-89, 93, 107, 109, 114, 116, 122, 134, 147, 148, 151, 158, 159, 167, 172, 177, 181, 190-192, 2208, 2452, etc. — 3° Origines et premiers monuments de l'Épopée française, 33, 47, 93, 107, 109, 160, 167, 171, 2208, 2240, 2244, etc., etc. — 4° L'Épopée française à l'étranger : *a*. Allemagne, 203-222, 2471-2486, etc., etc.; *b*. Angleterre, 203, 204, 223-231, 2487-2493, 2472, 2473, 2475, etc., etc.; *c*. Néerlande, 290-300, 2494-2499, etc.; *d*. Pays scandinaves, 305-320, 2500-2513, etc.; *e*. Russie et pays slaves, 301-304, etc.; *f*. Italie, 251-289; 2514-2532, etc.; *g*. Espagne et Portugal, 232-250, 2533-2548, etc. = Pour plus de détails, se reporter, dans cette Table, aux noms de chacun de ces pays. Cf. les articles *Chansons de geste, Romans, Cycles, Gestes*, etc.

ESBATEMENT DU MARIAGE DES QUATRE FILS HÉMON, facétie du xv° siècle, p. 167.

Esclarmonde, seconde partie d'*Huon de Bordeaux*, 1318-1321. — 1° Édition, 1318. — 2° Notices et analyses, 1320-1321.

ESPAGNE : 1° De la littérature espagnole au moyen âge ; les Romances, 243, 1695, 1699, 3533-2548, etc. — 2° L'Épopée française en Espagne, 203, 204, 205, 232-249, 2533-2548, 1075, 1699, 2472, 2473, 2475. Cf. la p. 143 et les n°s 1944, 1948, 1949, 1953, 1955, 2064, 2472, 2473, 2475, etc., etc. — 3° Influence spéciale de certainēs chansons déterminées : *a. Fierabras*, p. 98, etc.; *b. Ogier*, 2064 ; *c. Reine Sibille*,

p. 143, n⁰ˢ 1944, 1948, 1949, 1953, 1955, etc.

ESPAGNE (L'). Poème de Nicolas de Padoue, 2103.

ESSERT (O). *Bueves de Commarcis, chanson de geste* par Adenet le Roi, (*1890*), 1002.

ESTE (Maison d'). *Ricordi di codici francesi posseduti dagli Estensi* (*1872*), 265, 361, 1125.

EULER (August). *Das Königtum im altfranzösischen Karls-Epos* (*1886*), 596.

F

FABER. *Histoire du théâtre français en Belgique* (*1881*), 2186.

FABLEAUX. *Fabliaux ou Contes du* XII⁰ *et du* XIII⁰ *siècles*, par Legrand d'Aussy (*1779-1881*), 15.

FABRE (Adolphe) : 1⁰ *Un mot sur les romans de Gérard de Roussillon* (*1857*), 1524. — 2⁰ *Gérard de Roussillon. Examen des travaux récents* (*1857*), 1525. = Cf. du même auteur ses *Romans et chansons de geste sur Gérard de Roussillon, étude historique et littéraire* (*1874*).

FAC-SIMILE. C. Wahlund, dans son excellent Catalogue (*Ouvrages de philologie romane et textes d'ancien français faisant partie de la bibliothèque de M. Carl Wahlund à Upsal*, etc.) a donné une liste des différents *fac-simile* qu'on a publiés, antérieurement à *1889*, d'après les manuscrits de nos vieux poèmes (Appendice IV, pp. 166 et ss.). On pourra se référer très utilement à cette nomenclature dressée avec beaucoup de soin (où l'érudit suédois a cependant oublié de mentionner le fac-simile de *Raoul de Cambrai* que nous avons publié dans nos *Épopées françaises*, 2⁰ éd., t. I, p. 227). — Voy. surtout les pages 166 de Wahlund (*Gormont et Isembart, Voyage de Charlemagne à Jerusalem*); 168 (*Ogier, Aquin, Raoul de Cambrai*); 169 (*Le Chevalier au Cygne, Berte, Baudouin de Sebourc*);

170 ? (*Girard de Roussillon*), etc. = Cf. notre n⁰ 1749 (*Horn*), etc.

FANÇAN. *Le tombeau des Romans où il est discouru : 1⁰ Contre les Romans ; 2⁰ Pour les Romans* (*1626*), 2.

FASSBENDER (Ludwig). *Die französischen Rolandhandschriften in ihrem Verhältnis zu einander und zur Karlamagnussaga* (Bonn, *1887*, in-8). A ajouter après le n⁰ 2505.

FAUCHET (Claude) : 1⁰ *Origine des dignitez et magistrats de France* (ouvrage offert à Henri III en 1584, mais que nous avons cité d'après l'édition de 1610), 549, 2212. — 2⁰ *Recueil de l'origine de la langue et poésie françoise, ryme et romans* (*1581*), 1, 1039, 1240, 1241.

FAURIEL (Claude-Charles) : 1⁰ *De l'origine de l'Épopée chevaleresque du moyen âge* (*1832*), 33, 324, 651, 712, 1669. — 2⁰ *Histoire de la poésie provençale* (*1846*), 77, 329, 657, 690, 719, 1689. — 3⁰ *Guillaume, auteur des Gesta Caroli Magni ad Carcassonam* (*Histoire littéraire de la France*, t. XXI, *1847*), 330. — 4⁰ *Girard de Roussillon et Fierabras provençal* (*Histoire littéraire de la France*, t. XXII, *1852*), 1381, 1519. = Cf. 38, 178, etc.

FEILITZEN (Hugo von). Un des éditeurs (avec Carl Wahlund) du livre intitulé : *Les Enfances Vivien, chanson de geste publiée pour la première fois* (*1886* et *1895*) 419, 1290.

Feist (Alfred) : 1° *Die Geste des Loherains in der Prosabearbeitung der Arsenal Handschrift (1884)*, 1925. — 2° *Zur Kritik der Bertasage (1885)*, 996.

Femme : 1° *La Femme dans les chansons de geste et l'amour au moyen âge*, par Loliée (*1882*), 586. — 2° *Nos aïeules*, etc., par Clarisse Bader (*1886* et non *1880*, comme on l'a imprimé par erreur), 595. — 3° *Die Frau im altfranzösischen Karls-Epos*, par Theodor Krabbes (*1884*), 589. — 4° *Die deutschen Frauen in dem Mittelalter*, par K. Weinhold (*1882*), 534. — 5° *Il tipo estetico della donna nel medio evo*, par R. Renier (*1885*), 593. — 6° Le costume féminin d'après les chansons de geste : *Kleidung und Putz der Frau nach den altfranzösischen Chansons de geste*, par Max Winter (*1886*), 609.

Féodalité, 608, etc.

Féroé (îles). Chants populaires, pp. 22, 23.

Ferragus (le géant) et son duel avec Roland; chants auxquels ce duel a donné lieu, 1308.

Ferrario (Giulio). *Storia ed analisi degli antichi romanzi di cavalleria e dei poemi romanzeschi d'Italia (1828-1829)*, 28, 254, 374 (on a imprimé par erreur *Ferrari* à la p. 27, col. 1). Cf. 759 (*Amis et Amiles*), 2040 (*Ogier*), 2138 (*Quatre fils Aimon*), 2514 (*Roland*), etc.

Ferrato (P.). *Frammenti della storia di Rinaldo da Montalbano (1868)*, 2173.

Ferumbras (Sir). Voir p. 192, col. 2 et n°s 1335, 1355, 1356, 1366, 1372, etc. Cf. l'article *Fierabras* (en sa subdivision qui a pour titre : *Diffusion en Angleterre*).

Feugère (L.). *Le cycle de la croisade et la société au XII° siècle (1877)*, 1128.

Feuilleret (H.). *La Chanson de* Roland, traduction nouvelle (*1879*), 2283.

Fiebiger (E.). *Ueber die Sprache der Chevalerie Ogier, von Raimbert von Paris (1881)*, 2074.

Fierabras, chanson de geste. I. Texte français, 1322-1372 : 1° Manuscrits, 1330, 1347, 1351, etc. — 2° Édition, 1322. — 3° Bibliographie, 1333, 1334, 1337, 1348, 1353. — 4° Incunables, 1340, 1354, 1358 et pp. 97, 98. — 5° Notices et analyses, 1343, 1368, etc. — 6° Bibliothèque des Romans, 1323. — 7° Diffusion en France, 1365 (le *Fierabras* est un des poèmes que l'on chantait au Lendit), etc. — 8° Bibliothèque bleue, 405, 411, 1341. — 9° Diffusion à l'étranger : a. En Italie, 1328, 1338, 1359, 1360, 1361. b. En Angleterre, 1335, 1355, 1356, 1357, 1358, 1362, 1364, 1366, 1372. c. En Allemagne, 1336. d. Aux pays basques, 1329, 1339, 1369. Cf. surtout le mémoire de J. Bédier : *La composition de la Chanson de Fierabras. Quels sont, dans le Fierabras, les souvenirs d'une forme originale de la chanson, et quelle est la part des inventions postérieures?* (*1888*), 1370. — De l'antériorité du texte français, 1332. = II. Texte provençal, 1373-1383. — 1° Manuscrit, 1383. — 2° Édition, 1327, 1373, 1374, 2139. — 3° Traduction, 1376.

Fioravante (*Il libro delle Storie di*), 263, 1388, 1389. Voy. *Floovant*.

Fischer (Hermann) : 1° *Zwei Fragmente des mittelniederländischen Roman der Lorreinen (1877)*, 1920. — 2° *Die Handschriften des mittelniederländischen Romans der Lorreinen (1877)*, 1921.

Fischer (W.). *Der Bote im altfranzösischen Epos (1888)*, 618.

Flach (Jacques). *Le Compagnon-*

nage dans les chansons de geste (*1890*), 629.

FLAGY (Jehan de), auteur de *Garin le Loherain*, 1440, etc.

FLANDRE. L'Épopée française en Flandre. — Poème flamand imité de la *Berte* d'Adenet ; dissertation de Ch. Piot (*1875*), 986. Voy. aussi, pour la Flandre française, les poèmes qui ont pour titre : *Baudouin de Sebourc* et le *Bastart de Bouillon* et qui ont dû être, à tout le moins, composés dans cette région.

FLASCHEL (Hermann). *Die gelehrten Wörter in der* Chanson de Roland (*1881*), 2396, 2409.

FLECK (Auguste). *Der betonte Vocalismus einiger altostfranzösischen Sprachdenkmäler und die Assonanzen der Chanson der Loherains verglichen* (*1877*), 1919. Le titre de cette dissertation est un peu différent dans la *Bibliographie* de Varnhagen et Martin.

FLEUR DES BATAILLES DOOLIN DE MAYENCE (et non pas *Mayenne*, comme on l'a imprimé par erreur), 396.

FLOIRE ET BLANCHEFLEUR, 1746.

Floovant, chanson du cycle mérovingien, 1384-1397. — 1° Traité complet, 1389. — 2° Sources, 1 389, 1392, 1397. — 3° Édition, 1384. — 4° Notices et analyses, 1387, 1394. — 5° Diffusion à l'étranger : *a*. En Italie (*Il libro delle Storie di Fioravante*), 263, 1388, 1389. *b*. Aux pays scandinaves, 1389, 1390, 1391. *c*. En Néerlande, 300 et 1396. = Aux ouvrages cités plus haut, on peut joindre la dissertation de Paul Gehrt qui a paru en 1896 : *Zwei altfranzösische Bruchstücke des Floovant* (*Romania*, janvier *1897*, page 112. Compte rendu de G. Paris).

Florence de Rome, roman de la décadence épique, 1398-1403.

Florent et Octavian, 1404-1412,

roman de la décadence épique. — 1° Édition d'*Octavian*, poème en octosyllabes qui est une version abrégée de la Chanson, 1404. — 2° Incunables de *Florent et Octavian*, pp. 103, 104, et n° 1407. — 3° Notices et analyses, 1403, 1409. — 4° Diffusion en Angleterre, p. 103 et n° 1412.

FLORENTS SAGA, 319.

FŒRSTER (Wendelin) : 1° *Del tumbeor Nostre Dame* (*1873*), 521. — 2° Aiol et Mirabel *und* Elie de Saint-Gille, *zwei altfranzösische Heldengedichte*, etc. (*Aiol* a paru en *1876* et *Elie* en *1879*.) Voir les n°ˢ 685 (*Aiol*) et 1245 (*Elie*). — 3° Observations de W. F. sur la 2ᵉ édition du *Roland* de Theodor Müller (*1878*), 2367. — 4° Article sur les manuscrits du *Roland* et leur filiation (*1878*), 2247. — 5° Girart de Rossillon *nach Oxford Canonici 63* (*1880*), 1498. — 6° *Das altfranzösische Rolandslied. Text von Chateauroux und Venedig VII* (*1883*), 2269 et 2270. — 7° *Das altfranzösische Rolandslied. Text von Paris, Cambridge, Lyon und den sog. Lothringischen Fragmenten* (*1886*), 2266, 2272, 2273. — 8° *Roland Materialien* (*1886*), 2262. = M. W. Fœrster annonce depuis 1888 une édition critique de la *Chanson de Roland : Das altfranzösische Rolandslied, kritischer Text, mit Anmerkungen und vollständigen Wörterbuch* (pp. 173 et 183).

FONCEMAGNE (Étienne Lauréault de). *Examen de la tradition historique touchant le voyage de Charlemagne à Jérusalem* (*1754*), 2618.

FONTANA (Giacinto). *L'Epopea e la filosofia della Storia* (*1878*), 157.

FONTENELLE (Bernard de). *Œuvres* (*1758*), 495.

Foss (R.). *Zur Karlssage* (*1869*), 126, 1072.

Foulque de Candie, chanson du cycle de Guillaume, 1413-1424 : 1° Manuscrits, 1414, 1416, 1419,

1422, 1423. — 2º Édition partielle, 1413, 1421. — 3º Notice,
1415, 1424. — 4º Diffusion en
Italie (les *Nerbonesi*), 1420.

FOURNEL (Victor). *Les Rues du
vieux Paris (1879)*, 529.

FRANCE, FRANÇAIS. Sens exact de
ces mots dans le *Roland*, 2354, 2355.
Cf. l'article *Épopée*, etc., etc.

FRANCET. *Histouère des quatre fails
Aymein... en bea lingage potevin
(1885)*, 2194.

FRANCO-ITALIENS (poèmes). Voir,
en particulier, les nᵒˢ 63 et ss.
Berta de li gran pié) ; 71 (*Bovo d'Antona*) ; 95 (*Entrée de Spagne*) ; 139
(*Karleto*) ; 143 (*Macaire*). Se reporter
à chacun de ces noms, pour le détail.

FRANKE (Carl). *Ueber die Verwendbarkeit religiöser Stoffe im Epos
mit besonderer Berücksichtigung des
deutschen Epos*, 188.

FRANKS. Les Franks et l'Épopée
franke : 1º *De l'existence d'une épopée franke à propos de la découverte
d'un chant populaire mérovingien*,
par J. de Rathaïl (*1848*), 81. —
2º *Histoire légendaire des Francs et
des Burgondes aux* IIIᵉ *et* IVᵉ *siècles*,
par E. Beauvois (*1867*), 112, 1867.
— 3º *Les chants héroïques des
Franks*, par E. Beauvois (*1865*), 104.
—4º *De Floovante, vetustiore gallico
poemate et de Merovingo cyclo*, par
Arsène Darmesteter (*1877*), 1389. —
5º *Histoire poétique des Mérovingiens*, par Godefroid Kurth (*1893*),
201. Cf. le *Clovis*, du même auteur,
1895. = Les livres de Darmesteter et
de Kurth sont ceux qui ont aujourd'hui le plus d'autorité.

FRAXINET. Guillaume Iᵉʳ, comte de
Provence, et la bataille de Fraxinet,
1718.

FREUND (Heinrich) : 1º *Ueber die
Verbalflexion der ältesten französischen Sprachdenkmäler, bis zum Rolandslied einschliesslich* (*1878*), 2392.
— 2º *La chanson de Gui de Bourgogne et ses rapports avec la chanson
de Roland et la Chronique de Turpin* (*1885*), 1636.

FREYMOND (E.) : 1º *Ueber den reichen Reim bei altfranzösischen Dichtern bis zum Anfang des XIV Jahrhunderts* (*1882*), 440. — 2º *Jongleurs
et ménestrels* (*1883*), 535. Ce dernier
ouvrage est le plus complet sur la
matière.

FROMONDIN (La vengeance). Dissertation d'A. Rudolf (*1874*), 1610. Voy.
Rudolf.

FUNCK (Friedr.). *Ludwig der
Fromme* (*1882*). Voir notre nº 1670
(Invasion des Sarrasins en France ;
bataille de Villedaigne sur l'Orbieu,
etc.).

FUSINATO (G.). *Un' cantastorie
chioggiotto* (*1883*), 537.

FYRUMBRAS (Sir). Voy. *Ferumbras*
et *Fierabras*.

G

GACHET (Emile). *Glossaire du
Chevalier au Cygne* (pour l'édition
du baron de Reiffemberg, *1859*),
1115, 1123, 1261.

GADE (C.). *Ueber Metrum und
Sprache von* Aliscans (*1890*), 736.

GAIDAN (Jean). *Lou Carret de
Nime (cycle carlovingien)*; dialecte
des bords du Rhône et des félibres
d'Avignon (*1882*), 1104.

Gaidon, chanson de geste. Voy.
Gaydon.

GAIDOZ (Henri) : 1º *L'amitié d'Amis
et Amiles, texte gallois publié
d'après le livre rouge de Hergest et
traduit* (*1880*), 786. — 2º *Une ver-*

sion inédite du Peredur gallois (*1888*), 1027.

GAILLARD (Gabriel-Henri). *Histoire de Charlemagne* (*1782*). Voy., en particulier, p. 74, col. 2, et n° 960 (*Berte*); 1041 (Girard d'Amiens), 1325 (*Fierabras*); 1467 (*Garin de Mont-glane*); 1566 (*Girard de Viane*); 2551 (*les Saisnes*), et 2621 (*Voyage*). On consultera surtout la partie de l'œuvre de Gaillard qui est intitulée.: *Histoire romanesque de Charlemagne* (t. III, pp. 332 et ss.).

GALANT le forgeron, 189.

Galien, chanson de geste 1425-1437, etc. : 1° Édition (d'après le manuscrit de Cheltenham), 421, 1425. — 2° Versions en prose, 415, 1425, 1437. — 3° Incunables, pp. 105, 106 et n°s 1425, 1426, 1428. — 4° Bibliothèque bleue, 1429. Cf. 391, 405, 411. — 5° Notices et analyses, 1430, 1432, 1433. — Cf. l'article *Voyage de Charlemagne*, 2613, etc.= C'est à tort que l'article sur *Galien* (dans le t. XXVII de l'*Histoire littéraire*), a été attribué à Paulin Paris : il est de Gaston Paris.

GALINO (T). *Musique et versification française au moyen âge* (*1890*), 449.

GALLAND (Antoine). *Discours sur quelques anciens poètes et sur quelques romans gaulois peu connus* (*1736*), 8.

GALLOISE (Littérature). *Une version inédite du Peredur gallois;* manuscrit gallois contenant une version de *Beuves de Hanstone* (*1888*), 1027, etc.

GANELON, 2240, etc.

Garin de Montglane, chanson de la geste de Guillaume, 1467-1481. 1° Manuscrits, 1686. — 2° Edition partielle (qq. extraits), 1468, 1469, 1477. — 3° Remaniement en vers, p. 108. — 4° Incunables, pp. 108, 109 et n° 1473. — 5° Bibliothèque

bleue, 1472. — 6° Notices et analyses, 1470, 1475, 1478. = Cf., en particulier, le n° 1480 : *Ueber das Verhältnis der beiden Romane* Durmart *und* Garin de Montglane, par Adolf Stoeriko (*1888*), et le n° 1481 : *Das Verhältnis der beiden Fassungen, in welchen die Chanson* Garin de Montglane *überliefert ist, nebst einer Untersuchung der* Enfances Garin de Montglane, par K. Rudolph (*1890*). Voy. *Guerin de Montglave*.

Garin le Loherain, chanson de la geste lorraine, 1438-1466, etc. 1° Etude générale, 1456. — 2° Date originelle, 1457. — 3° Manuscrits, 1913-1916 et 1459, 1460. — 4° Editions, 38, 1438, 1439 (c'est par erreur qu'au n° 38 on a attribué à l'année 1831 l'édition de Paulin Paris : elle est de 1833). — 5° Extraits publiés, 1442, 1447, 1448, 1450, 1458, 1466. — 6° Traductions, 1440, 1441, 1453, 1461, 1463. — 7° Remaniements, 1462. — 8° Version en prose, 1731. — 9° Notices, 46, 47, 1441, 1452, 1463, 1465. — 10° Analyses, 1445, 1452, 1457, 1463, 1465.

GASCOGNE. *La Gascogne et les pays limitrophes dans la légende carolingienne*, par F.-F. Bladé (*1889*), 638.

GASPARY (Adolfo). *Storia della letteratura italiana, tradotta dal tedesco da Nicolà Zingarelli* (*1887-1891*), 284, 1773, 2520.

GASSIER (J.-M.). *Histoire de la Chevalerie française* (*1814*), 555.

GASTÉ (Armand). *La mort de Roland* (vers 2164-2396). Traduction en latin étymologique (*1887*), p. 175.

GASTER. *Literatura populară română* (*1883*), 1021 (Origines de la rédaction roumaine de *Beuves de Hanstone*).

Gaufrey, chanson de la geste de Doon, 1482-1487 : 1º Edition 1483. — 2º Notices et analyses, 1484-1486.

GAUTIER (Léon) : 1º *L'Entrée en Espagne, chanson de geste inédite, renfermée dans un manuscrit de la Bibliothèque de Saint-Marc à Venise. Notice, analyse et extraits* (*1858*), 1301. — 2º *Les Epopées françaises, étude sur les origines et l'histoire de la littérature nationale,* 1ʳᵉ édition (*1865-1868*), 109, etc., etc. (Se reporter ici à chacun des articles qui sont consacrés à nos Chansons de geste). — 3º *La Chevalerie d'après les textes poétiques du moyen âge* (*1867*), 564. — 4º *L'idée politique dans les chansons de geste* (*1868*), 565. — 5º *L'idée religieuse dans la poésie épique du moyen âge* (*1868*), 566. — 6º *La chanson de Roland,* 1ʳᵉ édition (*1872*), 2255, etc., etc. — 7º *Le style des chansons de geste* (*1877*), 458. — 8º *Les Epopées françaises,* 2º édition (*1878-1894*), 158 etc., etc. (Même observation que ci-dessus pour la première édition). — 9º *La Chevalerie,* 1ʳᵉ édition (*1884*). Le titre devait être à l'origine : « *La Chevalerie d'après les chansons de geste* », 588, etc. — 10º *L'Épopée nationale* (dans l'*Histoire de la langue et de la littérature française,* chez A. Colin, *1896*), 2208, etc.=Cf. *L'Esprit des chansons de geste,* Paris, *1896,* in-8. = Au nº 1289, lire *Berta de li gran pié* au lieu de *Berte aus grans piés.*

GAUTIER (Théophile). *Histoire de l'art dramatique* (*1859*), 2149.

GAYANGOS (Pascual de). *Libros de caballerias* (*1857*), 240, 1944.

Gaydon, chanson du cycle de Charlemagne, 1488-1496 : 1º Traité complet, 1492. — 2º Origine 1493, 1495. — 3º Manuscrits, 1490. — 4º Edition, 1488. — 5º Ex-traits, 1489. — 6º Notices et analyses, 1491, 1494, 1496.

GEFFROY (Auguste) : 1º *Notices et extraits des manuscrits concernant l'histoire et la littérature de la France qui sont conservés en Suède, en Danemark et en Norvège* (*1855*), 307, 354, 1416, etc. — 2º *Les Sagas islandaises* (*1875*), 316.

GEIJER (P.-A.). *Om de franska episka versformernas ursprung* (*1884*), 439.

GEIRARD (Saga de), 2180, etc.

GELLONE (abbaye de), plus tard « Saint-Guilhem-du-Désert ». — Charte de fondation, etc., 1676, 1678, 1680, 1681, 1682, 1713, etc.

GENÈVE : 1º *Olivier et Renier, comtes de Genève,* 2235 (Cf. *Renier de Genève,* pp. 169, 170). — 2º *Les Ménétriers de Genève,* 523.

GENGLE AU RIBAUD (La), 507.

GÉNIN (Francis). *La Chanson de Roland, poème de Theroulde, texte critique accompagné d'une traduction* (*1850*), 2252, 2275, 2308, 2315, 2411, 2426, 2471. Cf. 658, 859.

GENNES (Renier de), pp. 169-170 ; nᵒˢ 2232-2235. Cf. *Genève.*

GÉOGRAPHIE DES CHANSONS DE GESTE, 633-638. — Géographie du *Roland,* en particulier, 2341 et ss.

GERMANISME. La question de l'influence germanique sur notre Épopée nationale a été l'objet de divergences notables entre les romanistes et notamment entre L. Gautier (*Épopées françaises,* 1ʳᵉ édit., t. I, pp. 10 et ss.), et Paul Meyer (*Recherches sur l'Épopée française, 1867*). Voir, à ce sujet, *L'Esprit germanique dans les chansons de geste,* par Ch. Gidel (*1871-1872*), 571 ; mais surtout un article de Gaston Paris dans la *Romania* de *1884* (t. XIII, p. 610).

GERVINUS. *Geschichte der poetischen national-Literatur der Deutschen* (1ʳᵉ édition, *1835-1842*), 207, 742. — Une quatrième édition, refondue, a paru sous ce titre: *Geschichte der deutschen Dichtung* (*1853*), 1782, 2055.

GESTES. Voy. Cycles. — La geste qui offre le plus d'unité est certainement celle de Guillaume (1651-1725), qu'on appelait au moyen âge, d'un nom moins heureux « la geste de Garin de Montglane ». Il est même permis de regarder comme un seul et même poème la plupart des chansons qui la composent, et c'est ce qui nous autorise à la prendre pour type et à lui consacrer ici une bibliographie à part : 1° T a b l e a u d e l a g e s t e d e G u i l l a u m e ; g é n é a l o g i e d e l a m a i s o n d e M o n t g l a n e, 1701, 1708, etc. — 2° S a i n t G u i l-l a u m e d a n s l ' h i s t o i r e, 1656-1660, 1670, 1671, 1674-1676, 1680, 1688, 1696, 1698, 1704, 1717 et surtout 1693 et 1702. — 3° La *Vita sancti Willelmi*, 1654, 1676, 1657, 1706, 1709, 1713. — 4° F o r-m a t i o n d e l a l é g e n d e, 1658, 1676, 1692, 1706. — 5° Q u e s t i o n d'e l ' o r i g i n e p r o v e n ç a l e, 1669, 1689, 1706, 1720. — 5° Q u e s t i o n d e l ' o r i g i n e n o r m a n d e, 1695, 1707. — 7° M a n u s c r i t s c y c l i-q u e s, 928, 1653, 1661, 1672, 1677, 1683, 1706, 1714. — 8° E n u m é r a-t i o n d e s p o è m e s q u i c o m p o-s e n t l e c y c l e, p. 127 (voy. au nom de chacun de ces poèmes). — 9° T r a d u c t i o n s, 1704. — 10° C o m-p i l a t i o n s c y c l i q u e s e n p r o s e, 1479. — 11° N o t i c e s e t a n a l y s e s, 1690, 1706, 1720. — 12° I n c u n a-b l e s, 1664, etc. — 13° B i b l i o-t h è q u e d e s R o m a n s, 1662, etc. — 14° D i f f u s i o n à l ' é t r a n g e r : *a.* en Italie, 1662 ; *b.* en Espagne, 1699, 1711 ; *c.* aux pays Scandinaves, 1700 ; *d.* en Néerlande, 300, 1691, 1722. = Pour la geste du Roi, voy. au mot *Charlemagne* ; pour celle de Doon, se reporter aux mots : *Aye d'Avignon, Doon de Mayence, Gaufrey, Gui de Nanteuil, Parise, Maugis, Vivien l'Aumachour,* et surtout *Ogier* et *Quatre fils Aimon ;* pour celle de la Croisade, se référer aux pages 77-81 et aux mots *Chevalier au Cygne* et *Croisade* ; pour celle des Lorrains, cf. la p. 141 et les n°s 1908-1931.

GIDEL (Charles) : 1° *Les Français d'autrefois... II. L'esprit germanique dans les chansons de geste. III. Retour de l'esprit gaulois dans les romans de chevalerie* (*1871-1872*), 571. — 2° *Histoire de la littérature française depuis son origine jusqu'à la Renaissance* (*1875*), 141. — 3° *Les Chansons de geste sont la peinture des mœurs et du caractère des temps qui les ont produites* (*1877*), 575. Cette dernière thèse n'est en réalité que le développement d'une idée de J. Quicherat : « Les héros de nos chansons sont des créations faites à l'image des seigneurs féodaux. »

GILLES DE CHIN. Glossaire par E. Gachet, 1123.

GINGUENÉ (Pierre-Louis), *Histoire littéraire d'Italie* (*1811-1819*), 252, 1004, 2135. L'avant-dernière de ces citations se rapporte à *Beuves de Hanstone* et la dernière aux *Quatre fils Aimon.*

GIRARD D'AMIENS, auteur de la composition à laquelle on a donné le nom de *Charlemagne,* 8, 1039-1048.

Girard de Fraite, chanson de geste qui n'est point parvenue jusqu'à nous, 406.

Girard de Roussillon, chanson de geste, 1497-1562 : 1° É l é m e n t s h i s t o r i q u e s d e l a c h a n s o n, 1522, 1533, 1534, 1537, 1545, 1556. — 2° D e l a l é g e n d e e t d e s d i f-f é r e n t e s œ u v r e s a u x q u e l l e s e l l e a d o n n é l i e u, p. 111. Cf., pour le texte latin, le n° 1536. —

3° Bibliograpie générale, pp. 111, 112. — 4° Manuscrits et division en familles (Oxford, Londres, Passy, Paris), pp. 111, 112. Cf. les n°s 1547, 1536, 1549, etc. — 5° Éditions : *a.* du texte d'Oxford, 1497, 1498, 1499, 1546 ; *b.* du texte de Londres, 1500, 1501, 1502 ; *c.* du texte de Paris, 1503, 1504, 1508, 1506. Cf. 1538, 1548. — 6° Grammaire et rythmique, 1551, 1552. — 7° Traductions, 1512, 1513, 339 (Paul Meyer), 1511 (Mary Lafon). Cf. 1559. — 8° Notices et analyses, 1553, 1515, etc. — 9° Remaniement en alexandrins, 1507, 1508, 1555. — 10° Incunables, p. 111 et n°s 1510, 1526.—11° Bibliothèque bleue, 421. — 12° Diffusion à l'étranger (Néerlande), 1557, etc. = Cf. 100, 1550, 1743, 2191.

Girard de Viane, chanson de la geste de Guillaume, 1563-1598 : 1° Historicité de la chanson, 1589. — 2° Manuscrits, 1571, 1590, 1597. — 3° Éditions, 1563, 1564. — 4° Traductions (fragments d'une traduction en vers allemands par J. L. Uhland), 1584. — 5° Notices et analyses, 1575, 1583. Cf. 1566. — 6° Romans en prose et incunables, 1479. — 7° Bibliothèque des Romans, 1595. — 8° Diffusion à l'étranger : *a.* en Néerlande, 300, 1565 ; *b.* aux pays Scandinaves, 307, 314 ; 1579, 1587 ; *c.* en Angleterre, 1567, 1384.

GIRBAL. *Carlomagno en Gerona* (*1877*), 1077.

- **Girbert de Metz,** chanson de la geste des Lorrains, 1599-1612. — 1° Manuscrits, 1601, 1608, 1609, 1915. — 2° Éditions partielles, 1599-1601. — 3° Fragments publiés, 1604, 1605, 1606, 1609, 1913, 1916. — 4° Résumé, 1603. — 5° Version en prose, 1731. —

6° Notices et analyses, 1602, 1603, 1611, 1612.

GIRONE en Catalogne, 1074.—Culte qu'on y rendait à Charlemagne (Office de Girone), 344, 1077.

GISAIDE. La colère du baron, d'après le début du *Charroi de Nîmes* (*1879*), 1102.

GLOSSAIRES. Voir la liste qu'a dressée Carl Wahlund de tous les Glossaires spéciaux qui ont été publiés par les éditeurs des chansons de geste (*Ouvrages de philologie romane et textes d'ancien français faisant partie de la bibliothèque de M. Carl Wahlund à Upsal, 1889* (Appendice III, pp. 122 et ss.). — Cf. nos numéros suivants qui se rapportent à celles de nos Chansons où il y a un Glossaire final : *Aimeri de Narbonne,* éd. Demaison, 647 ; *Aiol,* éd. Fœrster, 685, et éd. J. Normand et G. Raynaud, 686 ; *Aquin,* éd. Jouon des Longrais, 844 ; *Aubri,* éd. P. Tarbé, 879, et éd. Tobler, 880 ; *Chevalier au Cygne,* éd. Reiffemberg, 1115 ; *Couronnement Looys,* éd. Langlois, 1165 ; *Elie de Saint-Gilles,* éd. Fœrster, 1245, et éd. G. Raynaud, 1246 ; *Garin le Loherain,* éd. P. Paris, 1438, 1440 ; *Girard de Viane,* éd. P. Tarbé, 1563 ; *Mort Aimeri de Narbonne,* éd. Couraye du Parc, 2020 ; *Parise la duchesse,* éd. Martonne, 2095 ; *Roland,* éd. F. Michel, 2251, 2403 ; éd. Génin, 2252, éd. L. Gautier, 2255, 2404, etc. ; éd. Clédat, 2258, 2405 ; éd. G. Paris (extraits), 2260, 2407 ; éd. Petit de Julleville, 2261 ; *Voyage de Charlemagne à Jérusalem et à Constantinople,* éd. F. Michel, 2611 et éd. Koschwitz, 2612,

Godefroi de Bouillon, chanson du cycle de la croisade. Voy. *Chevalier au Cygne,* pp. 77-81. = Ce titre : *Godefroi de Bouillon,* est malheureusement trop vague et a été employé pour désigner des poëmes qui n'ont vraiment aucun droit à cette appellation. Voy. surtout le n° 1111. — Sur les *Godefroi* populaires, allemands, flamands, anglais, voy. p. 78, col. 2 et n° 1122,

GODEFROY (Frédéric), *Morceaux choisis des poètes et prosateurs français du IX° au XVI° siècle, comprenant des extraits particulièrement développés de la Chanson de Roland,* etc. (*1883*). A ajouter après le n° 487.

Godin, cinquième Suite de *Huon de Bordeaux,* 1614, 1615. = Cf. F. Fricke : *Ueber die Chanson de Godin,* Marbourg, *1891,* in-8.

GOEDEKE (Karl) : 1° *Deutsche Dichtung im Mittelalter* (*1854*), 213, 746, 1964, 2157. — 2° *Grundriss zur Geschichte der deutschen Dichtung* (*1862*), 219.

GOEHLING. *Der Satzverbindung im altfranzösischen Rolandsliede* (*1886*), 2398.

GOERKE (Rich.). *Die Sprache des* Raoul de Cambrai (*1887*), 2226.

GOERRES (Jean-Joseph de) : 1° *Die teutschen Volksbücher* (*1807*), 398, 2134. — 2° *Lohengrin* (*1813*), 1138.

GOLTHER (Wolfgang) : 1° *Das Rolandslied des Pfaffen Konrad. Seine poetische Technik im Verhältniss zur französischen Chanson de Roland* (*1886* et non *1866*), 2480. — 2° *Die Wielandsage und die Wanderung der frankischen Heldensage* (*1888*), 189. — 3° *Lohengrin* (*1889*), 1154.

GONZAGA (Francesco), capitaine de Mantoue, mort en 1407. Sa collection de manuscrits, 367.

GONZAGUE. *Les manuscrits français des Gonzague,* par G. Paris (*1880*). Voy. les n°s 680 (*Aimeri de Narbonne*); 878 (*Aspremont*); 1309 (*Entrée de Spagne*); 2111 (*Prise de Pampelune*), etc. Cf. l'article précédent.

GORDON DE PERCEL (= Lenglet Du-

fresnoy). *De l'usage des romans* (*1734*), 7, 391.

Gormond et Isembard (= *La mort du roi Gormond*), 1616-1626. — 1° **Éditions partielles,** 1616-1619. — 2° **Notice et analyse,** 1626. = Cf. les ouvrages de G. Storm, *Gurmundus rex Africanorum* (*1878*), 1622, et de R. Heiligbrodt, *Zur Sage von Gormund und Isembard* (*1879*), 1903. Voy. *Lohier et Mallart.* Cf. 2444.

GORRA (Egidio), traducteur italien de l'ouvrage danois de K. Nyrop : *Den oldfranske Heltedigtning* (Copenhague, *1883*) sous ce titre : *Storia dell' Epopea francese nel' medio evo* (*1886*), p. 71, etc.

GOSSEC a fait avec Philidor la musique de *Berte,* comédie héroï-pastorale de Pleinchesne, 957.

GOULIER (G.). *Les Chansons de gestes* (*1876*), 147.

GRAESSE (Johann-Georg-Theodor) : 1° *Die grossen Sagenkreise des Mittelalters* (*1849*), 69, 376, 510. Cf. les n°s 688 (*Aiol*); 716 (*Aliscans*); 767 (*Amis et Amiles*); 914 (*Charles et Elegast*); 967 (*Berte*); 1009 (*Beuves de Hanstone*); 1043 (*Charlemagne* de Girard d'Amiens); 1226 (*Doon de Mayence*); 1333 (*Fierabras*); 1451 (*Garin le Loherain*); 1517 (*Girard de Roussillon*); 1572 (*Girard de Viane*); 1684 (Geste de Guillaume); 1778 (*Huon Capet*); 1886 (*Jourdains de Blaivies*); 1893 (*Lion de Bourges*); 2049 (*Ogier*); 2145 (*Quatre fils Aimon*); 2214 (*Raoul de Cambrai*); 1939 (*Macaire* ou *Reine Sibille*); p. 170 (*Roland*); 2556 (*les Saisnes*); 2632 (*Voyage*). = 2° *Trésor des livres rares et précieux* (*1858-1867*), 378. Cf. les n°s 1122 (sur les *Godefroi* populaires, allemands, flamands, anglais); 1785 (*Huon Capet*); 1807 (*Huon de Bordeaux*); 2161 (*les Quatre fils Aimon*); 1902 (*Lohier et Mallart*); 1977 (version néerlandaise de *Maugis d'Aigremont*); 2640 (*Voyage*).

GRAEVELL (Paul). *Die Characteristik der Personen im Rolandslied* (*1880*), 2439, 2466.

GRAF (Arthur) : 1° *Dell' epica francese nel medio evo* (*1876*), 148. — 2° *I complementi della Chanson d'Huon de Bordeaux, testi francesi inediti tratti da un codice della Bibliotheca nazionale di Torino. I. Auberon* (*1878*), 891, 1161, 1319, 1614, 1822, 1838, 1841. — 3° *Di un poema inedito di Carlo Martello e di Ugo conte d'Alvernia* (*1878*), 1767. — 4° *Appunti per la storia del ciclo brettone in Italia* (*1885*), 280. — 5° *L'Epopea in Italia : Letture per le giovinette* (*1885*), 279. — Cf. *Roma nella memoria e nelle immaginazioni del medio evo* (t. I, *1881*; t. II, *1883*).

GRAF RUDOLF, titre d'un antique poème allemand ; rapports de ce poème avec la rédaction islandaise de *Beuves de Hanstone*, 1023, 1024.

GRAINDOR DE DOUAI. *La Chanson d'Antioche composée par le pèlerin Richard, renouvelée par Graindor de Douai,* éditée par Paulin Paris (*1848*) et traduite par la marquise de Sainte-Aulaire (*1862*), 827, 828.

GRAMMAIRES : 1° *Chrestomathie de l'ancien français* (VIII°-XV° siècles) *accompagnée d'une Grammaire et d'un Glossaire,* par Karl Bartsch (*1866* et années suiv.), 484. — 2° *La langue et la littérature françaises depuis le* IX° *siècle jusqu'au* XIV° *siècle* » *textes et glossaire précédés d'une Grammaire de l'ancien français* par Adolf Horning. Le Recueil lui-même est l'œuvre de Karl Bartsch (*1887*), 489. — 3° *La Chanson de Roland, texte critique, traduction et commentaire, grammaire et glossaire,* par Léon Gautier. 4° éd. (*1875*), 2255, 2381. (Cf. les autres éditions classiques depuis la 7° en 1880, etc.). — 4° *Morceaux choisis des auteurs français du moyen âge avec... un glossaire du vieux français,* par E. Clédat (*1887*), 1887, 2382. — 5° *Extraits de la chanson de Roland, publiés avec... un glossaire complet,* par Gaston Paris (1ro éd. 1887; 2°, 1889 ; 3°, 1891 ; 4°, 1893 ; 5°, 1896), 2260, 2383, etc., etc. = Cf. 804, 1552, 1633, 1761, etc., etc.

GRAN CONQUISTA DE ULTRAMAR, 840, 985, 2565 et p. 65, col. 1, etc.

GRANDMAISON (Ch. de), éditeur, avec F. Guessard, de *Huon de Bordeaux,* dans le Recueil des « Anciens poètes de la France », 513, 1790.

GRASSET (E.). *Histoire des Quatre fils Aymon.... illustrée de compositions en couleurs* par E. Grasset ; *Introduction et notes* par E. Marcilly (*1883*), 2188.

GRÈCE. Diffusion en Grèce de l'Épopée française : simple note, p. 23, col. 1.

GRELLET (Charles). *Histoires et légendes d'Aquitaine* (*1885*), 2195.

GRIMALTOS (= Élie de Saint-Gilles) dans les romances espagnoles, 691.

GRIMM (Louis-Jacques. Cf. l'article consacré aux romances espagnoles) : 1° *Silva de romances viejos* (*1815*), 233, 2540. — 2° *Deutsche Mythologie* (*1835*), 42. — 3° *Lateinische Gedichte des* X *und* XI *Jährhunderts,* en collaboration avec Schmeller (*1838*), 1995.

GRIMM (Wilhelm-Karl): 1° *Deutsche Heldensage* (*1829*), 1139. — 2° *Ruolandes Liet* (*1838*), 209 et 2476.

GRŒBER (Gustav) : 1° *Die handschriftlichen Gestaltungen der Chanson de geste Fierabras und ihre Vorstufen* (*1869*), 1347. — 2° *Vortrag ueber eine bisher unbekannte « branche » der Chanson de geste Fierabras* (*1872*), 1349. — 3° *La des-*

truction de Rome, première branche de la chanson de geste de Fierabras (1873), 1215, 1216, 1349, 1350. — *4° Zu den Fierabras-Handschriften (1874?)*, 1351.—*5° Del tumbeor Nostre Dame (1880)*, 531. — *6° Geschichte der romanischen Philologie (1888)*, 385. — *7° Zum Haager Bruchstück (1890)*, 194, etc.

GROS (Ernest). *Renaud de Montauban; nouvelle histoire de ce chevalier, contenant ses guerres, ses voyages, etc. (1875)*, 2181.

GROTH (Ernst-Johannes). *Vergleiche zwischen der Rhetorik im altfranzösischen Rolandslied und im Karls Pilgerfahrt (1883)*, 2441, 2560.

GRUNDTVIG (S.). *Udsigt over den nordiske Oldtids heroïske Digtning (1865 et 1867)*, 311.

GRYPHIANDER (J.). Sur les *Rolandssäulen*, p. 190, col. 2.

GUBERNATIS (Angelo de). *Storia universale della letteratura.* Voy., en particulier, la partie de ce livre qui est intitulée : *Storia della poesia epica. L'Epopea francese (1883)*, 166. Cf. l'Étude sur *Girard de Roussillon*, qui a paru en 1884 dans la *Revue internationale* (II, n° 6).

GUERIN DE MONTGLAVE, compilation en prose, dont le titre ne représente pas exactement la composition réelle. 1° Véritable caractère de cette compilation : 1479. — 2° Manuscrit, 1479. —3° Incunable : p. 109, col. 1 et p. 116, col. 2. — 4° Bibliothèque des Romans, 396, 1662. —5° Bibliothèque bleue, 405. = C'est par erreur qu'au n° 1479, nous avons imprimé que le *Guerin de Montglave* correspondait à un *Girard de Viane* et à un *Guerin* : c'est *Galien* qu'il faut lire au lieu de *Guerin*.

GUERRE D'ESPAGNE (La). Titre donné par Paulin Paris à la *Prise de Pampelune*, 2108. Voy. *Prise de Pampelune*.

GUESSARD (Francis). Le 12 février 1856, sous le ministère de M. Fortoul, parut le Décret impérial ordonnant la publication d'un « Recueil des anciens poètes de la France ». F. Guessard, professeur à l'Ecole des Chartes, fut chargé de la direction du nouveau Recueil que M. Rouland, successeur de M. Fortoul au département de l'Instruction publique, réduisit bientôt à des proportions plus pratiques. Dix volumes de la Collection ainsi réduite ont successivement paru depuis 1859 jusqu'en 1870. Ce sont les suivants que nous citons ailleurs en leur lieu et dont un certain nombre, comme nous le verrons, sont l'œuvre propre de Guessard : I (*1859*), *Gui de Bourgogne, Otinel, Floovant;* II, (*1859*), *Doon de Maience;* III (*1859*), *Gaufrey;* IV (*1860*), *Fierabras, Parise la Duchesse;* V (*1860*), *Huon de Bordeaux;* VI (*1861*), *Aye d'Avignon, Gui de Nanteuil;* VII (*1862*), *Gaydon;* VIII (*1864*), *Hugues Capet;* IX (*1866*), *Macaire;* X (*1870*), *Aliscans.* = F. Guessard s'était préparé à cette direction par plusieurs travaux. Il avait (avec l'auteur de la présente table), fait imprimer les 1800 premiers vers d'*Aspremont*, d'après le plan primitif du Recueil (voy. notre n° 857); il avait, après une mission littéraire en Suisse et en Italie (*1856*); publié dans la *Bibliothèque de l'École des Chartes*, en 1857, ses *Notes sur un manuscrit français de la Bibliothèque de S. Marc (fr. XIII)*. (Voy. nos n°s 355, 949, 1035, 1283, 1288, 1887, 1943.) Ses œuvres personnelles dans le « Recueil des anciens poètes de la France » sont les suivantes : *Gui de Bourgogne, Otinel, Floovant* (avec la collaboration de H. Michelant), 1627, 2082, 1384. — *Gaufrey* (avec la collaboration de P. Chabaille), 1482. — *Parise la Duchesse* (avec la collaboration de L. Larchey), 2096. — *Huon de Bordeaux* (avec la collaboration de C. de Grandmaison), 513, 1790. — *Aye d'Avignon* (avec la collaboration de Paul Meyer), 900. — *Gaydon* (avec la collaboration de Siméon Luce), 1488. — *Macaire*, 1932. — *Aliscans* (avec la collaboration d'Anatole de Montaiglon), 706. = Parmi les ouvrages qui viennent d'être énumérés, il convient de consacrer une mention spéciale à la préface de *Macaire* qui peut passer pour un véritable livre, 1947. — Au n° 1627 lire « Francis » au lieu de « Francisque ».

Guibert d'Andrenas, chanson de la geste de Guillaume, 1639-1641. 1° Notices et analyses, 1639 et 1641. — 2° Diffusion en Italie : analyse rapide des *Nerbonesi*, 1640.

Gui de Bourgogne, chanson de la geste du Roi, 1627-1638 : 1° Date, 1637. — 2° Édition, 1627. — 3° Notices et analyses, 1631, 1632, 1634. — 4° Rapports avec la *Chanson de Roland* et la Chronique de Turpin, 1636.

Gui de Nanteuil, chanson de la geste de Doon, 1642-1650 : 1° Manuscrits, 1643, 1648. — 2° Édition, 1642. — 3° Fragments publiés, 1643. — 4° Notices et analyses, 1645, 1646, 1650, etc.

Gui de Warwick. *Amis and Amiloun, und Guy of Warwick*, par E. Kœlbing (*1886*), 800.

Guiffrey (Jules). *Inventaire des tapisseries de Charles VI, vendues par les Anglais en 1422* (*1887*), 643.

Guillaume de Montreuil, 2575.

Guillaume d'Orange (= Guillaume Fierebrace = Guillaume au court nez) : 1° De la Geste de Guillaume, 1651-1725. — 2° Ouvrages généraux que l'on peut consulter sur l'ensemble de la vie, de la légende et du cycle de Guillaume : *a. Guillaume d'Orange, Chansons de geste des* xii° *et* xiii° *siècles,* par W. J. A. Jonckbloet (*1854*), 211, 705, 1693, etc. etc. *b. Herzog Wilhelm von Aquitanien, ein Grosser der Welt, ein Heiliger der Kirche und ein Held der Sage und Dichtung,* par Ludwig Clarus (= Wilhelm Volk) (*1865*), 218, 1703, etc., etc. *c. Les Épopées françaises,* par L. Gautier, seconde édition, t. IV(*1882*), 158, 1706, etc., etc. — 3° Historicité de la geste de Guillaume, 158, 199, 211, 218, 1688, 1693, 1724, etc., etc. — 4° La *Vita Sancti Willelmi*, 1656, 1657, 1709, 1712, etc. — 5° Guillaume considéré comme saint : 1656, 1657, 1660, 1676, 1678, 1694, 1695. — 6° Plusieurs Guillaumes ont été dans la légende fondus en un seul (Guillaume Ier comte de Provence ; Guillaume de Montreuil, etc.), 158, 1177, 1658, 1676, 1718, 1723, 2116. — 7° Prétendue origine normande, 1695, 2578. — 8° Manuscrits où a été conservée la geste de Guillaume, 348, 363, 1101, 1661, 1667, 1677, 1679, 1680, 1682, 1683, 1686, 1714. (Ajouter partout l'indication omise du manuscrit de la Trivulziana.) — 9° Édition et traduction cypcliques, 1651, 1652. — 10° Notices et analyses, 1675, 1690, 1706, 1720, etc. — 11° Diffusion à l'étranger : a. Allemagne, 1710, etc.; b. Néerlande, 293, 300, 1722, etc.; c. Pays scandinaves, 1697, 1700, etc.; d. Italie, 1668, 1715, etc.; e. Espagne, 1699, 1711, etc. — 12° Incunables, 1664, etc. — 13° Bibliothèque des romans, 1662, 1663. — 14° Bibliothèque bleue, 421, etc. — 15° Guillaume et sa geste au théâtre, 1672, 1719. — 16° Œuvre récente où l'on conteste le rapport entre le Guillaume d'*Alis-*

cans et celui de l'histoire, 2011. (Philippe Aug. Bekker : *Die alt-französische Wilhelmsage und ihre Beziehung zu Wilhelm dem Heiligen. Studien über Epos von Moniage Guillaume.* Halle, *1896*, in-8.) = Cf. A. Jeanroy ; *Études sur le cycle. de Guillaume au court nez (Romania,* juillet 1896 et janvier 1897). — Se reporter, de toute nécessité, aux

chansons qui composent la geste et qui ont été énumérées ci-dessus dans notre *Bibliographie*, à la p. 127, col. 1.

GUITALIN, branche de la *Karla-magnus Saga*, 2562.

GUNDLACH (A.). *Das Handschriften-Verhältnis des Siège de Barbastre (1883)*, 2577.

H

HAAG. *Bruchstücke aus dem Wil-lehalm von Oranse des Ulrichs von dem Türlin (1871)*, 1274, 2121.

HAASE (C. H.). *Ueber die Gesand-ten in den altfranzösischen Chan-sons de geste (1891)*, 631.

HAGBERG (Theodor). Traduction en suédois de quelques couplets du *Roland :* observations sur l'influence scandinave dans notre. plus an-cienne chanson *(1884)*, 2299, 2512.

HAGEN (Friedrich - Heinrich van der) : 1° *Remarques sur Ogier le Danois en Orient (1810)*, 203. — 2° *Heldenbilder aus den Sagenkrei-sen Karls des Grossen (1821-1823)*, 1053. — 3° *Die Schwanensage (1846)*, 1146. — 4° *Die Königin von Fran-kreich und der ungetreue Marschalk*, 1942. = Au n° 1942 lire *Marschalk* au lieu de *Marschall.*

HAIGNERÉ (abbé). *La Communion de Vivien dans le poème d'Aliscans (1889)*, 735.

HAIN (Ludovicus). On trouve dans son excellent *Repertorium biblio-graphicum (1826)*, l'indication de quelques-uns de nos romans incu-nables (*Galien*, I, p. 431, etc., etc.). Nous y renvoyons nos lecteurs.

HALFMANN (Robert). *Die Bilder und Vergleiche in Pulci's Morgante*, etc. *(1884)*, 277.

HALLBÆCK (H.). *Försök till en*

framställning af medeltids romanens utveckling (1867), 117. On a imprimé *romances.*

HALLIWELL (J. O.). Nouvelle édi-tion *(1848)* de l'ouvrage de George Ellis : *Specimens of early metrical romances*, 80, 1335.

HANSEN (J.). *Die Reinoldsage und ihre Beziehung zu Dortmund (1887)*, 2200.

HANSEN (N.). *Olger Danskes Krö-nike (1878)*, 2071.

HARFF (C.). *Anseis de Més, chan-son de geste aus dem 13 Jahrhun-dert (1885)*, 825.

HARTMANN (K.). *Ueber die Eingangs-episoden der Cheltenhamer Version des Girart de Viane (1890)*, 1598.

HASSELT (André van). *Essai sur la poésie française en Belgique jusqu'à la fin du règne d'Albert et d'Isabelle (1838)*, 61.

HAUSKNECHT (Emil) : 1° *Ueber Spra-che und Quellen des mittelenglischen Heldengedichts von Sowdon of Baby-lon (1879)*, 1356. — 2° *The English Charlemagne romances.* Part. V. *The Romaunce of the Sowdone of Baby-lone and of Ferumbras his sone... (1881)*, 1362. — 3° *Zum Fierabras-dichtung in England (1884)*, 1364. Cf. *Herrtage.*

HAVET (Louis). *Le décasyllabe roman (1886)*, 443, 2422.

HAYDEN (Miss M:). *The Chansons de geste (1890)*, 195.

HAYE (Fragment de la). *Zur Haager Bruchstück* par Konrad Hofmann (*1890*), 133, 194.

HAZLITT (William-Carrew). *Handbook to the popular and dramatic literature of Great Britain (1869)*, 226 (c'est par erreur qu'on a imprimé *Handbook of; und ; 1889*). Voir, en particulier, les nᵒˢ 1014 (*Beuves de Hanstone*); 1408 (*Florent et Octavian*); 2175 (*Quatre fils Aimon*), etc.

HEFNER-ALTENECK. *Kunstwerke und Geräthe von frühem Mittelalter bis zum Ende des 18ᵗᵉⁿ Jahrhunderts* (2ᵒ éd. *1883*), 583.

HEILIGBRODT (Robert) : 1ᵒ *Fragment de Gormund et Isembart* (*1878*), 1618. — 2ᵒ *Synopsis der Tiradenfolge in den Handschriften des* Girard de Rossillon (*1879*), 1547. — 3ᵒ *Zur Sage von Gormund und Isembard* (*1879*), 1623, 1903. — 4ᵒ *Concordanztabelle zum altfranzösischen Rolandslied*. Concordance, vers par vers, de tous les manuscrits de la version primitive (*Roland*) et de la version remaniée (*Roncevaux*). Publié à la suite de la publication de Wendelin Fœrster : *Das altfranzösische Rolandslied. Text von Paris, Cambridge, Lyon,* etc. (*1886*), 2249.

HEINGEL. *Zeitschrift für deutsches Alterthum* (*1885*) : article publié dans cette Revue sur les rapports entre la *Bevers Saga* et l'antique poème allemand, *Graf Rudolf*, 1023.

Helias, chanson du cycle de la croisade que l'on peut considérer comme le seul poème qui mérite réellement ce titre : *Le Chevalier au Cygne*, 1132-1137. — 1ᵒ Manuscrits, 1135. — 2ᵒ Édition, 1132. — 3ᵒ Notices et analyses, 1133, 1134. Voy. *Chevalier au Cygne*.

HÉNAUX (Ferdinand) : 1ᵒ *Les quatre fils Aimon (1844)*, 2150. — 2ᵒ *Charle-magne d'après les traditions liégeoises (1878)*, 1078.

HENNE AM RHYN. *Die Kreuzzüge und die Kultur ihrer Zeit.* (*1883-1886*), 585.

HENNING (R). *Nibelungenstudien* (*1883*), 222.

HENNINGER (E). *Sitten und Gebräuche bei der Taufe und Namengebung in der altfranzösischen Dichtung* (*1891*), 630.

HENRION (Fr.). *Istoria de' romanzi di cavalleria (1794)*, 251.

HENRY (Victor). *Contribution à l'étude du décasyllabe roman (1886)*, 445, 2424.

HENSCHENIUS (God.) et les Bollandistes ses collaborateurs : *Vita sancti Willelmi : Commentarium prævium* (t. VI de mai, *1688*), 1657. Cf. *Acta sanctorum*.

HENTSCHKE (G.). *Die Verbalflexion in der Oxforder Hs. des* Girart de Rossillon (*1882*), 1552.

HÉRALDIQUE (art). *Le langage héraldique, au XIIIᵉ siècle, dans les poèmes d'Adenet le Roi*, par le comte de Marsy (*1881*), 641.

HERGEST. Le Livre rouge de Hergest, 786.

HÉRICAULT (Charles d') : 1ᵒ *Nouvelles françaises en prose du XIIIᵉ siècle : Li amitiez de Ami et Amile.* (en collaboration avec L. Moland, *1856*), 772. — 2ᵒ *Essai sur l'origine de l'Épopée française et sur son histoire au moyen âge (1859)*, 93, 773.

Hernaut de Beaulande et Milon son frère, chanson du cycle de Guillaume dont il ne nous est parvenu qu'un couplet, 1726-1728 : 1ᵒ Notices et analyses, 1727, 1728. — 2ᵒ Bibliothèque des Romans, 1726. Cf. *Renier de Genève*.

HERRIG (L.). *Origines et premiers développements de la langue et de la littérature française (1856)*, 90.

HERRTAGE (Sidney J.) et EMIL HAUS-
KNECHT. *The english Charlemagne
romances (1879-1881)* :). *Sir Ferumbras (1879).* II. *The Sege of Melaine
and The romance of duke Rowland
and sir Otuell of Spagne (1880).*
III. *The lyf of Charles the Great,
translated by William Caxton and
printed by him (1880-1881).* IV. *The
romance of Sowdone of Babylone
(1881).* Les trois premières publications sont de Sidney J. Herrtage;
la quatrième est d'Emil Hausknecht, 228. Cf. 1355, 1358, 2084,
2492, 2493, 2580. Voir *Fierabras,
Sowdon of Babylone,* etc.

HERTZ (Wilhelm) : 1º Traduction
de la *Chanson de Roland* en vers
iambiques allemands *(1861)*, 2291.
— 2º *Spielmans-Buch*, *1885*, 543.
Ce dernier livre est un des plus
complets que l'on possède sur les
jongleurs.

HERVIS DE METZ, première chanson de la geste des Lorrains, 1729-
1744 : 1º M a n u s c r i t s, 1731, 1733,
1734, 1737, 1744 : 1943. — 2º Ex-
t r a i t s p u b l i é s, 1729. — 3º Notices et analyses, 1730, 1739. —
4º Version en prose de Philippe
de Vigneulles, 1731, 1732, 1735,
1741. = Cf. les ouvrages suivants :
A. Rhode, *Die Beziehungen zwischen
den Chansons de geste* Hervis de
Més *und* Garin le Loherain, etc.
(1881), 1738; Paul Meyer, Introduction de son *Girart de Roussillon
(1884)*, où il établit le rôle de Girard dans *Hervis de Metz* et déter-
mine l'épisode qui sert de transition entre *Hervis* et *Garin le Loherain*, 1743, etc. = Pour la comparaison entre *Hervis* et les *Enfances
Vivien,* voy. 1739 et 1742.

HERZOG (H.). *Zum Cliès und Engelhard.* Imitation d'un épisode de
Cligès dans la version d'*Amis et
Amiles* de Conrad de Würtzbourg
(1886), 799.

HEUNE (W.). *Die Cäsur im Mittelfranzösischen (1888)*, 444.

HEUSER (Emil W.) : 1º *Ueber die
Teile, in welche die Lothringer
Geste sich zerlegen lässt (1884)*,
1926. — 2º *Die* Chanson des Lohe-
rains *eine Quelle der* Chevalerie
Ogier *(1886)*, 2076.

HEXAMÈTRE DACTYLIQUE. *Der Weg
vom dactylischen Hexameter zum
epischen Zehnsilbner der Franzosen,*
par R. Thurneysen *(1886)*, 447.

HEYDLER (W.-F.). *Vergleichung
des Rolandsliedes von Pfaffen Conrad und des Karl von Stricker,* etc.
(1840), 2479.

HEYSE (Paul). *Romanische inedita
auf italianischen Bibliotheken gesammelt (1856).* Voir le nº 1338 (*Fierabraccia*).

HILL (Franz). *Ueber das Metrum in
der* Chanson de Roland *(1874)*,
2417.

HILLEBRAND (K.) *Etudes historiques et littéraires.* I. *Etudes italiennes. Poèmes du cycle carlovingien. L'Épopée nationale. Les poèmes
italiens (1868)*, 257.

HIPPEAU (C.) : 1º *La Conquête de Jérusalem faisant suite à la Chanson
d'Antioche,* etc. *(1868)*, 1114, 1849.
— 2º *La Chanson du Chevalier au
Cygne et de Godefroid de Bouillon.
Première partie : Le Chevalier au
Cygne* (*1874*), 1110, 1132. — *Deuxième partie : Godefroid de Bouillon
(1877)*, 1111, 1112, 1106. = Cf., dans
le tome V des *Archives des Missions (1856)*, les pages relatives
à *Florent et Octavian*, 1406, et aux
Quatre fils Aimon, 2159. Voir les
articles consacrés à ces deux romans.

HIRSCH. *Amatus de Monte Cassino.*
(1868), 1176, 1707.

HISTOIRE LITTÉRAIRE DE LA FRANCE,
commencée par les Religieux béné-
dictins de la congrégation de Saint-
Maur; continuée par l'Académie des
Inscriptions. Tome VI *(1742).* « Etat

des lettres en France », par Dom Rivet, 9.—Tome VII (*1746*). «Avertissement », par Dom Rivet, 9. — Tome XVI (*1824*). « Discours [de M. Daunou] sur l'état des lettres au xii° siècle », 27, 650, 807. — Tome XVIII (*1835*). Notices [par Amaury Duval] sur *Beuves de Hanstone, le Voyage à Jerusalem, Roncevaux, les Quatre fils Aimon* et *Garin le Loherain*, 46, 1007, 2629. — Tome XIX (*1838*). Notice [par Amaury Duval] sur *Anseïs de Carthage*, 810. — T. XX (*1842*). Notices [par Paulin Paris] sur les *Enfances Ogier*, 1281, *Berte* 960, *Beuves de Commarcis*, 999 et les *Saisnes*. — T. XXII (*1852*). Notices [par Fauriel] sur *Girard de Roussillon*,1519 et sur le *Fierabras* provençal, 1381. Notices [par Paulin Paris] sur *Aimeri de Narbonne*, 661; *Aïol; Aliscans*, 720; *Amis et Amiles*, 771; *Anseïs fils de Girbert*, 821; *Antioche*, 831; *Aquin*, 846; *Aspremont*, 860; *Auberi*, 886; *Aye d'Avignon*; *Bataille Loquifer*, 926; *Charroi de Nimes*, 1095; les *Chetifs*, 1107; le *Chevalier au Cygne*, 1133, 1134; le *Couronnement Looys*, 1169; *Elie de Saint-Gilles*; *Enfances Godefroi*, 1263; *Enfances Vivien*, 1293; *Foulque de Candie*, 1415; *Garin le Loherain*, 1452; *Garin de Montglane*, 1470; *Gaydon*, 1491; *Girard de Viane*, 1575; *Girbert de Metz*, 1602; *Guibert d'Andrenas*, 1639; *Helias*, 1134; *Hervis*, 1730; *Horn*, 1751; *Jehan de Lanson*, 1845; *Jerusalem*, 1851; *Jourdain de Blaivies*, 1869; *Moniage Guillaume*, 1999; *Moniage Rainouart*, 2013; *Mort Aimeri*, 2021; *Ogier*, 2053; *Parise*, 2098; *Prise d'Orange*, 2117; *Renier*, 2229; *Roland*, 2303. — Tome XXIV (*1862*). Discours [de M. Victor Leclerc] sur l'état des lettres en France au xiv° siècle, 97. = T. XXV (*1869*). Notices [par Paulin Paris] sur le *Chevalier au Cygne*, 124; *Antioche*, 831; les *Enfances Godefroi*, 1263; les *Chetifs*, 1107; *Beaudouin de Sebourc*, 934, et le *Bastart de Bouillon*, 918. — T. XXVI (*1873*). Notices [par Paulin Paris] sur *Charles le Chauve*, 1086; *Ciperis de Vignevaux*, 1158; *Doon de Mayence*, 1234; les *Enfances Doon*, p. 91, col. 2; l'*Entrée de Spagne*, 1307; *Floovant*, 1387; *Florence de Rome*, 1398; *Florent et Octavian*, 1405, *Gaufrey*, 1485; *Gui de Bourgogne*, 1632; *Gui de Nanteuil*, 1646; *Hue Capet*; *Huon de Bordeaux*, 1818; *Macaire*, 1954; *Otinel*, 2089; la *Prise de Pampelune*, 2108 et *Tristan de Nanteuil*. — T. XXVIII (*1881*). Notices [par Gaston Paris] sur *Galien*, 1433 et sur *Lohier et Mallart*, 1906. = T. XXXI (*1893*). Notice [par Gaston Paris] sur Girard d'Amiens. = D'après le tableau qui précède, on voit qu'il y aurait à ajouter, dans la présente Bibliographie, des renvois à l'*Histoire littéraire* pour *Aïol, Aye, Hue Capet, Girard d'Amiens*, les *Saisnes* et *Tristan de Nanteuil*.

Historicité des chansons de geste, 2336-2340 (*Roland*); 1545, 1556 (*Girard de Roussillon*); 1824 (*Huon de Bordeaux*); 2184 (*Quatre fils Aimon*); 1589 (*Girard de Viane*); 2011 (*Aliscans*), etc. On ne cite guère ici que des monographies spéciales; mais dans tous les livres consacrés à l'Epopée française, dans les Introductions de la plupart des chansons qui ont été publiées jusqu'à ce jour, la question de l'historicité est nécessairement abordée. Il a paru superflu d'y renvoyer le lecteur.

Hoefft (Carl Theodor). *France, Franceis et Franc im Rolandslied* (*1891*), 2355.

Hofmann (Konrad) : 1° *Ueber ein Fragment des* Guillaume d'Orange, (*1852*), 1987. — 2° Amis et Amiles und Jourdains de Blaivies. *Zwei altfranzösische Heldengedichte des Kerlingischen Sagenkreises* [1ʳᵉ édition], (*1852*), 754. La seconde édition est de 1882. Voy. plus bas. — 3° *Girartz de Rossilho nach der Pariser Handschrift* (*1855-1857*), 1505. — 4° *Primavera y flor de romances, o coleccion de los mas viejos y mas populares romances castellanos,* en collaboration avec J. F. Wolf (*1856*), 2547. — 4° *Ueber ein neuentdecktes mittelniederländisches Bruchstück des Garijn* (*1861*), 1454. — 5° *La Chanson de Roland* (édition qui a été imprimée, mais n'a pas été publiée; *1866*), 2254, 2263. — 6° *Die Pilgerfahrt Karls des Grossen nach Jerusalem* (*1868*), 2642.—7° *Ueber das Haager Fragment* (*1871*), 133. — 8° *Ueber* Jourdain de Blaivies, *Apollonius de Tyr, Salomon und Marcolf* (*1871*), 1871. — 9° *Zur Erklärung und Chronologie des* Girart de Rossilho (*1882*), 1550. — 10° *Amis et Amiles und* Jourdains de Blaivies; 2° édition (*1882*), 755. — 10° *Erster Nachtrag zur Einleitung in* Amis und Amiles *und* Jourdain (*1883*), 789. — 11° *Zum provenzalischen* Fierabras (*1883*), 1383. — 12° « *Tere de Bire* » (*1883*), 2351. — 13° *Sur* Floovent (*1885-1886*), 1393. = A ces œuvres citées dans notre Bibliographie on peut joindre les quatre Mémoires ci-dessous, publiés en 1883 : *Zur Chronologie des Rolandsliedes* (Romanische Forschungen, I, *1883*, pp. 430-432). — *Taillefer und die Schlacht bei Hastings* (Ibid. 432-434). — *Ueber die zwei Rolande im Turpin* (Ibid., 434). *N proclitique en ancien français* (Ibid.).

HOFFMANN DE FALLERSLEBEN (H.) : 1° *Horæ belgicæ* (*1836*). Carel ende Elegast et Renout van Montalbaen, 290, 908. — 2° Fragments néerlandais du roman de *Maugis d'Aigremont,* des *Quatre fils* Aimon,

1986, 2264, et de la geste de Guillaume, 1722.

HOLLAND (W. C.). Notes sur Uhland, 125.

HOMÈRE. Comparaison entre la poésie homérique et nos chansons de geste, 79, 452, 455, 456, 457, 563. — Voir, en particulier, *La poésie homérique et l'ancienne poésie française ; premier chant de* l'Iliade *traduit en français du* XIII° *siècle,* par E. Littré (*1847*), 452. Réimprimé dans l'*Histoire de la langue française,* 100, etc.

HONNEUR, 612, 622.

HONORAT (Saint), 2567.

HONORÉ DE SAINTE MARIE (Le P.). *Dissertations historiques et critiques sur la Chevalerie ancienne et moderne* (*1718*), 551.

Horn, chanson de geste, et KING HORN, 1745-1763. — Pour *Horn,* en particulier, voy. les nᵒˢ 1745, 1749, 1751, 1753, 1757-1763 : 1° M a n u s c r i t s de H o r n, 1757, 1759. — 2° S o u r c e, 1756, 1762. — 3° L a n g u e, 1762. — 4° É d i t i o n, 1745, 1749. — 5° N o t i c e, 1758, e t a n a l y s e, 1751. — 6° G r a m m a i r e, 760. — 7° S t y l e, 1761.

HORNING (Adolf). Auteur d'une *Grammaire de l'ancien français,* qui est placée en tête du livre de Karl Bartsch : *La langue et la littérature française depuis le* IX° *siècle jusqu'au* XIV° *siècle* (*1887*), 489.

HORTSMANN (K.). *King Horn nach Laud. 108* (*1872*), 1747.

HUB (Heinrich). La *Chanson* de Hervis de Mès. *Inhaltsangabe und Klassification der Handschriften* (*1879*), 1737. On a imprimé par erreur *Inhaltsangabe in* au lieu de *und.*

HUB. Voy. Huon.

HUELLEN (E.). *Poetischer Sprachgebrauch in der* Chanson *de geste* Amis et Amiles (*1884*), 792. Cf. le nᵒ 1878, qui offre un titre plus développé : *Der poetische Sprachge-*

brauch in den altfranzösischen Chansons de geste Amis et Amiles und Jourdains de Blaivies. (Il faut lire, à la p. 139, *chansons* et non *chanson* au singulier.) — Cf. *Ueber Stil und Composition der altfr. Chansons de geste* Amis et Amiles und Jourdain de Blaivies (Munster, *1885*).

Huet (Daniel). Son *Traité de l'origine des Romans* (*1670*), 6.

Hugo (Victor). *La légende des siècles : Aymerillot et le Mariage de Roland* (*1859*), 662, 664, 656, 1578. — *Aymerillot* n'a pas été composé directement d'après la chanson de geste, mais d'après une adaptation d'Achille Jubinal, 656.

Hug Schapler, traduction allemande d'*Huon Capet*, p. 131.

Hugues Capet. Voy. *Huon*.

Hummel (F.). *Das Verhältniss des Ortnit zum* Huon de Bordeaux (*1878*), 1821.

Huon Capet, chanson de geste, 1774-1789 : 1° Manuscrit, 1780. — 2° Édition, 1774. — 3° Notices et analyses, 1773, 1788, 1789. — 4° Résumé, 1786. — 5° Diffusion en Allemagne, p. 131 et n° 1776. — 6° Étude générale, 1781.

Huon d'Auvergne, 1764 et 1765, et Ugo d'Alvernia, 1766-1773.

Huon de Bordeaux, chanson de geste, 1790-1837 : 1° Élément historique, 1824. — 1° Version antérieure, 1819. — 3° Manuscrits, 1793, 1837. — 4° Édition, 1790. — 5° Traductions partielles, 1814. — 6° Notices et analyses, 1814, 1818, 1830. — 7° Bibliothèque des Romans, 1795. Cf. 396. — 8° Bibliothèque bleue, 391, 405, 411, 1805, et pp. 132, 135. — 9° Au théâtre, 1793. — 10° Diffusion à l'étranger : a. en Angleterre, p. 133 et n°s 300, 1791, 1792, 1799, 1803, 1831. b. En Néerlande, p. 133 et n°s 1804, 1806, 1810, 1820, 1834. c. en Allemagne, 1796, 1801, 1802, 1825. — 11° *Ortnit* et *Huon de Bordeaux*, 1802, 1811, 1815, 1816, 1817, 1821, 1827, 1828. = Les Suites d'*Huon de Bordeaux* sont au nombre de six : a. *Huon, roi de féerie*, 1838, 1839 ; b. *Esclarmonde*, 1318-1321 ; c. *Clarisse et Florent*, 1160-1163; d. *Ide et Olive*, 1840-1842; e. *Godin*, 1614, 1615 ; f. *Croissant*, p. 85 et n° 1199.

Huon de Villeneuve, auteur prétendu des *Quatre fils Aimon*, 2140, etc.

Huon, roi de féerie, première suite d'*Huon de Bordeaux*, 1838, 1839.

Husse (Otto). *Die schmückenden Beiwörter und Beisätze in den altfranzösischen Chansons de geste* (*1887*), 471.

I

Ibagneta. La chapelle d'Ibagneta représentait, aux yeux de J. Quicherat, le théâtre exact de la bataille de Roncevaux, 2345.

Iconographie : 1° de Charlemagne : *La légende de Charlemagne dans l'art du moyen âge*, par Eugène Müntz (*1885*), 642 ; 2° de Roland : *Iconographie de Roland*, par le baron d'Avril (*1890*), 2470.

Ide et Olive, quatrième Suite d'*Huon de Bordeaux*, 1840-1842.

Ideler (Julius Ludwig). *Geschichte der altfranzösischen National-Literatur von den ersten Anfängen bis auf Franz I* (*1842*). Fait partie de :

*Handbuch der französischen Spra-
che und Literatur von L. Ideler und
H. Nolte;* mais est l'œuvre propre
d'Ideler, 70. Voy., en particulier,
689 (*Aiol*); 717 (*Aliscans*); 768
(*Amis et Amiles*); 968 (*Berte*); 1119
(*Chevalier au Cygne*); 1156 (*Ciperis de Vignevaux*); 1227 (*Doon de
Mayence*); 1334 (*Fierabras*); 1450
(*Garin le Loherain*); 1573 (*Girard
de Viane*); 1621 (*Gormond et Isembart*); 1629 (*Gui de Bourgogne*);
1685 (Geste de Guillaume); 1844
(*Jehan de Lanson*); 1867 (*Jourdain
de Blaivies*); 1901 (*Lohier et Mallart*); 2050 (*Ogier le Danois*); p. 170
(*Roland*); nᵒˢ 2557 (*les Saisnes*);
et 2633 (*Voyage à Jerusalem*).

ILIADE. Premier chant de l'*Iliade*
traduit par E. Littré en français
du XIIIᵉ siècle (*1847*), 452.

ILLUSTRIRTE ZEITUNG, nᵒ du 11 juin
1892. Reproduction de dix-huit
« statues de Roland », p. 190, col. 2.

INCUNABLES, 404. Le plus ancien
incunable de nos Chansons de geste
est « *Le roman de Fierabras le
geant* » (Genève, 1478), 1354. — Cf.
Beuves de Hanstone, p. 69. —
Bovo d'Antona, p. 71. — *Chevalier
au Cygne*, pp. 78, 80. — *Ciperis de
Vignevaux*, pp. 81, 82. — *Clairette
et Florent*, p. 82. — *Croissant*,
p. 85. — *Doon de Mayence*, p. 88.
— *Esclarmonde*, p. 97. — *Fierabras*, p. 97. — *Florent et Octavian*,
p. 103. — *Galien*, p. 105. — *Garin
de Montglane*, p. 109. — *Girard de
Roussillon*, p. 112. — *Girard de
Viane*, p. 116. — *Huon de Bordeaux*, pp. 132, 133. — *Huon, roi
de Féerie*, p. 136. — *Ide et Olive*,
p. 136. — *Jourdains de Blaivies*,
p. 138. — *Maugis d'Aigremont*,
p. 146. — *Ogier* (et *Meurvin*),
p. 151. — *Quatre fils Aimon* (*Mabrian* et la *Conquête de Trebizonde*),
p. 159-162. — *Valentin et Orson*,
p. 204. — *Voyage*, p. 205.

INNOCENTE REINE DE FRANCE. (=
Reine Sibille). Fragments publiés
par Massmann, 1941. — Analyse,
1946.

IRLANDE. Manuscrit irlandais du
XVᵉ siècle, renfermant une version
de *Beuves de Hanstone* (*Bibus o
Hamtvir*), 1030.

ISLAM. Voy. *Mahomet, Sarrazins,*
etc.

ISLANDE. Les *Sagas islandaises*,
par Auguste Geffroy (*1875*), 316. —
Karlamagnus Saga ok kappa hans,
édité par C. R. Unger (*1860*), 308,
etc. — *La Karlamagnus Saga, histoire islandaise de Charlemagne;*
analyse par G. Paris (*1864 et 1865*),
309, 1061, 1063, 2002, 2061. — *Traduction française d'un épisode de la
Karlamagnus Saga* (Roncevaux),
dans la première édition du *Roland*
de L. Gautier (*1872*), 312. — Autres
Sagas : *Bevers Saga*, p. 69, etc.,
Saga de Nial, nᵒ 316. — Cf. les
Sagas norvégiennes, telles que
l'*Elissaga ok Rosamundu*, 1247-
1250. — Influence prétendue de la
poésie islandaise sur l'épopée française par l'intermédiaire des Normands, 306. — Voy. *Sagas* et *Scandinaves*.

ISOLA (J. G.) : 1ᵒ *Novella del
conte Guglielmo di Nerbona e di
dama Orabile* (*1869*), 2123. — 2ᵒ *Le
Storie Nerbonesi, romanzo cavalleresco del secolo XIV*, 4 vol. (*1877-
1891*), 271. Voir, en particulier, les
nᵒˢ 1715 (geste de Guillaume en
général); 676 (*Aimeri de Narbonne*); 1211 (*Departement des enfans Aimeri*); 1180 (*Couronnement
Looys*); 1100 (*Charroi de Nimes*); 2009
(*Moniage Guillaume*); 1956 (*Reine
Sibille*); 2584 (*Siège de Narbonne*).

Isomberte, p. 136.

Isoré le sauvage. C'est le titre
donné parfois à *Anseïs de Carthage*.
Voy. ce dernier mot.

ITALIE. H i s t o i r e d e l'É p o p é e

française en Italie. I. Exposé général de la question, 107, 109. 158, 181 et livres à consulter pour en étudier les différentes parties, 251-289, 2472, 2473 2475, et 2514-2532. Cf. 28, 155, 178, 254, 255, 374, 375, 1316, 2169, 2173, etc. Une place particulière doit être faite ici aux excellents travaux de Pio Rajna : 178, 258, 261, 263, 264, 265, 266, 268, 269, 270, 272, 283, 1889, etc. — II. Évolution de la poésie italienne, sous l'action de l'épopée française, depuis le XIIIᵉ siècle jusqu'à nos jours. a. Avant les *Reali*, 2521, 2522, etc. b. Les *Reali*, 259, 263, 289, 1302, 1303, 2523-2526, etc. c. La *Spagna in rima* ou *istoriata*, 1299, 1314, 2527, etc. d. La *Spagna* en prose, postérieure à celle en vers : 1951 et p. 197, col. 1, etc. e. La *Rotta di Roncisvalle*, imitation de la *Spagna* en vers, 1304, 2528, etc. f. *Il viaggio di Carlomagno in Ispagna*, 1305, 1952. Cf. 260 et 1306 (*La seconda Spagna*), etc. g. La Renaissance, 258, 268, 270, 2530, 2831, etc. h. Les *cantastorie* et *Rinaldi* de nos jours : 272, 276, 2532, etc. — III. Chansons de geste françaises qui ont exercé une influence plus ou moins directe sur la littérature italienne : *Aimeri de Narbonne*, 676; *Anséis de Carthage*, 816; *Aspremont*, 869, 871, 878, etc. ; *Berta de li gran pié* (roman composé en Italie), p. 65 et nᵒˢ 944-951; *Berta e Milone* (roman composé en Italie), 1287-1289; *Beuves de Hanstone*, 1005, 1017, 1028 et p. 171; *Bovo d'Antona* (roman composé en Italie), 1031-1038; *Charroi de Nîmes*, 1100; *Couronnement Looys*, 1180; *Departement des enfans Aimeri*, 1211; *Enfances Guillaume*, 1276; *Entrée de Spagne* (roman composé en Italie), 1301, 1303, 1310-1317; *Fierabras*, 1338, 1359-1361; Geste de Guillaume (*Le Storie Nerbonesi*), 271, 1211, 1715, etc.; *Guibert d'Andrenas*, 1640; *Karleto* (roman composé en Italie), 1882-1891; *Macaire* (roman composé en Italie), p. 143; *Moniage Guillaume*, nᵒ 2009; *Ogier le Danois*, p. 151 et surtout nᵒˢ 1284, 2040, 2041, 2064, 2065, 2068, etc.; *Orlandino* (roman composé en Italie), 1287-1289; *Otinel*, 2088; *Prise de Pampelune* (roman composé en Italie), 2103-2113; *Quatre fils Aimon*, p. 161 et nᵒˢ 2138, 2169, 2173 (Cf. *Trapezonda*, p. 162 et nᵒ 2178, 2196); *Reine Sibille*, 1956, 1957, 1960; *Roland*, 2472, 2473, 2475, 2514-2532, etc., etc.; *Voyage de Charlemagne à Jerusalem et à Constantinople*, 2643 et ss.

ITER JEROSOLIMITANUM, forme latine de la légende du Voyage à Jérusalem, 2617, 2635, 2654. — Vitrail de Chartres où sont représentés plusieurs épisodes de l'*Iter Jerosolimitanum* 2469.

J

JACOBS (E.). *Bruchstücke eines nederland. Prosaromans* (*1886*), 1557. Il s'agit d'une imitation néerlandaise en prose de notre *Girard de Roussillon*.

JACQUIN (abbé). *Entretien sur les Romans* (*1755*), 11.

JÆHNS (M.). *Handbuch einer Geschichte des Kriegswesens* (*1880*), 605.

JAFFÉ (S.). *Historischer Ueberblick ueber die Verschiedenheit der Kunst der Epiker des 12 und 13 Jahrhunderts* (*1890*). A ajouter, après le nᵒ 200.

JAMES (Georges PAYNE RAINSFORD).*
The history of Chivalry (1830), 2627.

JAN DE KLERK. Sa Chronique, 292.

JAUFRE, roman provençal, 1540.

JEAN DES PREIS, DIT D'OUTREMEUSE,
406.

Jehan de Lanson, chanson de
geste, 1843-1848 : 1° Fragment
publié, 1843. — 2° Notices et
analyses, 1845, 1847, 1848.

Jerusalem, chanson du cycle de
la croisade, 1849-1858 : 1° Manuscrits, 1852. — 2° Édition, 1849.
Cf. 1114. — 3° Fragments publiés, 1853, 1855. — 4° Traduction d'un épisode, 1856.
— 5° Notices et analyses,
1850, 1851, 1857. Cf. 1118.

JOHNSON (Benjamin) ou BEN JOHN-
SON. *Oberon the Fairy prince, a
masque of prince Henry's* (vers 1620),
1792.

JOLY (Aristide). *Les métamorphoses
de l'Épopée latine au moyen âge*
(1870), 130.

JOMARD (Edme-François), 1329.

JONAIN. *Roland, poème héroïque de
Theroulde, trouvère du XI° siècle,
traduction en vers français par P.
Jônain, d'après le texte et la version en prose de F. Génin* (1861),
2277.

JONCKBLOET (W. J. A.) : 1° *Roman
van Karel den Grooten en zijne XII
pairs* : fragments d'*Aubri le Bourgoing*, etc. (1844), 884, 2494.—2° *Geschiedenis der middennederlandschen
Dichtkunst* (1852), 294. Voir, en particulier, les n°s 910 (*Charles et Elegast*) ; 1691 (Geste de Guillaume) ;
2054 (Ogier dans la poésie néerlandaise), etc. Cf. *Geschiedenis der
nederlandische Letterkunde* (1868-
1870), 297. — 3° *Guillaume d'Orange,
chanson de geste des XI° et XII° siècles, publiée pour la première fois*,
etc. (1854). Le tome I renferme les
textes du *Couronnement Looys*, du
Charroi de Nimes, de la *Prise*

d'Orange, du *Covenant Vivien* et
d'*Aliscans*. Le tome II est consacré
à l'examen critique des chansons de
la geste, 211. On se reportera, pour
ce second volume, aux n°s 1651 et
1693 (geste de Guillaume en général) ; 660 (*Aimeri de Narbonne*) ; 1089
et 1096 (*Charroi de Nimes*) ; 2114 et
2118 (*Prise d'Orange*) ; 1164, 1170
et 1189 (*Couronnement Looys*) ; 1185
et 1189 (*Covenant Vivien*) ; 2000
(*Moniage Guillaume*) ; 705 et 721
(*Aliscans*). —4° *Guillaume d'Orange,
le Marquis au court nez, chanson
de geste du XII° siècle, mise en nouveau langage* (1868). C'est une traduction de sept de nos poèmes :
les *Enfances Guillaume*, le *Couronnement Looys*, le *Charroi de Nimes*,
la *Prise d'Orange*, le *Covenant Vivien*, *Aliscans*, le *Moniage Guillaume*, 1090, 1186, 1266, 1271, 1652,
1704, 1867, 1988, 2115, etc.= Cf. 1931.

JONES (Eustace Hinton). *Popular
romances of the Middle Ages* (1871 ;
en collaboration avec G. Cox), 135.

JONGLEURS, 492-548. *Essais historiques sur les bardes, les jongleurs
et les trouvères normands et anglo-normands* par l'abbé de la Rue
(1834), 503. — *Jongleurs et trouvères, ou choix de saluts, épîtres...
et autres pièces légères des XIII° et
XIV° siècles*, par Achille Jubinal
(1835), 504. — L'ouvrage le plus
complet sur la matière est celui
d'Émil Freymond : *Jongleurs und
Menestrels* (1883), 535. Cf. le travail
de W. Hertz : *Spielmanns-Buch* (1885),
543 ; le livre de Nyrop : *Den oldfranske Heltedigtning*, pp. 287-312
(1883), 538, et le long chapitre sur
les jongleurs dans le tome II des
Épopées françaises, 2° édition, pp. 3-
271 (1894), 515. — Le « bon » jongleur : *Del tumbeor Nostre Dame*
(1873), 521. — Les « jongleurs de
geste » autorisés par l'Église, 513.
— Les autres, 507. — Les Corpo-

rations de jongleurs, 509 et 532. — Les variantes qu'offrent les manuscrits de nos chansons peuvent être, en partie, attribuées à l'intervention des jongleurs, 2371. — Jongleurs du nord de la France et du midi de la Belgique, 37, 506. — Les ménétriers de Paris, 509. — Les *Joculatores* bretons, 542. — Les jongleurs en Allemagne, 526. — Les Ménétriers de Genève, 523. — Les *juglares* en Espagne, 516. — Les *cantastorie* et *Rinaldi* en Italie, 272, 276, 2532. = Cf. 548, etc.

Joret (C.) : 1° *Le C dans les langues romanes* (*1874*), 2377. — 2° *Étude sur le patois normand du Bessin* (*1877*), 2379.

Jouon des Longrais (F.). Le roman d'Aquin *ou la Conqueste de la Bretaigne par le roy Charlemaigne, chanson de geste du* xii° *siècle* (*1880*), 844.

Jourdains de Blaivies, chanson de geste, 1859-1881. — 1° Manuscrits, 1868. — 2° Édition, 1859. — 3° Fragments publiés, 1862-1863. — 4° Notices et analyses, 1869, 1875. — 5° Incunables, p. 138 et n° 1870. — 6° Bibliothèque des Romans, n° 1860. — 7° Style, grammaire, etc., 793, 1876, 1878, 1880.

Jubert (Amédée). *La* Chanson de Roland *traduite en vers* (*1886*), 2286.

Jubinal (Achille) : 1° *Jongleurs et trouvères, ou choix de saluts, épitres... et autres pièces légères des* xiii° *et* xiv° *siècles* (*1835*), 504. — 2° *Mystères inédits du* xv° *siècle.* (*L'esbatement du mariage des Quatre fils Hémon.* —Analyse du manuscrit cyclique de la Bibliothèque Nationale fr. 24369, etc., etc.) (*1836*). p. 167 et n° 1672. — 3° *Rapport à M. le Ministre de l'Instruction publique* (*1838*), 348, 714. — 4° *Œuvres complètes de Rutebœuf* (1re édition, *1839*), 687. — 5° *Nouveau Recueil de contes, dits, fabliaux,* etc. (*1839-1842*), 765. — 6° *Le château de Dannemarie,* dans le *Musée des familles* de 1843. Traduction libre du début d'*Aimeri de Narbonne,* source de l'*Aymerillot* de Victor Hugo, 656. — 7° *Œuvres complètes de Rutebeuf* (2° édition, *1874, 1875*), 507.

Juglares, *cantares de gesta.* Leur rôle en Espagne, 516.

Junker (Heinrich). *Grundriss der Geschichte der französischen Litteratur von ihren Anfängen bis zur Gegenwart.* Histoire abrégée de l'Épopée française, pp. 20-162 (*1889*), 191.

Juvigny (Jean Antoine Rigoley de). *Les Bibliothèques de la Croix du Maine et d'Antoine Duverdier,* etc. (édition nouvelle, *1772, 1773*), 392.

K

Kæntzler. *Ueber* Karlmeinet (*1862*), 1968.

Kaiserchronik. Une édition de la *Chronique des empereurs* a été donnée par Ferd. Massmann (*1849*), 1059 et 2483 ; une autre a été publiée par Joseph Diemer (*1849*), 2484.

Kalff (G.) : 1° *Fragmenten van* den Karlmeinet (*1885*), 1969. — 2° *Middelnederlandsche epische fragmenten, meet aanteekeningen uitgegeven* door dr G. Kalff (*1885*), 298, 2497. Voy. l'*Erratum.*

Kannegiesser. *Giralz de Rossilho.* Article sur l'édition d'Olivier Arnoullet (*1857*), 1526.

KAREL EN ELEGAST. *Deux fragments manuscrits du* xiv° *siècle conservés, à la bibliothèque de la ville de Namur (1873)*, 913. Voy. *Basin*, 907-915.

KARLAMAGNUS SAGA, histoire islandaise de Charlemagne, 2500-2505 : 1° *Karlamagnus Saga ok kappa hans*, édition de C. R. Unger (*1860*), 308, 1061, 1697, 2059, 2501, 2562, 2664. — 2° Résumé par G. Paris dans la *Bibliothèque de l'École des Chartes (1864)*, 309, 1063, 1700, 2061.—3° Traduction française des chapitres XXXVI-XLI de la *Karlamagnus Saga* qui sont consacrés à Roncevaux (dans le *Roland* de L. Gautier, 1ʳᵉ édition, *1872*), 312. — 4° Traduction allemande de la huitième branche (*Roncevaux*), par E. Koschwitz (*1878*), 2505.

KARL DER GROSSE *von dem Stricker*, par Karl Bartsch (*1852*), 210, 2481, 2482.

Karleto, roman composé en Italie, qui a pour base une chanson de geste perdue, 1882-1891. — Voy. *Enfances Charlemagne* et *Mainet*.

KARL MEINET, composition cyclique due à un auteur allemand qui écrivait au commencement du xiv° siècle (p. 146) : 1° *Karl Meinet*, par Adelbert von Keller (*1858*), 212, 1965, 2485. — 2° *Ueber Karl Meinet*, par K. Bartsch (*1861*, et non pas *1865*), 217, 2486. Cf. 1969. Voy. *Mainet*.

KAROLELLUS, « œuvre d'un versificateur inconnu qui a mis en sept livres d'hexamètres latins la *Chronique de Turpin* » : *Karolellus, Beitrag zum Karlssagenkreis aus dem einzigen Pariserdrucke*, publié par Merzdorf (*1855*), 1055.

KAROLUS MAGNUS ET LEO PAPA, 1081.

KEISER KARL MAGNUS KRONIKE, abrégé danois de la *Karlamagnus Saga*, 2506-2510.

KELLER (Adelbert von) : 1° *Li Romans des Sept Sages nach der Pariser Handschrift* (*1836*), 761 (pages relatives à *Amis et Amiles*). — 2° *Altfranzösische Sagen* (*1839* ; 2ᵉ édition en *1876*), 2652, 63, 2290 (à ce dernier numéro il faut lire, p. 176, *Adelbert von Keller* au lieu de *Keller H. A.*). — 3° *Romvart. Beiträge zur Kunde mittelalterlicher Dichtung aus italienischen Bibliotheken* (*1844*), 350. Voir en particulier les nᵒˢ 718 (*Aliscans*); 856 (*Aspremont*); 883 (*Auberi*); 947 (*Berta de li gran pié)*; 1011 (*Beuves de Hanstone*); 1033 (*Bovo d'Antona*); 1228 (*Doon de Mayence*); 1282 (*Enfances Ogier*); 1469 (*Garin de Montglane*); 1643 (*Gui de Nanteuil*); 1686 (manuscrits franco-italiens de la geste de Guillaume); 1884 (*Karleto*), etc. — 4° *Karl Meinet* (*1858*), 212, 1965.

KELLER (Adolf). *Die Sprache des Venezianer Roland V⁴* (*1884*). A ajouter après le n° 2264.

KELLER (Victor). *Le Siège de Barbastre und die Bearbeitung von Adenet le Rôi* (*1875*), 1000 et 2576.

KERNEY (M.), 185.

KETTNER (R.-P.). *Der Ehrbegriff in den altfranzösischen Artus Romanen*, etc. (*1890*), 622.

KEUTEL (Gottfried). *Die Anrufung der höheren Wesen in den altfranzösischen Ritterromanen* (*1886*), 598.

KIEV. *Le Cycle épique de Kiev*, par Oreste Müller (*1870*), 301.

KING HORN : 1745-1748; 1752; 1754-1756. Voy. *Horn*.

KIRPICHNIKOF (A.), 1817.

KITZING, poème héroïque en haut allemand du commencement du xiv° siècle. Fragments inédits publiés par Karl Roth (*1874*), 727.

KLEIN (Hugo). *Sage, Metrik und Grammatik des altfranzösischen Epos* « *Amis und Amiles* » (*1875*), 779.

KLERK (Jan de), 292.

KLOCKHOFF (O.). Études sur la littérature noroise au moyen âge : *Elie de Saint-Gilles* (*1881*), 1248.

KLUEBER (D. J. L.). *Das Ritterwe-*

sen des Mittelalters nach seiner politischen und militärischen Verfassung. Aus dem Französischen des
Herrn de Lacurne de Sainte-Palaye (1786-1791), 534.

KNUST (H.). Ein Beitrag zur Kenntniss der Escorial Bibliothek (1868),
1345.

KOBERSTEIN (August). Grundriss
der Geschichte der deutschen national Litteratur (1ᵗᵒ édition, 1827),
206, 740. (Il y a contradiction entre
ces deux articles relativement à la
date de la dernière édition. La date
de la 6° édition, qui a été publiée
par K. Bartsch, est réellement 1872.)

KOCH (John) : 1° Ueber Jourdain
de Blaivies (1875), 1873. — 2° Rectification à l'étude de Schwieger « Die
Sage von Amis und Amiles » (1885),
797.

KOCH (Max). Das Quellenverhältniss von Wielands Oberon (1880),
897, 1825.

KOEHLER (Arthur). Ueber den
Stand berufmässiger Sänger im nationalen Epos germanischer Völker
(1870), 520.

KOEHLER (G.). Die Entwickelung des
Kriegswesens und die Kriegsführung
in der Ritterzeit von Mitte des 11
Jahrhunderts bis zu den Hussitenkriegen (1886-1889), 599.

KOEHLER (M.). Ueber alliterierende
Verbindungen in der altfranzösischen Litteratur (1890), 481.

KOEHLER (R.) : 1° Zu der altspa-
nischen Erzählung von Karl dem
Grossen und seiner Gemahlin Sibille (1871), 1953. — 2° Die Beispiele
aus Geschichte und Dichtung in dem
altfranzösischen Roman von Girart
von Roussillon (1875), 1542. —
3° Zur Magus Saga (1876), 1981.

KOEHLER (?). Ueber den Clerus in
den altfranzösischen Karlsepen,
602.

KOELBING (Eugen) : 1° Bruchstück
einer Amicus ok Amilius Saga
(1874), 778. — 2° Zur älteren romantischen Literatur in Norden (1875),
2649. — 3° Die nordische Elissaga
ok Rosamundu und ihre Quelle, dans
l'ouvrage intitulé : Beiträge zur
vergleichenden Geschichte der romantischen Poesie und Prosa des
Mittelalters, unter besonderer Berücksichtigung der englischen und
nordischen Literatur (1876), 315 et
1247. (Lire besonderer et non besondere au n° 1247.)—4° La Chanson de
Roland. Genauer Abdruck der Venetianer Handschrift IV (1877), 675 et
2264. — 5° Zur Ueberlieferung der
Sage von Amicus und Amelius (1877),
780. — 6° Elie de Saint-Gille, chanson de geste publiée avec introduction, glossaire et index par Gaston
Raynaud, accompagnée de la rédaction norvégienne par Eugène Kœlbing (1879), 1246. — 7° Das Neapler
Fragment von Sir Isumbras (1873),
1357. — 8° Zu Amis and Amiloun
(1879), 783. — 9° Zu Marc. Gall. IV
(1881), à ajouter après notre n° 2264.
— 10° Elis Saga ok Rosamundu mit
Einleitung, deutscher Uebersetzung
und Anmerkungen (1881), 1249. —
11° Das Hssverhältniss der Elis Saga
ok Rosamundu (1882), 1250. Il faut,
dans notre bibliographie, lire plus
haut (aux n°ˢ 1249 et 1250) Rosamundu et non Rosamunda. —
12° Amis and Amiloun zugleich
mit der altfranzösischen Quelle,
etc. (1884), 790. — 13° Amis and
Amiloun und Guy of Warwick
(1886), 800.

KOERNER (Friedrich). Keltische Studien (1849), 82.

KOERTING (G.) : 1° Encyclopädie
und Methodologie der romanischen
Philologie, mit besonderer Berücksichtigung der französischen und
italienischen (1884-1888), 170, 383.
— 2° Verschollene Handschriften
(1885), 370.

KOHL (O.). Zu dem Willehalm

L

gende nationale [traduction du texte provençal] (*1857*), 1376.

La Grange (Marquis de). Édition d'*Hugues Capet* (*1864*), 1774.

Lair (Jules). *Mémoires sur deux Chroniques latines composées au* xii* siècle à l'abbaye de Saint-Denis* (*1874*), 2646.

Laisse monorime dans les chansons de geste, d'après la théorie de Marius Sepet, 437.

La Mare (Nicolas de). *Traité de la Police.* [De l'origine des histrions, des troubadours, des jongleurs] (*1705*), 492.

Lambeck (Pierre). *Commentaria de augusta bibliotheca Cæsarea Vindobonensi* (*1665-1679*), 2614.

La Motte Fouqué (F.-H.-C. baron de). *Der Zauberring* (l'anneau magique); imitation d'*Huon Capet* (*1816*), 1776. Cf. 19.

Langlé (Ferdinand) et Émile Morice. *L'historial du jongleur* (*1829*), 502.

Langlois (Ch.-V.). *Les travaux sur l'histoire de la société française au moyen âge d'après les sources littéraires* (*Revue historique*, mars-avril 1897, pp. 241 et ss.). A ajouter après le n° 632.

Langlois (Ernest) : 1° Le Couronnement Looys, *chanson de geste publiée d'après tous les manuscrits connus* (*1888*), 118 et 1165. Cf. 1182. — 2° Otinel, Aspremont : *deux fragments épiques* (*1883*), 875, 2093. — 3° *Un nouveau manuscrit de la chanson* d'Anseïs fils de Girbert (*1887*), 824.

Langues romanes : 1° *Histoire des langues romanes et de leur littérature depuis leur origine jusqu'au* xiv* siècle*, par Bruce Whyte (*1841*), 2631. — 2° Langue des chansons de geste, 451-483.=Voy., dans toutes les éditions de chansons de geste, ce qui concerne la langue de chacun de ces poèmes. Cf. l'article *Grammaire*, etc.

La Pise (Joseph de). *Tableau de l'histoire des princes et principautés d'Orange.* [Sur le nom de Guillaume au Cornet] (*1639*), 1655.

Larchey (Lorédan) a publié, en collaboration avec F. Guessard, la chanson de *Parise la duchesse* (*1860*), 1096.

Latini (Brunetto), 2352.

Latins (textes) dans leurs rapports avec les chansons de geste, Voir, en particulier, les n°s 2323-2334 (Chronique de Turpin) ; 1544 et 1560 (légende latine de *Girard de Roussillon*) ; 2335 (*Carmen de prodicione Guenonis*); 2617, 2635, 2654 (*Iter Jerosolomitanum*); 1656, 1657, 1709 : etc. (*Vita sancti Willelmi*) ; 757 (*De sanctis Amico et Amelio*), etc.

Laun (Henry von). *History of french Literatur* (*1876-1878*); 145.

Laurentius (Guido). *Zur Critik der* Chanson de Roland (*1876*), 2329.

Lausberg (C.) et non pas *Lansberg* comme on l'a imprimé à tort au n° 1896. *Die verbalen Synonyma in den Chansons de geste* Amis et Amiles *und* Jourdains de Blaivies (*1884*), 793 et 1876. = Nous avons toute raison de croire qu'il faut attribuer à un Lausberg l'ouvrage qui est, dans notre Bibliographie, placé sous le nom de Lemberg (Dietrich) : *Die verbalen Synonyma im Oxforder Texte des altfranzösischen Rolandsliedes* (1886), 2446.

Laveleye (Émile de) : 1° *Histoire de la langue et de la littérature provençale* (*1845*), 328, 1687. — 2° Les *Nibelungen, traduction nouvelle, précédée d'une étude sur la formation de l'Épopée* (*1861*), 95. Cf. l'article *Nibelungen.*

Lavoix (Henry). *Étude sur la musique au temps de saint Louis* (*1883*), 836.

LEBEUF (abbé). *Examen critique de trois histoires fabuleuses dont Charlemagne est le sujet* (*1754*), 2617. Le « Voyage à Jérusalem » est l'une de ces trois histoires. Cf. l'article consacré au *Voyage*.

LECLERC (Victor) : 1º *Projet d'instructions du Comité de la langue, de l'histoire et de l'art de la France. Section de philologie.* [Résumé de l'histoire des chansons de geste] (*1853*), 88. — 2º *Discours sur l'état des lettres en France au* XIVᵉ *siècle*, dans le tome XXIV de l'*Histoire littéraire de la France* (*1862*), 97, 1784, etc.

LECOINTE (Le P.). *Annales ecclesiastici* (*1676*), 2615.

· LECOY DE LA MARCHE (Albert). *La Chaire française au moyen âge* (2º éd. *1866*), 519.

LEDOS (G.). *Fragment de l'Inventaire des joyaux de Louis Iᵉʳ duc d'Anjou* : nombreux sujets empruntés aux Chansons de geste (*1889*), 644.

LEDUC (Herbert), de Dammartin, auteur de *Foulque de Candie*, 1413. Voy. *Foulque de Candie*.

LEE (S. L.). *The boke of duke Huon of Bordeux, done into english* by sir John Bourchier (lord Berners) (*1885*), 1831.

LÉGENDE. La légende de Charlemagne dans ses rapports avec l'histoire, 1049 et ss. — La légende de Roland; modifications et variantes, 3358, etc. etc.

LE GLAY (Édouard) : 1º *Incendie de l'abbaye d'Origny, épisode extrait et traduit du poème de* Raoul de Cambrai (*1832*), 2213. — 2º *La mort de Begon de Belin, épisode extrait et traduit du roman de* Garin le Loherain (*1835*), 1441. — 3º *Fragments d'épopées romanes du* XIIᵉ *siècle traduits et annotés* (*1838* et non pas *1858*, comme il a été dit aux nᵒˢ 1453 et 2217), 58, 1453, 2217. —

4º Li Romans de Raoul de Cambrai et de Bernier (*1840*), 2209.

LEGRAND D'AUSSY (Pierre-Jean-Baptiste). *Fabliaux ou contes du* XIIᵉ *et du* XIIIᵒ *siècles* (*1779*), 15.

LE HÉRICHER. *Des mots de fantaisie et des rapports du* Roland *avec la* Normandie (*1879-1880*), 2350.

LEHUGEUR (Alfred). La Chanson de Roland, *poème français du moyen âge, traduit en vers modernes* (trois éditions : *1871*, *1880*, *1882*), 2280. Cf. p. 173, après le nᵒ 2258.

LEIBNITZ (Godefroi-Guillaume). *Annales imperii Occidentis Brunswicenses* (anno *778*). Légende de Roland; chronique de Turpin; Wenilo, archevêque de Sens ; les « statues de Roland », etc. (La première édition des *Annales* est de *1707*), 2240 et p. 190, col. 2.

LELONG (Le P.). *Bibliothèque historique de la France.* (La « nouvelle édition revue, corrigée et considérablement augmentée par Fevret de Fontette » parut entre les années *1768* et *1778;* cinq vol. in-fol.) 845, 955, 1049.

LEMBERG (Dietrich) ?? *Die verbalen Synonyma im Oxforder Texte des altfranzösischen Rolandsliedes* (*1888*), 2446. Voy. *Lausberg*.

LENANDER (Jos. H.R.). *Dissertation sur les formes du verbe dans la chanson de* Gui de Bourgogne (*1874*), 1633.

LENDIT (Le). Chansons de geste qui y étaient chantées : *Fierabras*, le *Voyage à Jerusalem*, etc., 1365, 2657, 2663.

LENGLET-DUFRESNOY. *De l'usage des romans* (*1734*), 391. Voy. Gordon de Percel.

LENIENT. *La poésie patriotique en France. L'Épopée nationale* (*1871*), 134.—Cf. (dans la *Revue politique et littéraire* du 28 septembre 1872), l'article intitulé : *La* Chanson de Roland *et les* Niebelungen.

Lenthéric. *La Provence maritime* 1718.

Leprévost (Auguste). Son édition d'Orderic Vital (*1838-1855*). Histoire et légende de saint Guillaume, 1688.

Le Ricque de Monchy. *Notice sur l'autel de Saint-Guilhem du Désert* (*1857*), 1694.

Le Roux de Lincy (Adrien-Jean-Victor, et non Adrien-Victor-Marie) : 1° *Analyse critique et littéraire du Roman de Garin le Loherain, précédée de quelques observations sur l'origine des romans de chevalerie* (*1835*), 47 et 1445. — 2° *Le livre des légendes* (*1836*), 50 et 924. — 3° Anseïs *de Carthage ou l'invasion des Sarrazins en Espagne et en France, poème inédit en vers français du* XIII° *siècle,* etc. (*1837*), 809. — 4° *Essai sur les fables indiennes et sur leur introduction en Europe, par* A. Loiseleur Deslongchamps, suivi du Roman *des Sept Sages de Rome en prose publié avec une analyse et des extraits du* Dolopathos (*1838*), 1141. — 5° *Analyse du « Roman de Godefroi de Bouillon »* (*1841*), 830. — 6° *Nouvelle Bibliothèque bleue ou légendes populaires de la France* (*1843*), 402.

Leuven (De). *Les Quatre fils Aimon,* opéra comique, en collaboration avec Brunswick (*1844*), 2149.

Levesque de la Ravallière. *Les poésies du roy de Navarre* (*1742*), 494.

Lidforss (Paul). *Choix d'anciens textes français* (*1877*), 486 et p. 173, après le n° 2262. Voy. *Chrestomathies.*

Liebrecht (F.) et E. Gachet. Glossaire du *Chevalier au Cygne* pour l'édition du baron de Reiffemberg, 1115, 1261.

Liège. *Charlemagne d'après les traditions liégeoises,* par F. Hénaux (*1888*), 1078. — Cf. la *Geste de Liège* publiée en appendice dans le *Myreur*

des histors, par A. Borgnet [et S. Bormans], Bruxelles, *1864-1887*, in-4°.

Lieutaud (V.). *Lou Rouman d'Arles* (*1873*), 2595.

Lievin (Louis). *La littérature de colportage en France* (*1865*), 407.

Lindner (Fr.). *Ueber die Beziehungen des* Ortnit *zu* Huon de Bordeaux (*1872*), 1816.

Link (Th.). 795. Voy. *Amis et Amiles.*

Lion de Bourges, roman de la décadence, 1892-1896. — Deux versions, l'une en alexandrins, l'autre en octosyllabes, p. 140.

List (W.). *Fierabras Bruchstück* (*1885*), 1367.

Littré (Émile) : 1° *La poésie homérique et l'ancienne poésie française : premier chant de l'*Iliade *traduit en français du* XIII° *siècle* (*1847*), 79, 452, etc. — 2° *De la poésie épique dans la société féodale* (*1854*), 89, 2452. — 3° *Histoire de la langue française* (*1863*), 100, 1171, etc. Cf. *Études et Glanures pour faire suite à l'*Histoire de la langue française, Paris (*1880*), in-8°.

Liturgie. De l'influence de la poésie liturgique sur la formation de la versification romane, 435.

Loersch (Hugo). Collaborateur de G. Rauschen dans l'œuvre intitulée : *Die Legende Karls des Grossen im 11 und 12 Jahrhundert* (*1890*), 2671.

Loeschhorn (Hans). *Zum normannischen Rolandsliede* (*1873*), 2376.

Lohengrin, 1138-1154.

Loherains. Voy. *Lorrains.*

Lohier et Mallart, ancien poème français du XIV° siècle qui ne nous est connu que par une traduction allemande du XV°, 1897-1907 et 1624. — 1° Origine française; Notice et analyse, 1906. — 2° Édition et traduction de la version allemande, 1897-1899. — 3° Diffusion en Néerlande;

300, 1907. — 4° Vulgarisation contemporaine (*Loher und Maller, Ritterroman* par K. Simrock), 1900. = Cf. *Gormond et Isembard.*

LOHMEYER (Ed.). *Die Handschriften des* Willehalm *Ulrichs von Türheim (1882)*, 2017.

LOISE (F.). *Histoire de la poésie mise en rapport avec la civilisation en France depuis les origines jusqu'à la fin du* XVIII° *siècle 1887-1889*; 617.

LOISELEUR - DESLONGCHAMPS. *Essai sur les fables indiennes et sur leur introduction en Europe (1838)*, 764.

LOLIÉE (Frédéric). *La femme dans la chanson de geste et l'amour au moyen âge (1882)*, 580.

LOMÉNIE (Louis-Léonard de). *Le Roman jusqu'à l'Astrée (1857)*, 91.

LONGCHAMPS (Pierre Charpentier, abbé de). Son *Tableau historique des gens de lettres (1767, 1768)*, 12.

LONGNON (Auguste) : 1° *Girard de Roussillon dans l'histoire (1878)*, 1545. — 2° *L'Élément historique* de Huon de Bordeaux *(1879)*, 1824. — 3° *Les quatre fils Aimon (1879)*, 2184. — 4° Raoul de Cambrai, *chanson de geste*, publiée par Paul Meyer et Auguste Longnon *(1882)*, 2210, 2220, 1601. — 5° *Œuvres de Villon (1892)*, p. 167, col. 2.

LONGPÉRIER (A. de). *La Délivrance d'Ogier le Danois, fragment d'une chanson de geste (1876)*, 1204, 2070.

LOPE DE VEGA, 2130.

LOPEZ DE TORTAJADA (Damian). *Floresta de varios romances (1713)*, 232.

Lorrains (les). Geste épique qui se compose des poèmes suivants : *Hervis de Metz, Garin le Loherain, Girbert, Anseïs fils de Girbert*, 1908-1931. — 1° Manuscrits cycliques de la geste lorraine : essai de classement, 1609, 1915, 1916, 1917, 1922, 1927, 1928, 2076. — 2° Pour les éditions, voy., plus haut, *Hervis de Metz, Garin le Lohe-rain*, etc. — 3° Traduction complète du *Garin* et résumé des autres branches, 1917. — 4° Diffusion à l'étranger, et particulièrement en Néerlande, 300, 1920, 1921, 1924, 1931. — 5° Version en prose de Philippe de Vigneulles, 1731. — Se reporter, pour plus de détails, à chacun des articles qui sont consacrés, dans cette table, à *Hervis*, à *Garin*, à *Girbert* et à *Anseïs fils de Girbert*, Cf. aussi 939, 1819, 1917, 2076, etc.

LOT (Ferdinand). *Guillaume de Montreuil (1890)*, 1723. Cf., du même érudit : *Geoffroi Grise Gonelle dans l'Épopée* (Romania, 1890); *Gormond et Hasting* (même recueil; même année) et enfin, *La Croix des royaux de France* (*Romania* de 1891, pp. 278-281).

LOTHER UND MALLER. Voy. surtout le *Lother und Maller, eine Rittergeschichte* de Frédéric de Schlegel *(1805)*, et sa traduction française *(1807)*, 1897, 1898, etc. Cf. l'édition de Beck *(1863)*, 1899 et le « renouvellement » de Simrock *(1868)*, 1900. Pour tout le reste, se reporter à l'article *Lohier et Mallart.*

LOUBIER (Jean). *Das Ideal der männlichen Schönheit bei den altfranzösischen Dichtern des 12 und 13 Jahrhunderts (1890)*, 625.

LUCE (Siméon) : 1° *De Gaidone carmine gallico vetustiore disquisitio critica* (thèse latine de doctorat, *1860*), 1492. — 2° Gaydon, *chanson de geste* publiée pour la première fois par F. Guessard et S. Luce *(1862)*, 1488. — 3° *Le génie français dans la* Chanson de Roland *(1867)*, 2454. — 4° *Histoire de Duguesclin*. *La jeunesse de Bertrand (1876)*, 849.

LÜCKING (Gustav). *Die ältesten französischen Mundarten (1877)*. Voy., en particulier, les n°ˢ 730 (*Aliscans*); 781 (*Amis et Amiles*);

1178 (*Couronnement Looys*); 1874 (*Jourdains de Blaivies*), etc.

LUDLOW (John-Malcolm). *Popular Epics of the Middle Ages (1865)*, 106. Voy., en particulier, les n°s 866 (*Aspremont*); 976 (*Berte aus grans piés*); 1457 (*Garin le Loherain*); 1532 (*Girard de Roussillon*); 1582 (*Girard de Viane*); 1702 (Cycle de Guillaume); 2063 (*Ogier le Danois*); 2166 (*Quatre fils Aimon*); 2218 (*Raoul de Cambrai*); 2561 (*les Saisnes*), 2636 (*Voyage de Charlemagne à Jerusalem et à Constantinople*). — Voy. l'*Erratum* pour le n° 1702.

LUZEL (François-Marie) : 1° Communication [au Comité historique] d'une version bretonne *des Quatre fils Aimon* (*1850*), 2155. C'est la même communication qui est signalée au n° 1060. — 2° « *Payer le tribut à César* » conte breton qui présente de nombreuses analogies avec *Huon de Bordeaux* (*1887*), 1833.

M

MABILLON (Dom Jean). Ceux de ses travaux qui intéressent notre épopée ont pour objet : 1° le personnage et la légende d'Ogier : *De Otgerio, Benedicto et Rotgario monachis piis in cænobio Sancti Faronis apud Meldos*. (*Acta sanctorum ordinis sancti Benedicti 1677*), 2032. Cf. les *Annales ordinis sancti Benedicti*, t. II, 376. —. 2° l'histoire de saint Guillaume de Gellone : *Vita sancti Willelmi*, publiée avec des *Observationes præviæ* (*Acta sanctorum ordinis sancti Benedicti, 1677*), 1993, 1656. = On a omis, à la p. 123, le mot *sanctorum* avant *ordinis*, et c'est *1677* et non *1667* (comme il est dit à la p. 148) qui est la date véritable du volume des *Acta* où se trouve la *Vita Sancti Willelmi*.

Mabrian, première suite des *Quatre fils Aimon*, pp. 161, 162. — 1° Incunables, n° 2163. — 2° Bibliothèque des Romans, 2131, etc.

Macaire, roman français écrit en Italie, 1932-1962 : 1° Manuscrits, 1943. — 2° Éditions 1932. — 3° Notices et analyses, 1950, 1954. — 4° Bibliothèque bleue, 422, etc. — 5° Différences notables entre *Macaire* et la *Reine Sibille*, p. 143.

MAGER (Adolf). *Grammatik und Wortstellung der Chanson de geste Amis et Amiles* (*1887*), 802.

MAGNIN (Charles) : 1° Article, dans la *Revue des Deux-Mondes*, sur le livre de Délécluze : *Roland ou la Chevalerie* (*1846*), 560. — 2° Article dans le *Journal des Débats* sur la *Chanson de Roland* et la versification des chansons de geste (*1852*), 427. — 3° *Rapport sur quelques extraits de Comptes municipaux relatifs aux dépenses faites pendant les* xive, xve *et* xvie *siècles pour des représentations de jeux par personnages à Lille et à Douai* (*1853-1855*), 1207.

MAGUS SAGA. *Notice sur les Sagas de Magus et de Geirard et leurs rapports aux Épopées françaises*, par F.-A. Wulff (*1876*), 314. Cf. 319 et 2180.

MAHAUT, comtesse d'Artois, 546.

MAHN (A.). *Gedichte der Troubadours in provenzalischer Sprache* (I. *1856*; II. *1856, 1857, 1862*; III. *1863, 1864*; IV. *1865-1874*). — Les *Gedichte* forment dans l'œuvre de Mahn une première série, et les *Werke der Troubadours* en forment une seconde qu'il faut savoir (la chose n'est pas toujours aisée) distinguer de la première. — C'est en

1855 et 1857 que Conrad Hoffman a publié dans les *Werke*, avec ce sous-titre *Epische Abtheilung*, les trois premières livraisons de son *Girartz de Rossilho* d'après le manuscrit de Paris (voy. notre n° 1505). — C'est dans le quatrième et dernier fascicule des *Gedichte (1865-1874)* que Mahn a édité, d'après la copie de Bœhmer et de Stengel, un fragment considérable du *Girartz* d'Oxford (voy. notre n° 1497). — Cf. les Dissertations de Mahn qui ont pour titre commun : *Die epische Poesie der Provenzalen (1874, 1883, 1886)*, 1540, 1554, 340 et, enfin, son *Commentar zu Girartz de Rossilho (1887)*, 1561.

Mainet, chanson de la geste du Roi, 1963-1972 : 1o Édition, 1963. — 2o Notices et analyses 1971, 1972. Cf. l'article consacré au *Karl Meinet* allemand, qu'il ne faut pas confondre avec le *Mainet* français. Voy. *Enfances Charlemagne, Karleto,* etc.

MANHEIMER (Georg). *Etwas über die Aerzte im alten Frankreich nach mehreren alt-und mittelfranzösischen Dichtungen (1890)*, 627.

MANITIUS (M.). *Das Epos « Karolus Magnus et Leo papa » (1882-1884)*, 1081.

MARBACH (G.-O). *Geschichte von den vier Heymons Kindern (1838)*, Leipzig, in-8o. — A ajouter après le n° 2142.

MANUSCRITS : 1° Dans chacun des articles de la présente Table qui sont consacrés à chacune de nos chansons de geste, un paragraphe spécial est réservé aux manuscrits de cette chanson. Se reporter à ces articles. — 2° Dans le livre de C. Wahlund (voy. notre n° 373). l'Appendice IV contient une liste des principaux manuscrits de nos vieux poèmes. — 3° Dans les *Épopées françaises*, 2° édition, t. I,

pp. 234-243, on trouvera également une liste des manuscrits de nos chansons (voy. notre n° 365, etc.). — 4° Manuscrits de nos épopées qui sont conservés dans les bibliothèques de France : *a.* Généralités, 356. etc.; *b.* Bibliothèque nationale, 345, 346, 352, 1094, etc.; *c.* Arsenal, 345, etc. — 5° Bibliothèques d'Angleterre : *a.* Généralités, 347, 356, 359, 372; *b.* British Museum, 368, 2189; *c.* Oxford, 362, 364, 1914, 2242, 2243. — 6° Bibliothèques d'Italie : *a.* Généralités, 350, 353, 361; *b.* Turin, 360; *c.* Venise, 349, 355, 357, 1282, 1283, 1943 et surtout p. 94. — 7° En Allemagne, 371. — 8° En Suisse, 348. — 9° En Suède, en Norvège, au Danemark, 354, 371. — 10° Manuscrits cycliques : *a.* Geste de Guillaume, 713, 1295, 1653, 1661, 1672, 1673, 1677, 1679; 1683, 2006; *b.* Geste de Doon, 1229; *c.* Geste des Lorrains, 1609, 1915, 1916, 1920-1922, 1927, 1928. — 11° Manuscrits du *Roland*, 64, et de ses remaniements, pp. 171, 172 et n° 2249.

MARCILLY (C.). *Histoire des quatre fils Aymon.* Introduction et notes par C. Marcilly (*1883*), 2188.

MARIN SANUDO, 384.

MARMONTEL. Son *Essai sur les romans (1787)*, 16.

MARMOYET. *La Chanson de Roland, étude sur l'édition de M. Léon Gautier.* Supplément du journal *Le Louis Braille* (septembre-novembre 1884); imprimé en relief pour les aveugles d'après le système Braille, p. 174, col. 2.

MARSCH. Traduction anglaise de la version abrégée du *Roland* par Vitet (*1853*) 2294.

MARSEILLE (Hermann). *Ueber die Handschriften-Gruppe E, M, P, X, des Loherains (1884)*, 1927.

MARSY (comte de). *Le langage héraldique au XIII° siècle dans les poèmes d'Adenet le Roi (1881)*, 614.

MARTONNE (Guillaume-François de) : 1º *Observations sur quelques points de littérature romane au sujet de la lettre de M. Paulin Paris sur les Romans des douze pairs* (*1834*), 41. — 2º *Examen de quelques opinions émises au sujet de la Chronique dite de Turpin* (*1835*), 43. — 3º *Li Romans de Parise la Duchesse, publié pour la première fois d'après le manuscrit unique de la Bibliothèque royale* (*1836*), 2095. — 4º *Analyse du roman de dame Aye la belle d'Avignon* (*1840*), 901. = C'est par erreur qu'aux nᵒˢ 41 et 43 on a imprimé « A. de Martonne » au lieu de « G. F. de Martonne ».

MARY LAFON. 1511.

MASSMANN (H.-F.). Édition de la *Kaiserchronik* (*1849*), 1941 et 2483. — Cf. 1931.

MASSON (E.). *De la littérature française depuis le* x1º *jusqu'au* xvIº *siècle. Sa formation, son esprit, son caractère* (*1863*), 561.

MASSON (G.). *French mediæval romances* (*1874*), 140.

MATTHES (J.-C.) : 1º *De oudste epische Poesie der Franschen* (*1875*), 142. — 2º *Renout van Montalbaen* (*1875*), 2182. — 3º *Der Roman der Lorreinen* (*1876*), 1918. — 4º *Die Oxforder Renaushandschrift, ms. Hatton 42, Bodl. 59, etc.* (*1876*), 2183. — 5º *Die nederlandsche Ogier* (*1876*), 2069. = Cf. 1931 et 2204 (Fragments néerlandais).

Maugis d'Aigremont, chanson de geste : 1º Manuscrits 1974, 1975, 1983, 1984. — 2º Édition partielle, 179, 1973. — 3º Notices et analyses, 1973, 1976. — 4º Incunables, pp. 109 et 146 et nº 1978. — 5º Diffusion à l'étranger : *a.* Néerlande, p. 246 et nᵒˢ 300, 1977, 1986; *b.* Pays scandinaves, 1979-1981. — 6º Bibliothèque bleue, 391.

MAUSS (Franz). *Die Charakteristik der in der altfranzösischen Chanson de geste Gui de Bourgogne auftretenden Personen nebst Bemerkungen über Abfassungszeit und Quellen des Gedichtes* (*1883* ou *1884*), 1635.

MAYER (Ch.). Sur les *Quirinalia* de Metellus de Tegernsee, etc. (*1849*), 2052.

MAZUY (A.). Sa traduction du *Roland furieux* (*1839*), 59.

MÈGE (Alexandre-Louis-Charles-André du). *Recherches sur les Épopées méridionales* (*1837-1839*), 327.

MEINHOFF (Karl). *Die Vergleiche in den altfranzösischen Karlsepen* (*1886*), 470.

MÉLY (F. de). *La croix des premiers croisés* (*1890*), 841.

MELZI (Gaetano de' conti). *Bibliografia dei romanzi e poemi cavallereschi italiani* (*1829;* deuxième édition en *1838*), 28, 255, 375, 1328, 1668, 2144, 2515.

MÉMOIRES POUR SERVIR A L'HISTOIRE DU THÉATRE (*1736*), 493. Sur les jongleurs, etc.

MENAGIANA. Légende des *gabs* (*1729*), 2616.

MÉNARD (Léon). *Histoire civile, ecclésiastique et littéraire de la ville de Nîmes* (*1750*), 1093.

MENAULT (Dom). *Biographies bénédictines. I. Saint Guilhem* (*1860*), 1696.

MENDELSSOHN (Dorothée), femme de Frédéric de Schlegel, publie en 1805, d'après l'œuvre de son mari, un rajeunissement de *Lother und Maller*, 1897.

MENESTRELS, MÉNESTRIERS, 492 et ss. Voy. *Jongleurs.*

MENTZ (Richard). *Die Traüme in den altfranzösischen Karls-und Artus-Epen* (*1888*). Le Songe dans *Floovant*, 1395; dans la *Mort Aimeri de Narbonne*, 2024; dans *Girbert de*

Metz, 1612; dans les *Quatre fils Aimon*, 2202.

Menzel (Wolfgang). *Deutsche Dichtung von den ältesten bis auf die neueste Zeit (1858)*, 216. Voir, en particulier, les nos 1783 (*Hug Schapler*) et 1946 (l'Innocente reine de France).

Méray (Antony) : 1° *La vie au temps des trouvères (1873)*, 522. — 2° *La vie au temps des cours d'amour (1876)*, 574.

Merlet (Gustave). *Études littéraires sur les classiques français des classes supérieures (1883)*, 2422, 2434.

Mermet. *Roland à Roncevaux*, opéra (1863), p. 189, col. 1.

Mérovingien (le cycle), 1389, 1397, etc. Voy. *Darmesteter, Kurth, Rajna*, etc. Cf. *Floovant*.

Merzdorf. Karolellus : *Beitrag zum Karlssagenkreis (1855)*, 1055.

Messagers. Le messager dans les chansons de geste d'après l'ouvrage de W. Fischer : *Der Bote im altfranzösischen Epos (1888)*, 618.

Métrique. *Lettre à M. Léon Gautier sur la versification latine rythmique*, par Gaston Paris (1866). Distinction entre le mètre et le rythme, entre la versification classique et la poésie populaire des Romains, etc., 430. Voy. *Rythmique*.

Mettlich (J.). *Bemerkungen zu dem anglonormannischen Lied vom wackern Ritter Horn (1890)*, 1763.

Metz. Légendes relatives à l'histoire de Metz, 1911.

Meurvin, suite d'*Ogier*, p. 151.

Meyer (C.). *Der Aberglaube des Mittelalters und der nächstfolgenden Jahrhunderten (1884)*, 587.

Meyer (Heinrich). *Die Chanson des Saxons Johann Bodels in ihrem Verhältniss zum Rolandsliede und zur Karlamagnussaga (1882)*, 2569.

Meyer (Hugo) : 1° *Abhandlung über* Roland (1868). Voy. Nyrop,

l. c., pp. 363, 364. — 2° *Ueber Gerhard von Vienne (1871)*, 1585. Voy. *Mythes*.

Meyer (Nic.). *Dissertatio de statuis et colossis Rolandinis (1675)*, p. 190, col. 2.

Meyer (Paul) : 1° *Études sur la chanson de* Girard de Roussillon (1860), 1529. — 2° Gui de Nanteuil, *chanson de geste publiée pour la première fois d'après les deux manuscrits de Montpellier et de Venise (1861)*, 1642. — 3° *Les anciens poètes de la France* : [étude critique sur la Collection dirigée par F. Guessard] (1861), 96. — 4° Aye d'Avignon, *chanson de geste publiée pour la première fois d'après le manuscrit unique de Paris* (en collaboration avec F. Guessard ; 1861), 900. — 5° *A propos d'une élection récente à l'Académie des inscriptions et belles-lettres*. [Cette élection était celle de Prosper Tarbé] (1864), 102. — 6° *Rapport sur une mission littéraire en Angleterre (1866)*, 1220, 1419, 2639. — 7° *Deuxième rapport sur une mission littéraire en Angleterre et en Écosse (1867)*, 814 et 2066. — 8° *Recherches sur l'Epopée française* [étude sur l'*Histoire poétique de Charlemagne* de Gaston Paris et les *Épopées françaises* de L. Gautier] (1867), 116, 333. — 9° *Rapport sur un fragment de la Chanson de* Girbert de Metz *communiqué par* M. A. de Rochambeau (1867), 1605. — 10° *Rapport sur un fragment de la chanson de* Girbert de Metz *communiqué par* M. d'Arbois de Jubainville (1868), 1604. — 11° *Notice sur le* Roman de Tristan de Nanteuil (1868), 2598. — 12° *Phonétique française : an et en toniques* (1868 et 1870), 2374. — 13° *La chanson de* Girart de Roussillon *traduite pour la première fois d'après le manuscrit d'Oxford* (Revue de Gascogne, 1869-1873), 1512. — 14° Etudes sur la chanson de Girart de Roussillon

(*1870*), 1535, 1536. — 15° *Documents manuscrits de l'ancienne littérature de la France conservés dans les bibliothèques de la Grande Bretagne. Rapport à M. le Ministre de l'Instruction publique (1871)*, 359. — 16° *Tersin, tradition arlésienne (1872)*, 2594. — 17° *Recueil d'anciens textes bas-latins, provençaux et français (1874-1877)*, 485, 1538, 2219 et p. 173, après le n° 2262. — 18° *Brun de la Montaigne, roman d'aventure (1875)*, omis à dessein dans notre Bibliographie comme n'étant pas une véritable chanson de geste. — 19° *Un récit en vers de la première croisade fondé sur Baudri de Bourgueil (1876)*, 1196. 1197. — 20° *De l'influence des troubadours sur la poésie des peuples romans (1876)*, 527. — 21° *Vida de S. Honorat (1876)*, 729 et 1588. — 22° Dia *dans* Girart de Roussillon. *Rectification au Dictionnaire étymologique de Diez (1876)*, 1541. — 23° *Mélanges de poésie française (1877)*, 1462. — 24° . *Butentrot; les Achoparts; les Canelius (1878)*, 635, 2347. — 25° *La légende latine de Girart de Roussillon : texte latin et traduction bourguignonne (1878)*, 1544. — 26° *Vie latine de saint Honorat (1879)*, 2567. — 27° *Compte rendu des « Poètes lyriques castillans » de Milà y Fontanals (1880)*, 785. — 28° *Daurel et Beton, chanson de geste provençale publiée pour la première fois d'après le manuscrit unique appartenant à M. A. Didot (1880)*, 337, 1019, 1200. — 29° *Inventaire des manuscrits en langue française possédés par Francesco Gonzaga I, capitaine de Mantoue, mort en 1407 (1880)*. 367. — 30° *Inventaire d'une bibliothèque française de la seconde moitié du XV° siècle (1881)*, 368. — 31° *Notice sur un Recueil manuscrit de poésies françaises appartenant à*

M. d'Arcy Hutton, de Marske Hall, Yorkshire (1882), 1400. — 32° Raoul de Cambrai; *chanson de geste* (publiée en *1882* en collaboration avec Auguste Longnon), 2210, 2220, 1601. — 33° *La Chanson de* Girart de Roussillon *traduite pour la première fois (1884)*, 339, 418, 1513, 1592, 2191. Voy., plus haut, le n° 13 du précédent article. — 34° *La Chanson de* Doon de Nanteuil. *Fragments inédits (1884)*, 1240. Cf. 1243. — 35° *Fragment d'une* Chanson d'Antioche *en provençal (1883 et 1884)*, 839. — 36° *Inventaire des livres de* Henri II, roi de Navarre *(1885)*, 684. — 37° *Alexandre le Grand dans la littérature française du moyen âge (1886)*, 420. — 38° *Un nouveau manuscrit de la légende latine de* Girart de Roussillon *(1887)*, 1560. — 39° *Discours prononcé à l'Assemblée générale de la Société de l'histoire de France, le 6 mai 1890 : (1890)*, 197. — 40° *Fragment* d'Aspremont *conservé aux archives du Puy-de-Dôme, suivi d'observations sur quelques manuscrits du même poème (1890)*, 877. = C'est en *1890* que s'arrête notre Bibliographie.

MEYER (W.). *Franco-italienische Studien.* I. Anseïs de Carthage *(1885)*, 806. — II. Aspremont *(1886)*, 876.

MICHEL (Emmanuel). *Sur un manuscrit de* Garin le Loherain *conservé à la Bibliothèque de Montpellier (1867)*, 1459.

MICHEL (Francisque) : 1° *Examen critique de la Dissertation de M. Henri Monin sur le* Roman de Roncevaux *(1832)*, 2042. — 2° *Examen du roman de* Berte aus grans piés *(1832)*, 963. — 3° Veland le forgeron, en collaboration avec G. B. Depping *(1833)*, 35. — 4° Roman de la violette *ou de* Gérard de Nevers *par* Girbert de Montreuil *(1834)*, 1569. — 5° *Lettres à*

Mlle *Stuart Castello sur les trou-*
vères français des XII° *et* XIII° *siè-*
cles (1835), 45. Cf. 44. —, 6° Charlemagne, *an anglonorman Poëm of*
the twelfth century new first pu-
blished with an Introduction and a
glossarial Index (1836), 2587; 2611.
[C'est le *Voyage de Charlemagne à*
Jerusalem et à Constantinople.] —
7° La Chanson de Roland *ou* de
Roncevaux, *publiée pour la pre-*
mière fois d'après le manuscrit de
la Bibliothèque Bodléienne à Oxford
(1837), 53, 763, 1861, 2251, 2307,
2403, 2478, 2487, 2500, 2507, 2545. —
8° *Rapport sur les anciens monu-*
ments de l'histoire et de la littéra-
ture de la France qui sont conservés
dans les Bibliothèques d'Angleterre
et d'Ecosse (1838), 347, 654, 1330,
1571, 1677, 2588. — 9° La Chanson
des Saisnes par Jean Bodel, *publiée*
pour la première fois (1839), 2549.
— 10° *Théâtre français au moyen*
âge en collaboration avec M. de
Monmerqué *(1839)*, 766. — 11° *De*
la popularité du roman des Quatre
fils Aimon *(1842)*, 2148. — 12° *Mé-*
moire sur Huon de Bordeaux (dans
les *Actes de l'Académie de Bor-*
deaux, *1842*), 1800. — 13° Horn et
Rimenild *(1845)*, 1745. — 14° Girard
de Roussillon, *chanson de geste*
ancienne, publiée en provençal et en
français d'après les manuscrits de
Paris et de Londres (1856), 1500 et
1504. — 15° *Le pays basque* [analyse
d'une pastorale sur les *Quatre fils*
Aimon] *(1857)*, 1385, 2160. — 16° *La*
Chanson de Roland *ou le* Roman
de Roncevaux *des* XII° *et* XIII° *siè-*
cles publiés d'après les manuscrits
de la Bibliothèque Bodléienne à
Oxford et de la Bibliothèque impé-
riale (1869), 2251, 2265, 2268, 2289
et p. 175, etc. Le texte original est
ici accompagné d'une sorte de traduction interlinéaire. Cf. le n° 7 du
présent article.

MICHELANT (Henri) : 1° Gui de
Bourgogne, *chanson de geste publiée*
pour la première fois d'après les
manuscrits de Tours et de Londres
(en collaboration avec Francis Guessard, *1859*), 1627. — 2° Floovant,
chanson de geste publiée pour la
première fois d'après le manuscrit
unique de Montpellier (même collaboration, *1859*), 1384. — 3° Otinel,
chanson de geste publiée pour la
première fois d'après les manuscrits
de Rome et de Middlehill (même
collaboration, *1859*), 2082. — 4° Renaus de Montauban oder die Haimonskinder, altfranzösisches Gedicht.
(1862), 2128. — 5° *Titoli dei capitoli*
della Storia di Reali (1870-1871),
259, 1303, 1951, 2105. — 6° *Itiné-*
raires à Jérusalem et Description de
la Terre-Sainte rédigés en français
aux XI°, XII° *et* XIII° *siècles* (en collaboration avec Gaston Reynaud,
1882), 2659.

MICHELET (Jules): *Histoire de*
France, t. II *(1833)*, pp. 641 et ss. — Cycles de Roland et de Renaud, etc., 31.

MIGNARD (T.-J.-A.-P.) : 1° *Le*
Roman en vers de très excellent,
puissant et noble homme Girart de
Roussillon, etc. [version en alexan-
drins] *(1858)*, 1508. — 2° *Sur Gerard*
de Roussillon, fondateur de l'abbaye
de Vezelay (1858), 1527. — 3° *Quel-*
ques remarques sur un des héros les
plus populaires de nos chansons de
geste en langue d'oc et en langue
d'oil [Girard de Roussillon] *(1874)*,
1539.

MILÀ Y FONTANALS (Manuel) : 1° *De*
la poésia heróico popular castellana
(1874), 246 et 335. Voir, en particulier, les n°s 671 et 1711 (*Aimeri*
de Narbonne); 817 (*Anseïs de Car-*
thage); 985 (*Berte*); 1075 (*Charle-*
magne); 1352 (*Fierabras*); 1955 (*La*
reine Sibille); 2565 (*Les Saisnes*) et
2535 (emprunts de l'Espagne à
l'Épopée française), etc. — 2° *Lo*

sermo d'en Muntaner (1879), 1647. — 3° *Lo sermo d'en Muntaner. Adicio (1881)*, 1649. = Au n° 817 cité plus haut, lire *1874* au lieu de *1873*.

MILAN. *Il teatro di Milano e i canti intorno ad Orlando e Ulivieri* par Pio Rajna *(1887)*, 545.

MILITAIRE. Science militaire, tactique, 599, 604.

Milles et Amys. C'est le titre que porte *Amis et Amiles* dans les Incunables et la Bibliothèque bleue, p. 52, col. 1. Cf. 403, 405, 411, etc.

MILLOT (Claude-François-Xavier). *Histoire littéraire des troubadours (1775)*, 321.

MILON, frère de Hernaut de Beaulande. D'où le poème intitulé : *Hernaut de Beaulande et Milon son frère*, 1726-1728. Voir ce dernier article.

MINIATURES dans les manuscrits de nos chansons de geste, 1543, etc.

MINUTOLI (Carlo). *Storia di Rinaldino da Montalbano, romanzo cavalleresco in prosa (1865)*, 2169.

MIRACLE DE NOSTRE DAME, DE BERTE, FEMME DU ROI PEPIN, QUI LY FU CHANGÉE, 966, 978.

MODERSOHN (Hermann). *Die Realien in den Chansons de geste* Amis et Amiles *und* Jourdain de Blaivies *(1886)*, 801 et 1880.

MOERNER (J. von). *Die deutschen und französischen Heldengedichte des Mittelalters als Quelle für die Culturgeschichte (1886)*, 597.

MŒURS, 559, 574, 579. Voy. *Vie privée.*

MOLAND (Louis) : 1° *Nouvelles françaises en prose du XIIIe siècle :* Li amitiez de Ami et Amile *(1856)*, 772. — 2° *Origines littéraires de la France (1863)*, 101, 1148 et 2635. — 3° *La* Fille de Roland *et les vieilles chansons de geste (1875)*, 143. = Les *Nouvelles françaises* ont été publiées en collaboration avec Charles d'Héricault.

MOLINIER (Auguste). Nouvelle édition de l'*Histoire de Languedoc*, par Dom Vaissete. Additions sur la bataille de Villedaigne *(1874)*, 728.

MOLTZER (H.-E.), 997 et 2204.

MONACI (E.), en collaboration avec Alessandro d'Ancona : *Una leggenda araldica e l'epopea carolingia nell' Umbria (1880)*, 275.

MONE (Franz-Joseph) : 1° *Gerhart von Roussillon (1835)*, 1507. — 2° *Bruchstück aus dem Ansegis von Carthago (1835)*, 808. — 3° *Werin von Lothringen (1835, 1836)*, 1446. — 4° Sur le *Willehalm* de Wolfram d'Eschenbach *(1836)*, 743. — 5° *Zur Karolingischen Sage (1836)*, 1056. — 6° *Wilhelm von Orange :* description du manuscrit cyclique de Boulogne-sur-Mer *(1836)*, 1673. — 7° *Die Sage von Amelius und Amicus (1836)*, 762. — 8° *Otger von Danemark (1836)*, 2044. — 9° *Die Haimonskinder (1837)*, 2142. — 10° *Tod Reinolds von Montauban (1837)*, 2141. — 11° Fragment de *Garin (1838)*, 1448. (Les onze articles qui précèdent ont paru, de 1835 à 1838, dans l'*Anzeiger für Kunde des deutschen Mittelalters.*) — 12° *Untersuchungen zur Geschichte der deutschen Heldensage (1836*, dans la *Bibliothek der gesammten deutschen national-Literatur)*, 1447. Cf. 1986. — 13° *Uebersicht der niederländischen Volks-literatur älterer Zeit (1838)*, 291, 909, 2498. = Les véritables prénoms de Mone sont « Franz-Joseph » : on devra donc corriger en ce sens les n°s 291, 743 et 909.

MONGE (Léon de). *Études morales et littéraires. Épopées et romans chevaleresques :* les Nibelungen ; *la* Chanson de Roland; *le* Poème du Cid *(1887)*, 472, 2451.

Moniage Guillaume, chanson de la geste de Guillaume, 1987-2011.

— 1° Historicité du vieux poème, 2000, 2007, 2011, etc. — 2° Manuscrits, 1997, 2006, etc. — 3° Édition partielle, 1987. (La publication intégrale, par Cloetta et Ph. Aug. Bekker, est annoncée comme prochaine.) — 4° Traduction, 1988. Cf. 2007. — 5° Notice et analyse, 1999. — 6° Diffusion à l'étranger : *a.* En Allemagne, 2014; *b.* Dans les pays scandinaves, 2001, 2002. Voy. encore 293, 1654, etc.

Moniage Renoart, chanson de la geste de Guillaume, 2012-2019 : 1° Manuscrits, 2012, 2015. — 2° Notice, 2013. — 3° Diffusion à l'étranger : Allemagne, 2014.

MONIN (Henri) : 1° *Dissertation sur le* Roman de Roncevaux *(1832)*, 2244. — *Corrections et additions (1832)*, 2244. — 2° Oger le Danois, *roman de chevalerie,* fragment de traduction (1837), 2046.

MONMERQUÉ (Louis-Jean-Nicolas de) en collaboration avec Francisque Michel : *Théâtre français au moyen âge (1839)*, 766.

MONNIER (Fr.). *Godefroid de Bouillon et les Assises de Jérusalem.* (1873 et 1874), 1853.

MONTAIGLON (Anatole de) : 1° en collaboration avec C. Brunet : « Le roman de Dolopathos » (1856), 1145. 2° En collaboration avec Francis Guessard : Aliscans, *chanson de geste publiée d'après le manuscrit de la Bibliothèque de l'Arsenal* (1870), 706.

MONTARGIS (Le chien de). 1947.

MONTESINOS. Romances espagnoles, 691.

MONTFAUCON (Dom Bernard de). *Monuments de la monarchie française (1729-1733)*, 649.

MONTGLANE. « *Tableau généalogique de la maison de Montglane :* 1° d'après Alberic des Trois Fontaines;

2° *d'après* Aimeri de Narbonne », 1701. — Voy. *Geste de Guillaume.*

MONTILLE (L. de). Édition du *Girard de Roussillon* en prose par Jehan Vauquelin (1880), 1509.

MORF (Heinrich) : 1° *Die Wortstellung im altfranzösischen Rolandslied (1878)*, 2391. — 2° *Die Chansons de geste (1881)*, 164. — 3° *Étude sur la date, le caractère et l'origine de la chanson du Pèlerinage de Charlemagne (1884)*, 2664. — 4° *Die Liebe in den Dichtungen der Troubadours und Trouveres (1887)*, 613.

MORGANTE de Pulci : 1° *Die Bilder und Vergleiche in Pulci's Morgante, nach Form und Inhalt untersucht und mit denen der Quellen dieses Gedichtes verglichen* par Rob. Halfmann (1884), 277. — 2° *La materia del Morgante in un ignoto poema cavalleresco del secolo XV,* par Pio Rajna (1869), 258. Cf. p. 197, col. 1.

MORICE (Émile). 1° *L'historial du jongleur,* en collaboration avec Ferd. Langlé (1829), 502. — 2° *De la littérature populaire en France (1831)*, 400 et 1798.

MORLEY (Henry). *English Writers. An attempt towards a history of english literature (1887)*, 231.

Mort Aimeri de Narbonne, chanson de la geste de Guillaume, 2020-2025 et 182 : 1° Manuscrits, 2021. — 2° Notice rapide, 2023.

Mort Buevon d'Aigremont. Préambule des *Quatre fils Aimon,* qui a dû former à l'origine une chanson à part, p. 162. Voy. *Beuves d'Aigremont.*

Mort du roi Gormont (= *Gormond et Isembart*). Fragments publiés, 1616-1619.

Mort Garin le Loherain. Ce n'est pas un poème indépendant, mais un fragment de poème, 2026-2028. — 1° Édition, 1439 et 2026.

— 2° **Fragments publiés**, 2026. Voy. *Garin le Loherain.*

Moscovita (G.). *Origine e sviluppo della epica romanzesca* (*1879*), 274.

Motherwell (William). *Minstrelsy ancient and modern* (*1827*), 501.

Motte-Fouqué (Friedrich, baron de la), 19, 1776. Voy. *La Motte.*

Mouskes (Philippe). *Chronique rimée.* Édition du baron de Reiffemberg (*1836-1838*), 505, 652, 1117.

Müllenhoff. *Das Alter der Ortnit* (*1867*), 1815.

Müller (C. T.). *Zur Geographie der älteren Chansons de geste* (*1885*), 637.

Müller (E.). *Das Rolandslied, ein altfranzösisches Epos, übersetzt* (*1891*), 2293.

Müller (Konrad). *Die Assonanzen im* Girart von Rossillon (*1882*), 1551.

Müller (Oreste). *Le cycle épique de Kiev* (*1870*), 301.

Müller (Theodor). La Chanson de Roland, *berichtigt und mit einem Glossar versehen, nebst Beiträgen zur Geschichte der Französischen Sprache* (*1851*).—La seconde édition, profondément remaniée, a paru en 1863 et la troisième en 1878. Voy. les n°s 2253, 2245, etc.

Müller (W.). *Die Sage vom Schwanenritter*, 1146.

Müntz (Eugène). *La légende de Charlemagne dans l'art du moyen âge* (*1885*), 642, 2467.

Musique : 1° *A general history of Music from the earliest Ages to the present period* par Charles Burney (*1776-1789*), 498. — 2° *Musique et versification françaises au moyen âge,* par T. Galino (*1890*), 449. — 3° *Étude sur la musique au temps de saint Louis,* par H. Lavoix fils (*1883*), 536. — 4° *La musique en Suisse depuis les temps les plus reculés,* par G. Becker (*1874*), 523. — 5° *De la chanson musicale en France au moyen âge,* par A. Bottée de Toulmon (*1837*), 54. — 6° Comme quoi certaines chansons de geste ont pu être composées « sur l'air » de certaines autres ; note de Paul Meyer (*1880*), 1647. — 7° *Musica e poesia nell' antico comune di Perugia* par J. d'Ancona (*1874, 1875*), 524.

Mussafia (Adolf). 1° *Handschriftliche Studien... II. Zu den altfranzösischen Handschriften der Marcusbibliothek in Venedig* (*1863*), 357. Voir, en particulier, les n°s 862 (*Aspremont*) et 2113 (*Prise de Pampelune*). Cf. 903. — 2° *Altfranzösische Gedichte aus venezianischen Handschriften herausgegeben :* I. La Prise de Pampelune. II. Macaire. (*1864*). Pour la *Prise de Pampelune,* voy. le n° 2102 et pour *Macaire* le n° 1933. — 3° *Ueber die Quelle des altfranzösischen* Dolopathos (*1865*), 1149. — 4° *Eine Emendation zu* Hugues Capet (*1865*), 1787. — 5° *Beiträge zur Litteratur der Sieben weisen Meister.* I. *Zum lateinischen* Dolopathos (*1867*), 1150. — 6° Édition de *Berta de li gran pié* (*1874*), 944. — 7° Aiol, *vers 7644, 7645 et 8186* (*1879*), 697. — 8° *Zum Oxforder* Roland (*1880*), 2395. — 9° Édition de *Berta e Milone* et d'*Orlandino* (*1885*), 1287. = On peut joindre à ces publications les quelques lignes insérées, en 1879, dans la *Zeitschrift für romanische Philologie* « sur le manuscrit IV de Saint-Marc » et « sur les vers de la *Chanson de Roland* 240ᵃ, 455, 3860. »

Mussot. Voy. Arnould.

Myreur des histors, Chronique de Jean des Preis, dit d'Outre-Meuse (*1864-1887*), 406.

Mystères, 991, 1672, etc.

Mythes, mythologie, système mythique : 1° Hugo Meyer : *Abhandlung über Roland* (*1868*). Voy. Nyrop, *Storia dell' epopea francese*, pp. 363 et 364. — 2° Hugo Meyer : *Ueber Gerhard von Vienne. Ein Beitrag zur Rolandssage* (*1871*), 1585. — 3° Gaston Paris : *La mythologie allemande dans* Girard de Vienne. Réfutation de H. Meyer (*1872*), 1586. — 4° L. Pio : *Sagnet om Holger Danske, dets udbredelse og Forhold til Mythologien* (*1870*), 2067. — 5° Georg Osterhage : *Anklänge an die germanische Mythologie in der altfranzösischen Karls-*sage (*1886*), 183. — 6° Georg Osterhage : *Ueber einige Chansons de geste des Lohengrinkreises* (*1888*). L'auteur y traite de l'élément mythique dans *Baudouin de Sebourc*, et dans le *Bastart de Bouillon*, 922. — 7° H. Saltzmann, *Der historisch-mythologische Hintergrund und das System der Sage im Cyclus des Guillaume d'Orange*, etc. (*1890*), 199, 1724. = Cf. 980 et la note de Nyrop. l. c., p. 364.

N

NAGELE (Anton). *Die Träume in der epischen Dichtung* (*1890*), 624.

NAINS. La légende du Nain : *Die Zwergensage der Ortnit* par J. Seemüller (*1882*), 898.

Naissance du Chevalier au Cygne. C'est le titre donné par M. Todd à *Elioxe :* voy. p. 65, col. 1, et n°ˢ 1137 et 1252. Cf. *Elioxe.*

NAMUR. Moralité des « Quatre fils Aimon » représentée en 1518 à Namur, 2186.

NAPLES : 1° *I Rinaldi o cantastorie di Napoli*, par Pio Rajna (*1878*), 528. — 2° *Studii di storia letteraria napoletana*, par F. Torraca : « *Una leggenda napoletana e l'epopea carolingia* » (*1881* et *1884*), 278.

NARBONNE. Voy. *Aimeri de Narbonne, Siège de Narbonne, Mort Aimeri de Narbonne, Nerbonesi*, etc.

NATURE. Le sentiment de la nature dans la poésie du moyen âge : *Das Naturgefühl der Altfranzosen und sein Einfluss auf ihre Dichtungen* (*1889*), 479 et 620.

NAUSS (M.). *Der Stil des anglonormannischen Horn* (*1885*), 1761.

NAVARRE. « Ce n'est pas en Navarre, mais en Cerdagne que doit être placé le théâtre de la bataille de Roncevaux » : telle est la thèse soutenue naguère par le baron d'Avril et qui a été combattue par MM. Tamizey de Larroque, François Saint-Maur, Gaston Paris, etc., 2341-2344.

NÉERLANDE. 1° L'Épopée française en Néerlande, 203-205, 290-300, 2472, 2473, 2475, 2494-2499. — 2° Histoire générale de la littérature néerlandaise : *Geschiedenis der Midden-nederlandsche Dichtkunst*, par Jonckbloet (*1851-1855*), 294.—3° Bibliographie de la littérature néerlandaise au moyen âge. Voir le livre si précieux de L. D. Petit : *Bibliographie der middelnederlandsche Taal-en Letterkunde* (*1888*), 387, 2204. — 4° Influence particulière de certaines de nos chansons sur la poésie et la littérature néerlandaises : *Aiol*, 685, 699, 703. — *Chevalier au Cygne*, 1130. — *Girard de Roussillon*, 1557. — *Girard de Viane*, 1568. — *Huon de Bordeaux*, p. 133. — *Les Lorrains*, n°ˢ 1920, 1921, 1924, 1931. — *Maugis d'Aigremont*, pp. 146 et 147, n°ˢ 1977, 1986. — *Moniage Guillaume*, 1996. — *Ogier*, 2054, 2064, 2069, 2079. — *Quatre fils Aimon*, p. 160, n°ˢ 2137, 2182, 2199. —

Reine Sibille, 1943, 1961. — *Roland,* 2494-2496.

NERBONESI. *Le storie Nerbonesi, romanzo cavalleresco del secolo* XIV, publiées par I. G. Isola (*1877-1891*). C'est une adaptation en prose italienne de nos vieilles chansons du cycle de Guillaume, 271, 1715, etc. Cf. 158, etc. — Voy., en particulier, les nos 1276 (*Enfances Guillaume*); 2123 (*Prise d'Orange*); 1640 (*Guibert d'Andrenas*); 1240 (*Foulques de Candie*); 1180 (*Couronnement Looys*); 2009 (*Moniage Guillaume*); 1956 (*Reine Sibille*), etc.

NERBONOIS (La Chanson des), publication de Suchier, annoncée dans la *Romania*, XXIV, 640.

NETTLAU (Max) : 1° *On some irish translations from medieval European literature* (*1889*), 1030. — 2° *Irish texts in Dublin and London manuscripts* (*1889*), 1371. Il s'agit, dans le premier mémoire, d'un manuscrit irlandais de *Beuves de Hanstone* et, dans le second, d'un manuscrit irlandais de *Fierabras*.

NEUMANN (Friedrich). *Die Entwickelung der Ortnitdichtung und der Ornitsage* (*1882*), 1827.

NIBELUNGEN (Les) : 1° *Les Nibelungen, traduction nouvelle* par E. de Laveleye (*1861*), 95. — 2° *Les Nibelungen et la Chanson de Roland,* par Gaston Paris (*1863*), 2450. — 3° *Nibelungenstudien,* par R. Henning (*1883*), 222.— 4° *Les Nibelungen, la Chanson de Roland et le poème du Cid,* par Léon de Monge (*1887*), 472, 2451. Cf. p. 192, col. 2.

NICHOLSON (Alexander). *Ancient metrical Romances from the Auchinleck mss. The Romances of Rouland and Fernagu and Sir Otuel* (*1836*), 223, 2083, 2488.

NICOLAÏ (F. A.). *Die Beziehungen zwischen der deutschen und der französischen Poesie im Mittelalter* (*1877*), 152, 460.

NICOLAS DE PADOUE, 2103.

NICOLAS DE VÉRONE, auteur d'une continuation de l'*Entrée de Spagne*, 1311, 1312.

NICOLAS VON BRECHTEN (Klaes), auteur d'un poème néerlandais qui peut être considéré comme une imitation du *Moniage Guillaume,* 292, 1996.

NIEBUHR (Carl). *Syntaktische Studien zum altfranzösischen Rolandsliede* (*1888*), 2399, 2401.

NIEDERSTADT (Wilhelm). *Alter und Heimat der altfranzösischen Chanson de geste* Doon de Maïence, etc. (*1889*), 1239.

NIMPHE dans la *Chanson de Roland.*

NISARD (Charles). *Histoire des livres populaires et de la littérature de colportage* (1re édition en *1854,* 2o en *1864*), 403, 407. Voy., en particulier, les nos 1427 (*Galien*); 2158 (*Quatre fils Aimon*); 2603 (*Valentin et Orson*).

NOCHES DE INVERNIO; histoire de Berte, 958.

NODIER (Charles) : 1° *Nouvelle Bibliothèque bleue* en collaboration avec Le Roux de Lincy (*1843*), 402. — 2° *Introduction aux Mémoires sur l'ancienne chevalerie* par Lacurne de Sainte-Palaye (*1869*), 568. NOLTE (H.), 70, etc., etc. Voy. *Ideler.*

NOMS donnés aux enfants dans leur baptême, 630, etc.

NORDFELT (Alfred). *Classification des manuscrits des* Enfances Vivien (*1889*), 1298. Cf. son étude sur l'édition des *Enfances Vivien* (par Carl Wahlund et Hugo de Feilitzen), qui a paru à Stockholm en *1891.*

NORDIQUES (poésie et littérature nordiques). Voy. *Scandinaves, Sagas, Islande, Suède, Norvège, Danemark,* etc.

NORMAND (Jacques) : 1° *Aiol et Mirabel, chanson de geste inédite du*

XIII° *siècle. Notice et texte* (Positions des thèses de l'École des Chartes en 1875), 695. — 2° Édition d'*Aiol et Mirabel* en collaboration avec Gaston Raynaud (*1877*), 686.

NORMANDS. Leur prétendue influence sur la formation du cycle de Guillaume : système de Dozy, 1695, 1707, 2575. Cf. (pour une époque postérieure) l'ouvrage de l'abbé de la Rue : *Essais historiques sur les bardes, les jongleurs et les trouvères normands et anglo-normands (1834)*, 503, etc.

NORVÈGE. Bibliothèques, 354. — En ce qui concerne la littérature poétique de la Norvège, voy. *Scandinaves, Sagas*, etc.

NOVALÈSE (Chronique de), comparée avec le *Moniage Guillaume*, 1995.

NOVATI (Fr.). *I Codici francesi de' Gonzaga secondo nuovi documenti* (*1890*), 878.

NYROP (Kristoffer) : 1° *Den Old-franske Heltedigtning. Histoire de* l'épopée française au moyen âge, accompagnée d'une bibliographie détaillée (*1883*), 167, etc., etc. — 2° Nyrop (Cristoforo) : *Storia dell' Epopea francese nel medio evo. Prima traduzione dall' originale danese di Egidio Gorra. Con aggiunte e correzioni fornite dall' autore, con note del traduttore e una copiosa bibliografia* (*1886*), 181, etc., etc. = Nous ne pouvons entrer ici dans le détail (qui serait fort inutile à nos lecteurs) de tous nos renvois à l'excellent livre de Nyrop. Ils n'auront qu'à se reporter à CHACUN DES ARTICLES DE NOTRE BIBLIOGRAPHIE SPÉCIALE et y trouveront — tant pour l'édition danoise que pour la traduction italienne — l'indication précise des pages si claires et si documentées que l'érudit danois a consacrées à nos chansons de geste (*Aimar et Maurin*, 646 ; *Aimeri de Narbonne*, 662 ; *Aiol*, 702 ; *Aliscans*, 733, etc., etc.).

O

OBERON. Voy. *Auberon.*

OCHOA (Don Eugenio de). *Tesoro de los romanceros y cancioneros españoles, historicos, caballerescos, moriscos y otros (1838)*, 237 et 2546.

OCTAVES (poèmes italiens en). Voy. *Ottava rima.*

OCTAVIAN, poème en octosyllabes qui est une version abrégée de *Florent et Octavian*, p. 104 et n° 1404. Cf. ? 1410, 1411.

ODIERNE, nom de lieu qui se retrouve en plusieurs chansons de geste, 634 et 636.

OESTEN (Rud.). *Die Verfasser der altfranzösischen Chanson de geste Aye d'Avignon (1884)*, 905.

OESTERLEY (Hermann). *Johannis* de *Alta-Silva Dolopathos* (*1873*), 1151.

OFFICE DE GIRONE (*1891*), 344.

Ogier de Danemarche. Sous ce titre on entend ici le poème de Raimbert de Paris, lequel contient à la fois une ancienne rédaction des *Enfances* et la *Chevalerie Ogier*. Au mot *Enfances Ogier*, plus haut, on trouvera tout ce qui se rapporte au remaniement d'Adenet. Cette observation préalable était nécessaire. = Sur l'œuvre de Raimbert et sur le personnage d'Ogier en général, voy. les n° 2029-2079. — 1° Historicité du poème ; formes latines de l'histoire et de la légende d'Ogier, 2030-2032. —

2° Manuscrits, 2066. — 3° Édition, 2029. On en annonce une nouvelle, par M. Voretzsch (*Romania*, XXIV, 640). Cf. 2077. — 4° Langue du poème, 2074. — 5° Traduction, 2029. — Notices et analyses, 2053, 2065, 2075, etc. — 7° Remaniement en alexandrins, 2045. — 8° Éditions incunables, p. 151. — 9° Bibliothèque bleue, p. 151 et n°ˢ 405, 411. — 10° Diffusion à l'étranger : *a*. En Italie, 266, 1282-1285, 2064, 2068. *b*. En Néerlande, 300, 2054, 2064. *c*. Version allemande, p. 151. *d*. Version danoise, ibid. *e*. En Espagne, 2064. = Cf. les n°ˢ 2038, 1938, 7, et, en particulier, le Mémoire de Demaison intitulé : *Les portes antiques de Rome et la captivité d'Ogier le Danois* (*1881*), 2073.

O'HAGAN (John). Traduction d'un épisode du *Roland* en vers anglais : *The song of Roland translated into english verses* (*1880*), 2295.

OLGER DANSKE'S KRONIKE, de Christian Pedersen ; version danoise d'*Ogier*, p. 151.

OLIVI (L.). *La Chevalerie et les droits de la guerre* (*1886*), 600.

OLIVIER, le « compagnon » de Roland, 545, 2235. — Sa statue au porche de la cathédrale de Vérone, 2468. Voy. *Roland*.

OMBRIE. *Le tradizioni dell' Epopea carolingia nell' Umbria*, par Zenatti (*1885*), 282. Cf. le Mémoire d'Alessandro d'Ancona et d'E. Monaci : *Una leggenda araldica e l'epopea carolingia nell' Umbria* (*1880*), 275.

OMONT. *Les manuscrits français des rois d'Angleterre au château de Richmond* (*1891*), 372.

ORANGE. *Notice historique et archéologique sur Orange*, par J. Courtet (*1852*), 1692 et 2116.

ORCHESTRE. Composition d'un orchestre au moyen âge, 536.

ORDERIC VITAL. Histoire et légende de saint Guillaume, 1688.

ORDRES MILITAIRES, 608.

ORIGINES DE L'EPOPÉE FRANÇAISE : *Le origini dell' Epopea francese*, par Pio Rajna, 171, 178, etc., etc. Voy. *Épopée*.

ORIGNY. Incendie de l'abbaye d'Origny, célèbre épisode de *Raoul de Cambrai*, 2213, 2217, 2222.

Orlandino, poème franco-italien. Édition Mussafia, 1287. Voy. *Enfances Roland*.

ORLANDO FURIOSO : 1° *La genealogia dell' Orlando furioso* par Pio Rajna (*1875*), 268. — 2° *Le fonti dell' Orlando furioso*, par le même (*1876*), 270 et 2176. — 3° Traduction française de Mazuy (*1839*), 59. Cf. la p. 197, col. 1.

ORLANDO INNAMORATO, de Bojardo, p. 197, col. 1.

Orson de Beauvais, chanson du XIII° siècle, 2080, 2081. — Fragments publiés par Seelmann, 2081. — Citation des premiers vers ; analyse rapide, pp. 154, 155.

ORTNIT et *Huon de Bordeaux*, 1811, 1815, 1816, 1817, 1821, 1827, 1828. Cf. 898.

OSTERHAGE (Georg) : 1° *Ueber die Spagna istoriata* (*1885*), 1314. — 2° *Anklänge an die germanische Mythologie in der altfranzösischen Karlssage* (*1887*, et non *1886*), 183. = 3° *Ueber einige Chansons de geste des Lohengrinkreises* (*1888*), 922, 939, 1131. — 4° *Studien zur fränkischen Heldensage* (*1890*), 198. — A cette liste on peut ajouter : *Ueber Ganelon und die Verräter in der Karlssage* (dans la *Zeitschrift für romanische Philologie*, *1886*).

Otinel, chanson de geste; 2085-2094. — 1° Édition, 2082. — 2° Fragments publiés, 875, 2093. — 3° Notices et analyses,

2089, 2090, 2092. — 4° Diffusion à l'étranger : *a.* en Angleterre, 223, 224, 2082, 2083, 2084, 2085, 2094 ; *b.* en Italie, 2088.

OTTAVA RIMA (poèmes italiens ou). *Buovo d'Antona et la Morte di Buovo d'Antona,* n° 2016 et p. 71. Cf. *la Storia di Ottinello et Giulia,* etc., etc.

OTTEN (Georg). *Ueber die Cäsur im Altfranzösischen (1884),* 441.

OTTMANN (Hugo). *Die Stellung von V⁴ in der Ueberlieferung des altfranzösischen Rolandsliedes (1879),* 2368.

OTUEL (Sir), 2094 et p. 192, col. 2. Voy. *Otinel.*

OUDOT (Les) et la *Bibliothèque bleue,* 413, 414.

OUTREMEUSE (Jean des Preis, dit d'). Sa Chronique, 406.

OXFORD : 1° *Die Handschriften der Oxforder Bibliotheken,* par E. Stengel *(1873),* 834. — 2° *Die chansons de geste-Handschriften der Oxforder Bibliotheken,* par le même *(1875),* 362 et 2179. — 3° *The gentlemans Magazine* de 1817. Article de J. F. Conybeare où le *Roland* d'Oxford est déjà signalé, 2242. — 4° *The Canterbury tales of Chaucer,* de T. Tyrwhitt, où le même manuscrit avait été mentionné et décrit (1775), 2243. — 5° Photographie complète du manuscrit Digby 23 (*Chanson de Roland*) publiée par E. Stengel en *1878,* p. 171 et n° 364. = Cf. les n°ˢ 2179 et 2183 (*Renaud de Montauban*), etc., etc.

P

PAKSCHER (A.). *Zur Kritik und Geschichte des altfranzösischen Rolandsliedes (1885),* 2361, 2408.

PAPILLON (l'abbé Philibert), 881.

PARDO BAZAN (Dona E.). *Las Epopeas cristianas (1877),* 153.

PARIS (Gaston) : 1° Huon de Bordeaux *et* Ortnit *(1861),* 1801. — 2° *La Chanson de Roland et les Nibelungen (1863),* 2450. — 3° *La Karlamagnus Saga, histoire islandaise de Charlemagne (1864-1865),* 864, 1063, 1700, 2002, 2502. — 4° *Histoire poétique de Charlemagne (1865),* 107, etc., etc. — 5° *De Pseudo-Turpino (1865),* 1065 et 2327. — 6° *Lettre à M. Léon Gautier sur la versification latine rythmique (1866),* 430. — 7° *Les origines de la littérature française* (*Revue des cours littéraires, 1867-1868*), 118. — 8° *La géographie de la* Chanson de Roland *(1869),* 2344. — 9° « *La Vie de saint Alexis* » (en collaboration avec Léopold Pannier ; *1872),* 2375. — 10° Article de la *Romania* (*1872*), sur les premières éditions de la *Chanson de Roland* par Léon Gautier et sur l'édition de Bœhmer, 2366. — 11° *La mythologie allemande dans* Girart de Vienne *(1872),* 1586. — 11° *Sur un vers du* Couronnement Looys : *Li quens Guillaume à Mosterel-sur-Mer (1872),* 1177. — 13° *Noms des peuples païens dans la* Chanson de Roland *(1873),* 2346. — 14° *Les assonances du* Roland *(1873),* 2415. — 15° *Mainet, fragments d'une chanson de geste du* XIIᵉ *siècle (1875),* 1963. — 16° *La* Chanson du *Pelerinage de Charlemagne* (*Mémoire lu à l'Académie des Inscriptions le 7 septembre 1877*), 2655. — 17° *La ville de Pui dans* Mainet *(1877),* 1970. — 18° *Miracles de Nostre Dame,* en collaboration avec Ulysse Robert (le t. IV, cité par nous, est de *1879),* 784. Cf.

le tome V, 966. — 19° Lohier et Mallart *et* Galien (*Histoire littéraire*, t. XXVIII, *1879*), 1334, 1906. C'est à tort qu'au n° 1433 la notice sur *Galien* a été attribuée à Paulin Paris. — 20° *La Chanson* du Pelerinage de Charlemagne (*Romania*, *1880*), 678, 2657. — 21° *Sur un épisode* d'Aimeri de Narbonne (*1880*), 679. — 22° Article de la *Romania* sur la *Naissance du Chevalier au Cygne* (*1880*), 1137. — 23° *Les manuscrits français des Gonzague* (*1880*), 680, 731, 871, 1309, 1422, 1549, 1590, 2111, 2185. — 24° « La Vie de saint Gille », en collaboration avec A. Bos (*1881*), 2600. — 25° *L'Épitaphe de Roland* (*1882*), 2340. — 26° *Sur la date et la patrie de la* Chanson de Roland (*1882*), 2311, 2320. — 27° *Le Carmen de prodicione Guenonis et la légende de Roncevaux* (*1882*), 2330, 2335. — 28° *Le roman de la geste de Montglane* (*1883*), 1479. — 29° *La poésie du moyen âge. Leçons et lectures* (*1885*), 175, 2461. — 30° *Explication du mot* Dioré *dans un vers d'*Aiol (*1885*), 701. — 31° « *Publications de la Société des anciens textes français*, Aiol, etc. » (*1886*), 182, 704, 2225. — 32° *Un poème inédit de Martin le Franc* (*1887*), 938. — 33° *Extraits de la* Chanson de Roland (cinq éditions *1887-1896*), 2260, 2322, 2414. — 34° *La Chanson de la* Vengeance de Rioul (*1888*), 2606 et 2607, 2333, 2363, 2373, 2383, 2437. — 35° La Chanson d'Antioche *provençale* et la Gran Conquista de Ultramar (*1888*), 343. — 36° *Manuel d'ancien français. La littérature française au moyen âge* (*1888* et *1890*), 190, 386, 548, 628, 820, 915, 1725, 1858, 2010, etc. — 37° Article de la *Romania* (*1890*) sur le livre de Todd, *La Naissance du Chevalier au Cygne*, 1255. — 38° Notice sur Girard d'Amiens dans le tome XXXI de l'*Histoire littéraire* (*1893*). — *Récits*

extraits des poètes et prosateurs du moyen âge (*1896*), p. 175.

PARIS (Paulin) : 1° *Lettre à M. de Monmerqué sur les Romans des douze pairs de France* (*1831*), 32. — 2° *Réponse à Edgar Quinet au sujet de son* Rapport au Ministre de l'Instruction publique (*1831*), 345. — 3° Li Romans de Berte aus grans piés, *précédé d'une Dissertation sur les Romans des douze Pairs* (*1832*), 952. — 4° *Essai sur les Romans historiques du moyen âge* [en tête d'*Ettore Fieramosca* par Massimo d'Azeglio, traduit de l'italien par A. Blanchard] (*1833*), 36. — 5° Li Romans de Garin le Loherain, *précédé de l'examen du système de M. Fauriel sur les romans carlovingiens* (*1833*), 38, 325, 1438. — 6° *Le Romancero français. Histoire de quelques anciens trouvères et choix de leurs chansons* (*1833*), 1843. — 7° *Les manuscrits de la Bibliothèque du Roi* (*1836-1848*), 346. Dans le tome III, publié en 1840, on trouve des Notices sur les manuscrits qui nous offrent le texte des chansons suivantes : *Aimeri de Narbonne*, *Aliscans*, *Bataille Loquifer*, *Charroi de Nîmes*, *Couronnement Looys*, *Enfances Guillaume*, *Enfances Vivien*, *Moniage Guillaume*, et, d'une façon générale, sur les manuscrits cycliques de la geste de Guillaume (sans parler des *Saisnes*, de *Lion de Bourges* et de *Simon de Pouille*). — Dans le tome VI, qui parut en *1845*, l'auteur passe en revue les manuscrits d'*Antioche*, de *Berte*, de *Beuves d'Aigremont*, du *Charlemagne* de Girard d'Amiens, de la geste du *Chevalier au Cygne*, du *Girart de Roussillon* de Jehan Vauquelin, et de *Maugis d'Aigremont*. — Dans le tome VII (*1848*), c'est *Amis et Amiles*, c'est *Auberi*, c'est *Gaydon*, c'est enfin le *Roncevaux* du ms. fr. 860.

— 8° *Recherches sur Ogier le Danois*
(*1841*), 2048. — 9° Dans l'*Histoire
littéraire de la France,* tome XX
(*1842*), parurent les Notices sur
Jean Bodel et les *Saisnes,* 2555, et
sur les trois poèmes d'Adenet le
Roi, *Berte, Enfances Ogier, Beuves
de Commarcis,* 71, 969, 999, 1281.
— 10° La Chanson d'Antioche, composée par le pèlerin Richard, renouvelée par Graindor de Douai, publiée pour la première fois (*1848*),
827, 1113. — 11° Article *Romans*
dans le « *Moyen âge publié sous la
direction de P. Lacroix et F. Seré* »
(*1850*), 84. — 12° Dans l'*Histoire
littéraire de la France,* tome XXII
(*1852*), 87, Paulin Paris a publié des
Notices sur les chansons suivantes :
*Aimeri de Narbonne, Aiol, Aliscans,
Amis et Amiles, Anseïs fils de Girbert, Antioche, Aquin, Aspremont,
Auberi, Aye, Bataille Loquifer,
Charroi de Nîmes, les Chetifs,* le
Chevalier au Cygne, le *Couronnement Looys, Elie de Saint Gille,
Enfances Godefroi, Enfances Vivien,
Foulque de Candie, Garin le Loherain, Garin de Montglane, Gaydon,
Girard de Viane, Girbert de Metz,
Guibert d'Andrenas, Helias, Hervis,
Jehan de Lanson, Jerusalem, Jourdain de Blaivies, Moniage Guillaume,
Moniage Renoart, Mort Aimeri,
Ogier, Parise, Prise d'Orange, Renier, Roland.* On trouvera à l'article *Histoire littéraire,* les pages de
notre Bibliographie qui correspondent à chacun de ces titres. —
13° « *Les Chansons de geste*». Discours
d'ouverture du Cours de langue et
de littérature française du moyen
âge (*1859*), 94. — 14° *Notice sur la
chanson de geste intitulée* Le Voyage
de Charlemagne à Jerusalem et à
Constantinople (*1859*); 2634. —
15° Garin le Loherain, *chanson de
geste composée par Jean de Flagy,
mise en nouveau langage* (*1862*),

1440, 1603, 1910 (Les dernières branches des *Loherains* y sont rapidement résumées). — 16° *Étude sur
les Chansons de geste et sur le*
Garin le Loherain *de Jean de Flagy*
(*1863* et non *1864* comme il est dit à
tort au n° 103), 103, 1456. — 17° L'enseignement officiel et l'enseignemeut
populaire au moyen âge : le livre
des Sept Sages (*1865*), 514. —
18° *Histoire littéraire de la France,*
t. XXV (*1869*), « *Anonymes, auteurs
des chansons de geste renouvelées de
la première croisade [Chevalier au
Cygne, Antioche, Enfances Godefroi,
les Chetifs, Baudouin de Sebourc* et
le *Bastart de Bouillon]* », 124. —
19° *Histoire littéraire de la France,*
t. XXVI (*1873*). Notices sur les
chansons suivantes : *Charles le
Chauve, Ciperis de Vignevaux, Doon
de Mayence, Enfances Doon, Entrée
de Spagne, Floovant, Florence de
Rome, Florent et Octavian, Gaufrey,
Gui de Bourgogne, Gui de Nanteuil,
Hue Capet, Huon de Bordeaux, Macaire, Otinel, Prise de Pampelune,
Tristan de Nanteuil.* On trouvera à
l'article *Histoire littéraire* les pages
de notre Bibliographie qui correspondent à chacun de ces titres. —
20° *Nouvelle étude sur la* Chanson
d'Antioche *à l'occasion d'une thèse
présentée en 1876 à la faculté des
lettres de Paris* (*1877* et *1878*), 836.
— On pourrait ajouter ici un article de P. Paris dans le *Polybiblion*
de 1875, (1ʳᵉ partie, pp. 526-531),
intitulé : *La Chanson et le Mystère
de Roland.* Etc., etc.

Parise la Duchesse, chanson
de geste, 2095-2099 : 1° Éditions,
2095, 2096. — 2° Traduction
d'un épisode, 2097. — 3° Notices et analyses, 2098, 2099.

Pasini. *Codices manuscripti Bibliothecæ regii Taurinensis Athenæi*
(*1740*), en collaboration avec A.
Rivautella et F. Berta, 1794.

PASQUIER (Estienne). *Recherches de la France augmentées par l'autheur en ceste dernière édition de plusieurs beaux placards et passages* (*1611*), 3, 954. Les *Recherches* ont commencé à paraître en *1560* ; nous avons cité plus haut les éditions de *1611* (Paris, Laur. Sonnius) et de *1633* (Paris, Olivier de Varennes).

PATUREAU (Joseph). Conférence du 16 mai 1881 sur les manuscrits de la Bibliothèque de Châteauroux, etc. P. 172, après le nº 2250.

PAULMY (Marc-Antoine-René, marquis de) : 1º Sa *Bibliothèque universelle des Romans* (*1777-1778*), 14, 393, 1323, etc., etc. — 2º En collaboration avec Constant d'Orville : *Mélanges tirés d'une grande bibliothèque.* La véritable tomaison, indiquée par Brunet, est *1779-1788*, 70 tomes en 69 volumes, 394, 1324, 1663, 2622, etc.

PAUMÉE (= colée et *alapa*), 611.

PAYS-BAS. Voy. *Néerlande.*

PEDERSEN (Christian), auteur de la *Keyser Karlls Magnus Kronicke*, dont la plus ancienne édition est de 1534 (voy. notre nº 2506) et de *Olger Danske's Kronike*, dont la première édition parut à Malmoé en 1552 (voy. notre p. 151, col. 2). — La note du nº 2506 aurait besoin d'être éclaircie et complétée.

Pelerinage Charlemagne. Voy. *Voyage de Charlemagne à Jerusalem et à Constantinople.*

PELLETAN (Camille). *De la forme et de la composition des chansons de geste (Positions des thèses soutenues à l'École des Chartes, le 1er février 1869).* A ajouter à notre bibliographie du *Roland.*

PÉNITENTIEL de Thomas de Cabham. Texte célèbre sur les jongleurs, 513.

PENON (D. G.) : 1º *De Roman d'Aiol* (*1878*), 696. — 2º *Les Chansons d'Aiol*

et *d'Élie de Saint-Gilles* (*1883*), 696.
— 3º Fragments néerlandais des *Lorrains*, 1931. On peut joindre à ces publications : *De Floovant Sage*, publié en *1878* dans le *Spectator* (pp. 242 et ss.).

PERCY (Thomas). *Reliques of ancient english poetry* (*1775*), 497.

PEREDUR gallois. Version inédite, 1027.

PÉROUSE. *Musica e Poesia nell' antico commune di Perugia*, par J. d'Ancona (*1874, 1875*), 524.

PERSCHMANN (Hermann) : 1º *Die Stellung von O in der Ueberlieferung des altfranzösischen Rolandsliedes : eine textkritische - Untersuchung* (*1880*), 2369. — 2º *Beitrage zur Kritik der französischen Karls Epen*, mit Vorwort von E. Stengel (en collaboration avec W. Reimann et A. Rhode (*1881*), 1080.

PERTZ (Georges-Henri). *Archiv.* (*1824*). Étude sur le texte du moine Benoît du Mont Soracte, 2626.

PET-AU-DIABLE (Le) de Villon, p. 167, col. 2.

PETIT (L. D.). *Bibliographie der Middelnederlandsche Taal-en Letterkunde. Frankische romans* (*1888*), 300, 387. Voy. en particulier, les nºˢ 703 (*Aiol*); 890 (*Auberi*); 914 (*Charles et Elegast*); 997 (*Berte*); 1130 (*Chevalier au Cygne*); 1238 (*Doon de Mayence*); 1396 (*Floovant*); 1595 (*Girard de Viane*); 1722 (Geste de Guillaume); 1834 (*Huon de Bordeaux*); 1907 (*Lohier et Mallart*); 1931 (*Les Lorrains*); 1986 (*Maugis d'Aigremont*); 2079 (*Ogier*); 2204 (*Quatre fils Aimon*); 1961 (*Reine Sibille*); 2499 (Roland); 2572 (*Saisnes*); 2605 (*Valentin et Orson*).

PETIT DE JULLEVILLE (L.) : 1º *Histoire du théâtre en France. Les Mystères,* (*1880*), 991, 1719. — 2º La *Chanson de Roland, traduction nouvelle rythmée et assonancée avec une introduction et des notes* (*1878*), 577, 2258,

Moyen âge, xiv° et xv° *siècles* (*1877*), 154.

Premières armes de Guillaume. C'est le titre que Jonckbloet donne, en sa traduction, aux *Enfances Guillaume*, 1652, etc.

PRETE (Leone del). *Storia di Ajolfo del Barbicone* (*1863, 1864*), 693.

PRIÈRES et invocations dans les Chansons de geste, par J. Altona (*1883*), 581, 598.

Prise de Cordres, chanson de la geste de Guillaume, 2100, 2101. — Une édition est annoncée par M. Ov. Densusianu (*Romania*, t. XXV, 1896, p. 494).

Prise de Pampelune, chanson de geste, 2102-2113 : 1° Manuscrits perdus, 2111. — 2° Édition, 2102. — 3° La *Prise de Pampelune* dans ses rapports avec l'*Entrée de Spagne*, 1302, 2103, 2104, etc. — 4° Diffusion en Italie, 2103, 2104, 2105, 2106, 2107, 2109, 2110, 2111. Cf. *Conquête de l'Espagne.*

Prise d'Orange, chanson de la geste de Guillaume, 2114-2126 : 1° Dissertation critique, 2118. — 2° Manuscrits, 2124. — 3° Édition, 2114. — 4° Traduction, 2115. — 5° Notices et analyses, 2117, 2120, 2126, etc.

PROSE (romans en), 389 et suiv. Cf. 74. — Deux types d'études critiques [par Paul Meyer] sur deux romans en prose (*Girard de Roussillon et Alexandre*), 418 et 420. — Procédé des translateurs en prose. En quoi consistait leur travail, 421, 1430. — Parti que l'on peut tirer d'un roman en prose pour corriger, éclairer et, au besoin, reconstituer un texte en vers. Exemple tiré de l'édition des *Enfances Vivien* par Carl Wahlund et Hugo von Feilitzen, 1290, 1430. — Couplets en vers retrouvés dans le manuscrit d'un roman en prose (*Hernaut de*

Beaulande et *Renier de Genève*), 1727. — Quatre textes en prose mis en regard d'un texte antérieur en vers (édition de *Galien* par E. Stengel et K. Pfeil), 421. — Romans en prose de la geste de Guillaume, pp. 108, col. 2 et 109, col. 1 ; n°s 1479, 1726-1728, 2233-2334, et du cycle des *Lorrains* (Philippe de Vigneulles), 1731, 1732, 1735. Cf. l'ouvrage de Feist : *Die Geste des Loherains in der Prosabearbeitung der Arsenal Handschrift* (*1884*), 1925. — Remaniements en prose des *Quatre fils Aimon*, 417 ; de *Girard de Roussillon* (Jehan Vauquelin et incunables), 1509, 1510 ; du *Roland*, 2356, 2357, etc. — Romans en prose manuscrits conservés au British Museum, 417, etc., etc.

PROST (Aug.). *Études sur l'histoire de Metz : les légendes* (*1865*), 1732, 1911.

PROVENÇALE (Épopée), 321-344 : 1° Origine de l'épopée chevaleresque, par C. Fauriel (*1832*), 712, 1669, etc. (Origine méridionale de la légende et de la geste de Guillaume). — 2° *Histoire de la poésie provençale*, par le même (*1846*), 77, 1689. etc. — 3° Sentiment de Paul Meyer, 337, 339, etc. — 4° *Fragment d'une* Chanson d'Antioche *provençale*, par Paul Meyer (*1883, 1884*), 839. Cf. 840. — 5° Aigar et Maurin. *Fragments d'une chanson de geste provençale perdue* (*1877*), 645. — 6° Daurel et Beton, *chanson de geste provençale*, publiée par Paul Meyer (*1880*), 337. — 7° Fierabras, *texte provençal*, 1373-1383. — 8° Tersin *ou le* Roman d'Arles, 2594-2597. — 9° Version provençale ? de *Gui de Nanteuil*, 1649. — La question de l'Épopée provençale a été traitée longuement dans le livre de Nyrop (pp. 148 et ss. de la traduction italienne). Voy. plus haut notre p. 23, col. 1. = Cf. les articles consacrés à Fauriel, à Raynouard, etc. et notamment les n°s 1308, 1540, 1687.

PROVERBES. *Die Sprichwörter der altfranzösischen Karlsepen*, par Emil Ebert (*1884*), 466.

PRUTZ (H.). *Kulturgeschichte der Kreuzzüge* (*1883*), 586.

PSEUDO-PHILOMENA. Voy. *Philomena*.

PULCI. Le *Morgante*, p. 197, col. 1.

PUY-EN-VELAY (Le). *Les rapports de l'église du Puy avec la ville de Girone en Espagne et le comté de Bigorre*, par Charles Rocher (*1873*), 1074.

PUYMAIGRE (comte Th. de) : 1° *Les vieux auteurs castillans* (la première édition est de *1861, 1862*; la seconde, qui est profondément remaniée, est de *1890*), 243, 665, 2560, etc. — 2° *Les chansons de geste espagnoles* (article de la *Revue des questions historiques*, janvier *1873*), 247. — 3° *Petit romancero. Choix de vieux chants espagnols* (*1878*), 677. — 4° *Les poèmes chevaleresques* (extrait du *Correspondant*, *1880*), 161. — 5° *Romancero*, choix de vieux chants portugais (*1881*), 250. — 5° *Les Chansons de geste françaises* (*Folk-Lore*, *1885*), 176.

Q

Quatre fils Aimon, chanson de geste (qui a reçu aussi le titre de *Renaud de Montauban*), 2127-2208 : 1° Historicité, 2184. — 2° Manuscrits, 1984, 2151, 2179, 2185, 2189, 2196, 2197, 2201. — 3° Langue, 2192. — 4° Éditions, 2127, 2128. — 5° Fragments publiés, 2128 (note), 2170, 2196. — 6° Analyse et traduction d'un certain nombre d'épisodes, 2168. Cf. 2167. — 7° Versions en prose, 417. — 8° Incunables, p. 159, col. 1 et 2, et n° 1163. — 9° Bibliothèque bleue, p. 159 et 160, et n°s 391, 405, 411, 2147, 2158, 2162, 2181, 2207. — 10° Au théâtre, p. 160 et n°s 2130, 2132, 2149. — 11° Les enseignes, p. 167. — 12° Popularité en France, etc.; 2148, et particulièrement, en Bretagne, p. 160 et n° 2155; en Poitou, p. 160 et n° 2194, etc. — 13° Diffusion à l'étranger, 3145 : *a.* En Allemagne, 2152 (Simrock) et 2157. — *b.* En Angleterre, 2175? — *c.* En Italie, 2169, 2176, 2196; et 272, 528, 2532 (les *Rinaldi*), etc. — *d.* Aux pays scandinaves, p. 160 et n°s 293, 300, 2178, 2180, 2182, 2199, 2204. = Les *Quatre fils Aimon* comportent un Prologue qui a dû faire jadis l'objet d'une chanson sous ce titre : *Beuves d'Aigremont*, p. 68. — Deux Suites ont été données aux *Quatre fils Aimon* : *Mabrian* et la *Conqueste de Trebizonde*. Se reporter à ces deux articles et à la page 161. = Cf. 46, 2139, etc.

QUICHERAT (J.). Valeur historique de notre épopée : « Ses héros sont, suivant Quicherat, des créations faites à l'image des seigneurs féodaux. » — *Explication du mot ventaille dans les chansons de geste* (*1864*), 639.

QUIEHL (Karl). *Der Gebrauch des Conjunctivs in den ältesten französischen Sprachdenkmälern bis zum Rolandsliede einschliesslich* (Dissertation de Kiel en *1881*), à ajouter après le n° 2396.

QUINET (Edgar) : 1° *Rapport à M. le Ministre de l'Instruction publique sur les Épopées françaises du XII° siècle restées jusqu'à ce jour en manuscrit dans les Bibliothèques du Roi et de l'Arsenal (1831),* 345. Cf. l'article de Paulin Paris, en réponse à Edgar Quinet et la réplique d'Edgar Quinet, 345. — 2° *De la poésie épique (1836),* 51. — 3° *L'Épopée française (1837),* 56.

QUIRINALIA de Metellus de Tegernsee, 2052.

R

RABILLON (Léonce). La Chanson de Roland *translated from the seventh edition of Léon Gautier (1885),* 2296.

RAIMBERT de Paris, auteur de la *Chevalerie Ogier,* p. 94 (après le n° 1286). Cf. n° 2029 et suiv.

RAJNA (Pio) : 1° *La materia del Morgante in un ignoto poema cavalleresco del secolo XV (1869),* 258. — 2° *Rinaldo da Montalbano (1870),* 2176. — 3° *La Rotta di Roncisvalle nella letteratura cavalleresca italiana (1870-1871),* 261, 669, 1304, 2176 et 2518. — 4° *Due frammenti di romanzi cavallereschi con illustrazioni (1872),* 264. — 5° *I 'Reali di Francia. Ricerche interno ai Reali di Francia, seguite dal Libro delle Storie di Fioravante e dal cantare di Bovo d'Antona (1872),* 263, 670, 984, 1016, 1037, 2526. Cf. Vandelli. — 6° *La leggenda della gioventù di Carlo Magno nel decimo terzo codice francese di Venezia (Rivista filologica-letteraria,* t. II. pp. 65-75), 1889. — 7° *Osservazioni fonologiche à proposito di un manoscritto della Bibliotheca Magliabecchiana : il libro delle storie di Fioravante (1872),* 1388. — 8° *Ricordi di codici francesi posseduti degli Estensi nel secolo XV (1873),* 265, 361, 816, 869, 1017, 1125, 1766, 2644. C'est à tort qu'on a daté les *Ricordi* de 1872, au n° 265 de notre Bibliographie. — 9° *Uggeri il Danese nella letteratura romanzesca degli Italiani (1873-1875),* 266, 1284, 2068. —

10° *La genealogia dell' Orlando furioso (1875),* 268. — 11° *Le origini delle famiglie Padovane (1875),* 269. — 12° *Le fonti dell' Orlando furioso (1876),* 270, 2176. — 13° *Un nuovo codice di chansons de geste del ciclo di Guglielmo (1877),* 363, 928, 1101, 1179, 1192, 1277, 1295, 1714, 2015. — 14° *I Rinaldi o i cantastorie di Napoli (1878),* 272, 528. — 15° *Le origini dell' Epopea francese (1884),* 171, 541, 1392, 1960. — 16° *Contributi alla storia dell' Epopea e del Romanzo medievale (1885-1889),* 178, 2319. — 17° *Un' iscrizione Nepesina (1887),* 283. — 18° *Il teatro di Milano e i canti intorno ad Orlando e Ulivieri (1887),* 545, 2522. — 19° *Frammenti di redazioni italiane del Buovo d'Antona (Zeitschrift für romanische Philologie,* t. XI, XII et XV), 1028. — 20° *Contributi alla storia dell' Epopea e del Romanzo medievale.* (Nouvel article dans la *Romania* de janvier 1897.) Cf. le n° 16 du présent article.

RAMBAUD (Alfred). *La Russie épique* (1876), 302.

RAMBEAU (Adolf). *Ueber die als echt nachweisbaren Assonanzen der Chanson de Roland (1877),* 2390.

RANKE (Leopold). *Zur Geschichte der italienischen Poesie (1837),* 256. Cf. 863.

Raoul de Cambrai, chanson de geste, 2209-2228 : 1° Historicité, 2220. — 2° Langue, 2226. — 3° Éditions, 2209, 2210. —

4⁰ Fragmcnts publiés, 2219, 2223. — 5⁰ Traductions, 2111, 2213, 2217. = Cf. 182.

Rathaïl (J. de). *De l'existence d'une épopée franke (1848)*, 81.

Rauschen (Gerhard). *Die Legende Karls des Grossen im 11 und 12 Jahrhundert mit einem Anhange von Hugo Lœrsch (1890)*, 2671.

Rawson Lumby (et non par Lawson, comme il est imprimé à tort au n⁰ 1746). *King Horn, with fragments of Floriz and Blancheflur*, etc. *(1866)*, 1746.

Raymond (P.). *La question de Roncevaux (1869)*. A ajouter après le n⁰ 2342.

Raynaud (Gaston) : 1⁰ *Les assonances du* Roland *(1874)*, 2416. — 2⁰ Aiol. *Chanson de geste publiée d'après le manuscrit unique de Paris* (en collaboration avec Jacques Normand *1877*), 686. — 3⁰ Élie de Saint-Gille, *chanson de geste publiée avec introduction, glossaire et index*, etc. *(1879)*, 317, 1246. — 4⁰ *Itinéraires à Jérusalem et Description de la Terre-Sainte rédigés en français aux* xi⁰, xii⁰ *et* xiii⁰ *siècles* (en collaboration avec H. Michelant ; *1882*), 2659.

Raynouard (François-Juste-Marie). 1⁰ *Choix de poésies des troubadours* (*1816-1821*), 323. — 2⁰ Article, dans le *Journal des savants* sur le livre du docteur Ferrario *(1830)*, 29. — 3⁰ Autre article, dans le même Recueil, sur le *Fierabras* provençal publié par Immanuel Bekker *(1831)*, 1327, 1379. — 4⁰ Autre article, dans le même Recueil, sur le *Roman de Berte* édité par Paulin Paris *(1832)*, 964. — 5⁰ *Des formes primitives de la versification des trouvères dans leurs épopées romanesques (1833)*, 423. — 6⁰ *Recherches sur les épopées romanesques des Troubadours (1833)*, 326. — 7⁰ Article, dans le *Journal des savants*, sur le *Roman de Garin le*

Loherain *(1833)*, 38, 1443. — 8⁰ *Lexique roman (1836-1844)*, 1503, etc.

Reali di Francia, 2523-2526. — 1⁰ Éditions des *Reali* depuis *1491*, 2523-2525. — 2⁰ Rubriques du manuscrit de la Bibliothèque Albani, 259 et 2105. — 3⁰ Texte critique, par G. Vandelli *(1892)*, 2105. — 4⁰ Recherches sur les *Reali*, par Pio Rajna *(1872)*, 263, 1016, 2526. = Cf. 256 et 863.

Recherches de la France, par Estienne Pasquier, 3. Voy. *Pasquier*.

Recueil de l'origine, de la langue et de la littérature françoise, par Claude Fauchet. Voy. *Fauchet*.

Recueils de morceaux choisis, Chrestomathies, etc. Voy. les n⁰ˢ 484-491.

Regis (G.). *Matteo Maria Bojardos verliebter Roland (1840)*, 65.

Reichel (C.). *Die mittelenglische Romanze* Sir Fyrumbras *und ihr Verhältniss zum altfranzösischen und provenzalischen* Fierabras *(1892)*, 1372. (Après *altfranzösischen*, il faut lire, dans notre *Bibliographie*, *und* au lieu d'*and*.)

Reiffemberg (Frédéric-Auguste-Ferdinand-Thomas baron de) : 1⁰ *Chronique rimée de Philippe Mouskes (1836-1838)*. Près de deux cents pages du tome II sont consacrées aux Chansons de geste et aux héros du cycle carlovingien ; analyse de douze de nos chansons, etc., 60. Voy., en particulier, les n⁰ˢ 652 (*Aimeri de Narbonne*) ; 1008 (*Beuves de Hanstone*) ; 1117 (*Chevalier au Cygne*) ; 1167 (*Couronnement Looys*) ; 1331 (*Fierabras*) ; 1468 (*Garin de Montglane*) ; 1449 (*Garin le Loherain*) ; 1516 et 1570 (*Girard de Viane*) ; 1675 (*Guillaume d'Orange*) ; 1616 (*Mort du roi Gormond*) ; 2045 (*Ogier*) ; 2143 (*Quatre fils Aimon*) ; 1934 et 1938 (*Reine Sibille*) ; 2553 (*les Saisnes*) ; 2630 (*Voyage de Char-*

lemagne); 2465 (Notices sur Charle-magne, Roland, Olivier, Turpin, Ganelon, etc.); 505 (lés jongleurs), etc. — 2º *Littérature des trouvères; chansons de geste; roman de Gode-froy de Bouillon (Bulletin de l'Aca-démie royale de Bruxelles, 1837)*, 116. — 3º *Littérature française du moyen âge : chansons de geste; roman de Jourdain de Blayes (Bul-letin, etc., 1837)*, 1862. — 4º *Version de la légende de Jourdain de Blaye, attribuée à un Belge (Bulletin etc. (1837))*, 1863. — 5º *Des armes et des chevaux merveilleux comme moyens épiques dans les poèmes du moyen âge (Bulletin, etc., 1845)*, 73. — 6º *Le Chevalier au Cygne et Gode-froid de Bouillon (1846-1859)*. Édi-tion du remaniement du xivº siècle, 1115; etc.

REIMANN (W.) : 1º *Die* Chanson de Gaydon : *ihre Quellen und die angevinische Thierry-Gaydon-Sage (1880 ou 1881)*, 1495. — 2º *Beiträge zur Kritik der französischen Karls Epen, mit Vorwort von E. Stengel* (en collaboration avec H. Persch-mann et A. Rhode (*1881*), 1080.

REINAUD (Joseph-Toussaint). *Inva-sions des Sarrazins en France pen-dant les* viiiº, ixª *et* xº *siècles de notre ère, d'après les auteurs chré-tiens et mahométans (1846)*, 653, 1674, 2337. Les véritables prénoms de Reinaud sont « Joseph-Tous-saint »,et non pas « Jean » (comme on l'a imprimé à tort au nº 2337).

Reine Sibille, chanson de geste, 1934-1942 1944-1946 1948-1953, 1955, 1956, 1958, 1960-1962, etc. — 1º Ma-nuscrits perdus, 1558. — 2º Version en alexandrins; fragments publiés, 1934-1936. — 3º Diffusion à l'étranger : *a.* En Espagne, 1948, 1949, 1953, 1955, etc.; *b.* En Néerlande, 300, 1806. — 3º Différences entre la

Reine Sibille et *Macaire,* p. 143. Cf. *Macaire.*

REISSERT (Oswald). *Die syntaktis-che Behandlung des zehnsilbigen Verses im Alexius und Rolandsliede (1883)*, 2421.

RELIGION dans les Chansons de geste : *L'idée religieuse dans la poé-sie épique du moyen âge,* par L. Gau-tier (*1868*), 566.

REMANIEMENTS : 1º en vers, p. 108 et nºˢ 1115, 1261, 1462, 1507, 1508, 1555, 1934-1936, 2045, 2356, 2357, etc.; — 2º en prose. Voy. les arti-cles *Prose* et *Romans en prose.*

REMMERS (Karl). *Die epische Poe-sie bei den alten und den modernen Völkern. Eine Parallèle (1876)*, 149.

RENAISSANCE. Les grands poèmes italiens de la Renaissance, le *Mor-gante,* l'*Orlando innamorato,* l'*Or-lando furioso,* p. 197, col. 1.

RENAN (Paul). *La France cheva-leresque (1886)*, 601.

Renaud de Montauban. Voy. *Quatre fils Aimon.*

Renier, chanson du cycle de Guillaume, 2229-2231. — Notices et analyses, 2229, 2230.

Renier de Gennes (=de GENÈVE), chanson du cycle de Guillaume, 2232-2235. — 1º Couplet en vers conservé dans un roman en prose, p. 169 et nº 2233. — 2º Notices et analyses, 2233, 2234. — 3º Bibliothèque des Romans, 2232. — 4º Commen-taire sur le nom « Gennes » = « Geneve », 2235. — Voy. *Hernaut de Beaulande.*

RENIER (R.). — 1º *La discesa di Ugo d'Alvernia all' inferno, secondo il codice franco-italiano della Na-zionale di Torino (1883)*, 1770. — 2º *Il tipo estetico della donna nel medio evo (1885)*, 593.

RENNEWART (= REINWART), œuvre d'Ulrich von Thürheim, continua-

teur de Wolfram d'Eschenbach,
p. 191, col. 2 et n° 930.

Renouart au Tinel. C'est le
titre que l'on a donné à la seconde
partie d'*Aliscans*, 708, 1652.

RENOUT VAN MONTALBAEN, 290.

RENOUVIER (Jules). *Monuments de
quelques anciens diocèses du Bas
Languedoc, 1835-1840* : étude sur
saint Guillaume de Gellone (*1835-
1840*), 1671.

RÉPÉTITIONS ÉPIQUES, couplets similaires, 464, 2419, etc., etc.

REVILLOUT (Charles) : 1°. *La littérature du moyen âge et le romantisme (1870)*, 132. — 2° *A quelle
époque la Vie de saint Guillaume
a-t-elle été composée? (1870)*, 1709.
— 3° *Étude historique et littéraire
sur l'ouvrage latin intitulé « Vie de
saint Guillaume »* (*1876*), 1713, 2005.

REVUES allemandes et françaises
qui tiennent périodiquement le
public au courant des publications
sur les Chansons de geste, p. 27,
col. 1.

REZ (G. de). *Invasions des Sarrazins en Provence pendant le* VIII°,
le IX° *et le* X° *siècles* (*1879*), 1717.

RHEINOLDT (A.-V.). *Geschichte der
Russischen Litteratur* (*1888*), 304.

RHETIUS (J.-F.). Les Rolandssäulen, p. 190, col. 2.

RHODE (A.) : 1° *Beiträge zur Kritik der französischen Karls-Epen,
mit Vorwort von E. Stengel* (*1881*),
1080. — 2° *Die Beziehungen zwischen den Chansons de Geste Hervis
de Mes und Garin le Loherain,
und ihre nachträgliche Verknüpfung durch den Verfasser der Redaktion N T der Geste des Loherains* (*1881*), 1464, 1738.

RIANT (comte). *Inventaire critique
des lettres historiques des Croisades* (*1881*), 2658.

RICAGNI (Giovanni). *La fioritura
epica francese nel medio evo e la
Chanson de Roland comparata coi*
*poemi italiani che trattano la rotta
di Roncisvalle* (*1877, 1878*), 155 et
2530. Il faut lire au n° 155 *La fioritura epica*, et non pas *dell' epica*.

RICHARD (Jules-Marie). *Mahaut,
comtesse d'Artois et de Bourgogne*
(*1887*), 546.

RICHARD LE PÈLERIN, *auteur présumé de la première* Chanson d'Antioche (?), 827, 828, 832.

RIECKE (Otto). *Die Construction
der Nebensätze im Oxforder Texte
des altfranzösischen Rolandsliedes*
(*1884*), 2397.

RIEDL (J. Caspar). *Huon de Bordeaux in Geschichte und Dichtung*
(*1889*), 1836.

RIÉS (Pierre du), auteur (?) d'*Anseïs de Carthage*, 809. .

RIESE (W.). *Alliterierender Gleich-
klang in der französischen Sprache
alter und neuer Zeit* (*1888*), 474.

RIGOLEY DE JUVIGNY (Jean-Antoine). *Les Bibliothèques françaises de La Croix du Maine et
d'Antoine Duverdier (1772, 1773)*,
390, 392.

RIME : 1° *Ueber den Einfluss von
Metrum, Assonanz und Reim auf
die Sprache der altfranzösischen
Dichter,* par Hugo Andresen (*1874*),
433. — 2° *Ueber den reichen Reim
bei altfranzösischen Dichtern bis
zum Anfang des XIV Jahrhunderts*
(*1882*), 440.

RINALDI, chanteurs populaires
d'Italie, ainsi nommés de Rinaldo
(Renaud dé Montauban) dont ils
chantent les exploits, 272, 528,
2532.

RINALDINO DI MONTALBANO, fils de
Renaud. Roman en prose italienne
qui lui est consacré, 2169.

RISTORI (G. B.). *La chiesa dei SS.
Apostoli e Carlomagno in Firenze*
(*1888*), 286.

RITSCHEL ?? (A.) *Remarques sur les
épithètes dans la* Chanson de Roland (*1883*), 2442.

Ritson (Joseph). *Ancient english metrical romances* (*1802*), 18 et 499.

Ritter (E.). 1° *Recueil de morceaux choisis en vieux français* (*1878*), 487, 989, 1363, 1823. — 2° *Jean Bagnyon, le premier des littérateurs vaudois* (*1881*), 1363. — 3° *Olivier et Renier, comtes de Genève* (*1888*), 2235.

Rivautella (A.), 1794.

Rivet (Dom). *État des lettres en France au x° siècle*, dans les tomes VI et VII de l'*Histoire littéraire de la France* (*1742* et *1746*), 9 et 2241. — Hardiesse de ses opinions sur l'Épopée française. Il est le premier qui en ait réellement abordé l'étude, 9. — Le *Tableau historique des gens de lettres*, de l'abbé de Longchamps (*1767, 1768*), n'est qu'un abrégé des doctrines de Dom Rivet dans l'*Histoire littéraire*, 12.

Robert (Charles). Renaud de Montauban *ou* les Quatre fils Aymon (*1870*), 2177.

Robert (Ulysse). Publication du *Miracle de Nostre Dame, de Berte, femme du roi Pepin, qui ly fu changée*, 966.

Rochambeau (A. de). *Fragment de la Chanson de geste de* Girbert de Metz (*1867*), 1599.

Rochat (A.). *Étude sur le vers décasyllabe dans la poésie française au moyen âge* (*1870*), 432.

Roche (Antoine). *Histoire des principaux écrivains français depuis l'origine de la littérature jusqu'à nos jours* (*1858, 1859*), 92.

Rocher (Charles). *Les rapports de l'église du Puy avec la ville de Girone en Espagne et le comté de Bigorre* (*1873*), 1074.

Rodd (Thomas). *History of Charles the Great and Orlando ascribed to archbishop Turpin, translated from the latin* etc. (*1812*), 2543.

Roehrich (Édouard). La Chanson de Roland, *traduction nouvelle à l'usage des écoles* (*1885*), 2285.

Rohde (Max). La Prise de Cordres, *altfranzösisches Volksepos... I Theil. Literarhistorische Einleitung, Inhaltsangabe und Lautlehre* (*1888*), 2101.

Roi des violons. *La Corporation des ménétriers et le Roi des Violons*, par E. d'Auriac (*1880*), 532.

Roi Louis, chanson dont on n'a conservé que six cents vers, 2573. Cf. 1616 et ss. Voy. *Gormond et Isembart*.

Roisin (Ferdinand, baron de) : 1° Les IV fils Aymon : *traduction d'un extrait de J. J. Gœrres* (*1845*), 2146. — 2° Traduction et annotation du mémoire de *F.-W. Valentin Schmidt* intitulé : Les Romans en prose des cycles de la Table ronde et de Charlemagne (*1845*), 74 et 399.

Roland (=Chanson de Roland). Notice préliminaire, p. 170, col. 1. — I. Bibliographies antérieures, 2236-2239. — II. Premiers travaux, 2240-2244. Cf. 2, 34. — III. Manuscrits du Roland : 1° Liste des manuscrits qui sont parvenus jusqu'à nous, p. 171, col. 1 et 2. Cf. 364. — 2° Date de ces manuscrits, p. 171, col. 2. — 3° Ouvrages relatifs à l'énumération, au classement et à la concordance de ces manuscrits, n°s 2245-2250. — IV. Éditions : 1° De la version primitive ; *a*. Texte d'Oxford, 2251-2262 ; *b*. Texte de Venise, 2263, 2264. — 2° De la version remaniée (*Roncevaux*), 2265-2273. = V. Traductions françaises : 1° De la version primitive, 2274-2287. Cf. 559, 560. — 2° De la version remaniée, 2288, 2289. — VI. Traductions étrangères : allemandes, 2290-2293 ; anglaises, 2294-2296 ; italiennes, 2297, 2298 ; suédoises et danoises, 2299-2300 ;

duction, Gaston Paris dit : « C'est assurément ce qu'on a écrit de plus substantiel et, dans sa brièveté, de plus complet sur le célèbre poème » (*Romania*, XXV, 1896, pp. 637, 638). — Au moment même (juin *1897*) où nous achevons de corriger les épreuves de cette Table, nous recevons de Copenhague une traduction partielle du *Roland* en vers danois : *Rolandskvadet, oldfransk Helledigt*. Le traducteur est O. P. Ritto ; l'Introduction et les notes sont dues à K. Nyrop. = Cf. *Roncevaux*, etc.

Rolin (Gustav). Édition nouvelle d'*Aliscans* (*1894*), 707.

Romancero : 1º Espagnol : voy. l'article suivant. — 2º Portugais, 259, 677, etc. — Cf. l'article Paris (Paulin), pour son *Romancero français*.

Romances espagnoles : 1º Sur Roland et Roncevaux, les douze Pairs, Bernard del Carpio, etc., 2536-2548. Cf. p. 16, col. 2 ; p. 17, col. 1 et les nos 232-239. — 2º Sur Aimeri de Narbonne, 665, 671, 677, 1711. — 3º Sur Élie et Aiol, 691. = Cf. Romances portugaises, 259, 677.

Romans. Pour tout ce qui concerne nos romans épiques, voy. plus haut les deux articles *Chansons de geste* et *Épopée*. Cf. 1, 10, 17, 72, 358, etc., etc. — Pour tout ce qui se rapporte aux remaniements en prose de nos vieux poèmes, voy. l'article *Prose*. — Pour nos derniers romans en vers, œuvres de notre décadence épique, voy. p. 24, col. 2, etc. — Il ne reste donc à signaler ici que les numéros de notre *Bibliographie* relatifs aux Romans *en général*. Voy., à ce point de vue, les nos 2, 5, 6, 7, 11, 16, etc.

Romvart, par Adelbert von Keller (*1844*), 350, etc. Voy. *Keller*.

Roncevaux (abbaye de), 2348, 2353.

Roncevaux (bataille de). Sa date est fixée au 15 août 778. Voy. 2338.

Roncevaux (roman de). C'est le titre qu'après quelques hésitations, on est convenu de donner à la version remaniée du *Roland* (manuscrits de Paris, de Château-roux, de Venise VII, de Lyon, de Cambridge, et fragment lorrain) : 1º Énumération complète de ces manuscrits; date de chacun d'eux; ouvrages y relatifs, pp. 171-172. — 2º Éditions du *Roman de Roncevaux*, 2265-2273. — 3º Traductions, 2288, 2289. — Pour tout le reste, voy. *Roland*.

Roque-Ferrier (Alph.). *Deux traditions languedociennes sur saint Guillaume de Gellone (1884)*, 1721.

Roquefort-Flaméricourt (Jean-Baptiste-Bonaventure de). *De l'état de la poésie française dans les XIIᵉ et XIIIᵉ siècles (1815)*, 23, 500, 1326, 1665.

Rosenberg (C.). *Rolandskvadet, et normannisk heltedigt (1860)*, 2512.

Rosenkranz (Karl) : 1º Ses idées sur l'Épopée française dans *Geschichte der Poesie (1832)*, 34. Cf. 2134. — 2º Sa Classification des poésies épiques du nord de la France, traduite par F. de Roisin (1845), 75.

Roth (Karl). *Ulrich von Thürheims Reinwart, Gedicht des XIII Jahrhunderts (1856)*, 930 et 2014. — 2º *Die Schlacht von Alischans. Niederdeutsches Heldengedicht vom Anfange des XIV Jahrhunderts*, etc. (1856), 2014.

Rothe (L. Aug.). *Undersögelser om Holger Danske (1847)*, 2051.

Rotta di Roncisvalle, imitation de la *Spagna in rima* (première moitié du XVᵉ siècle), 2528.

Rouland and Vernagu, 223, 224, 2083.

Roulland (Gustave). Ses travaux sur le Lendit, 1365, 2663. Cf. *Roussel*.

Roumaine (littérature). *Beuves de Hanstone*, 1021, etc.

Roussel (Ernest). *Recherches sur la foire du Lendit depuis son origine jusqu'en 1430 (1884)*, 1365, 2663.

Roux. *Transformation épique du Charlemagne de l'histoire (1865)*, 105, 1067.

Royauté. *Das Königtum im altfranzösischen Karls-Epos (1886)*, 596.

Rudolph (Alfred). *Ueber die Vengeance Fromondin (1880)*, 1610.

Rudolph (G.). *Der Gebrauch der Tempora und Modi im anglonormannischen Horn (1885)*, 1760.

Rudolph (K.). *Das Verhältnis der beiden Fassungen, in welchen die Chanson Garin de Montglane überliefert ist, nebst einer Untersuchung der* Enfances Garin de Montglane (1890), 1481.

Rue (l'abbé de la). Voy. *La Rue*.

Ruelens (Charles-Louis). *La Bibliothèque bleue en Belgique (1872)*, 412.

Ruolandes Liet, poème allemand du prêtre Conrad, p. 191, col. 2 et nᵒˢ 2476-2480. — Éditions 2476, 2477 et 209. — Cf. 207 et 219.

Russie. L'Épopée française en Russie, 301, 304, 1022, 1029, 2302, etc.

Rust (E.). *Die Erziehung des Ritters in der altfranzösischen Epik (1888)*, 616.

Rutebeuf. *Œuvres complètes*, éditions d'Achille Jubinal (1839 et 1874-1875), 507, 687.

Rythmique des chansons de geste, 423-450, 2411-2425, etc., etc. Voy. *Versification*.

S

SACHS (C.) : 1° *Miscellen aus Pariser Manuscripten* (*1855*), 1337. — 2° *Beiträge zur Kunde altfranzösischer, englischer und provenzalischer Literatur aus französischen und englischen Bibliotheken* (*1857*), 356. Voy., en particulier, les nᵒˢ 811 (*Aspremont*) ; 1219 (*Doon de la Roche*); 1417 (*Foulque de Candie*), 1471 (*Garin de Montglane*); 1577 (*Girard de Viane*); 1752 (*Horn*); 2057 (*Ogier*); 2086 (Otinel). — 3° *Provenzalisches Epos* (*1859*), 331. = Au nᵒ 356, lire comme ci-dessus : *Beiträge zur Kunde altfranzösischer, englischer und provenzalischer Literatur* au lieu de *Beiträge zur Kunde der französischen, englischen und provenzalischen Literatur.*

SACHSE. *Ueber den Namen Roland* (*1874*). On peut ajouter cette mention à l'article *Roland.*

SAGAS : 1° Généralités, pp. 21-23, nᵒˢ 305-320. — 2° La *Karlamagnus Saga*, 300, 308, 310, 1061, 1063, 2649, etc. Voy., en particulier, les nᵒˢ 2001, 2002 (*Moniage Guillaume*); 2059 et 2061 (*Ogier*); 2500-2505 (*Roland*) ; 2649 (*Voyage*), et, enfin, 312 (traduction française de la *Karlamagnus Saga*). Cf. plus haut l'article *Karlamagnus Saga.* — 3° *Amicus ok Amilius Saga*, 778. — 4° *Bevers Saga*, 307, 319, 1023 et p. 69. — 5° *Elissaga*, 317, 1247. — 6° *Floovents Saga*, 319, 1389-1391. — 7° Sagas de Magus et de Geirard, 314, 319, 1587, 1979-1981, 2180, 2648. = Cf. 2668.

SAINT-ALBIN (Alexandre de). *La Chanson de Roland, poème de Theroulde, suivi de la Chronique de Turpin*, traduction en prose (*1865*), 2279.

SAINT-DENIS (abbaye de). Les reliques de la Passion et le poème de *Fierabras*, 1365, 1370. Cf. *Lendit.*

SAINTE-AULAIRE (marquise de). *La Chanson d'Antioche, publiée par M. Paulin Paris et traduite par la marquise de Sainte-Aulaire* (*1862*), 828.

SAINTE-BEUVE. *Recueil des chefs-d'œuvre de la poésie française depuis les origines jusqu'à nos jours* (*1861*), 664.

SAINTE-PALAYE (Jean-Baptiste de Lacurne de), 10, etc. Voy. *Lacurne.*

SAINT-GÉNOIS (Jules de). Charles et Elegast, *ancien roman en vers, traduit du flamand* (*1836*), 907.

SAINT-GUILHEM DU DÉSERT (abbaye de), ancienne abbaye de Gellone, 1676, 1678, 1680-1682, 1694, 1994, 1998.

SAINT-MARC (Bibliothèque) à Venise, 349, 355, 357, 945, 946, 949. Voy. *Bibliothèques.*

SAINT-MARC-GIRARDIN (Marc-Girardin dit) : 1° *Des romans de Charlemagne en général* (*1832*), 1054. — 2° *Cours de littérature dramatique* (t. III, *1843*). Sur *Huon de Bordeaux* et le poème de Wieland, 1801. — 3° *De l'épopée chrétienne depuis les premiers temps jusqu'à Klopstock* (*1849*), 83.

SAINT-MAUR (François). *Roncevaux et la Chanson de Roland; simple réponse à une question de géographie historique* (*1870*), 2343. — Lire « François » au lieu de « Francisque ».

SAINT-PIERRE (B. di). Raoul de Cambrai, *chanson de geste* (*1884*), 2224.

Saisnes (Chanson des), chanson du cycle de Charlemagne, composée par le trouvère Jehan Bodel, 2549-2572 : 1° **Manuscrit**, 2554. — 2° **Édition**, 2549. — 3° **Notices et analyses**, 2555, 2563, 2570. — 4° **Bibliothèque des Romans**, 2550. — 5° **Bibliothèque bleue**, 311. — 6° **Diffusion à l'étranger** : *a.* **Néerlande**, 300, 2559; *b.* **Pays scandinaves**, 2562, 2566; *c.* **Espagne**, 2565 = Cf., 70.

SALTZMANN (Hugo) : 1° *Wolframs von Eschenbach* Willehalm *und seine französische Quelle* (*1883*), 753. — 2° *Der historisch-mythologische Hintergrund und das System der Sage im Cyklus des Guillaume d'Orange und in den mit ihm verwandten Sagenkreisen* (*1890*), 199 et 1724.

SALUTS. *Les Saluts dans l'ancienne poésie française*, 482, 623.

SAN-MARTE (= A. SCHULZ) : 1° *Leben und Dichtungen Wolframs von Eschenbach* (*1841*), 208 et 744. — 2° *Ueber Wolframs von Eschenbach Rittergedicht Wilhelm von Orange und sein Verhältniss zu den altfranzösischen Dichtungen gleichen Inhalts* (*1871*), 1710. — 3° *Wilhelm von Orange: Heldengedicht von Wolfram von Eschenbach, zum ersten Male aus dem mittelhochdeutschen übersetzt* (*1873*), 751. = Au n° 208 lire *Dichtungen* au lieu de *Dichtung*.

SANUDO (Marin), 384.

SARASA (Hilario). *Roncesvalles. Reseña historica de la real casa de Nuestra - Señora de Roncesvalles y description de su contorno* (*1878*), 2348.

SARRAZIN (G.). *Zwei mittelenglische Fassungen der Octaviansage* (*1885*), 1412.

SARRAZINS : 1° *Invasion des Sarrazins en France pendant les* VIII, *ix° et x° siècles, d'après les auteurs chrétiens et mahométans*, par J.-T.

Reinaud (*1846*), 1674 et 2337. On y traite, en particulier, de la déroute de Roncevaux en 778 et de la seconde invasion de 793 qui s'est terminée par la bataille de Villedaigne. — 2° *Invasions des Sarrazins en Provence pendant le* VIII°, *le* IX° *et le* X° *siècles,* par G. de Rez (*1879*), 1717. Cf. le livre bien connu de F. Funck : *Ludwig der Fromme* (*1832*), 1670, etc.

SAUERLAND (Ern). *Ganelon und sein Geschlecht im altfranzösischen Epos* (*1886*), A ajouter à l'article *Roland*.

SAUMADE (J.-E.). *Soldat et moine. Vie de saint Guilhem du désert* (*1878*), 1716.

SAVAGNER (A.). Article *Berte* dans *l'Encyclopédie catholique* (*1843*), 970.

SAYOUS (Ed.). *La France de saint Louis d'après la poésie nationale* (*1866*), 517.

SCANDINAVES (pays) : 1° *Histoire de la poésie scandinave,* par Edelestand Duméril (*1839*), 1332. — 2° L'Épopée française aux pays scandinaves, pp. 21-23, 69, 151 et n°s 305-320. — 3° La légende de Charlemagne aux mêmes pays, 203, 300, 308, 310, 312, 1061, 1063, 2059. — 4° *Amis et Amiles* dans la littérature scandinave, 778. — 5° *Beuves de Hanstone*, 307, 319, 1023 et p. 69. — 6° *Élie de Saint Gille*, 317, 1247. — 7° *Floovant*, 319, 1389-1391. — 8° Geste de Guillaume d'Orange et, en particulier, le *Moniage Guillaume*, 1697, 1700, 2001, 2002. — 9° *Ogier* 2034, 2047, 2056, 2059, 2061 et 2064. — 10° *Roland*, 2472, 2473, 2475, 2500-2513. Cf. les Sagas de Magus et de Geirart, 314, 319, 1587, 1979-1981, 2180, 2648. Voy. *Sagas, Norvège, Suède, Danemark, Islande.*

SCHÆDEL (B.). *Bruchstück der Chanson de Hervis* (*1876*), 1736.

SCHÆFER (H.). *Ueber die Pariser*

Hss. 1451 und 22555 der Huon de Bordeaux *Sage. Beziehung der Hs. 1451 zur* Chanson de Croissant; die Chanson de Huon et Callisse (?); die Chanson de Huon, roi de Féerie *(1891)*, 1837. — Son édition d'*Esclarmonde (1895)*, 1318.

SCHAPLER (Hug). Traduction allemande de *Huon Capet*, 1777, 1782, 1783, etc.

SCHELER (Auguste). 1° *Notices et extraits de deux manuscrits français de la Bibliothèque royale de Turin* [Le Chevalier au Cygne] *(1866)*, 1135. — 2° *Les* Enfances Ogier, *par* Adenés li Rois, *poème publié pour la première fois et annoté (1874)*, 1280. — 3° Li Romans de Berte aux grans piés *par Adenés li Rois (1874)*, 953. — 4° Bueves de Commarchis *par Adenés li Rois, chanson de geste publiée pour la première fois et annotée (1874)*, 998. — 5° *Fragments uniques d'un roman du* XIII° *siècle* [Reine Sibille], *complétés et annotés (1875)*, 1936. — 6° La mort du roi Gormond. *Fragment unique d'une chanson de geste inconnue, etc. (1875)*, 1617. — 7° Aigar et Maurin; *fragments d'une chanson de geste provençale inconnue (1877)*, 645. — 8° Li Bastars de Buillon, *faisant suite au roman de* Baudouin de Sebourg, *poème du* XIV° *siècle, publié pour la première fois d'après le manuscrit unique de la Bibliothèque nationale de Paris (1877)*, 916.

SCHELLENBERG (Hermann). *Der altfranzösische Roman* Galien Rethoré *in seinem Verhältniss zu den verschiedenen Fassungen der* Rolands und Roncevaux *Sage (1883)*, 1434.

SCHERER (Wilhelm). *Geschichte der deutschen Literatur (1883)*, 168 et 221.

SCHIAVO (G.). *Fede e superstizione nell' antica poesia francese (1889)*, 621.

SCHILLER (F.). *Das Grüssen im Altfranzösischen (1890)*, 482 et 623.

SCHIRLING (V.). *Die Verteidigungswaffen im altfranzösischen Epos (1887)*, 614.

SCHLEGEL (Friedrich von) : 1° *Lother und Maller, eine Rittergeschichte (1805)*, 1897. — 2° *Geschichte der alten und neuen Literatur* (édition de l'Athenæum de Berlin), 2449.

SCHLEGEL (Aug.-Wilhelm von). *Essais littéraires et historiques (1834 et 1842)*, 72. Cf. 178.

SCHLEICH (Gustav) : 1° *Prolegomena ad carmen de Rolando anglicum (1879)*, 229 et 2490. — 2° *Beiträge zum mittelenglischen* Roland *(1881)*, 2491.

SCHLETTERER (H.-M.). *Geschichte der Spielmannszunft in Frankreich und der Pariser Geigerkönige (1884)*, 541.

SCHMELLER et GRIMM. *Lateinische Gedichte des X und XI Jahrhunderts.* Comparaison de la Chronique de Novalese avec le *Moniage Guillaume (1838)*, 1995.

SCHMIDT (A.). *Aus altfranzösischen Handschriften der Hofbibliothek zu Darmstadt (1890 ou 1891)*, 371, 1638 et 1744. = Au n° 1744 lire *altfranzösischen.*

SCHMIDT (F.-W.-Valentin) : 1° *Ueber die italiänischen Heldengedichte aus dem Sagenkreise Karls der Grossen (1820)*, 253 et 1005. — 2° *Les romans en prose des cycles de la Table ronde et de Charlemagne (1825.* Traduit par le baron de Roisin en *1845)*, 74, 399, 962, 2146.

SCHMILINSKY (G.). *Probe eines Glossars zur* Chanson de Roland *(1876)*, 2410.

SCHMIRGEL (C.). *Stil und Sprache des mittelenglischen Epos* sir Beves of Hamtonn *(1887)*, 1026.

SCHNEEGANS (Eduard). *Die Quellen des sogenannten Pseudo-Philomena*

*und des Officiums von Gerona zu
Ehren Karls des Grossen (1891),*
344. — Cf. les articles *Philomena,
Girone, Charlemagne,* etc.

Schneider (Bernhard). *Die Flexion
des Substantivs in den ältesten metrischen Denkmälern des Französischen (1883),* 2420, 2662.

Schnellbæcher (K.). *Ueber den
syntaktischen Gebrauch des Konjunctivs in den Chansons de geste*
Huon de Bordeaux, Amis et Amiles,
Jourdains de Blaivies, Aliscans,
Aiol et Mirabel *und* Garin le Loherain *(1891),* 483.

Schœdel (B.). *Bruchstück der*
Chanson de Hervis *(1876),* 1736.

Schœnau (Fried.-Christ.). *Holger
Danskes Levnet (1751),* 2034.

Scholle (Franz) : 1° *Die a-, ai-,
an-, en - Assonanzen in der* Chanson de Roland *(1876),* 2389. — 2° *Die
Baligants - episod, ein Einschub
in das Oxforder Rolandslied (1877),*
2359. — 3° *Das Verhältniss der
verschiedenen Ueberlieferungen des
Altfranzösischen Rolandsliedes zu
einander (1880),* 2370. — 4° *Zur
Kritik des Rolandsliedes (1880),* 2371.
— 5° *Der Stammbaum der altfranzösischen und altnordischen Ueberlieferungen des Rolandsliedes und
der Wert der Oxforder Handschrift
(1889),* 2250. = Au n° 2250, lire
Scholle.

Schonbüth (O.-J.-W.). *Historie von
den vier Heymonskindern (1864),* 2164.

Schoppe (Joseph). *Ueber Metrum
und Assonanz der Chanson de geste*
Amis et Amiles *(1882),* 787. — Cf.
l'article *Versification.*

Schroeder (Richard). *Glaube und
Aberglaube in den altfranzösischen
Dichtungen (1886),* 603.

Schuld (Heinrich). *Das Verhältniss der Hss. des* Girart de Viane
(1889), 1597.

Schultén (Hugo af). Traduction

d'un épisode du *Roland* publiée en
1887 à Helsingfors, 2300.

Schultz (Alwin). *Das höfische
Leben zur Zeit der Minnesinger (1879).*
Une seconde édition a paru en 1889.
530, 570.

Schulz. Voy. San-Marte.

Schwarzentraub (C.). *Die Pflanzenwelt in den altfranzösischen*
Karlsepen *(1890),* 626.

Schweigel (Max). *Ueber die* Chanson d'Esclarmonde, *die* Chanson
de Clarisse et Florent *und die*
Chanson d'Yde et Olive, *drei Fortsetzungen der Chanson von* Huon de
Bordeaux *(1888),* 1163, 1321, 1842.

Schweppe (Karl). *Études sur* Girart de Rossilho, *chanson de geste
provençale, suivi[es] de la partie
inédite du manuscrit d'Oxford (1878),*
1499.

Schwieger (P.). *Die Sage von*
Amis und Amiles *(1885),* 796. Cf. *Bemerkungen zu* Amis und Amiles
(1885, 1886), 794.

Scott (Walter). *Sir Tristrem : a
metrical romance of the thirteenth
century (1811),* 1750. Lire *thirteenth*
et non *thirteen* au n° 1750.

Seconda Spagna. — *La seconda
Spagna e l'acquisto di Ponente ai
tempi di Carlomagno, testi di lingua
inediti del secolo* XIII, publiés par
Antonio Ceruti *(1871),* 1306.

Seelman (Emil). *Bibliographie
des altfranzösischen Rolandsliedes
(1888),* p. 74, col. 2; p. 170; n°ˢ 2248,
2323, 2439, etc. C'est le plus complet et le meilleur ouvrage sur la
matière.

Seelman (W.). *Valentin und Namelos. Die niederdeutsche Dichtung.
Die hochdeutsche Prosa. Die Bruchstücke der mittelniederländischen
Dichtung. Nebst Einleitung, Bibliographie und Analyse des Romans*
Valentin et Orson *(1884),* 1962, 2081,
2604.

SEEMÜLLER (J.) *Die Zwergensage im Ortnit (1882)*, 898.

SEGE OF MELAINE (The), poème anglais où nous a été conservée une chanson française qui n'est point parvenue jusqu'à nous. Le *Sege of Melaine* a été publié par J. Herrtage *(1880)*, p. 192, col. 2 et nᵒˢ 228, 2084, 2581. Cf. 2582 et 2583, etc.

SEIFFERT (Fritz). *Ein Namenbuch zu den altfranz. Epen (1882)*. Article à ajouter au chap. VIII de notre *Bibliographie générale*.

SEINZ. « *Josqu'as Seinz* » dans la Chanson de Roland. Sens exact de ces mots, d'après H. Suchier, 2349.

SEPET (Marius) : 1ᵒ *L'Épopée française (Revue des questions historiques, 1878)*, 122. — 2ᵒ *De la laisse monorime des chansons de geste (1879)*. Cf. « *Corneille et la Chanson de Roland* », dans l'*Union* du 28 juin 1877.

SEPULVEDA (Lorenço de). *Romances neuamente sacados de historias antiguas de la cronica de España (1552)*, 2536.

SERMENTS dans les chansons de geste, par K. Tolle *(1883)*, 582.

SERRURE (C. A.). *De vier Heemskinderen (1871)*, 2178. Cf. 1907.

SERVOIS (Gustave), un des éditeurs, avec A. Krœber, de la chanson de *Fierabras (1860)*, 1322.

SETTEGAST (F.) : 1ᵒ Traduction allemande de *Raoul de Cambrai (1883)*, 2211. — 2ᵒ *Der Ehrbegriff im altfranzösischen Rolandslied (1885)*, 2462. — 3ᵒ *Die Ehre in den Liedern der Troubadours (1887)*, 612.

SIBILLE, héroïne de la *Chanson des Saisnes*, 2567, etc.

SICILE. *Le tradizioni cavalleresche popolari in Sicilia*, par Giuseppe Pitré *(1884)*, 276.

SICULUS (Lucius Marinus). *De las cosas illustres y excellentes de España (1539)*, 648.

Siège de Barbastre, chanson de la geste de Guillaume, 2574-2578. Cf. 1000, et voy. tout l'article consacré à *Beuves de Commarcis*. Ce dernier poème n'est en effet qu'un remaniement, par Adenet le Roi, du *Siège de Barbastre*.

Siège de Castres, chanson de geste perdue, 2579.

Siège de Milan, poème qui n'est point parvenu jusqu'à nous, mais qui nous a été conservé dans le *Sege of Melaine*. Voy. ce mot plus haut, 2580-2582.

Siège de Narbonne, chanson de la geste de Guillaume, pp. 201, 202, et nᵒˢ 2583-2585.

Simon de Pouille, chanson de la geste du Roi, 2586-2591 : 1ᵒ Manuscrits, p. 202, col. 1, et nᵒˢ 2588, 2589. — 2ᵒ Notices et analyses, 2587, 2590, 2591. — 3ᵒ Bibliothèque des romans, 2586.

SIMON (Moritz). *Ueber den flexivischen Vorfall des Substantivs im Rolandsliede (1867)*, 2384.

SIMONDE DE SISMONDI. *De la littérature du midi de la France (1813)*, 20.

SIMROCK (K.). Vulgarisateur contemporain qui a popularisé en Allemagne plusieurs de nos légendes épiques : 1ᵒ *Das kleine Heldenbuch (1844)*. — 2ᵒ *Eine schöne Geschichte von den vier Heimonskindern (1845)*, 2152. — 3ᵒ *Kerlingisches Heldenbuch (1848*; nouvelle édition en *1855)*, 974. — 4ᵒ *Eine schöne und kurzweilige Historie von einem Riesen Fierabras genannt und welche Kämpfe Kaiser Karl und seine Helden mit den Heiden stritten (1849)*, 1336. — 5ᵒ *Loher und Maller, Ritterroman (1868)*, 1900. = Dans le nᵒ 2, Simrock s'est proposé de vulgariser nos *Quatre fils Aimon*; dans le nᵒ 3, notre *Berte;* dans le nᵒ 4, le *Fierabras* et dans le nᵒ 5, *Lohier et Mallart*.

SINGER. *Graf Rudolf (1886)*, 1024.

SINNER (Jean-Rodolphe) : 1° *Extraits de quelques poésies des* XII°, XIII° *et* XIV° *siècles*. Début des *Loherains* (*1759*), 1442. — 2° *Catalogus codicum manuscriptorum Bibliothecæ Bernensis* (*1760-1772 ?*), 710.

SIR BEWÍS OF HAMPTON, version anglaise de *Beuvès de Hanstone*, p. 69 et n°ˢ 1012, 1014, 1015, 1026. etc.

SIR FERUMBRAS (= *Fyrumbras*), adaptation anglaise de notre *Fierabras*, p. 192, col. 2, et n°ˢ 224, 228, 1335, 1355, 1356, 1357, 1366, 1372.

SIR OTUEL, adaptation anglaise d'*Otinel*, p. 192, col. 2, et n°ˢ 223, 224, 228, 2082, 2084, 2094.

SIR TRIAMOUR, imitation anglaise de *Macaire*, 1940.

SISTERON (le P. Bonaventure de). Voy. *Bonaventure*.

SLAVE (Littérature). Voy. *Russie*.

SŒDERHJELM (W.). Sur l'identité du Thomas, auteur de *Tristran* et du Thomas, auteur de *Horn* (*1886*), 1762.

SOLITAIRE MONTAGNARD (Un), auteur d'une *Vie de saint Guilhem, duc d'Aquitaine, comte de Toulouse* (*1862*), 1698.

SONGE. Voy. *Die Traüme in den altfranzösischen Karls- und- Artus Epen*, par R. Mentz (*1887*), 476. — Le Songe dans les *Quatre fils Aimon*, 2202; dans *Floovant*, 1395; dans *Girbert de Metz*, 1612; dans la *Mort Aimeri de Narbonne*, 2024. — La vraie date de l'ouvrage de Mentz est 1887, et il la faut rétablir aux n°ˢ 1612 et 2202.

SONGE D'UNE NUIT D'ÉTÉ, 1803.

SONG OF ROLAND (The), 228 et 2084.

SOREL (Charles). *La Bibliothèque françoise* (*1664*), 5.

SOUVESTRE (Emile). *Causeries historiques et littéraires* : le style du *Roland* (*1861*), 2428.

SOWDONE OF BABYLONE (The). Édi-

tion publiée par E. Hausknecht en 1881. — Le *Sowdone of Babylone* doit être considéré comme une introduction du *Fierabras* et renferme une *Destruction de Rome*. Voy. la p. 192, col. 2, et les n°ˢ 228, 1356, 1362.

SPAGNA (La), 1302, etc. : 1° *La Spagna* en vers ou *Spagna istoriata*, 1299, 1300, 1306, 1314, 1315, 2527, et p. 196, col. 2. — 2° *La Spagna* en prose, 256, et p. 197, col. 1. — Cf. la *Seconda Spagna*, 1306.

STANHOPE. *Legends of Charlemagne* (*1866*), 1068.

STAPPERBECK (Wilhelm). *Ueber die Rolandssäulen* (*1847*), p. 190, col. 2.

STEINTHAL (H.). *Das Epos* (*1868*), 123.

STENGEL (Edmund) : 1° *Zu Paul Meyer's Études sur la Chanson de Girart de Roussillon* (*1871*), 1536. — 2° *Die Chansons de geste Handschriften der Oxforder Bibliotheken* (*1873*), 362. Voy., en particulier, les n°ˢ 834 (*Antioche*), 1108 (*Les Chetifs*), 1753 (*Horn*), 1852 (*Jerusalem*), 1914 (*les Lorrains*), 2179 (*Quatre fils Aimon*), 2592 (*Syracon*), 2645 (*Voyage de Charlemagne à Jérusalem*, etc.). — 3° *Mittheilungen aus französischen Handschriften der Turiner Universitäts-Bibliothek bereichert durch Auszüge aus Handschriften anderer Bibliotheken, besonders der National-Bibliothek zu Paris* (*1873*), 360. Voy., en particulier, les n°ˢ 815 (*Anseïs de Carthage*), 1018 (*Beuves de Hanstone*); 1819 (*Huon de Bordeaux*); 1460, 1734, 1913 (diverses branches des *Lorrains*); 2564 (*les Saisnes*), etc. — 4° *Anfang der* Chanson de Girbert de Metz (publication des 2460 premiers vers, *1874*), 1600. — 5° *Photographische Wiedergabe der Hs. Digby 23* (*1878*), 364. —6° *Das altfranzösische Rolandslied, genauer Abdruck der Oxforder Hs.*

Digby, 23 (*1878*), 2257. — 7° *Ein
weiteres Bruchstück von* Aspremont
(*Zeitschrift für romanische Philologie*, IV, 364, 365), 872. — 8° *El
cantare di Fierabraccia ed Ulivieri*
(*1880*), 1359. — 9° *Ein Fall der
Binnenassonanz in einer Chanson
de Geste* [Aye d'Avignon] (*1880*),
904. — 10° Première livraison de
l'excellent Recueil intitulé : *Ausgaben und Abhandlungen aus dem
Gebiete der Romanischen Philologie*, *Veröffentlicht* von E. Stengel
(*1881* et suiv.). — 10° *Beiträge zur
Kritik der französischen Karls-Epos,
mit Vorwort von E. Stengel*, par
H. Perschmann, W. Reimann et
A. Rhode (*1881*), 1080. — 11° *El
cantare di Fierabraccia ed Ulivieri.
Italienische Bearbeitung der Chanson de geste Fierabras. Vorausgeschickt ist eine Abhandlung* von C.
Bullmann: *Die Gestaltung der Chanson de geste Fierabras im Italienischen* (*1881*), 1359, 1360. Cf. le n° 8
de la présente Nomenclature. —
12° *Zu den Bruchstücken der Geste
des* Lohereins (*1881*), 1923. — 13° *Zu
Entrée en Espagne* (*1881*), 1311. —
14° *Bruchstück der Chanson de la
Mort Aimeri de Narbonne* (*1882*),
2023. — 15° *Bruchstück der Chanson*
Garin de Montglane (*1882*), 1477,
— 16° *Das anglonormannische
Lied vom wackern Ritter Horn*
(*1883*), 1749 (en collaboration avec
R. Brede). — 17° *Das Verhältniss des
altfranzösischen Rolandsliedes zur
Turpinschen Chronik und zum*
Carmen de prodicione Guenonis,
(*1884*), 2331 et 2335. — 18° Galiens li restorés, *Schlusstheil des
Cheltenhamer* Guerin de Monglane,
*unter Beifügung sämmtlicher Prosa-
bearbeitungen zum ersten Mal veröffentlicht von Edmond* STENGEL.
*Vorausgeschickt ist eine Untersu-
chung von K.* PFEIL : *ueber das
gegenseitige Verhältniss der erhal-*

tenen Galien-Fassungen (*1890*) 1425.
— 19°« Sur la versification romane »
(*1893*), 2425.

STENGELIUS (Car.). *Vita sancti
Guillelmi, abbatis Hirsaugiensis*
(*1611*), 1989.

STERNBERG (Aron). *Die Angriffswaffen im altfranzösischen Epos*
(*1886*), 606.

STIMMING (Albert). *Ueber den provenzalischen* Girart de Roussillon
(*1888*), 1562. Cf. p. 71, col. 1.

STOERIKO (Adolf). *Ueber das Verhältniss der beiden Romane* Durmart *und* Garin de Montglane (*1888*),
1480.

STORIA DI OTTINELLO E GIULIA (La),
2088.

STORIA DI RIDALDINO DA MONTAL-
BANO, *romanzo cavalleresco in prosa,*
publié par Carlo Minutoli (*1865*),
2165.

STORIE NERBONESI (Le) *romanzo cavalleresco del secolo XIV*, publié
par I. G. Isola. Voy. *Nerbonesi.*

STORM (Gustav) : 1° *Gurmundus
rex africanorum. Kritiske Bidrag
til Vikingetidens Historie* (*1873*),
1622. — 2° *Sagnkredsene om Karl
den Store og Didrik af Bern hos de
Nordiske Folk. Et Bidrag til Middelalderens litteraere historie* (*1874*),
313, 2513 et 2647.

STOSCH (Joh.). *Der Hofdienst der
Spielleute im Deutschen Mittelalter*
(*1881*), 533.

STRAMWITZ (E.). *Ueber Strophen
und Vers-Enjambement im altfranzösischen* (*1886*), 446.

STREVE (Paul), *Die Octavian Sage*
(*1884*), 1411.

STRICKER (Le). *Karl der Grosse
von dem Stricker*. Édition de Karl
Bartsch (*1852*), 210, 2479, 2481,
2482. Cf. 207.

STROPHE romane, 446 Voy. *Versification.*

STUART COSTELLO (Louisa). *Specimens of the early poetry of France*

from the time of the Troubadours and Trouveres to the reign of Henri IV (1835), 44.

STURZINGER (J.). Édition paléographique de Girart de Roussillon : texte de Londres (1880), 1501.

STYLE des chansons de geste, 451-483, 1761, et du Roland en particulier, 2426 et ss. — Comparaison entre la poésie homérique et les chansons de geste, 455, 456, 457.

SUBJONCTIF dans l'Épopée française, 469.

SUCHIER (Hermann) : 1o Ueber das niederrheinische Bruchstück der Schlacht von Aleschans (1871), 725.— 2o Le Siège de Castres. Fragment aus einer Handschrift der Bodleyana (1871), 2579. — 3o Wolframs Willehalm als Volksbuch (1872), 750. — 4o Ueber einige Hs. von Wolframs Willehalm (1872), 748. — 5o « Odierne » (1873), 634. — 6o Ueber die Quelle Ulrichs von dem Türlin und die älteste Gestalt der Prise d'Orange (1873), 1275 et 2122. 7o Le manuscrit de Guillaume d'Orange, anciennement conservé à Saint-Guilhem-du-désert (1873), 1712. — 8o Bruchstück aus Girbert de Metz (1873), 1607. — 9o Die Quellen der Magus Saga (1875), 1080. — 10o Zur Versbildung der Anglonormanen (1879), 436. —

11o « Josqu'as Seinz »; sens exact de ces mots dans le Roland (1880), 2349.—12o Handschriften und Bruchstücke von Wolframs Willehalm (1882), 752. — 13o La XIVe laisse du Voyage de Charlemagne (1888), 2669.

SUÈDE (Bibliothèques de), 354, etc.

SUITES D'HUON DE BORDEAUX. Première suite : Huon, roi de Féerie, 1838, 1839. — Deuxième suite : Esclarmonde, 1318-1321. — Troisième suite : Clarisse et Florent, 1160-1163. — Quatrième suite : Ide et Olive, 1840-1842. — Cinquième suite : Godin, 1614, 1615. — Sixième et dernière suite : Croissant, 1199.

SUPERSTITIONS au moyen âge, 587, 603, 621.

SÜPFLE (Th.). Geschichte des deutschen Kultureinflusses auf Frankreich mit besonderer Berücksichtigung der literarischen Einwirkung (1886), 184.

SYNONYMES. Die verbalen Synonyma in den chansons de Geste Amis et Amiles und Jourdains de Blaivies (1884), 793.

SYNTAXE. Zur Syntax des Verbs bei Adenet le Roi, par Emil Wolff (1884), 467 et 995. — Au no 467, lire Wolff et non Wolf.

Syracon, chanson de geste dont on ne possède qu'un fragment de deux cents vers, 2592 et 2593.

T

TABLE RONDE, 399.

TABLES GÉNÉALOGIQUES DES HÉROS DE ROMANS, par Louis Dutens (s. d.). La seconde édition est de 1796, 17.

TACTIQUE MILITAIRE, 599, 605.

TAILHAN (le P. J.). Le Romancero (1865), 2548.

TAINE (Henri). Nouveaux essais de critique et d'histoire. Article sur l'édition de Renaud de Montauban

par H. Michelant (1865), 2171. Cf. son Histoire de la littérature anglaise, 225.

TALBOT (E.). Extraits de la Chanson de Roland et des Mémoires de Joinville à l'usage de la classe de seconde (1886), 2259, 2406 et 2436.

TAMASSIA (Giovanni). Il diritto nell' epica francese dei secoli XII et XIII (1886), 607.

TAMIZEY DE LARROQUE. *Une ques-tion sur Roncevaux* (*1869*), 2342. La question était relative au théâtre de la défaite de Roncevaux. Cerdagne ou Navarre?

TAPISSERIES : 1º *Inventaire des tapisseries de Charles VI vendues par les Anglais* en 1422 (publié par Jules Guiffrey; *1887*), 643. — 2º Tapisseries dont le sujet est emprunté à la *Chanson de Roland* et qui sont en cours de fabrication aux Gobelins, p. 44, col. 2.

TARBÉ (Prosper) : 1º *Le roman d'Aubri le Bourgoing* (*1849*), 879. — 2º *Le roman de Girard de Viane* (*1850*), 650, 1269, 1563. — 3º *Le roman de Foulque de Candie* (*1860*), 1413. — 4º *Le roman des Quatre fils Aimon* (*1861*), 2127. = Cf. le nº 102 : « *A propos d'une élection récente à l'Académie des Inscriptions et Belles-Lettres*, par Paul Meyer » (janvier *1864*).

TEDDER (H.-R.) et M. KERNEY. Article : « Romance » dans *The Encyclopedia Britannica* (*1866*), 185.

TEGERNSEE (Metellus de) et Wernher de Tegernsee, 2052.

TEN BRINK (Berhardt) : 1º *Conjectanea in historiam rei metricæ francogallicæ* (*1864*), 428. — 2º *Geschichte der englischen litteratur* (*1877*), 227.

TERREBASSE (Alfred de) : 1º Gerard de Roussillon, *fragment* (*1853*), 1520. — 2º *S'ensuyt l'histoire de monseigneur Gerard de Roussillon, jadis duc et comte de Bourgogne et d'Aquitaine.* Historicité du vieux poème et publication des deux textes incunables (*1856*), 1510 et 1522.

Tersin (= *Le roman d'Arles*), chanson provençale qui ne nous est parvenue que sous la forme d'une version en prose : 2594-2597.

THÉÂTRE : 1º *Histoire du théâtre en France. Les Mystères*, par L. Pe-

tit de Julleville (*1880*), 991, 1719. — 2º *Mystères inédits du* XVº *siècle*, par Achille Jubinal (*1836*), 1672. — 3º *Miracles de Nostre-Dame*, publiés par Gaston Paris et Ulysse Robert, 966.—4º *Histoire du théâtre français en Belgique* par Faber (*1881*), 2186. — 5º *Huon de Bordeaux* et *Auberon* au théâtre, 1793, 1803.— 6ºLes *Quatre fils Aimon* sur la scène, 2132, 2149, 2155, 2186. — 7º *Berte*, 966. — 8º La geste de Guillaume, 1719. — 9º *Roland*, p. 189, col. 1, et nº 421.

THIEM (Carl.). *Das altenglische Gedicht* King Horn (*1874*), 1754.

THIERRY-POUX et Corrard de Bréban. *Recherches sur l'établissement de l'imprimerie à Troyes* (3º édition, *1893*), 2207.

THIOISES (anciennes rédactions) de nos chansons de geste, d'après le système de J. H. Bormans : 1º *Aïol*, 692, 694. — 2º *Roland*, 295, 2495, etc.

THOMAS, auteur de *Tristran* et de *Horn*, 1762.

THOMAS (Antoine). 1º Aquilon de Bavière, *roman franco-italien* (*1882*), 842. — 2º *Notice sur la* Carliade, *poème épique latin de Ugolino Verino* (*1882*), 1082. — 3º *Nouvelles recherches sur* l'Entrée de Spagne, *chanson de geste franco-italienne* (*1882*), 1312. — 4º *Notice sur deux manuscrits de la* Spagna *en vers, de la Bibliothèque nationale de Paris* (*1885*), 1315. — 5º *Sur la date de* Gui de Bourgogne (*1888*), 1637. — 6º *Vivien d'Aliscans et la légende de saint Vidian* (*1890*), 737, 1195. = A ces publications on peut joindre les trois pages intitulées : « *Le nº 44 des manuscrits des Gonzague* [sur *Huon d'Auvergne*] » qui ont été publiées dans la *Romania* de 1881 (pp. 406-408).

THOMASSY (Raymond) : 1º *Recherches historiques et littéraires sur la fondation de Saint-Guilhem du*

Désert et le cycle épique de Guillaume au court nez. Plusieurs saints du nom de Guillaume ont contribué à former la légende pieuse ; plusieurs comtes du nom de Guillaume ont contribué à former la légende épique (1838), 1676, 1994. — 2° Découverte de l'autel de Saint-Guillaume (1838), 1678. — 3° L'ancienne abbaye de Gellone (1839), 1680. — 6° Chartes de fondation de l'abbaye de Saint-Guilhem-du-Désert (1841), 1998.

THORNSEN (P.-G.). Nogle Meddelelser om visse historiske Bestanddele i Sagnet om Olger Danske, tilligemed en Undersögelse om « Chronicon monasterii Sancti-Martini-Majoris Coloniensis » (1865), 2062.

THURNEYSEN (R.). Der Weg vom dactylischen Hexameter zum epischen Zehnsilbner der Franzosen (1886), 447.

TOBLER (Adolf) : 1° Ueber das volksthümliche Epos der Franzosen (1866), 111. — 2° Mittheilungen aus altfranzösischen Handschriften. I. Aus der Chanson de geste von Auberi nach einer Vaticanischen Handschrift (1870), 880. — 3° Spielmannsleben im alten Frankreich (1875), 525. — 4° Vom französischen Versbau alter und neuer Zeit (trois éditions 1880, 1883, 1894), 463. Cf. la traduction suivante : Le vers français ancien et moderne, traduit sur la deuxième édition par K. Breul et Sudre avec une Préface par Gaston Paris (1885), 438. — 5° Die Berliner Hs. des Huon d'Auvergne (1884), 1764.

TODD (Henry Alfred). La Naissance du Chevalier au Cygne ou Les Enfants changés en cygnes, french poem of the XIIth century, etc. (1839), 1252. Cf. 1110.

TOLLE (Conrad). Das Betheuern und Beschwören in der altromanischen Poesie, etc. (1883), 582.

TORRACA (F.). Studii di storia letteraria napoletana. Una legenda Napoletana e l'Epopea carolingia (1884. Avait paru en 1881 dans la Rassegna Settimanale), 278.

TORTAJADA (Damian-Lopez de). Floresta de varios romances sacados de las historias antiguas de los hechos famosos de los doze pares de Francia (1713), 2539.

TOSI (Paolo Antonio). Notizia di una edizione sconosciuta del poema romanzesco : La Spagna (1835), 1299.

TOURNOIS, 610.

TRADUCTIONS. Les traductions, jusqu'ici publiées, de nos chansons de geste sont les suivantes : Aliscans, par Jonckbloët, 708 ; Antioche, par la marquise de Sainte-Aulaire, 828 ; Charroi de Nîmes, par Jonckbloët, 1090 ; Couronnement Looys, par le même, 1166 ; Covenant Vivien, par le même, 1186, et par F. Brun, 1291 ; Departement des enfans Aimeri, par Léon Gautier, 1206 ; Enfances Guillaume, par Jonckbloët, 1266 ; Fierabras provençal, par Mary Lafon, 1376 ; Garin le Loherain, par Paulin Paris, 1440, et la Mort de Garin, par E. Le Glay, 1441 ; Girard de Roussillon, par Mary Lafon, 1511, et par Paul Meyer, 1512 ; Moniage Guillaume, par Jonckbloët, 1988 ; Prise d'Orange, par le même, 2115 ; Roland, par Delécluze, 2274 ; Génin, 2275 ; Vitet, 2276 ; Jônain, 2277 ; A. d'Avril, 2278 ; Alexandre de Saint-Albin, 2279 ; Lehugeur, 2280 ; L. Gautier, 2281 ; Petit de Julleville, 2282 ; Feuilleret, 2283 ; A. Chaillot, 2284 ; E. Rœhrich, 2285 ; A. Jubert, 2286 ; F. Clédat, 2287. — Dans ses Épopées françaises, L. Gautier a traduit un grand nombre d'épisodes de nos vieux poèmes et en a formé une Chrestomathie épique (2e édition, t. I, pp. 474 et ss.).

TRAITÉ DE L'ORIGINE DES ROMANS, par Daniel Huet (1670), 6.

TRAPEZONDA ISTORIATA, p. 162. Cf. 2163.

TRAUTMANN (Moritz). *Bildung und Gebrauch der tempora und modi in der* Chanson de Roland *(1871)*, 2386.

TREBE (H.). *Les trouvères et leurs exhortations aux Croisades (1887)*, 615.

TREIS (K.). *Die Formalitäten des Ritterschlags in der altfranzösischen Epik (1886)*, 611.

TREMOIGNE, 2200.

TRÉSOR DES RECHERCHES ET ANTIQUITEZ GAULOISES ET FRANÇOISES, par Pierre Borel *(1655)*, 4.

TRÉSOR DES LIVRES RARES ET PRÉCIEUX par Johann-Georg-Theodor Graesse *(1858-1867)*, 378, etc., etc. Voy. *Graesse.*

TRESSAN (Louis-Élisabeth de la Vergne, comte de) : 1º *Corps d'extraits des Romans de Chevalerie (1782)*, 395. — 2º *Œuvres choisies (1787-1791)*, 14. Cf. *Bibliothèque universelle des Romans.*

TREUTLER (H.). *Die Otinelsage im Mittelalter (1884)*, 2091.

TRIGER (Robert). *La légende de la reine Berthe (1883)*, 993.

TRIMÈTRE IAMBIQUE, 428.

Tristan de Nanteuil, poème de la décadence épique. Notices, analyses, citations, 2598-2602.

TRISTRAN (Auteur du), 1762.

TROUBADOURS. La question de l'Épopée provençale, 321-344, 1540, etc. Cf. *Daurel et Beton*, 1200 et ss. ; *Fierabras* provençal, 1373 et ss. ; *Tersin*, 2594 et ss., et un certain nombre d'œuvres consacrées à *Girart de Roussillon.* — Influence des troubadours sur la poésie des peuples romans (article de Paul Meyer dans la *Romania* de *1876)*, 527. = Cf. le *Choix de poésies originales des troubadours*, par Raynouard *(1817)*, 318, et surtout les ouvrages de Diez : *Die Poesie der*

Troubadours (1827), et *Leben und Werke der Troubadours (1829)*, 1377, 1378.

TROUVÈRES. En ce qui concerne les trouvères épiques, auteurs de nos chansons de geste, il nous faudrait ici renvoyer le lecteur à tous les articles du présent répertoire qui ont pour objet chacun de nos vieux poëmes. Pour les trouvères en général, on pourra se reporter aux ouvrages suivants qui sont plusieurs fois cités dans notre *Bibliographie*, mais qui ne sont plus au courant et ont été notablement dépassés par les œuvres récentes telles que celle de Jeanroy, etc : 1º *Lettre à Mlle Stuart Costello sur les trouvères français des XIIe et XIIIe siècles*, par Fr. Michel *(1835)*, 45. — 2º *Essais historiques sur les bardes, les jongleurs et les trouvères normands et anglo-normands*, par l'abbé de la Rue *(1834)*, 503, 1006. — 3º *Trouvères, jongleurs et ménestrels du nord de la France et du midi de la Belgique*, par Arthur Dinaux *(1837-1863)*, 37, 506. Etc., etc.

TROYES. Voy. Corrard de Bréban et Thierry Poux : *Recherches sur l'établissement de l'imprimerie à Troyes* (3e édition, *1893)*, 2207.

TUMBEOR NOSTRE DAME (Del), fableau publié par W. Fœrster *(1873)*, 521. Cf. 531.

TURIN. Bibliothèque de l'Université. Voy. *Bibliothèques.*

TÜRK (Karl). *Dissertatio historico-juridica de statuis Rolandinis (1825)*, p. 190, col. 2.

TURNER (Scharon). *History of England (1815)*, 24.

TUROLDUS (=Touroude) à qui l'on a attribué la *Chanson de Roland*, 178, 2313 et ss.

TURPIN (Chronique de), 2323-2334. Cf. 2240, 2244, etc. Voy. *Chronique.*

TYRWHITT (T.). *The Canterbury tales of Chaucer (1775)*, 2243.

U

Ugo d'Alvernia. Voy. *Huon d'Auvergne*, 1764-1773.

UHLAND (Ludwig) : 1° *Ueber das altfranzösische Epos*. Parut pour la première fois dans *Die Musen (1812)*, 19. — 2° *Poésies (Le Petit Roland, Taillefer, Alda;* 1re édition, *1815)*. Cf. *Roland et Aude*, 1567. — 3° *Uhlands Schriften zur Geschichte der Dichtung und Sage (1869)*, 125, etc. On a réimprimé au tome IV le *Ueber das altfranzösische Epos* cité plus haut, et l'on a inséré au tome VII l'œuvre d'Uhland qui se rapporte peut-être le plus directement au sujet de cette *Bibliographie* : « *Sagengeschichte der germanischen und romanischen Völker* (2° partie : *Zur romanischen Sagengeschichte*). » C'est à la *Sagengeschichte* que se rapportent les n°s suivants : 868 (*Aspremont*); 982 (*Berte*); 1346 (*Fierabras*); 2174 (*Quatre fils Aimon*); 2641 (*Voyage de Charlemagne à Jerusalem*) ; 1050 et 1071 (*Légende de Charlemagne*).

ULRICH VON DEM TÜRLIN. *Arabellens Entführung*, complément du *Willehalm* de Wolfram d'Eschenbach, p. 191, col. 2 et n°s 1272, 1274, 1275, 1278, 2121, 2122, 2125.

ULRICH VON THURHEIM, continuateur de Wolfram d'Eschenbach. Son œuvre, où il a utilisé les données de la *Bataille Loquifer* et des *Moniages*, a pour titre : *Der Stark Reinwart* (= *Rennewart*). Voy. p. 191, col. 2 et n°s 930, 2014, 2016, 2017.

UNGER (C. R.) *Karlamagnus Saga ok Kappa hans (1860)*, 308, 864, 1061, 1697, 2001, 2002, 2059, 2501. Voy. les articles *Sagas, Karlamagnus*, etc.

V

VAISSÈTE (Dom Joseph). *Histoire du Languedoc* (la première édition a paru de *1730* à *1745*; le premier volume de la seconde en *1874*), 672, 728, 1658.

Valentin et Orson, roman qui ne nous est resté que sous la forme d'un incunable, 300, 391, 2603, 2605.

VALENTIN UND NAMELOS, 1962.

VAN-ASSENEDE. Fragments néerlandais de *Berte*, 997.

VANDELLI (Giuseppe) : 1° *Il padiglione di Carlo Magno, cantare cavalleresco (1888)*, 285. — 2° Texte critique des *Reali di Francia* (*1892 ?*), 289, 2526.

VAN DER BERG. *De nederlandsche Volksromans (1887)*, 401.

VAN PRAET (J. B. B.). *Catalogue des livres sur vélin de la Bibliothèque du Roi (1822-1828)*, 1426.

VAN VLOTEN (J.). Fragments néerlandais des *Quatre fils Aimon*, 2204.

VAN WEDDINGEN (Dr). *Les Épopées chevaleresques (1887)*, 186.

VANZETTI (Al.). *Carattere dell' Epopea romanzesca in Italia (1890)*, 288.

VARNHAGEN (F. A.). *Da litteratura dos livros de cavallarias, estudo breve e consciencioso com algumas*

*novidades acerca dos originaes por-
tuguezes*, etc. *(1872)*, 245.

VARNHAGEN (Hermann). *Systematisches Verzeichnis der Programmabhandlungen, Dissertationen und
Habilitationsschriften aus dem Gebiete der romanischen und englischen Philologie, sowie der allgemeinen Sprach-und Litteraturwissen-
schaft und der Pädagogik und Me-
thodik von Hermann Varnhagen.
Zweite vollständig umgearbeitete
Auflage besorgt von Johannes Martin
(1893)*, 381 et p. 184. — Répertoire
très précieux et qui nous a été
d'une utilité constante.

VASSELOT (Marquet de) lit à l'Académie des inscriptions (séance du
21 mai 1897) un Mémoire sur le Trésor de l'abbaye de Roncevaux. A
ajouter après le n° 2353.

VASSY (Gaston). *La Chasse des
Quatre fils Aimon (1874)*, p. 167.

VATICANE (Bibliothèque). Voy. *Bibliothèques*.

VAUBLANC (vicomte de). *La France
au temps des Croisades ou Recherches sur les mœurs et coutumes des
Français aux XIIᵉ et XIIIᵒ siècles (1844-
1847)*, 558.

VAUDIN (Eugène). *Girart de Roussillon : Histoire et légende (1884)*,
1556.

VAUQUELIN (Jehan), auteur du *Girard de Roussillon* en prose qui a
été publié par M. de Montille en
1880. Voy. p. 112, col. 1, et n°ˢ 1509
et 1518.

VECKENSTEDT (Edmund). *Die Farbenbezeichnungen in der* Chanson de
Roland *und in der Nibelunge Not
(1887)*, 2463.

VELAND le forgeron. Sa légende,
35.

**Vengeance de Rioul ou Guil-
laume Longue épée**, chanson de
geste qui n'est point parvenue jusqu'à nous, 2606, 2607.

VENGEANCE FROMONDIN, 1610.

VENISE. Manuscrits français de la
Bibliothèque Saint-Marc qui nous
offrent le texte de plusieurs de nos
chansons, 1031, 1032, 1033, 1034,
349, 945, etc. — Le plus précieux
de ces manuscrits, pour l'histoire
de l'épopée française, est le fr. XIII,
355, 949, etc. — Voy., en particulier,
les n°ˢ suivants qui se refèrent à
cet important manuscrit : 949
(*Berta de li gran pié*); 1288 (*Berta
e Milone, Orlandino*); 1885, 1887
(*Karleto*); 1035 (*Bovo d'Antona*);
1943 (*Macaire*). Cf. l'article *Bibliothèques*.

VENTAILLE. Explication de ce mot
dans les Chansons de geste, 639.

VERBE. Étude sur les formes du
verbe dans *Gui de Bourgogne*, 1633,
et dans les poèmes d'Adenet, 996,
etc.

VERDAM (J.): 1° *Het Volksboeck van
Huge van Bordeaux (1877)*, 1820. —
2° *Nieuwe Aiol-Fragmenten (1883)*,
699. Cf. 685. — 3° Fragments de
Maugis d'Aigremont, 1986.

VERINO (Hugolino). *La Carliade*,
poème épique latin. Notice par Antoine Thomas *(1882)*, 1082.

VERMANDOIS. « Sous-cycle épique
des seigneurs du Vermandois, *Raoul
de Cambrai*, » d'après Ludlow :
(*Popular Epics of the middle ages,
1865*), 2218.

VÉRONE. Statues d'Olivier et de
Roland, 2468.

VÉRONE (Nicolas de), auteur d'une
continuation de l'*Entrée de Spagne*,
1311, 1312.

VERSIFICATION : I. De la Versification latine rythmique,
428, 430. — II. De la versification romane en général.
Systèmes de Tobler, 438 et d'E.
Stengel, 2425. Origines de cette
versification, 423, 425, 428. Ses lois,
424, 430, 431. Cf. 33 et 442. — III. De
la versification des chan-
sons de geste, 423-450, et,

en particulier, du *Roland*, 424, 426, 2411-2425 ; d'*Aliscans*, 736 ; d'*Amis* et *Amiles*, 780, 787. — IV. Le v e r s é p i q u e, 424. Le décasyllabe roman, 2423, 2424 ; la césure, 441, 444 ; les assonances, 443 (du *Roland*, 2415, 2416 ; des *Lorrains*, 1919 ; de *Girard de Roussillon*, 1551); la rime, 433, 440. — V. Le c o u p l e t é p i q u e, 446, 464, etc.

VERSIONS EN PROSE, 389-422. Voy. *Prose* (romans en).

VERWIJS (E.). Fragments néerlandais, 2204.

VÉTAULT (Alphonse), auteur du *Charlemagne* dont la première édition a paru en *1877*. Reproduction du vitrail de la cathédrale de Chartres représentant (d'après le faux Turpin et l'*Iter Jerosolymitanum*), les principaux épisodes de la bataille de Roncevaux et du Voyage de Charlemagne à Jérusalem, 2468, 2469, 2654. Cf. 850, 988.

VEZIAN (= Vivien), 729.

VIAGGIO DI CARLO MAGNO IN ISPAGNA, publié par Antonio Ceruti (*1871*), 262, 1305, 1952, 2106, 2529.

VIDIAN (*Saint*) et *Vivien d'Aliscans*, par Antoine Thomas (*1890*), 1195.

VIELUF (Gustav). *Zum französischen Rolandsliede. Komposition und Stil* (*1889*), 2447.

VIE PRIVÉE, MŒURS, COUTUMES, etc. Voy. surtout l'ouvrage, classique en Allemagne, de A. Schultz : *Das höfische Leben zur Zeit der Minnesinger* (1ᵉ éd. *1879*, 2ᵉ éd. *1889*), 530, 579. Cf. 574, 588, 594, 801, et tout le titre VIII de notre *Bibliographie générale* qui est intitulé : *Esprit des chansons de geste ; la chevalerie et la société féodale, les idées et les mœurs*, 549-632. — Dans la *Revue historique* de mars-avril 1897 (p. 241 et ss.), Ch.-V. Langlois a publié un article très documenté sous ce titre: *Les travaux sur l'histoire de la so-*

ciété française au moyen âge d'après les sources littéraires. Nous y renvoyons nos lecteurs.

VIETOR (Wilhelm). *Die Handschriften der Geste des Lorrains, mit Texten und Varianten* (*1875-1876*), 1917.

VIGNEULLES (Philippe de), auteur, en 1515, d'une version en prose d'*Hervis*, de *Garin le Loherain* et de *Girbert de Metz*, 1731, 1732, 1735 et 1741.

VILLEDAIGNE-SUR-L'ORBIEU (Bataille de). C'est la bataille que Guillaume, comte de Toulouse, livra en 793 aux Sarrazins envahisseurs et qui a été sans doute le type d'*Aliscans*, 728, 1670. Voy. *Guillaume*.

VILLEHARDOUIN. Caractère épique de son style, 459.

VILLEMAIN. Son *Tableau de la littérature au moyen âge* (*1830*), 30.

VILLEMARQUÉ (Vicomte Hersart de la) : 1º *La chevalerie et la poésie chevaleresque d'après Ampère* (*1868*), 567. — 2º *Les joculatores bretons* (*1885, 1887*), 542.

VILLON. Le *pet au Diable*, p. 167, col. 2.

VINCENZO. *Orlando nella* Chanson de Roland è nei poemi del Boiardo e dell' Ariosto (*1881*). A ajouter à la p. 197, col. 1.

VINSON (Julien) : 1º *Éléments mythologiques dans les pastorales basques*. Sujets empruntés aux légendes chevaleresques (*1880*), 162. — 2º *Folklore du pays basque* (*1883*), 1369.

VIOLONS (Le Roi des). *La Corporation des Ménétriers et le Roi des Violons*, par E. d'Auriac (*1880*), 532.

VISING (Johan) : 1º *Sur la versification anglo-normande* (*1884*), 442. — 2º *Les débuts du style français* (*1889*), 2448.

VITAL (Orderic). Histoire de saint Guillaume, 1688.

VITA SANCTI WILLELMI, Date exacte

de sa composition, 1709, 2005. — Citée par Stengelius et par Catel, 1654, 1789. — Publiée par Mabillon et par les Bollandistes, 1656, 1657. — Mémoire de Charles Revillout, 1713. = Cf. 1992, 1993.

VITET (L.). *La Chanson de Roland* (*1852*), 2276. Cf. p. 176, col. 2.

VITRAUX. Vitrail de la cathédrale de Chartres représentant (d'après la Chronique de Turpin et la légende latine du Voyage de Charlemagne à Jérusalem) plusieurs épisodes de ce voyage et de la bataille de Roncevaux, 2468, 2469, 2654.

VIVIEN, neveu de Guillaume au court nez. Voir *Covenant Vivien* et *Aliscans*. — Le *Covenant* a été traduit par Jonckbloët, 1186, et vulgarisé par F. Brun sous le titre : *Le vœu de Vivien*, 1187, 1291. = Cf. le Mémoire d'Antoine Thomas : *Vivien d'Aliscans et la légende de saint Vidian* (*1890*),, 1195, et l'article de Paul Meyer : *La Vida de S. Honorat* (*1876*), 729.

Vivien l'aumachour de Monbranc, chanson de la geste de Doon, 2608-2610. — **Edition et commentaire,** 2608 et 2610. Cf. 179.

VOELCKER (B.). *Die Wortstellung in den ältesten französischen Sprachdenkmälern* (*1882*), 1625 (sur *Gormond et Isembard*).

VOGT (Friedr.) : 1º *Zur Salmon-Moroltsage* (*1882*), 920. — 2º *Leben und Dichten der deutschen Spielleute im Mittelalter* (*1876*), 526.

VOIGT (Ludwig). *Die Mirakel der Pariser Hs. 819, Welche epische Stoffe behandeln und ihre. Quellen untersucht* (*1883*), 169.

VOIGT (O.). *Das Ideal der Schonheit und Hässlichkeit in den altfranzösischen chansons de geste* (Marbourg, *1891*). A ajouter à notre *Bibliographie générale* (chapitre VIII).

VOLK (Wilhelm). Voy. *Clarus.*

VOLLMÖLLER (Karl). Edition d'*Octavian*, poème en octosyllabes qui est une version abrégée de *Florent et Octavian* : « *Octavian, altfranzösischer Roman, nach der Oxforder Handschrift Bodl. Hatton 100* (*1883*), 1404.

VORETZSCH, professeur à l'Université de Tubingue, fera paraître prochainement une nouvelle édition de l'*Ogier* de Raimbert, 2029.

Voyage de Charlemagne à Jerusalem et à Constantinople, tableau épique, 2611-2673 : 1º Origines et date originelle, 678, 2637, 2650, 2655, 2657, 2664, 2673, etc. — 2º Légende latine (*Iter Jerosolymitanum*), 2617, 2619, etc. — 3º Éditions du Voyage, 2611-2613. — 4º Notices et analyses, 46, 2621, 2629, 2638, 2661. — 5º Rédactions en prose, 415, 1431, 2613. — 6º Bibliothèque des Romans, 2619.

VRIES (M. de) : 1º *Middelnederlandsche Fragmenten* (*1883*), 296. — 2º *Nieuwe Fragmenten van der Roman der Lorreiner* (*1883*), 1924.—Cf. 1986 (fragments néerlandais de *Maugis d'Aigremont*), et 2204 (fragments des *Quatre fils Aimon*).

W

WACKERNAGEL (W.). *Geschichte der deutschen Litteratur* (*1848* et *1875*), 215.

WÆCHTER (W.). *Untersuchungen über die beiden Mittelenglischen Gedichte* Roland and Vernagu und Otuel (*1885*), 2094.

WAHLUND (Carl.) : 1º Un des deux

éditeurs (avec Hugo von Feilitzen) des *Enfances Vivien* : « Les Enfances Vivien, *chanson de geste publiée pour la première fois d'après les manuscrits de Paris, de Boulogne, de Londres et de Milan* » (*1886*), 419 et 1290. — 2° *Ouvrages de philologie romane et textes d'ancien français faisant partie de la Bibliothèque de M. Carl Wahlund, à Upsal. Liste dressée d'après le Ma-nuel* de littérature française au moyen âge *de M. Gaston Paris* (*1889*), 373 et p. 27, col. 1. OEuvre qui est très supérieure à son titre et qui nous a constamment rendu les plus grands services.

WALTER SCOTT. *Sir Tristrem, a metrical romance of the thirteenth Century* (*1811*). Corriger le mot imprimé à tort *thirteen*.

WARD (H. L. D.). *Catalogue of Romances in the department of manuscripts in the British Museum* (*1883*), 369, 417, 2189.

WARTON (Thomas). *The history of english poetry* (*1774*), 13, 496. Nous avons cité une fois (n° 1799), l'édition de 1840. — Lire *english* à la page 133.

WEDDIGEN (Otto). *Étude sur la composition de la* Chanson de Roland (*1874*), 2438.

WEDDINGEN (D' van). *Les Épopées chevaleresques* (*1887*), 186. Voir également à *Van Weddingen*.

WEINHOLD (Karl). *Die deutschen Frauen in dem Mittelalter* (2° édition en *1882*), 534.

WEISZ (A. M.). *Die Entwicklung des Christlichen Ritterthums : Studien über die Rolandsage* (*1880*), 578 et 2460. Lire *Entwicklung* au n° 578.

WELZHOFER (Heinrich). *Untersuchungen über die deutsche Kaiserchronik des zwölften Jahrhunderts* (*1874*), 1076.

WENILO, archevêque de Sens

(*1837-1865*), qui, d'après Leibnitz et plusieurs autres érudits, serait le type historique du Ganelon de nos chansons, 2240.

WENZEL (R.). *Die Fassungen der Sage von* Florence de Rome *und ihr gegenseitiges Verhältniss* (*1890*), 1402.

WESSELOWSKY (A). 1° *Les Romans du moyen âge* (*1873*), 138. — 2° *Matériaux et recherches pour servir à l'histoire du Roman et de la Nouvelle* (*1884*), 1029. — 3° *Nouvelles recherches sur l'Épopée française* (*1885*), 177. — 4° *Zum russischen Bovo d'Antona* (*1885*), 1022.

WEY (Francis). *Histoire des révolutions du langage français* (*1848*), 1574.

WICHMANN (C.). *Das Abhängigkeitsverhältniss des altenglischen Rolandsliedes zur altfranzösischen Dichtung* (*1889*). A ajouter après le n° 2493.

WIELAND (C. M.) et son *Obèron* (*1780*), 892, 895, 897, 1796.

WILKEN (J.) *Geschichte der Kreuzzüge* (*1807-1832*), 2623.

WILLEHALM, œuvre de Wolfram d'Eschenbach, 739-753. Cf. 1710 : 1° Sources. Le *Willehalm* sort-il d'un original français ? 740, 742, 743, 753. — 2° Manuscrits, 748, 749. — 3° Éditions, 739, 741. — 4° Fragments, 746. — 5° Analyse, 747. — 6° Traduction en allemand moderne, 751. = Cf. 707 et p. 191, col. 2.

WILLEMS (J. F.) : 1° Fragment d'un poème néerlandais de Nicolas van Brechten, lequel est une imitation du *Moniage Guillaume* (*Belgisches Museum*, t. IV), 292, 1996. — 2° Fragments néerlandais des *Lorrains*, 1931. — 3° Fragments néerlandais d'*Ogier*, 2069, 2079.

WILMOTTE (M.). *Un fragment de* Foucon de Candie (*1890*), 1423.

WIND (De). *Fragments néerlan-*

dais de Huon de Bordeaux (*1847*), 1804.

Winkel (Jan te) : 1° *Loyhier ende Malart* (*1884*), 1905. — 2° *Geschiedenis der nederlandsche Letterkunde* (*1887*), 299. — 3° Fragments néerlandais des *Lorrains*, 1931.

Winter (Max.). *Kleidung und Putz der Frau nach den altfranzösischen Chansons de geste* (*1886*), 609.

Wirth (A.). *Ueber die nordfranzösischen Heldengedichte des Karolingischen Sagenkreises* (1836), 52.

Wissmann (Theodor) : 1° King Horn. *Untersuchungen zur Mittelenglischen Sprach und Litteraturgeschichte* (1876), 1755. — 2° *Studien zu* King Horn (*Anglia,* t. IV), 1756. — 3° *Das Lied von* King Horn, *mit Einleitung, Anmerkungen und Glossar* (*1881*), 1748.

Witthoeft (F.). *Sirventes Joglaresc* (*1889*), 547.

Wolf (Ferdinand) : 1° *Ueber die neuesten Leistungen der Franzosen für die Herausgabe ihrer National-Heldengedichte* (*1833*), 39, 965, 1937 , 2244. Cf. 1938 et voir à l'*Errata.* — 2° *Primavera y flor de romances* (*1850*), 239, 691, 2547 (en collaboration avec Conrad Hofmann). — 3° *Ueber die beiden niederländischen Volksbücher von der Königin Sibille und von* Huon de Bordeaux (*1857*), 1945 et 1806. — 3° *Huyge vom Bourdeus, ein niederländisches Volksbuch,* (*1860*), 1810. — 4° *Kleinere Schriften zusammengestellt* von Edmond Stengel (*1890*), 200. = Au n° 1806 lire Wolf (F.), « au lieu de « Wolf (J.).

Wolf (Johann-Wilhelm), *Niederländische Sagen* (*1843*), 1143.

Wolff (Emil). *Zur Syntax des Verbs bei Adenet le Roi* (*1884*), 467.

Wolff (O.-L.-B.). *Allgemeine Geschichte, von dessen Ursprung bis zur neuesten Zeit* (*1841*), 67.

Wolfram d'Eschenbach, 739-753. Voir, en particulier : 1° *Leben und Dichtungen Wolframs von Eschenbach* par San-Marte = Schulz (*1836* et *1841*), 208, 744, etc. — 2° *Ueber Wolframs von Eschenbach Rittergedicht Wilhelm von Orange und sein Verhältniss zu den altfranzösischen gleichen Inhalts,* par San-Marte (*1871*), 1710. Cf. 707, 930. Cf. *Willehalm.*

Wolpert (G.). *Bruchstück aus Ulrich von dem Türlin Wilhelm* (*1883*), 1278 et 2125. Lire *Wilhelm* au n° 2123.

Wolter (Chronique de), 973.

Wright (Thomas) : 1° *On the french and english Chansons de geste* (*1835*), 48. — 2° *Essays on subjects connected with the litterature, popular superstitions and history of England in the middle ages* (*1846*), 78. — 3° Analyse du manuscrit de Cambridge qui contient *Horn* (tome XVI de la *Quarterly Review*), 1759.

Wulf (F. A.) : 1° *Notices sur les Sagas de Magus et de Geirard et leurs rapports aux Épopées françaises* (*1874*), 314, 1587, 2180, 2648. Cf. 1979. — 2° *La Chronique de Turpin, publiée d'après les manuscrits B. N. 1850 et 2137* (*1881*), 2325.

Wyss (Arthur). *Ein Gedicht über Karl den Grossen* (*1886*), 1083.

X

Xanten. Par le mot *Seinz* (dans la *Chanson de Roland*), il faut entendre la ville de Xanten, qui est appelée *Sancti* en divers textes depuis le ix⁰ siècle. Article de Su-chier en 1880 dans la *Zeitschrift für romanische Philologie*, 2349.

Y

YEMENIZ (Catalogue), 2172.

YOCCA (G. Stefano). *Saggio su l'Entrée de Spagne ed altre chan-sons de geste medievali franco-italiane (1895)*, 1317.

Z

ZAMBRINI (F.) : 1⁰ *Il maritaggio del conte Ugo d'Alvernia, novella cavalleresca in prosa del secolo XIV* (*1882*), 1769. Lire, à la page 131 « *Alvernia* » et non *Avernia*. — 2⁰ *Storia di Ugone d'Alvernia, vulgarizzata nel secolo XIV da Andrea da Barberino* (*1882*) ; en collaboration avec A. Bacchi della Lega, 1768.

ZANETTI. *Latina et italica D. Marci Bibliotheca codicum manuscriptorum* (*1740*), 945, 1031, 1882. — La vraie date est *1740* et non *1750*, comme il est imprimé par erreur au n⁰ 1882.

ZENATTI. *Le tradizioni delle epopea carolingia nell' Umbria* (*1885*), 282.

ZILLER (Frantz). *Der epische Stil des altfranzösischen Rolandslieds* (*1883*), 465 et 2440. Lire *Frantz* au n⁰ 2440 au lieu de *Fritz*.

ZIMMERMANN (Friedrich). Traduction allemande de quelques couplets de *Roland* en décasyllabes assonancés avec césure (*1881*), 2292.

ZINGARELLI (Nicòla). Sa *Storia della letteratura italiana*, qui est une traduction du livre allemand de Gaspary. Voy. ce dernier nom.

ZINGERLE (W.). *Karl der Grosse nach der deutschen Sage* (*1861*), 108, 1866. = Lire partout *Zingerle*.

ZINNOW. *Die Sage von den Haimonskindern* (*1846*), 2153.

ZŒPFL (H.). *Die Rolandssäule* (*1861*), p. 190, col 2.

ZUTAVERN (Karl.). *Ueber die altfranzösische epische Sprache* (*1885*), 468 et 2444.

ZWICK (Richard). *Ueber die Sprache des Renaut de Montauban* (*1884*), 2192.

ERRATA

No 25. Le vrai titre du livre de Dunlop est : *The history of the fiction*, qu'il faut rétablir ici comme partout. — 31. Il se pourrait qu'en quelques exemplaires du présent livre, cet article eut été conservé sous une forme fautive. La vraie rédaction est celle-ci : « Michelet (Jules). *Histoire de France*, t. II (1833). » — 39. Lire *romanischen*. Le n° 965 ne mentionne qu'une partie de la grande œuvre de Wolf : *Ueber die neuesten Leistungen der Franzosen*, etc. — 103. Lire *1863* au lieu de *1864*.— 135. Lire *1872* au lieu de *1871*. — 155. *Fioratura epica ?* au lieu de *dell' epica.*— 208. *Dichtungen* au lieu de *Dichtung*. — 226. *And* au lieu d'*und* ; *1869* au lieu de *1889* et *to the* au lieu de *of the*. — 247. Lire *1875* au lieu de *1873*. — 255. Le vrai titre du livre de Melzi est : *Bibliografía dei romanzi e poemi cavallereschi italiani*. — 291, 743 et 909. Lire *Franz-Joseph* au lieu de *G.* ou *F.-G Mone*. — 298. Lire *uitgegeven door d^r G. Kalff*. — 312. Lire *Kronike*. —333. Lire *1867*. —356. Lire *Beitræge zur Kunde altfranzœsischer, englischer und provenzalischer Literatur*. Correction importante. — 374. Lire *Ferrario* au lieu de *Ferrari*. — 394. La véritable tomaison des *Mélanges tirés d'une grande bibliothèque* est « 1779-1788, 70 tomes en 69 volumes ». — 396. Lire *Mayence* au lieu de *Mayenne*. — 417. *Department* au lieu de *departement*. — 422. Il ne faut pas de tiret avant « *le marquis* ». — 439. Lire *Versformernes*. — 506. Lire *1837-1863*. —578. Lire *Entwicklung*. — 595 et 605. Lire *1886* au lieu de *1880*. — 676. Lire « l. G. au lieu de S. G ». — 710. Le *Catalogue* de *Joan Rodolphus Sinner* a paru entre les années 1760-1772. — 724. Lire *Chrestomathie de l'ancien français*. — 817. Lire *1874* au lieu de *1873*. — 914. Lire *Middelnederlandsche*. — 920. Lire *Salmon* et *Moroltsage*. — 1055. Lire *1835* au lieu de *1855*. — 1063. Lire *1864-1865*. — 1066. Lire *Zingerle*. — 1199. Lire en note « t. II (1867) » et non t. I, 1867. — 1232. Au lieu de « Brunet (G.) » lire « Brunet (Jacques-Charles) ». — 1247. *Besonderer* au lieu de *Besondere*. — 1254. Supprimer *de* avant *la famille*. — 1261. Le remaniement du *Chevalier au Cygne* est du xive et non du xve siècle. — 1289. Lire *Berta de li gran pié* au lieu de *Berte aus grans piés*. — 1358. Les prénoms de Herrtage sont « Sidney J. » — 1372. *Und* au lieu de *and*. — 1433. Lire « Paris (Gaston) » au lieu de Paulin Paris. — 1479. Lire « *et un Galien* » au lieu de « *et un Guerin*. — 1612 et 2002. Lire « 1887 » et non « 1888 ». — 1627. Lire *Francis* et non *Francisque*. — 1643. Lire « Adelbert von Keller ». — 1656. « Lire *Acta sanctorum Ordinis* ». — 1701. Lire *Montglane*. — 1702. Lire *Malcolm*. — 1703. Lire « *und ein Held* ». — 1724. *Cyklus* au lieu de *Cyclus*. -- 1737. *Und* au lieu de *in*. — 1748. Lire *Rawson* au lieu de *Lawson*. Correction importante. — 1749. Lire *Handschriften*. — 1750. *Thirteenth* au lieu de *thirteen*. — 1762. Lire *Tristran*. — 1763. Lire *Wackern*. — 1799. *English* au lieu d'*Englisch*. — 1803. *Henslowe* est douteux. — 1806. Lire « Wolf (F.) » au lieu de Wolf (J.) ». — 1877. *Renier* au lieu de *Girard*. — 1882. Lire *1740* au lieu de *1750*. — 1889. Lire 1873. — 1914. Lire *Chansons de geste Handschriften*. — 1922. *Bruchstücke* au lieu de *Bruchseücke*. — 1929. Lire *altfranzœsische*, *Anschluss*, *Volks*. Pas de point avant *im*. Corrections importantes. — 1942. Lire *Marschalk*. — 1996. *Van* au lieu de *in*. — 2056. Lire *Christiern Peders'en skrifter*. Un point avant *Femte*. — 2079. *Willems* et non *Wilhems*. — 2112. *Kristoffer*. — 2250. Ici, et ailleurs, lire *Scholle*. — 2337. Les véritables prénoms de *Reinaud* sont « Joseph Toussaint ». — 2343. *François-Saint-Maur*, et non *Francisque*.— 2440. *Frantz* au lieu de *Fritz*. — 2446. Lire? *Lausberg*. — 2573. Le *Roi Louis* devrait, alphabétiquement, être placé après le n° 2235, avant *Roland*. — Page 266. Au mot *Kreyssig*, lire *von den* au lieu d'*in den*. Etc., etc. — La plupart de ces corrections sont également mentionnées dans la *Table alphabétique*.

Le Puy-en-Velay, imprimerie R. Marchessou, boulevard Carnot, 23.

Gautier (Léon). Les Epopées françaises, 2e édit., 4 vol., 1878-94 80 fr.
— Bibliogr. des chansons de geste. (Complément des *Epopées*), 1897.
— La Chevalerie, 3e éd., in-4, ill.. 1895. (25 fr.) net 12 fr. 50.

Gazette anecdotique, littéraire, artistique et bibliographique. Collection complète, 1876-91, 32 vol *(288 fr.)* net 100 fr.

Godefroy (Fr.). Dictionnaire abrégé de l'ancienne langue française et de tous ses dialectes, depuis les origines jusqu'à la fin du xve siècle. 1 vol. grand in-8 Jésus, à 3 col., impression très compacte. (En préparation.)Sera mis en vente par livraisons, à partir d'octobre 1897. Prix pour les souscripteurs, environ 15 fr.

Graesel. Manuel de bibliothéconomie, in-8, 1897, relié. 12 fr.

Histoire littéraire de la France, 31 vol. in-4 et table. 672 fr.
— Sépar. tous les vol. : 1 à 16 et tabl., à 25 fr. — 17 à 29, à 50 fr. — 30 et 31. à 21 fr.

Journal des savants. Table générale, par Cocheris, in-4, 1861. (25 fr.) net 8 fr.

Koerting. Dictionnaire latin-roman. Lateinisch - romanisches Wörterbuch, 1891. 27 fr. 50

Koschwitz (E.). Les parlers parisiens. Anthologie phonétique, 2e éd., relié, 1896. 4 fr. 50
— Les Français avant, pendant et après la guerre de 1870-71, 1897. 3 fr.

ΚΡΥΠΤΑΔΙΑ Recueil de documents pour servir à l'étude des traditions populaires. Les tomes I à IV ainsi que le titre de la collection sont actuellement notre propriété. Les 4 vol. parus de 1883 à 1888 sont très rares; nous en possédons un exemplaire au prix net de 200 fr.; nous pouvons, en outre, fournir les tomes 1, 3 et 4 ensemble pour 100 fr. Le tome 4e seul pour 35 fr. Sous presse les tomes 5 et 6. Prix de chacun de ces deux volumes pour les souscripteurs. 30 fr.

Laborde. Athènes, 1851. 10 fr.

Lacurne. Dictionnaire historique de l'ancien langage françois, 10 vol. in-4, reliés en 5, d -chag., 1878-83. (250 fr.) net 100 fr.
— Sur pap. fort, broché. (400 fr.) net 100 fr.
— Sur pap. de Hollande. (600 fr.) net 150 fr.

Lecture historique (La). Choix de la *Revue des questions historiques*, 10 vol. divers, chacun ayant 640 pp. gr. in-8. (100 fr.) Les dix vol. ensemble. 20 fr.

Legrand (E.). Bibliographie hellénique, 2 forts vol., 1885. (60 fr.) net 40 fr.

Lenormant (Er.). La monnaie dans l'antiquité. Leçons professées dans la chaire d'archéologie près la Bibliothèque Nationale. Nouv. éd., 3 vol. in-8, 1897. 20 fr.

Lesaint. La prononciation française au xixe siècle, 3e éd., in-8, 1890. 10 fr.

Lescarbot (Marc.). Hist. de la Nouvelle-France, 3 vol. av. 4 cartes, 1866. (60 fr.) net 30 fr.

Livet (Ch.), Lexique de la langue de Molière comparée av. celle des écrivains de son temps, 3 vol. 1896-97. 45 fr.
— Précieux et précieuses, 3e éd., in-8, 1895. 7 fr. 50

Lenormant et **de Witte.** Élite des monuments céramographiques. 4 vol. in-4 av. 469 pl. (580 fr.) 180 fr.

Lot (F.). L'enseignement sup. en France, 1892. 2 fr.

Mas-Latrie. Trésor de Chronologie, in-fol., 1889. (100 fr.) net 60 fr.

Mazure (M.-A.). Les poètes antiques, Études morales et littéraires. Poètes latins, 426 pp. in-8, 1863. 5 fr.

Meunier (Francis). De quelques anomalies que présente la déclinaison de certains pronoms latins, in-8, 1868. 2 fr. 50

Meunier (L. F.). Les Composés qui contiennent un verbe à un mode personnel en latin, en français, en italien et en espagnol, in-8, 1875. 5 fr.

Meyer-Lübke. Grammaire des langues romanes. I. : Phonétique, 1890. 20 fr.
II : Morphologie, 1895. 25 fr.
III : Syntaxe paraîtra prochainement,

[Molière]. Supplément aux diverses éditions de Molière, ou lettres sur la femme de Molière, et poésies du comte de Modène, son beau-père, in-8, 1825. 7 fr. 50.

Moliériste (Le). Recueil publié par G. Monval, archiviste bibliothécaire de la Comédie-Française. Collection complète, 10 vol. in-8 sur papier de Hollande, avec planches hors texte, 1880-1889. (150 fr.) 70 fr.

Morel. Une illustration de l'Enfer de Dante, 71 miniatures du xve siècle, reproduction en phototypie et description, 1 vol. in-4 obl. av. 71 pl., relié. 53 fr

Mouton. L'art d'écrire un livre, de l'imprimer et de le publier, in-8, 1896. 6 fr.

Odin. La Genèse des grands hommes. Gens de lettres modernes, 2 vol. in-8, 1895. 15 fr.

PUBLICATIONS DE
VERLAG VON   H. WELTER, PARIS & LEIPZIG

Ozanam (A. F.). Documents inédits pour servir à l'histoire littéraire de l'Italie depuis le vııı° siècle jusqu'au xıı°, avec des recherches sur le moyen âge italien, in-8 (Paris, 1850), réimpression .fac-simile. 1897.   12 fr. 50

Paléologue (L'Empereur). Lettres (en grec), publ. p. E. Legrand. I : Texte, in-8, 1894.   12 fr. 50

Palermo (F.). I manoscritti palatini di Firenze ordinati ed esposti, 4 vol. in-4, 1853-69. (153 fr.).   30 fr.

Paris (Gaston). Le haut Enseignement, in-16, 1894.   1 fr. 50

Pascal. Les Pensées. Précédées de la vie de Pascal, par Mme Persier, sa sœur, 464 pp. in-8, 1878, (3 fr.). 2 fr.

Perny (P.). Dictionnaire français-latin-chinois de la langue mandarine parlée, avec appendice, 2 vol. in-4, 1869-72. (110 fr.).   40 fr.

Perret (P.-M.). Histoire des relations de la France avec Venise, du xııı° siècle à l'avènement de Charles VIII, 2 vol. in-8, 1896.   25 fr.

Pétrarque. Sonnets, trad., av. intr. p. Philibert-le-Duc, 2 vol., 1877. (16 fr.)   net 8 fr.

Poésies gasconnes. publ. p. Tross. 2 vol. 1867-79. (60 fr.)   net 15 fr.

Poètes (Petits) du **XVIIIe** siècle, publiés avec notices bibliographiques et préfaces, par Uzanne, Drujon, Derôme, Lecocq, Bonhomme, Asse, Jullien, Ferret, Tourneux et Martin-Dairvault, 12 vol. in-8, sur papier vergé, avec portraits, fac-similes, eaux-fortes et illustr. grav. sur bois (120 fr.) 35 fr.

Rabiet (E.). Le patois de Bourberain 2 vol., 1890-91. (10 fr.)   net 6 fr.

Rangabé (A.-R.). Histoire littéraire de la Grèce moderne, 2 vol, in-8, 1877. (7 fr.)   net 3 fr. 50

Reboud. Recueil d'inscriptions lybicoberbères, avec 25 pl. et carte, in-4, 1870. (12 fr.)   net 8 fr.

Recueil des historiens des Gaules, 23 vol. in-fol., 1869-94. (1,150 fr.)   net 575 fr.

— Volumes séparés : 1 à 19. chacun 50 fr.

20 à 23 (les 4 vol. ensemble). 400 fr.

Revue archéologique, ou recueil de documents et mémoires relatifs à l'étude des monuments et à la philologie de l'antiquité et du moyen âge, 16 tomes en 32 vol. in-8, avec 388 planches, 1844 à 1859. (400 fr.) 180 fr.

Revue des Archives, 1895-97, 1 vol. 10 fr.

Revue des Bibliothèques, 1895-97, 1 vol.   12 fr. 50

Revue des Musées, 1895-97, 1 vol. 7 fr. 50

Revue des questions historiques, 1866-96 et tables, 62 vol. (740 fr.) net 340 fr.

— Les tables seules, 2 vol. in-8. 10 fr.

Revue des patois gallo-romans, 1887-93. (105 fr.)   net 50 fr.

Robert (Ulysse). Docum. inéd. concernant l'hist. littér. de la France, in-4, 1875. (5 fr.)   net 3 fr.

Roman du Mont-Saint-Michel, par Guillaume de Saint-Pair, poète anglo-normand du xıı° siècle. Publ. p. Francisque Michel, in-12, 1858. Rare (20 fr.)   10 fr.

Romans célèbres. 10 vol. in-8, sur papier vergé chamois, encadrements rouges à chaque page. (100 fr.)   40 fr.

Rousselot (P.). Principes de phonétique expérimentale, in-8, av. beaucoup de figures. Ouvrage couronné par l'Académie (Prix Volney), 1897. 20 fr.

Roussey. Glossaire du parler de Bournois (Doubs), 1894.   15 fr.

Rozières et Chastel. Table des Mémoires de l'Académie des Inscriptions et de l'Académie des Sciences morales, in-4, 1856. (25 fr.) net 8 fr.

Ruelle (Emile). Bibliographie générale des Gaules, 4 parties in-8, 1880-86. (40 fr.)   net 20 fr.

Schilling-Vogel. Grammaire espagnole, avec clef, 2 vol. (7 fr.) net 3 fr. 50

Schirmacher (Kathe). Aus aller Herren Länder. Gesammelte Studien und Aufsätze. 400 pp. in-8, 1897. 5 fr.
— Théophile de Viau. Sein Leben und seine Werke, 1897.   10 fr.

Sierra (Mme). Contes exotiques, in-12, 1897.   3 fr. 50

Staël-Holstein (Mme de). Œuvres complètes, 3 vol. in-8 Jésus. (30 fr.) net 12 fr.

Théâtre français au moyen âge, p. p. Monmerqué et F. Michel, 1885. (10 fr.)   net 6 fr.

Thieme (H.-P.). La littérature française du xıx° siècle. Gr. in-8, 1897. Broché.   2 fr. 50
Relié.   3 fr. 50

Voigt (Georges). Pétrarque et Boccace ou les débuts de l'humanisme en Italie, trad. par Le Mounier, 1894. 10 fr.

Willemin. Monuments français inédits pour servir à l'hist. des arts et du costume depuis le vıı° siècle jusqu'au xvıı°. 2 vol. in-fol. av. 300 pl. (600 fr.)   90 fr.

Le Puy, imprimerie Régis Marchessou, boulevard Carnot, 23.

www.ingramcontent.com/pod-product-compliance
Lightning Source LLC
Chambersburg PA
CBHW050501270326
41927CB00009B/1846